U0720443

抗日战争专题研究

张宪文 朱庆葆 主编

第四辑
沦陷区和伪政权

抗战时期青岛市伪政权职员群体研究

郝昭荔 著

江苏人民出版社

图书在版编目(CIP)数据

抗战时期青岛市伪政权职员群体研究 / 郝昭荔著. -- 南京：江苏人民出版社，2024.5
(抗日战争专题研究 / 张宪文，朱庆葆主编)
ISBN 978-7-214-29029-8

Ⅰ. ①抗… Ⅱ. ①郝… Ⅲ. ①日本一侵华事件一研究一青岛 Ⅳ. ①K265.607

中国国家版本馆 CIP 数据核字(2024)第 106998 号

书　　名　抗战时期青岛市伪政权职员群体研究
著　　者　郝昭荔
责任编辑　康海源
装帧设计　刘亭亭
责任监制　王　娟
出版发行　江苏人民出版社
地　　址　南京市湖南路 1 号 A 楼，邮编：210009
照　　排　江苏凤凰制版有限公司
印　　刷　苏州市越洋印刷有限公司
开　　本　652 毫米×960 毫米　1/16
印　　张　30.75　插页 4
字　　数　408 千字
版　　次　2024 年 5 月第 1 版
印　　次　2024 年 5 月第 1 次印刷
标准书号　ISBN 978-7-214-29029-8
定　　价　118.00 元

教育部哲学社会科学研究重大委托项目
2021年度国家出版基金资助项目
南京大学“双一流”建设卓越计划项目
“十四五”国家重点出版物出版专项规划项目

合作单位

南京大学　北京大学　南开大学　武汉大学
复旦大学　浙江大学　山东大学
台湾中国近代史学会

学术顾问

金冲及　章开沅　魏宏运　张玉法　张海鹏
姜义华　杨冬权　胡德坤　吕芳上　王建朗

总 序

张宪文　朱庆葆

日本侵华与中国抗日战争是近代中国最重大的历史事件。中国人民经过14年艰苦卓绝的英勇奋战，付出惨重的生命和财产的代价，终于取得伟大的胜利。

自1945年抗日战争结束至2015年，度过了漫长的70年。对这一影响中国和世界历史进程的重大事件，国内外历史学界已经做过大量的学术研究，出版了许多论著。2015年7月30日，在抗日战争胜利70周年前夕，中共中央政治局就中国人民抗日战争的回顾和思考进行集体学习，习近平总书记发表重要讲话，指示学术界应该广为搜集整理历史资料，大力加强对抗日战争历史的研究。半个月后，中共中央宣传部迅速制定抗日战争研究的专项规划。8月下旬，时任中共中央宣传部部长刘奇葆召开中央各有关部委、国家科研机构和部分高校代表出席的专题会议，动员全面贯彻习总书记的讲话精神，武汉大学和南京大学的代表出席该会。

在这一形势下，教育部部领导和社会科学司决定推动全国高校积极投入抗战历史研究，积极支持南京大学联合有关高校建立抗战研究协同创新中心，并于南京中央饭店召开了由数十所高校的百余位教授、学者参加的抗战历史研讨会。台湾"中国近代史学会"也派出十多位学者，在吕芳上、陈立文教授率领下出席会议，共同协商在新时代深入开展抗战历史研究的具体方案。台湾著名资深教授蒋永敬在会议上发表了热情洋溢的讲话。经过几个月的酝酿和准备，南京大学决定牵头联合我国在抗战历史研究方面有深厚学术基础的北京大学、南开大学、武汉大学、复旦大学、浙江大学、山东大学及台湾“中国近代史学会”，组织两岸历史学者共同组建编纂委员会，深入开展抗日战争专题研究。中央档案馆和中国第二历史档案馆也积极支持。在南京中央饭店学术会议基础上，编纂委员会初步筛选出130个备选课题。

南京大学多次举行党政联席会议和校学术委员会会议，专门研究支持这一重大学术工程。学校两届领导班子均提出具体措施支持本项工作，还派出时任校党委副书记朱庆葆教授直接领导，校社科处也做了大量工作。南京大学将本项目纳入学校“双一流”建设卓越计划，并陆续提供大量经费支持。

江苏省委、省政府以及江苏省委宣传部，均曾批示支持抗战历史研究项目。国家教育部社科司将本项研究列为哲学社会科学研究重大委托项目，并要求项目完成和出版后，努力成为高等学校代表性、标志性的优秀成果。

本项目编纂委员会考察了抗战历史研究的学术史和已有的成果状况，坚持把学术创新放在第一位，坚持填补以往学术研究的空白，不做重复性、整体性的发展史研究，以此推动抗战历史研究在已有基础上不断向前发展。

本项目坚持学术创新，扩大研究方向和范围。从以往十分关注的九一八事变向前延伸至日本国内，研究日本为什么发动侵华战争，日本在早期做了哪些战争准备，其中包括思想、政治、物质、军事、人力等方面的准备。而在战争进入中国南方之后，日本开始实施一号作战，将战争引出中国国境，即引向亚太地区，对东南亚各国及东南亚地区的西方盟国势力发动残酷战争。特别是日军偷袭美军重要海军基地珍珠港，不仅给美军造成严重的军事损失，也引发了日本法西斯逐步走向灭亡的太平洋战争。由此，美国转变为支援中国抗战的主要盟国。拓展研究范围，研究日本战争准备和研究亚太地区的抗日战争，有利于进一步揭露日本妄图占领中国、侵占亚洲、独霸世界的阴谋。

本项目以民族战争、全民抗战、敌后和正面战场相互支持相互依靠的抗战整体,来分析和认识中国抗日战争全局。课题以国共两党合作为基础,运用大量史实,明确两党在抗日战争中的地位和作用,正确认识各民族、各阶级对抗日战争的贡献。本项目内容涉及中日双方战争准备、战时军事斗争、战时政治外交、战时经济文化、战时社会变迁、中共抗战、敌后根据地建设以及日本在华统治和暴行等方面,从不同视角和不同层面,深入阐明抗日战争的曲折艰难历程,以深刻说明中国抗日战争的重大意义,进一步促进中华民族的伟大复兴。

对于学界已经研究得甚为完善的课题,本项目进一步开拓新的研究角度和深化研究内容。如对山西抗战的研究更加侧重于国共合作抗战;对武汉会战的研究将进一步厘清抗战中期中国政治、经济、社会的变迁及国共之间新的友好关系。抗战前期国民党军队丢失大片国土,而中国共产党在十分艰难的状况下,在敌后逐步收复失地,建立抗日根据地。本项目要求各根据地相关研究课题,应在以往学界成果基础上,着力考察根据地在社会改造、经济、政治、人才培养等方面,如何探索和积累经验,为 1949 年后的新中国建设提供有益的借鉴。抗战时期文学艺术界以其特有的文化功能,在揭露日军罪行、动员广大民众投入抗战方面,发挥了重要作用。我们尝试与艺术界合作,动员南京艺术学院的教授撰写了与抗日战争相关的电影、美术、音乐等方面的著作。

本项目编纂委员会坚持鼓励各位作者努力挖掘、搜集第一手历史资料,为建立创新性的学术观点打下坚实基础。编纂委员会要求全体作者坚决贯彻严谨的治学作风,坚持严肃的学术道德,恪守学术规范,不得出现任何抄袭行为。对此,编纂委员会对全部书稿进行了两次“查重”,以争取各个研究课题达到较高的学术水平,减少学术差错。同时,还聘请了数十位资深专家,对每部书稿从不同角度进行了五轮审稿。

本项目自 2015 年酝酿、启动,至 2021 年开始编辑出版,是一项巨大的学术工程,它是教育部重点研究基地南京大学中华民国史研究中心一直坚持的重大学术方向。百余位学者、教授,六年时间里付出了艰辛的劳动,对抗战历史研究做出了重要贡献!编纂委员会向全体作者,向教育部、江苏省委省政府以及各学术合作院校,向江苏凤凰出版传媒集团暨江苏人民出版社,向全体编辑人员,表示最崇高的敬意和诚挚的感谢!

目　录

绪　论

一、选题依据

（一）选题缘起

近代以来，但凡有崛起之势力，必有反对力量倚伏其间，“如大海回澜，循环不已，所苦者民耳”。[①] 在20世纪三四十年代全民抗战的历史大潮中，另有为伪政权服务者逆潮流而动，犹如海中回澜，暗流涌动。细究其身份，其中不乏曾经风光一时之人物，他们由弄潮儿再到汉奸的经历，颇使人诧异，亦令后人所不解。探究这一切问题的根源，便要回归到历史的脉络之中。

毋庸置疑，抗日战争在重塑中华民族性格、凝聚民族精神方面起到重要作用。目前抗战史研究虽涌现出许多成果，但对沦陷区伪组织的人事关系及民众日常生活的关注还远远不够。抗战中不仅有战争的大历史叙事，还有个人生活的小叙事；战时的生活图景不仅有抵抗的重庆和延安，还有沦陷的北平和南京。实际上，沦陷区是当时历史的重要组

① 《冯国璋电曹锟等两害取轻乘机和转以谋和平》（1917年6月10日），《阎锡山档案 要电录存》第二册，台北：“国史馆”2005年版，第204页。

成部分。仅在1939年初,沦陷区的面积就达全国领土的23%,且多是当时中国经济最发达的地区。[①] 未占以前,沦陷区人民深受爱国教育和民族主义思想影响,与之后侵略者的奴化教育和宣传发生激烈碰撞。

伪政权的历史一定程度上也是其内部群体从产生到消逝的人群活动轨迹史。以往对伪政权的研究多就其在沦陷区的政治运作而谈,鲜有涉及背后复杂的人事纠葛及民众生活;或者,仅集中于大汉奸的思想和政治选择,忽视了占绝大多数的伪政权基层职员群体,而他们的生活恰恰更具普遍性。探究伪政权,最终着眼点无疑要落到身处其中的职员群体身上。殖民统治初期,日本迫切希望有威望的中国人出面维持秩序,前清遗老、北洋旧臣及国民政府变节者成为侵略者积极争取的对象。这样一群在一次次革命中被淘汰的旧群体并不能适应急遽的社会变革,从舞台中央延宕至边缘令其承受了巨大的心理落差。他们投敌事伪的原因不一而足,无论当初怀揣何种目的,其选择往往是多方权衡的结果。不过,一旦踏入泥潭,要想拔出腿来,绝非易事。在抗战的大环境中,面对内心的道德拷问及严酷的敌我斗争,伪政权职员群体又将何去何从?随着历史的推移及后人的记忆附着,对这样一类附逆群体的认识如堕烟海。

伪职员群体并非全为日伪命令的被动执行者,其与日本占领者、同僚之间均存在利益纠葛与政治博弈,国民政府的派系之争在伪组织内也有发展延伸。因投敌者身份,这一群体的上层人士内心中往往受到传统道德观念的谴责,流露出悲观情怀,如上海的各类汉奸就以朱省斋《古今》杂志为阵地,形成了自己独特的文化圈。抗战时期中国出版业蓬勃发展,关于汉奸的报道铺天盖地,身在沦陷区的伪职员并不能隔绝外部信息。面对谩骂指责,他们纷纷"书以明志",积极与大后方的媒体展开论战。目前对伪职员在沦陷时期的作品关注较少,他们的自我认

---

① 统计数据来源于中国第二历史档案馆藏1939年战地党政委员会统计材料。张宪文主编:《抗日战争正面战场》,北京:世界图书出版公司2015年版,第167页。

同及文化嬗变尚未得到充分重视，这使得作为思想文化史的伪政权职员群体研究大有可为。

在本书标题中，笔者用“伪职员”而不是“汉奸”二字作为在伪政权服务者的称谓，并非弱化道德评判或为其作翻案文章，而是为更好地在动态的历史场景中探讨他们的行为，减少绝对化、标签化认知带来的局限。同时，伪职员群体中亦有上下之分，高、低级职员背景、经历、学识相差殊异，附逆原因千差万别，难以一概而论。低级伪职员的数目远大于汉奸和高级伪职员，他们包括教员、警察、基层公务人员等，几乎囊括社会各个行业，目前学界对其研究极为欠缺。在民族主义情绪日益高涨的环境下，“汉奸”的外延不断扩大，许多“为了饭碗不得不虚与委蛇”的公务员仅因曾在伪政府做事就被划为汉奸。① 本书除剖析低级伪职员附敌原因和来源背景外，还将考察他们的市政参与度和生活水平。通过他们在报刊上发表的演讲、文学专刊中隐晦的文字，使其在最大程度上得以“发声”，进而从上至下地了解沦陷区的汉奸、伪职员和普通市民的日常生活，将伪职员问题放在社会历史的语境中解答。本书尝试走进这些边缘人物的内心世界，揭示造成他们身上历史性悲剧的深层原因。

青岛是一座在中国近代化浪潮中兴起的城市。1897 年成为德国租借地后，它便长期处于德日殖民者的实际统治下。继 1914 年起被日本占领八年之久后，青岛又在 1938 年面临着日本的第二次殖民统治。有别于在上海等地遭遇的激烈抵抗，日本占领青岛是以近乎“不发一枪一炮”的和平方式完成的。但祥和的幕布下并不平静，国民党特务潜伏其间，常常策反伪军并与汉奸暗中联络；中共在山东的势力发展异常迅猛，青岛郊外的国共抗战力量日益威慑着伪政权的统治，同样也稀释着伪职员的安全感。可以说，青岛伪政权具有一般伪政权组织的共性，而浓厚的外来文化、独特的地理环境和复杂的时局关系又是其特殊性所

---

① 若水：《复员?! 复原?!》，《天风》第 24 期，1945 年 12 月 6 日，第 3 页。

在。在国、共、日三方势力角力的旋涡中，青岛政局波谲云诡，伪职员的身份愈加扑朔迷离。

日伪职员群体虽是历史的逆流，但惊涛骇浪下潜藏着诸多需要探寻的未知。“观水有术，必观其澜”，伪政权职员群体是打开沦陷区大门的一把钥匙，它呈现出的是侵略者与被侵略者、本土文化与外来文化、抵抗与合作种种充满张力的关系。而对这类群体的探讨，亦有助于揭示抗日战争的艰巨复杂性，加深对当时蓬勃发展的民族主义思潮之认识。

（二）研究对象与概念界定

本书的研究对象是青岛伪政权职员群体。之所以用伪政权“职员群体”而非“汉奸”，是为尽量避免结论先行。但中性的称谓并不等同于道德中立，本书旨在以史实为依据，按事件发展线索和人物心理活动轨迹展开，通过这一群体透视日伪时期民众所处的社会政治文化生态、民族国家建成中的合与分、历史情境与个人经历等多方互动关系。需要特别指出的是，伪职员群体既包括在伪政权内谋职的普通公职人员，也有所谓的汉奸，这是一个包容性较强的群体。

自20世纪80年代以来，伴随着学界对沦陷区通敌行为研究兴趣的日趋强烈，海外学者开始从“合作”的角度探讨沦陷区的伪职员问题。从最宽泛的意义说，主动及被动地与占领者一起工作都可认为是“合作”行为；狭隘的定义则将“合作”严格限制在执行占领者任务和认同占领者意识形态内。目前第二种定义得到了欧美史学界的更多认同，加拿大学者卜正民指出，“那些参与合作的人，必须行使政治权力，才有可能‘通敌’”。[①] 在卜氏看来，使用“合作者”而非“汉奸”这个带有强烈道德批判的词去描述与敌发生关系者，反映出国外学界对伪职员的认识逐渐发生

① [加]卜正民著，潘敏译：《秩序的沦陷：抗战初期的江南五城》，北京：商务印书馆2015年版，第7、18页。

了某种新的动向。但吊诡的是，越是意图理解“合作者”，越容易剑走偏锋。若抽离民族主义和道德评判，便无法理解伪职员本身所面临的道德焦虑和情感包袱，距伪职员所处的真实社会环境与舆论氛围反而愈远。

与欧美学者尽量将伪政权高级职员的汉奸行为解释为“合作”大相径庭的是，在 20 世纪三四十年代报刊舆论中，“汉奸”的范围呈现出极端扩大化的趋势。舆论多认为“讲和者即是汉奸”，甚至“都市妇女是汉奸”。[①] 宣传的真实性让位于实用性，当媒体带有强烈道德情感去谴责汉奸时，群众愤怒的火种一次次被点燃。在当时人们的观念中，战后一切可走而未走，又与敌接触者均有“汉奸”嫌疑。“汉奸”有大有小，按其所从事职业，又可分为政治汉奸、经济汉奸、文化汉奸等。其中既包括在伪政府工作的政府要员，也包括为生活所迫而任伪职的小职员、在日伪管制下继续从事贸易的商人、在沦陷区从事奴化教育的教员等群体。

伪政权高级职员作为配合日伪侵略中国、奴化民众的群体，无疑要为日本在沦陷区的侵略行为负政治责任。正如汉奸概念是动态发展的，“汉奸”这一特质体现在个人身上也是动态的，我们尤应注意这一群体在不同时间段下思想及行为转变。而伪政权低级职员群体，他们多因生计问题就任伪职，所行使的政治权力较小，不可将其中被动消极工作者扩大化为汉奸，这也是中共在惩治汉奸运动中所一贯秉持的原则。同时，应注意他们之中亦有利用基层社会政治空隙故意为恶、仗势欺人的低级伪职员，同样不可仅因其职位较低而抹杀投敌行为所带来的恶劣后果。

研究者若不对上述情况详加分析，思路和眼界易被限制。基于上

① 云伏：《言和即是汉奸》，《统一评论》第 4 卷第 20 期，1937 年 11 月 13 日，第 1 页；文梅：《主张妥协媾和的就是汉奸》，《国难旬刊》第 2 期，1937 年 11 月 12 日，第 7 页；丁：《今与日言和便是汉奸》，西安《挺进》第 1 卷第 4 期，1937 年 11 月 10 日，第 1 页；《短评："保境安民"是汉奸思想》，《新民族》第 2 卷第 18 期，1938 年 11 月 22 日，第 15 页；孑遗：《讲和与汉奸》，《时代文选》第 3/4 期，1939 年 6 月 20 日，第 8—15 页；《时论选粹：都市妇女是汉奸》，北平《现代青年》第 3 卷第 1 期，1936 年 4 月 15 日，第 17 页；等等。

述情况,在资料充分的前提下,应根据伪政权职员在战时承办公务的呈文、报告和建议,及其他非官方文字,充分考虑行为者本身动机与所造成实际后果之间的关联,深入当时的历史情境和社会关系中去探究伪职员的行为。[①] 本书力图站在客观的立场,以其本来的最初面目——伪政权职员群体,探寻附逆行为背后的复杂诱因。

二、文献综述

(一)先行研究的回顾与评述

20 世纪 30 年代,随着日本侵华加剧和民族主义情绪的高涨,"汉奸"成为人民内部矛盾扩大化的表征。舆论中的"汉奸",即包括了笔者所研究的沦陷区职员群体。这一时期涌现出大量以锄奸为目的的著作[②],其中较有代表性的是傅于琛的《汉奸的产生和扑灭》。[③] 该书从什么是汉奸、研究汉奸的观点和方法、产生汉奸的原因、汉奸的发展和消灭、汉奸的阴谋和工作等几个方面论证汉奸问题的由来和解决办法。作者认为,汉奸的存在有社会原因,并非偶然现象,但因其"脱稿于浴血抗敌战争中的上海",写作中难免受感情因素的影响,激愤之情充斥其中,一定程度上影响了论著的客观性。海童在《日本间谍与汉奸》[④]中,

---

① 罗久蓉提出"从历史情境这个角度来探讨汉奸形成的原因以及人与情境之间的互动关系"这一观点,对于本书颇具启发性。罗久蓉:《历史情境与抗战时期"汉奸"的形成——以1941 年郑州维持会为主要案例的探讨》,台北《"中央研究院"近代史研究所集刊》第 24 期下册,1995 年 6 月。

② 蔡力行:《侦查汉奸的方法》,生活书店 1937 年版;童振华:《怎样清除汉奸》,黑白丛书社 1937 年版;郭沫若等著:《如何消灭汉奸》,重庆:救亡文化出版社 1938 年版;教育部民众读物编审委员会编:《汉奸的认识和防范》,正中书局 1938 年版;陈剑脩等:《锄奸论》,重庆:独立出版社 1939 年版;等等。

③ 傅于琛:《汉奸的产生和扑灭》,上海:上海杂志公司 1937 年版。

④ 海童:《日本间谍与汉奸》,正义社 1939 年版。

对各地日本间谍及汉奸的组织、成分、活动有较为详细的论述，梳理了早期汉奸群体的发展概况。虽不免带有较强的道德评判色彩，但仍有一定学术性。因有与汉奸处于同一时空的相对优势，此时期的研究者得以接触到广泛信息，获知并感受到周围圈子、民众对汉奸的看法，其中许多人还曾与汉奸头目有过亲密交往①，为后世的研究提供了宝贵资料。

1939 年 10 月，毛泽东指出在敌我相持阶段，为支持游击战、收复失地，“沦陷区问题的研究是刻不容缓了”。为此延安组织了“时事问题研究会”，出版了最早研究沦陷区的著作——《日本帝国主义在中国沦陷区》。② 该书侧重于研究日本对沦陷区基层社会的控制及危害，尽管批判性和政治性强，但由于对沦陷区进行了详细的资料搜集，故在一定程度上能反映沦陷区群众的生存状况，其中当然也涉及了伪职员的问题。至 20 世纪 40 年代，随着抗日战争逐步走向胜利，伪职员研究的实用性让位于宣传教育，这既符合执政党构建民族国家的需要，也满足了一部分读者对伪职员群体的猎奇心理。这些著作集中勾画汪伪头目的活动轨迹，大部分脱离史料展开叙述，加剧了民众对伪职员的厌恶，对这一群体的印象愈加单一。③ 值得一提的是，抗战胜利后掀起的惩治汉奸热潮，使各大报刊均有肃奸的各类文章及对大汉奸的审判报道。在伪职员档案阅览受到不同程度限制的今天，极大地弥补了相关资料匮乏的遗憾。

新中国成立后，一系列政治运动接踵而至，伪职员一定程度上与

---

① 唐崇慈曾著有《汉奸问题》(南京：中山文化教育馆 1938 年版)一书，作者与汪精卫、周佛海都曾有过交往，并且汪还曾恳请唐出任伪政府要职。杨波：《唐崇慈传略》，《全州文史》第 4 辑，全州县政协委员会 1992 年编印，第 84—85 页。

② 延安时事问题研究会编：《日本帝国主义在中国沦陷区》，延安：解放社 1939 年版。

③《汉奸水浒传》(上)，大同：大同出版社 1946 年版；《汉奸水浒传》(下)，大同：大同出版社 1947 年版；《汉奸秘闻》，大时代出版社 1945 年版；《汉奸丑史》，大同：大同出版公司 1945 年版；《汉奸百丑图》，光明出版社 1945 年版；胡开文：《汉奸内幕》，北平：强群印刷局 1946 年版；《汉奸现形记》，联合出版社 1946 年版；等等。

"汉奸"画上等号,变为反动势力的代名词。史学界为充分肯定反侵略斗争的正义性,多认为伪职员的汉奸身份已盖棺论定,似无再深入研究之必要,因此大陆学界并未出现有分量的学术研究。欧美学者在这一时期出版了两本较为重要的伪政权研究著作,一为 John Hunter Boyle 的《中日战争时期的通敌内幕 1937—1945》[①](北京:商务印书馆 1978 年版),该书论述了日本内部对侵华政策的争论及其在中国扶持傀儡政权的经过,揭示了战时日、汪、蒋既勾结又斗争的复杂关系;二为 Gerald E. Bunker 的著作 *The Peace Conspiracy*: *Wang Ching-Wei and the China War*, 1937 - 1941 (Cambridge: Harvard University Press,1972),该书不仅探讨了汪氏谋和与汪伪政权,也概述了内蒙德王、伪中华民国临时政府、伪中华民国维新政府等政权,并将沦陷区的伪职员现象与战时其他国家发生的通敌行为进行比较。二书以理性分析展开论证,均认为伪政权背景复杂,不能以一般傀儡视之。

1980 至 1990 年代,大量文献档案的整理刊出推动了伪政权及其职员群体研究[②],较为重要的有《汪精卫伪国民政府纪事》《汪精卫国民政府成立》《汪伪国民政府公报》《伪廷幽影录——对汪伪政权的回忆纪实》《汪伪政府行政院会议录》《审讯汪伪汉奸笔录》等。[③] 这一时期的研究成果主要集中在以下三大领域:首先是对伪政权的研究。沦陷区

① John Hunter Boyle:*China and Japan at War* 1937 - 1945:*The Politics of Collaboration*, Standford: Standford University Press,1972.

② 南京大学马列主义教研室《汪精卫问题研究组》选编:《汪精卫集团卖国投敌批判资料选编》,南京大学学报编辑部 1981 年版;余子道等编:《汪精卫国民政府"清乡"运动》,上海:上海人民出版社 1985 年版;朱金元、陈祖恩:《汪伪受审纪实》,杭州:浙江人民出版社 1988 年版;等等。

③ 蔡德金、李惠贤编:《汪精卫伪国民政府纪事》,北京:中国社会科学出版社 1982 年版;黄美真、张云编:《汪精卫国民政府成立》,上海:上海人民出版社 1984 年版;中国第二历史档案馆编:《汪伪国民政府公报》,南京:江苏古籍出版社 1991 年版;黄美真编:《伪廷幽影录——对汪伪政权的回忆纪实》,北京:中国文史出版社 1991 年版;中国第二历史档案馆编:《汪伪政府行政院会议录》,北京:档案出版社 1992 年版;南京档案馆编:《审讯汪伪汉奸笔录》,南京:江苏古籍出版社 1992 年版;等等。

是伪职员生存和活动的主要场所，对它展开探讨有助于摆脱伪政权职员群体研究的抽离化倾向，将其置于动态的历史背景中。黄美珍、张云的《汪伪集团叛国投敌记》[①]是较早研究汪伪政权的专著，书中围绕伪政权成立的关键事件展开，可读性强。虽然沦陷区研究的早期成果以概括式宏观论述为主[②]，但也涌现出许多专题性研究，涉及范围包括军事、经济和文化等方面，包括以往被一概而过的汪伪特工总部、“东亚联盟运动”、“清乡”运动等。[③] 其中较有代表性的有曾业英《日伪统治下的华北农村经济》[④]一文，作者主要依据当时华北日伪舆论界资料，研究了华北的农业资源、农业增产运动、资源统制与掠夺及农民负担，完整客观地呈现出日伪统治下华北农村社会。

其次，关于抗日战争前后惩治汉奸研究。[⑤] 王晓华、孟国祥、张庆军的两卷本《国共抗战大肃奸》是较早系统介绍国共两党从抗战爆发到结束的惩奸经过和政策的专著，但其缺点较为明显，即书中所引的资料并无出处，相关问题只作论述性展开，缺乏深入分析。这一时期大陆学术界惩奸研究以陈述史实为主，突出特点是“大”而“博”，从另一个角度可理解为“浅”而“泛”。同时段台湾学者罗久蓉的肃奸研究有较高学术价值，她在《抗战胜利后中共惩审汉奸初探》[⑥]一文中，将中共审奸置于国共冲突的大背景之下，认为中共在发动群众、政策指导、审判公开等层面上有重大成效。中共将惩奸作为发动群众和政权扩张的一个重要

① 黄美珍、张云：《汪精卫集体叛国投敌记》，郑州：河南人民出版社1987年版。

② 费正等：《抗战时期的伪政权》，郑州：河南人民出版社1993年版；蔡德金：《历史的怪胎：汪精卫国民政府》，桂林：广西师范大学出版社1993年版；等等。

③ 复旦大学历史系中国现代史研究室编：《汪精卫汉奸政权的兴亡：汪伪政权史研究论集》，上海：复旦大学出版社1987年版。

④ 曾业英：《日伪统治下的华北农村经济》，《近代史研究》1998年第3期。

⑤ 孟国祥、程堂发：《惩治汉奸工作概述》，《民国档案》1994年第2期；孟国详、程堂发：《抗战期间中共惩治汉奸纪实》，《史海钩陈》1994年第3期；等等。

⑥ 罗久蓉：《抗战胜利后中共惩审汉奸初探》，台北《“中央研究院”近代史研究所集刊》1994年第23期。

面相，与国民政府展开对抗并取得成效，但“汉奸”的界限模糊，一定程度上也限制了公正性。

最后，大量伪政权高级职员的研究成果开始涌现，主要集中于汪精卫、周佛海、陈公博等汪伪上层汉奸。[①] 蔡德金被公认为这时期大陆汪伪政权史研究的权威，他负责编著《周佛海日记》并采访到周的后人，是国内接触到周佛海档案最全面的学者。在《周佛海》[②]一书中，蔡氏论述了其由进步青年沦为汉奸的政治生涯。相比于前著《朝秦暮楚的周佛海》[③]，此书淡化了强烈的道德批判色彩，注重论从史出。周佛海拥有多面人生，他经历复杂且思想细腻，留有大量著作和文章，虽为研究者提供了素材，但也容易陷入其对己有利的叙述中。由于蔡氏并未接触到台北“国史馆”和军情局档案，不能佐证日记，在史料解读上难免会为周佛海左右。伪政权职员群体中的汉奸是特殊时代的综合产物，他们模棱两可而又看似矛盾的言行，恰恰是20世纪波谲云诡的大局势和社会文化环境遽变的产物。

“抗日战争时期的汪精卫与汪伪政权问题研究”学术研讨会于1998年9月在北京召开，该会议将20世纪伪政权研究推向高峰。海

---

① 有关汪精卫的著作有：闻少华：《汪精卫传》，长春：吉林文史出版社1988年版；蔡德金：《汪精卫评传》，成都：四川人民出版社1988年版；王关兴：《汪精卫传》，合肥：安徽人民出版社1993年版；蔡德金、王升：《汪精卫生平纪事》，北京：中国文史出版社1993年版；陈瑞云：《蒋介石和汪精卫》，长春：吉林文史出版社1994年版；蔡德金、刘松茂：《走向深渊：抗战时期的汪精卫》，桂林：广西师范大学出版社1997年版；等等。有关周佛海的著作有：闻少华：《周佛海评传》，武汉：武汉出版社1990年版；钟玉如：《大汉奸周佛海浮沉录》，北京：中国文史出版社1990年版；等等。关于陈公博的著作有：蔡德金：《汪伪二号人物陈公博》，郑州：河南人民出版社1993年版；闻少华：《陈公博传》，北京：东方出版社1994年版；李珂：《陈公博》，石家庄：河北人民出版社1997年版。其他汉奸的著作有：黄美真主编：《汪伪十汉奸》，上海：上海人民出版社1986年版；舒芜：《周作人敌伪时期日记中的自画像》，《天津社会科学》1987年第5期；王春南：《汉奸王克敏生平纪析》，《学海》1995年第2期；王春南：《巨奸王荫泰与华北伪政权》，《学海》1996年第6期；等等。

② 蔡德金：《周佛海》，石家庄：河北人民出版社1997年版。

③ 蔡德金：《朝秦暮楚的周佛海》，郑州：河南人民出版社1992年版。

峡两岸30余位学者与会，讨论了汪精卫叛国投日的原因、汪精卫的人际关系、政治思想及汪伪国民政府的兴亡等热点问题，会议代表论文发表于《抗日战争研究》1999年第1期。其中较有代表性的有汪朝光的《抗战时期伪政权高级官员情况的统计与分析》①，作者采用数据分析的方法，研究了在伪政权服务的部长、省长以上官员年龄、籍贯、学历、出身及最后结局，总结出伪政权高级官员的普遍性特征，如地域性和派别性强、留日背景者多、受军事教育者所占比例高等，剖析了这一群体投敌的深层原因及背后的社会问题。此次会议标志着大陆史学界日益重视伪政权研究在抗战史中的地位，伪政权高级职员群体及其人事结构开始受到普遍关注。

通敌问题并非中国独有，海外学界对此现象也有一些思考。在研究中，第一种也是较普遍的方法是以传统政治史路径探讨汪伪政权历史事件及主要人物。② 新史料的发现为海外学者的研究提供便利。高宗武在战前曾任外交部亚洲司司长，后因不满于日汪"和平条约"而携秘约出走，在1940年移居美国，他著有英文回忆录——《深入虎穴》(*Into the Tiger's Den*)。参考高宗武的回忆资料，海外学者有多篇著

---

① 汪朝光：《抗战时期伪政权高级官员情况的统计与分析》，《抗日战争研究》1999年第1期。

② 关于这一时期的研究著作有：Han-sheng Lin, "Wang Ching-wei and Chinese Collaboration", *Peace and Change*, Vol. 1, No. 1(Fall 1972), pp. 17-35; "Chou Fo-hai: The Diplomacy of Survival", in Richard D. Bruns and Edward M. Bennett eds, *Diplomats in Crisis: United States-Chinese-Japanese Relations, 1919-1941*, Santa Barbara, CA: ABC-Clio Press, 1974, pp. 171-193；邵铭煌：《汪伪政权之建立与覆亡》，博士学位论文，中国文化大学史学研究所，1990年；邵铭煌：《汪精卫政权参加日本大东亚战争之经纬——从同甘苦到共生死》，台北《中华民国史专题第一届讨论会论文集》，1992年；许育铭：《汪兆铭与国民政府——1931至1936年对日问题下的政治变动》，台北：南天出版社2018年版；王克文：《陈公博与国民党"改组派"》，台北《政治大学历史学系学报》第14期，1997年；罗顺益：《抗战前期之和平运动：以周佛海为个案》，硕士学位论文，中国文化大学史学研究所，2011年；吴学诚：《汪伪政权与日本关系之研究》，硕士学位论文，中国文化大学史学研究所，1980年；萧李居：《日本的战争体制——以兴亚院为例的探讨(1938—1942)》，硕士学位论文，政治大学历史研究所，2001年；萧李居：《变调的国民政府：汪、日对新政权正统性的折冲》，台北《政治大学历史学系学报》第32期，2009年11月；等等。

作问世，如日本学者土屋光芳《汪精卫“和平运动”——高宗武视点》、王克文《高宗武“深入虎穴”——一份有关汪精卫谋和的珍贵史料》、邵铭煌《高宗武对日谋和活动》等。①

台湾学者王克文在《战争与和平：试论汪政权的历史地位》②一文中，认为汪伪政府与南京国民政府有明显的连续性，“不完全是傀儡政权”。王克文指出，如果不以中国最后胜利的后见之明和民族主义的立场看，中日关系有和平解决的可能，甚至汪精卫之流也不应“因此而被视为汉奸”。王克文对汪精卫政权抱有同情态度，其观念具有颠覆性。因其侧重于概念性的讨论而非史实的梳理，因此在假设基础上建立起来的论点难以立得住脚。

第二种方法是以社会史、思想文化史方法探讨基层伪政权生存时态及汉奸现象产生的原因。台湾学者许育铭认为，对中国沦陷区的研究“显然是较为贫乏”，但伪政权“治下区域的政治社会变化呈现的另一种容貌，近年来逐渐吸引各方研究者的关注”。③ 魏斐德（Frederic Wakeman, Jr.）是对中国汉奸及伪职员问题关注较多的国外学者。他在《沪上歹土：战时恐怖活动与城市犯罪行为，1937—1941年》中，描述了战时上海“孤岛”时期各派势力在租界内相互角逐的境况。魏氏特别关注了以往研究中较少引起重视的“七十六号”特务组织，并对汪伪政权的警政机构同租界政府的钩心斗角有充分阐释。④ 在《吾辈中的叛逆：抗战中的汉奸观念》中，魏斐德认为“汉奸”一词首先以族群认同为

---

① ［日］土屋光芳：《汪精卫“和平运动”——高宗武视点》，明治大学《政经论丛》第57卷第1、2号，1988年8月；王克文：《高宗武“深入虎穴”——一份有关汪精卫谋和的珍贵史料》，王克文：《汪精卫·国民党·南京政权》，台北：“国史馆”，2001年；邵铭煌：《高宗武对日谋和活动》，台北《近代中国历史人物论文集》，1993年。

② 王克文：《战争与和平：试论汪政权的历史地位》，台北“国史馆”副刊第22期，1997年。

③ 许育铭：《日本有关汪精卫及汪伪政权之研究状况》，《抗日战争研究》1999年第1期，第172页。

④ Frederic Wakeman, Jr., *The Shang-hai Badlands: Wartime Terrorism and Urban Crime, 1937-1941*, Cambridge, Eng.: Cambridge University Press, 1996.

前提，而它在错综复杂的抗战形势下的使用富有“弹性”，各方势力常借民族大义之名进行政治斗争。魏氏另辟蹊径，注意到了汉奸话语在宣传中为各政党带来的政治资本。由于研究者掌握材料以及看待问题的角度各不相同，对汉奸的认识往往比其本身还要纷繁复杂。

台湾学者罗久蓉在《历史情境与抗战时期“汉奸”的形成——以一九四一年郑州维持会为主要案例的探讨》一文中，注重人与情境之间的互动，进而提出要将汉奸的行为放到沦陷时间的久暂、当地政治社会生态、权力运作网络、人际关系等脉络之下考察，并对汉奸的“必要之恶”与“非必要之恶”作适当的区分。① 罗氏将社会史与文化史有机结合，其提倡的“回到历史情境中”探讨汉奸形成原因的方法，无疑为研究者提供了较好的视角。傅葆石同样反对将日据时期的各种道德选择简化为界限分明的两极，在极端恐怖中，只有模糊暧昧的反应才是自然真实的。他在《灰色上海，1937—1945 中国文人的退隐、反抗与合作》一书中，将知识分子在日本占领中的“灰色地带”分为“隐”、“忠”、“降”三种模式，分别以王统照、李健吾和《古今》杂志的作者群为代表。②

综上所述，在 1980 至 1990 年代的伪职员群体研究中，大陆呈现的突出特点是集中于大人物、大事件，多以传统政治史和价值判断进行书写。受已有宣传教育影响，史学研究者对伪职员多带有先入为主的负面印象，在立意与结论上难有新意，因此许多研究仅仅停留在史料钩沉层面，缺少理论分析，尤其对中下层伪职员群体和当时社会文化的关注明显不足。海外学者多尝试在波谲云诡的历史背景下探讨伪职员附逆的复杂心态，及其在当时社会环境下的微妙处境。此外，“无论是讨论地方经验还是傀儡政权，欧美学者都尝试将战时中国沦陷区与纳粹占

---

① 罗久蓉：《历史情境与抗战时期“汉奸”的形成——以 1941 年郑州维持会为主要案例的探讨》，台北《“中央研究院”近代史研究所集刊》第 24 期下册，1995 年 6 月。

② Poshek Fu, *Passivity, Resistance, and Collaboration: Intellectual Choices in Occupied Shanghai*, 1937 - 1945, Standford: Standford University Press, 1993.

领下的欧洲各国加以比较”。[①] 从史料分析和研究视角上看，海外学者的研究具有前瞻性。

进入新千年后，大量原始档案的出版推动了伪政权及其职员群体研究。其中较为重要的有：南京市档案馆编《审讯汪伪汉奸笔录》上、下(南京：凤凰出版社 2004 年版)，中央档案馆、中国第二历史档案馆、河北省社会科学院合编《日本侵略华北罪行档案》1—10 册(石家庄：河北人民出版社 2005 年版)，《满铁档案资料汇编》1—15 册(北京：社会科学文献出版社 2011 年版)，居之芬、庄建平主编《日本掠夺华北强制劳工档案史料集》上、下(北京：社会科学文献出版社 2003 年版)等。沦陷区是抗日战争研究不可绕过的话题，伪职员作为日本侵略者与沦陷区民众的“中间人”，日益引起学界重视。新时期研究的突出特点表现在如下几个方面。

一、视角向下——肃奸问题与汉奸个案研究。夏昀著作 *Down with Traitors: Justice and Nationalism in Wartime China*，关注到抗战时期包括经济、文化、女性等汉奸群体审判，揭示出审判汉奸运动在国家危机、政治斗争和高涨的民族主义形势下的复杂图景。[②] 在国共整体肃奸研究的基础上，地方肃奸问题研究也有了较大突破，这与区域史的兴起密切相关。如白吉尔《1945—1946 年上海的肃奸：萨尔礼案与法租界的终结》[③]、孙扬《“殖民地”的尺度：香港肃奸风波与“国民日报事件”论析》[④]均关注到地方势力借肃奸展开的政治博弈，透射出忠奸之辨背后复杂的派系之争、人际脉络及社会形态。

---

① 王克文：《欧美学者对抗战时期中国沦陷区的研究》，《历史研究》2000 年第 5 期，第 179 页。

② Yun Xia, *Down with Traitors: Justice and Nationalism in Wartime China*, Seattle: University of Washington Press, 2017.

③ 白吉尔：《1945—1946 年上海的肃奸：萨尔礼案与法租界的终结》，熊月之等编：《上海的外国人：1842—1949》，上海：上海古籍出版社 2003 年版。

④ 孙扬：《“殖民地”的尺度：香港肃奸风波与“国民日报事件”论析》，《近代史研究》2012 年第 6 期。

与此同时，汉奸个案研究逐渐下移到地方中层汉奸，充分重视伪职员个体命运与战后政治走向的联系。张世瑛在《从几个战后审奸的案例来看汉奸的身份认定问题(1945—1949)》一文中，通过个例分析来论证汉奸罪确立的条件，提出国共两党利用审奸运动来实现自身的政治诉求。① 王春英《战后“经济汉奸”审判：以上海新新公司李泽案为例》② 及朱英、郝昭荔《战后审奸中的派系之争与司法混乱：以青岛丁敬臣案为例》③二文凸显了汉奸审判与国民党内的派系之争，通过典型个案剖析各方利益渗透对审奸之影响，证明国民党司法审判实为政治所操控。冯筱才《政治运动的基层逻辑及日常化：一个“汉奸”的发现与审查》一文，通过在工厂档案中发现的个案讨论新中国成立后政治运动在基层展开时的秩序与逻辑。④ 抗战时期被指为“汉奸”的沦陷区中产阶级不在少数，而这一名词对其生命历程的深远影响可能会长达二三十年之久。

个案研究的以小见大之处还体现在，它能透过个人际遇反映战时社会结构转型与文化心理嬗变。日本学者木山英雄《北京苦住庵记：日中战争时代的周作人》一书，以传记形势考察了周作人在抗战期间的个人经历和思想变迁，细腻而深刻地揭示出周何以从知名学者一步步沦为汉奸。⑤ 罗久蓉以著名女画家李青萍为例，采取生命史的研究视角，讨论战争带来的社会变迁如何反映在两性关系上。⑥ 战争为女性提供

---

① 张世瑛：《从几个战后审奸的案例来看汉奸的身份认定问题(1945—1949)》，台北《“国史馆”学术集刊》，2001年。

② 王春英：《战后“经济汉奸”审判：以上海新新公司李泽案为例》，《历史研究》2008年第2期。

③ 朱英、郝昭荔：《战后审奸中的派系之争与司法混乱：以青岛丁敬臣案为例》，《江苏社会科学》2014年第3期。

④ 冯筱才：《政治运动的基层逻辑及日常化：一个“汉奸”的发现与审查》，《二十一世纪》总第134期，2012年12月。

⑤ [日]木山英雄著，赵京华译：《北京苦住庵记：日中战争时代的周作人》，北京：生活·读书·新知三联书店2008年版。

⑥ 罗久蓉：《战争与妇女：从李青萍汉奸案看抗战前后的两性关系》，吕芳上编：《无声之声(1)：近代中国的妇女与国家(1500—1950)》，台北：“中研院”近代史研究所2003年版，第129—164页。

了更宽广的独立自主空间，但李青萍在战后却不得不为此付出代价。除司法审判之外，李青萍还要面对大众对其战时交际网络的道德联想，即所谓社会审判。近年来，女性在抗日战争中的遭遇受到学界持续关注，情感史、心灵史等视角的切入，也令研究走向深化、细化。

二、拓宽视域——汪伪政权高级职员及基层伪政权研究。对汪伪政权高级职员，即所谓大汉奸的研究依然是学界持续关注的重点，尤其是汪精卫。从 2000 年至今，仅发表在 CSSCI 期刊中有关汪精卫的文章就达四十余篇。随着新史料新方法的应用，研究者引入心理学、政治学、社会学、人类学等研究方法，注重从社会文化背景中找寻汪政权发轫的根源，不再将沦陷区作为封闭的政治空间。金以林在《汪精卫与国民党的派系纠葛——以宁粤对峙为中心的考察》中①，探讨了国民党宁粤对峙期间蒋介石、胡汉民、汪精卫之间合作又斗争的复杂关系及其权势转移，揭示出汪精卫在政治抉择中"以不变应万变"的原则："一切视如何有利于夺取党权为转移"，而这也是国民党派系之争的焦点。研究还体现在从思想文化史追寻汪精卫等汪伪高级职员心路历程的趋向，尤其重视个体与外部环境的互动关系。李志毓在《惊弦：汪精卫的政治生涯》②中，论述了汪精卫从革命者到与日媾和者的复杂思想与行动，既不赞同将汪简单贴以"汉奸"标签，也不认为他的媾和是海外学者所说"舍身饲虎"的英雄主义行为。作者认为要将他放入超越个人权力动机的思想脉络与政治考虑中考量，汪的悲剧性既源于军事化时代文人的处境，也源于自身弱点。曹圣军的硕士论文《汪伪政权上层汉奸群体研究》，对汪伪上层汉奸群体进行结构性特征分析之余，关注到这一群体产生的经济、文化基础，认为思想精神和行为关系结构的撕裂性缺

① 金以林：《汪精卫与国民党的派系纠葛——以宁粤对峙为中心的考察》，《中国社会科学》2008 年第 3 期。

② 李志毓：《惊弦：汪精卫的政治生涯》，香港：牛津大学出版社 2014 年版。

陷,从内部吞噬着汪伪政权的存在基础。①

余子道等著《汪伪政权全史(全2册)》是一部较为完整论述汪伪政权来龙去脉的史学专著。该书覆盖面广、史料翔实,涉及华北、华中等地的汉奸政权及伪军组织,深入剖析了汪伪政权覆灭之因。② 除汪伪政权外,研究者逐渐将眼光向下,关注到以往较少涉及的基层伪政权。潘敏对日伪时期江苏县镇的22个伪治安维持会进行研究,对其人事结构及伪职员的投敌动机进行分析,认为"伪政权自上而下的普遍腐败在维持会期间已初见端倪"。③ 赵秀宁在博士论文《抗日战争时期的青岛特别市伪政权(1938.1—1945.8)》④中,对青岛伪政权的组织结构、社会控制及财政经济、奴化教育、鸦片统制、治安强化运动等主要活动进行勾勒、探讨,突显了青岛伪政权的特殊性。

三、探讨"名""实"——汉奸概念辨析及司法研究。随着新文化史的兴起,史家愈来愈注重考查历史中的文化因素,并运用跨学科的方法研究。概念史作为"一种认知转型期整体历史的独特视角或方法",不仅关注到了概念、名词本身的历史运用,同时注重它们与当时政治、社会和文化发展间的深刻互动。⑤ "汉奸"的大量使用与社会政治结构转型密不可分,对汉奸概念的剖析有助于从社会历史语境中探讨伪职员问题。王柯在《"汉奸"想象中的单一民族国家话语》⑥中,讨论了革命派的"汉奸"话语和民族主义,认为他们企图在多民族国家母体上,催生出"汉族"这个单一并新型的民族国家。通过对汉奸概念的仔细考证及梳理,王柯得出清代以前无"汉奸"的判断。吴密在《"汉奸"考辩》一文

---

① 曹圣军:《汪伪政权上层汉奸群体研究》,硕士学位论文,南京大学历史学院,2014年。

② 余子道等著:《汪伪政权全史》,上海:上海人民出版社2006年版。

③ 潘敏:《日伪时期江苏县镇"维持会"研究》,《抗日战争研究》2002年第3期。

④ 赵秀宁:《抗日战争时期的青岛特别市伪政权(1938.1—1945.8)》,博士学位论文,北京大学历史学系,2018年。

⑤ 黄兴涛:《概念史方法与中国近代史研究》,《史学月刊》2012年第9期,第11页。

⑥ 王柯:《"汉奸":想象中的单一民族国家话语》,《二十一世纪》,2004年6月号。

中[①]重视“汉奸”概念内涵的嬗变过程，揭示出汉奸在不同时期呈现出的不同特点，尤其注重排满革命派的汉奸话语所反映出的民族国家观。“汉奸”一词的内涵及外延不断演化，到现代则泛指中华民族中出卖国家和民族利益的人。黄兴涛在《抗战前后“民族英雄”问题的讨论与“汉奸”“华奸”之辩——以现代中华民族观念的影响为视角》[②]一文中，注意到“民族英雄”与其相对应的“汉奸”概念同现代中华民族观念的传播、认同间的紧密关联，有助于从整体把握抗战时期的时代思潮特点。吕迅则围绕国民政府对汉奸的司法惩处，对惩奸法律文本、程序设置与审判特点进行考察，旨在探讨并尝试回答国民政府是否或者如何将惩奸纳入现代法治的范畴。[③]

目前中国的伪职员问题日益引起欧美学界重视，涌现出许多研究成果。魏斐德在其所写的《汉奸！——战时上海的通敌与锄奸活动》中，从各方的政治立场解读国民政府在战时处置汉奸的行为，因效忠与背叛之间貌似严格实则灵活的界限，遂使得锄奸复杂异常，其研究路径跳出了以往纯粹的民族主义研究模式和强烈的道德批判。魏氏指出，不仅“彻头彻尾的投敌分子会被列为汉奸，连‘间接’或被动的旁观者也属于潜在的目标”。[④] 2015 年，加拿大汉学家卜正民《秩序的沦陷——抗战初期的江南五城》[⑤]一书一经翻译出版，便在大陆史学界引起极大反响。卜氏关注日本占领初期基层社会小人物的实际状态，审视战乱期间人们在面临道德和求生困境中的纠结选择。卜氏力图使事件退回到无法预料的不确定状态，他用“合作者”(Collaborator)替代“汉奸”，

---

① 吴密：《“汉奸”考辩》，《清史研究》2010 年第 4 期。

② 黄兴涛：《抗战前后“民族英雄”问题的讨论与“汉奸”“华奸”之辩——以现代中华民族观念的影响为视角》，《人文杂志》2017 年第 8 期。

③ 吕迅：《国民政府对汉奸的司法惩处——对惩奸法律文本、程序设置与审判特点的考察》，《抗日战争研究》2020 年第 4 期。

④ [美]魏斐德：《汉奸！——战时上海的通敌与锄奸活动》，《史林》2003 年第 4 期。

⑤ [加]卜正民：《秩序的沦陷：抗战初期的江南五城》，北京：商务印书馆 2015 年版。

认为“不能仅仅根据参与者不能预测的结果来评估他们的行为”。卜氏将汉奸研究置于整个沦陷区的大背景下，其著作超越了以往政治史的平铺直叙而富有张力。《秩序的沦陷》一书之所以褒奖与争议并存，还在于卜氏在研究中一味弱化道德因素的制约和民族主义的发展。卜正民也承认，道德和政治往往是不可分割的。而“汉奸”一词的产生与民族主义紧密相关，伪职员同样受到中国传统道德标准及政治舆论之影响，内心并非波澜不惊，行为上往往也有矛盾。过分地“移情”而不深究社会评价机制、传统文化对汉奸的影响，会不自觉地将今人眼光投射到研究中。

总体来看，当前学界对伪政权职员群体的探讨呈现逐渐深化的趋势，具体而微的研究不仅修正了以往概括式结论的单一论调，为深入讨论战争给个体及社会层面造成的影响带来可能。欧美学者对中国伪职员问题的讨论，虽力图回到战争的最初现场，但忽视了中国民族主义浪潮的发展及社会文化环境，价值导向亦发生偏差。但新成果的不断产生及中外学术界的广泛交流，也促使国内学界进一步从社会结构、政治环境与文化层面对伪政权进行反思，拓宽了本课题的思路及领域。

尽管经过几代学人的不懈努力，伪政权研究已取得可喜成果，但最近几年明显呈现凋零的倾向。目前现有研究存在如下问题：

其一，史料的限制。史料对历史研究者的重要性毋庸置疑，虽然伪职员问题迄今已过半世纪，但仍被视为较敏感的话题。随着历史的推移，伪政权亲历者陆续过世，但其后人仍旧健在，先人那段“不光彩的历史”并不想被人提及。因此，为避免司法纠纷及虑及关涉敏感问题，各大档案馆虽有汉奸审判、回忆等诸多宝贵一手材料，但目前基本处于封闭状态。这就导致研究无法深入到当事人背后复杂的人事关系网络，除汪伪政权大汉奸外，鲜有论及地方高级伪职员在审判中的态度及自我认知。目前研究对台北“国史馆”及日本所存的伪政权档案应用率较低，这也导致研究者视野受限，不能站在多方角度解读伪职员行为。研究伪职员问题对于反思战争有重要帮助，当前的材料开放程度使史学家面临“巧妇难为无米之炊”的困境。

其二，以往伪政权研究多集中于制度和政策层面，对伪职员群体关注不足。制度和政策最终要落实到人身上，伪政权职员群体是观察日伪执行力的一面镜子，二者的复杂关系中蕴含着殖民主义与民族主义的冲突。而这一群体本身来源驳杂，又是透视近代中国政治文化变革、新陈代谢的窗口。伪政权上层官员在幼年多受儒家思想教育影响，但近代波谲云诡的大环境、不断涌进的新思潮极大改变了其既有认知和行事轨迹。作为中华民族的变节者，他们的矛盾心理和复杂行为往往被一概而过，伪政权职员群体研究的张力即在此。目前研究中对这一群体的早期经历较为模糊，如目光仅集中到对20世纪三四十年代的时间段内，不足以解释这一庞大群体的存在依据，因此追溯伪政权职员群体的背景经历及社会文化环境的影响尤为必要。

其三，伪政权职员群体研究在整体与区域、宏观与个案研究中存在割裂化倾向。传统政治史研究方法追求大历史叙事的完整性，常以结论勾连史实，得出总体经验性论述。近年来区域史研究致力于弥补其缺陷，突出地方特色，但往往顾此失彼，缺少区域间的对话和总体关怀。在伪政权职员群体研究中，因个体经历、教育背景及所任职务不同，群体的矛盾差异性极大。加之各沦陷区的具体情况又是千差万别，故而不应忽视抗日战争进程中的总线索，要注重个案研究与整体史的互动，以个案揭示整体。

其四，伪政权职员群体研究在时间与空间上存在极大不平衡性。关于抗战时期的国共肃奸，关注重点是中国共产党在抗日根据地的肃奸工作，相对忽视了国民党的肃奸；而对抗战胜利后惩处汉奸研究，主要集中于国民党逮捕汉奸和审判，相对忽略了中共的惩奸。① 从空间上而言，伪政权职员群体研究存在重南轻北的现象，研究多集中于江浙等地，对华北地区较为忽视。实际上，因国共冲突异常激烈，国民政府

---

① 徐志民：《新时期以来的抗战胜利前后惩处汉奸研究》，《史学月刊》2015年第11期，第101页。

在华北地区面临的肃奸局面更为复杂，加强研究无疑能进一步深化对肃奸问题的认识，对理解国共两党的组织运行机制也大有裨益。

（二）所用史料

本课题所采用的史料来源主要有如下四个方面：

第一，档案材料。笔者目前在山东省档案馆搜集了国共两党在战时的宣传策略、斗争手段和竞争方式的史料，山东省伪政府的宣抚材料及日军对沦陷区的统计材料等。青岛市档案馆有关青岛伪政权的资料极为丰富，且均已数字化处理，笔者目前整理了青岛伪政权的政权构成、人事组织、施政纪要、市长讲演录等重要材料。青岛各报登载的汉奸审判情形、判决书和社论在一定程度上弥补了现今汉奸个人档案无法阅览的遗憾。

第二，数据库材料。随着E考据时代的到来，各大资料库陆续建成使用，“抗日战争与近代中日关系文献数据平台”“读秀学术搜索”“民国时期期刊全文数据库”“《申报》全文数据库”“大成老旧刊全文数据库”等均有丰富的青岛伪政权材料，为本研究带来极大便利。CADAL电子书中有第一任伪市长赵琪的略历、著作及继任姚作宾1942年赴日考察的《日本视察谈》等珍贵资料，瀚文民国书库中有伪青岛社会局礼教科在1939年编写的介绍青岛市政及社会情况的《青岛指南》、青岛特别市公署的《三周纪要》《行政年鉴》《青岛特别市赵市长对僚属训话汇编》等重要史料。

第三，日本保存的相关史料。日本将青岛视为重要的物资传送港，在两次占领过程中均以经济建设为主，现今日本不仅有关于青岛市伪政权的原始档案，还有抗日战争时期丰富的内政、外交材料。青岛伪政权的上层官员多有留日背景，如伪青岛市市长姚作宾、总务局局长谢祖元、警察局局长傅鑫、海务局局长尹援一等，保存在日本的伪政权上层官员留学时期的档案无疑是解读其性格经历和走上伪职员之路的关键性材料。日本的CiNii Articles论文数据库可检索到日本伪政权研究的最新成果，在亚洲历史资料中心、"国立国会图书馆"上也可查找到有关汉奸的一些原始材料及相关著作，以上都极大地丰富了本课题的史料来源。

第四，文史资料及伪政权亲历者的回忆材料。作为群体的研究，弄清其背后的人事纠葛十分必要和关键，官方档案有"只见事不见人"的特点，导致事件背后的复杂关系往往不为人所知。随着新中国成立后文史资料的陆续出版，关于这段历史，国共人士与伪政权的亲历者均有大量回忆性材料，弥补了官方档案的缺失。青岛市档案馆现存姚作宾在新中国成立后汉奸改造中所写的《反省书》《坦白材料》等四份珍贵的回忆性史料，从姚作宾的回忆中，可深入了解他个人及青岛市伪政权的相关情况。

三、章节目的逻辑结构

根据本书要探讨的中心议题，各章写作内容有如下安排：

第一章，着重论述日本占领青岛初期的秩序建立及伪职员在其中的政治参与。日占青岛后，为加强奴化统治、恢复政治经济，日本统治者急切需要与当地有威望的人士建立联络。在此背景下，伪青岛治安维持会得以成立。为确立统治"合法性"，1938年日伪在青岛举行"七七事变"一周年纪念、脱党和反蒋运动大会与"反共救国大会"三场大规模的活动，意图为殖民统治寻求合理性、消除国民党在地方影响力并着眼于肃清沦陷区的治安隐患。日本统治者采取由上及下的方式，透过伪治安维持会名流带动精英群体，进而影响普通民众。而这也是伪职员群体由浅入深，不断卷入伪政权泥淖的过程。

在第二章，试图深入伪政权组织内部，对伪职员群体的人事结构和思想进行分析，在群体研究中，兼顾个体。随着时局、内部环境不同以及殖民统治的需要，日本统治者对伪政权的人事结构作出相应调整，在赵琪和姚作宾任市长时期呈现出截然不同的统治特点：日本统治者前期以秩序恢复为主，聘任官员主要考量其出身威望和社会影响；太平洋战争爆发后日本战事吃紧，统治策略也转为原料掠夺、以战养战，侵略者选任具有实干能力、精通经济的原伪社会局局长姚作宾为市长，伪职员群体也有“去名流化”色彩。为避免笼统，笔者通过赵琪、姚作宾、李仲刚三个典型个例，从历史情境和个人经历的互动碰撞中探讨影响其投敌附伪的种种因素。伪政权低级职员（包括教员、警察等群体），以往并未受到足够重视，本章也将对他们进行群体性分析，而此类群体更能反映沦陷区中间阶层普遍的社会生活图景。其后，从整体上对伪职员群体的思想进行透视，对遭其曲解的“民族主义”与“国家认同”、伪职员的道德观与为官之道及青岛独特的“孤岛”文化展开研究，深入剖析伪职员的思想流变及精神世界。

第三章，主要分析了日本统治下的青岛治理，其中既有对伪职员的训练，也有对市民的塑造。笔者主要通过以下三个维度进行论述：首先，当局通过对低级职员进行训练及建立赏罚分明的体系，严格实行体制内的优胜劣汰。对于高级职员群体，则极尽尊重与礼遇，播撒“亲睦”之种。日伪试图通过这样的方式建立起模范化的官僚体系。其次，借伪职员的政治实践透视青岛伪政权的权力运作网络，分析伪职员与日本统治者之间的微妙关系及政治的“弹性”所在。最后，将落脚点放到广大市民身上，统治时期日伪意图将权力渗透到民众间的努力从未中断，市民如何因应及所受影响亦是探讨伪政权行政效率、权力运作和民心向背的关键。

第四章，笔者将视角转移到沦陷区外，通过分析国共两党的肃奸宣传及特点，试图还原 20 世纪 40 年代报刊舆论中的“汉奸”形象。与此同时，将关注点放到日伪面对道德舆论攻击的应对策略上，进而对伪政权的宣传方针和手段展开研究。青岛沦陷区并非静止的孤岛，本章关注到活跃在青岛郊区的中共八路军、国民党游击部队和杂牌军与青岛伪政府的明争暗斗，从全局探讨日本的侵华总战略和战事对青岛伪政权职员群体的影响。在日伪向敌后战场发动的五场治安强化运动中，可在动态的历史情境中揭示三角斗争的复杂性，以及伪职员在面对抗战同胞、与其利益相连的日本侵略者之间的因应策略。

第五章,集中讨论了伪职员在战后的审判及其命运。伪政权职员在沦陷中后期具有多重身份,并在协助国民政府接收城市中立下“功劳”,这也令国民政府难以站在公平正义的角度展开肃奸,战后社会秩序的重建对国共两党之后的历史走向有深远影响。“汉奸”是带有极大伸缩性的课题,笔者以赵保原为个案分析战时社会的复杂性及影响个体身份判定的因素,以姚作宾为个例探讨国共两党肃奸方式、改造成效的不同,揭示汉奸在不同政权下个人命运的浮沉。

综上所述,为使青岛伪政权从产生到衰亡的过程更为直观,本书以时间顺序为纵向坐标,又在横向上讨论青岛伪政权职员群体产生原因、人员构成、政治实践、组织文化等重要方面,层层推进,以此推动抗战中的伪政权职员群体问题研究。

第一章　沦陷初期青岛伪政权的建立

抗日战争改变了中国社会既有的发展轨道，国民政府官员弃民而逃后，地方陷入行政真空状态。统治者沦为迁徙客，民众在惊慌失措下避难他乡，土匪、地痞流氓借机劫掠、浑水摸鱼，历次革命中所淘汰的旧势力暗流涌动。日军入侵使基层政治势力出现了新一轮洗牌。一般而言，社会环境对人的作用是潜移默化的，伪职员对日伪的态度不断受自身遭遇、周围人事和政治局势影响，思想转变的过程可能在刹那之间，难以捕捉。究竟该如何定位伪政权职员群体是本书致力解决的问题，笔者不急于对其草下结论，而是试图回归到占领初期的历史情境当中，透过青岛陷落前后的背景、统治秩序的建立和“合法性”的重构三个维度，探讨伪职员所处的政治生态。在伪职员与日本侵略者共筑统治“合法性”的过程中，他们也在由浅入深、不断卷入伪统治的泥沼。

第一节　青岛陷落

青岛位于山东半岛胶州湾东侧。1897 年被德国殖民掠夺后，这座僻处鲁东一隅的小渔村很快发展为重要的港口城市和军事要塞，绾南北水陆交通，被视为“鲁东的咽喉”“华北的门户”。商业和知识移民的大量涌入，也使青岛成为南北精英汇聚之地。近代青岛兼具开放与保守特性，自 1897 年开始先后被德、日殖民三十余年之久，夸张的说法称它“无论物质方面精神方面都是失掉中国型了”①;另一方面,该地又汇聚了以逊清遗老、北洋政府旧官僚为主的保守势力,“守旧的观念,盘踞在本地人的脑筋中”。②

近代青岛受日本的殖民影响极深。1914 年日本从德国殖民者手中接手青岛后,将该地视为攫取山东利益的桥头堡,通过 1915 年“二十一条”正式确立了在鲁省特殊权益。一战后列强在巴黎和会将德国在山东的一切特权转让给日本,引发以“还我青岛”为导火索的五四爱国运动。到 20 世纪 20 年代,日本更加重视经营青岛。尽管北洋政府在 1922 年 12 月 10 日正式接收青岛,但并未完全撼动日本在青特权。由于北洋政府未能确立牢固的中央集权,青岛处于山东军阀的实际支配之下。军阀常利用外国势力保持自身权力,忌惮与之摩擦冲突,故常采取妥协退让和虚张声势的方针。在日本看来,北洋政府在青岛“主权的恢复只不过是以行政机关的形式”,“日管时代牢固建立的日本经济权益同多数侨民一起庄严存在”,经常保留的政治干涉权和发言权即是例证。③ 日本总领事馆特设警察署,对本国居留民行使治外法权。经过日人八年的大力经营,青岛棉纺织业取得飞速发展,一跃成为仅次于上海的纺织业基地。日商以极低的价格收购山东腹地的原材料和矿产资源,在青建立起以纱厂、精盐加工厂为主的现代化工厂,基本控制了青岛的经济命脉。在日本的金融支持下,在青日商的优势地位稳固。据 1934 年资料显示,当时在青的中国经营者“资本微弱”,人数不及外国人的四分之一。而“所谓外国工厂者,实际

① 君实:《事变前青岛的特殊的妇女职业》,《三六九画报》第 6 卷第 7 期,1940 年 11 月 23 日,第 12 页。

② 陈伯琴:《青岛杂述》,刘平编纂:《稀见民国银行史料四编》(上),“浙江兴业银行《兴业邮乘》期刊分类辑录(1932—1949)”,上海:上海书店出版社 2017 年版,第 194 页。

③「1 事变下支那民衆思想ニ就テ」JACAR(アジア歴史資料センター)Ref. B02030702200、対支中央機関設置問題一件(興亜院)/在支連絡部調書(A 1 1 0-31_2)(外務省外交史料館)。

是日人工厂”,“几如独占性质”。[①]

国民党北伐期间日本仍未放弃染指山东,它以保护居留民的生命安全及财产为由,两次大规模派遣军队从青岛登陆并在胶济铁路沿线驻兵,公然干涉中国内政,更于 1928 年 5 月 3 日在济南制造骇人听闻的“五·三惨案”。九一八事变爆发后,日本将华北划为特殊势力范围,视青岛为囊中之物。国民政府时期中国政府强化了对青岛的主权,“日本的欲求是时常派遣市政顾问,毫不松懈地实行监视”。[②] 在青的日本特务机关严格监视国民政府的行动,要求撤销党务活动,对国民党青岛市党部“百计摧毁”。1932 年 1 月,日本居留民团制造火烧青岛市党部的“一·一二”暴动事件。[③] 根据 1936 年 9 月统计,当时在青日侨计有 15022 人。日本将本国人编入居留民组织之中,“其编制和装备,完全和日本陆军一样”。日本浪人混迹其间,“经常横行市内外,酗酒滋事,甚至明目张胆地贩卖毒品私货,走私漏税”。该年 12 月 3 日,日本派遣 9 艘军舰、千余名士兵包围青岛市党部强行搜查[④],后使用武力镇压青岛日商纱厂大罢工。[⑤] 对于日本的非法行为,国民党青岛当局始终无法有效取缔和制止。[⑥]

可以说,国民政府统治时期青岛仍笼罩在日本的阴影之下。在日侨集中地大鲍岛砖瓦厂地区和小鲍岛台东镇附近,形成独具日本特色的新町街道和“日本文化圈”。日人在青岛森林公园栽种的 20000 株樱

① 陆安:《青岛近现代史》,青岛:青岛出版社 2001 年版,第 190 页。

② 「1 事变下支那民衆思想ニ就テ」JACAR(アジア歴史資料センター)Ref. B02030702200、対支中央機関設置問題一件(興亜院)/在支連絡部調書(A-1-1-0-31_2)(外務省外交史料館)。

③ 1932 年 1 月 12 日,日本居留民团以青岛《国民日报》“不敬记事”为借口,组织侨民聚众闹事,捣毁《国民日报》社并焚毁国民党青岛市党部,造成损失 595607.29 元。陆安:《揭开青岛日本居留民团的神秘面纱》,《文史春秋》2012 年第 2 期,第 48 页。

④ 李先良:《抗战回忆录》,青岛:乾坤出版社 1948 年版,第 1、7 页。

⑤ 张树枫、郝丽华:《日本放弃实施青岛战场计划的原委》,青岛市政协文史资料委员会编:《青岛文史资料》第 16 辑,青岛:青岛出版社 2006 年版,第 54 页。

⑥ 芮麟:《抗战爆发后沈鸿烈放弃青岛的真象》,《文史资料选辑》第 1 辑,山东省政协委员会文史资料研究委员会 1982 年编印,第 112 页。

花在每年春天烘托出与日本樱花节相似的氛围，日本文化和生活娱乐方式悄无声息地渗透到青岛民众的日常生活之中。在青日人即自大地认为，青岛特殊性在政治、经济上的体现，既是“对日关系上有着极其浓厚的准殖民地性质”。这种环境的支配一定程度上给予身处其中者有形无形的特殊影响。另一方面，青岛政治、经济的特殊性又强烈刺激了“大声疾呼恢复国权、收回失土的青年们”，这些“强烈的、活生生的现实刺激”使青岛爆发了天津、北京难见的“炽烈的国民运动”。不过，潜伏在青岛的还有“与此相反的倾向”，这源于“享有压倒性优势的日本资本时常压制民族资本的反抗，防止当地商人阶级与抗日运动合流”。因此，尽管国民运动蓬勃地发展于青岛官吏、青年学徒、工人之间，“身为中坚阶层的商人往往被排除在运动圈外”。近代以来，“真正的国家民族主义革命时代本质是以国家民族资本抬头为前提，民族资本对抗外国资本的压迫，开始与其他政治文化革命要素协同前进之际，方能产生整体的社会革命力量”。正是由于在青日本资本在工业、贸易领域以及“整体活动机能”上，“开拓出对中国民族资本无法染指分毫的坚固地基”，青岛民族资本不得不依靠中间商人的联系，“依赖日本资本勉强存在着”。在此环境下，“年轻的民族资本如果想要革命化，将意味着民族资本自身的灭亡”。意识到此点的日本人始终对青岛怀有觊觎之心。遗憾的是，沈鸿烈时代下中国民族资本对日本的反抗还未能形成真正的暗流，即遭遇了七七事变。①

日本全面侵华使暗藏在青岛的日方势力蠢蠢欲动。日本驻华使领馆早在 1932 年便“设有情报部与其他侦察机关等”刺探中国情报，以此改善外务省之工作。大使馆情报部“派富于情报工作经验者为支部之负责人”，青岛由冈田市次负责。1936 年春，日本开始筹备在青特务机关，1937 年 1 月正式办公，机关长为对中国内地情形“甚为熟悉”的

① 「1 事変下支那民衆思想ニ就テ」JACAR(アジア歴史資料センター)Ref. B02030702200、対支中央機関設置問題一件(興亜院)/在支連絡部調書(A-1-1-0-31_2)(外務省外交史料館)。

华北驻屯军司令部参谋谷荻那华雄。[①] 该特务机关主要工作有：1、联络各纱厂失业工人和乡区豪绅，分别使其“扰乱青岛秩序”、“向无知民众作反宣传”；2. 拉拢收买“新闻界投机分子”，“倡导中日提携合作，以愚惑市民”；3. 派中国人秘密拍摄公安局及分驻所的驻军防地、要塞重要村落照片；4. “收买青帮分子组织汉奸下级干部，从事走私援助”，在中日决裂时组织大规模暴动；5. 派日本浪人籐木泰治为稽查员。籐木曾为张宗昌顾问，在华工作十余年，与胶东失意的军人政客均有联络。由他担任在青浪人首领，召集多名华籍情报员展开活动。[②]

卢沟桥事变爆发后，日本为保全在青规模巨大的九家纱厂及资产，对国民党青岛市市长沈鸿烈采取政治诱降与军事威胁的双重手段。日本海军“通过沈鸿烈在日本海军学校上学时的老同学，以私人关系与沈鸿烈保持联系，进行拉拢”，为日本海军和平开入青岛做准备。同时，时任日本驻青总领事的西春彦与沈洽谈，许诺将授其以华北民政总长的伪职。[③]

这段时期，沈鸿烈向国民政府中央密切汇报青岛敌情。1937 年 7 月 10 日，沈向蒋介石发去电报，内称“日方军政各界对胶东潍河一带防御工事极为重视，侦察者络绎”，并计划参照旧有计划，对青鲁联防兵力再行商定。此时，由青岛赴台湾训练的日本海军第十战队巡洋舰天龙、龙田已由该战队司令官下村率领急驰赴青。7 月中旬沈鸿烈致电国民政府中央，详细汇报了上述情形：1. 由该两舰卸下 10 个木箱，“似属军火”；2. “各该舰员兵限制上岸”；3. 日本消防队进行演习，“似有秘密转运军火情事”。日领馆亦召集会议，“决定一旦有事，先将济南及胶济沿线之日侨，移至青岛”，并于必要时令老弱者乘舰回国；4. 日本陆军武官积极对在乡军人进行组织配备。虽有以上异动，但沈鸿烈仍用“地

---

① 《汉奸姚作宾的坦白材料》(1951 年 3 月 21 日)，青岛市档案馆藏，C010684。

② 钟鹤鸣：《日本侵华之间谍史》，武汉：华中图书公司 1938 年版，第 64—65、92—94 页。

③ 芮麟：《抗战爆发后沈鸿烈放弃青岛的真象》，《文史资料选辑》第 1 辑，第 112 页。

方极安"来形容此时的青岛。针对以上情形,国民政府中央指示:"青岛关系重要,如日兵武装登陆或秘密上岸进驻市内,断然拒止",同时准备向青岛续增兵力。①

7月18日,日本居留民团在青举行会议,"对目前时局,作重要协议"。② 日方连日运送大批军用品分存于居留民团及泊青各日舰,并在日本神社及各纱厂"赶建军事布置"、备各式枪械,而纱厂日籍职员"已改着在乡军人制服"。③ 在青的日侨武装义勇队约3000人早已按照军队组织训练,日本妇女"亦作有系统之组织",担任后方医院看护等职务。日本领事馆特派员乘汽车散发传单,告知日侨在"紧急时期"到指定场所避难。青岛市面"迭有谣言发生,人心惶惶",以致富商巨贾纷纷离青,客车及开沪之轮船均拥挤不堪。④

在上海八一三事变爆发翌日,青岛八一四事件爆发。是日,日本水兵五六人途径德县路天主教堂附近时,遭两名身穿便衣、骑自行车的人连开数枪,其中一死一重伤。事件发生后,新任日本驻青大使馆总领事大鹰正次郎赴青岛市政府提出"严重抗议"。⑤ 关于八一四事件,时任国民党青岛市政府秘书长的李先良在回忆录中也有所记述。他指出日本"造成事变的技术和步骤,每次都循着一个方式,用的一套手法——不外乎兵的被杀,人的失踪,造出一个定型的口实"。事件发生后,青岛市政府即派两名高级职员会同日领署人员就地调查,当局虽提议"将死者遗骸加以解剖",但遭日方拒绝,故而唯一可供参考的证据只有在遇害地点所拾得枪弹。⑥ 参照日本之前的种种备战行为,沈鸿烈认为这是

---

①《卢沟桥事变发生后沈鸿烈与蒋介石来往电报》(1937年7—8月),中国第二历史档案馆藏,七八七/7191。

②《青日居留民团举行会议》,《申报》,1937年7月19日,第5版。

③《青日纱厂储备枪械》,《申报》,1937年7月27日,第5版。

④《青岛日侨作战时准备》,《申报》,1937年7月30日,第6版。

⑤ 青岛市史志办公室编:《青岛市志·外事志/侨务志》,北京:新华出版社1995年版,第170页。

⑥《日兵若在青登陆 我唯奋战以保疆土 青市府发言人告路透社记者》,《新闻报》,1937年8月23日,第1张(肆)。

日军即将登陆的借口，遂有部署军队之应急准备。在日本提出交涉要求时，沈鸿烈会晤海军司令下村正助防止事态扩大，随后日本总领事馆与海军方面查出狙击事件乃是“陆军特务阴谋所为”。①

8月13日，因上海方面事态紧急，日本正式决定陆军出兵，并决议直到上海作战告一段落为止，其他各地应注意不要动用武力。然而青岛八一四事件发生，令驻青的日本海军第十战队司令下村正助有趁机扩大事态之打算，再三要求日本海军中央部迅速派遣陆兵，积极推动撤侨。同时，下村令麾下各舰强化警戒，第2联合航空队待命，特别陆战队完善进军准备，“以防万一”。8月16日，日本政府下令陆续将在青的15000余日侨撤退，拟将青岛特务机关长谷获那华雄指挥编练的“义勇队”4500余人留青，以备将来作配合日军登陆作战之用。20日，日本内阁正式批准青岛作战计划，将陆续派军舰集结于旅顺、大连，与陆军会合后即对青岛发起进攻。但在此时，在青日军仅有5艘军舰和数百名陆战队成员。在日本的威胁下，“中方也在稳步做好青岛的战备工作”，国民党海军陆战队、保安队各两大队及税警两团8000余人②已全部进入市区布防，故日本未敢轻举妄动。因“缺少兵力增援，难以预测何时会受到中方挑战”，下村正助“格外苦思焦虑”。③

面对日军攻占青岛的传闻，青岛市政府于8月21日向外间表示：“若日兵登陆这不幸事件果然发生，则吾人无他办法，唯有奋战保卫疆土，以尽地方政府及中国国民责任耳”。④ 23日，日本记者赴青采访沈鸿烈，他在谈话中希望日水兵事件早日通过外交途径解决，“倘留青日

① 李先良：《李先良回忆录：鲁东及青岛抗战纪实》，北京：中国文史出版社2013年版，第18—19页。

② 张树枫、郝丽华：《日本放弃实施青岛战场计划的原委》，《青岛文史资料》第16辑，第58页。

③「大東亜戦争海軍戦史本紀巻一梗概」JACAR（アジア歴史資料センター）Ref. C16120699400、大東亜戦争海軍戦史本紀巻1（防衛省防衛研究所）。

④《日兵若在青登陆 我唯奋战以保疆土 青市府发言人告路透社记者》，《新闻报》，1937年8月23日，第1张(肆)。

侨不撤退,或少撤退,则于安定人心大有裨益”。此外,沈鸿烈驳斥了“外间谣传日陆军将来青”等谣言,称“绝无此事”。关于日人所担忧的税警团问题,沈氏指出“在和平状态之下,该团决不前来”,并向日方表达了在两国正式开战前,他“必竭尽全力”维持青市治安“至最后之五分钟”。① 尽管当局再三声明,但青岛市内已是草木皆兵,“铺子都忙着关门”,行人听到炮声即以为是“日本兵来了”,买办和“阔人”“摩登太太们”忙着撤离,“前五天预订船票都发生困难”。② 据当时途经青岛的斯诺记载,三分之二的居民已经逃走,他更用“仿佛是一个放弃了的城市”来形容青岛。③

日本陆军“一直以来对青岛作战无甚关心,想将作战范围局限在平津方面”,鉴于中国军队在淞沪会战中的顽强抵抗,“此时向青岛派兵会对陆军运用上产生不利影响”的认识迅速在内部蔓延。种种因素促使日本转变策略,放弃了青岛、上海同时开战的军事方案。8 月 24 日,日本内阁会议上正式作出放弃“青岛现地保护作战”的决定④,原定用于青岛登陆的特别陆战队被紧急调往上海。加之“青岛作为日本发展的重要据点”,日侨近 2 万人,在青工厂众多⑤,“经济发展正处于迅猛上升之势”⑥,日方认为“青岛、上海的经济产业设施,是日侨数十年经营的结晶,一旦因事变而成泡影,对帝国之未来极为不利”。⑦ 这均使日本政府有所顾忌,故而先作撤侨、撤资之准备。

---

①《沈鸿烈对日记者谈话 决维持治安为和平而奋斗》,《新闻报》,1937 年 8 月 25 日,第 1 张。

② 端木蕻良:《青岛之夜》,《烽火》创刊号,1937 年 9 月 5 日,第 8—9 页。

③ [美]埃德加·斯诺:《为亚洲而战》,北京:新华出版社 1984 年版,第 21 页。

④ 日本防卫厅研究所战史室著,天津市政协编译委员会译:《中华民国史资料丛稿 译稿〈日本海军在中国作战〉》,北京:中华书局 1991 年版,第 252 页。

⑤ 据统计,当时日本在青工厂 200 余家。李先良:《抗战回忆录》,第 6 页。

⑥「大東亜戦争海軍戦史本紀巻一梗概」JACAR(アジア歴史資料センター)Ref. C16120699400、大東亜戦争海軍戦史本紀巻 1(防衛省防衛研究所)。

⑦ 张树枫、郝丽华:《日本放弃实施青岛战场计划的原委》,《青岛文史资料》第 16 辑,第 56、60 页。

曾任日本居留民团第一任团团长的村地卓尔在1938年写有《青島の復興に就 いて》一文，他在日本侵略青岛后向日外交部汇报八一四事件前后的有关情况，是以日方视角剖析青岛事变的珍贵材料。村地卓尔认为该事件是中方主动挑起的一场“恐怖”行为，当夜国民党渤海舰队与保安队即武装配备就绪。而大鹰正次郎与下村正助“为青岛的和平工作”与沈鸿烈热心交涉，最终达成谅解，沈表示“如果日本军不登陆青岛，我方绝对不会走向战争”。尽管如此，村地仍指出青岛形势“非常险恶”，社会上流言蜚语极多，在青日侨因国民政府加增兵力而惴惴不安，皆闭门不出。青岛市内外的中国兵力有“一万五千至两万人”，相比之下日方兵力是“微弱的”，村地亦认为日军此时不适宜登陆。[①] 从以上描述中，可证实日本虽早有侵占青岛打算，但忌惮于中方的军事实力未敢轻易开战。八一四事件的突发性以及中国方面加紧兵力部署，给准备不足的驻青日军极大压力，故而采取拉拢协商的策略拖延时间。村地在向日外交部汇报中故意掩盖了日本海、陆军对占领青岛问题上的不一致行动，反将八一四事件的责任归咎于中国。

不可否认，围绕青岛问题，日本方面始终与国民党青岛市市长沈鸿烈处于博弈之中。执掌青岛以来，沈鸿烈致力于整顿市政，在问题极多的青市维持了多年声威，“被认为是相当有能力之人”。青岛日方政要对沈鸿烈知之甚深，据其观察，沈鸿烈是“富有权谋伎俩和狡黠智慧的典型中国人”，对日态度与个人背景密切相关。伪满洲国的出现和东北政权之崩坏，在内心深处给沈“植入了不小的愤懑之情”。丧失东北政权的势力后，沈鸿烈名副其实地投奔国民政府中央麾下，一方面基于“自我保全”策略，一方面则依靠“对日强硬态度”立足。故“每逢事变，沈鸿烈一边看中央的脸色行事，一边态度渐渐强硬起来”。但在日方看来，留日海军出身的沈鸿烈“从明哲保身立场来看，表面上对帝国海军的态度未必不良，实际上相当密切亲善”。由于沈“极为担忧对日关系

---

① 村地卓爾『青島の復興に就いて』、日本外交協會、1938年。

的恶化"[①],日本认定其须与日方"保持着不即不离的关系"。[②] 正因看清了沈鸿烈表面"强硬"背后的"虚弱",日本在与沈交涉时秉持强势态度,对将来完全掌控青岛具有信心,时刻为卷土重来做好准备。

八一四事件是紧张局势下的一个"意外"插曲,中日双方始终处于试探之中,但事件的最终走向实质上已由日本主导。在日本军队未能同步跟进的形势下,驻青日军遂采取缓兵之计。8 月 26 日,青岛日侨"多已退尽"[③],舆论界多认为"中日冲突之可能性,业已减少"。[④] 27 日,驻青的日本总领事馆发出命令,所有日侨须在 8 月底乘船撤离,"因事不得不留者"可延期至 9 月 2 日。[⑤] 面对时局缓和的信号,青岛市面"已渐活跃,华商已有复业","男女工连日返青者亦颇多"。[⑥] 9 月 4 日 9 时,大鹰正次郎召集剩余日侨百余人至日本领事馆门前行下旗礼,"在场日人多有下泪"。礼毕后大鹰赴市府辞行,沈鸿烈亦赴码头送行,日领事馆馆员、海军联络员及服务中日合办公司职员等均同船回国。[⑦] 至此,青岛的紧张空气业已消散。中日形势原有一触即发之危,"而竟突转缓和",也使李先良感到"非意料所及"。[⑧]

八一四事件虽密云不雨,但随着上海战役愈发持久,日本投入兵力愈来愈多。在平、津被占,上海失守后,战事已扩大为中日两国的全面战争。当时国民党部队集中于徐州地区,李宗仁电令在青的于学忠部及海军陆战队撤离青岛向徐州集结。青岛防守兵力单薄,为日军再次

① 「外国情報 青島在勤武官電報(1)」JACAR(アジア歴史資料センター)Ref. C05022003600、公文備考 D巻3 外事 海軍大臣官房記録 昭和 7(防衛省防衛研究所)。

② 「第 1 支那第 3 艦隊と沈鴻烈 第 2 山東軍と韓復榘 軍令部第 3 部 昭和 12 年 12 月 25 日/中表紙」JACAR(アジア歴史資料センター)Ref. C14120577200、支那事変関係記録(4)昭和 13.1(防衛省防衛研究所)。

③ 《青市情况凄凉》,《申报》,1937 年 8 月 27 日,第 2 版。

④ 《青岛日侨一律撤退》,《申报》,1937 年 8 月 31 日,第 2 版。

⑤ 《中华民国史资料丛稿 译稿〈日本海军在中国作战〉》,第 253 页。

⑥ 《青岛日侨即可撤竣》,《申报》,1937 年 9 月 1 日,第 7 版。

⑦ 《驻青日领下旗返国沈市长送行》,《申报》,1937 年 9 月 6 日,第 2 版。

⑧ 李先良:《李先良回忆录:鲁东及青岛抗战纪实》,第 20 页。

进犯予以可乘之机。国民党人士"估计青岛的地理形势决不能守,就打算如果撤退青岛,一定要取得很大的代价",因此考虑"焦土政策"。日本在青产业中以纱厂所占价值为最大,当时约值 5 亿元,青岛当局决议主要对其予以破坏。其实,沈鸿烈并非向其宣称的那样要将青市治安维持"至最后之五分钟",早在 8 月底他便已为将来撤退做好打算,曾请山东省省长韩复榘支援 8 吨炸药和 1500 个雷管,秘密运送青岛后即组织爆破队进行培训演练。① 当日军准备渡过黄河夺取济南时,沈鸿烈认为时机已到,遂在 12 月 18 日晚发出命令,将中国海军第三舰队的军舰凿沉,炸毁日本所有的 9 个纱厂和青岛港发电、起重等设备,以啤酒厂为主的其他日本工厂也陆续被焚毁②,一时间"烈焰冲天,燃烧了三日三夜"。③

青岛爆炸印证了此前的流言,市民在嗅出国民政府行将撤退的信号后,心情愈加焦躁不安。在青岛爆炸的最初三天,"一般人民扶老携幼,挑着一担的箱笼肩着大大小小的包袱,有的穷苦人民只带着几件锅桶,或半条败絮,这样蜂拥蚁聚,牵牵拉拉,不舍昼夜的压着公路",向邻近的即墨、胶县和高密的乡村逃难。而"那种拥挤道路挣脱死亡的混乱,紧急,愁苦,凄惨的情景",已是"不能以笔墨来形容"。④ 后任伪青岛治安维持会会长赵琪对此混乱情形的解释为:"内地尚未荡平,奸民从而蛊惑,无知之氓或迷于一时之谣言或惑于远道之传闻,民心惶惶,罔知所措。"⑤青岛市民虽早在日占时期即与殖民者打过交道,但面对各地燃起的战火,尤其是日军在南京疯狂杀戮的消息传出后,民众易将占领和屠城结合起来。被战争恐惧笼罩下的传闻和流言加速传播,大批民众采取撤离的方式应对无法预知的前景,日占初期青岛市人口不

---

① 何敬君、颜涛主编:《青岛时刻》,青岛:青岛出版社 2011 年版,第 113—114 页。

②《中华民国史资料丛稿 译稿〈日本海军在中国作战〉》,第 286 页。

③ 李先良:《抗战回忆录》,第 10 页。

④ 李先良:《抗战回忆录》,第 12 页。

⑤ 赵琪:《对于新民报革新扩充之感想》,青岛市档案馆藏,B0023/001/00339。

足十万。[①]

1937年12月27日日军攻占济南，29日起沈鸿烈率海军陆战队和警备团共计9000余人退出青岛。[②] 1938年1月2日，日本海军编成用于侵略青岛的B部队，由新建的第四舰队司令长官丰田指挥进攻青岛。7日，日本大本营海军部发布命令，根据任务完成的情况“可适时占据青岛”。[③] 9日，敌机约29架盘旋于青岛上空，掷下中、英文传单，大意为如有抵抗者格杀勿论，各家须一律悬挂白旗表示欢迎。“有枪者（即警察类）集合大港，无枪者（即区长、卫长之类）集合大庙，听候发落。”[④]10日上午9时，日本海军第四舰队出动40余艘军舰，在数十架飞机掩护下，分别从山东头、沙子口、浮山湾、汇泉湾等处登陆。[⑤] 由于对青岛市内情况不明，日本军舰不知国民党军队已全部撤离，向海岸附近高地炮击。中午11时，日本海军陆战队“未遇抵抗即突入市内”，于下午3时30分占领青岛市政府大楼。[⑥]

对于占领青岛问题，日本海军意在速战速决，陆军则是希望采取陆、海军协同处理的方针。在此期间，因华南登陆作战中止等问题，日本高层“察觉陆、海军间疏通意志不够”，参谋本部开始对海军方面单独在青岛登陆有所担心。于是，日本陆军也在加紧部署兵力进入青岛。1月14日陆军国崎支队作为先头部队登陆青岛后，鲤城支队于19日抵青。[⑦] 日本陆、海军均想掌握青岛的主导权，这也为日后二者爆发矛盾

---

①《此后之期待正殷责任益感重大 望政府领导完成伟业 民国二十九年元旦感言》，《青岛新民报》，青岛市档案馆藏，D000306/00003/0001。

② 芮麟：《抗战爆发后沈鸿烈放弃青岛的真象》，《文史资料选辑》第1辑，第121页。

③《中华民国史资料丛稿 译稿〈日本海军在中国作战〉》，第287页。

④《青岛陷后惨状》，孙倌工编，中国第二历史档案馆整理：《沦陷区惨状记 日军侵华暴行实录》，北京：中国文史出版社2016年版，第193页。

⑤ 王书君：《日军第二次入侵山东、青岛的罪行》，《青岛文史资料》第5辑，青岛市政协委员会文史资料研究委员会1984年编印，第102页。

⑥《中华民国史资料丛稿 译稿〈日本海军在中国作战〉》，第288页。

⑦ 日本防卫厅防卫研究所战史室著，齐福霖译：《中华民国史资料丛稿 译稿〈中国事变陆军作战史〉》第一卷第二分册，北京：中华书局1981年版，第123页。

埋下伏笔。

不同于上海地区的惨烈抵抗，日军不费吹灰之力攻占青岛；与南京的血腥屠城相比，日军对青岛的态度较为“友好”。日后伪青岛市市长姚作宾曾言：“中国自从民国元年革命成功以后，迭次的内乱，可以说青岛没有受着影响。”在第一、二次直奉战争中，“青岛都没有听到炮响”，而这段时期的上海、汉口、天津等各地租界却“没有不受战争的影响”。即使在1930年中原大战中“济南已被山西军占领，韩复榘败退胶州”，青岛仍未受炮火，而这种情况竟持续至中日事变青岛被占。[①] 青岛带有极深的殖民印记，在中国近代史上的历次战乱中“明哲保身”，其受德日殖民统治的时间远超于国民政府治下，这赋予了它有别于其他沦陷区的鲜明特色。在看似祥和的幕布下，日本开启了对青岛的第二次殖民统治。

第二节　“恩”威并施：日占初青岛统治秩序的建立

如何恢复社会秩序、确立统治合法性是日本统治者在占领青岛初期的首要问题；面对市民的惊惶、戒心和避退，如何正确疏导民众情绪，可以说关乎政权长治久安。日本对青的占领虽已成定局，但国共游击队在山东腹地激烈的抵抗为统治平添不稳定性，“攘外”与“安内”成为并行不悖的主题。在对青市外围乡村施行武装占领、残酷镇压之外，日伪又对青岛市民释放出种种“亲善”信号，其中最为突出的是建立“以华治华”的政权过渡组织——伪青岛治安维持会。

国民党焦土抗战的“这把火”烧掉了可以资敌的产业，也烧出了一些人“藏头漏尾的原形”。“一般平素亲近日人，和敌人已有勾结的人”

① 青岛特别市市长姚作宾：《青岛特别市市长姚作宾就任谈话》(1943年4月1日)，青岛市档案馆藏，B0023/001/00972。

已“准备走他们汉奸的路线”，而这一类人士“大概上中下各阶层随在皆有”。① 或是处于暂时的“保护”乡民、减少损失，或是处于一己私利、功名利禄，抑或是受威逼利诱等外界因素影响，“留下来的人”将与日伪统治者一同构筑青岛的统治秩序。

一、日占初期的青岛

对于青岛当局施行的“焦土政策”，国民政府外交部宣称：“中国军政当局所以令摧毁青岛日人财产之举，乃对日人在华行动之报复行为；日军在中国领土之摧残，已引起中国人民之深仇嫉恶，故此种报复乃自然之结果。”②李先良认为青岛市政府“在这些焦土废墟之中，留下艰难悲壮的战绩；敌人也会在这些焦土废墟之中，估量敌方必不可胜的精神”。不过青岛的焦土抗战，“不是破坏自己的物资不以资敌，乃是破坏敌人的物资使之失其所有”。③ 言辞中颇有悲壮之意。在国民政府看来，焦土政策是对日本侵华的惩戒，破坏敌人物资亦是表明我方抗日态度之坚决，但民众的反映却各式各样。

眼见战祸已迫，准备以实际行动艰苦抗敌、临危受命者相继涌现。山东大学学生多放弃学业、随沈鸿烈前往前线一事即是最好的佐证。在梁漱溟以山东省济南为中心率领的 300 余名乡村自治运动青年中，有 200 人在事变后“相继逃亡重庆，无一人返回”，尽管他们平时一贯声称“反对国民党和蒋介石”。④ 当然，具有如此抗战决心者毕竟“不可多观”，“很难求之于普通市民”；一部分有财产、地位的知识分子“离开青

---

① 李先良：《抗战回忆录》，第 11—12 页。

② 《民国山东通志》编辑委员会编：《民国山东通志》第 1 册，台北：山东文献出版社 2002 年版，第 133 页。

③ 李先良：《抗战回忆录》，第 9 页。

④ 「1 事変下支那民衆思想ニ就テ」JACAR（アジア歴史資料センター）Ref. B02030702200、対支中央機関設置問題一件（興亜院）/在支連絡部調書（A-1-1-0-31_2）（外務省外交史料館）。

岛，逃散各县”，以撤退方式规避风险、不做顺民，“以示正义上之反抗”。① 但仍有许多有条件可走却选择留下的人。因焦土政策，青市日常生活设施大部被毁。总水厂被炸毁，使市民担心其余的水厂也行将被毁，所以“每户人家都忙着用所有的瓶、缸及罐子等储藏着每天的新鲜水”。自来水厂的首席工程师李声表示不管局势如何演变，他坚决职守岗位、尽力维持，并称他的部属也将一起留下。因此，“大家都放心了”。② 国民党撤退后青岛陷入行政真空状态，曾在青岛市公安局任督察长的德国人安德河出头，组成由在青外国商民及未撤离的中国旧警官构成的万国纠察队，佩戴臂章并携带武器在市内巡逻，制止抢劫③，使得秩序不致大乱。

在日本占领青岛后，市府、提督楼、山大校舍、铁路局、各中小学校舍等均为日本陆海军占用，市政府、铁路局高级职员和商家的住宅也有被占领者。据当时“有青岛道来汉（笔者注：汉口）者”谈及日本铁蹄下的青岛市近情如下：

> 敌海军多驻市内，陆军多驻市外，陆军服装破烂不堪，纪律荡然，奸淫掳掠，公然无忌。街市自一月十日至月底均由敌兵布哨，自二月起，始招铁路警察二百余人，并招收已星散之青岛市警察二百余人，共千余人维持市面，警察无枪，各给短木棍一枚，敌兵横行无忌，四方、沧口一带尤甚，说不胜说！④

日占初期，日本海军司令下村正助发表演说，大意为令人民各安其

---

① 李先良：《抗战回忆录》，第 11 页。

②《青岛失陷始末记》，贺圣遂、陈麦青编：《不能忘却的历史——抗战亲历实录》，上海：复旦大学出版社 2005 年版，第 242 页。

③ 王义昌：《徐树莲与伪市北警察分局》，《市北文史资料》第 1 辑，市北区文史资料研究委员会 1989 年编印，第 23 页；青岛治安维持会编：《青岛治安维持会行政纪要汇编》，1939 年 1 月，第 2 页。

④《铁蹄下的青岛（一）》，汉口《申报》1938 年 4 月 5 日，第 2 版。

业,“如有反日行动,则军法从事”。此外“尚说许多麻痹及欺骗人民的话”①,对惊慌失措的民众释放出“和平”信号。日伪在青岛市外的四方、沧口等乡区“毫无客气地用大汽车装载大批女工运进营房值宿”,但“对于青岛市内的居民还算客气”。青岛市区内景象“表面上一切无甚变异”,事实上日军在山东腹地的“势力范围仅在沿铁道数十里之内,稍远之处游击队便活跃非常”,为日伪统治增添了诸多不稳定性。1938年1月27日,日军中队长小松率领一个中队100余人入侵胶县,占据沽河大桥、李哥庄车站、胶东车站、大王戈庄和柏兰等要点,将胶济铁路两侧大部分地区纳入日军势力范围。② 尽管已加强控制,但胶济铁路“非但客车不通”,白天还要用来装运火药或军队,至晚上日方竟“把大车头开到大港海边,用起重机吊到船上”。此种做法无非是担心中国空军夜袭或是游击队偷袭。青岛近郊同样处在动荡之中,陆、海军的两个特务机关招收地痞流氓为其爪牙,中国人出入境须受严厉检查,旅客须有出境许可证方可离开,并且“只准带一百元”,通信受到严格检查,显出分外紧张的态势。③

紧张的气氛也存在于日本侵略者内部。日本海陆军在青岛问题上产生严重分歧。日本海军“使青岛成为帝国的领土乃至租界”的想法,招致驻青陆军反对。后者认为该观念违背了日本对中日事变的根本方针,“只要中央没有改变方针,海军方也无权擅自违反”。在陆军看来,“因在青海军荒唐至极的主张,产生无用的纠纷”,以至于陆军中央部工作停滞不前。而日本在沦陷区治理问题上“表面由中方机关实施”,此点也在海陆军中间产生分歧。④ 二者均试图占据背后的主动地位。从

---

①《铁蹄下的青岛(一)》,汉口《申报》1938年4月5日,第2版。

② 王胜军:《谁是汉奸》,南昌:百花洲文艺出版社2016年版,第159页。

③《青岛陷后惨状》,《沦陷区惨状记 日军侵华暴行实录》,第194—196页。

④「青島特別市政公処設置に関する現地海軍側の意向を是正せしめられ度件」JACAR(アジア歴史資料センター)Ref. C04120762300、陸支受大日記(密)第12号 3/3 昭和14年自3月22日至3月25日(防衛省防衛研究所)。

当时青岛的形势看，日本海军无疑掌握着绝对主导权。尽管二者存在利权之争，但在压制沦陷区抗日力量、维护稳定方面又有着天然共识。

2月14日，陆、海军宣抚班特在《青岛新民报》发布启事，鼓励市民举报“不逞份子”主脑的行动及所在，并将私藏军械者一并告之。① 抗日军民禁止各土产货物进入青岛，商人因此“倍受其害”。在获悉“现下匪徒（注：诬指抗日势力）日聚日众，匪势已漫入蓝村车站以北，在十里以外已有彼辈行迹”后，伪青岛治安维持会为防止游击部队侵扰袭击，于3月颁发布告，禁止在胶济铁路沿线及省市交通汽车道路两旁500米内种植高粱、玉米、谷子等高秆农作物，只可种地瓜、豆类短茎农作物。②

在此期间，日伪对山东的侵略全面铺开，在多处制造恐怖气氛以图震慑。1938年2月2日，日军血洗淄川杨寨村，杀死村民169人，全村有80%房屋被烧。4日，日军洗劫淄川龙口村，杀死村民58人，烧毁房屋二三百间，制造了骇人听闻的“龙口惨案”。11日，日军在张店、冶里、中埠、于家村屠杀村民216人，更有20户被杀绝。13日，日军入侵昌邑城后，烧毁房屋100余间并杀害群众130余人。③ 日本之所以采取上述极端手段，恰是缘于对民众抗日行动的恐慌，其中夹杂着侵略者对未知占领区域的不安全感。

青岛郊外暗流涌动的抗日活动，进一步加剧了日伪的紧张不安情绪。据青岛市日伪掌握消息：1938年2月，中共领导的山东人民抗日救国军第三军七大队在即墨袁家屯建立，队员300余人。④ 3月，胶县境内发现铁板会（又名忠孝会、大刀会），共1000余人，“在沿海各村扰

---

①《陆海军宣抚班告青岛市民举报不逞份子及私藏军械的启事》，《青岛新民报》，1938年2月14日，青岛市档案馆藏，D000291/00033/0012。

② 翟广顺：《半个世纪风雨——1891—1949青岛教育大事记述》，青岛：青岛出版社2009年版，第193页。

③《民国山东通志》第1册，第136—137页。

④ 翟广顺：《半个世纪风雨——1891—1949青岛教育大事记述》，第191页。

乱”。铁板会首领赵丹坡为前国民党胶县县长，他派手下、前胶县营业局局长来青调查市政。在即墨城外，有铁板会首领康宾河等 500 余人结成团体，“扰乱治安”。其党羽冷维山（又名龙树梅），“探听青市政消息”并且每月收到来自上海的汇款补充经费。平度县吴家口村吴云持、吴云峰两兄弟召集 30 余庄乡民成立铁板会自卫团，该会以抵抗游击队及日军为宗旨，“画符念咒，并每人均有红肚兜，扬言刀枪不入”。① 传统的中国乡民采用结社组织的方式抵抗入侵，甚至借鉴义和团时期“画符念咒”“刀枪不入”的口号聚拢民众，除反映了民众的抗日热情外，足以说明国民党正规部队撤退后抗日组织陷入各自为战的无组织状态，这也为此后日军各个击破提供便利。国民党正规部队虽已撤退，但在地方上仍有较强影响力。4 月，在沈鸿烈命令下，胶县南乡王台镇第四区区长项明臣率该区所有联庄会庄丁 700 余人、西南乡第六区队长周考山率联庄会员 50 余人、胶县第七区队长刘德全率 90 余人前往莒县参加抗日，此外还有辛安集第五区薛友石正在召集队伍。② 面对这类抵抗现象，日伪采取极端报复行动。5 月 7 日，日军由青岛出兵至即墨毛子埠，烧毁民房 768 间，杀害民众 140 余人。③

在日本占领青岛初期，对“暴民”予以严惩，对“顺民”施以安抚是侵略者的大致策略，恐怖政策与恢复社会正常运转是并行不悖的主题。日本对青岛市区的态度不同于他处的重要原因，恐与其在青殖民历史悠久、被废产业亟待恢复而安定人心关乎统治稳定有关。在青的许多中国要人与日本统治者早有交情，其中相当一部分出面“维持”秩序，减少了日方对青岛局势掌控的难度。伪青岛治安维持会的出台即是日本

① 《日伪青岛治安维持会关于侦缉土匪的情况报告》，青岛市档案馆藏，（临）23/1/399。转引自梁家贵：《抗日战争时期山东秘密社会研究》，贵阳：贵州人民出版社 2004 年版，第 44 页。

② 《日伪青岛治安维持会关于侦缉土匪的情况报告》，青岛市档案馆藏，（临）23/1/426。转引自梁家贵：《抗日战争时期山东秘密社会研究》，第 43—44、51 页。

③ 中共即墨县委党史资料征集研究委员会编：《中国共产党山东省即墨县党史大事记（1923—1949）》，青岛：青岛市出版局 1989 年版，第 274 页。

以所谓"和平"手段推行的以华制华之举。

二、寻求"合作":伪青岛治安维持会及其组织

1938年1月17日,在日本海军特务部、陆军特务机关扶植下,伪青岛治安维持会正式成立并举行盛大典礼,各街市均悬挂起五色旗以示庆祝。① 在成立宣言中,伪维持会称其在"全体民众及各团体之请求"下应运而生,强烈谴责国民政府的"焦土政策":青岛"经国民党军无故摧残破坏致多年经营建设付之一炬,伤心惨目不可言状,电灯水源为日用必需之品亦不惜一律炸毁",维持地方治安的国民党军警肆行焚烧抢掠,使"全市民众陷于绝境",国民党的"此种残暴行为实罄竹难书"。伪维持会将日本侵略者刻画为救世主形象,称日本"轸念本市倒悬之急,派遣大军惠然莅止,全体民众得以复苏,感纫曷极",日军"专司捍卫地方,对于中国毫无领土野心",所有地方政治事宜均交还中国负责。伪维持会因而倡导全体民众务"各守秩序",予友军以便利。②

为增强其合理合法性,伪青岛治安维持会效仿古人,为其存在制造"受命于天"的假象。伪维持会成立不久,即发动所属舆论工具,大肆宣扬一匹名叫"开源"的马。报道称沈鸿烈在撤离青岛前原打算炸毁整个城市,但听闻日军将在灵山岛登陆的传闻,遂仓皇宵遁并派公安局局长廖安邦继续轰炸,"决尽毁市内各机关、各建筑物而后快"。廖安邦相中公安局新购骏马"开源",当他跃上马背并扬言"今夕即乘此督烧各地"时,"不意天夺之魄","开源"忽站立并将廖摔下,致其"脑裂两耳出血",昏迷数日后身亡,"青岛因之而得以留存"。为褒扬"开源"之功,伪治安维持会将流落胶州拉大车的"开源"重价购回,饲养在第一公园,予之好料好舍。之后日伪出版中、日、英文小册子,为其树碑题字,名之为"拯救

①《一群汉奸 陆演丑剧》,汉口《申报》,1938年1月19日,第1版。

②《山东新民会的罪恶活动》,孙占元、杨明清主编:《山东重要历史事件:抗日战争时期》,济南:山东人民出版社2004年版,第91页。

青岛之奇马”。事实上，廖安邦不仅并未身亡，还随沈鸿烈参加抗战。[①]伪维持会编造“开源”奇马的用意，是为在立足之际大造声势，营造天佑青岛、维持会应运而生的假象。而日伪不惜借用政治迷信聚拢人心，通过神化政治权力增强权威性的做法，无不显示着其内心的虚弱。

伪青岛治安维持会以“维持青岛及其附近治安为宗旨”，由会长“综理本会一切事务并监督指挥所属各职员”，下设秘书处及总务、警察 2 部。秘书处负责撰拟机要文电、法令，收发公文及缮校，办理人员进退考绩，招待外宾，总理会计庶务等事项；总务部下属有计划科、财务科、工务科、教育科、救济科、联络处；警察部掌管保安、交通、户籍、卫生、消防、违警、犯罪侦查及审拟等事项。[②] 在人事安排上，由日本海军特务部部长柴田弥一郎任顾问[③]，赵琪任伪维持会会长，伪秘书长为吕振文，姚作宾任伪总务部部长，戚运机任伪警察部部长，周家彦任代管中央各机关事务主任，常务委员有赵琪、李德顺、姚作宾、陆梦熊、吕振文、周家彦，其余委员有韩鹏九、尹援一、杨玉廷三人。[④]

伪治安维持会在新政府成立前代行政府职责，在《青岛治安维持会暂行办事细则》中规定，每周一下午 3 时召开大会，“一次议决一切重要事务”，“遇必要时由会长随时召开临时会议”。开会时“出席人员过半数方得表决可否，同数时取决于会长”。[⑤] 实际上，伪青岛治安维持会在行政上表面接受伪中华民国临时政府指导监督，并赋予会长极大特权，实际幕后操纵指挥者为柴田弥一郎。[⑥] 随后，复兴委员会、土地整

① 青岛治安维持会：《开源号记》，《赵琪对下属训话底稿》(1939 年)，青岛市档案馆藏，B0023/001/00670；辛鹏：《何奇之有的奇马》，杨来青主编，青岛市档案馆编：《青岛旧事》，青岛：青岛出版社 1991 年版，第 106—107 页。

②《青岛治安维持会行政纪要汇编》(1939 年 1 月)，第 5—7 页。

③ 翟广顺：《半个世纪风雨——1891—1949 青岛教育大事记述》，第 190 页。

④ 青岛市史志办公室编：《青岛市志・政权志》，北京：新华出版社 2002 年版，第 240 页；《民国山东通志》第 1 册，第 468 页。

⑤ 青岛治安维持会：《青岛治安维持会行政纪要汇编》(1939 年 1 月)，第 5 页。

⑥ 高国耀主编，青岛市史志办公室编：《青岛世纪图志》，北京：方志出版社 2001 年版，第 138 页。

理委员会以及农林事务所、消防队、水族馆、感化所、屠宰征收处等机构亦在日本的扶持下被建立起来。① 原国民党中央在青岛设立的青岛盐务管理局、山东区统税局、青岛商品检验局、高等地方法院等机关也由伪治安维持会接收管理。②

伪青岛治安维持会成立后“百废待举”,但其宣称立志“要以与人民更始、谋闾阎乐利为前提”,关于条例规则中与人民不便利者“正斟酌损益着手修改”,但又恐耳目所不及,“民疾商艰或虞遗漏”,故特于1938年1月30日在《青岛新民报》敬告商民:“对于政府所颁布之条例认为须改革者请告知。”伪维持会认为国家法令须合民意,而“自国民政府柄政以来,凡所颁布之各项条例规则多与斯意相抵触,以致人心涣散、民怨沸腾,火热水深情同无告”,故望民众将建议呈请该会或面陈会长赵琪,以此“苏民困而慰众望”。③ 与此同时,面对统治初期社会秩序混乱、人心不安的局面,伪治安维持会亦发出严厉警告:“若有故意抹杀事实,误造谣言,扰乱青岛治安者,定予严罚”,民众发现此等不良分子可来会报告领赏。④ 伪维持会着意从以下几个方面恢复社会秩序:

一、教育方面,日伪认为教育是“立国根本大计”,但经年来受国民党党化教育之流毒,“学风败坏,人心陷溺,国几不国”,故伪维持会“以复兴教育为先务”。该会拟先办小学教育,并贴出布告广招教育界人士。⑤ 1938年1月29日,伪青岛治安维持会教育筹备处甫刚成立,即着手在2月24—28日举办中小学教职员训练班,集中向前来受训的277名教职员灌输亲日思想;随后又筹设小学教员养成所,借以“改换

---

①《青岛市志·政权志》,第221页。

② 吕伟俊等著:《山东区域现代化研究(1840—1949)》,济南:齐鲁书社2002年版,第449页。

③《青岛治安维持会敬告各界商民对于政府所颁布之条例认为须改革者请告知的布告》,《青岛新民报》,1938年1月30日,青岛市档案馆藏,D000291/0005/0020。

④《治安维持会昨日布告取缔谣言》,《青岛新民报》,1938年1月30日,第1页。

⑤《铁蹄下的青岛(一)》,汉口《申报》,1938年4月5日,第2版。

小学教员的脑经〔筋〕”，以便于实行奴化教育。① 青岛原有公私立男女中等学校9所，在事变后完全停顿，学生3000余人同时失学。3月1日，伪维持会饬令恢复市立江苏路、北京路、黄台路、台东镇和台西镇5所小学及市立盲童工艺学校，且校名前均须冠以“会立（维持会立）”二字，小学逐渐开学授课。随着青市秩序逐渐恢复，“市民源源归来，该五校学生人数日有增加”，于是决定将各校添加班次。至3月底，乡区小学开班授课的共有38校。

3月23日，伪青岛治安维持会总务部教育科成立，陈命凡任科长，各校校长由该科委派，各小学都由日本人充当指导官，监督师生活动。截至5月，仅青岛市区、乡区恢复上课的“会立”小学共计46校、258班，共有教职员249名、学生9979名。② 与之相比，中学教育恢复则进展缓慢，除女中、圣功外，均未开办。伪维持会教育科鉴于中学恢复实属“刻不容缓”，又恐“莘莘士子正在青年，学殖久荒，徘徊歧路，一经诱惑堕落堪虞”，筹划在暑假后恢复市立男女两中学。除常规教育外，由于青市“平康各里妓女多数未受教育，学识极感缺乏”，而事变后原有的平里女子补习学校宣告停顿，故而日伪决定在各小学相继开学之时，使一般妓女同时有就学之机会。此类学校每校派校长一人，教员二人，均为女性，又聘日籍女教员一人，教授日语。每日授课时间为4小时，课业以修身、国语、日语、常识、算术五门为主课，缝纫、音乐、体育、烹饪四门为辅课，于7月1日正式开学。③

二、经济方面，事变后青岛的旧日商会会长及委员等大多离青，“中国商家旧历一月十五日前无有敢开市的”。日伪以强迫开市营业、否则没收的方式，令商家不得不开市。在伪维持会的“劝导”下，青岛商

---

① 宋恩荣、余子侠主编：《日本侵华教育全史》第2卷，北京：人民教育出版社2005年版，第333页。

② 翟广顺：《半个世纪风雨——1891—1949青岛教育大事记述》，第191—192页。

③《教育工作报告》（1938年），《赵琪对下属训话底稿》（1939年），青岛市档案馆藏，B0023/001/00670。

业逐渐复苏,“市面已呈活泼气象”。但因“未有集团组织,形势极属涣散,意志不免隔阂”,故而当局在商民中推选“声望素著者”负责商会筹备事宜。1938 年 2 月 27 日,伪青岛总商会成立,推定柳文廷为会长,邹道臣、王芗斋为副会长①,另有常务董事 10 人,董事 63 人。青岛台东镇、台西镇商会亦告恢复,杨玉廷、刘子儒分别担任两会会长。此后,牛业公会、营业人力车组合、人力货车组合、洗衣同业组合、妓楼组合等七团体相继出现。② 日本卷土重来,对青岛商业的压榨远胜于前。之前中日合资的商业被改为日本独办;中国商民独办之商业,也多改为中日合办;而“较大之中国商人的企业则强行收买,否则没收”。③ 青岛商业呈现出短暂的畸形繁荣状态。

尽管日伪当局对中国企业采取盘剥之法,但为恢复社会整体经济面貌,仍做出以下“改革”:1. 废除苛捐杂税。为“召集流亡、安抚市面”,伪维持会将国民政府“病商扰民”的政策予以废除,包括“(1)肩挑负贩零星杂税(2)广告传单戏报等捐(3)门洞小贩烟酒牌照等税(4)东镇商摊税”;2. 豁免积欠租赋。因事变使商民“流离播迁、不遑宁处”,为示新政“宽大与民、更始之意”,伪维持会对商民在国民政府时期应纳及所欠租赋共计 70 余万两予以免除;3. 整顿合法税收。事变前青岛公营事业中码头、港务收入与水厂收入为两大宗,占全年收入总额之半。因属“军事时期”,上述收入在伪维持会成立后未经移交至会。由于“市面甫兴、元气未复”,伪维持会所收税收数目仅达十之六七,故决议对地租、地税、车捐、田赋、卫生费等项依次整顿,以增加合法税收;4. 调查市民空房并代为保管。事变后市民“因仓促被难他去”,以致空屋时常发生火灾、盗窃,为防“匪人潜藏其中作为巢窟”,伪警察部将无

---

① 青岛市史志办公室编:《青岛市志・大事记》,北京:五洲传播出版社 2000 年版,第 111 页;《赵琪对下属训话底稿》(1939 年),青岛市档案馆藏,B0023/001/00670。

②《青岛治安维持会经办事项简明报告・社会》(1938 年),第 1—5 页;《民国山东通志》编辑委员会编:《民国山东通志》第 4 册,台北:山东文献杂志社 2002 年版,第 2267 页。

③《铁蹄下的青岛(一)》,汉口《申报》,1938 年 4 月 5 日,第 2 版。

人居住的空房代行管理，待房主回青后发还；5. 取缔收买旧物商及各行商。因“收买旧物商多系游民并无相当资本，常有乘机偷窃及收买来历不明之物品”，又恐行商中有“匪人混迹其间”，故而伪维持会对二者严行取缔。①

三、整顿社会秩序方面，伪警察部承担了主要职能。青岛警士原有2000余名，国民党在撤退时令其悉数相随，伪维持会成立初即将“其中稍有知识”者召回，返青者约有900余名。因“青岛地面之辽阔实非此少数警士所能维持，遂由北京、天津招募警士500余名”，分布于市区及乡区。② 该部下设总务、行政、司法、特高、卫生五科及警察队、清洁队、侦查队等机构，下辖市南、市北、海西、台东、四沧、李村六分局，计有警员1403名③，主要工作有：

1. 施行乡村宣抚工作。鉴于“市外匪风迄未熄灭”，伪维持会认为“非对于民众等申明正义、宣布德意，实不足以静本清源、永策安全”，故采取攻心为上的政策。伪警察部特组织宣抚班分赴各村庄宣传，以期“纠正民众思想，使勿趋入歧途”。此外，在一定范围内，伪维持会对疾病无医药费或贫乏无衣食者施以治疗救济，以“减其痛苦、增其福利”，“宣抚结果极为良好”；2. 安置无业难民。因事变后工厂均被摧残，工人多告失业，而其“素日胼手胝足，栉风沐雨，所得工资本属寥寥”，一旦失业迫于生计，“实易铤而走险，流为窃盗”。为肃清治安隐患，伪警察部与黄道会劳工福利局接洽，对无业游民实施安顿，如有衣食无着的游民可以“解送”至伪警察部，由该局收留听候且“予以工作者九十六日”。此外，该部还将感化所房舍加以扩充，对难民予以收留，以免发生意外；3. 处理各项案件。为防范失业民众迫于生计而触犯刑法，或惩戒“惯

---

①《赵琪对下属训话底稿》(1939年)，青岛市档案馆藏，B0023/001/00670。

②《检阅警察训词》,《赵琪对下属训话底稿》(1939年)，青岛市档案馆藏，B0023/001/00670。

③《青岛治安维持会经办事项简明报告·寅·警察》(1938年)，《民国山东通志》第1册，第538页。

于作奸犯法不知改悔”的“匪人”，伪警察部遂令各局队“严密侦查范围，遇有案件发生，即赶速认真缉捕”，所破获的偷窃、抢劫、欺诈、拐骗及制造伪钞、贩卖违禁物品案件“月有多起”，将其查明后均移送法院。除一般案件外，伪警察部督饬各探员对“‘共匪’及反动匪徒严行防范侦缉”。办理案件中较为重要的有：“(1)查获自刻共党印章结伙勒索乡民财务之要犯刘国栋等四名(2)查获在厉文礼部下为匪之李供林一名(3)查获在孙世□匪部任事之韩忠信一名(4)查获在孙殿斌部下充当便衣队员，屡次抢劫之毕均德一名。”4. 设立检查所。青市秩序逐渐恢复后，“前此逃避之民众返回者络绎不绝”，伪警察部为“防范不良份子乘机混入起见”，在青岛各入口要塞设立检查所多处，专门检查行人，询明年龄、姓名、机关、职业、来青事由及到青住址，认为无可疑后才发给证明书，布置极为周密。①

1938 年 3 月，青岛各方面秩序已基本宣告恢复。有鉴于“上海方面或其他国民党势力所传出之消息必云青岛如何黑暗，人民如何惨苦”，日伪特邀请国际新闻记者团抵青参观，以期谣言不攻自破。赵琪在招待记者团的演讲中，回溯了“青岛与友邦商民二十年交谊”，指出“中日两国同文同种，亟应宜互相提携，不应萁豆相煎”。国民党昧于国际大势，“罔顾彼此福利，联合赤化鼓吹斗争”。战端一开，遂至不可收拾的境地。沈鸿烈“丧心病狂”、强施焦土政策，“威逼居民远徙他乡，约达三十余万人颠沛流离，状极可怜”，又无故将友邦所有经营之纱厂及多年建设付之一炬。赵琪将战争责任完全归咎于国民党的抵抗，强烈谴责国民党“置全市人民于死地”的行为。在此情况下，“幸而友军仗义出师，惠临青岛，始将障碍全消，重见天日”。赵琪赞扬日军“纪律严明，秋毫无犯”，抵青时“未放一枪未杀一人”，“全市人民莫不歌功颂德”，而此种情形也“为中外人士所共见共闻”。日伪将秩序恢复后的青岛作为宣传窗口，通过邀请各国新闻界记者参观报道的方式，向抗战区展示日

① 《赵琪对下属训话底稿》(1939 年)，青岛市档案馆藏，B0023/001/00670。

本“使残破之青岛于最短期间得以恢复繁荣，向复兴前途迈进”的景象，以此麻痹群众并削减国共军队抗日斗志。①

伪青岛治安维持会主要成员②主要由前清和北洋政府的失意政客构成，其中多数将参与伪维持会视为施展政治抱负的机会，而他们中又多沽名钓誉、以维护孔教自居者，故而在统治初期极力表现出为民请命、倾听民意的姿态，以便与国民党的腐败落后形成鲜明对照。实际上，该会仅是日伪在特殊时期设立的“以华制华”的过渡组织。该组织是日本在青政令的执行机关，虽对恢复青岛社会秩序、教育和商业的复苏起到一定推动作用，却也成为日本殖民统治和奴化民众的帮凶。

第三节　青岛职员群体与伪政权“合法性”的重构

对伪政权而言，驱除前任统治者的政治威信、为侵略寻求民心支持无疑是确立统治合法性最好的手段。为此，1938 年日伪在青岛举行七七事变一周年纪念、脱党和反蒋大会、“反共救国大会”。三场政治运动渐次展开，侧重点不同却又互有联系，层层推进。在重构七七事变的演讲宣传中，日伪完全将战争责任推向中国，将侵略行径美化为驱除暴政的“正义”之举，为殖民统治需求合理性；面对国民党在基层社会的影响力，日伪试图引导民众将战争的苦难归咎于国民党抗战，通过民众大会控诉其罪恶，最终达到削弱国民党统治合法性的目的；当战争向持久战迈进之际，日伪又将矛头对准在根据地日益壮大的中共，并确立“倒蒋必先反共”的长远方针，以此肃清沦陷区的治安隐患。三场运动的着眼点分别是过去、现在、未来，伪政权意图建立统治权威，扫除不稳定因素之意甚明。

① 《赵会长招待国际新闻记者团演词》，《赵琪对下属训话底稿》（1939 年），青岛市档案馆藏，B0023/001/00670。

② 有关伪青岛治安维持会的人事分析将在第二章第一节中详细阐述。

日占初急欲摆脱伪政权的尴尬地位，伪职员群体意图撇清与汉奸的关系，这使二者诉求趋同一致，从日伪不断引述政权初建时的艰难景象及痛斥国民政府“焦土政策”的言论中可见一斑。伪政权职员群体是日本构筑统治合法性过程中的重要参与者，其主导性亦在不断加强。日本统治者采取由上至下的方式对伪职员进行奴化渗透，透过当时在社会上有名望的个人带动精英群体，进而影响普通大众。可以说，以下三场运动是透视伪职员如何一步步地卷入侵略者所构建的沦陷区新秩序的窗口。

一、“得救复生之开端”：伪政权官员宣传中的七七事变

七七事变一直是抗日战争和中日关系史研究无法绕过的课题。随着大量档案相继公布，历史的真相逐渐浮出水面，史学界的研究成果从对事变本身“知其然”到七七之前的“知其所以然”，再到事变发生后关于中日双方交涉及战争最终走向的“知其然后”。[①] 人们常言历史亲历者更能接近事实真相，后人受各方消息干扰反易穿凿附会，但沦陷区七七事变的历史叙述却恰恰相反。战争一触即发，先开战者无疑负首要之责。受不同政治立场及当权者对信息筛选处理的影响，中日双方对此各执一词，为沦陷区的七七事变认识带来层层迷雾。

1938 年 7 月 7 日恰值七七事变一周年纪念日，为将民族的屈辱记忆转化为抗战动力并加强社会动员，国民政府在大后方举行了盛大的纪念仪式。七七当日“全国一律下半旗停止娱乐宴会志哀，各地党政军警各机关各团体学校均分别集会纪念，并由各该地高级党部召开各界纪念大会”，此外国统区还倡导素食一天以“作抗战阵亡将士及出征军人之家属与伤兵之慰问”。[②] 在一系列纪念活动中，人们流离失所的境遇伴随着战争所不断加剧的伤痛，迅速转化为强大的思想资源，中华民

---

① 臧运祜：《七七事变历史必然性再思考》，《中国社会科学报》，2017 年 7 月 17 日。

②《革命纪念日史略》，中国国民党中央执行委员会宣传部 1939 年编印，第 238—239 页。

族的凝聚力无形中增强。日本作为中华民族苦难的加诸者，在七七这个敏感的日子，非但未令沦陷区的舆论息声，反而背其道而行之。日本除在本国靖国神社举行盛大的招魂祭追悼阵亡将士，号召民众“思战线将士之劳苦，而固对应长期作战之决意”、“各户采一汁一菜主义”外①，还在沦陷区举办盛大的纪念仪式，使七七事变未经历史沉淀便已发生变型。

关于纪念青岛七七事变的原因，《青岛新民报》歪曲为青岛人民“感谢友军神勇圣战”而发。为令市民“永远不忘此有重大意义纪念日，今后两国益愈收共存共荣之实”起见，当局于7月7日上午9时以三发鞭炮为信号，在洒扫完毕的青岛神社举行阵亡将士慰灵祭，“事变之回忆，于是又在各人脑海内唤起新波纹”。神社门前，待青岛各小学校学生及在乡军人会、青年团、国防妇人会等约1000名成员排队完毕后，在日本宫司主持下，以大鹰正次郎和赵琪为代表的中日各方政要纷纷就座。在场人士齐唱“国歌”《卿云歌》声中，日伪举行揭扬“国旗”式。在宫司献上祭词后，由大鹰正次郎朗读宣誓文。10时起，神社内开始表演柔剑道、弓道、铳剑术、角力等日本传统项目。最后，在日特务机关长等人领导下，在场人士高呼“大日本帝国万岁”“日本天皇皇后两陛下万岁”“大日本陆海军万岁”等口号，午前10时40分散会。②

此次七七纪念场所并非局限于一地，而是在青市各处、各时间段密集展开。7月7日晨8时，伪维持会警察部即在后院广场召集部内各科长及全体职员并分局长及以下职员等共600余人举行纪念式。全体向“国旗”行三鞠躬礼后齐唱“国歌”，由伪部长戚运机及日本次长对马

---

①《纪念七七事变周年 全市默祷吊慰英灵 明日正午钟笛齐鸣一分钟 举行讲演会游行全市宣传》，《青岛新民报》，1938年7月6日，第7页；《七七各地慰灵祭典 日本全国民众全体默祷追悼阵亡英灵 东京靖国神社举行大祭》，《青岛新民报》，1938年7月8日，第1页。

②《昨日密云低垂中 静穆追悼阵亡英魂 街头悬挂标语散放传单 娱乐均行停止以表哀悼》，《青岛新民报》，1938年7月8日，第7页。

百之分别讲演。① 上午11时，伪政权重要职员又移至兰山路大礼堂，由赵琪主持召开事变周年纪念阵亡将士追悼大会，有全市商民代表、附近各镇各村长、各学校学生及维持会会长以下全体委员500余人参与，伪治安维持会陈命凡、赵琪、尹援一、韩鹏九先后发表演讲。12时全体起立默祷一分钟，在赵琪及宣抚官王文波领导民众高呼“大日本军万岁”和“青岛治安维持会万岁”口号三声后，即行散会。② 正午，在山东大戏院内，还有伪治安维持会、商务会、警察局、日军及居留民团要人进行讲演。③

7月7日被定为“谢恩日”，全市各行各业均停业“追想当时”，以此纪念并感恩日军。为聚拢人心，日方还于7、8两日在台东镇、台西镇、小港对贫民施粥。为要把事变的意义“使全市民众，都能彻底的明瞭”，当局采取了多种宣传手段：一、“用文字宣传方法，来唤醒民众”。如在各报纸上发表诸多说明事变意义的文字，并在大街要道张贴简要标语。中日各机关、团体、学校及商会等各大建筑房舍均悬挂长条白布感谢标语④，且在公共汽车及各商店门窗等处宣传一周；二、用“口头宣传的方法，就是演讲”。⑤ 从7月7日9时起，宣抚班协同伪维持会成员乘播音汽车游行，向全市民众讲演宣传，利用气球散布传单，无线电进行广播。该日正午，在观象台鸣笛一分钟后，学校、工厂、放送局、寺院均齐声鸣钟，报载“途中行人闻钟鸣亦须停步献祷，以慰阵亡将士英灵”。晚

① 《警察部典仪 各科队局长均参加 戚部长对马次长均致词》，《青岛新民报》，1938年7月8日，第7页。

② 《市大礼堂举行 纪念典礼情形 维持会委员全体出席 市民代表参加五百余》，《青岛新民报》，1938年7月8日，第7页。

③ 《纪念七七事变周年 全市默祷吊慰英灵 明日正午钟笛齐鸣一分钟 举行讲演会游行全市宣传》，《青岛新民报》，1938年7月6日，第7页；《今日七七事变周年 纪念式典隆重举行 晨九时在青岛神社举行祭典 要人讲演街头宣传同时举行》，1938年7月7日，第7页。

④ 《昨日密云低垂中 静穆追悼阵亡英魂 街头悬挂标语散放传单 娱乐均行停止以表哀悼》，《青岛新民报》，1938年7月8日，第7页。

⑤ 《回顾与希望 闵星萤》，《青岛新民报》，1938年7月10日，第7页。

7时起,日本和中国方面分别在第一小学校讲堂和新新大舞台进行演讲,于"戏剧间合由要人讲演"。①

7月7日当天,《青岛新民报》以大篇幅刊登青岛伪政权中日要人演讲,报头印有《七七事变是中国全民得救复生之开端》的醒目标题。在此次七七周年纪念中,当局要求会长及各部长、委员发表对时局的谈话。所谓"时局"是由种种事件演变而来,既具有时间性,又有空间性,梳理起来千头万绪。高级职员对时局和七七事变的讲谈,是伪青岛治安维持会成立后中日要员的第一次大规模集体发声,尽管所说并不代表所想,但也一定程度上反映出他们对历史局势之看法,亦可循着一些蛛丝马迹,管窥影响其投敌的内外因素。伪政权高级职员的家庭出身、教育背景、行事为人及人生阅历等均有较大差异性,加入伪政权的原因不尽相同。尽管如此,其思想体系中的某些"同质性"又构成了他们为侵略者服务的理由,从以下演讲中也可从侧面探究迥然相异的个体是如何与伪政权这段历史逆流相作用并最终汇聚的。他们的言谈虽被整合到日伪"政治正确"的宣传框架中,但若仔细分析,却见"和而不同"。正如赵琪所称,对于卢沟桥之变"仁智异见、言人人殊"。②

日本方面,除对七七事变表现出占领者理所应当的强硬态度外,还透露出某种"温情"信号。青岛陆军特务机关长河野大佐称卢沟桥事变的发生并非日本诱导,日本在事件不扩大现地解决方针下,"隐忍复隐忍"。但因国民党的不守信行为,"日本遂起而应惩"。河野指出,今后战争无论五年、十年,日本"断乎以一贯之方针"对国民政府进行彻底打击,直到"完全消灭为止"。同时,他强调日本要在战争之外"遂行建

① 《纪念七七事变周年 全市默祷吊慰英灵 明日正午钟笛齐鸣一分钟 举行讲演会游行全市宣传》,《青岛新民报》,1938年7月6日,第7页;《今日七七事变周年 纪念式典隆重举行 晨九时在青岛神社举行祭典 要人讲演街头宣传同时举行》,《青岛新民报》,1938年7月7日,第7页。

② 《天下事无无因而果者 青岛治安维持会会长 赵琪》,《青岛新民报》,1938年7月7日,第1页。

设”,以“日华亲善”为目标努力建设新生中国。① 青岛海军特务部部长石川大佐称国民党第二十九军在卢沟桥“突然对日军加以不法射击,乃此次事变之发端”,日本不得已而起“应惩之圣战”。石川批判国民党“忘却友邦邻谊”而采取排日抗日政策,并企图揭穿其用卢沟桥的宣传策动民意,“向诸外国哀诉泣愿,以乞后援”的策略,斥其为“回光返照之抗战”。石川还将两国地位置于极不平等之下,称卢沟桥事变是“东亚黎明之晓钟”,而此次“圣战”是日本“以慈父之泪的铁拳之外而无他”。最后,石川雄心壮志地表示要集中人力物力彻底消灭“荼毒东洋和平、与夫邻邦四亿民众之狮子心中之虫之抗日蒋政权”。②

比之于石川将日本高抬至“慈父”地位的傲慢,青岛日本总领事大鹰正次郎则显得“友善”得多。大鹰正次郎称即使第三国人,“亦不能视中国为殖民地”。谈及事变爆发的形势,他认为有以下几点:一、国民党急欲统一全国而使各地军阀中央化,以抗战之名实行统一,“向和平之邻国发动”;二、“党府过信其自己之兵力与军备”,为抗日运动所发的宣传材料为“全国津津乐道,造成党军之军备优于日本之错误观念”;三、国民党“认为有力之第三国,必乘机而起,宣告对日宣战”;四、国民党“无谋”,明知“满洲国”独立为本身恶政的结果,还“表面向国民高呼收复失地”,“命税警团开入山东”。为显示日本不愿开战,大鹰正次郎详细回溯了青岛事变前后经过。日本政府“千方百计,研究最善方法”避免战祸波及山东,但国民党却与之相反,在 1937 年 8 月 14 日令便衣队杀害日本水兵。之后他曾“再三与沈市长会见,交换意见”并“促其反省”,但国民党却“完全培植战争心理状态”。他称当时日本“立刻使军队登陆而起战争并非难事”,但仍“忍其不能忍,遂实行居留民之总撤

---

①《协助建设新生中国 青岛陆军特务机关长 河野大佐》,《青岛新民报》,1938 年 7 月 7 日,第 2 页。

②《向建设东亚和平迈进 青岛海军特务部长 石川大佐》,《青岛新民报》,1938 年 7 月 7 日,第 2 页。

退”；而沈鸿烈却付诸焦土，完全破坏日本工厂与资源，使民众惨失生活之道。大鹰指出国民党“不仅为破坏远东和平之原因，且为中国良民之恶魔”，日本将“驱逐此恶魔与中国之良民坚固携手”。目前“山东各地之贼匪，已被镇压”，“不久即可肃清”，大鹰深信“山东省民已自事变之战祸中完全救出”。①

大鹰正次郎以胜利者姿态重回青岛，完全扭曲了八一三事件真相，掩盖了日军因实力不济而延缓登陆的事实。日本侵略者口中所描绘的七七事变均因中方挑衅而起，并将自己塑造为中华民族的“拯救者”。这些言论，或许会削减一些投敌事伪者的道德焦虑，为他们投敌赋予“正当”乃至“正义性”。在伪职员的不断论证和自我暗示下，他们形成了对七七事变的系统认识，较有代表性的观点如下：

一、传统的命定论。赵琪在《天下事无无因而果者》一文中，以因果命定论的角度，从“远因”“近因”“现在”“将来”四个方面诠释事变的必然性。由远及近，因国民党“意气不可一世”，“对于同种同文、唇齿相依之友邦，无端加以威胁”，故而导致“天夺之魄”、“砰然一击”之报应。国民党“醉心于远交近攻之缪策，认贼作父、嫉善如仇”，才导致日本“忍无可忍、临之以兵”，而国民政府则是众叛亲离，一败涂地。赵琪强烈谴责国民政府“焦土决河”的残暴政策和“大言不惭”的抗战愚民宣传，认为临时、维新两政府“励精图治”、“应天顺人”，统治区一片祥和繁盛之光明前景，如此“拨乱返治之首功，实惟卢沟桥一役”。② 赵琪惯用“得人心者得天下”、“得道多助失道寡助”的思维模式，将日本入侵视为传统中国的王朝更替，以上也反映出他思想中保守性的一面。赵氏颇有一番匡扶济世的抱负，此番解释也是在为其出任伪职找寻天然的命定因素。

二、理性的国内外局势论。姚作宾在事变前曾任冀察政务委员会

① 《与中国良民携手 青岛日本总领事大鹰正次郎》，《青岛新民报》，1938年7月7日，第7页。
② 《天下事无无因而果者 青岛治安维持会会长 赵琪》，《青岛新民报》，1938年7月7日，第1页。

交通委员会组长和惠通航空公司董事[①]，对中日的国情较为熟悉，而他又素有善辩之才，故在报刊上洋洋洒洒发表《卢沟桥事变之回顾》的连载五篇。姚作宾认为宋哲元左右大将被蒋介石利诱收买，用尽手段阻挠日本经济提携策略，“宋无远大眼光”[②]，遂致局势一发而不可收。[③]姚作宾紧接着对世界各国面临的局势侃侃而谈：政治经济方面，国民政府“皆为宋氏姊妹所把持”，宋氏“与英国犹太系财阀沙逊有密切关系”；军事方面，“则以黄埔军官生为中心”，他们则由“苏联一手造就”，故蒋政权被英俄包围而不能自拔。[④] 蒋介石“以英俄为可恃，且以为日本内部情形复杂”而强硬对日，“政府中有不主张如此行动者，莫不被指为汉奸”。[⑤] 姚作宾不仅提及“汉奸”，且谓此乃国民政府对意见不一致者的统称，有意为汉奸正名。而从其欲盖弥彰的解释中，亦流露出投敌事伪者以强硬姿态掩饰道德有亏的心理波动。之后，姚作宾再由国际转向国内，预测将来武汉一旦陷落，广东、广西、福建、湖南“必有华南政府出现”，蒋政权定难在军阀云集的四川、云南站稳脚跟，必将退入贵州“负隅自顾”，再行扰乱西南各地。姚作宾希望川云湘桂人士“一致努力根绝此祸害”，国人亦要“速谋自救之道”，在日德意防共阵线之内“努力肃清赤化”。[⑥] 姚作宾作为知晓一些内幕的亲历者，利用其政治经济学专业知识，采用条分缕析的方式，欲使民众“理性”地看清国际大势，“弃暗投明”，而他投身于伪政权亦是基于现实的选择。

---

①《汉奸姚作宾补充陈述书》(1951 年 3 月 21 日)，青岛市档案馆藏，C010684。

②《卢沟桥事变之回顾(二) 青岛治安维持会常务委员、总务部长 姚作宾》，《青岛新民报》，1938 年 7 月 8 日，第 2 页。

③《卢沟桥事变之回顾 青岛治安维持会常务委员、总务部长 姚作宾》，《青岛新民报》，1938 年 7 月 7 日，第 2 页。

④《卢沟桥事变之回顾 青岛治安维持会常务委员、总务部长 姚作宾》，《青岛新民报》，1938 年 7 月 9 日，第 2 页。

⑤《卢沟桥事变之回顾(四) 青岛治安维持会常务委员、总务部长 姚作宾》，《青岛新民报》，1938 年 7 月 10 日，第 2 页。

⑥《卢沟桥事变之回顾(五) 青岛治安维持会常务委员、总务部长 姚作宾》，《青岛新民报》，1938 年 7 月 12 日，第 2 页。

三、第三国蛊惑论。陆梦熊曾在国民政府内任职并留学日本，他不似姚作宾将七七事变爆发归为内因，而是归咎于“第三国蛊惑”。陆氏回溯近代西方各国的殖民史和中国自鸦片战争以来遭受的苦难，谓幸而日本崛起，“各国知东亚有干城，是以对于中国亦侵略稍缓”，然对日本的嫉恨愈深。陆梦熊称日本“关于中国绝无侵略领土之企图”，而是鉴于唇亡齿寒之形势，“保全中国，即所以保全东亚”。西方“先示以怀柔政策”，使中国人民对白种人俯首帖耳，而背后真正的目的是对付日本。西方欲使中日发生战事，以剩余的飞机和劣等枪炮卖给中国，“诱趋中国之现银，尽入其囊中”，“居心可谓毒辣矣”。日本虽“酷爱和平，终难忍耐到底”，所敌视的非中国国民，“乃帝国主义及共产主义所迷惑之党军”。[①] 陆梦熊以种族主义将中日划分为同一战线，赋予日本东亚“保卫者”形象，以此激起国人对英俄及蒋政府的仇恨。

伪治安维持会警察部部长戚运机也有留日经历，他的观点与陆梦熊接近，认为事变爆发是国人受到以苏俄为首的境外势力蛊惑而导致日本全面兴起“正义之师”。戚运机指出，卢沟桥事变“非中日间战争，纯系消灭党权赤化势力”。中日“同文同种、势切唇齿”，非相互提携亲善而不能保东亚之永久和平。世界各国对于东亚别有用心，国民党又“昧于趋势”、“以为外援可恃”，因其“荼害生灵、有背天意”，故新国家“应运而生”。戚氏称 35 年前俄国侵略中国时，日本兴仗义之师“予以遏止”。目前苏俄的赤化势力“较前更甚”，故日本“不得不以全力协助我国，藉救危亡”。戚运机强调日军“对于良善民众，亲爱保护，毫无仇视”，国人应认清“今日之中国，仍为我中国人之中国”，日本并无侵占恶意。身为警务人员，戚运机表示“市外较远之处，虽有匪徒潜伏”，但对

① 《卢沟桥事变乃为东亚安定先声 日所敌视者为受第三国蛊惑之党军 青岛治安维持会委员陆梦熊（未完）》，《青岛新民报》，1938 年 7 月 7 日，第 3 页；《卢沟桥事变乃为东亚安定先声（昨续）陆梦熊》，《青岛新民报》，1938 年 7 月 8 日，第 3 页。

青市治安颇有把握，自信“经设法宣抚剿捕，自不难感化归复，或歼灭净尽”①，不忘顺势向日人表忠。

四、国民党腐败不得民心论。李德顺在清政府灭亡后到青做起寓公，是“第一个定居青岛的清朝大吏”②，在其言辞中充斥着对国民党的不满之情。李德顺引用“国家将兴，必有祯祥；国家将亡，必有妖孽”一语，指出国民党盗窃国柄十余年来祸国殃民，“国家人民交受其害”。卢沟桥事变本可和平解决，但“国民党昧于世界大势，不念友邦过去精神上、物质上种种之协助”，反而“倡言抗战，干戈挠扰”，以致各地相继失陷。李德顺强烈谴责国民政府焦土抗战和决河放水政策，认为其“残暴狠毒，至于此极，令人不忍闻，亦不忍言”，而目前“国民党已失全国人民之信仰”，仍“负隅顽抗、螳臂当车”，实在是“太不自量”，与汉代十常侍和明朝东林党无异。只有国共两党“早日灭亡”，“东亚方有永保和平之望”。③

曾留学日本并在国民党铁路部门担任要职的尹援一也将时局恶化的责任归咎于国民党。焦土抗战“大都未抗先逃，未战先焦，使南北各地，无一片干净土”，在此之外又“忍心掘堤，以洪水为抗战之工具”，使数千万人民陷于水深火热之中。尹援一认为国民党虽然“以民生主义相号召”，但实在是“民死主义之变相耳”。目前国民党“势力日蹙”、“兵无斗志，民有贰心”，其崩溃之期应当为时不远。他在斥责国民党残忍之余，对和平的实现和“繁荣之将来”充满希望，“更为全国同胞，额手称庆”。④ 李、尹二人将国民政府腐败失去民心视为七七事变必然发生的原因，美化日本侵略为替民驱逐暴政的“正义”行为。此种言论易使民

---

①《非中日同心协力不能谋两民族之发展 此次事变非中日间战争 纯系消灭党权赤化势力 青岛治安维持会警察部部长 戚运机》，《青岛新民报》，1938 年 7 月 7 日，第 3 页。

② 鲁海：《逊清遗老的青岛时光》，青岛：青岛出版社 2006 年版，第 72、76 页。

③《焦土抗战 图害无辜 青岛治安维持会委员 李德顺》，《青岛新民报》，1938 年 7 月 7 日，第 2 页。

④《兵无斗志民有贰心 党府崩溃不远 青岛治安维持会委员 尹援一》，《青岛新民报》，1938 年 7 月 7 日，第 3 页。

众将自身流离失所的遭遇转嫁于国民党抵抗所遭报复，蛊惑性强。不过，二人的出发点截然不同，过去尹援一同国民党关系较深，转投敌营后揭露国民党，还有向日伪表忠的深意。

五、穿凿附会论。伪治安维持会委员杨玉廷为白手起家的商界人士，他在七七谈话中称自己“学力识力，均有不逮”，认为谈时局过于繁杂、“不知从何处说起”。因此“避难就易，触景生情由七月七日大纪念引起”，由一段神话再说到卢沟桥事变的前因后果。杨玉廷称第一个七月七是新历，日本“为确立东亚和平、防止赤化中国”，不惜以全部精力财力“提携华人脱离党治，踏上真正亲仁善邻之坦途”；第二个七月七是旧历，中国古代有牛郎织女渡河一会的神话；第三个七月七是该年闰七月，距离上次有 19 年，“民间也没有织女重渡鹊桥之传说”。杨玉廷由鹊桥牵扯到建于金朝、“倍极精巧”的卢沟桥上，去年的事变“使历史上有名之一大建筑”毁于炮火，而这“皆是出于中国国策错误之所赐予”。他劝导全国有识之士“及早醒悟、回头是岸，共同踏上明朗化之前途”。杨玉廷自知上述言论纯属胡编滥造，亦称“至于牵强附会贻笑大方，在所不计”。[①] 杨氏的比附充斥迷信思想，看似荒谬，但在民间不乏受众。不过对杨玉廷而言，其中当然也有受侵略者指派而不得不谈的无奈。

以上伪职员的谈话显示，以赵琪为代表的深受中国传统文化熏染的知识分子多从中国内部寻找沦陷因由，将其划归为带有王朝更迭意味的天命论；不似姚作宾那样有灵通的消息渠道，面对突如其来的事变，像杨玉廷这类白手起家又缺乏政治根基的新兴权贵，似乎未加思索抗战的长远局势，就已被日本必胜的呼声与表象卷入伪政权；而有过留日背景的陆梦熊、戚运机、尹援一等人对日本颇具好感，将中国“更生”的希望寄托于日本。陆梦熊称赞友邦将士“劳苦功高”，日本为保障和

---

①《“七七”三部曲 由神话说到目前事实 愿国人共进明朗之途 青岛治安维持会委员 杨玉廷》，《青岛新民报》，1938 年 7 月 8 日，第 7 页。

平而受莫大损失,"中国人民所应同深抱歉焉"。① 尹援一对"为民除害"的日军大加赞扬,其"艰苦卓绝,见义勇为之精神"使人"敬佩不已",军旗所到之处,"尤以安定地方秩序为重"。② 如此亲日媚日言论大行其道,市民对七七事变的认识或多或少会受其影响。这些认知是个体在经过日本官方宣传建构的影响下,结合自身背景和经历而层层沉淀的结果。

为纪念七七事变,日伪特在《青岛新民报》刊登《"七七"事变一周年纪念特刊》,共收到来稿270余件。黄台路小学三年级学生李福顺在《我的回忆》中称,事变爆发后"人民因为大多数失业的失业,做买卖也没生意,在青不能维持生活"。李福顺一家在1937年9月逃回家乡,但"田不能种,土匪又多",父母"整天的忧愁",他也没有书念,"只是糊里糊涂过日子"。1938年春,见"有许多朋友都上青岛来",他们一家也就搬回来了。李福顺描绘的一家人的生活为:"我爸爸仍在青岛做买卖,我入黄台路小学校求学,比从前我们的生活更快活了",并称"友军用了金钱和血肉来造成我们这许多快乐,我们是应当如何的感谢他们啊!"李福顺一家由离青避难到再度返青是相当一部分沦陷区市民共有的经历,感受到青岛由焦土抗战的残破向表面"繁荣"迈进,部分市民会扭转之前对日本的负面印象。在校学生所受奴化教育对其思想价值观也具有一定影响。李福顺赞扬青岛"市面也繁荣了,无论建设、交通、教育,都弄得井井有条,那一件都是对市民有很多的利益,远胜过从前的空唱高调"③,以上言语中带有明显的日伪宣传痕迹。

卢沟桥在大后方及抗战人士看来,是痛苦与灾难的象征,但在日伪

---

①《卢沟桥事变乃为东亚安定先声 日所敌视者为受第三国蛊惑之党军 青岛治安维持会委员陆梦熊(未完)》,《青岛新民报》,1938年7月7日,第3页;《卢沟桥事变乃为东亚安定先声(昨续)陆梦熊》,《青岛新民报》,1938年7月8日,第3页。

②《兵无斗志民有贰心 党府崩溃不远 青岛治安维持会委员 尹援一》,《青岛新民报》,1938年7月7日,第3页。

③ 黄台路小学三年级男生 李福顺:《我的回忆》,《青岛新民报》,1938年7月7日,第4页。

的宣传话语下，卢沟桥对于沦陷区民众而言，仿佛是胜利与希望的表征。化名为“松本”特作《卢沟桥纪念歌》，内曰：“卢沟桥，卢沟桥，七七事变由此肇。神武友军代我除强暴。驱逐蒋氏与朱毛，拯救我同胞。党军纷纷鼠窜逃，党府基础已动摇。奠定东亚，太平之日已匪遥，愿同胞，勿忘去年今日卢沟桥。”“寄尘”在《说“桥”与七七》中，论及桥在牛郎织女相会时作为心意相通的连接之物，继而引出卢沟桥和七七。如今该日已“不仅是‘牛郎’与‘织女’的甜蜜之日，而且是我们全民众的‘欢呼’之日”。作者指出“桥”与“七七”全为人类造幸福，“夏历的‘七七’有‘牛郎’‘织女’鹊桥相会之甜蜜，国历‘七七’有卢沟桥的事变”，“阴阳对应，相得益彰”，而此“当更增一番隆重不泯之史绩矣！”①

另一作者在《卢沟桥事变周年感言》中称中国之乱“未有如今日之甚者”，而此乱是“基于中国之革命”。他抨击国民党自北伐成功后“假虚声，唱高调，一味夸大”，“只知有党，不知有民”，“惟党命是从，惟党言是听，反革命即是反党，反党即是叛国，党外无党，党权高于一切”的种种作为，认为这也是“权愈高而民愈远，民愈远而情愈疏”的直接原因。他尤为反对国民党“引狼入室”的容共政策，认为欲救中国“非解散国民党，取消党治不可”。② 此番言论与日伪官方话语高度一致，现今无从获知他的身份，不知感言确为智识分子所写还是编辑所为。在七七事变合理性建构中，统治者欲使民众发自内心地认同伪职员所编织的事变传说，于是通过权力引导舆论。在270余件文稿中可能有群众来信，但所刊登的一定是与伪政权利益相符者，“民意”亦可以是统治者有意拼接和制造的。

随着日本军事上的节节推进，一些意志不坚定或持观望态度的民众在强势的舆论动员下，立场或许逐渐发生微妙的转变。同时，伪政权灌输给民众这样一种信念：日本在前线的军事胜利是后方幸福生活的

① 寄尘：《说“桥”与“七七”》，《青岛新民报》，1938年7月7日，第4页。

②《卢沟桥事变周年感言》，《青岛新民报》，1938年7月7日，第4页。

保障。统治者令伪职员对民众发表时局看法、申诉国民党罪行，亦是借此场合使其明确敌我。通过对七七事变的一系列重塑与纪念活动，统治阶级的意志通过伪政权职员群体渗入基层社会，并转化为一种全民记忆。在这个过程中，伪职员的许多观念与看法在不违背统治者宣传总基调的前提下，又进行了有限度的发挥，并与自身经验相结合。七七事变遂在沦陷区演化为多种说辞的历史事件，背后充斥着成王败寇、优胜劣汰的历史逻辑。

二、脱党与反蒋大会

新政权建立后，解构前政权合法性的做法古已有之，并不稀奇。但背后出于何种心态驱使，又有哪些难以言表的深意，这些问题细究起来，往往会得到迥然有异而又贴合情境的答案。近代日本由中国眼中的蕞尔小邦跃升为东亚强国，不仅给国人以强烈刺激，同样为日人带来“久穷乍富”的膨胀感。对于那个曾经光辉夺目、人文荟萃的古老中国，后来者日本常以自矜自傲之心掩盖历史的匮乏，这种内心深处的怯弱常驱使其走向极端。

日本侵略者对下列说辞极为介意：“日本是中国的弟弟，弟弟强大了，欺负哥哥，占领了朝鲜和台湾，更想占领满洲国、全中国，我们必须要惩罚这个野蛮的弟弟。”日人认为，不管中国青年受到怎样的亲日教育，只会认为小学时学到的作为弟弟的日本，文字从中国习得，文化政治从中国传入。这是“对于现实事态没有正当思索和批判智力的人的想法”，中国人“一切皆以自家为中心主义，往往是受成见影响”。对“成见”极敏感的日本侵略者反“成见”的常见做法便是尊己卑人。在其看来，中国人的心理和“比起开私家车的董事，司机的孩子认为开车父亲更厉害的想法一致”。即使在日军完全占领的地域下，中国人“也没有对近代日本真正兴隆的原因或七七事变的‘时代意义’持正确的批判力”。日本对中国人“心底潜藏着朝夕学习、未被意识到的民族主义，也就是中华第一等主义”极度排斥，认定“作为尚未消除的救国英雄，蒋介石的幻影依旧存在着”。①

为要让沦陷区民众彻底放弃“‘救国英雄’蒋介石”、抹掉蒋之“幻影”，日本全方位推行脱党与反蒋大会。1938 年 2 月 23 日，伪政权在青岛市大礼堂举行隆重的国民党员脱党大会，到会者千余人，参观者达数万。通过构建脱党大会，伪政权试图去除国民政府在青的合法地位并消弭三民主义的影响。

伪治安维持会是此次脱党大会的主要执行者，在其颁行的《青岛治安维持会脱离国民党申请规则》中，适用于脱党者如下：1. “因意志薄弱误入国民党之党员及预备党员”；2. “曾受国民党机械式训练之人员”；3. “受国民党指导之商会、同业公会、各业工人工会之委员”等。而有下列情形者则不予以受理：一、“中日事变曾参与军事工作者”；二、“抗日有著作或有明显事迹者”；三、“有赤化嫌疑者”。要求脱党的国民党党员及预备党员须有居住本市的保人，所有申请人在经伪维持会审查合格，2 月 23 日由该会召集朗读誓词后颁发脱党许可证，此后将“在新政府下享同一之权利”。②

在日伪的改天换日下，从前代表政府形象的国民党员已成为脱党对象。伪治安维持会将三类有过明显反日举动的人群排除在脱党申请者之外，但脱党范围却不仅限于党员，还扩大至国民党受训的个人及团体，可见其意图拉拢以国民党员为代表的社会中上层力量，并将这类群体吸纳到伪政权建设的轨道上来。赵琪在大会的发言中认为脱党“意义至为重大”，国民党“实行操纵的不过少数人，其余多数党员或是意志薄弱、随声附和，或是利诱势迫、无可避免”。入党以后，“目观少数人倒行逆施，未尝不痛心疾首，想脱离于势不可不脱离，于心不安，这是何等痛苦的事！”赵琪谓，幸而国民政府一朝失败，民众行动得以自由，“还等

---

① 「1 事変下支那民衆思想ニ就テ」JACAR（アジア歴史資料センター）Ref. B02030702200、対支中央機関設置問題一件（興亜院）/在支連絡部調書（A-1-1-0-31_2）（外務省外交史料館）。

② 《青岛治安维持会行政纪要汇编》（1939 年 1 月），第 15—16 页。

他人劝告才宣告脱离吗?”所以说,“脱党是自觉的而非被动的”。赵琪告诫各位“要衷心忠实的参加”,用“从前种种如昨日死,以后种种如今日生”来作昔日之诀别。他向与会者许诺脱党后“得与一般公民享受同等乐利”,新政府将“一视同仁”,并在最后带领全体高呼“脱党诸君万岁！青岛市万岁！中华民国万岁!”的口号。[①]

这场脱党大会亦是对国民政府的控诉会。日伪在会上痛陈国民党的种种“罪行”,指出其“专政十余年,祸国殃民,罪恶滔天”,其统治下的青岛满目疮痍,“民怨沸腾,人心愤激”,直指国民党员为“公敌”,而蒋介石作为国民党最高首脑受到的抨击尤烈。脱党大会赋予国民党历史原罪的同时,试图彰显日本统治者宽大为怀、既往不咎的“亲善”面目,伪职员称日本“根据东洋本来的道义精神,逐去党人、不仇民众”,使民“于生路断绝之中得庆更生”。日伪劝诱脱党者“遇此良机能痛悔前非,翻然改图得作新民”,将个人“弃旧换新”的脱党行动与政权更迭相同步,“共同努力扫除党污不留余烬”。[②] 可以说,国民党人脱党大会,亦是伪政权为青岛民众举办的一场向国民党时代的告别仪式。

为彻底扫除“国共谬说”,伪青岛治安维持会还与日本宣抚班共同组织“扫共灭党委员会”,于 1938 年 2 月 24 日至 28 日五日间在全市范围内分赴各处“宣传扫共灭党真义,并破坏关于国共色彩之物品及设施”[③],日占青岛后第一次大规模的思想肃清运动全面展开。扫共灭党委员会委员长由伪治安维持会委员韩鹏九担任,干事长为陈无我。陈无我曾于 1934 年创办《胶澳日报》,在日军占领青岛前夕,将该报更名为《大东亚报》并欢迎日军登陆,是青岛第一家附逆报纸。[④] 除是新闻

---

① 《青岛治安维持会行政纪要汇编》(1939 年 1 月),第 14—15 页。

② 《青岛治安维持会行政纪要汇编》(1939 年 1 月),第 14—15 页。

③ 《青岛治安维持会行政纪要汇编》(1939 年 1 月),第 17 页。

④ 车吉心、梁自絜、任孚先主编:《齐鲁文化大辞典》,济南:山东教育出版社 1989 年版,第 363 页。

界的资深人士外[①]，陈无我还是一位虔诚的佛教徒，在青佛教圈人脉甚广。[②] 以陈无我为干事长，不仅可以利用其办报经验对舆论加以引导，更可团结佛教人士、吸引号召信众，可见对于扫共灭党委员会人选问题，日伪亦是经过一番斟酌。委员会下设宣传队 6 队（由陆军宣抚班组织，每队设队长 1 名，队员 3 名，唱宣传歌者 1 名，妇人会会员 2 名），该队"重点置于精神的运动"；实践队 10 队（每队设队长 1 名，队员 5 名，巡警 2 名，油工匠 1 名，人夫 6 名），组成摘发班、排除班、搜集班，要点是"有党的色彩物件设施之全面的摘发排除"。[③] 具体实施方案如下：

> 1. 思想的绝灭　（甲）街头宣传。依宣传歌并讲演以期彻底之（乙）坊长之说解之。各坊长使其理解，以期由各坊长彻底与各户利用新闻宣传（丙）剧场并字幕之宣传：（一）于舞台正面两侧揭挂标语布旌（二）利用映画字幕以期彻底（三）利用莲花落（善说者），利用中和剧院之"丑"口演之（四）标语旗之揭悬街路，并建筑物揭悬标语旗帜（五）配布宣传，画片并传单。
>
> 2. 物的绝灭　有党色彩的一切之物件实施摘发排除，其目的则：（甲）物件如党旗、党员证、书画、传单、书籍、便笺、商标、徽章、匾额类、各种商品、家具等类（乙）设施如纪念碑、铜像类、看板（招牌）、房屋上徽章、墙壁等表示之标语等类，并宜注意于纪念品等之调查及营业许可证、奖状、股票等诸证、书类等由治安维持会善处置之。[④]

在扫共灭党过程中，各队员均佩戴"扫共灭党周间"之腕章，在全市主要路线展开活动。社会基层被广泛地动员起来，"细胞的组织以各'坊'为单位，由坊长分担责任"，各家各户"皆须实行扫共灭党之举"。

---

① 民国时期，陈无我曾任《太平洋报》、《民国日报》编辑，创办"新世界新闻社"并任社长。张泽贤：《民国出版标记大观续集》，上海：上海远东出版社 2012 年版，第 69 页。

② 陈无我：《话旧》，叶圣陶编著：《弘一大师永怀录》，上海：上海科学技术文献出版社 2014 年版，第 195—196 页。

③《青岛治安维持会行政纪要汇编》(1939 年 1 月)，第 17—18 页。

④《青岛治安维持会行政纪要汇编》(1939 年 1 月)，第 18 页。

日伪试图通过宣传队达到“思想的灭绝”，实践队达到“物的灭绝”，最终使国共之影响力在民间达到“‘质’的灭绝”。① 在扫除国民党印记、思想和物质上予以灭绝的同时，伪政权也将政权更迭的紧张感与新政权的权威植入民众记忆。

经过长达半年的酝酿及筹备，青岛伪政权进一步运动民意，开展起声势浩大的反蒋运动。为反蒋运动彻底化起见，“青年同志”30余名于1938年9月7日晚集合讨论，组织“维新先驱队”，并于次日举行结盟式。随后，他们在市内各处及乡村揭发蒋介石“毒害国民”之恶辣手段，强调反蒋运动的必然性和“中日相携”的重要意义。② 日伪利用“青年同志”作急先锋，赴各地展开宣传以为反蒋运动预热。

9月10日正午，青岛反蒋运动市民大会在太平路大礼堂召开成立大会，青市各界代表共计200余人参加，由后任伪治安维持会委员的闵星萤报告大会经过。他称欲谋东亚和平与中日亲善之目的，“首应消灭国共两党，尤应打倒该党领袖蒋介石”，青岛始有反蒋运动大会发生。闵氏将该会的成立歪曲为由下至上发起：“先从乡村入手，由各乡村民众组织反蒋运动乡区委员会，然后由乡间扩大至市内，共同组织反蒋运动中央委员会”，“确信可为真正代表民意”。当局此举，无非是借“民意”为反蒋运动披上“正义”外衣。

人事任命上，李德顺被推举为反蒋运动市民大会委员长，杨玉廷为副，赵琪、姚作宾为大会顾问，另有委员若干人。李德顺是伪青岛治安维持会中年龄最长者，且在国民政府时期并未出仕，推举李为反蒋大会委员长，无非是欲以其威望和资历服人。日伪又以伪维持会中职权较高的赵琪、姚作宾为顾问，意在令其统筹全局。李德顺在致辞中谓：“蒋氏一日不下野，则中国一日不得安”，“蒋氏一日不打倒，则民众痛苦即

---

①《青岛治安维持会行政纪要汇编》(1939年1月)，第19页。

②《民众反蒋气势愈胜 本市青年组织维新先驱队 揭发蒋介石害民政策 促其下野救中国民众》，《青岛新民报》，1939年9月9日，第7页。

一日不能解除”。他称自己虽为71岁老人,“亦当振刷精神,激励勇气”,“不至打倒蒋介石不止”。①

除以长者李德顺为旗帜,伪维持会稳健派为大会策划者外,日伪还令朝气蓬勃的青年人奔走在前列。为“继续猛烈”地推进这一运动,9月10日夜伪青岛维新先驱队在市内各处分发反蒋传单,11日清晨又分为三班“乘自动车在市内”分发《蒋介石快下野吧》的宣传单,“同时亦往市外各乡村方面作宣传工作”。当日青岛“爱国青年同志”在全市散发的反蒋传单中,内称蒋介石“甘受赤苏之威胁、妄信白欧之诡言”,时至今日仍“不自悔过、一意孤行”,用游击战术之名到处摧残民众,国家仅存几许元气被毁灭罄尽。日伪用“庆父不除,鲁难未已”来描述当下局势,呼吁民众在此生死存亡之际“歼除国贼,复我邦家”。②

一系列运动之后,青岛反蒋市民游行大会于9月12日上午10时在第三公园体育场召开,参加者有各机关代表、学生、宗教人员、商会及同业公会人士及市民,人数竟达2万人左右。会场门前高搭彩坊,五色“国旗”交叉其上,上书“蒋介石不死,中国人民不得生存”的白条制匾额,场内贴满红绿标语,“以扩音机放送反蒋运动词曲”。升旗后李德顺亲自举行仪式,在唱“国歌”、全体向“国旗”三鞠躬后,由杨玉廷和李德顺分别宣读蒋介石下野要求、市民大会宣言及决议案。该会决定通电全国一致声讨蒋介石,与之“周旋到底”,蒋氏何日下野,该会何日解散。最后“在全场民众热烈鼓掌之下”,决议一致通过。③ 反蒋演说过后,由伪治安维持会警察部乐队领导,东文书院学生乐队与市民乐组随同群众展开游行,“延亘数里,状况至热烈”。游行队首为蒋介石布制人像,市民循规定路线,手持反蒋标语环游全市,其中主要标语有:“打倒误国

①《青岛反蒋运动大会 昨午举行成立大会 各代表等推戴李德顺为大会委员长 明日举行要求蒋介石下野市民大会》,《青岛新民报》,1938年9月11日,第7页。

②《如火如荼意气轩昂 市民反蒋运动热烈》,《青岛新民报》,1938年9月12日,第7页。

③《本市反蒋气势汹涌 昨日举行市民大会 参加民众在二万人以上盛况空前》,《青岛新民报》,1938年9月13日,第7页。

殃民的蒋介石”“蒋介石下野，中日和平”“联俄容共是蒋介石的罪状”“祈皇军连张讨伐蒋介石、彻底拯救中国民众”等。大队至台西镇海岸后，反蒋游行达到高潮，“全体向海而立，将蒋介石之人形及反蒋标语旗帜，堆积于岸上火坑中，施行焚毁”。在灭党歌及哀乐声中，全体三呼“中华民国万岁”，反蒋市民游行大会宣告结束。①

伪政权将反蒋运动列为长远计划，各地纷纷结成反蒋委员会作密切联络。伪治安维持会特制定长形白布一条，由赵琪及以下各职员署名，“悬揖以示反蒋到底”，李德顺还亲笔书写“蒋介石已为中国之独夫，须作虎豹犀象之驱逐，用谋东亚之和平”。② 当局还在伪维持会与台东镇商会前设一反蒋联盟匾额，“过往之行人，可随时署名”。③ 在反蒋市民游行结束后，伪维新先驱队非但未销声匿迹，反而“更形活跃”，不仅深入各村宣传，“而促农民之奋起”，更努力灌输反蒋意识。反蒋运动很快由青岛市区辐射至郊区。胶州、高密等拟在 9 月 15 日举行村民代表会议，实行蒋介石下野要求运动，并“组织小委员会与中央委员会紧密联络”，“乡村讨蒋大运动”被提上日程。反蒋大会中央委员会拟定 20 日后召集东镇、浮山、沧夏、李村、四方各区反蒋小委会，密切询问各地反蒋运动情形及民众反蒋之意识。④ 与此同时，高密以西胶济路沿线各地的反蒋运动交相呼应，“烽火已扩大山东全省”。日伪期待着，各处反蒋委员会渐次成立，将形成所谓“大民众运动”。⑤

青岛乡村地带是国共游击部队频繁活动的地区，争夺民众支持关乎政权长远立足，反蒋运动因而受到日伪高度重视。9 月 18 日上午 10

---

①《如火如荼意气轩昂 市民反蒋运动热烈》，《青岛新民报》，1938 年 9 月 12 日，第 7 页；《本市反蒋气势汹涌 昨日举行市民大会 参加民众在二万人以上盛况空前》，《青岛新民报》，1938 年 9 月 13 日，第 7 页。

②《李德顺委员长 昨日赴各机关致谢 反蒋烽火益炽 将延及全省》，《青岛新民报》，1938 年 9 月 15 日，第 7 页。

③《本市反蒋委员会 作为常设机关》，《青岛新民报》，1938 年 9 月 14 日，第 7 页。

④《反蒋中央委员 日内开始办公》，《青岛新民报》，1938 年 9 月 19 日，第 7 页。

⑤《反蒋运动气势 远于乡区 农民齐奋起 谋安居乐业》，《青岛新民报》，1938 年 9 月 14 日，第 7 页。

时，促蒋下野大会在即墨县文庙前举行，“民众参加者约数千人”，“情绪极为热烈”。报刊中称“即墨地据近野，人民思想却超于城市，对蒋之行政，更十足反对”，会后举行游行至下午3时散会。① 19日上午，胶县举行反蒋大会，参加民众约计4万。运动以该县宣抚班为后援，汇集胶县县长、即墨和高密宣抚班成员、第三路“剿共”司令官代表等中日要员。在《反蒋联会告一般民众书》中，伪职员用通俗易懂的语言向村民展开宣传：蒋介石“是要把我们中国造成一片焦土，无论生命财产，一概焦在里头，他才称心满意。火烧不尽的地方，他又会决开黄河淹了一两千里，好几千庄村，好几十万人民，你说残忍不残忍？”日伪注重从农民看重的土地、生命、财产等切身利益入手，又以抗战的不利形势促使其放弃抵抗之心：“华北完全丢了，徐州、南京完全丢了，长江一带站不住脚步，死守汉口，眼前里也就放弃了，他还说这就是救国！大家想想他是救国还是害国？”而作为侵略者的日本军队，却摇身变为老百姓的大恩人，宣传中称：“自从皇军到来，保护良民，恢复治安，我们脱了焦土的范围，是不是救了我们？”最后，胶县反蒋大会表明将团结60万同胞一齐与国民党反抗到底的决心，并向蒋介石发出“早早下野”的最后通牒。②

以今日视角来看，上述文字甚为荒谬。若尽可能回到当时的历史情境中去，可以想见在战争前途不甚明朗、日军攻势迅猛的情况下，日伪通过扶植当地有威望之人，利用民众现实痛处所展开的宣传，对于文化水平与认知能力不高，又处在焦虑心理中的民众而言是有一定蛊惑力的。而日伪在宣传中动用各种手段、极为夸张之阵势，也吸引到一批想要“看热闹”的人。在反蒋运动中，民众“大呼口号，沿城内游行，并有旧剧雅乐助兴”，既有煽动力又不乏娱乐性。③ 为进一步强化市民反蒋观念，反蒋中央委员会还制定《逐蒋介石歌》，其歌词如下：

---

①《即墨民众 反蒋会志详 参加者数千人》，《青岛新民报》，1938年9月22日，第3页。

②《胶县全体民众 反蒋情绪热烈 日前开促蒋下野市民大会 会后游行并有旧剧等助兴》，《青岛新民报》，1938年9月22日，第3页。

③《反蒋中央委员 日内开始办公》，《青岛新民报》，1938年9月19日，第7页。

蒋介石、不是人、行的事情竟欺民、无故拉拢共产党、弄得遍地起妖氛、民众实在难生存、饥寒困苦太伤心。

蒋介石、开战端、民脂民膏凭他餐、他的老婆宋美龄、藉着国家发财源、民间利权全垄断、此事令人心如煎。

蒋介石、不滚蛋、人民生活无法办、早一天下野早平安、他却无耻的恋栈、大家齐起把他弹、他不下野必不完。[①]

歌词通俗易懂、朗朗上口，将蒋介石搜刮民脂民膏与民众的忍饥挨饿相对比，传唱中更易引起民众共鸣。日伪欲将反蒋深切烙刻在民众意识之中，针对城乡不同阶层，在宣传手段上不尽相同：对普通大众采取开大会、演讲、散发传单、游行等直观方式，在乡村则以剧演等通俗手段吸引村民前往观看，而对城市智识阶层的反蒋渗透，若仅以上述方法恐不能奏效，故日本通过伪组织的上层人士展开洗脑宣传。9 月 21 日，日伪特在《青岛新民报》上开办《报面反蒋大会》专栏，“搜罗关于反蒋文字，以促蒋介石从速觉悟抗战之迷梦”。21 日至 30 日，青岛伪政权的重要人士均在此密集发言[②]，完全占领了舆论高峰。

1938 年 10 月 25 日，武汉陷落。对日伪而言，国民党败退恰印证了之前宣传，是加强巩固反蒋成绩的良机。11 月 4 日，青岛反蒋中央

① 《打倒民众公敌蒋介石 使其政权消减 反蒋中央委会章则拟定 市民制定逐蒋介石歌曲》，《青岛新民报》，1938 年 9 月 28 日，第 7 页。

② 《欲申民众对蒋愤怨之气 蒋氏理应自杀 治安维持会会长 赵琪》，《青岛新民报》，1938 年 9 月 21 日，第 7 页；《蒋介石若有人心 自应悬崖勒马 治安维持会委员、反蒋中央委员会委员长 李顺德》，1938 年 9 月 22 日，第 7 页；《蒋祸国殃民之罪 万死不足以赎 同胞应随友军打倒蒋氏以泄愤 维持会总务部工务科科长 李亚东》，《青岛新民报》，1938 年 9 月 24 日，第 7 页；《国共狼狈为奸 破坏东亚秩序 蒋介石不除中国不可救 治安维持会委员 尹援一》，《青岛新民报》，1938 年 9 月 26 日，第 7 页；《蒋介石残民祸国 孰不切齿痛恨 反蒋工作须先从一般青年做起 治安维持会教育科长 陈命凡》，《青岛新民报》，1938 年 9 月 27 日，第 7 页；《蒋应急流勇退 免留千载骂名 反蒋空气弥漫各地同情 杨玉廷》，《青岛新民报》，1938 年 9 月 28 日，第 3 页；《无数良民均被牺牲 应令蒋氏偿命 蒋乃天下罪人国人起而打倒之 东文书院校长 李仲刚》，《青岛新民报》，1938 年 9 月 29 日，第 3 页；《蒋介石用心之毒辣 实亘古未闻 凶残万恶乃我国全体人民公敌 治安维持会委员 陆梦熊》，1938 年 9 月 30 日，第 3 页；等等。

委员会将运动更进一步，举行“抹消人民公敌者之名字运动周”。李德顺在广播电台讲解抹消意义：“如今汉口既已陷落，蒋逆狼狈而逃”，为“促其速亡起见”，特举行该运动，要求各界“一律免用蒋介石宋美龄名字，即或于必须宣传彼等劣迹时，亦应用他种名词代替，以作鄙弃祸首纪念”。因人民公敌为全民族所唾弃，其姓名不必有存在的必要，故而“以‘一夫’或‘民贼’代之不为过”。[①] 赵琪特发表《恶势力没落感言》，称“一夫”与“民贼”是“不齿于人类者之绝好代名词”，号召国人与“友邦重温旧好”并一同“打倒恶势力”。[②]

抹消运动开始后“颇见功效”，“各处已不复见人民公敌者之姓名”。11 月 5 日，伪政权在新新大舞台举行学生演讲，由东文书院学生李锡恩、徐学娴代表发言。透过这些学生发言，可在一定程度上管窥武汉陷落后的民心动向与反蒋宣传之成效。李锡恩在演讲中称国民党屡战屡败，虽然在打仗前“必要说拼个你活我死”，在失掉地方之后“反倒说不要紧，美其名曰战略的变更，自动的放弃”。国民党自觉“老用那一套哄人的手段是哄不过去了，这才自己画上一个界限”，称最后的决战是在武汉。结果国民党“那点残威余信，已经随着汉口的陷落同归于尽了”。同李锡恩类似，徐学娴发言中亦揭露了国民政府“欺人自欺的谎话”，认为汉口的陷落使国人对国民党的欺骗手段“彻底的明瞭”。她告诫市民对国民党“不可以再有一点迷信之心了”，此后“要齐心努力的安分守己，作新中央政府领导之下的新人民”。[③] 两位学生利用国民党连吃败仗的事实，摸清人们不会相信连说谎话之人的心理，试图击溃民众的抗战防线。青年学生本为国家的希望与栋梁，从李、徐二人的言论中，可见奴化教育与宣传已波及第二代国民，学

---

①《李德顺委员长 讲解抹消意义》，《青岛新民报》，1938 年 11 月 5 日，第 7 页。

②《抹消人民公敌者名字 以“一夫”“民贼”代 赵会长发表恶势力没落感言》，《青岛新民报》，1938 年 11 月 5 日，第 7 页。

③《消抹民贼名字开始后 本市已见功效 学生讲演昨日继续举行 维持会联络员到场指导》，1038 年 11 月 6 日，第 7 页。

生无形中成为日伪宣传阵营的储备军。而反蒋运动中始终走在第一线的伪维新先驱队，也是日伪为充分运动民众而扶植的青年组织。为表彰先驱队在反蒋运动中的功绩，反蒋大会中央委员会赠与其“维新先遣”的银盾以示鼓励。①

反蒋运动在青历时两个多月，包括之前党员脱党、思想与物质上的扫共灭党运动等在内有长达半年的准备。反蒋运动的发生恰值日本攻打武汉正酣之际，这是日伪配合前线战事在沦陷区展开一次大规模的群众性动员，其影响力在武汉陷落后逐渐发酵，并在“消灭蒋介石名字运动周”中达到顶峰，对日伪统治初期合法性建立上起到重要作用。日伪在《青岛新民报》自信地宣称：“近来全国各地民众，对于蒋介石之欺骗伎俩均已觉悟，群起响应，到处均有打倒蒋介石声浪，足见全国人民恨蒋之深，思慕和平而得安居乐业之切”。②

青岛反蒋运动并非个例，当时沦陷区各大城市均有发生。运动之所以能风起云涌地展开，亦是伪政权内上行下效、伪职员群体相互协作的结果。作为连接日本统治者与民众的桥梁，伪职员不仅通过掌握的人际网络与社会资源最大限度地整合民众，还积极地为反蒋运动献言献策，其中陆梦熊的建议被其他伪职员一致认为“最为深刻”。陆梦熊指出：第一所谓“口诛笔伐”，先以言论宣传改造民众心理，使其有深刻认识并明了蒋之错误，不与合作，“较之枪炮尤烈”；第二“使小学生认识清楚蒋共之祸国”，至于雄辩会不单要有学生，“更以市民为单位”；第三，由伪维持会在广播电台随时放送，促使民众了解“不以蒋为对手之理由，因蒋祸国殃民非能为吾国民之首脑”，新政府为吾国民谋幸福、造和平，“故应热烈拥戴之信仰之”。③ 陆氏意在采取一切可能之手段，为

① 《反蒋中央委员 日内开始办公》，《青岛新民报》，1938 年 9 月 19 日，第 7 页。

② 《本报主办 报面反蒋大会》，《青岛新民报》，1938 年 9 月 21 日，第 7 页。

③ 《救国必须倒蒋 同时尤须反共 反蒋委会昨开第二次总会 尹委员提议悬赏征集论文》，《青岛新民报》，1938 年 11 月 17 日，第 7 页。

日伪编织一张全面铺开、逐个击破的宣传网，尤其是对小学生的奴化洗脑宣传，影响至为深远。但反蒋运动中伪政权的宣传体系毕竟还未成熟，陆梦熊的建议和日伪积攒的宣传经验将在“反共救国大会”上得到全面应用。

三、“倒蒋必先反共”：“反共救国大会”

在反蒋中央委员会成立后的两个多月内，广州、武汉相继陷落。在日伪看来，该会“所唯一反对的蒋介石，已走上没落的途径，不久就要完全消灭”。经过坚持不懈的宣传，沦陷区的民众“已多觉悟”，对“蒋的祸国殃民群起反对”。[①] 武汉战役中国民政府虽遭败绩，但也打破日本迅速灭亡中国的迷梦。当战争向持久战演变，沦陷区的稳定与发展尤为紧要。抗战以来中共在敌后发展迅猛，在山东格外显著。1938 年 3 月至 5 月，掖县、蓬莱和黄县抗日民主政府先后成立[②]，伪政权极感威胁。在表面上已对蒋介石造成打击、反蒋运动取得一定成效之际，反共运动随之被提上日程。

反共运动背后有着极为迫切的现实诉求。西安事变后，国共两党在深重的民族危机面前化干戈为玉帛，共产党“实现了从人民战线到民族战线的基础性转变”。中共抗日民族统一战线的对象包含了除汉奸在外的全国一切民众、一切党派。这让日本意识到，“共产党主张的民族战线，比起法国和西班牙的人民战线范围更广”。而且，这样的民族统一战线“集中在抗日一件事上，不是反对所有的帝国主义，而是只反对日本帝国主义”。全面抗战初期的国共合作对日本在沦陷区之统治构成威胁，强大的民族主义凝聚力不容侵略者无视。在战争招致“前所

---

① 《救国必须倒蒋 同时尤须反共 反蒋委会昨开第二次总会 尹委员提议悬赏征集论文》，《青岛新民报》，1938 年 11 月 17 日，第 7 页。

② 常连霆主编，中共山东省委党史研究室编著：《中共山东编年史》第 2 卷，济南：山东人民出版社 2015 年版，第 619 页。

未有的物价高腾”后，中共又“巧妙地捕捉到了民众急迫的感情，将他们组织起来，积极扩大发展抗日诸项工作”。① 感受到威胁的日本统治者加快了反共的步伐。

伪中华民国临时政府在组成“反共救国中央大会”后，即通知各省市分别举行，拟定1938年11月16日起至12月15日“为反共特别期间”。11月16日，青岛反蒋中央委员会召开第二次总会。该会稍作人事调整，顾问由赵琪、姚作宾变为陆梦熊、尹援一，陆梦熊在反蒋运动中未及实行之宣传建议将在“反共救国运动”中得到落实。杨玉廷代表因事缺席的李德顺发言，他指出“蒋介石虽已一败涂地，可是他仗着赤色的援助，还不肯偃旗息鼓”，所以反蒋中央委员会要格外努力地唤起民众，“否则蒋虽打倒而赤祸蔓延，亦足亡中国而有余”。杨氏称反共一层是该会今后责任，希望同仁“一致努力，不但反蒋还要尽十二分的力量去反共”。李伯林委员在会上提议，可悬奖征集农工商学各界反蒋灭共言论，以“文言文、白话文、诗、词、歌、赋、漫画等”形式，最后“制成小册，以资宣传”。② 运动背后虽有日本宣抚官指导，但伪职员并非被动的施行者，而是积极地出谋划策。

“反共救国大会”由伪治安维持会与反蒋委员会联合举行，筹备期间二会共同发表宣言，印十万张传单散布各地，以期“俾人民知赤祸之可畏，而有所警惕与自觉”③，为大会打下民意基础。除此之外，为营造热烈气氛，伪政府规定21日起市内各商店及居民楼一律悬挂“国旗”三天以示庆祝。④ 为调动起民众的反共积极性，赵琪特在《青岛新民报》

① 「1事変下支那民衆思想ニ就テ」JACAR(アジア歴史資料センター)Ref. B02030702200、対支中央機関設置問題一件(興亜院)/在支連絡部調書(A-1-1-0-31_2)(外務省外交史料館)。

②《救国必须倒蒋 同时尤须反共 反蒋委会昨开第二次总会 尹委员提议悬赏征集论文》,《青岛新民报》,1938年11月17日,第7页。

③《维持会反蒋委会 共同发表宣言 印十万张散放各地》,《青岛新民报》,1938年11月21日,第2页。

④《反共大会今日开幕 百余辆汽车大游行 白系俄人宣誓并开讲演会 点缀标语牌楼各商店悬旗三天》,《青岛新民报》,1938年11月21日,第7页。

刊登《反共救国大会宣言》。他认为共产主义入侵以来，“挑拨阶级斗争，绝灭固有礼教，为祸之烈，甚于洪水猛兽”。蒋介石受其威胁利诱，遂移“剿共”之师而为联共抗日，“星星之火，忽焉燎原”。如今人民所入水深火热之境，推原祸始即为共产党，故而政府决议及时作釜底抽薪之计，对共产党实现彻底打击。赵琪指出，“救国必先停战，停战必先倒蒋，倒蒋必先反共”，相互间各有联系。①

11 月 21 日，太平路市民大礼堂堂门高紮“反共救国”牌楼一座，青岛“反共救国大会”盛大召开。较之反蒋大会，此次与会者犹多：赵琪、姚作宾等伪青岛治安维持会委员均悉数到场，各机关长、鲁东道尹、即墨、胶县、高密各县县长及河野特务机关长、柴田特务部长等日方政要均已到会。“反共救国大会”主席为姚作宾，姚氏是中国最早接触马克思主义的人物之一②，似乎很有这个“资格”。由姚作宾担任此要职，不知是日伪考虑到姚对共产党有充分了解，更可知己知彼展开批判，还是源于他想洗脱过去与共产党亲近的历史，抑或是二者兼而有之。但毫无疑问，姚氏在大会开会词中充分表现出他对共产主义厌恶已极。姚作宾强烈谴责国共“倒行逆施，不知伊胡底止”，“国共以人民为牺牲，其祸国殃民，未有甚于此者也”。在赵琪及市县各级代表一一发言后，由白俄代表发表反共宣言，内称共产主义者在“口头上说的甚好，如无穷富、一律平等、各人有其应用的、不打仗、不用军队”，实际仅系少数人操纵，剥夺人民权利财产，使富者为穷、穷者更穷，民不足食的现象乃苏联

① 《共产党灭绝礼教 甚于洪水猛兽 赵会长特发通电宣言 唤起民众速作釜底抽薪之计》，《青岛新民报》，1938 年 11 月 21 日，第 7 页。

② 1920 年 5 月，姚作宾以申报特派记者名义赴海参崴考察十月革命后的苏俄，曾与列宁特使维经斯基商谈建立中国共产党。1921 年 2 月，姚作宾“应第三国际的邀请”，赴俄出席共产国际大会。在与陈独秀一派角逐中国共产党代言人失败后，姚作宾受到沉重打击并沦为放逐客，这也促使其思想发生重大转变并日趋保守。姚作宾：《汉奸姚作宾补充陈述书》（1951 年 3 月 21 日），青岛市档案馆藏，C010684；C·P：《我观察过的俄罗斯》（1922 年 4 月 2 日），广东青运史研究委员会研究室编：《青年周刊》，广州：广东人民出版社 1986 年版，第 115 页；抱朴（秦涤清）：《赤俄游记（续）》，《晨报副刊》，1924 年 8 月 28 日，第 3 版。

常有之事。此处，伪政权采取白俄“现身说法”的手段增强可信度，欲使民众打破对苏联之幻想，对共产主义望而生畏。最后，由姚作宾领导高呼口号，赵琪三呼万岁，会议至12时方告结束。[①]

在“反共救国运动”的第二日，伪治安维持会与反蒋中央委员会表示：“拟用尽各种手段期彻底表现反共救国之目的，而唤起全国民众一致反共，举行扩大宣传”。[②] 相比于反蒋运动，日伪更加卖力地进行组织宣传，所造声势及影响也远超前者。现从召开各地“反共救国大会”运动群众及选派代表作针对性演讲两方面来作讨论。

(1) 组织操练：各地“反共救国”群众运动的召开

反蒋运动虽在青岛下级行政区展开，但自主性不强，覆盖面不甚广泛，组织经验不足也是重要原因。日本侵略者在对伪政权施行指导的过程中，格外注意对伪职员执行力和组织策划力的操练。在“反共救国运动”中，伪政权上下各级职员群体紧密配合，乡村呈前所未有之热烈境况，个中缘由，引人深思。

为推进乡区“反共救国大会”，伪青岛治安维持会联络室在1938年11月23日上午召开市外各乡区“反共救国大会”筹备会。会议决定了各乡区大会日期，规定市外乡区大会由镇公所及伪警察分局主办，与市内大会程序相同。开会时由伪维持会派员莅临辅佐一切，拟将《青岛反共救国大会宣言文》分送参加大会之各乡区村长及村民代表，待其返村后，向未参加大会的村民朗读此宣言文，一致达到“反共救国”目的。各乡区大会闭幕后，主办者须向伪青岛治安维持会及日本陆、海、外三机关具文报告。[③] 通

---

① 《本市反共救国大会 昨日盛大举行 中日各机关及市县代表均参加 各界并白俄分别发表反共宣言》，《青岛新民报》，1938年11月21日，第7页。

② 《反共救国运动第二日 唤起市民一致反共 举行扩大宣传 各乡区筹备反共大会》，《青岛新民报》，1938年11月23日，第7页。

③ 《市外乡区反共救国会 昨开筹备会议 决定各区大会日期及地址 维持会联络室将派员指导》，《青岛新民报》，1938年11月24日，第7页；《反共救国运动第二日 唤起市民一致反共举行扩大宣传 各乡区筹备反共大会》，《青岛新民报》，1938年11月23日，第7页。

过纂写报告的方式，伪政权欲使乡区伪职员总结“反共救国大会”的经验以备后用，同时督促伪职员尽心尽职服务。

11月24日上午10时，青岛“反共救国”沧夏区大会在沧口小学校大礼堂举行，2000余村民到场旁听。有记者称“会场内民众情形热烈，反共空气激昂。呼口号与三呼万岁时，声如雷动，震撼屋瓦”，会后全体会众高揭“反共救国”旗帜，举行“反共救国”游行。① 次日上午，青岛“反共救国”四方区大会也顺利举行，有1500余名村民代表参加。② 27日上午，青岛“反共救国”台东、浮山两区联合大会在台东镇小学举行。两区村长及村民代表、工商界代表以及各小学校全体师生约5000人到场，“实为该两区历次大会所未有”。大会首由杨玉廷致辞，谓新政府并非首揭共产党之黑暗者，国民党“剿共”时期的宣传书报，“揭示共党之狠毒残忍，有十倍于今日所言者”。但如今国民政府“竟以共党之作祟”，不顾全民利害“引狼入室”，遂“挑起友邦防共之圣战”。民众今日所受共党之苦难，更是“十百倍”于国民党时期。因有多所学校的小学生参加，台东镇小学校长于任在致辞末了不忘督促道：“诸位小朋友，距离市区较远，平时参加团体活动机会较少，今天能和台东镇的小朋友在一起参加，我们更是非常高兴。希望诸位小朋友回校，将反共救国的意义告诉今天没有参加的小朋友，一致了解这个伟大的意义才好。”③在“反共救国大会”中，听众范围已扩大至小学生。

11月28日上午12时，青岛“反共救国”李村区大会在李村中学盛大举行，参与者达2000余人。据报载，竟有村民“自三十余里之外乡村而来者”。与之前各处大会类似，伪青岛治安维持会联络员到场指导，另有宣抚官、宪兵队的日本人士及青岛伪政权官员代表亲临。但大会

①《沧口反共救国大会 昨日热烈举行 参加大会村民代表约两千余人 会后大游行反共空气激昂 中日各机关均派代表参加》，《青岛新民报》，1938年11月25日，第7页。

②《四方区大会 定今日举行》，《青岛新民报》，1938年11月25日，第7页。

③《台东浮山两区反共救国大会 昨日联合举行 民众踊跃参加》，《青岛新民报》，1938年11月28日，第7页。

较为突出的特点是充分顾及听众群体的差别，邀请各界人士分别致词：行政代表为伪警察分局局长陈宝琳、学校代表为李村小学校长张重光，另有民众代表及妇女代表。陈宝琳称此大会“是民众自动开的”，强调“大家不怕路远，来此参加这个大会，不要空来一场，往返徒劳，必须明白今天开会的意义”。陈氏推想民众“必定抱着很大希望，才来参加此会”，继而反问并回答道：“究竟大家抱着什么希望来的呢？我替你们说了罢，是不是希望往复过太平的日子，希望各界都能安居乐业？如果是的话，我们就得首先反对杀人放火、共产共妻的共产党，推倒自私自利、任用私人的蒋介石……”陈宝琳摸清民众想过安稳生活的心理，以此循循善诱，极力将民众所想所望纳入伪政权宣传的“美好”蓝图之下。陈氏不忘告诫村民“彻底觉悟”，回村之后“将今天开会热闹情形，及开会意义，并各界宣言，一种一种，详详细细，转告给未到会的民众，方不负今天开会重要意义”。① 囿于场地、时间限制，以开大会形式宣传“反共救国”主张所吸引到的听众毕竟有限，故而日伪又采取分发传单、督促民众向四邻宣传的方式巩固成效。

“反共救国大会”由市区弥漫至乡间，国共痕迹被渐次清除，是青岛伪政权统治力不断加强的重要表征。12 月 2 日是高密县“反共救国大会”召开的日子，在这一运动中表现积极的台东镇小学校长于任奉青岛反蒋中央委员会之命赴该县指导。从他之后提交的工作行程报告中，可对青岛伪政权与下级行政机关的政令贯彻情况作一分析。

于任在 12 月 1 日晨搭乘客车前往高密后，即马不停蹄地访问伪县公署、军宣抚班、高密守备队驻在城内之分队、青年会、高密新民报社及县立第一小学等机关团体。第二日，高密县“反共救国大会”召开，有 1500 余人参加。于任在大会发言中，从以下三个方面阐述思想：一、“反共救国意义及‘共匪’之罪恶”；二、“粤汉陷落以后东亚新局势之开

---

①《乡区民众奋起 反共救国运动 李村区大会昨盛大举行 数十里内乡村代表毕集》，《青岛新民报》，1938 年 11 月 29 日，第 7 页。

展”，三、“新中国国民应有之努力”。报载“反共救国大会”上，村民的“反共情绪热烈，均有痛恨‘共匪’之表示”。大会终了，宣抚班主催的各界代表恳谈会在青年会召开。参加者有日本守备队各长官和宣抚官、县公署高级职员、绅商各界及鲁东道驻胶办事处代表等重要人士，恳谈问题为“如何善导一般农民之思想”。于任向守备队诸君汇报了青岛“地方安宁，政治明朗”的情形，“又谈及青岛根绝党化教育遗毒之方法”，将青岛一年以来的教育措施，如中小学教职员讲习会、审查儿童读物、发行教育周刊、中日教育界合作、中小学生参加种种社会活动以及举办讲谈会等作统一介绍。之后，于任又对集合于青年会院中的高密县爱路少年队200余人发表讲话。当日晚，于任以“青岛职务应行处理之事甚多，不能多留”为由，婉拒了“宣抚官及县署诸君坚留再谈一日”的邀请，临行前日本宣抚官“殷殷话别，盛意可感”①，高密“反共救国大会”就此告一段落。

从于任的报告中，可从个体视角而非枯燥的会议记录获知青岛“反共救国大会”中的人事参与情况。作为青岛伪政权的官派代表，于任是沟通市、郊行政讯息和宣传经验的管道，而他的亲往，更显示出青岛当局对高密大会之重视。尽管于任仅为一校校长，但在下级县却受到格外礼遇，而从他几乎不曾停歇的行程及临行前被诸君“坚留再谈一日”的记述中，反映出沦陷初期地方政府急欲稳定当地秩序人心，在宣传上亦是紧跟青岛伪政权之步调。日伪在各区召开“反共救国大会”，不仅为要在场群众感同身受并最大限度激发反共热情，更是意在使其成为奴化宣传的传声筒。“反共救国大会”的热闹情形、发言人语调之激昂、人山人海的气势等场景，均深入亲临者脑海。尽管到场人士背景殊异、认知水平不同，更有小学生群体在内，但在他们的口耳相传下，“反共救国大会”的覆盖面进一步增强。

---

①《台东镇小学校长于任参加高密反共大会报告 会后举行各界代表恳谈会》，《青岛新民报》，1938年12月7日，第3页。

比之于反蒋大会，“反共救国大会”的宣传动员形式更为多样，场面更加壮观，市民喜爱的文艺活动掺杂其间。在 11 月 21 日青岛市区“反共救国运动”的当天下午，伪治安维持会联络室指导各机关、银行、商店的六七十辆汽车举行联合大游行，在青市主要街道“散布大会宣言，及反共标语”，游行队伍一行“绵亘数里，气势汹涌”。① 下午 2 时至 6 时，新新大舞台为“响应反共倒蒋大会”展开免费观剧活动。在第三公园场内，刚抵青不久的日本矢野马剧团与青岛中和戏院举行中日联合游艺大会，以此招待来青参加反共倒蒋大会的各界代表。全体艺员表演剧目《铁公鸡》，“观众拥挤盛况空前”。青岛国际剧场也决定在 22 日上午 10 时至 12 时免费映演电影，以资庆祝。② 为进一步使“民众对反共救国有极大之印象”并“对蒋政权及共产党之罪恶更深一层之认识起见”，反蒋中央委员会决定在 12 月 7 日、8 日举行化妆大游行，“昼间化妆列队游行，夜间举行灯彩游行”。此次化妆游行大会调动了青市文艺各界，新新大舞台经理包善亭率艺员扮演八仙人等角色，另有妓楼组合之化妆队、平康各里之妓女 20 余人参与，道具有“中和戏院之高跷，东镇舞台之旱船”等。

在 12 月 8 日上午 11 时举行的化妆游行大会中，大队一行由第三公园出发，“沿途爆竹之声不断，乐队奏升平之歌”。队列最前为“反共倒蒋游行大会”之大横灯，次为伪警察部乐队，紧随其后的是斯大林像紥成之大王八，“上骑蒋介石枭雄之首狼狈像”；白俄音乐队以下为“反共倒蒋”、“弭兵救国”、“建设东亚新秩序”等标语横灯三个，后有“蒋政权溃灭漫画灯四个、反共倒蒋弭兵救国四方灯八个杂于妓楼组合化妆队之间”；其后为旱船，新新大舞台之八仙人、大伞两双、高跷，

---

①《各机关商店 所有汽车六七十辆 联合大游行 行列绵亘数里气势汹涌 散放大会宣言反共标语》，《青岛新民报》，1938 年 11 月 22 日，第 7 页。

②《各娱乐场盛况空前 充满热烈情绪 矢野马戏团与中和戏院 举行中日联合游艺大会》，《青岛新民报》，1938 年 11 月 22 日，第 7 页。

再者有象三双背有“共产党甚过于洪水猛兽”之标语;最后是平康各里妓女 20 余人分乘汽车 4 辆垫后,散放各种传单。报道描绘当时情形:“大队经过之巷街商号居民均拥挤观看,市民亦多乘兴随行。一时呈万人空巷,途为之塞,车辆不能通行,盛况空前,民情热烈。”晚 7 时为提灯游行大会,行列如前,但所有扮演八仙人、狮子、旱船、高跷、化妆队等均各手提红绿灯一双,灯上有“反共倒蒋”“建设新东亚”“应援友邦新声明”等字样,所有大小灯一律燃烛,灯光照耀犹如白昼,“观众较上午尤多数倍”。①

日伪化妆游行队列壮大、形式多样,采用中国民间熟悉之物作预表,并在沿途“表演八仙人、跑旱船、挑狮子、高跷会等技艺”,“燃放鞭炮”②,给民众带来极强的视听感受,报刊亦称此番游行“别开生面”,使民众记忆深刻。③ 因带有较强娱乐性,比之于枯燥的大会演讲,化妆游行的方式更能激发民众前来一探究竟。反共化妆游行大会使伪政权对民众的运动达到高潮,无论观看者是否出于看热闹的目的加入,难免不被现场的氛围所影响。

(2) 伪职员的宣传动员:向社会各个阶层的全面渗透

尽管群众性的大会及游行所造声势和影响甚大,但民众仍有听与不听的选择自由。因有此种情况存在,伪政权无法对大会影响力作出量化评估,而召集各个阶层的针对性演讲无疑可较好地解决此问题。陆梦熊在反蒋运动中提出的“使小学生认识清楚蒋共之祸国”及“此后希望不单限于学生,更以市民为单位”④的宣传建议,在“反共救国大

---

①《化妆游行大会 反共意志坚强 蒋史狼狈为奸世人唾弃 欢欣鼓舞民享太平之乐》,1938 年 12 月 9 日,第 7 页。

②《反共救国化妆游行 今日盛大举行 沿途表演旱船高跷等技艺 并燃放鞭炮散发传单标语》,《青岛新民报》,1938 年 12 月 7 日,第 7 页。

③《本市定期连续举行 反共化妆游行 定于本月七日起举行两天 维持会联络室积极筹备中》,《青岛新民报》,1938 年 12 月 3 日,第 7 页。

④《救国必须倒蒋 同时尤须反共 反蒋委会昨开第二次总会 尹委员提议悬赏征集论文》,《青岛新民报》,1938 年 11 月 17 日,第 7 页。

会”中得以落实。陆梦熊被新推为青岛反蒋中央委员会顾问，学校在反共大会中受到格外重视，校园成为主战场之一。伪政权将各校教师作为宣传干将分赴不同学校演讲，试图将“反共救国”四字植入价值观形成阶段的学生群体之中，而学生又可作为向家庭渗透的突破口。无论家长的政治立场为何，都会因孩子而主动或被动地牵扯到反共运动中来。为贯彻好反共宣传，伪政权在“反共救国大会”期间多次召集教职员讲谈会，伪维持会总务部部长姚作宾及教育科科长陈命凡等多次训话、讲演，指示应注意事项并令各校教职员代表提出意见。①

11 月 24 日至 12 月 25 日，“反共救国特别工作之反共讲演”在青岛私立各中小学校、各工厂、剧场、电影院等处举行，讲演员为青岛市会立中小学教员，题目定为《反共救国》。② 以下仅是学校、剧院的讲演时间表③：

<table>
<tr><th colspan="2">时间</th><th>地点</th><th>演讲者</th></tr>
<tr><td rowspan="7">11 月 24 日</td><td rowspan="2">上午 9 时</td><td>会立中学校</td><td>侯汉卿(女中)</td></tr>
<tr><td>东文书院</td><td>赵伯平(崇德)</td></tr>
<tr><td rowspan="3">下午 2 时</td><td>会立女子中学校</td><td>石祖培(会中)</td></tr>
<tr><td>私立崇德中学</td><td rowspan="2">王直虹(东文)</td></tr>
<tr><td>尚德小学</td></tr>
<tr><td rowspan="2">下午 8 时</td><td>新新大舞台</td><td>于任(台东)</td></tr>
<tr><td>中和大剧院</td><td>王兆凤(黄台)</td></tr>
</table>

①《教职员讲谈会 昨日举行第二次会 由姚总务部长训话》，《青岛新民报》，1938 年 11 月 28 日，第 7 页。

②《反共救国运动第二日 唤起市民一致反共 举行扩大宣传 各乡区筹备反共大会》，《青岛新民报》，1938 年 11 月 23 日，第 7 页。

③《反共救国特别工作 开始实行 学校剧院讲演者已决定》，《青岛新民报》，1938 年 11 月 24 日，第 7 页。

续表

时间		地点	演讲者
11月25日	上午9时	私立圣功女子中学小学	洪绍桓(文德)
		私立文德女子中学	连警齐(圣功)
		明德小学	
	下午2时	江苏路小学校	连索兰卿(女中)
		北京路小学校	舒洁仁(圣功)
	下午8时	中原大戏院	马传霖(台西)
		台东镇商业舞台	王文阁(台西)
11月26日	上午9时	台东镇小学校	洪绍桓(文德)
		台西镇小学校	杨培秋(会中)
11月28日	上午9时	黄台路小学校	邓余鸿(崇德)
		私立三江小学校	王玉成(江苏)
12月1日	下午8时	新新大舞台	鞠文煐(江苏)
		中和大剧院	王文阁(台西)
12月2日	下午8时	台东镇舞台	叶伯泉(黄台)
		中原大戏院	卞昭麟(北京)
12月3日	下午8时	新新大舞台	尚子正(东文)
		中和大戏院	韩莱凤(北京)
12月4日	下午8时	台东镇舞台	赵海良(台东)
		中原大戏院	于任(台东)
12月5日	下午1时	电气公司	尚子正(东文)
	下午8时	新新大舞台	孙持中(会中)
		中和大戏院	连索兰卿(女中)

据《青岛新民报》报道，反共演讲第一日，各校“全体师生，均到场听讲”，“反共空气弥漫全校，热烈情绪异常”。下午8时，台东镇小学校长于任在新新大舞台讲演《反共救国的重要性》，他称共产党将中国陷于“万劫不复的绝境”，“人民直接死亡、间接流离，不知几千万，财产的毁灭损失，又不知几兆亿。西北一带、大江南北，被他们破坏到了空前绝

后的惨象”。而国民党“纯与共党无异，利用抗战作号召的工具，非使中国人民，完全牺牲在他的焦土政策下不可”。报道称于氏“语调清晰，言辞亦庄亦谐，颇使听众动容，全场均有痛恨共党之表示”；同时间黄台路小学校长王兆凤在中和戏院讲《反共救国》，“听众亦均大为感动”。[①]日伪选取在社会上享有较高威信的校长演讲，以期增强宣传之效力与可信度。而学校校长、教员代表相互到各校做报告的方式，也对彼此起到督促作用，“反共救国”各单位犹如一张被收紧的大网。

但小学生毕竟认知能力有限，如何采取恰当的宣传语言使其明了？从11月28日崇德中学教员邓余鸿在黄台路小学的讲演中可见一斑。邓氏直言，对小朋友谈《反共救国》的题目“困难颇多”，因为共产党在过去不允许公开讨论，连他们自己也“有许多不能明瞭的地方”；而“凡是一种主义、或是一个政党，定有很深奥的思想与复杂的组织”，若用小朋友所能了解的话来解释明白，更是难上加难。因此邓余鸿采用举例和类比的方式，用报纸上常出现的“洪水”“猛兽”作解。他引用“一个因黄河水灾而逃出来的朋友”所描述的洪水来临的可怕景象，类比俄国人目前过得“有家归不得”的凄惨求乞生活；谈到“猛兽”时邓氏称：“一二年级的小朋友总还记得，每到晚上倘若不好好地躺着睡觉，妈妈总爱说：‘宝宝睡吧！老猴猴来拉！’”不过老猴猴“还不是顶可怕的猛兽”！野兽片子中狮子一开口，“活活的一个人便能吞下去，吃人不眨眼，听说共产也是如此”。[②]邓余鸿的语言直白形象，虽未枯燥地阐释共产主义学说为何物，但却将共产党的“可怕”直接植入小学生脑海。

小学生受此宣传的影响究竟为何？从现有资料中或可寻得蛛丝马迹。11月25日，日伪特将《青岛新民报》的《儿童周刊》版面作为

① 《反共救国讲演 各校教员昨日开始实行 情绪热烈听者均被感动》，《青岛新民报》，1938年11月22日，第7页。

② 《共产党的毒虐 甚于洪水猛兽 反共救国讲演继续举行 崇德中学教员邓余鸿讲》，《青岛新民报》，1938年11月29日，第7页。

《小学生反共灭党论文专号》，刊载小学生反共文章达17篇之多。透过这些文章，不仅可探讨小学生受奴化宣传影响之程度，更能从当时小学生的记述中获悉日占初期青市的社会状况。刊载的论文主要有以下特点：

一、对共产党盖棺论定，并对其所犯"罪恶"口诛笔伐。北京路小学六年级学生李天铮称"共党是危害国家、摧残人类、扰乱社会、无恶不做的恶魔"，"他们不但自己做恶，还驱使着同胞们也走上这条黑暗而危险的路"①；同校六年级学生李汉良指出，"共产党是强蛮无理、焚杀掳掠的一些匪徒"，"他们的毒计、他们的主义"，足以亡国灭种。② 从小学生用"恶魔""匪徒"等词语形容共产党来看，在伪职员和教师的不懈宣传下，共产党的"负面"形象渐渐深入儿童。

二、将各地所受苦难归咎于共产党，使群众感同身受。北京路小学四年级的谢蕴华指出，共产党无论到哪城哪县，"都要害死几百人"，"他们都是胡作胡为的丧害天良，来把自己的人都害死，还要抢夺人家的财产，这是多么的不讲道德呢"③；该校四年级学生陈秀芬称共产党是"最可恨最可恶的"，他们将群众的"各种的宝物、地皮、田亩都抢去，归他们所有"。陈继而反问道："我们难道还不可以驱逐他们吗？"④；五年级学生张志方在《共党甚于洪水猛兽》中写道："我民万死一生，幸存喘息。父母妻子，不能相聚，财产房舍，荡为灰烬，糜烂几至全国。"⑤在小学生看来，共产党无非是"把中国领上了灭亡之途"⑥，而将民众生活

---

① 北京路小学六年级 李天铮：《反共即是救国 将来共党灭踪之日 即我中国得救之时》，《青岛新民报》，1938年11月25日，第3页。

② 北京路小学六年级 李汉良：《共党不去 国难未已》，《青岛新民报》，1938年11月25日，第3页。

③ 北京路小学四甲 谢蕴华：《反共短文》，《青岛新民报》，1938年11月25日，第3页。

④ 北京路小学四甲 陈秀芬：《什么是反共 什么是救国》，《青岛新民报》，1938年11月25日，第3页。

⑤ 北京路小学五年乙 张志方：《共党甚于洪水猛兽》，《青岛新民报》，1938年11月25日，第3页。

⑥ 北京路小学四年乙级 周光正：《反共短文》，《青岛新民报》，1938年11月25日，第3页。

遭受的痛苦转嫁于抗日战争也是日伪在宣传中的惯用说辞。北京路小学五年级学生姜文英更是以诗词作文："残酷无理共产党，陷害人民遭灾殃。国人受尽铁蹄苦，现在应当来反抗。铲除祸国的共党，从此中国复兴旺。举国一致除共匪，人民幸福无边疆。"①

三、谴责共产党灭绝礼教，宣扬与日本同文同种。日本在小学推行奴化教育、普及日语，学校亦设有日本教员和督学，以此培养学生与日本的亲近关系。小学生强烈谴责共产党"灭绝礼教"，并宣扬与日本同根同源，也是受在校教育的影响。台东镇小学六年级学生孙德懋称共产党"破坏文化、蔑视礼教"，而东方的礼教精神"是四千余年立国的宝贝"，共产党是欲要人类由"礼义之邦"走入"禽兽之乡"②；北京路小学五年级学生陈起义指出中国与日本"有唇齿的关系"，"又是同文同种，和一家人一样"。但共产党却"不顾国家存亡，只知自己发财"，想出许多恶计来破坏中日亲善和中国旧有道德③；张志方希望同胞"同心协力、剿共灭党，恢复固有道德，发扬旧有文化"，"在明朗化的新政府之下，过着安乐的日子"。④

四、抨击蒋介石联共抗日，在日本领导下迈向新生活。北京路小学四年级学生傅梦龙将共产党比作"一只饿了多年的疯狗"，"到处任意胡为"，而正巧蒋介石又受其煽惑。⑤ 小学生反共的同时不忘反蒋，并将日伪领导视为建设新中国的唯一途径。台东镇小学六年级学生宋守全称"蒋政权不灭，中国不能更生"，因为蒋介石是被苏联利用想来赤化中国的傀儡，目前"惟一的办法，就是努力反共救国"⑥；台东镇小学五

---

① 北京路小学五年甲 姜文英：《反共短文》，《青岛新民报》，1938 年 11 月 25 日，第 3 页。

② 台东镇小学六年级 孙德懋：《反共倒蒋》，《青岛新民报》，1938 年 11 月 25 日，第 3 页。

③ 北京路小学五年丙级 陈起义：《打倒共产党 把新中国挽救起来 使东亚的秩序永远安定 那时我们才能脱去责任》，《青岛新民报》，1938 年 11 月 25 日，第 3 页。

④ 北京路小学五年乙 张志方：《共党甚于洪水猛兽》，《青岛新民报》，1938 年 11 月 25 日，第 3 页。

⑤ 北京路小学四年乙 傅梦龙：《反共短文》，《青岛新民报》，1938 年 11 月 25 日，第 3 页。

⑥ 台东镇小学六年级 宋守全：《反共的感想》，《青岛新民报》，1938 年 11 月 25 日，第 3 页。

年级学生李植兆赞扬“友军发动圣战以来，每战必胜，党军早已无能为力，眼看就要灭亡了”，中国的前途“至此才有了更生的希望”。目前“一般有志的同胞，都愿在友邦扶助之下，建设新国家，这不是中国新生命来临了吗？”①

日伪对认知能力有限的小学生宣传的目的，自然不是苛求他们研读老师也未必完全明了的共产主义。小学生在写此类政治性极强的文章时，受到师长指导在所难免，在此过程中又将反共反蒋意识和政治观念再次灌输给学生。四年级小学生陈秀芬即认为“救国”是每个人都要立志去做的，可是他们现在是在少年时代，“是不能到前线去的”，但应“把救国两字记在脑中”。只有“把可恨的共产党打倒才可以救国”，因这种连带关系，所以必须要将反共救国“一齐进行才是！”②

此外，伪政权还举行青岛市会私立中小学生书画悬赏征集展览会，要求学生的书画“均需寓有反共救国之意义及词句”，经审查委员会选定分一等、二等、三等奖，定于12月10日至15日在青举行展览会，选择书画最佳者送交北京举行全国中小学生“反共救国”书画展览大会。③ 在日伪向小学生下达征集反共论文与书画任务后，各校师生和家长被广泛地动员起来，“反共救国运动”演变为一场连接家庭与学校的社会运动也就不为怪了。尤其是积极分子被树立为典型后，起到更为广泛的社会示范作用。

抗战胜利后，国民政府曾在各沦陷区发起针对教员、学生的“甄审运动”，意在清除奴化教育与宣传的影响。因打击影响面过广，该运动曾招致各界强烈反对。现今学者在研究中，也多认为此举颇不合时宜，

---

① 台东镇小学五年级 李植兆：《反共灭蒋与新中国的将来》，《青岛新民报》，1938年11月25日，第3页。

② 北京路小学四甲 陈秀芬：《什么是反共 什么是救国》，《青岛新民报》，1938年11月25日，第3页。

③《悬赏征集 小学生书画 须含反共意识》，《青岛新民报》，1938年11月24日，第7页。

且触动了国民政府的统治根基。① 尽管伪政权亲历者后来多以被胁迫及“言不由衷”来阐释昔日言行，但透过《青岛新民报》上小学生发表的论文，足见学生受日伪毒害之深，而伪职员正是奴化阵营中的摇旗呐喊者。

值得注意的是，以往不被重视的群体在此次反共运动中也被纳入监管范围，工人、人力车夫、佣人、妓女等社会中下阶层亦在被宣传之列。② 在11月27日伪职员对人力车夫的演讲中，有“洋车夫五百余名莅场”。伪职员欲使其形成“赤祸中国之危险，与现在中国一般民众所受之痛苦”多为共产党造成的认识，“讲词娓娓动听，听众均甚感动”。③ 在28日的妓女舞女“反共救国”演讲大会上，青岛卡斯登、大新两舞场经理人暨舞女，与平康二、三、五里，东里妓女300余人到场。报载：“演讲时对于反共救国之主旨，以简明语词，阐明详尽，听众均甚为满意”，在场听众“莺莺燕燕，济济一堂”，“情况至为热烈”。最后，由妇人会向听众分发“反共救国”青岛大会纪念明信片以资纪念。④ 人力车夫、佣人、妓女舞女等群体流动性强，因其工作具有不稳定性，故而伪政府对此类职业者较难掌控。伪政权专门对其展开演讲，是要贯彻人人反蒋防共之目的，以此削减社会的不稳定因素。

1938年12月15日，青岛“反共救国大会”宣告结束。“反共救国运动”虽耗时仅有一月，但其产生之影响、动员群众的数目却远超反蒋大会。青岛伪职员积极指导即墨、高密、胶县、烟台、威海卫等各市及乡

---

① 如张福运即认为教育甄审引发了“收复区民众与国民政府之间的离心”，政治权威亦开始衰落。张福运：《教育甄审：战后国民政府权威式微与收复区民心沦丧的起点》，《江海学刊》2007年第5期，第149页。

②《反共救国特别工作 制定实施要目 定期分别召集各界讲演》，《青岛新民报》，1938年11月22日，第7页。

③《使反共宣传普遍 召集车夫讲演 到场洋车夫约五百余名 警察部唐叶臣科长讲演》，《青岛新民报》，1938年11月28日，第7页。

④《对全市舞女妓女讲解反共真意 昨在大礼堂讲演到三百余人 妇人会当场散发纪念明信片》，《青岛新民报》，1938年11月29日，第7页。

区工作,报道称在伪治安维持会诸君及宣抚班各宣抚官“终日忙碌不休、忘餐废寝”的努力下,“市内弥漫反共空气,市民对于共产党之罪恶,均有极大印象,恨之入骨,大有吞啖彼等,以谢此恨之势”,而对新政府则是绝对拥戴支持,感激其“更生之德”。① 以上言语虽有夸大之嫌,但也反映出日伪的宣传确起到一定效力。鉴于民众“对于蒋政权已经摈弃”,“惟共产党现尚潜于乡间,扰乱民众,须彻底驱减”,反蒋中央委员会遂于12月20日改为反共委员会的常设机关。②

在伪政权上下联紧的不懈宣传下,从众效应开始发挥效力。当个体受到群体引导或是压力影响下,难免会怀疑并改变既有观点、判断和行为,“随大流”地朝着与大多数人一致的方向发生变化。在前两场运动的发酵下,“反共救国大会”的规模和参与群众均达到空前程度,甚至连小学生也成为舆论宣传的重要分子。如果说反蒋运动是日伪在群众运动上的一次摸索尝试,“反共救国运动”无疑是其依据此前各种宣传经验,在“运动”群众上的一次放手发动。

小 结

姚作宾在1938年11月2日招待日本顾问的欢迎词中曾称,伪青岛治安维持会在成立10个月来,“不但地方治安得以确保,而人口方面,较事变前已有增加”,所有复兴事业及繁荣趋势,“日新月异,有加无已”。“凡是来青旅行之人,无不称为中国唯一乐土”。③ 姚作宾的描述不免夸张,但青岛秩序恢复确是不争的事实。在青岛由“焦土”变为日伪所谓“乐土”的过程中,伪职员所起到的作用至关重要。

---

①《反共宣传特别工作 昨日圆满结束 市民对共党罪恶深恶痛觉》,《青岛新民报》,1938年12月16日,第7页。

②《反蒋中央委员会 改为反共委会 期促省民众一致反共》,《青岛新民报》,1938年12月20日,第7页。

③《姚部长招待饭田顾问致欢迎词》,《青岛新民报》,1938年11月3日,第7页。

卜正民主张不能仅仅根据“合作者”不能预料的结果评估他们的行为，要远离民族主义的束缚和道德预设，“使事件退回到无法预料的不确定状态”，因没有人知道日本是否会倒台，更不知道与日本、国民党与共产党哪个派别的合作代价更高。[①] 卜正民所谓的“无法预料”之局势，并不一定是时人所面临的真实处境。在日本占领青岛前夕，伪满洲国已存在六年余，在日军迅猛的攻势下，华北大部分地区已在日本囊中。最先进入日本视野的伪职员均是享有地位和名望者，与日本上层结交甚密，对时局早有洞察。若不是有日本会长久统治的想法，很少有人会甘冒身败名裂之险深入虎穴。如陆梦熊坚信日本会最终胜利，并称将来“一旦正义大白”，中日握手言欢，冥顽不灵者“当亦抱惭无地”。[②] 当然不排除有极少部分社会名流被日本胁迫入职的情形存在。在日本统治者的一系列宣传和国民党接连败北的事实中，已使伪职员愈来愈感受到日本统治的长久性，此前的顾虑逐渐打消，参与度不断加强。这非但不是建立在“无法预料”的基础上，反而是基于现实的理性且利益最大化的选择。

在沦陷区，反蒋反共的盛大表演游行及代表“民众”心声的演讲和文章铺天盖地袭来，迅速占据市民的感官世界，即使是置身事外、冷眼旁观者也会有伪政权已成定局的假象。日伪利用高级职员向下奴化宣传，所影响到的掌握一定知识及话语权的城市中产阶级旋即又成为潜在宣传力量，如此层层下达，最终影响到广大民众。正如法国心理学家古斯塔夫·勒庞所言，“群体的智力总是低于孤立的个人，但是从感情及其激起的行动这个角度看，群体可以比个人表现得更好或更差，这全

---

① [加]卜正民：《秩序的沦陷：抗战初期的江南五城》，第285页。

②《卢沟桥事变乃为东亚安定先声 日所敌视者为受第三国蛊惑之党军 青岛治安维持会委员陆梦熊（未完）》，《青岛新民报》，1938年7月7日，第3页；《卢沟桥事变乃为东亚安定先声（昨续）陆梦熊》，《青岛新民报》，1938年7月8日，第3页。

看环境如何”。[①] 在伪职员信誓旦旦的演讲中，群体易被极端的感情所打动。日本在军事上的胜利给伪职员吃了一颗定心丸，通过各式各样的群众运动，也不断促使伪职员树立坚定服务的信念。他们被深深地纳入统治者这个既得利益集团之中，并在心理上逐渐克服初期的不知所措和毫无头绪，完成了视日本统治者为“他者”向“我者”的转变。

---

① [法]勒庞著，冯克利译：《乌合之众：大众心理研究》，北京：中央编译出版社 2014 年版，第 13 页。

第二章 青岛伪职员群体的人事结构和思想分析

以往对伪政权的研究多侧重于政治制度与法令法规，其中蕴含的复杂人事关系常被一掠而过，存在“只见事不见人”之倾向。人类的社会现象相当复杂，“对个别个物思想的理解，往往存在特殊性；尤其有关动机和行为的分析，绝非可以站在同一水平上，有时甚至还会背道而驰，完全产生殊异的情况”。[①] 因此，难以将人物的思想形态划归为某种统一概念和“理想类型”。伪职员虽同为日本统治者服务，但内部差异性极大，职务上有高级、低级之分，投敌原因有主观、被动之别，不可一概而论。笔者拟对这两类职员群体的来源构成、背景经历逐一分析，并将个案研究穿插其中，以此加深对青岛的政治文化生态与伪职员思想的理解。

第一节 青岛上层伪职员群体的结构性特征

上层伪职员群体是青岛伪政权权力体系运行的关键，也是连接日本统治者与下层民众间的纽带。因时局和外部环境不同，日伪在青岛的统治特点和人事结构有明显差别，形成以伪治安维持会、赵琪（伪青岛特别市公署）、姚作宾（伪青岛特别市政府）为伪市长的三个时期。

---

① 林志宏：《民国乃敌国也：政治文化转型下的清遗民》，北京：中华书局 2013 年版，第 21 页。

青岛伪政权内高级职员的流动性大，其中人际关系网络起到重要作用，不同时期日伪对择官的侧重点亦有差异，这样的人事变动又反作用于行政体系和政治实践之中。探究伪组织的因袭变迁并对高级职员群体展开结构性分析，有助于深入剖析这一职员群体的生存状态和思想活动。

一、伪治安维持会时期

伪青岛治安维持会成员是最先进入日本侵略者视野的“合作者”，他们对日占初期社会秩序的恢复起到重要作用，基本奠定了日后青岛的权力结构。伪维持会时期的成员履历表如下：

伪青岛治安维持会人员履历表

<table>
<tr><th rowspan="2">姓名</th><th rowspan="2">出生年月</th><th rowspan="2">籍贯</th><th rowspan="2">学历</th><th colspan="3">职务</th></tr>
<tr><th>清朝</th><th>北洋政府</th><th>国民政府</th></tr>
<tr><td>赵琪</td><td>1882</td><td>山东掖县</td><td>德文学校毕业，保送德国留学</td><td>青岛巡警厅翻译、胶济铁路翻译、金岭镇实务公司总翻译等</td><td>1914年后任淞沪警察厅督察长、龙口商埠兴筑公司总经理、龙口商埠局局长及总办，1923年任山东省署参议，1925年任津浦铁路军事善后特别货捐局总办、津浦全路商货统捐局会办，旋任胶澳商埠督办、胶澳商埠局总办</td><td>投资中兴面粉公司、中国石公司，1932年被聘为青岛地方公益委员会和土地房产整理委员会顾问著作:《东莱赵氏楹书丛刊》、《胶澳行政纪要》等，修《胶澳志》</td></tr>
<tr><td>吕振文</td><td>1885</td><td>浙江新昌</td><td>浙江私立法政专门学校政治经济科卒业</td><td colspan="2">清朝举人，历任新昌县公署教育科科长，松阳县行政科科长、代理知事，1919年任职于龙口商埠局，1925年任胶澳商埠督办赵琪秘书长</td><td>1932年任青岛市政府工务局局长秘书兼第一科科长</td></tr>
</table>

续表

姓名	出生年月	籍贯	学历	职务		
				清朝	北洋政府	国民政府
姚作宾	1891	四川南部	1919年日本明治大学政治经济科修业		1911年加入同盟会，1915年参加中华革命党，1920年当选中华民国全国学生联合总会常务理事，1921年2月赴俄出席共产国际第三次大会，1922年参加接收青岛，任胶澳商埠交涉科科长、青岛宰畜公司常务董事。1926年出任天津英租界接收委员一职	1929年任国民政府接收青岛专员公署顾问，后任实业部青岛商品检验局事务员、秘书、顾问等职，1936年任冀察政务委员会交通委员会组长，1937年任惠通航空公司董事 经商：创办新农果树园、中国石公司协理
戚运机	不详	湖北	公派"留学日本法政毕业"，成绩"优等"	湖北咨议局筹办处编制课课员、后被委以知县	天津地方检察厅检察长，但被控"侵占诉讼费用、克扣厅员俸金""收受巨贿"，辗转于安徽司法界。后任上海地方审判检察厅厅长、山东青岛地方审判厅厅长	1933年9月辞去国民党青岛公安局秘书长一职
周家彦	1879	广西桂林	四川中西学堂算学馆毕业，发二等执照。官费赴日本东京帝国大学"法学科"毕业，取得法学士	宣统三年回国，应学部留学生考试中最优等第一名，授法政科进士，外交部日本股股员、驻日使馆馆员	历任北洋政府实业部、工商部、农商部参事，财政部秘书、京兆烟酒公卖局局长、币制局参事、内务部总务厅厅长、全国烟酒事务署第二厅厅长、关税会议专门委员、财政讨论会专门委员、农商和财政次长，还任国立北京大学法科教授、国立法政专门学校讲师，1918年随徐世昌聘日本	1930年兼代青岛财政局局长，1931—1937年任国民党青岛市政府参事 著作：《公司条例》《中学几何教科书》《桂林周氏家集》等

续表

姓名	出生年月	籍贯	学历	职务		
				清朝	北洋政府	国民政府
李德顺	1867	北京汉军旗人	入同文馆学习英语，1894年随吕海寰出使德国	因“熟悉洋情、当差勤奋，在洋已十余年”，以四品候补道分配山东，总办洋务并与胶澳当局交涉；后担任津浦铁路局北段总办，因办理该段铁路工程“乘便营私”、“靡费巨款”，被撤职查办	抵青做愚公，是“第一个定居青岛的清朝大吏”	
陆梦熊	1881	崇明县	1901年就读于南洋公学，1906年毕业于日本早稻田大学商学，参加殿试，受商科进士	曾任清政府翰林院检讨、宪政编查馆统计局科员、国史馆协修、京师大学堂教习	连续任北洋政府交通部首席参事16年。其间兼任京汉铁路局副局长、北洋政府政治会议议员、北京邮电学校校长、上海交通大学校长等职，1928年在东京接受日本天皇所赐二级旭日勋章	1931年任胶济铁路管理委员会委员，1935年任北宁铁路副局长
韩鹏九	1893	旅顺人	1912年毕业于旅顺公学堂师范部，金州南金书院专修日语卒业		1915年任青岛市内公学堂教员翌年进入《济南日报》编辑部，后作为大阪、东京、京都各大学的校外生研究政治经济学，任青岛中日语学研究所教师，1921年任青岛商业学院夜学部教师、商工会议所特约顾问。1923年后韩鹏九担任胶澳电气公司日文秘书及监查役	

续表

姓名	出生年月	籍贯	学历	职务		
				清朝	北洋政府	国民政府
尹援一	1886	湖北恩施	1912 年毕业于日本熊本第五高等学校，后就读于东京帝国大学工学部土木科，卒业	曾于 1903 年在日本主编革命刊物《湖北学生界》，反对帝国主义和君主专制、宣扬民族独立和民主主义	1913 年回国，于上海独自经营锑铅矿业，1917 年任湖南省公署实业科科长兼教育科科长，翌年就任湖南矿物局局长。1927 年奉天省四洮铁路开通，转职为该局总务处处长，次年任京汉铁路局秘书主任兼工务处处长	1933 年任胶济铁路管理局水陆联运筹备委员会秘书、胶济铁路管理局秘书长，一度代理局长
杨玉廷	不详	青岛	不详	青岛商界人士，曾负责德国总督府下水道工程，于 1928 年成立谦益当典当行，1930 年成立谦益合记，在日占前任青岛商会会长		

资料来源：1. 赵琪：《东莱赵琪略历（一）》，《青岛新民报》，1940 年 2 月 18 日，青岛市档案馆藏，D000307/00116/0005；《东莱赵琪略历（二）》，《青岛新民报》，1940 年 2 月 19 日，青岛市档案馆藏，D000307/00125/0005；鲁海：《青岛民国往事》，青岛：青岛出版社 2012 年版，第 167 页；「9 支那新政権 主要人物調査（第一編） 3」JACAR（アジア歴史資料センター）Ref. B02031648100、各国ニ於ケル有力者ノ経歴調査関係一件/中華民国ノ部第七巻（A-6-0-0-8-2-007）（外務省外交史料館）。

2. 吕振文：青岛特别市公署：《青岛特别市公署一九四〇年度所属各局荐任以上职员赵琪、中村忠充等姓氏录》（1941 年），青岛市档案馆藏，A0020/001/00345；「9 支那新政権 主要人物調査（第一編） 3」JACAR（アジア歴史資料センター）Ref. B02031648100、各国ニ於ケル有力者ノ経歴調査関係一件/中華民国ノ部第七巻（A-6-0-0-8-2-007）（外務省外交史料館）。

3. 姚作宾：《汉奸姚作宾补充陈述书》（1951 年 3 月 21 日），青岛市档案馆藏，C010684；「9 支那新政権 主要人物調査（第一編） 3」JACAR（アジア歴史資料センター）Ref. B02031648100、各国ニ於ケル有力者ノ経歴調査関係一件/中華民国ノ部第七巻（A-6-0-0-8-2-007）（外務省外交史料館）。

4. 戚运机：《考试留学生进士学员揭晓北京 学部考试东西洋留学生暨进士馆学员略情已见前报刻经揭晓名次录右 游学毕业生等第单》，《申报》，1908 年 10 月 13 日，第 4 版；《湖北》，《申报》，1908 年 11 月 28 日，第 18 版；《上监国摄政王钤章五月初三日奉》，《申报》，1909 年 6 月 21 日，第 2 版；《法部派员彻查天津贿案》，《申报》，1917 年 8 月 15 日，第 6 版；《司法界之祝赧忙》,《申报》,1920 年 9 月 16 日,第 11 版;《青公安局秘书长易人》,《申报》,1933 年 9 月 19 日,第 8 版;《临时执政指令第四百七十三号》(1925 年 4 月 11 日),《政府公报》第 218 册,1925 年 4 月,第 177 页。

5. 周家彦:沈奕巨:《广西辛亥革命史记》,南宁:广西人民出版社 2014 年版,第 98 页;张宪文、方庆秋、黄美真主编:《中华民国史大辞典》,南京:江苏古籍出版社 2001 年版,第 1252 页;《周氏经历》,《青岛新民报》,1940 年 5 月 16 日,第 7 页;党跃武主编:《何维棣》,成都:四川大学出版社 2015 年版,第 141 页;《民国山东通志》第 1 册,第 452—456 页。

6. 李德顺:《奏疏实录》,《申报》,1901 年 9 月 20 日,第 12 版;王守中:《清末山东收路矿利权运动》,中国地方史志协会:《中国地方史志论丛》,北京:中华书局 1984 年版,第 260 页;鲁海:《逊清遗老的青岛时光》,第 72、76 页;刘汉耀:《礼贤中学沿革谈》,《市北文史资料》第 1 辑,第 213 页。

7. 陆梦熊:陈华新主编:《百年树人——上海交通大学历任校长略传》,上海:上海交通大学出版社 1997 年版,第 66、68 页;周之珂主编,上海市崇明县县志编纂委员会编:《崇明县志》,上海:上海人民出版社 1989 年版,第 920 页。

8. 韩鹏九:青岛特别市公署:《青岛特别市公署一九四〇年度所属各局荐任以上职员赵琪、中村忠充等姓氏录》(1941 年),青岛市档案馆藏,A0020/001/00345;「9 支那新政権 主要人物調查(第一编) 3」JACAR(アジア歴史資料センター)Ref. B02031648100、各国ニ於ケル有力者ノ経歴調查関係一件/中華民国ノ部第七卷(A-6-0-0-8-2-007)(外務省外交史料館);《韩建设局长逝世 各界友好同深惋惜》,《青岛新民报》,1941 年 11 月 5 日,第 5 页。

9. 尹援一:青岛特别市公署:《青岛特别市公署一九四〇年度所属各局荐任以上职员赵琪、中村忠充等姓氏录》(1941 年),青岛市档案馆藏,A0020/001/00345;彭承福主编:《中国革命和建设史辞典》,重庆:重庆出版社 1989 年版,第 457 页;湖北省恩施市地方志编纂委员会编:《恩施市志》,武汉:武汉工业大学出版社 1996 年版,第 617 页;《胶济路筹备水陆联运》,《申报》,1933 年 1 月 14 日,第 9 版;「9 支那新政権 主要人物調查(第一编) 3」JACAR(アジア歴史資料センター)Ref. B02031648100、各国ニ於ケル有力者ノ経歴調查関係一件/中華民国ノ部第七卷(A-6-0-0-8-2-007)(外務省外交史料館)。

10. 杨玉廷:《青岛市中外当典商》,《检验月刊》第 16 期,1931 年 6 月 2 日,第 9 页;《民国山东通志》第 4 册,第 2271 页;网络资料:http://blog. bandao. cn/archive/314300/blogs-2153344. aspx。

从人员构成来看,伪青岛治安维持会成员中既有年过七旬的逊清遗老,又有正值壮年的社会精英,有明显的梯队分布特点。伪维持会的核心成员为会长赵琪、秘书长吕振文、总务部部长姚作宾、警察部部长戚运机。秘书部办理各项政务机要,总务部主管财政、工务、教育等事务,警察部负责青市治安,三部基本囊括了青岛秩序恢复期间的社会建设事务,因此长官地位亦略高于其他部门。他们均是青岛政商界名流,并在青岛北洋政府内任职,属旧同僚关系。赵琪出身胶东名门望族,在 1911 年德华银行债务诉讼案中,他"与德华银行辨曲直于柏林最高法院”，曾是“不畏强暴，为同胞的利益奋起抗争”的先锋。① 北洋政府时期，赵琪曾任胶澳商埠局总办，与寓居在青的逊清遗老过从甚密，具有极广的人脉关系和影响力。1928年日本干预国民政府北伐时曾在青岛登陆，日军下令治安由赵琪负责，促成他与日本的第一次合作。在十年后日本再度占领青岛，赵琪顺势出山。赵资望深厚，“英国人、德国人朋友众多，名声很好”，因此受到日本统治者倚重，成为伪治安维持会会长。②

与伪治安维持会其余三位核心成员不同的是，姚作宾在青年时代是一名不折不扣的革命派。姚曾加入同盟会和中华革命党，当选中华民国全国学生联合总会常务理事，是名震一时的青年爱国领袖。他过去曾一度与共产主义亲密接触，但在受到政治挫折后思想日趋保守，回到他一直反对的北洋政府任职，与赵、吕、戚的命运发生交集。这四名成员早与南京国民政府不睦，赵琪在国民政府时期做起寓公，戚运机也于1933年辞职，吕振文虽在沈鸿烈撤退后才“自然解除职务”，但他素与北洋派人士亲近，与赵琪交往多年，“颇有深交”③。姚作宾在1935年秋被沈鸿烈加以“反动罪名”且派人监视，次年便加入冀察政务委员会④，反而成为四人中最早投敌者。

周家彦、李德顺、陆梦熊属于资历深厚、威望较高者。三人在伪维持会中年纪较长，均为清末官费留学生（其中周、陆二人留学日本），是当时较早一批接触到国外新思想的知识青年。但他们又受清政府培养

---

①《东莱赵琪略历（一）》，《青岛新民报》，1940年2月18日，青岛市档案馆藏，D000307/00116/0005；姜铭鼎：《华洋债务诉讼案纪略》，《莱州文史资料》第7辑，莱州市政协文史资料委员会1993年编印，第130、138页。

②「9 支那新政権 主要人物調査（第一編） 3」JACAR（アジア歴史資料センター）Ref. B02031648100、各国ニ於ケル有力者ノ経歴調査関係一件/中華民国ノ部第七巻（A-6-0-0-8-2-007）（外務省外交史料館）。

③「9 支那新政権 主要人物調査（第一編） 3」JACAR（アジア歴史資料センター）Ref. B02031648100、各国ニ於ケル有力者ノ経歴調査関係一件/中華民国ノ部第七巻（A-6-0-0-8-2-007）（外務省外交史料館）。

④《汉奸姚作宾补充陈述书》（1951年3月21日），青岛市档案馆藏，C010684。

并在朝仕事，所成长的时代及环境使旧文化和传统思想深深印刻在他们日后的行事准则中。如果说在20世纪上半叶那个"唯已独'革'""唯己真'革'"的年代，"激进与温和之别"被建构为"'革命'与'反革命'的圣魔两立"，并以当时的流行语"不革命就是反革命"来看[①]，这三人显然已被归为过时、守旧乃至反动的一派。1922年5月，陆梦熊被北洋政府指派为上海交通大学校长，该校董事会亦被其取消。北京各校联合沪校学生，反对陆梦熊"乘政潮变动谋为校长，擅散董会，引用私人"、"更改学制"等行为，在学生罢课及强大的舆论压力下，陆梦熊仅就职一月便辞职。[②] 尽管如此，这一派人物仍富有声望，人脉关系网依旧在社会上发挥着巨大效力，电报界崇籍人士即有不少出自陆梦熊门下。

伪治安维持会成员中其余三位为委员。尹援一同姚作宾一样，曾有过留日经历且富有革命热情，反对帝国主义和君主专制。尹援一出自湖北恩施世家望族，祖父及父亲均为晚清进士[③]，传统知识分子的入仕情怀对其影响颇深。尽管曾有过强烈的反帝思想，尹援一回国后仍在清朝任职，北洋和民国政府时期均担任公职。事变爆发后，胶济铁路管理局主要职员在撤退之际，嘱托尹援一清理善后工作，尹遂留在青岛。这也是尹援一就任伪维持会委员的前因。[④] 时人根据1938年4月赴青见闻所写的《铁蹄下的青岛》一文中，曾谈及日军沿胶济线抵青后，因沿路桥梁均被国民党撤退时毁坏，所以日军"赶紧要修理那些毁坏了的工程"。"那时胶济路原有的工务处某科长(这是一个极有名望的人)还躲在自己家里，就被敌人召了去，把他升任了工务处处长，责令

① 王奇生:《革命与反革命:社会文化视野下的民国政治》,北京:社会科学文献出版社2010年版,第67页。

② 陈华新主编:《百年树人——上海交通大学历任校长略传》,第66—68页。

③《恩施市志》,第617页。

④「9 支那新政権 主要人物調查(第一編) 3」JACAR(アジア歴史資料センター)Ref. B02031648100、各国ニ於ケル有力者ノ経歴調査関係一件/中華民国ノ部第七卷(A-6-0-0-8-2-007)(外務省外交史料館)。

督工修理沿线工程”,“此公欣然领命”。[①] 尽管尹援一就任伪职时的心情不得而知,但其境遇与此颇为类似。若不留在青岛,他的命运可能会发生转变。但选择也是双向互动的过程,在日本选择尹援一的同时,他也给予了侵略者机会。

韩鹏九是伪维持会中已知年纪最轻者,任伪职时 45 岁。他专修日语并游学日本,自 1915 年后一直长期在青岛从事日语教育的相关工作。韩鹏九因日语优势及工作关系,与当地日人结下深厚交情,仅凭教职便能身居伪治安维持会委员。关于另一位委员杨玉廷的资料不多,但幸而笔者联系到他的后人——其曾孙杨雷先生,弥补了杨玉廷现存史料较少的缺憾。杨雷根据家族直系亲属的回忆,向笔者透露杨玉廷在十几岁时便跑到青岛当小工修栈桥,德占时期杨氏凭借“机灵”被德国人相中,教其德语,“后来就给他几个小工程,慢慢就做大了”。德国总督府的下水道工程就有杨玉廷的参与,他“承担挖地基、爆破、给排水、土地整理以及庭院加固工作”,并由此开始发迹。有别于伪青岛治安维持会其他委员出众的才学,杨玉廷可谓白手起家,文化程度不高,凭借自身努力与机遇在青岛商界崭露头角。杨氏家族老一辈称因杨玉廷没有文化、受人利用而加入伪职,因并无史料佐证,故而笔者在此处仅记述,暂不作讨论。[②]

伪青岛治安维持会形成了以赵琪等为骨干、周家彦等为中坚、尹援一等人为后备的人事分布格局。10 人中目前已知 6 人有留学生经历,其中 5 人有留日经历。在所任职务方面,在清政府和北洋政府任职的分别有 6 人、8 人,同时在两政府就职者 5 人。在国民政府内任职者虽有 6 人,但仕途多不得志。其中,同时在清、北洋、国民政府中服务者有吕振文、戚运机、周家彦、陆梦熊 4 人。日伪在青岛扶植起的官僚群体

---

① 《铁蹄下的青岛》,《沦陷区惨状记 日军侵华暴行实录》,第 196 页。

② 根据笔者在 2018 年 6 月 21 日对杨雷先生的网络访问而整理。

多为投机政客，在政治上大都无专一信仰，服从于当权者的思想灌注于行事逻辑之中。这些成员多是成长于清末的旧人物中较早接触新知识的一批人，并以留日者居多，若细观其言谈举止，又发现他们深受中国传统思想和儒教观影响。在近代愈加激进的革命浪潮中，保守派日渐被边缘化，曾经履历光鲜的权贵反成为国民政府体制内郁郁不得志之人，巨大的心理落差也使其中一部分仍有政治抱负者在日本入侵后蠢蠢欲动。从伪维持会成员身上反映出在20世纪中国社会结构裂变的震荡下，个人命运与时代脉搏紧密相连，他们是“革命”激流下的一股逆流，而曾经潜伏的逆流最终伴随着日本的侵略再度涌向历史舞台中心，构成了沦陷区历史中不可或缺的一部分。

伪青岛治安维持会成立后三天，其咨询组织——伪复兴委员会随之成立。该会将青岛的公共事业及其他建设事项列为专案讨论，最后交由伪维持会立案施行。[①] 会长由赵琪兼任，委员有中日各8人组成，中方委员有赵琪、姚作宾、谢祖元、严良弼、陆湘、孙晓初、林耕宇、刘子孺。伪青岛复兴委员会对恢复青岛社会经济方面起到重要作用。除却赵、姚二人，伪复兴委员会成员中较重要者为谢祖元和林耕宇，其余委员资料不多，但他们均为在青的杰出商业人士。[②] 日伪选定以上人士为委员，无

---

① 《青岛复兴委员会成立之经过及决议各案件》，青岛市档案馆藏，B0023/001/00012。

② 严良弼，其父曾为清廷通奉大夫，领盐运使御、候选知府加从二品封典。严良弼子承父志，也曾为盐运使，后入李鸿章创办的上海轮船招商局，任招商局财务总监（刘冬冠：《严氏一脉严孝修：一位银行家的前世今生》，上海：上海远东出版社2014年版，第36页）；陆湘，字佩苏。迟至1926年3月，已取得实业部全国会计师证书。1933年任交通银行青岛一等直隶支行、青岛冠县路六等支行经理（魏文享：《民国时期之专业会计师论会计师事业资料汇编》，武汉：湖北人民出版社2011年版，第364页；《交通银行史》编委会编著：《交通银行史》第2卷，北京：商务印书馆2015年版，第118页）；孙晓初，1925年任中国银行上海分行文书（阮秀堃：《爱国银行家程慕灏的一生》，上海市政协文史资料委员会编：《上海文史资料存稿汇编》(5)，上海：上海古籍出版社2001年版，第50页）；刘子孺，1926年任青岛中鲁银行董事（中国银行经济研究室：《全国银行年鉴》，海口：文海出版社1987年版，第60页）。

疑是利用其在商业与经济方面的特长，为青岛经济复苏出谋划策。除赵琪、姚作宾、谢祖元、林耕宇日后在伪政权担任高级职务外，其余人士均继续从商并慢慢淡出日伪统治者重要“合作者”名单之外。

谢祖元字康伯，生于1876年8月4日，江苏武进人。他为商科举人，清末留学日本，东京高等商业学校卒业。① 1906年谢祖元与吴我尊等在日本上野美术专科学校成立“春柳社”演出新剧，宣传反帝思想。②回国后谢祖元在北洋政府任职，担任过东三省地垦局文书主任、奉天法政讲习所教务长，1915年转职奉天北路交涉局局长(驻铁岭)③，后任抚顺县知事④、柳河县知事。1917年谢祖元辞职后任大连交通银行经理，1920年为大连商务调查员⑤、交通部监理科长。⑥ 1920年7月大连最早的爱国进步社会教育团体——大连中华青年会成立，时任大连交通银行行长的谢祖元位列董事。⑦ 1921年谢祖元转职北洋政府财政部库藏司检察官、北京市官钱局经理，1922年底成为天津普益商业储蓄银行主要负责人⑧，两年后任张家口兴业银行经理。谢祖元多年来游走于政商两界，1929年他退出银行界，任四洮铁路局秘书，1931年转职大

① 青岛特别市公署：《青岛特别市公署一九四〇年度所属各局荐任以上职员赵琪、中村忠充等姓氏录》(1941年)，青岛市档案馆藏，A0020/001/00345。

② 夏芦庆：《常州新剧》，北京：中国文史出版社2003年版，第123页。

③ 辽宁省档案馆编：《中华民国史资料丛稿 电稿 奉系军阀密电》第1册，北京：中华书局1984年版，第197页。

④《清末、民国、日伪及国民党统治时期抚顺县县长名单》，抚顺市社会科学院、抚顺市人民政府地方志办公室编：《抚顺市志 市情要览卷》，沈阳：辽宁民族出版社2005年版，第814页。

⑤《政府公报》1920年6月(二)，第9页。

⑥ 解学诗主编：《满铁档案资料汇编》第7卷，北京：社会科学文献出版社2011年版，第290页。

⑦ 由林鹏：《1924—1933年大连共青团组织发展概况述论》，华文贵主编，大连近代史研究所、旅顺日俄监狱旧址博物馆编：《大连近代史研究》第3卷，沈阳：辽宁人民出版社2006年版，第266页；杨凤鸣：《大连中华青年会的初期活动》，《大连中华青年会史料集》，中共大连市委党史研究室1990年编印，第73页。

⑧ 于彤：《北洋时期全国金融机关一览》，庄建平主编：《近代史资料文库》第8卷，上海：上海书店出版社2009年版，第415页。

黑河航务局经理，后任黑龙江交涉署长。一年后，谢祖元应国民党青岛市市长沈鸿烈邀请来青，任青岛市政府交涉科科长。[①] 据日伪时期居住在谢祖元楼上的张公制回忆，沈鸿烈退出青岛时本想带谢祖元走，“但是他躲了”。[②] 谢祖元精通日语，属奉系军阀一派，与日本有深厚渊源。谢祖元结交了众多奉系重要人物，其中关系最为深厚者当属伪满洲国监察院院长于冲汉。于去世后，谢祖元“辗转易帜”，因与奉系出身的沈鸿烈关系赴青谋职。根据时人在1937年记载，谢祖元是青岛最早一批“甘为日人走狗”中的最重要者之一，其投敌应是主动而为。[③]

林耕宇也是较早与日本打交道者。20世纪20年代林耕宇为福建旅青同乡会主要负责人[④]，1929年任国民党青岛市电话局局长[⑤]，后任青岛市牛照局局长。1935年12月，林耕宇在北京创办《亚洲民报》[⑥]并任社长，该报发起人和董事会中均有日本人参加，是为宣传“中日亲善”之用。[⑦] 七七事变中林耕宇任冀察政务委员会外交委员会委员，负责对日交涉。[⑧] 参加复兴委员会不到3个月，林耕宇便得到日伪上级提拔，被伪中华民国维新政府任命为外交部司长。[⑨] 但在1939、1940年，

---

① 谢祖元：《江桥抗战后马占山会见板垣的有关情况》，全国政协文史资料委员会编：《文史资料存稿选编》第6辑（抗日战争），北京：中国文史出版社2002年版，第31页。

②《张公制回忆录（续三）》，《安丘文史资料》第4辑，山东省安丘县政协委员会1987年编印，第195页。

③ 钟鹤鸣：《日本侵华之间谍史》，第94页；「9 支那新政権 主要人物調査（第一編） 3」JACAR（アジア歴史資料センター）Ref. B02031648100、各国ニ於ケル有力者ノ経歴調査関係一件/中華民国ノ部第七巻（A-6-0-0-8-2-007）（外務省外交史料館）。

④ 曲金良：《蓝色青岛》，青岛：青岛出版社2012年版，第135页。

⑤《青岛政权昨日接收 市长决定陈仲孚 重要职员均发表》，《申报》，1929年4月16日，第6版。

⑥ 马芷庠：《北平旅行指南》，经济新闻社1937年版，第374页。

⑦ 方汉奇主编：《中国新闻事业编年史》（中册），福州：福建人民出版社2018年版，第1305—1306页。

⑧ 程兆奇：《远东国际军事法庭庭审记录·中国部分——全面侵华检方举证》，上海：上海交通大学出版社2015年版，第149页；戴守义、秦德纯等著：《七七事变》，北京：中国文史出版社2010年版，第16页。

⑨《政府公报 第三号》（1938年4月25日），维新政府行政院印铸局1938年印行，第2页。

伪青岛市公署仍将林耕宇列为市政委员。

《青岛新民报》在1938年9月26日对闵星荧的介绍中为“维持会委员”①，但他却并未出现在伪维持会的首批名单中。闵星荧为江西九江人，1921年获东京帝国大学经济学学士，后在大学院研究一年。1922年12月中国向日本“给价赎回”胶济铁路，是时闵星荧在接收委员会担任翻译员②，后充任会计处检查课课长、代理处长职务。③ 沦陷前闵氏为私立青岛大学日语教授，也教法通经济，是郁达夫的留日同学、岛城名师。④ 闵星荧熟谙日语，又兼备经济学知识，这在沦陷初期与统治者及中国官员间建立沟通、恢复经济方面极具优势，受到提拔亦在情理之中。

伪治安维持会总务处工务科、教育科对日占初期青岛建设和教育事业的恢复起到直接作用，极受日伪重视。伪科长地位因此相较重要，分别由李亚东、陈命凡担任。李亚东为奉天开源人，奉天陆军学校卒业后曾任该地建设局庶务科科长⑤，1929年任国民政府青岛市社会局第三科劳动股主任，目前关于他的资料较缺乏。陈命凡是山东蓬莱人，幼年随其父陈顾岩在昌邑县劝学所学习⑥，卒业于北京国立高等师范学校。⑦

---

①《今后的中华民国 变为王道乐土 此种幸福乃友邦所赐 维持会委员闽星萤演讲》，《青岛新民报》，1938年9月26日，第2页。

② 谢岳：《记胶澳收后胶济铁路的一次“罢工”风潮》，山东省政协委员会文史资料研究委员会编：《文史资料选辑》第5辑，济南：山东人民出版社1978年版，第89页。

③《闵星荧》，《路工》第1卷第11期，1948年9月，第53页。

④ [日]山本一生：《私立青岛大学的创办——以其与日华实业协会关于青岛商科大学筹办计划之间的关系为中心》，修斌主编：《海大日本研究》第2辑，青岛：中国海洋大学出版社2012年版，第165页；《青岛青运史资料》，共青团青岛市委青运史办公室1986年编印，第84页；鲁海、鲁勇：《青岛老校故事》，青岛：青岛出版社2016年版，第16页。

⑤ 青岛特别市公署：《青岛特别市公署各局副局长以上长官赵琪、谢祖元等略历表（附北支那经济通讯社出版部户冢干熊名片）》（1940年6月），青岛市档案馆藏，A0020/001/00345。

⑥ 刘积欣：《我在洛阳军校及其前前后后》，《昌邑文史资料》第7辑，山东省昌邑市政协委员会文史资料研究委员会1994年编印，第82页。

⑦ 青岛特别市公署：《青岛特别市公署各局副局长以上长官赵琪、谢祖元等略历表（附北支那经济通讯社出版部户冢干熊名片）》（1940年6月），青岛市档案馆藏，A0020/001/00345。

胶澳时期陈命凡曾于1923年担任山东省公署教育厅视学和义务教育委员会主任①,1925年4月任胶澳商埠督办公署学务股主任,不久后晋升为教育局局长。② 后因国民政府接收青岛,陈命凡暂时退职。1930年,他受国立山东大学校长林济青推荐,就任该大学总务长一职。1932年沈鸿烈任青岛市市长后,陈命凡转职为市政府助理秘书,1935年任国民政府青岛浮山区建设办事处主任③,梁实秋对其有"精明强干"之评价。④ 就现有资料来看,李、陈二人均曾在北洋、国民政府任职,二人就任伪职也是因袭了之前所长。其中陈命凡的经历颇值一书。陈氏曾是赵琪属下,沈鸿烈掌青后,陈命凡颇受信任,在职期间"尽力致力于三民主义"。⑤ 但在沈因日本侵略撤离青岛后,陈并未追随而去,而是再度搭上老上司赵琪的便车,他任伪教育职务与赵琪的提拔不无关系。⑥ 陈命凡为人活络,尽管政权更易,但总能屹立不倒,极有政治手腕。

在伪青岛治安维持会时期,日本统治者遴选了一批有核心、有外围的职员群体,他们均为社会上具有相当影响力的政、商、学界名流。在日伪的网络之下,或处于自愿、或情非得已、或受环境影响,这些人士纷纷加入伪政权的建设之中。值得注意的是,日伪初期择定的职员群体名单在日后并非一成不变,这里呈现出的是日本统治者与伪职员间双向选择的过程。短短数年,慢慢淡出日伪视线者不乏有之,而由下级梯队擢升至高级职员领导层的亦不罕见,谢祖元在赵琪任伪市长时期的快速擢升即为典例。

---

①《鲁教厅长于恩波已就职》,《申报》,1924年12月20日,第10版。

②《胶澳商埠局咨 第一三号》,《胶澳公报》第274期,1925年10月31日,第18页。

③《青岛市政府训令 第四三八八号》,《青岛市政府市政公报》第70期,1935年7月,第18页。

④ 梁实秋:《雅舍忆旧》,天津:天津教育出版社2006年版,第126页。

⑤「9 支那新政権 主要人物調查(第一編) 3」JACAR(アジア歴史資料センター)Ref. B02031648100、各国ニ於ケル有力者ノ経歴調查関係一件/中華民国ノ部第七卷(A-6-0-0-8-2-007)(外務省外交史料館)。

⑥《赵会长办事之特色》,《青岛新民报》,1938年9月6日,第7页。

二、赵琪任市长时期

1939年1月10日，伪青岛特别市公署成立，下设总务、社会、警察、财政、教育、建设、卫生、海务等八局。伪青岛市直辖于伪华北临时政府，足见其重要地位。① 青岛伪公署的成立典礼不啻为一场“忆苦思甜”的宣传会，透过报纸杂志及街道琳琅满目的宣传品，随时入耳的广播、街头演讲，日伪试图制造万民拥戴的景象。在一份代表“全体商民”对市公署“歌功颂德”的祝词中，写有“今奉大命，市署诞降，制度更新，万众欢畅，既往惠泽，郇黍召棠，增修功业，山高水长”的歌功字样，不论真心与否，青岛市各阶层已被伪政权纳入建设“大东亚共荣圈”的轨道之中。②

人事安排上，赵琪被伪华北临时政府任命为青岛市市长。③ 在庆贺市公署成立声中，赵琪亦怀有“无限之感想”。④ 在就任宣言中，赵琪回溯青岛在沈鸿烈暴力摧残后“人民流离荡析，十室九空，殆成死市”的景象，自己“不忍坐视此庄严璀璨之东方瑞士”沦入无政府状态之下，“为国家、为地方、为人民不得不排除万难，出任巨艰”。一载以来，“治安克保、民庆更生”，而市况较事变以前尤为繁荣。赵琪称自己“不求有功、但求无过”，对地方和人民“幸而可告无罪，夫亦可以稍释仔肩矣”。伪华北临时政府将其任命为伪市长后，赵琪深感“汲深绠短、陨越堪虞”，欲“以积劳之身”及时“养晦退避”，但因“时艰孔亟、民困待苏”，不得不挺身而出。赵琪强调自己“以身许国之初衷”未改，“惟有勉为其难

---

①《民国山东通志》第1册，第398、307页。

②《青岛特别市市长赵琪就职》(1939年1月10日)，青岛市档案馆藏，B0023/001/00530。

③ 青岛特别市公署：《关于赵琪为青岛特别市市长一月十日就职的训令》(1939年1月11日)，青岛市档案馆藏，B0032/001/00211。

④《青岛特别市市长赵琪就职》(1939年1月10日)，青岛市档案馆藏，B0023/001/00530。

以期完成建设大青岛之使命”。① 在之后的庆祝晚宴上，赵琪谈话中再次透露了本欲功成身退但又非其不可的局面，表示自己将本着胶澳商埠局与伪治安维持会时期的服务精神建设青岛。②

即墨县知事张子安曾蒙赵琪知遇之恩，“追随左右三十余年”，他对赵琪“荣任”伪市长一事，特作祝词。张氏称赵琪在“友邦诚意敦请”下，“不忍民众陷于水火”，而“人民望公如望父母”。赵琪“出任维持一载以还，政声昭著”，被当局任命为伪市长后“市民欣喜欲狂”。张氏不吝笔墨地描述了一副“舆情思旧，渤海怀龚”的欢欣景象。③ 尽管赵琪的任职极为高调，但他仅是被日本推上台前的代理人，青岛政务的幕后实际负责人和最高权力者为日籍顾问、海军特务部部长柴田弥一郎。

赵琪在 1939 年 1 月至 1943 年 3 月任伪市长，加之伪治安维持会时期，掌青时间长达 5 年。他的处事风格和执政理念对青岛市政运转、政治风气及官民关系等方面均产生一定影响。因其任职期间较长，跨越了日伪在青统治的不同时期，青岛伪政权高级职员群体结构亦有所变动，故对这一时期人事状况的分析尤为必要。赵琪任内的高级职员名单如下：

赵琪时期青岛市伪政权职官表④

	1939	1940	1941	1942	1943
市长	赵琪	赵琪	赵琪	赵琪	赵琪 3.18 专任华北政务委员会委员 姚作宾 4.1 任

①《青岛特别市公署成立周年纪念：一年大事记》(1940 年)，青岛特别市公署 1940 年编印，第 1—2 页。

②《青岛特别市市长赵琪就职》(1939 年 1 月 10 日)，青岛市档案馆藏，B0023/001/00530。

③《青岛特别市市长赵琪就职》(1939 年 1 月 10 日)，青岛市档案馆藏，B0023/001/00530。

④《民国山东通志》第 1 册，第 469—473 页。

续表

	1939	1940	1941	1942	1943
最高顾问	柴田弥一郎	柴田弥一郎 8.10 调海军服务 多田武雄	多田武雄、绪方真记、村地卓尔	村地卓尔	村地卓尔
辅佐官	中村忠充、佐藤政吉	佐藤政吉	佐藤政吉	佐藤政吉	佐藤政吉
市政委员	平冈小太郎、村地卓尔、吉泽干城、中村顺之助、李德顺、杨玉廷、尹援一、林耕宇、邹道臣、谢祖元、李仲刚	平冈小太郎、村地卓尔、吉泽干城、中村顺之助、李德顺、杨玉廷、林耕宇、邹道臣、谢祖元、李仲刚	平冈小太郎 3.14 解聘、村地卓尔、吉泽干城 3.14 解聘、中村顺之助、李德顺、杨玉廷、邹道臣、李仲刚、吉田辰秋	中村顺之助、李德顺、杨玉廷、邹道臣、李仲刚、吉田辰秋	中村顺之助、李德顺、杨玉廷、邹道臣、李仲刚、吉田辰秋、冈口兼一、安藤荣次郎
参议	张万禄、吴道时、方联璧、胡家法	张万禄、吴道时、方联璧、胡家法	张万禄、吴道时、方联璧、胡家法	张万禄、吴道时、方联璧、胡家法	张万禄、吴道时、方联璧、胡家法
总务局局长	周家彦	周家彦 5.14 殁 谢祖元	谢祖元	谢祖元	谢祖元 4.9 免 曾荣伯 4.9 代；4.16 就
社会局局长	姚作宾	姚作宾	姚作宾	姚作宾	姚作宾
警察局局长	陆梦熊 3.24 任实业部部长 傅鑫 3.25 就	傅鑫	傅鑫	傅鑫 10.28 免 游伯麓	游伯麓 11.9 辞 钱宗超 11.9 代
财政局局长	吕振文	吕振文	吕振文	吕振文 7.31 调任海务局局长 陈命凡 7.31 代	陈命凡 4.9 免 关衍麟 4.9 代；4.16 就
教育局局长	陈命凡	陈命凡	陈命凡	陈命凡 谢祖元 7.31 代	谢祖元代 尹援一 7.31 代
建设局局长	韩鹏九	韩鹏九	韩鹏九 11.7 殁 姚文蔚 11.7 代	姚文蔚	姚文蔚

续表

	1939	1940	1941	1942	1943
卫生局局长	马扬武	马扬武	马扬武 8.12 辞 谢祖元 8 月兼	谢祖元兼；6.1 裁撤卫生局	
海务局局长	韩鹏九 8.14 免 尹援一 9.18 署	尹援一	尹援一	尹援一 7.31 免 吕振文	吕振文 4.9 免 欧秋夫 4.9 代；4.16 就
乡区行政筹备事务局局长	周家彦兼	周家彦 5.14 殁 谢祖元兼			
查禁烟苗稽查处长	吕振文兼	吕振文兼			
宣传处处长①				谢祖元 8.5 暂代	谢祖元 4.9 免 伊里布 4.9 代

伪青岛市公署成立后，领导班子基本保持了伪维持会时期的基调，但也有人事上的调整，其中以伪警察局最为频繁。伪治安维持会时期的警察部部长戚运机最初被日本任命为伪北京特别市公署秘书长，1938 年因“另有任用”而被免职。② 之后戚运机便由京抵青，担任青岛伪治安维持会委员、警察部部长，在伪政权级别及所任职务上均有所下降。1939 年，戚运机取代赵叔抃成为伪青岛高等法院院长。该法院迟至 1938 年 11 月 15 日才成立③，当时青岛各项法律法规亟需厘清，积案旧案亦要解决，法务问题千头万绪。戚运机为法政科专业，在北洋及国民政府时期有多年司法界任职的经验，令其任伪院长也是日伪出于“专人专用”的考量。此时青岛伪公署的职位已有“僧多粥少”之趋势，故而戚运机由伪治安维持会时期的骨干成员滑落至较次要位置，这显示出青岛伪

① 民国三十一年八月二十八日成立宣传处。

②《临时政府令六则(任免令)》,《市政公报》1938 年第 3 期，北京特别市公署秘书处编印，第 9 页。

③《高等及地方两法院 昨日同时成立 两院人员宣誓就职 尹委员大泽领事分别致词》,《青岛新民报》,1938 年 11 月 16 日，第 7 面。

政权内的人事竞争是相当激烈的。

在陆梦熊于1939年1月调任伪中华民国临时政府实业部部长后，伪警察局局长由傅鑫接任。傅鑫生于1884年，江苏南京人，毕业于南洋武备学堂，1905年官费保送日本留学。先入日本陆军振武学校，继入日本陆军联队骑兵大队实习，1906年6月至1907年11月在日本陆军士官学校第六期学习，与日后在民国政坛上的风云人物阎锡山、唐继尧、李烈钧、程潜等为同学。1918年北洋政府配合英、美、日等国出兵西伯利亚，傅鑫作为各国联军中国海陆军司令部高级参谋，兼各国联军司令部中国武官列席会议代表。“因其功劳”，傅鑫被授予日本勋三等旭日中绥章、意大利王冠勋章、捷克斯洛伐克铁十字勋章。这也是他政治生涯的高光时刻。尽管政治起点较高，但傅此后际遇并不如意。作为“东北派的中坚人物”，其命运随奉系军阀浮沉，仅在国民政府内任中东铁路督办公署顾问这样的次要职务。九一八事变后，傅“作为主力参与平汉铁路相关工作，任督察主任、警务总段长”等职。[①] 就任伪青岛警察局局长后，傅鑫的仕途亦未平顺。1942年10月，伪警备总队配合日伪部队下乡“讨伐”抗战部队时，在崂西大庵子村俘获游击作战的国民党青岛保安总队大队长高芳先等人。因高芳先等会武术，关押期间伺机将看守兵打死、越狱逃回崂山，但“伪警察局对此束手无策，只有听

① 傅鑫曾任陆军第九镇参议，1912年3月24日被南京临时政府委任为中央陆军第三师司令部直属骑兵第三团团长。后因反对袁世凯而在1913年被列为袁政府通缉的“从逆军官”名单。1920年1月1日被北京政府大总统颁令授予陆军少将，任北京政府中央陆军混成旅旅长，次年任北京政府陆军部咨议。1922年傅鑫任东北讲武学堂教官，1924、1925年任东北第一、第二联合副官长，第三、第四方面军团部管理处长。《陆军部呈准缉拿从逆军官名单》及《大理院通缉从逆军官名单》，转引自李新等主编：《中华民国史》第2编第1卷（下），北京：中华书局1987年版，第525页；陈予欢编著：《中国留学日本陆军士官学校将帅录》，广州：广州出版社2013年版，第421页；徐友春主编：《民国人民大辞典》下，石家庄：河北人民出版社2007年版，第2005—2006页；「9 支那新政権 主要人物調査（第一編）3」JACAR（アジア歴史資料センター）Ref. B02031648100、各国ニ於ケル有力者ノ経歴調査関係一件/中華民国ノ部第七卷（A-6-0-0-8-2-007）（外務省外交史料館）。

之任之”。由于存在失职行为，傅鑫不得不以生病为借口辞职[①]，伪华北政务委员会遂调派游伯麓来青继任傅职。[②]

游伯麓投敌较早，同样是国民政府体制内的不得志者。他生于1888年，四川省广安县人，从日本法政大学法律科毕业后曾任四川陆军总司令部军法处长、军需处长、督军署参谋。[③] 游伯麓1931年任上海闸北区第五区区长时，因下令枪击张贴反日标语的群众并致死二人，被国民政府撤职查办。[④] 虽被判刑三年，但他依靠裙带关系使案件得以私了。游伯麓原籍天津，此事后“以南方不能立足”，“乃北返故乡，辗转投入敌人怀抱为汉奸焉”。[⑤] 九一八事变后游伯麓任伪新京特别市市政公署警察厅卫生科科长[⑥]，1936年任冀东防共自治政府参议[⑦]，1937年任伪唐山警务局局长[⑧]，1938至1942年任伪蓟县县长[⑨]，基层工作经验较为丰富。

赵琪任内伪青岛警察局(部)长已历4届。此前的伪维持会警察部长戚运机与陆梦熊、傅鑫、游伯麓均有留日背景，但戚运机与陆梦熊并无警政方面的工作经验，继任的傅、游二人则是此方面的专业人士。傅鑫之离职与青市治安环境恶化而又未有太大作为有关，继任的游伯麓、

---

①《青岛市志·大事志》，第133页。

② 王第荣：《日伪时期的青岛警察局》，《青岛文史资料》第5辑，第136页。

③ 上海市地方志办公室、上海宝山区地方志办公室编：《上海府县旧志丛书 宝山县卷》下，上海：上海古籍出版社2012年版，第1272页。

④《国民政府行政院公报》(中华民国20年9—10月)，第3页。

⑤ 沉醉：《记游伯麓》，《铁报》，1946年6月19日，第2版。

⑥ 孙明主编：《长春市志·卫生志》，长春：吉林文史出版社1993年版，第8页。

⑦《冀东防共自治政府训令(秘字第六九六号)》(1936年6月13日)，《冀东政府公报》第6号，1936年7月15日，第8页。

⑧《唐山警务局官佐表》(1937年8月)，南开大学历史系、唐山市档案馆编：《冀东日伪政权》，北京：档案出版社1992年版，第159页；孟庆海主编：《唐山文史资料大全 地区综合卷》上，唐山市政协文史资料委员会2013年编印，第232页。

⑨《伪政府知县(县长)更迭情况表》(1935—1945)，蓟县志编修委员会编著：《蓟县志》，天津：南开大学出版社1991年版，第594页。

钱宗超的去职亦是如此。青岛伪政权由伪治安维持会向伪市公署过渡期间的突出特点是政绩的考察更为严格,这要求部门负责人专业化程度更高。这一时期李德顺、杨玉廷仅有市政委员虚名,并未就任伪局长或其他较重要职位,与李德顺年纪较为老迈,杨玉廷文化水平和资历不高,难以服众有重要关系。

从马扬武和姚文蔚的任职中也可管窥伪政权择官标准的转变。伪卫生局局长马扬武此前并未进入伪维持会的核心成员圈。马氏生于1894年,河北人,奉天南满医学堂卒业。① 之后他继续留校,期间在东京帝国大学、庆应大学医学部各留学一年。马扬武在1927年被北洋政府授予陆军一等军医②,后任军需处第四科科长。1928年,马升为军医监,就任东北医院院长,还曾在齐齐哈尔开设医院。他"善刀剜、针灸之术",曾是张学良的私人医生,"后竟以某事系狱,旋解"。③ 九一八事变爆发后,马扬武任伪哈尔滨市政筹备处卫生科科长、哈尔滨特别市市立医院院长,1935年转职为伪满洲医科大学特约顾问及讲师。伪青岛治安维持会成立后,马氏"受军部推荐,任医疗官和临时防疫办事处长"。1939年1月伪卫生局复设后,青岛市立医院改由市卫生局管理,马扬武被任命为该院院长和伪卫生局局长。④ 马氏有较丰富的从医履历且在日伪哈尔滨政府内担任相关职务,因此能够胜任专业性较强的伪卫生局局长一职。马扬武曾被视为"张学良一派",但在九一八事变前入狱并解除了与张的私人关系,这段晦暗经历不仅对其思想造成冲击,或许会对日后出任伪职产生一定影响。在日人看来,马扬武"因日中新体

① 青岛特别市公署:《青岛特别市公署一九四〇年度所属各局荐任以上职员赵琪、中村忠充等姓氏录》(1941年),青岛市档案馆藏,A0020/001/00345。

②《大总统令第三千九百九十六号》(1927年6月7日),《政府公报》(1927年5—6月),第317页。

③《睇向斋谈解》,过常宝等编著:《中国稗官秘史》第7册,北京:北京燕山出版社1998年版,第4086页。

④ 朱麟祥:《青岛市市立医院史略》,《市北文史资料》第1辑,第176页。

制的强力化”,“思想渐渐出现改善倾向”。① 这样的解读,显然过于简单。

1941年11月4日,伪建设局局长韩鹏九突发脑溢血逝世。② 赵琪“以建设行政不可一日无人负责”,在经过“缜密遴选”后决定任命在建筑行业极有成就和经验的姚文蔚为伪建设局局长。姚文蔚(字华荪),1892年生,河北沧县人。1925年8月任胶澳商埠局财政科清丈股股长③,1927、1928年分别为该局电话局局长和港政局局长。在国民政府接收青岛后,姚文蔚随同赵琪离职并同赴大连谋事,与赵琪私交甚笃。④ 为改变国内建筑多取用外国大理石、国内无有可媲美者的现状,姚文蔚在鲁、冀等地研究发现了数十种品质上乘的石料,1932年创立青岛中国石公司并任总经理(姚作宾为协理)。⑤ 该公司规模宏大,在上海设有分公司,为“中国唯一国产饰石,只此一家”。⑥

姚文蔚在记者谈话中称其“四年来多病,本不拟再问政事”,但“承蒙赵市长以及中日各长官之推许”,只有勉励勤奋。姚氏“在青二十余年”,是一位“工程专家”,与赵琪和姚作宾等日伪上层关系密切。日占初期在商界极具影响力的姚文蔚并未活跃在青岛政坛,伪治安维持会委员中的商界人士是资历和政治背景远低于姚文蔚的杨玉廷。由此可证实,在日本侵略初相当一部分有名望之人婉拒日伪邀请而选择观望时局,“明哲保身”。但当侵略经年日久且呈现日常化趋势后,由于在青开办商业不得不与伪政府打交道,部分意志不坚定者经不住身边人的

①「9 支那新政権 主要人物調査(第一編) 3」JACAR(アジア歴史資料センター)Ref. B02031648100、各国ニ於ケル有力者ノ経歴調査関係一件/中華民国ノ部第七巻(A-6-0-0-8-2-007)(外務省外交史料館)。

②《韩建设局长逝世 各界友好同深惋惜》,《青岛新民报》,1941年11月5日,第5页。

③《胶澳商埠局委任令 第八〇号》,《胶澳公报》第254期,1925年8月19日,第11页。

④《接收青岛经过情形》,《大公报》,1929年4月20日,第4版。

⑤《本公司略史》,《中国石公司特刊》,1934年11月,第3页。

⑥《中国石公司小史》,《时事大观 1031—1035》(上册),时事新报1934年编行,第294—295页。

反复游说和奴化宣传，逐渐“下水”的情况并不罕见。至此，姚文蔚由伪政权的旁观者、伪市公署参议、兴发公司要员一步步进入了伪政权上层职员群体行列。而他的晋升之路，既是伪政权内高级职员愈加专业化的体现，也呈现出部分人对投敌事伪由望而却步到心怀犹豫，再到却之不恭的心理变化。

1940年5月14日伪总务局局长周家彦因病去世，享年61岁。周家彦资历深厚，为市政二把手。周氏清朝即在驻日使馆办事，北洋时期又随徐世昌聘日，是同时代较早与日本打交道者，与日伪关系极深。北京、南京伪政权均曾邀请周家彦出任要职，他在赵琪的“一再挽留”之下才留青任职。周家彦突发急症，因“症候极繁”，不到十日便“病入膏肓”。在其病卧时，赵琪与柴田弥一郎“每日必往探视”，周家彦“曾于病中含泪恳托”赵琪料理身后家庭事务。因周家彦“积劳致疾、遽尔溘逝”，青岛伪政权以“市葬”规格举办了盛大的追悼仪式。[①] 伪总务局在各部门中起到统领性作用，伪局长任务“至为繁重”，周家彦去世后此职不宜久悬，但日本统治者并未从伪维持会时期委员或其他伪局长等重要人士中选派，而是推选中国联合准备银行青岛分行经理、市政委员谢祖元接任。[②]

从职官表中可见有几位获得了日伪的格外提拔，可谓异军突起，其中最突出者即为谢祖元，其次为李仲刚。二人都曾在大连中华青年会任职，应为旧相识。因李仲刚在本章第二节有个案论述，故在此不再赘述。谢祖元被当时人称为“日本通”，他与“青市日人感情极洽，即日人亦多目伊为日人”。[③] 与日本统治者维持的良好关系是谢祖元获得信

① 《周总务局张逝世 决举行市葬礼》、《周氏善后事宜 恳托市长料理》，《青岛新民报》，1940年5月16日，第7页。

② 《青岛市银行一览表》，山东省政协文史资料委员会编：《山东工商经济史料集萃》第2辑，济南：山东人民出版社1989年版，第78页。

③ 钟鹤鸣：《日本侵华之间谍史》，第94页。

任的关键，而极佳的日语水平又使他能够无障碍地与殖民者沟通，可作为中日官员间政令传达的纽带，这是多数高级职员所不具备的能力。谢祖元一跃坐上伪青岛市公署第二把交椅，从此之后平步青云。

在青岛市伪政权职员群体中，尹援一的仕途起落颇具戏剧性。1939 年 8 月韩鹏九被免去伪海务局局长、专任伪建设局局长后，所余伪海务局局长一职，由尹援一担任。尹援一为土木科专业，是该方面的专业人才且有丰富职业经验。伪海务局对青岛这样一个北方重要港口城市的重要性不必赘言，为长远建设计，日伪将毫无经验的韩鹏九撤换。不过，日本对尹援一并不信任，这也是市公署改组时尹"一时被抛弃"，仅任市政委员闲职的原因。事变前，尹援一在国民政府时期的仕途相较于青岛伪政权其他高级职员而言较为顺畅。如前所述，尹之投敌较为被动。长子尹以琦曾任鲁苏战区总司令于学忠部第 51 军 114 师中校副团长，1939 年 3 月随部入鲁过程中作战牺牲。长子因抗日殉国，自身则深陷伪职，亲人的离世和身份的冲突，难免会对尹援一造成情感打击，服务侵略者的热情随之降低。当日人侦知"尹援一之子拥有重庆方面的军籍（也有人称其战死）"的消息后，对其"有所怀疑"，但仍因其过硬的专业技能而启用。在日方看来，尹虽是日本留学生出身，"但因儿子的关系，并不标榜自己亲日，也不声称抗日"。但这种"超然的态度"，始终令其有所顾忌。①

仅过两年余，尹即再度遭伪政权见弃。1942 年 7 月 31 日，他被免去伪海务局局长一职，该日的一系列人事调动值得特别注意：在伪卫生局（局长谢祖元）于 6 月 1 日裁撤后，谢祖元在 7 月 31 日调任伪教育局局长，原局长陈命凡改任伪财政局局长，而原伪财政局局长吕振文则顶替了尹援一。此外，谢祖元还任该年 8 月新成立的伪宣传处处长。日

---

①「9 支那新政権 主要人物調査（第一編） 3」JACAR（アジア歴史資料センター）Ref. B02031648100、各国ニ於ケル有力者ノ経歴調査関係一件/中華民国ノ部第七巻（A-6-0-0-8_2_007）（外務省外交史料館）

伪之所以有如此大的人事调动，与时局密切相关。

青岛伪政权在成立初虽致力于社会经济的恢复和发展，但随着战事愈打愈烈，日本军事策略随之转变，不断抽调人力、物力支援前线，致使沦陷区兵力空虚；而战争所带来的巨大耗费亦被转嫁到当地民众身上，物价飞涨、民不足食的情况愈加严重，加剧了伪政权的不稳定因素。从1942年8月8日日本最高顾问村地卓尔在“保卫东亚纪念日”的谈话中，可对当时局势作一了解。村地称现今处在“国家兴难分野之非常重要时期”，伪市公署的事业设施“诚感资金不足”，故“仅能继续维持旧有之事业，而不能见其具体之建设”。这也从侧面反映出赵琪治下的市政发展难令日本统治者满意。为提高政府收入，赵琪曾于该年六月以来“改新营业税，及各种税捐、地税、地租税，计划增征各种收入”，又将该年度预算“追加更正”。对此村地表示，“在向市民增税”的同时，“市公署经费之支出，不得稍有浪费，因此内部、市公署本身之肃正，又属必要”。因往日职员数与市公署之事务相比有“过多之倾向”，“致妨害事务不能敏捷处理”，故而“推行整顿行政淘汰职员之事”并“举有为之士”。①

青岛伪公署奉行新组织规则，精简人员、提高效率并减少开支之意甚明。新规则要求：“由市长负担市政全责，其下设有各局、处、队长，于其督掌事务之全范围内，辅佐市长，分担其责任。”事务的处理以各局、处、队为中心，并“由各科、各股担当处理之责”，构成“市公署之辅佐机关，均无独立性之存在”。根据各部门的调查，“市长予以裁决，然后移请实行”，并以此为基本宗旨。日伪此举意在加强集权，形成简捷且层级分明的行政运转模式，虽将裁决权交于伪市长，但终要“移请”于日本最高顾问抉择后方可生效。②

---

①《八月八日保卫东亚纪念日村地辅佐官感言》，《赵琪市长对第五次治安强化运动的二次谈话》，青岛市档案馆藏，A0018/001/00355。

②《八月八日保卫东亚纪念日村地辅佐官感言》，《赵琪市长对第五次治安强化运动的二次谈话》，青岛市档案馆藏，A0018/001/00355。

此番“改革”给青岛官场带来不小震动。因伪警察部有卫生股，日伪遂于1942年6月1日裁撤伪卫生局，并在7月31日对伪海务、教育、财政局的局长进行调动。尹援一遭免职，而中下级职员因裁员而失去饭碗者为数更多，这也导致舆论界对伪政府的抱怨批评增多。村地在讲话中强硬指出，“种种不当之批评”，系“个人理念所致”，“而对新组织之根本宗旨缺少理解，是最不足议论”。他要求相关责任者“应认清自己任务之重要性，并于执行要务时，应充分发挥足以担当其责任之本能”。“无论公私”，均须本“纯洁的高尚人格”。[①] 表面上看，伪青岛市公署的此次行政“改革”是因应“大东亚战争”及行将要展开的第五次治安强化运动所作出的调整，但深层原因是青岛市政在内外双重压力下已不堪重负。官场内部啧有烦言，人民负担日益加重，战时特殊环境使本该处于恢复期的青岛处于过渡透支之中。

在日本统治者持续的政治高压之下，伪政权职员群体承受着身体和心理的双重压力。太平洋战争爆发前夕，日本紧张地进行着沦陷区的社会动员。韩鹏九身为伪建设局局长，积极奔走于宣传前线。韩氏“身体魁梧、体质素强”，1941年11月血压过高，“医嘱隔日检查放血，并于每日午间静卧休息”。但因该月3日出席民众代表大会致辞，韩“未得休息，亦未遵医嘱放血”，会议闭幕合影时血压骤增、行动呆滞，后医治无效，“因公殉职”。韩鹏九不顾身体预警，强撑出席民众会议，侧面反映了伪政权紧张的工作节奏。韩氏平时“极力标榜自己亲日、事事靠近日本”[②]，希望在日伪面前留下良好印象的心理也驱使其超负荷工作，逝世时年仅49岁。[③]

---

①《八月八日保卫东亚纪念日村地辅佐官感言》，《赵琪市长对第五次治安强化运动的二次谈话》，青岛市档案馆藏，A0018/001/00355。

②「9支那新政権 主要人物調査（第一編）3」JACAR（アジア歴史資料センター）Ref. B02031648100、各国ニ於ケル有力者ノ経歴調査関係一件/中華民国ノ部第七巻（A-6-0-0-8-2-007）（外務省外交史料館）。

③《韩建设局长逝世 各界友好同深惋惜》，《青岛新民报》，1941年11月5日，第5页。

伪市长赵琪承受的心理压力更甚。赵琪就任伪治安维持会长与市长时曾一再流露出功成身退之意，他在1942年1月《三周纪要》弁言中，虽“自惭建树之无多”，但已无去职让贤之意，并称“为政不在多，言在心惟期实”，表示自己“扪心而无愧”。赵琪亦对今后施政作出展望：“自今始永矢勿邪之思议，遵无逸之训作以答上宪之付托，俯以顺斯民之期”。[①] 赵琪的以上言论反映出他督掌市政以来复杂而又矛盾的心理。赵琪胶澳时期便执掌青市，治绩卓著，口碑甚佳，这令其颇为自负，即便日后退出政坛，亦未忘情于政治。赵琪自认为品行及所行廉政于人民无愧，但于伪政权而言确实建树无多。进入1943年，日本在太平洋战争的泥沼中越陷越深，沦陷区的不稳定因素随之上升，值此“内忧外患”之际，青市财政困难的问题日渐凸显，而这在赵琪任内始终未得妥善解决。日本统治者对青市现状的不满及民间怨言，与赵昔日游刃有余于政务之间对比鲜明。此间落差，恐非自负之人所能接受。特殊的时局使赵琪的“抱负”注定与现实相左，在日伪对青岛的政策由恢复为主转向为战争服务后，赵琪所强调的“清朗之治”已无法承载日本对青日益加诸的人力物力负担，而他终被富有商业经验和实干能力的姚作宾所取代。

综上不难看出，伪维持会成立初中国民众对日伪统治多持怀疑和观望态度，出任伪职者大多与日本有较深渊源且有一定名望，日本统治者的选择余地相对狭小。但伪青岛市公署的成立一定程度上标志着日伪统治步入常态化轨道，这需要更为专业化的职员群体治理政务，能力高下和政绩优劣是考察高级职员的重要因素。一批有才干之人陆续得到启用，其中精通日语并与统治者有较深交情者得到破格提拔，在伪政权中国高级职员群体中也具备了“高人一等”的地位。虽然入青谋职者日渐增多，为日伪再度选择谋事者带来可能，但这仅限于中下层，上层职员

---

① 《三周纪要》(1942年1月)，弁言，青岛市档案馆藏，B0023/001/00746。

群体始终在最开始的职员梯队中浮动。后来者根基薄弱，且多迫于生计来青，若无人脉资源极难晋升。这又决定了赵琪时期的高级职员群体具有上层结构稳定性的特点，此派人物多是清政府和北洋时期社会名流，多与赵琪关系密切。但此特征在姚作宾任伪市长时期发生了改变。

三、姚作宾任市长时期

1943 年 3 月 18 日，伪华北政务委员会训令“本会委员兼该市市长赵琪应开去市长兼职来会就职，所遗市长一缺派姚作宾代理听候上间命”，姚作宾奉令于 4 月 1 日就职视事。[①] 赵琪被免去伪市长调往北京，仅专任此前的伪华北政务委员会一职。不像赵琪一样一再诉说自己“为政以德”的苦心，姚作宾更讲求实际，而他对日本统治者的姿态也较之为高。姚作宾职掌青市只有短短两年余，却是国内外局势震荡剧烈的决胜期。姚作宾掌政的第一年是青岛市政起承转合的关键，在赵琪的基础上，姚实行了诸多大刀阔斧的改革。自 1944 至 1945 年，日本在太平洋战场上颓象毕露，对青岛之压榨尤甚，伪政权内人心思动，高级职员也纷纷寻求后路。

姚作宾任伪市长初期，青岛市伪政权高级职员群体发生了较大变动。在上任初，姚作宾召集各长官言明“四月一日以前为旧任之责，以后为新任之事，不拘交接之形式惟重官司之职守”。因“长官之去就必关员司之更动”，姚氏特谓职员“各安心供职，绝不无故任免”。姚作宾指出，“除一二大员辞职几经挽留不得者，呈由政府委派”，其余人士均“各按学资履历”任相当职务。[②] 尽管言语中不乏安抚之意，但姚之态度已有“一朝天子一朝臣”的意味。此阶段青岛市伪政权高级职员群体如下：

---

① 青岛特别市公署：《关于青岛特别市公署为代理市长姚作宾于一九四三年四月就职视事的训令》(1943 年 4 月 1 日)，青岛市档案馆藏，B0023/001/00967。

②《姚作宾市长就任一周年施政述要》，青岛市档案馆藏，B0023/001/01328。

姚作宾时期青岛市伪政权职官表

	1943	1944	1945
市长	赵琪 3.18 专任华北政务委员会委员　姚作宾 4.1 任	姚作宾	姚作宾
最高顾问	村地卓尔	村地卓尔 5.25 退职 折下吉延 5.25 就	折下吉延
辅佐官	佐藤政吉	佐藤政吉	佐藤政吉
市政委员	中村顺之助、李德顺、杨玉廷、邹道臣、李仲刚、吉田辰秋、冈口兼一、安藤荣次郎	中村顺之助、李德顺、杨玉廷、邹道臣、吉田辰秋、方百川、冈口兼一、安藤荣次郎	李德顺、邹道臣、杨玉廷、方百川、安藤荣次郎、吉田辰秋
参议	张万禄、吴道时、方联璧、胡家法	张万禄、吴道时、方联璧、胡家法	张万禄、吴道时、方联璧、胡家法
总务局局长	谢祖元 4.9 免 曾荣伯 4.9 代；4.16 就	曾荣伯	曾荣伯
社会局局长	姚作宾	姚作宾	姚作宾
警察局局长	游伯麓 11.9 辞 钱宗超 11.9 代	钱宗超 3 月辞 徐养之 5 月任	徐养之
财政局局长	陈命凡 4.9 免 关衍麟 4.9 代；4.16 就	关衍麟	关衍麟
教育局局长	谢祖元代 尹援一 7.31 代	尹援一 5.2 调任经济局局长 伊里布 5.2 代	伊里布
建设局局长	姚文蔚	姚文蔚 姚国桢	姚国桢

续表

	1943	1944	1945
海务局局长	吕振文 4.9 免 欧秋夫 4.9 代； 4.16 就	欧秋夫	欧秋夫
经济局局长①		尹援一 6.1 任	尹援一
宣传处处长	谢祖元 4.9 免 伊里布 4.9 代	伊里布 5.2 调任伪教育局局长 宁溪桥 5.20 就	宁溪桥

1943 年青岛官场无疑发生了一场大震动。其中最突出的是随着赵琪离任，胶澳时期赵琪手下、与其关系甚密的吕振文和陈命凡分别于 4 月 9 日被免去伪局长职务。此前在青仕途顺畅的谢祖元就此止步，所任伪总务局局长和宣传处处长职务也在该日被免，所余伪教育局局长职务在 7 月 31 日被此前不得志的尹援一取代。此后谢祖元离青赴南京伪国民政府谋职，曾任代理驻日公使、伪胶州海关监督等伪职。② 李仲刚曾与姚作宾不睦并发生过激烈冲突。③ 在姚上任后不久，李仲刚亦离青赴南京，后陆续任伪国民政府参赞武官公署少将武官兼南京警备司令部军法处长、河北第一行政区专员兼教育长、青岛经济局视察"剿共"委员会委员、山东自治联军少将参谋长、青岛文化社社长等职。④ 这一时期青岛高级职员群体中出现的新面孔为：曾荣伯（伪总务局局长）、关衍麟（伪财政局局长）、殴秋夫（伪海务局局长）、伊里布（伪宣传处处长）。

① 1944 年 6 月 1 日成立伪经济局。

②《青岛小汉奸向法院自首》，万仁元、方庆秋主编：《中华民国史史料长编》第 68 册，南京：南京大学出版社 1993 年版，第 232 页。

③ 薛永祥：《东文书院和李仲刚》，《市北文史资料》第 2 辑，青岛市市北区政协委员会文史资料研究委员会 1993 年编印，第 116—117 页。

④《台湾省政府代电（叁陆申寝府警丙字第六二二一七号）》，《台湾省政府公报》1947 年秋字 78，第 3 页。

曾荣伯，事变前曾为冀察政务委员会委员陈觉生的秘书长，1939年6月起任敌伪刊物《新轮》（北平）主编。[①] 姚作宾与陈觉生熟识，曾经陈介绍任冀察政务委员会交通委员会组长，又通过陈觉生转介张自忠任惠通航空公司董事[②]，与曾荣伯是老相识。曾荣伯虽投敌较早，但其资历不高，此次赴青就任伪总务局局长这一要职，极大可能是因其与姚作宾的旧日关系。

关衍麟，"美国铁路专科毕业"，1920年作为路员被北洋政府选派赴加拿大太平洋铁路公司实习，回国后任京奉路车务处副处长。[③] 1929年后关氏任北宁铁路（前京奉铁路）运输处处长[④]，1931年担任平汉路车务处处长[⑤]、驻平办事处处长[⑥]，1939年前后任伪北京市公署铁路局局长。关衍麟出身奉系，在北洋和国民政府时期均任铁路方面相关职务。近代中国与列强一直萦绕路权展开交涉，关衍麟一直处于国家权益交涉的前线，但最终在日本入侵后投入敌伪阵营。

目前关于后两位资料较少。仅知殴秋夫曾任中国红十字会、冀察政务委员会外交委员会秘书一职，与姚作宾有共同任职的经历。伊里布，满族，1909年被清政府选派在烟台海校学习。[⑦] 1924年前后为奉

---

① 上海图书馆编，祝均宇主编：《上海图书馆馆藏近现代中文期刊总目》，上海：上海科学技术文献出版社2004年版，第1098页。

②《汉奸姚作宾补充陈述书》（1951年3月21日），青岛市档案馆藏，C010684。

③《选派路员前往坎拿大实习呈文》（1925年），叶恭绰：《民国丛书 第2编 94综合类 遐庵汇稿》，上海：上海书店出版社1990年版，第180—181页。

④ 胡光麃：《大世纪观变集 第二册 中国现代化的历程》，台北：联经出版事业公司1992年版，第248页。

⑤《呈据平汉铁路车务处处长关衍麟电报汉市水患及石部溃败各情乞察核由 指令第3308号》（1931年8月27日），《行政院公报》第284期，1931年9月2日，第42页。

⑥《平汉路驻平办事处长致铁道部电》（1931年11月9日），吉林省档案馆编：《九·一八事变》，北京：档案出版社1991年版，第474—475页。

⑦ 许秉贤：《烟台海军学校始末》，杨志本主编：《中华民国海军史料》，北京：海洋出版社1987年版，第919页。

军航空处飞鹰队队长①,1926年奉军进驻北京后伊里布在航空署任职。② 他在1939年任青岛伪政权教育局学务科科长一职。③

综上不难看出,伪青岛市高级职员群体在姚作宾时期有着明显的去“名流化”趋势。姚作宾曾指出,赵琪时期“各官署用人多凭函荐、请托”,虽学资具备者大有人在,但“不称其职者亦所在多”,影响吏治清明。④ 姚作宾就职后,赵时期的重要官员多数离职,而诸如谢祖元、李仲刚等难容于姚、又有仕途追求者则选择赴上级政府谋职,这为下一级官员的晋升带来可能。新任伪局长多数由低一级伪职员提升或外调而来,难以对姚作宾地位的构成威胁,便于其控制。这些伪局长的个人履历及社会地位虽未有赵琪时期任职者那般光鲜,但均有丰富的基层服务经验。至此,青岛伪政权完成了高级职员群体的新陈代谢。

姚作宾当政时期,才学兼备且与其有深厚交情者得到特别提拔,徐养之即是例子。姚作宾就任伪市长后,伪警察局局长游伯麓并未改善青岛治安不良的局面,“市内时常发生炸弹爆炸事件”,许多商号“都曾被人送进炸弹”。同时,“新疆路海西分局的枪支被人劫走,贵州路日本商业学院的训练枪支也被人劫走。日伪感到风声鹤唳,草木皆兵”。⑤ 鉴于青岛治安对整个山东的重要性,1943年11月伪华北政务委员会亲自指派有三十多年警政特务工作经验的伪北京警察局长钱宗超代替游伯麓,游则回到治安较好的北京任伪警察局局长。钱宗超履历“显赫”,1916年被北洋政府委任为北京警察厅警佐⑥,1924年因“缉获京

---

① 王工一、栾开明编:《长空风云录》,长春:吉林文史出版社1986年版,第291页。

② 蒋逵:《旧中国航空界见闻》,天津市政协委员会文史资料研究委员会编:《天津文史资料选辑》第27辑,天津:天津人民出版社1984年版,第13页。

③ 孙绍圣、姜瑞青:《日伪统治下的青岛教育概貌》,《青岛文史资料》第5辑,第80页。

④《姚作宾市长就任一周年施政述要》(1944年),青岛市档案馆藏,B0023/001/01328。

⑤《民国时期警察机关主官名录》,北京市地方志编纂委员会编:《北京志·政法卷·公安志》,北京:北京出版社2003年版,第29页。

⑥《政府公报》1910年1月( ),第328页。

缉盗犯异常出力”被提拔为荐任职[①]，1928 年任北京市公安局股长[②]，1936 年为国民党北平市公安局督察长。[③] 七七事变后，国民党驻平第 29 军撤离，钱宗超代理公安局局长，北平失陷后就任伪职。1939 年钱宗超任伪北京警察局第四科科长（局长为余晋和）[④]，在北京市第二次治安强化运动中，钱因表现出色而被授奖。[⑤] 1943 年余晋和调任伪华北政务委员会建设总署督办，遂提拔“警务科长”钱宗超任伪北京警察局局长。[⑥] 但能力较强的钱宗超仍未从根本上扭转青市治安环境，因受 1944 年 3 月“乔智金被害案”[⑦]牵连，“钱宗超也不得不引咎辞去伪警察局长职务”。[⑧]

就在这样的局面下，姚作宾得以于 1944 年 5 月“保荐其好友徐养之担任伪警察局长”。徐养之出生于 1890 年，湖北江陵人，毕业于保定陆军军官学校，1925 年任胶澳戒严司令部副官长。[⑨] 1939 年，在北京的徐养之被日伪召集赴武汉担任伪职[⑩]，先后出任伪武汉（汉口）特别

---

①《大总统指令第四百五十三号》，《政府公报》1924 年第 2865 期，第 3 页。

②《公安局呈报派员担任中南海门禁事》（1928 年 12 月 25 日），北京市档案馆编：《北京档案史料（2000.1）》，北京：新华出版社 2000 年版，第 267 页。

③《国民党北平警宪搜查北大、清华两校并逮捕爱国学生情况的通讯》（1936 年 3 月 1 日），《政治：国民党的“民众运动”与工农学各界的斗争》2，第 540—541 页。

④《警察局特务科等呈请奖励破获共产党及自学社出力人员》（1939 年 5 月 15 日），刘大成等编：《“七·七”事变前后北京地区抗日活动》，北京：北京燕山出版社 1987 年版，第 117 页。

⑤《第二次治强运动期中北京特别市警察大检阅：齐督办授奖式，受奖者，京市警察局代表科长钱宗超》，《警声》1941 年第 2 卷第 10 期，第 7 页。

⑥ 向风：《日伪时期的北京警察局》，全国政协文史资料委员会编：《中华文史资料文库》第 5 卷，北京：中国文史出版社 1996 年版，第 26 页。

⑦ 1944 年 3 月间，“青保”特务队队长辛成清率众进入市内，将旧商会专任董事乔智金绑上汽车，开往崂山。日伪闻讯即出动警备车追赶，行至山东头村，因乔智金的汽车汽油告罄，不能行驶，辛成清等遂开枪将乔智金击毙，日伪军赶到急忙抢收尸体，辛成清等则乘机逃回崂山。后日伪颇为隆重地为乔智金举行了出殡送葬仪式。王第荣：《日伪时期的青岛警察局》，《青岛文史资料》第 5 辑，第 136—137 页。

⑧ 王第荣：《日伪时期的青岛警察局》，《青岛文史资料》第 5 辑，第 136—137 页。

⑨《山东外事大事记 1840—1988》，山东省人民政府外事办公室 1990 年编印，第 160 页。

⑩ 武汉地方志编纂委员会办公室编：《武汉抗战史料》，武汉：武汉出版社 2007 年版，第 656 页。

市政府宣传局局长、公用局局长[①]、社会局局长等职。[②] 1944 年因武汉局势不稳,“徐养之逃回青岛,由其老同事、伪市长姚作宾委任崂山行政办事处处长”。[③] 姚作宾称该处“既属新造又无尊严之官廨,若以文字官员营兹新邑深恐不能举重若轻、履险如夷”,故而选派“文武两途、资深望重”的徐养之,并赞赏他“有为有守,劲气内练,足任艰巨”。[④] 徐养之任伪警察局长后,“时常到各分局视察工作,指导防务”,并召集部下训话打气,勉励警官“忍受困难,振作精神,维持地方治安,为‘大东亚战争’效力等等”。但“市内各大商店仍然经常有人送进定时炸弹,徐养之使劲浑身解数,亦回生乏术”。[⑤]

青岛伪警察局局长一职的人事变动显示出政绩之优劣始终是日伪统治者决定高级职员去留的重要标准,而他们随时都要承担失职所带来的风险。日本最高顾问随时将青市情况向上级反馈,游伯麓、钱宗超均为伪华北政务委员会指派,可见当下级政府出现行政困顿局面时,上级政权会在“关键时刻”直接干涉青市人事任用。但在有着“金钱固有魔力,情面尤为作祟”之说的传统中国社会,日伪统治者难免“入乡随俗”,中国高级职员可凭借关系推荐职员,有能力者依托人脉关系网受到格外提拔也就不为怪了,伪建设局局长姚国桢亦为一例。

在姚作宾任期的第二年,青岛伪政权高级职员群体又有些许调整,伪建设局添设资历较老的姚国桢为伪局长。姚国桢(字幼枝)生于1883 年,安徽贵池人。姚氏为清末举人,曾入京师大学堂学习,任邮传部学习郎中。1912 年后姚分别任交通部佥事、总务厅文书课长兼统计委员会副会长。1917 年 7 月,姚国桢任交通部参事及邮政总局局长,

---

① 涂文学主编:《沦陷时期武汉的经济与市政》,武汉:武汉出版社 2007 年版,第 674 页。

②《为裁撤汽车渡船管理所案(汉口市政府训令 府铨字第 0835 号)》,涂文学主编:《沦陷时期武汉的经济与市政》,第 463 页。

③ 王义昌:《徐树莲与伪市北警察分局》,《市北文史资料》第 1 辑,第 27 页。

④《姚作宾市长就任一周年施政述要》(1944 年),青岛市档案馆藏,B0023/001/01328。

⑤ 王第荣:《日伪时期的青岛警察局》,《青岛文史资料》第 5 辑,第 137 页。

该年11月与王揖唐等筹组安福俱乐部，并在1919年底出任北洋政府交通部次长。直皖战争后，姚国桢为直系北京政府下令通缉的“十大祸首”之一。他于1922年11月潜至天津租界隐居，又于1924年复出任段祺瑞执政府全国烟酒事务署督办①，1926年4月随段去职后至天津作起寓公。九一八事变后，姚国桢与土肥原贤二等来往密切，1935年出任冀东防共自治政府顾问，1937年12月被伪中华民国临时政府聘为咨询委员。② 姚国桢来青谋职，恐与姚作宾的交情有关。姚国桢为皖系出身，是张弧的友人③，而姚作宾在青岛沦陷前曾为张弧府上常客，均属土肥原贤二在华北扶植得较早的一套汉奸班底。④ 至1945年，姚文蔚不再任伪建设局局长，而由姚国桢一人担任。

除此之外，青岛伪政权还于1944年6月1日成立伪经济局，伪教育局局长尹援一改任该局局长，而伪宣传处处长伊里布则升为伪教育局局长，其遗缺由宁溪桥担任。此番人事调整，使尹援一与伊里布更接近专长。至抗战胜利前，青岛伪政权高级职员群体基本维持了1944年的人事格局。

纵观青岛伪政权八年来的高级职员群体，青岛本地籍贯者极为鲜见，其中鲁省以外者占有相当大比例，这也是青岛这座伴随着殖民而兴起的近代移民都市所独具的特点。这在国民政府时期同样如是，在1933年青岛市政府职员籍贯统计中，鲁籍职员为40.9%，非鲁籍竟达58.32%，而青岛籍仅为0.48%，“青岛成了客籍的天下”。⑤ 在德、日

---

① 李盛平主编：《中国近现代人名大辞典》，北京：中国国际广播出版社1989年版，第538页。

②《安徽历史名人词典》编辑委员会编：《安徽历史名人词典》下卷，合肥：安徽教育出版社2008年版，第982页；合肥市政协文史资料委员会、阜阳市政协文史资料委员会编：《皖系北洋人物》，合肥：安徽人民出版社1993年版，第399页。

③ 张同礼：《张弧的一生》，天津市政协委员会文史资料研究委员会编：《天津文史资料选辑》第23辑，天津：天津人民出版社1983年版，第179页。

④ 姚士馨：《温士珍汉奸案》，姚士馨：《八大奇案》，天津：百花文艺出版社1991年版，第222—223页；张同礼：《张弧的一生》，《天津文史资料选辑》第23辑，第173页。

⑤ 崔玉婷：《抗战以前青岛华人社会阶层分析》，《文史哲》2003年第1期，第145页。

殖民统治的漫长时期以及历次革命中的和平过渡,使青岛逐渐成为近代保守势力的汇聚地。沦陷期间,诸如陆梦熊、闵星荧、林耕宇、谢祖元、李仲刚等有才能且与日本上层交情颇深的人士得到上一级伪政权提拔,而外地官员被派往青岛就职者亦不乏有之,伪职员的双向流通频繁。但沦陷时期伪政权职员群体又带有明显的传统官僚特点,体现了某种程度上的"幕僚化"色彩。赵琪、姚作宾任市长期间均在身边笼络了一批亲信势力,他们排除异己、互为奥援。在高级职员的晋升之路上,人情关系是除资历、能力外的重要因素,某种程度上已成为能否就任伪职的敲门砖。

第二节 情境与经历:以个案考察与日媾和者的政治选择及心路历程

日军占领青岛前后,Margot Grzyuaez 女士是这段历史的亲历者。这时她已在山东大学当教授三年,但在 1937 年 7 月,她便因"除了懂得中文及其他若干语言外,竟又会得说日本话","除了到过许多人民服装和我们相同的国家外,竟又到过日本","除了为许多报章杂志撰写各种题目的文章外,竟又为一九三七年四月的'东方事件'写过一篇'滑雪在日本'"等因而遭解聘。所以,她便无法与那些"既不会讲日语,又不认识日本,更没有写过关于日本的文章"的老同事一样,"跟着那些逃难大学,一起到安徽、湖北、四川、陕西或者云南等省去尝尝那种奔波的味道"。但她却用细腻的笔触,详细记载了当时社会环境及市民心境的转变,日记中曾言:"创造历史容易,批评历史更容易,但要描写一段真实历史事件的始末却是很难的。尤其是当该事件刚发生后,或尚在进行中,要想予以充分的理解,那更简直是不可能的。"①

---

①《青岛失陷始末记》,贺圣遂、陈麦青编:《不能忘却的历史——抗战亲历实录》,复旦:复旦大学出版社 2005 年版,第 174—175 页。

身处历史当中者常会当局者迷。Margot Grzyuaez 最终留在了青岛，如今我们无法得知她之后的命运是否会与伪政权联系在一起，甚至连她的真实身份亦无从获知。笔者在前一部分分析了青岛伪政权上层职员群体的构成，其中虽论及投敌原因，但由于个体家庭出身、知识结构、性格经历等方面差异性，很难完全归为某一种类型。若要从动荡的历史情境与迥然不同的经历中走进伪职员内心世界、探寻行为背后的诱因，个案研究尤为必要。本部分将以青岛市伪政权的三位重要参与者——赵琪、姚作宾、李仲刚为例，三者性格鲜明、思想驳杂，生动地揭示出主流历史叙述之外的部分知识分子，在动荡时代背景下的困惑与选择。

一、“爱国之心不敢后人”：胶澳督办赵琪的乱世情怀

赵琪出生于1882年，山东掖县人士。祖先为蜀人，明初迁于掖县，六世从祖见田公曾在明万历朝“仕至卿相”，有“东莱三凤”之美誉；八世从祖琨石公在崇祯年间拜东阁大学士，兄弟五人均供为显宦，世称“赵氏五龙”。自明迄清，赵氏家族“簪缨相继”，是当地名门望族。至赵琪之父祥齐公时，赵氏家道中落。德占胶州湾时，18岁的赵琪抵青，考入德文学校。毕业后，赵琪先后任青岛巡警厅、胶济铁路、金岭镇实务公司翻译，兼华洋文案。1908年，因津浦铁路北段总办李德顺的关系，赵琪调为该段铁路翻译委员。[①] 此时他虽与殖民者共事，但仍积极为同胞争取权利，“德华银行债务诉讼案”使其名震海外。

1911年11月，德国人在济南开设的德华银行买办金芗荪，携该行银款五万二千两逃匿。事发后，德华银行企图将损失转嫁于中国款主，其中就有赵琪之兄赵德升。赵琪在与多方交涉无果后，决定以个人名义诉诸法律，被其他款主公推为代表。诉讼初，德华银行对赵琪进行人

①《东莱赵琪略历(一)》，《青岛新民报》，1940年2月18日，青岛市档案馆藏，D000307/00116/0005。

身侵扰，企图胁迫其退出诉讼。但在他的坚持下，此案经十余次开庭审理，于1912年4月10日由济南德领事署作出一审判决，判处德华银行偿还中国款主的全部存款及利息。德华银行复上诉于本国，赵琪"为义债所激"，1913年辞职远涉重洋，"与德华银行辨曲直于柏林最高法院"。在赵琪据理力争下，法院维持原判。诉讼的胜利发生在中国利权丧失之际，赵琪之举起到振奋民族精神、增强国民信心的作用，而其亦因"不畏强暴"、"以局外之身，奋袂而起，竟取全国瞠目、无法挽救之巨大债诉为己任"的义举饱受赞誉，树立了良好的公众形象。赵琪赴德期间结识德国名流学者，交游见闻均有增加，对"欧美外交家之方略，心领神会"。一战前的德国经济发达、工业进步，在威廉二世的主导下，德国政体模式将行政权高度集中于君主手中。德国的政情民生以及中国传统政治文化之熏陶，均使赵琪更加倾心于贤人政治。事后赵琪曾言："夫法治之国，非贵有可行之法，而贵有行法之人"①，流露出对"人治"政治的无限向往。

此后赵琪的仕途颇为顺畅。他在1914年7月任淞沪警察厅督察长，1917年6月任龙口商埠兴筑公司总经理，并于1920年担任龙口商埠局局长。因"对龙口的开发多有建树"②，赵琪仅一年便因"政绩卓异"，被简任为龙口商埠局总办。1923年，赵琪被调为山东省署参议，受到时任两湖巡阅使吴佩孚的赏识，聘其为顾问。因与张宗昌同为掖县人，赵琪深得信任并受到格外提拔，在张部下担任参议。吴佩孚在第二次直奉战争失利后退驻湖北鸡公山，赵琪奉张宗昌之命前往修好，后又在黄冈与吴佩孚洽谈。赵琪在直奉要人中不遗余力地奔走联络，在北洋政府的地位日益提高。1925年春，赵琪升任津浦铁路军事善后特

---

①《东莱赵琪略历(一)》，《青岛新民报》，1940年2月18日，青岛市档案馆藏，D000307/00116/0005；姜铭鼎：《华洋债务诉讼案纪略》，《莱州文史资料》第7辑，第131—138页。

②姜铭鼎，《华洋债务诉讼案纪略》，《莱州文史资料》第7辑，第130页。

别货捐局总办，此后被委派为津浦全路商货统捐局会办。[①] 待张宗昌督办山东军务后，将胶澳商埠收归山东管辖，改称胶澳商埠局，1925 年保荐赵琪任总办。[②]

赵琪上任后"将积年旧债，扫数偿清，僚属薪津，毫无积欠"[③]，执政能力颇受认可。1926 年 8 月 9 日，德国商人斐师恒的珠宝商行被劫、斐被害，酿成轰动全国的"斐师恒案"。英国嫌疑犯虽已拘获，但"英领使美哲意存庇护，竟释之"。赵琪严词抗议并悬重赏侦缉，最终嫌犯落网，英领使美哲因此案去职。斐案后，北洋政府以赵琪"历办外交，具有卓识，特准以全权公使记名"，1927 年赵琪兼任全省戒严高级执法官。[④]

国民党北伐的成功使赵琪原本顺畅的仕途受阻，命运也随之改变。1928 年，国民政府派陈中孚为专员来青接洽接收一事。赵琪本已预备交接，但因济案交涉，赵"中途变卦、置之不理"，日本驻青总领事藤田也示意陈中孚不为援助。"迨武汉事变发生，张宗昌乘机肆虐于胶东，于是张系人物，盖谓前途大有希望，张系要人以及便衣队等等，奔走于胶济路之沿线"，赵琪接到命令不许交接，张宗昌之大本营遂移驻青岛，并运动日人延缓撤兵。此时便有赵琪与日人因阻挠国民党接收青岛而展开的第一次合作。之后陈仲孚又于 1929 年二次莅青洽谈交接，虽奔走两个余月，仍不得与赵琪晤面。4 月 12 日，藤田由济南回青，次日召集陈、赵二人赴日本总领事馆，最终决议 15 日上午交接青岛。至此，国民党名义上统一全国虽已近一载，而青岛却"俨成化外"之地。中国地方官吏交替须借重日本领事方能解决，这也被舆论界视为"国民之耻"。[⑤]

---

①《东莱赵琪略历(二)》,《青岛新民报》,1940 年 2 月 19 日,青岛市档案馆藏,D000307/00125/0005。

②《青岛各界欢迎胶澳总办赵琪》,《大公报》,1925 年 7 月 25 日,第 4 版。

③《赵琪之自白 离青后自大连发通电》,《大公报》,1929 年 5 月 9 日,第 3 版。

④《东莱赵琪略历(二)》,《青岛新民报》,1940 年 2 月 19 日,青岛市档案馆藏,D000307/00125/0005。

⑤《接收青岛经过情形》,《大公报》,1929 年 4 月 20 日,第 4 版。

由青岛交接一事便可见赵琪的政治立场。当时报间称:“其初赵琪原未必存恋栈之意,只以内受左右之包围,外摄强邻之兵力,遂至事事听命于人。”赵琪受张宗昌极大恩惠,而与赵相交者,又多为北洋政府保守派人士。而“张宗昌一派之人物,又妄以水浒之豪杰自命,知有朋友而不知有国家”,赵琪在情感上与国民政府一直处于疏离状态。1928年底东北易帜后曾有人劝赵琪归命于国民党中央,赵琪屡对人言:“我是张义威(注:张宗昌)派来的,无论如何,我不能挂青天白日旗。”1929年4月14日赵琪离青,但他未履行与陈中孚言定的仅个人去职之约定,而是携青市重要职员如吕振文(秘书长)、周淼(财政科科长)、王庆堂(警察厅厅长)、姚文尉(港政局局长)等人同赴大连。①

赵琪并不甘心就此默默无闻地退出政坛。他在去大连后向社会各界正式发表离职通电,其中不忘长篇累牍地回顾治绩。赵琪称在奉职之初即“抱定清、慎、勤三字为主义,一应政务,亦以开诚布公为目的”,青市“财政始有转机”。对于迟迟未交接青岛一事,赵琪解释道:“只以受故乡父老之拖,仔一隅保障之肩,友邦寅谊之挽留,全埠绅民之劝勉,思欲以一拳之石,暂砥颓波”,但因“不忍以全国争回之区域,数年新复之河山,坐令沦胥”、由其断送,故而“不得已忍辱负重”,反复权衡后“作洁身之计”。赵琪对其为官为人颇为自负,言辞中表达了虽受民众拥戴,却不得不以大局为重、激流勇退的无奈。政治生命突告终结,赵琪虽有遗憾和不甘,但他也只能在“今者瓜代已来,地方有赖,琪得脱离苦海,息影田园,优游终老,何幸如之”②的感慨中开始寓公生活。

此后赵氏将先世明清两代的遗著搜为一编,出版《东莱赵氏楹书丛刊》,又将德华债务、龙口工程、斐案始末纂集成书。此外,赵琪投资中兴面粉公司、中国石公司等,开始转向实业界。1932年1月,他被聘为青岛地方公益委员会和土地房产整理委员会顾问。虽不再执掌政务,

① 《接收青岛经过情形》,《大公报》,1929年4月20日,第4版。

② 《赵琪之自白 离青后自大连发通电》,《大公报》,1929年5月9日,第3版。

但赵琪在青岛政治、文化圈中仍具威望。

卢沟桥事变使赵琪“息影田园，优游终老”的愿景发生改变。赵琪与沈鸿烈“原是朋友”，赵在沈当海军司令时见“他很关心地方上的事”，故而“很佩服”。但赵琪称沈鸿烈在“做市长之后，平时所说的话全不兑现，都是欺骗老百姓”，1931 年后就和沈疏远，“彼此也不来往”。这虽是赵琪的片面之词，但可见与沈鸿烈政见和立场的不同，是二者分道扬镳的重要原因。赵琪谓沈鸿烈见他在青岛“甚为嫉视”，遂于 1937 年 8 月 18 日令其离青赴德。赵回忆道：“我虽在此当老百姓亦不可能，于是我坐德国轮船离开青岛，因为心中气愤加以旅程劳顿，齿痛大作，遂在天津下船在津居住。”在此期间，伪中华民国临时政府行政委员会委员长王克敏，以赵琪“前绾埠政，中外翕服，驾轻就熟，人地最为相宜”，命其回青坐镇并遣使再三敦劝。① 赵琪称在听闻沈鸿烈炸毁纱厂的消息后“甚为悬念”，自己“已九年不就事，本可不必出来，但为关切家乡、顾念国家不得不再出来做一点事业”。②

赵琪将就任伪职归咎于形势所迫，但这并不能完全解释其何以回青主政。七七事变后，各地伪政权陆续建立，与日媾和者绝大多数是北洋政府的一群失意政客。青岛深受外来文化影响，赵琪多年与德、日殖民者打交道，双方合作颇为顺畅。加之近代青岛几度易手，政权更迭最短不过几年，致使官员群体浮动性大，而淘汰的职员又往往成为新政权的不得意者，精英阶层与政府的关系相对松散，另一层面也意味着他们更容易被他方势力所笼络。面对曾经同僚再度出山和周遭守旧派的劝说拉拢，赵琪发生动摇。沈鸿烈令赵琪离青赴德，并非出于“嫉视”，而是觉察出其政治动向已倾向日本。日方的说辞证实了此点。七七事变后，国民党中央军第二师师长黄杰入青搜捕汉奸，“特别对旧东北派的

---

①《东莱赵琪略历（三）》，《青岛新民报》，1940 年 2 月 20 日，青岛市档案馆藏，D000307/00133/0004。

② 赵琪：《关于国民党军队欺民扰乱治安的演讲词》，青岛市档案馆藏，B0021/001/00032。

人物严加警戒”，赵琪因之前往大连、天津避难。① 赵琪素重声誉，常将“为人要诚实，存心要谨慎。学术要醇正，品行要端方。操守要清廉，任事要勤敏”②奉为人生信条，不可能完全视激进的民族主义浪潮与抗日呼声于不顾，其行为与思想的矛盾性贯穿始终，这与他所成长的环境及中国新旧文化的割裂密切相关。

赵琪是成长于中国传统文化环境下具备新知识、新思想的人物，但其“新”又是囊括在“旧”之中的。赵琪出身传统读书世家，深受孔孟之道的熏陶。他思想体系的支柱是儒家传统文化，既有“匡时济世”之抱负，又有古代文人之清高，内心深处早已将入仕做官、与民谋福视为安身立命之根本。但赵琪青年时代即在德占殖民地青岛谋事，该地旋即又被日本占领八年之久，过早与殖民者接触，又使他思想中浸润了妥协的成分。加之目睹清朝灭亡、北洋崩解、民国肇建等一系列大变革在斗转星移间完成，赵琪的忠诚观念发生偏移，忠于朋友、派系而胜过国家。面对愈加激进的革命风暴和不断涌现的新青年，赵琪的思想显然已不能适应瞬息即变的革命形势，国民政府青壮派迅速登上历史舞台，赵琪迅速由台前退居幕后，这样的变化和落差令其始料未及。

赵琪虽在青寓居，但并非不问世事。他与青岛的逊清遗老、北洋旧臣结交甚密，青岛政商各界皆愿与赵琪结识，形成了以其寓所“厚德堂”为中心的交际圈。日本侵略为赵琪提供了再度出山的机会，而传统王朝中挽狂澜于既倒、临危受命的乱世能臣一直是赵所推崇的对象。赵琪生平景仰诸葛亮之为人，尝言“武侯一生勋业，惟得力于谨慎”，又对岳武穆王“文官不贪财”一语深以为然。③ 目睹青市焦土后，赵琪在日

---

①「9 支那新政権 主要人物調査(第一編) 3」JACAR(アジア歴史資料センター)Ref. B02031648100、各国ニ於ケル有力者ノ経歴調査関係一件/中華民国ノ部第七巻(A-6-0-0-8-2-007)(外務省外交史料館)。

②《赵琪市长格言条幅》(1943 年)，青岛市档案馆藏，A0018/001/00402。

③《东莱赵琪略历(四)》，《青岛新民报》，1940 年 2 月 21 日，青岛市档案馆藏，D000307/00141/0004。

本统治者和友人的多顾茅庐下，顺势复出也就不足为怪了。日本海军第四舰队司令丰田曾与赵琪于1923年相识，他在1938年1月10日到青赴任时，便谓赵"欣然出任维持会会长"。① 赵琪对当时局势的态度可见一斑。

回首往昔，赵琪曾言："鄙人自十四年督办胶澳与友邦各界人士推诚置腹，感情融洽，迨十八年挂冠后闭户著书，不预政治，弹指光阴忽忽九年……"赵琪对昔日督掌胶澳的时光颇为留念，蛰居时光虽"不预政治"，但隐含中仍有遗憾之意。日本入侵旋即又将国民政府当权派打倒在侧，这为赵琪提供了弥补政治遗憾之机。尽管日后赵琪曾一再标榜其"德政"，并以"爱国之心不敢后人"②自诩，但其附逆行为给抗战带来消极影响。作为一个素重名誉的传统知识分子，赵琪势必难以从心理上完全隔绝舆论界对汉奸的谩骂攻击之声。理想与现实的失衡，常使他处在矛盾甚至是煎熬之中。

二、由激进到保守：革命者姚作宾的蜕变

1938年1月17日，在青岛伪治安维持会成立仪式的合影环节中，时年47岁的姚作宾位列九位委员之一。姚立于会长赵琪左后，头戴貂绒礼帽，身穿貂绒大衣，内着西装领带，颇为新潮醒目。论资历，他在日本召集的社会名流当中不算出众，却担任伪青岛治安维持会总务部部长的要职，这与其政治资源颇丰、投敌较早不无关系。

1922年12月，北洋政府从日本手中收回青岛。姚作宾经直隶议员温世霖介绍任接收行政委员，随后担任青岛胶澳商埠督办公署交涉课课长。有留日背景的姚与日本人关系密切，于1924年任中日合办的青岛

---

①《赵会长苦心经营 青岛终得复兴 丰田司令长官答词》，《青岛新民报》，1938年11月21日，第7页。

②《青岛治安维持会会长广播演讲词》，《赵琪对下属训话底稿》（1939年），青岛市档案馆藏，B0023/001/00670。

宰畜公司顾问、常务董事。1934 年前后，土肥原贤二笼络张弧[①]等人为组建华北亲日政权做准备。经温世霖胞弟温世珍的推荐，姚作宾加入了张弧团体。[②] 1936 年 4 月，姚任冀察政务委员会交通委员会组长，不久又在日本为控制华北制空权而设的惠通航空公司担任董事、营业组主任。[③] 青岛陷落后，身在北平的姚作宾经伪中华民国临时政府要员殷同[④]介绍，与日本海军武官须贺彦次郎协商组织伪青岛治安维持会，并于 1938 年 1 月 14 日同赵琪抵青。[⑤]

姚作宾投敌既非敌伪强逼，亦非生活所迫，而是主动为之。吊诡的是，青年时代的姚作宾是一位昂首阔步走在时代前列的爱国青年，曾为上海抗日活动分子之一。五四运动爆发后，姚作宾在反段大会上"作反日之激昂慷慨之演说"，使听者在 20 余年后仍记忆犹新。[⑥] 从爱国青年到腼颜事敌，姚作宾走过了复杂的道路。

姚作宾 1891 年出生在四川南部县王家场"一个小资产阶级家庭"，家有水稻四十挑的田地兼营生产和贩卖食盐。他 6 岁入私塾读书，读

---

① 张弧(1875—1937)，浙江萧山人，光绪朝举人。民国建立后，历任长芦盐运使、北京政府财政次长、盐务稽核总所总办等职。1917 年张勋复辟，佐段祺瑞讨伐。1921 年，张弧任梁士诒内阁财政总长兼盐务署署长，币制局总裁。九一八事变后，张弧移居大连，1934 年任伪满采金会社理事长。参见《东北人物大辞典》编委会编:《东北人物大辞典》，沈阳:辽宁人民出版社、辽宁教育出版社 1992 年版，第 780 页。

② 张同礼:《张弧的一生》，《天津文史资料选辑》第 23 辑，第 172—173 页。

③《汉奸姚作宾补充陈述书》(1951 年 3 月 21 日)，青岛市档案馆藏，C010684;《天津东京间直达通航 六月一日实行》，《申报》，1937 年 5 月 15 日，第 3 版。

④ 殷同(1890—1942)，江苏江阴人，日本陆军经理学校毕业，曾任河北盐务监督员、国民政府行政院北平政务整理委员会顾问、《塘沽协定》交涉委员等职。1937 年 12 月，伪中华民国临时政府成立后，任行政委员会建设总署署长。1940 年 3 月，任伪华北政务委员会常务委员兼建设总署督办、新民会副会长等职。参见中国第二历史档案馆、《中国抗日战争大辞典》编写组编:《中国抗日战争大辞典》，武汉:湖北教育出版社 1995 年版，第 561 页。

⑤《姚作宾死刑判决书》，《平民报》，1946 年 12 月 6 日，青岛市档案馆藏，D000139/00022/0007。

⑥ 伯鲁:《恭迎"骨灰" 痛哭如丧考妣 伪青岛市长姚作宾弄巧成拙》，《大观园周报》第 22 期，1946 年 5 月 17 日，第 8 页。

到旧制中学二年级，1911 年经川籍革命党人张百祥介绍加入同盟会，次年任国民党川北保宁支部文书干事。二次革命时，姚作宾与张百祥宣布独立反袁，失败后逃亡日本。[①] 姚作宾在 1915 年参加中华革命党，成为中华革命军讨袁飞机队飞行员。次年 6 月，姚到山东潍县参加讨伐袁军战役。但飞机队在北京政府与革命军谈判后宣告解散[②]，他于 1917 年返回日本。1918 年 4 月 8 日，姚作宾与川籍自费留学生约 50 人，因"借学费"与中国公使馆职员斗殴[③]，被日警逮捕监禁约 4 个月。后又被驻日公使章宗祥以公务执行妨害及伤害等罪起诉，被判 3 个月徒刑，缓期 2 年。同年秋，他进入日本明治大学学习。[④] 姚作宾逐渐成为日本四川省同乡会重要人物，五四运动爆发后，被公推为四川省留日学生代表，回川组织学生运动。

1919 年 6 月 28 日，在川东学生联合会成立会上，姚作宾、刘泗英作为留日学生代表出席，受到热烈欢迎。在两人的提议下，联合会讨论了如何使爱国运动持久开展的问题，一时"民心激昂"。[⑤] 11 月，全国各界联合会在上海成立，姚作宾与张申府、刘清扬、康白情等被推举为理事，于是有了他在上海反段大会上慷慨激昂演讲的一幕，一时声名大噪。[⑥] 1920 年 1 月，姚作宾当选为中华民国全国学生联合总会(以下简称"全国学联")常务理事。此后，他多次担任山东问题国民大会临时主

---

①《汉奸姚作宾补充陈述书》(1951 年 3 月 21 日)，青岛市档案馆藏，C010684。

② 刘秉信、高云禄:《孙中山的"讨袁飞机队"在潍县》，山东省潍坊市潍城区委员会文史外事委员会编:《潍城区文史资料》第 23 辑，北京:中国文史出版社 2006 年版，第 202 页;赵金钰:《日本浪人与辛亥革命》，成都:四川人民出版社 1988 年版，第 260—261 页。

③《外秘乙第 239 号支那四川省留日自费学生之暴行件》(1918 年 4 月 9 日)、《外秘乙第 390 号支那留学生中有影响人物等件》(1919 年 8 月 18 日)，转引自[日]石川祯浩著，袁广泉译:《中国共产党成立史》，北京:中国社会科学出版社 2006 年版，第 126 页。

④《汉奸姚作宾补充陈述书》(1951 年 3 月 21 日)，青岛市档案馆藏，C010684。

⑤《重庆商学联合会通电》，杨付军:《五四运动中的重庆青年》，重庆中国三峡博物馆编:《长江文明》第 3 辑，重庆:重庆出版社 2009 年版，第 116 页。

⑥ 伯鲁:《恭迎"骨灰" 痛哭如丧考妣 伪青岛市长姚作宾弄巧成拙》，《大观园周报》第 22 期，1946 年 5 月 17 日，第 8 页。

席，反对中日直接交涉。[①] 姚作宾始终以学生运动领袖的强硬面目示人，在上海学生被捕后，他亲往检察厅要人。[②] 他领导下的全国学联甚至提出“推翻卖国政府”的口号。[③]

1920年初，成立不到一年的共产国际急切在中国寻求革命者，注意到姚之进步形象和在青年中的影响力，将其列为创建中国共产党的候选人之一。此时，姚作宾已加入黄介民组织的大同党[④]并成为骨干。大同党因频繁接触与共产国际有联系的朝鲜共产主义者，“共产主义思想渐渐渗透到这个党内”，姚作宾得以与共产国际建立联系。[⑤]

1920年3月，姚作宾和戴季陶一同在全国学联办事处与俄国人召开会议，讨论如何进行所谓“过激主义宣传”。[⑥] 5月，姚作宾得黄炎培、史量才以及经费行将枯竭的全国学联共同援助[⑦]，以“《申报》特派记者”名义赴海参崴考察苏俄十月革命后的情况，比瞿秋白以类似身份赴俄早了3个月。共产国际对姚作宾此行极为重视，安排滨海边疆区政府负责人麦德捷夫、列宁特派代表维灵斯基及共产国际驻上海的维经斯基与之会谈。双方讨论了对中国革命援助、创办革命报纸、为向往苏

---

①《昨日国民大会之盛况》，上海《民国日报》，1920年2月1日，第10版；《国民大会委员会纪事》，上海《民国日报》，1920年2月11日，第10版。

②《援救被捕学生报告书》，上海《民国日报》，1921年1月26日，第10版。

③《体育场学生大会记》，上海《民国日报》，1920年4月15日，第10版。

④ 大同党的前身是1915年7月成立的新亚同盟党，倡导民族、国家平等，反抗强权，后主张开展同共产国际的合作并积极从事朝鲜独立运动。《中国共产党清江县党史资料》第1辑，中共樟树市委党史工作办公室1988年编印，第135—136页。

⑤ 威廉斯基·西比利亚科夫著，周祖羲译：《中国共产党成立前夜》（1920年12月），《厦门革命历史文献资料选编》第1集，中共厦门市委党史办1987年编印，第9页。

⑥《卢永祥复电》（1920年3月13日），中国社会科学院近代史研究所、中国第二历史档案馆史料编辑部编：《五四爱国运动档案资料》，北京：中国社会科学出版社1980年版，第618—619页。

⑦［日］石川祯浩：《中国共产党成立史》，第130—131页。

俄的中国学生提供帮助等问题。[①] 这些与后来共产国际同陈独秀讨论的问题大体一致，可见二者的合作预备进入具体实行阶段。

共产国际在中国实际是多线并举，姚作宾回沪后得悉其与陈独秀“正计划组成共产主义青年团”，因与陈氏观点不同，故而既未与陈独秀商洽，也再未和维经斯基会谈。但共产国际并未放弃姚作宾。1921 年 2 月姚任全国学联理事长，不久他再次应共产国际邀请，同韩国临时政府总理李东辉赴俄参加 6 月召开的共产国际第三次大会，但因误期未能与会。此后，中共宣布姚作宾等人僭越，对姚抨击“尤为激昂”[②]，并“予以一大打击”。[③] “受陈独秀一派反对”，姚作宾于 11 月被共产国际从莫斯科移送到伊尔库茨克。[④]

在伊尔库茨克，适逢共产国际召集东亚国家民众代表召开“远东劳苦人民大会”。张国焘担心姚作宾干扰会议，建议将其驱逐。姚作宾的处境更为恶劣，“几乎死在那里”。[⑤] 共产国际经过认真讨论，终止了与姚的官方联系，将他转送到赤塔。此后，姚作宾几经辗转，于 1922 年春回到上海。经此惨败，姚作宾身心遭受重创，“因环境关系，避免与各团

---

① 《关于俄共(布) 中央西伯利亚局东方民族处的机构和工作问题给共产国际执委会的报告》(1920 年 12 月 21 日)，中共中央党史研究室第一研究部编译：《联共(布)、共产国际与中国国民革命运动(1920—1925)》，北京：北京图书馆出版社 1997 年版，第 50 页；《汉奸姚作宾补充陈述书》(1951 年 3 月 21 日)，青岛市档案馆藏，C010684。

② 江亢虎：《新俄游记》，上海：商务印书馆 1923 年版，第 60 页。

③ 据当时在俄罗斯的署名为 C. P 者回忆，“中国学生联合会长廖某和张某”冒称中国共产党代表，前者从前和高丽人金某“骗了俄国一笔金钱，托词在中国组织共产党，后来在中国连共产党的影子都没有留下”，再来俄国干同样的把戏时“被在这里的中国学生，予以一大打击，就回中国去了”。廖和姚发音相近，结合“廖某”的学联“会长”身份及其同韩国人的密切关系，以及“抱朴”在《赤俄游记》中有“张民权与姚作宾也到莫斯科来了”的记载，可断定此处指姚作宾。参见 C. P《我观察过的俄罗斯(续)》，《青年周刊》第 6 号，1922 年 4 月 2 日，广东青运史研究委员会研究室编：《青年周刊》，广州：广东人民出版社 1986 年版，第 115 页；抱朴：《赤俄游记》，《晨报副镌》，1924 年 8 月 28 日，第 3 版。

④ 《汉奸姚作宾补充陈述书》(1951 年 3 月 21 日)，青岛市档案馆藏，C010684。

⑤ 抱朴：《赤俄游记》，《晨报副镌》，1924 年 8 月 28 日，第 3 版。

体公开谈话和为恢复健康，去句容县汤山唐云阶处休养”。①

以上遭遇使姚作宾思想发生重大转变。5月返沪后，恰逢华侨公学的川籍学生110人抵沪赴南洋求学，他特致函华侨公学主事人、“数年知交”吴玉章和刘泗英两人，指出“教育已陷于灭亡之境遇”，应解散华侨公学。姚作宾称目前是“军阀盗阀捣乱之秋”，一旦踏上建设之途，学阀捣乱将更甚。东西洋留学生“有真正学问者，寥若星辰”，已是一帮“只知享受文明幸福”“人格堕落”的群体。如今赴南洋的学生“不明外间真象〔相〕受人愚弄”，无非是为“取得留洋生头衔”而“为他日进身之利器”。姚作宾开始对中国革命持悲观态度，热心地以过来人身份奉劝同乡不要留洋，否则多添一假留学生“更有胜于多添一师团匪兵也”。②

留学生出身的姚作宾完全否定留学生，显然与此前在共产国际第三次大会中角逐共产党正统地位失败有一定关系。曾以“学生运动，实系中国存亡”③激励同辈的姚作宾，自此便抛弃了教育救国理念，更否认学生运动的价值，思想开始由激进转为保守。四川青年多以姚“故意鼓簧，忌妒他人”予以排斥④，他在学生中的影响力大不如前，甚至被视为落伍者。其后，因有与大同党关系密切的韩国独立党员被暗杀，姚作宾“在沪感觉不利”⑤，离沪赴天津、青岛等地，到其竭力反对过的北洋政府任职。

初入仕途的姚作宾曾凭借才华得到时任山东省省长熊炳琦的大力扶持，负责青岛对外交涉事宜，“扬眉吐气于一时”⑥，但高调的性格和私生活影响了其仕途。当时，姚作宾与活跃在天津妇女界的徐颖溪陷

① 《汉奸姚作宾补充陈述书》(1951年3月21日)，青岛市档案馆藏，C010684。

② 《姚作宾劝阻川生赴南洋》，上海《民国日报》，1922年5月29日，第10—11版。

③ 《南京学生联合会纪事》，上海《民国日报》，1921年4月2日，第7版。

④ 《姚作宾劝阻川生赴南洋》，上海《民国日报》，1922年5月29日，第10版。

⑤ 《汉奸姚作宾补充陈述书》(1951年3月21日)，青岛市档案馆藏，C010684。

⑥ 李涵因:《巨奸姚作宾轶事 山东省长熊炳琦照春宫受责》，《民言报晚刊》，1946年11月23日，青岛市档案馆藏，D000088/00046/0002。

入热恋，曾将恋爱写真公开出版。1923年4月，姚徐二人在婚礼上大谈恋爱史，轰动一时，此举被媒体冠以“奇异”之名。在官场看来，姚作宾举止轻浮，“玷污名器、腾笑友邦”。有山东省议员将其恋爱写真称为“淫书”，携之赴国务院请撤姚职。[①] 显然，姚在学生运动时期的大胆，新潮做派与北洋政府的政治氛围格格不入，这也使其再次遭遇了水土不服。被迫离职后，姚作宾开始涉足商界，到青岛宰畜公司任职。

此后姚作宾日渐沉稳。1924年6月28日，杨闇公[②]记下了与5年未见的同乡、“患难朋友”姚作宾（二人因1918年借学费一事被日本当局拘捕）在沪相见的场景。他对好友的变化颇有感慨：“作宾确较前着实好些，不事游荡了。”但他察觉到姚的转变源于向社会屈服，这是其不能接受的，称姚等人“都是被恶社会征服了的，望他们与恶社会相抗，真比登天还难”。杨闇公感叹：“环境迫人，左右吾人的魔力太大”，姚作宾“现在也被金钱征服了，真是可叹！”[③]已与革命者格格不入的姚作宾同杨闇公渐行渐远。一年后，杨闇公加入中国共产党，并于1927年4月为革命献出生命，姚作宾则继续追逐权力。

1926年，姚作宾凭借温世霖等关系，任北洋政府天津英租界接收专员。仕途因国民党北伐中断后，他于1928年创办新农果树园。1929年4月南京国民政府接收青岛，姚作宾再次抓住机会从政，担任接收青岛专员公署顾问，后任实业部青岛商品检验局事务员、秘书、顾问等职。[④] 这与他追求的实权相差甚远，不仅如此，因商品检验局运转困难，姚作宾在1931年底被停薪留职[⑤]，不久又在公务员评定中被判为

---

① 《前日新旅社之奇异结婚者》，《大公报》，1923年4月4日，第6版。

② 杨闇公（1898—1927），四川人，杨尚昆胞兄。杨闇公1913年考入江苏军官教导团，1917年留学日本，并于1920年回国，和吴玉章、刘伯承等在四川进行马列主义启蒙宣传。

③ 杨绍中等编辑整理：《杨闇公日记》，成都：四川人民出版社1979年版，第121—124、127页。

④ 实业部青岛商品检验局：《关于秘书姚作宾改聘为局顾问的聘书》（1931年8月10日），青岛市档案馆藏，B0034/001/00035。

⑤ 实业部青岛商检局：《关于自十二月一日起暂将执事梁仲策、姚作宾等十八人留资停薪的便函》（1931年11月），青岛市档案馆藏，B0034/001/00050。

"不合格"。① 之后姚作宾辞职，随代理青岛市市长吴思豫前往南京。谋职之行并不顺利，因为很快姚便再度回青②，并于1932年任"中国唯一国产饰石"的新兴建筑材料企业——青岛中国石公司协理。③ 但是，姚作宾对政治的喜爱远大于从商，这也是他几番重返政坛的原因。

日后姚作宾尽可能地将投敌推诿于外界，极力掩饰对权力的贪念。姚作宾曾表示：之所以当汉奸，"穷本溯源，是沈鸿烈把我逼到这个泥沼里去的"。他称青岛市市长沈鸿烈表面对中国石公司很扶持，但对他却"很嫉视"。1935年秋，沈鸿烈加他反动罪名并派人监视，才"不得已"于1936年4月经人介绍任冀察政务委员会交通委员会组长。至于所加何种"反动罪名"，姚并未言明。他以北京、天津伪市政府成立后"都未参加"，又与伪北京市市长余晋和是多年老友，"想要谋一个局所长的位置恐怕不难"等理由为己开脱。④ 石川祯浩根据1938年11月9日《青岛新民报》中关于姚作宾家庭的报道⑤，认为姚当汉奸也与12岁的儿子身患很严重的病症、不得不留青医治有重要关系。⑥ 青岛的医疗条件并非不可替代，治病一说颇可商榷，他的政治选择实际是由周围环境与个人追求共同决定的。

九一八事变后，日本侵略者积极在华笼络人才，以为侵略奥援。姚作宾在1934年加入土肥原贤二在华北的亲日派班底⑦，迅速成为张弧

---

① 实业部：《准铨叙部关于姚作宾等甄别审查不及格发还证件的训令》（1931年12月28日），青岛市档案馆藏，B0034/001/00003。

②「9 支那新政権 主要人物調査（第一編） 3」JACAR（アジア歴史資料センター）Ref. B02031648100、各国ニ於ケル有力者ノ経歴調査関係一件/中華民国ノ部第七巻（A-6-0-0-8-2-007）（外務省外交史料館）。

③《中国石公司小史》，《时事大观》上册，时事新报编印，时间不详，第295页；《中国石公司特刊》，中国石公司1934年编印，第28页。

④《汉奸姚作宾补充陈述书》（1951年3月21日），青岛市档案馆藏，C010684。

⑤《中国妇人会副会长姚徐颖溪女士（二）》，《青岛新民报》，1938年11月9日，第5页。

⑥ 石川禎浩「中国『ニセ』共産党始末（続）——姚作賓は生きていた」、飈風の会編『飈風』第32号 1997年1月、5—6頁。

⑦ 张同礼：《张弧的一生》，《天津文史资料选辑》第23辑，第172—173页。

的核心幕僚。天津陷落后，姚“每天都到北宁官舍帮助张弧招待中日来客”。[①] 1937 年 12 月，国民党放弃青岛，次年 1 月，殷同以“政府并没有放弃和平方针”，青岛“又是你我生命财产所寄托的第二故乡”等语劝说姚作宾参与组织伪青岛治安维持会。姚认为中日谈判“并未终断”，“殷所说的事变可能和平解决，又与政府一贯的不抵抗政策相符合”，决定听从其建议。同时，他直言割舍不下“十余年苦心经营的事业”，全家人生活的基础都在青岛，故决心参加伪青岛治安维持会，“这也就是当时犯罪的动机”。很快，姚作宾意识到，一旦迈出第一步，“想要拔出腿来，事实上不可能了”。[②]

在革命道路上遇挫后的姚作宾寻求安逸，投身保守阵营，显示其缺乏毅力，革命理想不纯粹。他受黄介民影响参加大同党、经温世霖介绍接收青岛、被殷同“劝说”回青事伪，每次重大选择都易受他人左右，投机主义色彩较重。青年时期姚作宾接触的大多是从事爱国运动的热血青年，但自 1922 年底涉足青岛政坛至七七事变，他的交际圈发生明显改变。14 年间结识的日人计有 51 人(军政界与商界人士分别为 22 人、20 人，另有 9 人在报社、学校等工作)。[③] 青年姚作宾即给人“喜欢出风头，好大喜功”之印象[④]，交际圈发生变化后他混迹于青岛政商圈，“所交非军阀官僚即属‘亲日’之士”，“日子一久，亦同化而不自知也”。[⑤]

五四时期姚作宾曾以“要知天下事皆由少数人向前走，多数人由后随”一语自励，劝告同辈“保存良知良能，向前进去，切不可为人所阻碍”。[⑥] 抗战爆发后，姚作宾却从曾经高举革命爱国旗帜的“少数人”沦

---

① 张同礼:《汉奸市长温世珍的劣迹》，天津市政协委员会文史资料研究委员会编:《天津文史资料选辑》第 20 辑，天津:天津人民出版社 1982 年版，第 233 页。

②《汉奸姚作宾补充陈述书》(1951 年 3 月 21 日)，青岛市档案馆藏，C010684。

③《汉奸姚作宾的坦白材料》(1951 年 6 月 15 日)，青岛市档案馆藏，C010685。

④ [日]石川祯浩:《中国共产党成立史》，第 129 页。

⑤ 伯鲁:《恭迎“骨灰” 痛哭如丧考妣 伪青岛市长姚作宾弄巧成拙》，《大观园周报》第 22 期，1946 年 5 月 17 日，第 8 页。

⑥《南京学生联合会纪事》，上海《民国日报》，1921 年 4 月 2 日，第 7 版。

为汉奸。其中转变，令人唏嘘。

三、留日学生、国民党员李仲刚对日态度的转变

九一八事变爆发后，国民党员投日者不在少数，日本侵略一定程度上成为检验国民党员忠诚度的一把标尺。而在投日者中，有留日经历者又占较大比例。汪朝光在《抗战时期伪政权高级官员情况的统计与分析》一文中对日伪政权 144 名高级官员进行统计，其中留日者占 38%，占接受近代教育人员的 49%。[①] 近代中国向日本派驻大量留学生，这些人士受日本先进科技与近代文明影响，往往对日本有着天然好感。在日本大肆宣扬之同文同种、提携互助论的影响下，为个人前途计，部分留日学生选择投身伪政权并不难理解。有人曾言："我们这些人了解日本情况，日语又好，认识日本人又多，可与日本人周旋，必要时争一争，能减轻点压迫。"[②]这种以身饲虎的说辞难免有事后为己辩护的嫌疑，但也从侧面反映出留日者在出任伪政权时心理压力相对较小。他们不同于一般民众对日本茫然无知，受到拉拢利诱时常以同日人周旋、减轻同胞损失作心理暗示，一定程度上缓解了道德焦虑。

李仲刚生于 1880 年末，籍贯北京，毕业于日本早稻田大学。他早年为同盟会会员，后加入国民党，是大连国民党市党部的重要创立者。在日本侵占青岛后李仲刚正式投敌，与日伪统治者关系极为密切，先后出任青岛东文书院校长、伪青岛市政府市政委员、伪南京参赞武官公署少将武官兼伪南京警备司令部军法处长、河北第一行政区专员兼教育长、青岛经济局视察"剿共"委员会委员、山东自治联军少将参谋长、青岛文化社社长等重要职务。[③] 李仲刚的经历极为复杂曲折，以他为个案展开

① 汪朝光：《抗战时期伪政权高级官员情况的统计与分析》，《抗日战争研究》1999 年第 1 期，第 83 页。

② 纪敏主编：《伪满皇帝群臣改造纪实》，沈阳：辽宁人民出版社 1992 年版，第 229 页。

③《台湾省政府代电　叁陆申寝府警丙字第六二二一七号》，《台湾省政府公报》1947 年秋字 78，第 3 页。

探究，有助于更深刻地理解兼具国民党员与留日身份者投日时的心理活动。

青年时期的李仲刚走在了革命前列。1917 年 5 月，他在济南创立国民党山东机关报——《山东民报》，但创刊仅一月便停刊。[①] 其后李仲刚赴大连《泰东日报》任职。[②] 当五四爱国运动浪潮席卷全国之际，身处大连（当时被日本殖民统治）的李仲刚被深深感染。一年后，他加入大连第一个青年爱国进步团体和社会教育机关——大连中华青年会。该会于 1920 年 7 月 1 日正式成立，“主要是提高青年人的文化水平，不主张谈论政治革命理论，也不带什么宗教色彩，专为青年修养智、德、体、群、美的五育为目的”。[③] 会长为傅立鱼（前同盟会会员、《泰东日报》主笔），副会长杨凤鸣。青年会有中小学部学生 500 多名，设 8 个部，各部部长由干事兼任，时任“满铁教育研究所教员”的李仲刚为演讲部干事，足见其有出色的口头表达能力。该部“以劝导社会，传达各国情况，培养青年之品性、智能为宗旨”，李也是该部主办的星期讲坛的主要负责人。[④] 李仲刚还担任日语班、高级国文算学补习班和国语注音符号传习班的教员。[⑤]

中华青年会的成立是新文化运动以来知识分子试图用新知识改造国民、唤醒民智的体现，但当时整个思想界众声喧哗、新旧不一的情况亦存在于青年会之中。教员“对救国的主张不同，对青年思想修养内容提倡的也不同”：“有的提倡新思想新道德，进行反帝反封建的爱国思想教育，也有的提倡旧的东西，将人生在世最要紧的是‘良心’、‘博爱’、做

① 山东省地方史志编纂委员会办公室、山东省图书馆编：《山东省图书馆馆藏山东地方史志文献选目》，济南：山东省图书馆 1983 年版，第 298 页。

②《大连印象》，赵君豪：《游尘琐记》，琅玕精舍 1934 年版，第 44 页。

③ 林升亭：《我在大连所经过的几件事》，《大连中华青年会史料集》，第 98 页。

④ 杨凤鸣：《大连中华青年会的初期活动》，《大连中华青年会史料集》，第 76 页。

⑤ 杨志云：《关于大连中华青年会情况的回忆》，《大连中华青年会史料集》，第 68 页。

'君子',不做'小人'等"传授学生,而李仲刚则是其中的激进派。①

1922 年 6 月 14 日,李仲刚与林升亭、毛仪亭发起成立中华增智学校,毛与李任正副校长。这一另立新组织的行为,与中华青年会复杂的人事关系及思想理念各异有关。据杨志云回忆:"一九二二年春季,李仲刚与傅立鱼争夺青年会的领导权,李仲刚离开青年会在南山与林升亭成立增智学校。"②傅立鱼在中华青年会中一直处于领导地位,而李仲刚连青年会的首批核心成员名单也未进入。李仲刚在中华青年会成立不足两年时间内便与傅立鱼争夺领导权,显然资历不足,更于理不合。杨志云③与李仲刚政治立场不同,两人存在过节,杨志云此说恐不符合历史事实。对于该校成立的具体原因,林升亭的回忆更具参考性,他称:"李仲刚这时和青年会干事汪小村闹意见,同时我们认识毛仪亭,他在南山开一个私塾",所以他们三个人就创办了中华增智学校,校长由毛仪亭担任。④

中华增智学校"性质与大连中华青年会相同,但规模较小"⑤,学生对象以"印刷工人占多数,还有一部分是在日本家做杂工的"。⑥ 1924 年 8 月 31 日,中华青年会和中华增智学校等 5 个单位发起大连中华团体有志联合会。在"五卅"惨案中,联合会曾发起"沪案后援会"支援上海工人,并冲破殖民当局的层层封锁阻挠,组织起声势浩大的反帝示威游行运动。⑦ 在这期间,李仲刚一直走在反帝爱国运动前列,然其性格

---

① 杨凤鸣:《大连中华青年会的初期活动》,《大连中华青年会史料集》,第 74 页。

② 杨志云:《关于大连中华青年会情况的回忆》,《大连中华青年会史料集》,第 66 页。

③ 从 1923 年起,中共就派党员同志与大连进步团体建立联系,杨志云在 1924 年被大连增智学校聘为兼职英文教员。杨乃昆:《中华增智学校的建立发展及其作用》,《辽宁教育史志》,沈阳:辽宁省教育史志编纂委员会 1994 年编印,第 102 页。

④ 林升亭:《我在大连所经过的几件事》,《大连中华青年会史料集》,第 98 页。

⑤ 杨志云:《早期大连地下党团组织的活动情况》,《大连地下党史料选编》,中共大连市委党史资料征编委员会 1986 年编印,第 146 页。

⑥ 林升亭:《我在大连所经过的几件事》,《大连中华青年会史料集》,第 98 页。

⑦ 杨乃昆:《中华增智学校的建立发展及其作用》,《辽宁教育史志》,第 105 页。

中又有极为复杂的一面。据杨凤鸣回忆，李仲刚"开始崇拜清朝西太后，辛亥革命后他又反对西太后，日寇侵入我国，他又亲日，并和驻辽阳日寇陆军少将贵志勾搭，但看到日本压迫中国人时他又反对"。李仲刚如此"多变"，与当时"新"转瞬即为"旧"的革命浪潮相辅相成，由此也看出李一直在追逐当下政治的主流。不过，五四时期的李仲刚仍不失为一名爱国青年。杨凤鸣亦承认，这一时期李仲刚"慷慨激昂口若悬河"，"在鼓舞民气上起着一定作用"。①

1925 年末，国民党哈尔滨市党部因在自办的《东北早报》上发表文章公开支持郭松龄倒戈反奉被查封，主要人员穆景周等一行十余人逃往大连，希望在大连建立国民党组织。是时，李仲刚与林升亭在河南开封冯玉祥国民军"军官训练班"中学习，二人为支持郭松龄倒戈而返回大连。该年 12 月，国民党奉天党支部派吴竹邨和李光忱出席国民党第二次全国代表大会时途经大连，表示愿代大连向国民党中央请示。1926 年 1 月，国民党中央在会上决定成立大连市党部。吴竹邨会后重返大连，与杨志云、林升亭等共商组建国民党大连市党部事宜。② 2 月初，国民党大连市党部成立大会在中华增智学校召开，参加大会的有共产党员杨志云、傅景阳、董秀峰、王少坡等(均以个人身份加入国民党)，国民党员林升亭、李仲刚等共 20 余人，傅立鱼列席会议。会议选举林升亭为国民党市党部负责人，李仲刚为宣传部部长。③

大连国民党市党部成员以当地进步学生团体的领导者为主，建立在共同组织反帝爱国运动的基础之上。在国共合作时期，国民党市党部成员尚能亲密无间地合作，但随着形势转变，成员间因不同政治立场产生的裂痕逐渐变大。中共党员在 1926 年 4 月 29 日《大连地方底报

---

① 杨凤鸣:《大连中华青年会的初期活动》,《大连中华青年会史料集》,第 74 页。

②《第一次国共合作时期国民党大连市党部的建立及其活动》,读秀网络档案资料,第 2—3 页。

③ 大连国民党市党部领导成员：书记林升亭，组织部部长杨志云，宣传部部长李仲刚，工运部部长傅景阳，青运部部长王少坡，傅立鱼担任顾问。单文俊、大连史志办公室主编:《中共大连地方史》上卷，大连：大连出版社 1996 年版，第 56 页。

告》中,称"李仲刚这东西真是狡猾,它在广州政变底谣言传遍各报以后,便立刻表现出要右倾的样子。它来过一次'国民党非赤化'的讲演,同时在它底开会报告的措辞上,也可以看出这种倾向。不过它现在还不敢有露骨表示,并且在我们眼前还要自行辩护,看来总不至有反动行为,亦不敢有反动行为,充其量不过是'滑头'两个字在那里作祟而已"。[①] 此番估计恐怕过于乐观,5 月蒋介石在国民党二届二中全会上提出限制共产党人权利及活动的"整理党务案"之后,李仲刚再也无须"自行辩护",他的态度彻底转变。

在中共党员向上级作的《大连地方五月份报告》中,指出本来中共同志在民校运动中"做中坚","可是因为李某(注:李仲刚)的忽左忽右,致同志间多数不满意他,因之工作上所表现的也就极平淡",并谓"最近李某竟把民校同志林君(注:林升亭)给打跑"。根据报告中的描述,因增智学校学生会改选中得票相同的两人不愿就职,林君不商量李某而令学生会重选,李某从外地回校得知后"即口出不逊,总之以打",林君表示"与李某决不合作,调停亦无效果"。报告称"林君""李某"二人"在以前有患难交谊"[②],但仅因学生会改选一事恐怕难成为二者决裂的理由,政见不合应为主要原因。李仲刚对中共的态度极不友好,中共党员对李仲刚的印象也多停留在负面,从上述报告仅将李仲刚称为"李某",而呼林升亭为"林君"中可见孰亲孰近。林升亭当时与中共党员关系密切(其本人也于 1931 年加入中国共产党[③]),在国民党中央下达清党指令后,林、李二人的分歧日渐增大。李仲刚曾反对共产党员加入国民党,中山舰事件发生后,"就完全暴露出右派的面目",更"不辞而离开大

① 《大连地方底报告》(1926 年 4 月 29 日),大连市史志办公室编:《中共大连地方组织文献选编 1926—1949》,北京:中共党史出版社 2009 年版,第 36—37 页。

② 《大连地方五月份报告》(1926 年 6 月 8 日),《中共大连地方组织文献选编 1926—1949》,第 45—46 页。

③ 王鸫宾:《东北人物大辞典 第二卷》上册,大连:辽宁古籍出版社 1996 年版,第 1100 页。

连到广州投靠国民党右派”。[①]

这一时期大连国民党市党部主要成员愈发激进地组织学生反帝运动[②]，导致日本殖民当局采取强硬手段镇压。1926 年 5 月初，时任共产主义青年团大连地方执行委员会组织部部长的杨志云及国民党奉天党支部执行委员任国桢等人组织奉天制麻会社 600 余名中国工人罢工，日本警署于 6 月 29 日将杨、任二人逮捕。[③] 中共大连市党团组织遭到当局破坏，国民党市党部也停止了工作。[④] 刘振超在新中国成立后描述杨志云的狱中经历时，称他遭到灌凉水、毒打等酷刑。“面对敌人出示的大连李仲刚的证词，杨志云只承认自己是‘准共产党员’”，始终没有供出任国桢的真正身份和奉天地下党组织。[⑤] 而在杨志云回忆这段经历时，却称自己只“承认了和国民党有关系”，“回大连后和增智学校的李仲刚、林升亭组成国民党支部”。他强调自己“承认国民党的关系是避重就轻，对李仲刚、林升亭也没有什么危害”，而当时“他俩又到南方去了”，况且“李仲刚过去在大连一向公开声称自己是国民党老资格”。[⑥] 由此可见，非但不是李仲刚供出杨志云，反而是杨自己强调供词对李毫无影响，回忆者受“政治正确”的影响，会使记忆出现歪曲，呈现出“‘好人’更好，‘坏人’更坏”的倾向。

李仲刚前半生的复杂经历展现了兼具近代留日学生与国民党党员

---

① 《第一次国共合作时期国民党大连市党部的建立及其活动》，读秀网络档案资料，第 6 页。

② 1926 年 3 月 20 日，在孙中山逝世一周年之际，大连国民党市党部下的各团体组织学生参加纪念活动，李仲刚、傅立鱼、林升亭等均上台发言。4 月 27 日，大连“福岛纺织株式会社”纱厂工人大罢工（“四·二七”大罢工）爆发，国民党市党部的国共党员发挥了领导性作用，林升亭为罢工委员会委员。杨乃昆：《中华增智学校的建立发展及其作用》，《辽宁教育史志》，第 105 页；王鸫宾等主编：《东北人物大辞典 第二卷》上册，第 1100 页。

③ 刘振超：《发生在于珍公馆的故事》，《沈阳党史》编辑部编：《沈阳党史 2010 年合订本》总第 79—84 期，中共沈阳市委党史研究室 2010 年发行，第 45 页。

④ 辽宁省地方志编纂委员会办公室主编：《辽宁省志 民主党派 工商联 国民党志》，沈阳：辽宁科学技术出版社 2000 年版，第 362—363 页。

⑤ 刘振超：《发生在于珍公馆的故事》，《沈阳党史 2010 年合订本》总第 79—84 期，第 45 页。

⑥ 杨志云：《早期大连地下党团组织的活动情况》，《大连地下党史料选编》，第 156—157 页。

双重身份的知识青年在历史洪流中之蜕变。李仲刚在留学归来后致力于反帝爱国运动,并将教育视为改造国民、启迪民智的手段,体现了他锐意进取的一面。李仲刚是国民党的老资历,"整理党务案"后他的反共态度明显表露出来,大连国民党市党部的分化与其关系重大。李拥护国民党中央"清党",不惜与昔日亲密的共事者决裂,善变与执拗的性格特质共存于一身。

国民党北伐成功后,李仲刚得到当局重用。1930 年 9 月 21 日,国民党外交部派李仲刚任驻朝鲜总领事馆主事一职。[①] 次年 7 月 2 日,日本在东北策划和制造了"万宝山事件"[②],之后又煽动纵容朝鲜青年酿成骇人听闻的排华大惨案。[③] 8 日,李仲刚赴平壤慰问被难侨胞并调查朝鲜人暴动情形。他在报告中称自己对日方态度强硬,"悲痛交集","来时已抱牺牲性命之决心,尤希望暴徒速来横击,以成全我等杀身之仁"。李仲刚在慰问受灾侨胞时发表谈话,称对此次有计划的大惨案"要向日本国家严重交涉",并反讽日本将"弱肉强食、有强权无公理之自强学说""教育吾等"。日本统治者之"惨毒为亘古所未有,较尾港之巴鲁机残团尚野蛮百倍,文明国之举动固如是也? 号称亲善友爱固如是也?"[④]李仲刚的上述报告虽是官面文章,但仍能感受到其民族主义情怀的流露,对侨胞所受之痛苦感同身受。

1931 年 9 月 27 日李仲刚作为"国民党中央党部特派员"视察哈尔

---

① 《外交部部令 令字第四四四号》(1930 年 9 月 27 日),《外交部公报》第 3 卷第 5 号,1930 年 9 月,第 20 页。

② 1931 年 7 月 2 日,日本驻长春领事馆武装警察 30 余人,擅自闯至长春东北 65 华里的万宝山村,强占民房驻扎并向中国农民开枪射击,即"万宝山事件"。王霖、高淑英主编,辽宁省档案馆等合编:《万宝山事件》,长春:吉林人民出版社 1991 年版,第 1 页。

③ 据李仲刚调查,朝鲜青年在市内捣毁华人五百余家,被打而死者 216 名,不知下落者不计其数。暴动持续二日,"日警毫不干涉,及至华侨全灭之后,日本军警始出戒严"。《中国驻朝鲜总领事馆主事李仲刚等慰问平壤被难侨胞及调查鲜人暴动情形报告》,《万宝山事件》,第 182 页。

④ 《中国驻朝鲜总领事馆主事李仲刚等慰问平壤被难侨胞及调查鲜人暴动情形报告》,《万宝山事件》,第 180—185 页。

滨，他在经过大连时的谈话中，明确表达对蒋介石授私党以要职行为的不满。"满铁"在调查中也谓：李仲刚"对直到最近仍主持外交部情报司的英美派的南方人极端反感。此次北上视察哈尔滨，是为与不久即将发生大变化的南京绝缘而在北方谋求适当职务做准备的"。[①] 从李仲刚"国民党中央党部特派员"身份以及反蒋的政治立场看，他此时极有可能属汪精卫一派。

投敌后李仲刚曾在一次演讲中回溯过往，也可证实上述论断。李氏称其反蒋并非由今日起，早在1930年就"直接的劝告过前任山东主席的韩复榘一同起来讨蒋"，"以免将来受他的祸国殃民，以及个人的杀身大祸"。"不幸的当时，韩没有眼光"，还将其押送到胶州，在县公署监狱中囚禁了两三个星期，后来又被押解到济南[②]，总共拘留73天，"幸亏内战停止获得免难"。1930年恰值中原大战爆发，阎锡山、冯玉祥及李宗仁三大地方实力派联合汪精卫派等掀起反蒋战争，李仲刚之"讨蒋"显然是中原大战的一段小插曲。背冯投蒋的韩复榘非但并未理会李仲刚的劝告，反将其囚禁，这段经历无疑宣告了其在国民党内政治生涯的终结。[③]

李仲刚在1935年著有《自修日语读本》一书，日本方关于作者的介绍为"青岛日本中学校"讲师。[④] 正如李仲刚所说，从国民政府辞职后他又辗转回到青岛，不过政治地位今非昔比。七七事变爆发后，李仲刚在8月21日去胶东大荒村住了四个多月，在青岛沦陷后再次抵青"从事文化的事业"。[⑤] 李仲刚与赵琪"有一定私交"[⑥]，又与日本驻青总领

① 解学诗主编：《关东军满铁与伪满洲国的建立》，北京：社会科学文献出版社2015年版，第183—184页。

②《共党冷酷残忍 蒋为势力小人 应打倒他们不可受其欺哄 反蒋委会委员李仲刚讲词》，《青岛新民报》，1938年12月1日，第2页。

③《蒋介石才是真正的汉奸 李仲刚广播演词》，《青岛新民报》，1938年9月14日，第7页。

④ 于婧等编译：《旧版日文山东地方文献提要》，青岛：中国海洋大学出版社2014年版，第174页。

⑤《共党冷酷残忍 蒋为势力小人 应打倒他们不可受其欺哄 反蒋委会委员李仲刚讲词》，《青岛新民报》，1938年12月1日，第2页。

⑥ 薛永祥：《东文书院和李仲刚》，《市北文史资料》第2辑，第116—117页。

事大鹰弥一郎熟识，凭借日语优势及人脉网很快得到重用，青岛成为他仕途生涯的重要转折站。

在国民政府内由驻外领事馆主事到阶下囚的屈辱经历，也令李仲刚对国民党当局萌生恨意。李仲刚1938年称其在国民政府中央做官的时候，“也有不少的反蒋的表示，大概凡是北方的同人（仁）们，没有不知道的”。作为一个“做了二十几年的国民党员”，他“在那所谓国民党成功了的民国二十年（1931年），就毅然决然的大骂了国民党要人们一顿”，辞职赴青“从事清苦的教育工作”。李仲刚称其“没有升官，也没有发财，依然故我”，可证明他“既不是随声附和的投机份子，也不是因为不得志于蒋介石才来毁谤他的”，并标榜自己“自始至终，完全立脚在为国为民即是为公理，为正义反对蒋介石的”。[①] 李仲刚一再诉说反蒋历史，将在国民党内高起低落、蹉跎仕路的原因归咎于仗义执言，有意隐匿了弃政从教的真正原因。其实，恰恰是错投阵营，致使李被国民政府见弃。

比之于情感上对国民党由爱生根的大起大落，李仲刚对日本态度是矛盾而复杂的。尽管李仲刚反对殖民统治，但长期生活在日占下的大连、青岛，他与许多日人构建了良好人的私人关系，其中不乏权贵之士。日本全面侵华促使国民党内悲观情绪占据上风，面对许多国民党内反蒋派纷纷走向“曲线救国”的与日媾和之路，李仲刚的政治立场发生倾斜。从其不断申诉国民党罪行来看，他对过去所遭遇的“不公”经历仍耿耿于怀，这也某种程度上削减了其投敌事伪的道德焦虑感。无论在公开还是私下场合，李仲刚均“义正言辞”地进行着自我辩护。可能在内心深处，连他自己都未适应由反日先锋到汉奸的角色转变。之后，李仲刚将曾经热衷的“教育救国”理念服务于日伪，作为奴化国民之手段。

---

① 《蒋介石才是真正的汉奸 李仲刚广播演词》，《青岛新民报》，1938年9月14日，第7页。

四、外延：个案之间的普遍性规

通过论述，笔者尝试探讨历史情境与个人经历对人生道路选择的影响，这也是伪职员就任伪职的重要原因。在以上三例中，赵琪是家学显赫、恪守儒学的传统知识分子，姚作宾曾是一个走在前列、富有斗争精神的革命青年，李仲刚则兼具国民党党员和亲日派的双重角色。在政治立场上，赵琪是北洋政府守旧派官僚，姚作宾曾与共产主义亲密接触，李仲刚是资深国民党党员，他们代表了20世纪上半叶的三股主要政治势力。但北洋政府的落幕，共产国际的打击及在国民党派系斗争中失势，均使三人偏离了原先的政治轨迹，环境与时局对人的影响不可不谓大。但个人经历又与性格关系密切。赵琪自命清高，姚作宾好大喜功，李仲刚强势执拗。三人虽然性格各异，但均有传统文人自视甚高的特质，对权力的欲望尤强。在他们看来，政治是实现人生抱负与改造社会的绝佳途径。在遭遇政治失意后，曾经顺风顺水而又向来自负者往往难以承受巨大的心理落差，赵琪做起寓公，姚作宾弃政从商，李仲刚投身教职，都是他们在受挫后一度消沉的表现。

日本入侵给赵、姚、李带来再度入仕的机会。他们在青时间较长，与保守势力和日本人的关系尤为密切。常言道“物以类聚，人以群分”，交际圈对个人选择的影响不容忽视，长期浸润在亲日的环境和氛围中，使其民族主义观念日渐淡薄。面对日本统治者伸出的“橄榄枝”和周遭附逆亲友的劝说和诱惑，他们再度萌生入仕之念也就不为怪了。回溯过往，姚作宾称“我的认识错，想要拔出腿来，事实上不可能了”，并称“家属和生活所累，没有勇气，也是一大因素”。① 这恐怕是道出了大多数伪政权亲历者越陷越深，最终难以抽身的真实感受。通过以上三例个案，笔者力图了解伪政权参与者，尤其是那些重要人物的心境与选择，探寻在那个传统与现代相割裂、激进与保守相抗争、民族主义与侵

① 《汉奸姚作宾补充陈述书》(1951年3月21日)，青岛市档案馆藏，C010684。

略浪潮相继涌现的众声喧哗的时代中，个体命运与历史事件所碰撞出的火花，而这又为照亮那些不为人知的历史暗角带来可能。

在民族主义思想高涨的20世纪三四十年代，汉奸群体的产生并非偶然。他们一般较有学识或一技之长，在时代大潮中闪转腾挪，寻找着最优位置，造就其价值观不牢固、易随波逐流的个性。在从敌事伪初期，汉奸大多经过思想挣扎，但很快因生存、名利等因素影响曲解"忠""奸"之意，将出任伪职从"无义"视为"有理"，并不断自我论证、反复暗示，直至心安理得、积极投入，这种情况也为战后汉奸认罪之难埋下伏笔。在不同时段，他们不断修正对汉奸的认知，进而重塑自己的政治身份，以求利益最大化，姚作宾在伪政权、国民政府、新中国的不同做法即是如此。同时，政治力量对人的认知又将再度发挥重要影响。

第三节　青岛市低级职员之境况

长久以来，学术界对近代社会分层存在"两级化"模式，研究重点多聚焦于上层精英阶层和下层以工人、农民为主的体力工作者，对处于二者之间依靠薪水生活的"新中间阶层"缺乏足够重视。① 所谓"新中间阶层"，被认为是"从事大企业的管理职务和专门职务乃至行政职务等精神、脑力方面"的人士。② 青岛伪政权低级职员群体即处在这种"中间"位置。尽管他们身在伪政权行政体制内，却处于权力金字塔底端。低级职员群体来源广泛，几乎涵盖了社会各行各业的智识分子。同时，

① 较有代表性的著作有：江文君：《都市社会的兴起：近代上海的中产阶层与职业团体》，上海：上海辞书出版社2017年版；刘德恩：《职员阶层的兴起——民国时期上海职员的生活与教育研究》，博士学位论文，华东师范大学教育学部，2004年；邱志红：《现代律师的生成与境遇——以民国时期北京律师群体为中心的研究》，北京：社会科学文献出版社2012年版；等等。

② [日]岩间一弘著，甘慧杰译：《1940年前后上海职员阶层的生活情况》，《史林》2003年第4期，第41页。

他们又拥有上升至中高级职员队列的阶梯，流动性较为频繁。

叶文心在《上海繁华：都会经济伦理与近代中国》①一书中，探讨了20世纪初上海以中产阶级为主的消费大众，指出这种摩登的背后隐藏着战争与民族主义日益迫近的紧张关系，上海大众消费社会的发展趋势最终向战争与革命演进。沦陷时期的青岛亦生动诠释了这样一种紧张关系，战时严酷的经济体制限制了大众消费，米珠薪桂之下，处在社会上层的富商大贾仍可照常宴乐，社会下层民众依然远离娱乐和高档消费场合，但社会中间阶层却受到格外的冲击。教职人员无力再讲求体面，知识分子靠卖文为生，小职员挣扎在温饱线上下……如此种种，构成了沦陷区伪政权低级职员群体的生活面貌。低级职员群体是伪政权行政体系的根基，生活的贫困也动摇了他们为日伪服务的信心和热情，对伪政权的稳定性构成极大威胁。本节拟对沦陷后低级职员群体来源、生活状况及其遭遇进行探析，以此透视日伪统治下社会结构和阶层的变化。

一、低级职员群体的来源及社会背景

日伪职员群体，因任命主体的不同由高到低分为简任、荐任及委任，这三类处于伪政权权力金字塔上层，人数虽少却在中国职员中居于核心地位。因其多由当时社会上较有名望和成就者担任，故而时至今日仍被普遍地划入"汉奸"之列。目前学术界对在伪政权内占据绝大多数的低级职员群体之研究较为缺乏，一方面是由于资料限制，另一方面则因研究者多将目光集中于命运跌宕起伏的汪伪政权大汉奸。

低级职员群体在当时被视为"智识阶级"，处于社会的中间阶层，他们大多受过良好教育，有较丰富的行业经验。日本占领青岛后，一部分智识阶级拖家带口、远赴他乡避难，另一部分则选择在伪政权内谋职。个体的背景、经历千差各异，附逆原因不一而足。就任伪职的低级职员

① 叶文心：《上海繁华：都会经济伦理与近代中国》，台北：时报文化出版企业股份2010年版。

大致可分为以下几类：

一、迫于生计出任者。如何生存是沦陷区民众首要考虑问题。日占初期许多社会名流不愿附逆失节，其中资产较丰者尚能在沦陷期间勉强度日，但积蓄较少者面对物价飞涨、日伪统治延绵日久的局势，往往无力支撑。被誉为山东四大教育家之首、有“山东的蔡元培”之称的鞠思敏在日军占领济南后，曾拒绝日伪三番五次地促请其“出山”任伪山东省教育厅厅长的要求。但在统制经济下，鞠思敏一家的生活日益艰苦，“长时期每天仅以开水泡煎饼度日”，生活全靠长女鞠文煐接济。① 而鞠文煐的这份接济完全来源于从事伪职，她当时在青岛担任江苏路小学校校长②，维持大家庭生活恐是她投身于日伪教育界的一大原因。鞠父看重名节，不愿日伪利用其声名做宣传，选择置身事外。但在生活的重压之下，他只能默认女儿的选择。

二、经伪职员介绍进入伪政权者。抗战爆发后音乐家李华萱应邀回鲁参加教育界组织的“抗日战地工作团”，担任山东政训处宣传室主任。1938年该团解散后，李华萱的腿被日军飞机炸伤，“几经周折，潜回山东济南养伤治病”。其间“由于经济窘迫拮据，夫妻靠卖画维持生活”。之后李华萱“在友人的帮助下，带领全家到青岛”。时任青岛伪教育局局长的陈命凡是李华萱在辛亥革命时期的老朋友，得知其情况后，遂聘请他任伪教育局音乐指导员，此后还在青岛男子中学、文德女子中学、崂山中学任音乐及美术教员。③ 智识阶级的交际圈中不乏社会名流、政坛精英，在生活困窘之际，他们凭借昔日的社交关系而在伪政权谋职者不在少数，当时青岛著名小说家王度庐也因此接近伪政权。

王度庐（原名王葆祥，字霄羽）1909年生于北京一户下层旗人家

---

① 丁涛：《鞠思敏终身治教誉满齐鲁》，徐兴文、陈纪周主编：《师范群英光耀中华 第七卷》上册，西安：陕西人民教育出版社1994年版，第28页。

②《青岛妇女名流座谈会：鞠文煐女士》，北京《妇女杂志》1942年第3卷第10期，第14页。

③ 杨和平：《我国近代音乐家李华萱（荣寿）》，于润洋主编：《中央音乐学院音乐学系建系35周年1956—1991音乐学文集》，北京：中央音乐学院学报社1992年版，第438页。

庭，幼年丧父后家境日蹙。旧制高等小学毕业后，王度庐不得不当小学教员维持生活，自学的同时向报刊投稿。1937 年春，王度庐接受了夫人李丹荃年老且独居的二伯父伊筱农（1912 年创办《青岛白话报》）之邀请，赴青岛创作并住进其私宅。这期间王度庐还有另一种选择，那便是像他的弟弟、恩师“徐君”以及李丹荃妹妹等赴延安投身革命。但王因体质太差，又有胃病在身，选择留青休养。① 青岛沦陷后，伊筱农的住所被日军强占，王度庐夫妇只能与其“租了两间带地下室的小房”。在王度庐“生计陷入极度困难之时”，恰好偶遇了在《青岛新民报》任副刊编辑的北平熟人关松海，遂应约向该报投稿。② 1938 年 6 月 1 日，王度庐在《青岛新民报》发表《河岳游侠传》，正式开启了在沦陷区的武侠创作之路。《青岛新民报》为青岛伪政权机关报，主要为奴化宣传之用。日后王度庐与该报互相成就。他撰写的小说“篇篇脍炙人口，远近交誉，百万读者每日争先竞读，投来赞誉之函件无数”，《青岛新民报》更以“当代第一流之小说家”为其冠名。不止于沦陷区，王氏小说的影响力甚至波及大后方，以致重庆出现有人冒充“王度庐教授”，连日演说“九华奇人传”的事件（《卧虎藏龙》中李慕白的师承渊源在九华山）。《青岛新民报》亦因王度庐而销量猛增，“胶济铁路沿线城乡和京、津、东北等地的读者，为了看王度庐小说，也都争相订阅”。③

三、最大可能维持权益也是低级职员就任的原因。1941 年日军基本控制了青岛附近各县并建立起伪区、乡政权。据曾在伪辛安警察分驻所当了三年多二等警长的薛蕊田回忆，伪胶州第五区区公所设在辛安（区长是同村人），他的堂叔薛嗣昌时任胶州行政办事处自卫第三团（驻防辛安）团长。薛嗣昌曾对其说起“胶州警察科准备在辛安成立

---

① 孙延明：《现代武侠小说大师王度庐在青岛的十二年》，《春秋》2018 年第 3 期，第 31 页。

② 《附录三 王度庐年表》，王度庐：《大漠双鸳谱》，太原：北岳文艺出版社 2016 年版，第 273—286 页。

③ 孙延明：《现代武侠小说大师王度庐在青岛的十二年》，《春秋》2018 年第 3 期，第 31—32 页。

警察衙门”一事，并称人员将从第三团、四团（驻防柳花泊，团长为外村人）中抽调。薛嗣昌遂将同村的薛乐亭（自卫第三团文书）从第三团调来当伪警察局分局局长，并称：“区长、团长、分局长都是咱村的人，就不怕别人欺负咱了”，他劝薛蕊田“不要教书了，干脆到分局里当个巡官吧”。薛蕊田当时刚从胶州调回本村小学教书不久，他认为“成天和孩子们在一起，觉得实在没意思”，而薛嗣昌的话正好打动了他，于是便答应出任伪职。① 中国传统社会的乡土人情观念在民间影响深远，一定程度上更胜过民族、国家这种远离民众日常生活且看似虚无缥缈的概念。面对日本入侵，如何维护本村亲族的利益、免受屠戮和欺负常是当地士绅最先考虑的问题，薛嗣昌的做法在乡村社会中具有一定普遍性。

四、家庭及事业的牵绊也是一部分人留青并相继担任伪职的原因。徐树莲曾任胶澳商埠警察厅第二分署巡官，国民政府时期在第二公安分局负责司法股。该局辖区是日本商民集中地，徐树莲因处理案件经常与日本人打交道，“日本人深知徐树莲的工作情况”。在沈鸿烈率部撤退时，“徐树莲因新婚不久，难以离青”。当时青岛成为真空地带，“有一部分市民乘机抢砸日本仓库，市面非常混乱”，徐树莲参加了德国人牵头组成的万国纠察队，佩戴臂章并携带武器在市内巡逻。日军登陆后，徐树莲“以维持治安有功”，被任命为伪青岛市北警察分局局长。当时许多商业人士开办的商铺、公司在青，迁移不易。而在日本治下经商又势必要与伪政府打交道，人情关系掺杂其中，这也是许多人难以独善其身的原因。栾宝德在国民政府时期担任四方机厂厂长，同时又是礼贤、文德、崇德三个中学的董事长。据栾宝德回忆，日本人曾要其以旧董事长名义出面改组上述学校的董事会，但遭拒绝。后来伪教育局局长陈命凡亲自到栾宝德家，一再劝说下，栾答应本人不出面，但

---

① 薛蕊田口述、薛星一整理：《辛安伪警察所始末》，《青岛文史资料》第 1 辑，青岛市政协文史资料研究委员会 1989 年编印，第 75—76 页。

可用其名义聘请新董事。[1] 栾能够拒绝毫不相干的日本人，却难以逃脱旧交情感的绑架。正是利用中国上层人士普遍好面子、重交情的特点，日本频频利用伪职人员展开游说。前述伪建设局局长姚文蔚虽在日占初并未担任伪维持会职务，但随着时间推移和从事商业的需要，他与日伪的接触随之加深，最终亲任伪职。

五、向伪政权毛遂自荐者。日本统治初青市人口外流严重，日伪曾在社会上广泛招募低级职员。如伪治安维持会青岛警察部就采取张贴布告形式，“劝告未曾撤退之警察前来报道录用”，以此将国民政府时期掌握专业技能者吸纳到伪政权之中。初到伪警察部报道者 300 余人，日伪“又由胶济铁路拨来未曾撤退之铁路警察一百多人，后来又从天津招来警察五十多人”，最后将这 500 多人陆续分发各分局设岗布哨。[2] 伪青岛特别市公署成立后，社会秩序渐趋稳定。外地涌入人口激增，青岛就业压力日渐增大，乐意赴伪政权谋职者也呈增长趋势，彭光煦即为一例。

彭光煦，45 岁，山东聊城人，毕业于山东公立农业专门学校，是农商部甄录合格的农业技师。他曾担任聊城实业局局长、东临道尹公署科员、山东河务局科员、山东实业厅参议等职，1928 年后担任过安丘、堂邑等县建设局局长，莘县政府科长，海阳岠嵎山森林管理员，临清省立棉业试验场技士。抗战爆发后彭光煦“落魄他乡”，在来青避难时“欣逢”伪青岛市公署成立典礼。彭氏听闻“市公署以下组设总务建设等八局，行政之机构已臻完备”，因“地方大治，市民安堵，其繁荣情形，竟超过事变以前”，故而“极愿为国服务”，因此在伪公署成立第二日即呈文赵琪请求录用。彭光煦原想伪市府初立，“市政设施经纬万端，需人孔

---

① 栾宝德:《德国人在青岛办教育的片段忆》,《文史资料选辑》第 1 辑,第 230 页。

② 王第荣:《日伪时期的青岛警察局》,《青岛文史资料》第 5 辑,第 129 页。

多”①,不料事实恰与之相反。

1939 年 2 月 1 日,赵琪特在《青岛新民报》发布启事,直言最近有许多“承亲友推举贤能,或无一面之缘亦迳函自荐”者,他本人虽极爱惜人才,但伪市公署“所属各机关所有人员均系以前维持会原有人员分别任用,已苦粥少僧多难于安插”。赵琪称其可谓“延揽有心,维系无力”,诸多求职者更使之“不遑应接”。于是,赵琪只能告诫“未来青者请勿远劳跋涉,已来青者可即别图良机”,“嗣后如再有见嘱者恕不一一致答”。② 据统计,1939 年伪青岛市公署各局人员如下:总务局 152 人、社会局 126 人、警察局 445 人、财政局 233 人、教育局 86 人、建设局 127 人、卫生局 62 人,海务局 39 人、乡区行政筹备事务局 86 人,总计 1356 人。③ 以上数字仅为伪市公署内直属行政人员,下属各单位及区、乡的低级职员数目更为庞大。

青岛沦陷前民众扶老携幼争先离去,情形至为紧张凄惨。仅过一载,有识之士又挤破头地想到伪政权任职,似乎无意间衬托出伪维持会时期即与日媾和者之“远见卓识”。人的态度行为发生转变,有时不过转瞬之间,却是外部环境持久作用于人的结果。日本入侵后青岛社会形态、文化环境巨变,当附逆行为演变为习以为常的社会现象后,将要投身日伪者的心理压力随之减轻,探讨不同时期就任伪职者的心态差异极为必要。

日本全面侵华后,国民党军抵抗激烈之地即遭残酷镇压,日军更是制造出以南京大屠杀为主的血腥惨案,意图在心理上给中国民众施加畏惧并迫使屈服。青岛国民政府当局撤退前炸毁纱厂,日本日益加紧

---

① 彭光煦:《农业技师彭光煦给赵琪市长关于请求录用的呈文》(1939 年 1 月 12 日),青岛市档案馆藏,A0020/001/00248。

②《赵琪关于所属各机关所有人员均系以前维持会原有人员 任用已苦粥少僧多难于安插 后再有见嘱者恕不一一致答》,《青岛新民报》,1939 年 2 月 1 日,青岛市档案馆藏,D000300/00001/0010。

③《青岛特别市公署行政年鉴》(1939 年),青岛特别市公署总务局编辑发行。

军事部署，种种信号均使民众陷入恐慌，大批市民撤离也在情理之中。智识阶级多处在左右摇摆状态，尽管可从报纸及掌握的人脉关系中洞察些许时局讯息，但对前途依旧充满未知。日本占领青岛后大谈恢复，组建起以岛城名流赵琪为首的伪维持会班子。为聚拢民心、洗脱汉奸的负面影响，日伪成员做出一番成就，赶超国民政府的意愿甚强。在内心的怀疑与恐惧逐渐平息后，在青的亲族关系、人际网络、乡土观念等传统因素又成为触动一部分民众回归的诱因。既然回到日伪统治下生存，就无法完全避免与伪政府的人、事、物打交道，于是出现了一部分意志不坚定或为生活所迫者就任伪职的现象。

伪政权高级职员普遍在社会上有较高地位和丰厚收入，这些人政治立场复杂，多为曾经辉煌一时而又在国民政府内不得志者。日占初期他们有多种选择，入伪政权不是为生存而更多为谋权位。而从伪政权低级职员的来源及其背景中，显示出这一群体有别于高级职员的明显特点：他们中随波逐流、为现实考虑者占绝大多数，许多人仅为混口饭吃，选择的余地较为有限。但两者间也有明显的相似点，即在投身伪政权的过程中人际关系网起到关键作用。伪政权成立不久即面临内部职员人满为患的情况，智识阶层若无较强能力和专业技能，很难不凭“关系”跻身仕途，但这又导致低级职员群体中不免有些“浑水摸鱼”者。

笔者“废丁”在反讽文《饭碗问题》中，以一个小局员的口吻，将当时官场潜规则叙述得淋漓尽致。废丁将自己化身为一个“木匠”，而他能够当一名局员多亏了姑丈的提拔：“要不是姑母选了这么个科长女婿”，他一个混小子“一辈子也交不了这么大的洪运”，“那里会去干这文明差事”。做局员“挣钱虽不多，精神真痛快”，“尤其这个圆徽章真体面，无论走到那里总觉比人高一头”，所以有愿干这个文明差事的人或许和他的想法一样。“废丁”只恨自己“没有个漂亮妹妹或姐姐”，假设有了“干脆送给局长做姨太太”，那么他要干点“阔差事”，“真半点不含乎”。①

---

① 废丁：《饭碗问题》，《青岛新民报》，1940 年 2 月 7 日，第 4 页。

笔者用诙谐幽默的口吻描绘出部分低级职员一朝得势的心态,虚荣心是驱使他们就任"一官半职"的重要因素。但依靠裙带关系者多无真才实学,这严重影响了市政效率。

姚作宾对此现象早有认识。任伪市长初期,姚作宾鉴于事变后青岛高中毕业生益多,"其无力升学各生自谋生计又极为困难",故大力推举考试制度"以冀选拔人才"。但因战时经济体制的压榨,青岛财政经济陷入困顿,伪政权一再精简低级职员群体以节约开支,姚作宾又下令敦促闲散职员自动辞职。夫役方面人数以战时体制而论过多,"而无故裁撤又恐其生活为艰",姚作宾在伪警察局招新警训练之际,遂令市府夫役中"青年力壮、读书识字及小学毕业等程度者"尽量加入训练,"既可为谋进身阶级,亦可免去招收无赖"。① 随着战争局势的演变,青岛伪政权低级职员群体也经历了由赵琪时期的人满为患到姚作宾时期大幅度减缩的转变。

二、低级职员群体的待遇和生活水平

沦陷前,青岛人家最常见的是"儿子拉车、妻女业女红、夫从商、幼儿拾煤的家庭",又因青岛外国工厂多,喜欢雇佣劳力低廉的妇女,故一家人可"尽劳力借以积蓄习惯"致富。沦陷后,青岛贫富差距加大,"富有的趋向奢侈淫乱",各娱乐场所"皆有满谷现象","可谓二十年来青岛未有之畸形状态"。② 与此同时,社会中间阶层受到的冲击最大。姚作宾曾言:"如果公务员生活不能安定,所谓安定民生,即不外乎是一种欺人之谈。如果教职员生活不安定,那能教得好第二代国民呢?"③低级职员群体的状态关乎社会稳定,是向下透视普通民众生活百态及向上

---

①《姚作宾市长就任一周年施政述要》(1944 年),青岛市档案馆藏,B0023/001/01328。

② 红珠:《职业与妇女》,《青岛新民报》,1940 年 9 月 5 日,青岛市档案馆藏,D000313/00016/0003。

③ 青岛特别市市长姚作宾:《青岛特别市市长姚作宾就任谈话》(1943 年 4 月 1 日),青岛市档案馆藏,B0023/001/00972。

管窥高级职员待遇和心态的一扇窗口。

陈存仁是20世纪三四十年代的上海名医，他曾写有《抗战时代生活史》一书，较为真实地反映了沦陷时期上海低级职员的生活状态。书中称抗战时期“最苦恼的就是公教人员，既没有钱囤货，更不能凭两条腿去跑单帮，教书的人还是教书，过着清苦不堪的生活”。因公教人员的薪水有定额，在币制发生动摇之后，“虽也一次一次加薪，但是所得永远追不上物价”。公务员中小部分的人“可以对外百般敲诈捞钱”；但是大部分的不会转业，“惨苦的情况，也是笔墨难以形容”。公教人员“穿的衣服都已破破烂烂，几乎不堪入目”。当时上海的普通民众则更为凄苦：“穷人穿不起衣裳，为了保暖，只有向别人身上打主意，就在冷僻的里弄间，剥取别人的衣衫据为己有”，当时上海人将这种行为称为“剥猪猡”。①

实际上，不仅限于上海一地，沦陷区公教人员生活凄苦是普遍现象。为配合战争需要及解决“物价日昂”的情况，日伪对重要物资实行统制政策。1939年6月，青岛伪社会局禁止“鱼类及肉类、小麦及面粉、野菜及水果、鸡蛋”等四项向市外输出，又在10月制定《物价取缔规则》②，城乡间物资无法流通。在经济紧缩的方针下，青岛的输出入贸易萎缩，进一步导致粮食及生活必需品价格飞涨。加之日伪发行的银联券与旧法币发生摩擦，华北、华中甚至“均陷于物物交换的境遇”。至1941年初，“乡村旧法币几乎绝踪了，早被重庆收回。一般流通的货币，不是八路军发行的新法币就是各地的游击队或自卫团发行的不兑换纸币，几乎一县有一县通货，一区有一区的纸币”，银联券无形中被驱除。因日伪南京中央储值银行发行法币，又与银联券不相联系，致使青岛出口到上海商品发生困难，陷入金融紊乱的状态。根据1941年调查，青岛存粮“以全市人口计算，尚可支持五个月。如果在三个月之内，

① 陈存仁：《抗战时代生活史》，上海：上海人民出版社2001年版，第275、192—193页。

② 青岛市史志办公室编：《青岛市志计量标准志/物价志》，北京：中国大百科全书出版社1996年版，第169页。

粮食输入问题不能解决，粮价就不免飞涨，一般穷民及官吏职员，就直接感受生活的压迫”。①

其实早在1940年初，一般青岛市民就早已感知生活的威胁，趋于“生活困难之境”。一般“有妻子之累”而“家乡尚可敷衍生活”的贫民阶级，多离青返乡，故而“向当局请领旅行许可证者甚多”，其中又以“中少年妇女居多数”。此类妇女出境原因多称“回家结婚”，其实“则因男子无力赡养家口不得已将妻子卖与他乡”。该年1月犯罪案件中盗窃案占多数，其中“初次犯罪者甚多”，多因“生活艰难，铤而走险”；暗娼案件亦较前增多。如此“男盗女娼”之现象，“殆均为生活压迫所造成”。与此同时，“各富商大贾，日啖鸡鱼海味者，丝毫不觉”，社会矛盾加剧。②

巨大贫富差距是青岛社会矛盾激增的重要原因。在此有必要先从普通劳动者与商人——这两个贫富落差最大的阶层展开讨论。对于普通劳动者而言，“一切思想问题皆是生活问题”，现实生活环境和条件决定了当下思想，也影响着他们对政府优劣的判断。根据日本1939年所做调查，以在青1万名纺织工人为例，每人平均月收入约30元，“这与事变前的收入没有显著差别”。另一方面，“事变的影响导致生活必需品腾贵，平均是事变前的4到5倍”。作为主食的面粉，已从一袋3元涨为14至15元不等。假设一个人每月仅需食用两袋面粉，纺织工人的收入渐渐到了只能维持一人生活最低限度的水平。“人为什么要进食，为什么要穿衣服”，他们“思考着常人根本不必想象的问题”。急迫的生活现实促使市民纷纷寻求生活来路，“青岛市内各色商贩激增”。而真正的商人阶级则与劳动阶级的困境截然相反，“他们在本次事变带来的经济变动中获得了莫大的利益”。由于前所未有的供不应求、物价

① 青岛特别市社会局：《青岛特别市社会长姚作宾建议解决城乡物资交流金融统制及以盐换粮问题的呈》(1941年2月26日)，青岛市档案馆藏，B0023/001/00813。

②《米珠薪桂之都市中 低级社会暗影》，《青岛新民报》，1940年2月24日，第7页；《物价高涨声中 警察生活艰苦 三口之家终日不得保暖 警察当局商讨救济办法》，《青岛新民报》，1940年2月20日，第7页。

高腾，商人以3倍、4倍的利润贩卖库存商品获利。加之身处中、日、“满”“经济共同体”内，商人在日本强化银联币外汇管理的空隙，利用日元、人民币、法币三者之间的汇率，“获得了无可估量的利益”。而日军在占领地区实行的交通运输和自由贸易限制等措施，也令投机商人有机可乘。① 巨大的利益诱惑也使青岛商人阶层的奢靡风气达到了空前程度。

伪政权职员群体作为社会中间阶层，他们的生活并不比普通劳动者好到哪里。1940年初一般小职员虽月入百元上下，若有五口之家，“亦恐入不敷出矣”；而“较小职员更感受困难最甚”。如三等警士每月饷金十八元，而一袋面粉却高达十四元，警士已成“困苦堪怜之阶级矣”。事变前警察的月饷虽仅有十四元，但可购面粉五袋，故三口之家“俭朴度日即可饱暖无忧”。但在日占时期，低级警士之家除去一袋面粉之外，“其他日用需款将无所出矣”。况且警士每月须扣伙食费逾十元，若要维持三口之家“除使眷属减食之外则别无他法矣”。在生活极端困苦的情况下，警察眷属只得“涉足海内捞取”轮船漂泊的煤屑以充燃料，此外还三五成群地“持斧登山，砍伐柴草”以度严冬。② 笔者“废丁”写道，物价飞涨的当口，每天把饭碗盛满饭，哪怕是大米饭、“杂会”，甚至是小豆腐都“很不容易”。许多人不得不为了饭碗问题“折腰”，请托别人介绍工作。小局员工资微薄，“一月只挣二十一块钱真是骂人”，甚至伪局长都因“生活程度太高，什么东西都贵”，而令家眷返回原籍。③

在“米珠薪桂、物价飞涨”之中，天津甚至发生一法警因生活艰难而“投河自杀”的惨剧。由于全家生活均赖该法警一人，“因经济压迫更甚

① 「1 事变下支那民衆思想ニ就テ」JACAR(アジア歴史資料センター)Ref. B02030702200、対支中央機関設置問題一件(興亜院)/在支連絡部調書(A-1-1-0-31_2)(外務省外交史料館)。

②《物价高涨声中 警察生活艰苦 三口之家终日不得保暖 警察当局商讨救济办法》，《青岛新民报》，1940年2月20日，第7页。

③ 废丁：《饭碗问题》，《青岛新民报》，1940年2月7日，第4页。

又无额外收入”,“感觉妻子饥寒”而“自己已无法解决”,故而该名法警留遗书“述死后之希望”。在民不足食的情况下,低级警察为温饱忧虑并最终陷入绝望,竟以一死换取家人状况稍得缓解。报刊称该员“服务数年,人极忠诚谨慎”,而“如此忠诚之警士死于经济之压迫下,可谓人间惨事”。①

青岛伪政权早已意识到问题的严重性,1939 年 5 月将伪警察局每名警士的饷金增加二元至三元不等。而在 1940 年初,伪警察局再次向伪市公署商议每月给各警士增加四、五元。但该年每袋面粉涨价五元以上,警察生活困难依旧。因警察月饷低微,难得一家之饱暖,申请辞职者“颇不乏人”,各长官均“善言安慰,以待当局之救济”。伪警察局拟详细调查警察的家庭负担“以谋解决之途”,并将减免警察宿舍房金纳入磋商之中。② 尽管如此,面对高昂物价,种种方法“仅可谓小补”而已。③ 就当时社会情形而论,警察之月饷“不增加一倍以上,决难与社会生活之情形,成为正比例”。因此伪警察局只能“由侧面暂思紧急救济办法”,等其他城市救济警士办法落地后再行参酌。伪警察局一方面调查各工厂女工现况,使警察眷属尽量入厂工作“藉补家用”;另一方面购买小麦筹划自磨办法,以此减少警察伙食费用。④

因警察关系地方治安,其生活状况被大肆报道后受到当局重视在情理之中,教职员群体的生活则更堪忧。有论者指出,警士“尚有服装,尚有宿舍,尚有特别奖赏”,在万分困苦中可得些许慰藉。但小学教员以上均无,而忝列文士又“不能不稍具体制”,纵然平日极为朴素,“偶置

①《津市一警士 生计艰难自杀》,《青岛新民报》,1940 年 2 月 26 日,第 3 页。

②《警察生活清苦 警察宿舍之房金可望减免 傅局长与关系方面磋商中》,《青岛新民报》,1940 年 2 月 5 日,第 7 页。

③《为警察眷属谋职业 补助生活不足 分局长正筹思办法中》,《青岛新民报》,1940 年 2 月 26 日,第 7 页。

④《物价高涨声中 警察生活艰苦 三口之家终日不得保暖 警察当局商讨救济办法》,《青岛新民报》,1940 年 2 月 20 日,第 7 页。

一衣一履，已去月薪之半”。论者认为教员对国家之重要性更甚于警察，而其工资微薄，数口之家无法维持，“倘因个人生活问题，而稍不经心”，则是贻误“今日之儿童”和“将来之社会”。①

其实，赵琪时期青岛公教人员的待遇总体较北方沦陷城市为优。伪青岛治安维持会在1938年4月1日公布的《会立小学教职员任免奖惩及待遇暂行规程》中，对教职员的薪俸标准作出规定。其中校长分为5级19档，市区月俸在60—120元之间，乡区在40元—100元之间；教员分为7级，月俸在30—60元之间。年功奖金分5等，校长在40—120元之间，教员在20—100元之间。② 伪维持会时期青岛教员“每月的薪金，虽然为数不少”，但由于“物价提高了”，“仍旧不负分配”。③ 1940年赵琪曾言：“用钱不可不严，而待人不可遇苛”，所以对所属职员待遇“比较京津济各处略加优厚”，这也是近来“物价飞涨、生活抬高”不得已所致。④

根据1943年伪青岛特别市公署教育局统计，全市共有中小学（包括补习学校）教员3354名。⑤ 教职人员的数量极为庞大，当其生活陷入困境时，教育受到的波折最大。“因物价腾贵，小学教职员薪俸低微，无法维持生活”，伪青岛特别市公署曾在1941年1月底援照北京、天津等市给予教员每月5元津贴补助⑥，但这无异于杯水车薪。当时有“出身经历不甚高的小学教员为生活而兼副业”，甚至有女教员在土膏店从事招揽生意的“烧花烟职”，每月收入甚至高于官厅高级职员。⑦ 教职

---

①《洋面和小学教员》，《青岛新民报》，1940年1月29日，第5页。

②《青岛治安维持会会立小学校教职员任免奖惩及待遇暂行规程》，《青岛教育周刊》第1卷第2期，1938年6月20日，第19—21页。

③《第二次教育同仁讲谈会言论汇纪》（1938年），《青岛教育周刊》第1卷第13期。转引自翟广顺：《半个世纪风雨——1891—1949青岛教育大事记述》，第197页。

④ 赵琪：《重修回澜阁记》（1940年4月），青岛市档案馆藏，B0023/001/00671。

⑤ 翟广顺：《半个世纪风雨——1891—1949青岛教育大事记述》，第239—240页。

⑥《教育工作报告》，《青岛教育半月刊》第2卷第2期，1941年1月31日，第15—16页。

⑦《青岛妇女名流座谈会》，北京《妇女杂志》1942年第3卷第10期，第14页。

员是青少年表率，肩负传道授业的神圣使命，然其竟为生活沦落至烟花柳巷，这也是畸形社会造就的畸形现象。

从岛城著名小说家王度庐的创作时间表中，亦可管窥当时知识分子的生活状况。从 1938 年 6 月至 1945 年夏，短短八年时间王度庐先后在各大报刊发表二十余部具有影响力的小说，不可不谓高产。[①] 王度庐前三部作品基本是在上部接近完成的情况下从事新创作，他在 1939 年 7 月 30 日后则保持同时写两部小说的节奏。但从 1940 年 4 月 7 日发表的《舞鹤鸣鸾记》起，王度庐继续加大强度，同时进行三部小说的创作。但这仍不能维持家庭开销，该年王度庐经友人介绍，先后在市立女子中学和私立圣功女子中学任教补贴家用。沦陷后期王度庐小说的篇幅增大，《虞美人》与《铁骑银瓶传》均连载两年余，这段时期他极有可能达到同时创作四部小说的工作强度（因报纸缺失，部分作品截止日期不详）。物价飞涨、经济愈加拮据是王度庐高强度写作的主因，笔名“度庐”的寓意是“草庐且度”，他“希望能够混一混，度过这段艰辛生活”。[②] 王度庐在当时是有着“北派五大家”之称的著名小说家，其生活状况尚且如此，沦陷区一般知识分子之情形可想而知。

1943 年姚作宾上任后充分意识到低级职员群体的安定关乎市政效率，将提高公务员、教职员的生活待遇摆在重要位置。在其努力交涉下，“各私立学校教职员获得与市立学校教职员同样配给，并许可加入市府合作社”。尽管如此，1944 年 8 月以降，“物价飞腾，公教人员陷于不能生活的惨境”。伪政权对教职员实行战时津贴和物价津贴，凡收入不满 200 元的，自 11 月份起一律补足（当时一袋面粉最低已高达 200 元，较 1940 年增长 14 倍之多）。[③] 此外，姚作宾向社会发出号召，在其

---

① 《王度庐作品连载情况一览表》，徐斯年：《王度庐评传》，苏州：苏州大学出版社 2005 年版，第 116—117 页。

② 孙延明：《现代武侠小说大师王度庐在青岛的十二年》，《春秋》2018 年第 3 期，第 31 页。

③ 翟广顺：《半个世纪风雨——1891—1949 青岛教育大事记述》，第 245 页。

提倡下各校家长会成立，“在自动自愿的原则下捐助各校教职员的物资，以稳定教职员的生活”；他还劝说商会发起警察后援会，“由殷实商户自动捐助物资”解决警察困难。①

尽管伪政权采取种种举措改善低级职员的待遇和生活水平，但在统治后期已无法扭转经济持续恶化的态势，以上方法只可解一时燃眉之急。伪政权财政支出有限，姚作宾为保证部分职员的基本生活，最后只能采取“裁员增薪”的方式，“如一人能办两人的事，就一人实得两人的物资和薪金”，大批低级职员被裁。② 此方法虽使一小部分职员待遇得到改善，却断绝了大部分职员的经济来源，对失业者个人乃至整个家庭无疑是雪上加霜。与此同时，大幅度压缩编制、增加工作强度的方式降低了高校毕业生和各行各业人士的求职空间，致使伪政权职员群体内部难有新鲜血液流动，市政逐渐呈现僵化模式。而这种“饮鸩止渴”的极端解决方式也是特殊时局下的无奈之举。

民生的安定关乎统治的稳定。在青岛贫富严重分化的两级社会，劳动者与商人阶层对于日本统治者而言，虽在经济条件上有天壤之别，但在思想上同样不容易把握。在日本的观察中，劳动者阶层最为明显的思想倾向，就是“既不排日也不亲日”，他们“即使有同类相求的本能民族意识，也尚未形成被概念化的‘国家’意识”。这一类群体的思想往往以“生活”问题为中心，“采取最单纯的行动”。因此，“在最恶劣的生活条件下，一般劳动者不可能有好的思想状况”。日本认为，青岛劳动者“因怀有活生生的生活问题而引起最粗鲁的对日感情”，突出表现即为更加怀念事变前舒适的生活。七七事变前，青岛劳动者的数次罢工均因“提高资金、改善待遇”导出，他们在“每次罢工中或多或少提高一些劳动条件”，但这样的情况在沦陷区不复存在。日本统治者曾让一名劳动者“诚实叙述自己的本心”，后者直言：“战争发生前，每次发生骚

① 《汉奸姚作宾补充陈述书》(1951 年 3 月 21 日)，青岛市档案馆藏，C010684。

② 《汉奸姚作宾补充陈述书》(1951 年 3 月 21 日)，青岛市档案馆藏，C010684。

乱，工资会提高，教育设施会建成，卫生、娱乐等设施也会完善，也能吃饱饭，然而现在连饭都吃不饱"，"等待下去，也许蒋介石来青可以重回以前的状态"。对此，日人言简意赅地总结道："也就是说，他们把现在吃不上饭的原因全部归给日本；而对于过去能吃饱饭时代之憧憬，则全部寄托于盲目视为偶像的蒋介石。"而这位劳动者发出的叹息，"正是处在前所未有、难以喘息的生活困境下，青岛 2 万名劳动者心底对日感情和思想的流露"。劳动者因生活窘迫而憎恶日本，商人却并未因衣食无忧而诚心归顺。诚如日人所言，事变前，当地商人阶级因为青岛对日的经济依存度，即便时常身处全国性的排日风暴中，也是"唯一的亲日势力"；在本次事变中，尽管商人成为"在万人穷困之间，独自歌颂战乱的唯一阶级，然而这只是为了他们的利益"。①

低级职员群体占据伪政权职员数目的绝大部分，与政府行政运转效率、社会人心之稳定关系尤大。他们同日本的利益有一致性，原本是社会各阶层中最有可能"支持"日本的群体。日伪统治后期低级职员愈加为生活所迫且有被裁之忧，对伪政权的不满日益增多，无疑从根本上加速了日伪统治基础的瓦解。失去占领区民众支持的直接后果，就是成为不得人心的光杆司令，潜伏危机的最终爆发，只剩时间和时机问题。

第四节　伪职员群体的思想透视

日本侵占青岛后，急欲建立更具包罗性的"东洋主义"和"大东亚认同"，以儒家文化作为对抗三民主义和共产主义的手段，以此树立伪政权在文化上一脉相承的正统性。伪政权职员群体随之走上了回归传统的脉络。当时受到舆论界热议和关注的民族、国家概念有浓厚的近代

① 「1 事変下支那民衆思想ニ就テ」JACAR(アジア歴史資料センター)Ref. B02030702200、対支中央機関設置問題一件(興亜院)/在支連絡部調書(A-1-1-0-31_2)(外務省外交史料館)。

色彩，而先贤阐释道德观与为官之道的历史却相当漫长。传统中国知识分子界定自我形象与现代国家相去甚远，即以“文化主义”而非“民族主义”作为标准。[①] 对于当时一部分知识分子而言，传统文化仍是其安身立命之根本，尤其在未从心理上适应急促的社会政治和文化变革之际，日本统治者所宣扬的文化理念无形中为其构筑了心灵的“港湾”。但在殖民主义的土壤上，儒家文化所向往的王道乐土势必难以实现。在日益严峻的战争形势面前，伪职员的内心的苦闷和道德焦虑通过非官方文本宣泄出来，构成了青岛独特的“孤岛”文化圈。

一、被曲解的“民族主义”与“国家认同”

19 世纪末 20 世纪初，中国现代意义上的民族主义观念和国家认同开始形成。特别在清末民初，中国逐渐发展起“具有政治、社会文化符号意义的民族观念凝结物”——中华民族，它也是“近代中国才出现的新名词和新概念”。[②] 在中华民族从“‘自在’到‘自觉’”[③]的过程中，日本侵华起到了催化作用。这一时期“中华民族”一词“才可以说真正在社会上特别是民间社会勃然而盛、广泛流行”，“成为各种媒体中出现最为频繁，最能激发国人抗战斗志，最易为国内各种政治势力所接受和乐道的时代词汇”。[④]

抗日战争时期，民族主义的话语权牢牢掌握在抗战人士手中，它是政党用来唤醒民众、激发斗志和维系团结的武器，目前学术界对民族主义在抗战中起到的作用已有充分研究，但对沦陷区“民族主义”的相关问题往往讳莫如深。沦陷前期各地群众在民族大义的呼召下，燃起一腔热血，纷纷奋起保卫家国，但日本入侵改变了当地民族主义昂扬向上

① 林志宏:《民国乃敌国也:政治文化转型下的清遗民》,第 342 页。

② 黄兴涛:《重塑中华:近代中国“中华民族”观念研究》,北京:北京师范大学出版社 2017 年版,第 1 页。

③ 费孝通:《中华民族多元一体格局》,北京:中央民族学院出版社 1989 年版,第 1 页。

④ 黄兴涛:《重塑中华:近代中国“中华民族”观念研究》,第 186—187 页。

的发展轨迹。以往认知中，日本似乎应对中国人愈发激进的民族主义情绪持避讳甚至打压态度，而实际上，侵略者恰恰反其道而行之。

日本对事变下中国民众的思想动向颇为关注，“最先感受到的便是强烈的国家民族主义”，故其对中国民族主义思想的研究尤深。在以青岛民众思想为中心的调查书中，日方强调，“所谓民族思想，不能脱离生活在共同时代环境下民众的思想，脱离全体只观察青岛是极大的错误”；青岛民众的思想“并非仅作为青岛特别市而独立存在”，它是中华民族所处时代环境“以及其中孕育的 4 亿民众整体思想的一部分”。① 透过这份调查书，可从日本角度审视中国民族主义思想对侵略统治的冲击性，而这种限于青岛而又不拘囿于当地的发散式思考，利于从整体把握民族主义在中日两国之间的双相作用。

日本对近代中国因民族主义而复兴、“确立了强国地位”这一事实无可否认；同时，认为引发国民运动的本质“便是反抗西洋侵略亚细亚而抬头的势力”，“日本明治维新与其本质如出一辙”。日俄战争中，日本“将百万俄国强军驱逐出‘满洲国’土地，史上首次依靠东亚民族的力量成功剿灭了白人侵略势力”，被日人视为中国“仰望日本的巨大胜利”。中国民族主义亦被归为在日本明治维新及日后国民运动中寻求指导原理和模范之后，生长发展的产物。尽管中国民族主义“自古以来至革命的几十年间，时有波澜，时有曲折”，但“极度渴望革命”的中国人之思想本质却毫无变化。正是基于上述认识，日本坚持中国“民族主义的本质既不是列宁的理论，也不是威尔逊的世界和平主义，亦不是法国革命的自由主义，而是明确发源于日本明治维新、具有世界史意义的——东洋爱国主义”。②

---

① 「1 事変下支那民衆思想ニ就テ」JACAR（アジア歴史資料センター）Ref. B02030702200、対支中央機関設置問題一件（興亜院）/在支連絡部調書（A-1-1-0-31_2）（外務省外交史料館）。

② 「1 事変下支那民衆思想ニ就テ」JACAR（アジア歴史資料センター）Ref. B02030702200、対支中央機関設置問題一件（興亜院）/在支連絡部調書（A-1-1-0-31_2）（外務省外交史料館）。

近代中华民族观的产生与国家意识之萌生紧密相连，日本在不否认中日为两个国家的前提下，强调“同文同种”并将两国纳入其构筑的“大东亚体系”之中。如果说近代“中华民族”的外延由单一汉民族向涵盖各族人民在内的民族共同体拓展，那么日本统治者正是利用这种趋势，把民族主义中对外的尖锐元素剔除，导向中日提携的种族主义，即其所谓的“东洋爱国主义”。在这样偷换概念的宣传下，沦陷区的民族主义渐渐发生扭曲甚至是变形，无形中为与日媾和者建立起一种“心理补偿”机制。

以往多认为伪政权参与者缺乏民族主义，并将此点视为投敌的重要原因。事实上，伪职员中不乏曾经激烈排日、饱含民族主义情怀的爱国志士，在国难当头、“中华民族”观勃然而盛的全民抗战时期，他们反其道行之，成为人人喊打的汉奸，其中转变，的确值得深思。在日本漫长而又持久的强势入侵下，他们残存的民族主义思想又再次与殖民环境、自身利益相互作用，最终让位给现实并发生变形，闵星荧便是其中之一。从 1931 至 1932 年，在胶济铁路管理局任职的闵星荧在《胶济铁路管理局党义研究会会刊》（下简称《会刊》）上发表三篇关于“民族主义”的演讲稿。该刊为半年刊，闽氏的思想跨越了九一八事变前后，从他对民族主义认识的变化中或可捕捉到一些细微的变化。

在《会刊》1931 年第 1 期（该年 5 月出版）中，闵星荧首先对民族主义的意义进行阐述。闵星荧赞同孙中山所讲“民族主义就是国族主义”一语，也认可区别民族与国家的定义：由王道造成的团体，便是民族（“合于自然”）；用霸道造成的团体，便是国家（“武力强制”）。国家的起源“最初就是一个民族，造成一个国家”，但随着近代各国“相争相竞”，“自不免要吞并其他弱小的国家”，致使一个国家之内又包含几个民族。闵星荧承认中国有汉、满、蒙、回、藏五民族的既成事实，如果按照孙中山的民族平等主义，五民族“完全是一个民族”，完全可以“以一种民族造成一个中华民国”。因为中国民族“血统生活语言文字宗教习惯风俗，大致相同”，所以“中国自秦汉以来，都是一个民族，构成一个国家”。① 这与之后影响甚大的“中华民族是一个”观念有相通之处。闵星荧对民族主义的理解深受孙中山影响，而他对中国大民族共同体观念之认同，也是伴随着近代民族主义思潮在中国的发展日渐加深。

九一八事变爆发后，闵星荧又作《中华民族的危机及其挽救的根本方法》的演讲。闵星荧认为中国在“内争、匪祸、天灾之余”又逢此巨变，已到了“最严重最危急的时期”。中国“种族孱弱”，“国民体质不良，背曲腰弯，面带菜色者，比比皆是”，在与列强竞存的过程中处于劣势地位，中华民族危机的“根本挽救方法，无他，惟有实行总理所倡之民族主义而已”。面对日本“大有实行亡我中国之势”，部分人认为“时至今日而言民族主义，毋乃空泛”，故而提倡与日本殊死作战，“以期死里求生”。闵星荧称他作为中国人，“对于此种壮烈的主张”表示“十二分的赞成”，不过根本仍非实行民族主义不可。他举经济绝交一事为例，若要“制服暴日”，人人要有“坚苦卓绝的精神”，才可发生伟大的效果。只有先具备民族精神，才不至于像前几次抵制日货一样昙花一现。②

闵星荧对中国政治形势持悲观态度。他认为自民国成立来，“政治迄未修明，地方群雄割据”，而一般的政治领袖“不以实行总理的主义为急务，而以个人地位为前提，争权利，扩势力，以求一人一系之特殊地位”，不顾国家民族危亡。在他看来，中国“几无国民道德之可言”：政治家“毫无政治道德，以致政治腐化，纲纪荡然”；一般人民唯利是图，“懵懵然又不知国家为何物，民族何所指”。尽管前途暗淡，闵星荧认为尚可有救，并对社会上弥漫的恐日、“消极的亡国心理”予以回击：“想我民族，决不是天生的带有一般为亡国奴的根性，倘我民族人人都有民族的

---

① 闵星荧：《民族主义的意义》，《胶济铁路管理局党义研究会会刊》第 1 期，1931 年 5 月，第 79—82 页。

② 闵星荧：《中华民族的危机及其挽救的根本方法》，《胶济铁路管理局党义研究会会刊》第 2 期，1931 年 12 月，第 15—16、18—19 页。

意识，来实行民族主义，又何致于能亡”。日本纵能久占，只要人人“下怀恨雪耻之决心”，未尝不可夺回东三省。国难来临之际，闵星荧仍将民族主义视为挽救社会弊端和救中国的良药，最后大声疾呼：“诸位，事急矣！亡国奴的待遇，固然痛苦；亡国大夫，恐亦不甚好受；亡国富翁，恐亦无味。愿我国人，其速猛省！”①

日本强占东北后朝野上下“言战言和，举棋不定”，闵星荧对当局不抵抗政策强烈不满，认为倘自九一八事变后国民政府即着手改良军队，恐怕早已有相当成效，但当局“口言抵抗，不作抵抗准备，既知军力不充，不作军事改革”，外交政策亦不确定，“仍只知个人权势之争”。痛恨与惋惜之余，闵星荧的思想发生较大转变。《会刊》1932 年第 3 期刊载了闵星荧《满洲伪国之组织与中华民族之前途》的演讲，这时他已改变民族主义可救一切、以民族主义为武力之先的想法。闵氏论断，日本既用“东北汉奸”促成伪国，势必将永占东北，东北东蒙“号称世界之宝藏”，一旦失去将于民族生计发生重大影响。全国人民若要不做“日人之奴隶”就必须“执戈以起，誓死以争”，唯有以武力收复失地。如若不然，日本将以雄厚的资本技术“开发一切富源”，国力膨胀将“不可限量”，他预测日本“恐将于十数年之后，再进窥中原。亡我全国，殆非绝对不可能之事”。② 闵星荧熟知日本并预见到其野心，他的以上论断在 1937 年得以验证。

日本侵占青岛后，闵星荧同样是以演讲的方式展开宣传，不过他的身份不再是一名愤世嫉俗的抗日者，而是成为自己曾经鄙夷的汉奸。此间巨变，不禁令人唏嘘。为保持“政治正确”，闵星荧在演讲中歪曲了“七七事变”的起因，称系二十九军对演习之日军实行射击，“日军自不

① 闵星荧：《中华民族的危机及其挽救的根本方法》，《胶济铁路管理局党义研究会会刊》第 2 期，1931 年 12 月，第 50—52 页。

② 闵星荧：《满洲伪国之组织与中华民族之前途》，《胶济铁路管理局党义研究会会刊》第 3 期，1932 年 6 月，第 72—73 页。

得不应战”。日本“本抱定不扩大的方针”,但国民党军不放弃进攻,“日本皇军,至此忍无可忍,对于中国抗日的党军,不能不大兴问罪之师了”。以上言论很难使人将六七年前还对国民政府当局实行不抵抗政策而痛心谴责的闵星荧联系在一起。闵星荧对当局的不满一以贯之,但随着日本侵略的加剧和国民党在军事上接连溃败,他对抗战前途的预料愈加悲观,投敌恐与这种情绪逐渐占据上风有一定关系。思想消沉之后,闵星荧摈弃了与日本“誓死以争”的斗争精神,其民族主义思想渐渐被湮没,不仅认为民众所受劫难完全是由国民政府“焦土抗战”和“长期抗战”造成,还称国民政府当局所谓“国民对于国家,所不能不受的牺牲”是“不正当”且“绝对不必要的”。① 在其看来,民众不必要为昏聩的国民政府作“替罪羊”。这种论调完全与侵略者统一口径,虽有政治表态意味,但不乏由感而发,当初那个饱含炽热民族主义情绪和爱国热情的闵星荧已不复存在。

闵星荧的上述认识背后,潜藏着日本构建的“民族主义”精神内核。日本以“天行健的历史和社会进化论角度”解读中国革命:“中国的国家民族主义革命,按照其社会进化形态,是要推翻封建制度,建立现代统一国家”,但相比于其他列强,中国在20世纪才“最终完成了这一意义上的革命”。此时,川流不息的世界历史已呈现出新的趋势——“人类传统政治形式已不足以完全维持生存”。日本进而指出,“这意味着旧的自由主义世界秩序已经瓦解,一个具有同盟化倾向的新时代已经开启”。它一再强调,远交近攻是旧时代国家的保疆卫国政策,新时代国家政策必须是近交远攻。“中国革命的致命缺陷在于误解了当今世界的形势,坚持旧时代的革命指导原理。”是故,中国革命的“正确道路”必须是在世界历史的潮流中,形成“大亚洲同盟”,唯有如此,“中国革命才能发生真正的时代意义和使命”,中国才能实现真正的“崛起”。正因有上述悖谬理论的存在,日本统治者孜孜不倦地将“时代的真理”注入伪

---

①《回顾与希望 闵星萤》,《青岛新民报》,1938年7月12日,第7页。

职员的思想之中。①

在沦陷区，与闵星荧有过同样思想经历者绝非少数。他们的民族主义思想正是被日本侵略者的炮火和宣传一步步瓦解。日本占领一地后，便以眼前的和平和利益诱导士绅放弃抵抗，构建起更利于其统治且看似更具包容性的“大东亚民族主义观”。伪华北政务委员会委员长王克敏在对下级的训话中就曾说：“我们友邦日本因为负着东亚全体民族兴废的大责任，又为要确立大东亚永远的和平，决然而起对于中日共同敌人的英美必胜的战争”。王克敏指出，“现在日本就是因为要救东亚而与敌人交战”，所以“友邦日本的敌人就是我们中国的敌人也就是全东亚民族的敌人”。② 在公开场合的谈话中，伪政权高级职员成为日本“大东亚民族观”宣传阵线上的先锋，持续不断地将此“亲善论”浸润到下级职员的思想之中。

伪青岛警察局副局长、日本顾问对马百之称卢沟桥事变使“高度排日热化脓”一触即破，他对“同文同种之东洋民族”将日本人视为“眼中钉”的行为困惑不解。因“东洋有日本之存在”，白种人莫能遂其私愿，故收买煽动中国“驱逐日本于大陆圈外”。对马百之认为中国人自尊心极强，古来有“远交近攻”之语，故而排斥日本，不愿“相互共荣共存”。国民政府反对日货、举高关税，“令大众使用劣质价昂之外国货，只求买英国人欢心”，而国民政府“一般要人”将大额私财存于英国银行，“民国陷入今日之穷状，国民政府为其祸首”。三十年前英国主张瓜分中国、十五年前俄国欲将国共党化，孙中山、蒋介石均受惠于日本，如今却又倒戈。对马百之对国民党之“忘本”大加指责，继而指出，西人东渐后的亚细亚，全然为争斗的血泪史，“人种上历史上东洋乃东洋人之东洋”，

---

① 「1 事変下支那民衆思想ニ就テ」JACAR（アジア歴史資料センター）Ref. B02030702200、対支中央機関設置問題一件（興亜院）/在支連絡部調書（A-1-1-0-31_2）（外務省外交史料館）。

② 赵琪：《关于王委员长一九四二年十二月十一日召集在京各机关简任人员训词的训令》（1942 年 12 月），青岛市档案馆藏，B0023/002/00610。

“须解脱白色人种依存主义”，现如今“救东洋之道，不外东洋人”。对马百之最后高呼：“诸君！何不早日脱离白人第一主义，归还东洋主义，以仁爱为故本，以忠孝为教本，迈进兴亚建国耶？”[①]对马百之所谓的“东洋主义”以弱化国家、强化人种和地域为基础，与王克敏提倡的“全东亚民族”或日人所谓的“新东亚民族”[②]论如出一辙。民族主义是凝聚中华民族共同体的纽带，强调抵御外辱，但对马百之以“东洋主义”弱化中日的国家矛盾，意在激起白种人与黄种人之间的对抗，为侵略找寻合理性。

其实，日本在内心深处早已意识到，抗日战争时期是中国“国家民族主义的时代飞跃”这一事实。七七事变以来，日本以血的教训“接受了民族主义这一作为中国国民思想和构成近代中国统一的元素”。不过，它依旧狂妄地认为，尽管抗战人士仍在“狂热地奔命”，但日军“战无不胜的威力”最终令中国尝到了连战连败的结果，国民党“在一朝之间将革命建设 10 年、4 亿人民的膏血筑起的一切化为灰烬”。由此，中国“知晓了日本在武力和经济上的实力，更领悟到了如今围绕在日中两国间奔流不息的世界史”。在日本看来，他们“以不割让、不赔偿为原则的事变处理方针”，说明了日本对中国“没有侵略意图”；中国人“不得不在战败的痛苦中通观国家民族的命运，在汹涌的世界潮流中重新考虑国家民族主义”。一言以蔽之，“与日本斗争，中国不可能保全民族国家”。“三民主义修正论的提倡、第三革命论的抬头、和平救国论的宣扬，这些倾向最终树立了汪伪政权。”日本因而预测道，国家民族主义会产生一种新的思想倾向——“从过去狭义的单一国家、单一民族单位，扩大飞跃至广义的多个国家、多个民族单位”。日本宣称，“我们亚洲人民的唯

---

①《七七二周年纪念感言 青岛市警察局副局长对马百之》，《青岛新民报》，1939 年 7 月 7 日，第 4 页。

②《新中华与日本协力 贯彻所期目的 海军武官 谷本计三》，《青岛新民报》，1939 年 7 月 7 日，第 7 页。

一生存之道就是确立共同生存权，不是在日本，不是在中国，不是在印度，也不是在南洋，而是作为一个整体共同生存”。侵略者自信地认为，中国“正在产生试图将新指导思想原理化的势力”。①

在沦陷区的报刊舆论中，此种主张被反复提及：中国正受着西方“白色民族”的侵略，“整个国家的命运都在受着英国的支配、赤魔的玩弄”，以至于东亚“黄色民族”间不能融合，而远东的多年纠纷“也大部是属于中日间的不能协和”。② 陆梦熊认为“白种人对于中国欺凌，无所不至”，甲午战争后西方各国图谋中国领土，“抵制日本欲使东亚大局完全受白种人之支配”。白种人欲挑起中日战事，使日本在战争中消耗以“减少东亚之实力”，“可谓老谋深算，一箭双雕也”。国民政府在九一八事变后“为第三国之走狗”，偏信白种人从旁煽动，而其“一误再误，误则不可收拾，皆曰白种人之所赐也”，而以上国际形势“诚我黄种人之大不幸”。③ 姚作宾以“东方民族”形容中日关系，进而指出中日战争“实在是日本与西洋人打仗，中国人以外国人的枪杆而向日本人打”和“中国自相并打”，结果则是“中国徒受涂炭”。日本来中国打仗绝非欺压中国人民，实在是“排除在东方西人之势力”。④ 赵琪亦持有此种论调，甚至言日军对中国的侵略是为了“保全”中国，“以阻止异色人种侵略东方之野心，亦不啻为对于亚洲全民族予以一层保障”。⑤ 伪职员偷换概念、理直气壮，日本在其口中俨然成为中国的“保护者”。此种说法瓦解了国共抗战的合理性，并在沦陷区甚嚣尘上。

李仲刚在演讲中更是得出惊人结论：“蒋介石是一个要亡国灭种的

---

①「1 事変下支那民衆思想ニ就テ」JACAR(アジア歴史資料センター)Ref. B02030702200、対支中央機関設置問題一件(興亜院)/在支連絡部調書(A-1-1-0-31_2)(外務省外交史料館)。

②《今天！今天是什么日子?》,《青岛新民报》,1939 年 7 月 7 日,第 5 页。

③《卢沟桥事变乃为东亚安定先声 日所敌视者为受第三国蛊惑之党军 青岛治安维持会委员陆梦熊(未完)》,《青岛新民报》,1938 年 7 月 7 日,第 3 页。

④《西洋人在东洋侵略行为 均应根本逐出 大雾弥漫中各界举行纪念 社会局姚局长致恳切训词》,《青岛新民报》,1939 年 7 月 8 日,第 7 页。

⑤《青岛治安维持会行政纪要汇编》(1939 年 1 月),第 142 页。

真正汉奸。""汉奸"一词是对与日媾和者的称谓，李仲刚将其反扣在蒋介石头上，理由如下：蒋介石"投降于赤俄"，而"共产党的口号，完全是不要祖国的，是要把中国改为苏维埃的一部分"；以蒋介石为首的国共"看见赤俄人是如同老祖宗一般的"，"他们打的是赤俄的国旗，他们崇拜的是犹太系的外国鬼子"；蒋介石与赤俄"是要把中国的一切礼教都给打倒了的"，他们不愿有中国古圣贤的教训万世流传，甚至连三民主义也不爱惜。李仲刚随之感慨道："他们不但要由形式上亡我中国的，他们并且是要由精神上灭我们的种族的，他们才都是真正的汉奸哪！"①李仲刚以蒋介石打倒中国礼教和传统文化为例，是为进一步证实国民党在精神上灭绝中华民国及黄种人的"汉奸"行为。

在中国领土之上，各个不同民族构成一个民族国家，这是近代中国民族主义观念的基本意涵，也是中华民族观的思想基础。伪职员群体求同存异，着眼于常人习焉不察的种族因素大做文章。李仲刚突出"中华民族"乃黄种民族，将蒋介石与推行共产主义的白种俄国合作视为"卖国"举动。日本统治者及伪职员以中日"同文同种"的种族、文化相似性构筑"大东亚民族主义"的基础。但所谓"大东亚民族主义"实际上是"民族主义"掩盖下的种族主义，这种观念不否认中日为两个国家，但又将两国聚拢到以日本为主导的超越国家的政治框架下，迷惑性较强。

受日伪宣传影响，伪职员加深了国家已为国民党一党专有的认识，反蒋即为爱国。李德顺在演讲中痛斥蒋介石祸国殃民，谓"蒋氏一日不下野，则中国一日不得安；蒋氏一日不打倒，则民众痛苦即一日不能解除"。李德顺称其"惟念国家兴亡，匹夫有责"，极愿"同仇敌忾"，"为国效力、以尽天职"。② 李氏将蒋介石视为国家复兴之最大障碍，并将驱

---

①《蒋介石才是真正的汉奸 李仲刚》，《青岛新民报》，1938 年 9 月 14 日，第 7 页。

②《青岛反蒋运动大会 昨午举行成立大会 各代表等推戴李德顺为大会委员长 明日举行要求蒋介石下野市民大会》，《青岛新民报》，1939 年 9 月 11 日，第 7 页。

逐蒋介石及国民党等同于爱国主义。尹援一同谓:“试思以如此自私之小人,司国家之大权,焉能自存?”蒋介石“今已丧师辱国,灭亡之期,迫在旦夕”[①],而人民更无必要为蒋介石效力。赵琪在演讲中指责蒋介石“昏聩无知、昧于世界大势”,联共抗战而“不惜将国家作孤注一掷”。国民党将锦绣河山完全断送,而“民众日处于水深火热之中,早已苦到极点了”。在日本帮助下,“惨被破坏之青岛始得渡过难关而渐入复兴之康庄大道”。在这种语境下,日本的入侵反被美化为助邻国“除恶”之举。赵琪将“国家”概念具体化到民生,否认国民党统治的合法性,为伪政权之存在找寻民心依据。赵琪继而宣称自己“爱国之心不敢后人,揆诸国家兴亡之义,愿竭全力效忠国家并服从临时政府”,号召同胞坚定意志,信仰并拥护临时政府,如此才能使其顺利地“造成一个完全无缺的新兴中国”。[②]

日本并不愿看到这样一个现实:全面侵华为中国民族主义“增加了‘反动的’热度”,甚至使之达到了前所未有的“狂热化”程度。毋庸置疑,“民族主义思想动摇了中国青年的内心”,日本所谓“救国济民的大义”未能激发民众普遍共鸣。在日本印象中,民族主义“叫嚣着主权和统一拥护”,为中国“施加了即使战败也不屈服、不动摇的信念和热度”,在行动上的体现即是促使爱国青年热情地走上抗日前线,与日本为敌。[③] 而日本对抗中国民族主义“狂热化”的方式,便是极力动员伪职员,进行着伪政权上下一致的“狂热化”反宣传。

伪职员将日本侵略等同于中国传统王朝更迭,以“得人心者得天下”相论,赋予其“替天行道”的正义性。在演讲及文字中,伪职员一遍遍地重现战争的痛苦场景和民众所遭遇的凄惨画面,在彰显自身救民

---

①《论蒋之存私误国 尹援一广播演讲》,《青岛新民报》,1939年9月14日,第7页。

②《青岛治安维持会会长广播演讲词》,《赵琪对下属训话底稿》(1939年),青岛市档案馆藏,B0023/001/00670。

③「1事変下支那民衆思想ニ就テ」JACAR(アジア歴史資料センター)Ref. B02030702200、対支中央機関設置問題一件(興亜院)/在支連絡部調書(A-1-1-0-31_2)(外務省外交史料館)。

族于危难之中的"舍身"行为同时，亦向民众灌输东亚民族"合则两利，分则两伤"的观念。[①] 在沦陷区，"民族主义"和"国家认同"遭遇到前所未有的解构甚至变型，而日本统治者构造的"大东亚民族主义""蓝图"使伪职员一定程度上摆脱了道德层面的焦虑和"汉奸"之名的耻辱，得到一种所谓的"象征性净化"甚至是崇高感，这种负面影响的深远性在战后汉奸审判时伪职员的申辩中可见一斑。

二、矛盾体：伪职员的道德观与为官之道

不同于汉奸给世人留下道德败坏、腼颜事敌的固有印象，伪政权高级职员在言谈举止中似乎比常人更看重声誉，他们呈现在沦陷区民众面前的是中国传统知识分子心忧天下的胸怀抱负，与外界对其构筑的单一形象相差甚大。伪职员在民族大义面前丧失立场，却又顾看小节，自视为"以身饲虎"的扶危匡正式人物，呈现出这一群体的撕裂性特征，历史的吊诡与矛盾之处恰恰在此。其间必然有伪职员刻意表演的成分，但此种做法背后有更深层的社会文化因素在发生作用。从伪职员所标榜的道德观与为官之道中，可管窥处在裂变中的国家与社会环境下传统文化的张力，走进伪职员复杂而又矛盾的精神世界。

前文提到，日本在沦陷区试图建构"大东亚民族主义"，即所谓的"东洋主义"，这种理论体系是以儒家思想及旧道德构建社会秩序，新文化运动中一度被打倒的孔家店大旗又在沦陷区被树立起来。在日本统治者看来，孔子之教对日本贡献不少，"乃通中日两国健实之流"和思想交流的根基。因"孔子乃东洋固有道德之本源、东洋精神之母"，故日本将孔子的地位大加提高。[②] 1938 年 2 月伪北京临时政府训令祭孔，此

---

①《一九四三年三月八日保卫东亚纪念日市长训话》(1943 年 3 月 8 日)，青岛市档案馆藏，B0031/001/00927。

②《中日当局共同协力建筑孔庙 以孔子道德建东亚和平》，《青岛新民报》，1940 年 10 月 1 日，第 7 页。

后青岛伪政权每年都要举行春、秋两次大规模的祭孔典礼，由伪市长担任主祭祀官，祭祀官员们“均着蓝袍青马褂礼服”，各机关股长以上职员和中小学校长等均前往与祭。礼堂上供神位，并悬“斯文在兹”之横额，礼节极为繁杂，典礼至为隆重。[①] 通过盛大的祭孔仪式，伪政权意在树立与中国古代传统文化一脉相承的正统性，接续“道统”，为其统治合法性寻求天命因素。

鉴于青岛由一滨海渔村跃升为现代化都市，受外来文化影响大而传统建筑遗存少，更无一所孔庙存在，1938 年 11 月台东镇小学教员傅醒民提议建立孔庙。他认为伪北京临时政府成立以来，推出“二千四百年前唯一伟大的人物孔子”作思想的中心，但因青岛“缺乏相当地点”，与祭人员只限于“各机关各学校的领袖”，致使作为二代国民的小学生未得参加。傅醒民认为国民党三民主义教育将中国礼教破坏无余，“尤其是音乐上绮词艳语，靡靡曼歌真是亡国之音”，因此高小以上学生应一律参加祭孔典礼，通过中国古代礼乐典章“纠正他们的思想”。[②] 傅氏所提令学生参与祭礼和建孔庙的建议在日后均逐一得以落实。1940 年 9 月，“为提倡孔子圣道，恢复东方固有道德”，赵琪令伪总务局局长谢祖元等赴青州、济南等地的孔庙实地勘测，拟在青修建孔庙，“以利祀典而示尊崇”。[③]

日本由上至下重建孔子权威，进一步唤醒了根植于伪政权高级职员群体内心深处的儒家观。赵琪深受理学影响，认为“王道不外乎人情，合乎人情者即合乎事理”。现今所处的社会扰扰攘攘、千变万化，所以立身行事要凭着一个“理”字，“合于理即合于法也，就合于人情，人情

---

①《春丁祀孔昨日举行 礼节隆重严肃 各机关学校均参加致祭》，《青岛新民报》，1940 年 3 月 17 日，第 7 页。

②《诱导学生有中心信仰 本市应建孔庙 第一次中小教职员讲谈会 台东镇小学教员傅醒民发表词》，《青岛新民报》，1938 年 11 月 24 日，第 7 页。

③《赵市长尊德崇圣 拟建伟大孔庙 谢局长赴青济勘查返青》，《青岛新民报》，1940 年 9 月 24 日，第 7 页。

国法皆合自然”。赵琪指出为人处世要“公诸舆论而不悖宣诸世人”，“不违内、不愧心外不愧人，做出事来无论成效利钝总是身心安泰，说出去也不屈不挠，为一般人所敬服”。古今名臣义士“就是凭着一个公理为一生事业之根基”，他举宋代包孝为例，“平生为官不屈法徇私，与人不苟合，不伪颜色以悦人”，“自奉俭薄，虽贵如布衣，卒成一代名臣流芳后世”。赵琪所谓“‘理’字就是公理，而‘欲’字就是‘私欲’”[①]，他将以上言论概括为“理直气壮、无欲则刚”，是“存天理、灭人欲”思想之延伸。

儒家思想主张贤人政治，这是一种极端的“人治”主义，偏重德化者本身，强调“为政在人”。赵琪深以为然，并用“胆大心细、调度有方”八个字加以概括。他特别指出“‘调度’二字关系重大，不可不处处留神”，一个国家的兴衰安危全在长官“调度得当与否”，曾国藩“以身指挥全国军事，调度将帅，极有法度，且以正人心，挽风俗为己任，终成中兴事业”。在赵琪看来，长官“第一要用人得当，第二要处事得法”。为长官者要“量才录用”，在属员请示时尽量让其陈述意见，“然后以自己经验决断，来指示处理方针，当机立断，不可滞压”。同样，办事的人要“本着长官的指示，迅速去做”。赵琪告诫官员平日必须“自肃自戒，以身作则，至于一般‘只许州官放火，不许百姓点灯’的办法，是以往腐败官吏的行为，万不可有此种习气”。[②] 在赵琪的为官理念中，将政治希望寄托于清明之治。在青岛残破之际出山，又赋予赵琪一种“挽狂澜于既倒”的使命感。但日本入侵并不等同于传统中国的改朝换代，尤其是在近代民族主义思想勃发之际。赵琪的行为于己看来是为天下苍生福祉，但站在民族国家立场上无疑是背叛国家的汉奸行为。

赵琪具有传统儒家知识分子爱惜“羽毛”的特质，上台后极力为己

---

① 《青岛特别市市长赵琪为新民运动和第五次治安强化运动的训话》(1942 年 9 月 8 日)，青岛市档案馆藏，A0018/001/00377。

② 《青岛特别市市长赵琪为新民运动和第五次治安强化运动的训话》(1942 年 9 月 8 日)，青岛市档案馆藏，A0018/001/00377。

"正名"。他甚为推崇孟子"其为气也,至大至刚"一语,认为自己"虽不及前贤",但深知"立身敦品最为紧要"。追溯过往,赵琪称:"鄙人自十八岁来青,立志求学。彼时家贫不能充分供给学费,虽忍冻馁而诵读不辍学,屈计至今已四十余年。回忆当年如不刻苦砥砺,岂非自暴自弃、辜负一生",告诫僚属"必须有特立独行之精神,奋发自强,不可稍有依赖性"。赵琪称平生做事"以不贪职、不渎法、脚踏实地、埋头苦干"为服官主旨,"绝不骄傲放肆亦不谄媚卑鄙"。虽常见一般长官不能进贤任能,见"有才学者妒忌之,有功绩者排挤之",以"挑拨离间"和"破坏人为能事",但"自问一生绝不做此等事"。[①] 就任伪维持会会长后,赵琪特地向市民强调:"诸位有困难或给我写信,或到维持会见我,凡我力之所及必然本着良心尽量去办",曾言:"我个人做事如何诸位也许有人知道,我是向凭天良做事,除我应得之钱我是一文不要"。[②] 透过种种公开场合,赵琪意在树立廉洁奉公、勤政爱民的为官形象,而他对自身品德亦颇为自负,多次表示其"服官多年,向以清、慎、勤三字自励"。[③] "清慎勤"三字源于晋朝,衙署公堂多以其为匾额,梁启超曾言此为"近世官箴,最脍炙人口者三字"。[④] 赵琪将其标榜为人生箴言,可见其为官理念尚未脱离传统官僚的贤人政治思路。

此外,奉行儒家哲学的赵琪还以传统文化卫道士身份自居,痛斥国民党破坏中国传统文化。他称国民党"以三民主义及马克斯主义等邪说为欺世盗名之工具",趁机肆虐为害中华,"蔑弃旧有礼教"而使五千余年列圣之文化几欲摧毁,这种流毒"甚于帝制时代之文字狱"。[⑤] 为彰显其正统文化的继承者身份,赵琪在具体施政过程中将儒家思想贯

---

① 《赵琪市长对仍属的训令》(1942 年 10 月 8 日),青岛市档案馆藏,A0018/00393/0153。

② 赵琪:《关于国民党军队欺民扰乱治安的演讲词》,青岛市档案馆藏,B0021/001/00032。

③ 赵琪:《重修回澜阁记》(1940 年 4 月),青岛市档案馆藏,B0023/001/00671。

④ 梁启超:《论公德》,梁启超:《少年中国说》,北京:中国画报出版社 2014 年版,第 50 页。

⑤ 青岛治安维持会会长赵琪:《青岛新报新年特刊志言》,青岛市档案馆藏,B0023/001/00339。

彻始终,“以德治为治国大本”。[①] 赵琪回忆他在就任伪市长初“夙夜竟竟,未敢稍懈”,在青岛“元气大伤”、“财政困难之际”,要求下属“务须樽节费用,力求实在。俾得事无不举,款不虚弥,以最少之经费,而收得极大之效率”。[②] 而在维持地方秩序方面,赵琪试图用传统乡土人情劝勉警士“爱护桑梓,保卫地方”,“幸勿自暴自弃,而失民望”[③],督责其将救民于水火之中的思想付诸行动。公开场合中,赵琪更是以为人父母官的姿态示人。如在 1939 年学生秋季运动会上,赵琪“并不坐于司令台休息”,而是侍立场中亲自照料一切,“不辞劳瘁,神采焕发”。记者描绘赵琪在运动会完毕时亲自发奖,“春风满面、和蔼可亲”,与沈鸿烈于运动会时“坐于司令台高谈阔论”、“喝汽水”形成鲜明对比。[④] 此外,为使“贫寒人家,多有勤学子弟”,赵琪每年将俸金奖励捐助给青岛贫寒学生,愿助其成就,以尽为“国家”社会培养人才之意。[⑤]

作为青岛伪政权职位最高的中国官吏,赵琪试图建构起一套以其为核心的儒家思想治下的政治“蓝图”。他认为中国自古将“治国平天下之大本置于孔子之孝悌忠信、礼义廉耻”之下,是“排斥法治主义而为德治主义国家”。只有“复兴东洋古来孔子之教”,才能“脱却恶思想,挽救迷惑之民心”,从而建立起“道德国家”并最终实现“王道乐土”。[⑥] 赵琪的为官理念及施政方式并不适应于近代国家体系,他有意无意地回避现代化浪潮影响,而其留给后人的文本亦不乏自我彰显和为汉奸正名的用意。

---

①《中日当局共同协力建筑孔庙 以孔子道德建东亚和平》,《青岛新民报》,1940 年 10 月 1 日,第 7 页。

② 赵琪:《重修回澜阁记》(1940 年 4 月),青岛市档案馆藏,B0023/001/00671。

③《赵琪在乡区行政筹备事务局召集胶县各自卫团团长会谒时的训词》(1939 年 12 月 7 日),青岛市档案馆藏,B0023/001/00190。

④《赵市长对于参加运动学生等之关心》(1939 年),青岛市档案馆藏,B0023/001/00190。

⑤《赵琪市长对所属的训话》(1943 年 1 月 8 日),青岛市档案馆藏,A0018/001/00398。

⑥《中日当局共同协力建筑孔庙 以孔子道德建东亚和平》,《青岛新民报》,1940 年 10 月 1 日,第 7 页。

尽管姚作宾也曾一再强调其为人品行并“访采人民疾苦”，自信地方人民知道他为人如何、与其一切谈话“均能开诚布公，诉说真象”，但他对当时青岛局势乃至整个官场有更为透彻和实际的看法。姚作宾认为官厅征求意见，不外乎是“召集各团体或地方有力人士会集一堂开会讨论，或是设一个求言柜，或是指定时间亲坐大堂接受建议”，看似合理然而“实际考察起来，不过形式上的一种具文而已”。他认为这并不能“得到真正民意”，原因是“上书或建议的人，多半是怀才不遇的人居多，不是空洞的一篇治国策，就是捧捧当局功德颂”，而求言柜里往往还有藉名攻击个人、害人报仇者，“间或亦有当局者受意私人，作一篇歌功文章，作为自己宣传善政”。这样的征求民意，只会使“民意与官府愈离愈远，弄得官民离心，行政腐败”。①

姚作宾对列席官府会议者的心理有深刻的剖析：“如果将各团体召集在一块儿开会讨论各人的意见，谁也不愿意当着大众面前说出。就有对官厅希望援助或改良的事件，更不敢当着大众面前说出。因为说出来不一定能够办得到，或办不到。倘或说的话与其他团体或人士有牵制或妨碍的时候，就不免要受人嫉视，或因此开罪于人。”官厅方面，则提出若干条办法请大家讨论，“而中国人习惯，大都是事不关己不劳心”，假使是于自己有关系的问题，“往往在大众面前不敢有所辩驳”，这种情况导致“官府在上面念一条，下面就拍掌赞成”，然而实际上一般拍掌的人也会觉得莫名其妙。最后导致官府将已经赞成的条款拿来实施，又不免会发生障碍。姚作宾指出，“所以中国人对会议就发生一种幽默的评判出来了，这评判就是会而不议，议而不决，决而不行的口头语了”。② 姚作宾一语道破赵琪所推崇的儒家式长官“调度”之法的

① 青岛市社会局（姚作宾）：《社会局局长视察青岛市各团经过情况的谈话词》（1940年11月），青岛市档案馆藏，B0038/001/01007。

② 青岛市社会局（姚作宾）：《社会局局长视察青岛市各团经过情况的谈话词》（1940年11月），青岛市档案馆藏，B0038/001/01007。

弊病。

为此,姚作宾更改过去征求民意的方式,“亲身到各团体访问”。他认为通过这种方式,各团体负责人能代表基层“将实际情形陈述,丝毫隐藏都没有”。如系伪社会局主管事项,“当面解决”;如关系其他各局或日本方面事项,则通过公文或报告方式传达于相关部门。通过视察,姚作宾自信“青岛全市民的真意可以说得到十分材料了”。而此间他感受最深的就是“市民的忍耐,已超过一定限度,发生了麻痹的现象”,而这种现象“是极危险的”。姚作宾称“既是听到了市民的真实声音”,就一定设法解决。① 相比于赵琪的理想主义和“德治”观,姚作宾在洞察官场世故后更为讲求规则法度。

一定程度上,二人思想与孟子的仁政观和荀子的“礼法并施”颇为相合,这也与赵姚二人成长背景和教育经历有关。尽管他们在执政风格和方法上有所差异,却都奉行儒家明人伦、重教化的治国理念,并以亲民姿态深入民间,有意塑造自己体察民隐的父母官形象。在日伪统治初,这样一群以北洋派失意官僚为主体的青岛名流硕彦再度登上历史舞台,试图实现自己未尽的政治抱负及野心。面对强势的入侵者,他们置民族大义于不顾,选择了更利于当下利益的生存方式,并沉醉于自我清廉形象的塑造。这既能在日本统治者面前积累政治资本,又可满足虚名所带来的成就感。

日本在沦陷区回归尊孔复礼的传统之路,与提倡革命和被新理论装备的国共两党的思想文化迥然不同。近代知识分子除去新旧思想截然两分者,徘徊在二者之间,或兼而有之的人群并不在少数,但日本营造的文化环境促使处于中间状态的一些伪职员彻底与新思想、新文化作出了断。守旧者则更趋保守。在日本的殖民统治下,统治者赋予高级职员自由发挥的权力有限,而在“大东亚战争”至上的观念下,他们成

① 《欲收官民一致实绩 须先获得民隐 姚局长视察各团体后谈话》,《青岛新民报》,1940 年 12 月 15 日,第 7 页。

为日伪盘剥之帮凶。在20世纪上半叶打倒一切的革命浪潮中，被日本统治者强拉回传统文化脉络的伪职员与之背道而驰。千余年中国官场潜规则的遗存，以及日本殖民者的高压统治，均为伪职员群体戴上了沉重的枷锁。畸形的政治生态下，他们的认知难免发生错乱，精神世界亦处在失衡之中。赵琪等人所谓的"王道乐土"终究被日益残酷的现实击碎，伪政权高级职员集体塑造的道德观与为官之道成为殖民体系下的幻影。

三、隐喻的"孤岛"文化

本节前两部分从民族国家观、道德观与为官之道的角度论述了青岛伪政权职员群体的思想世界，欲借此形成对与日媾和者思想谱系的解读。但所用史料多为伪政权亲历者公开演说、书写或第三者记录的内容，须知思想的范畴不仅有当事人公开的表述，亦有讳莫如深、不足为外人道的隐秘空间。隐秘程度则受社会文化的大环境影响。沦陷中后期青岛经济日益萧条，但宗教团体方面"都是很发达"，信众倍加，且均是"很热心诚意，愿无条件听神佛的命令"，甚至可以"牺牲一切"。因在大动乱的时期，一般人民"感受到莫大的痛苦、极度的烦闷，看看前途，又觉很少乐观与希望，而环境又是一天比一天吃紧"，神佛的哲学"正适合这种潮流"，一般人为求精神上的安慰而转向宗教。[①] 青岛的文化氛围整体呈现出消极避世、悲观颓丧的基调。

文学作品是作者对人生体悟、历史场景及心理状态的一种表达方式。通过对特定时期文学作品的研究，可以对"相应历史情景"进行重建，包括创作和出版的社会政治条件、作家的生活和自我感知，写作过程中设定的价值观念、历史和文学的再次描述及其艺术创作时特定的

① 《欲收官民一致实绩 须先获得民隐 姚局长视察各团体后谈话》，《青岛新民报》，1940年12月15日，第7页。

人际关系网等。[①] 目前学术界对抗战文学已有较充分研究，意在挖掘支撑中华儿女抵抗侵略的精神世界和力量源泉；而对于沦陷区文学作品的关注远远不够，这样的隐秘地带恰恰是探寻中国民众如何在逆境中挣扎的重要文本。傅葆石即指出，“由于深受文以载道传统的影响，危机时代的作家们自视为中国的良心和痛陈民众疾苦的道德精英”，而沦陷又将其置于“个人生存与公共道德的两难抉择中”，“他们所代表的正是在黑暗的沦陷时代下，为了生存而导致的道德模糊‘灰色地带’”。[②]

青岛僻处鲁东一隅，战时物资统制对其形成严密的封闭圈，文化上亦成为日伪统治下的“孤岛”。而青岛的“孤岛文化”渊源有自，近代青岛汇聚了一批逊清遗老和北洋政府失意政客，形成了独特的文化氛围、社交网络以及文艺审美。目前对沦陷青岛的文化环境及知识阶层心理状态的研究较为缺乏，对其文艺观念更是少有涉及。“文艺是人类生活所有的表现”，如果再对其表现性质加以说明，文艺便是各时代“社会的集合生活者”所包含的思想之“明白而直接”且具有一定组织构成的具体表现。[③] 中国传统知识分子通常采取“歌以咏志，诗以传情”的含蓄表达方式抒发心中情感，隐匿文字下汇聚起众多“心照不宣”的异见者，刺激了统治者敏感的神经，中国古代文字狱的大兴既是后者恐慌情绪的宣泄。而在政治高压之下，知识分子同样需要情感的宣泄口，于是文学作品成为承载伪职员不为人知的精神世界的土壤。

有“鲁东六君子”之称的张公制在抗战时期移居青岛，他吟诗消遣，曾以《独居遣怀》为题作七律一首：“端居闭户讵良谋，郁郁羁怀丛百忧。烽火绵延三万里，旱荒迭接二年秋。愁来无地难为遣，事大如天会有休。陨箨岁寒知已近，黄花晚节得淹〔俺〕留。”张公制在诗句中透露出

---

① [美]傅葆石著，张霖译：《灰色上海，1937—1945：中国文人的隐退、反抗与合作》，北京：生活·读书·新知三联书店 2012 年版，第 8 页。

② [美]傅葆石：《灰色上海，1937—1945：中国文人的隐退、反抗与合作》，第 3、4、7 页。

③ [日]吉江乔松著，高明译：《西洋文学概论》，现代书局 1933 年版，第 3 页。

战时愁烦苦闷的心情，因其未与敌伪合流，郁郁不得志中又显露出文人的清高与气节。张公制所代表的，正是当时为保存名节而采取消极避世的知识分子之心理状态。但在日伪治下，完全享受与世隔绝的隐居生活只能是理想，与日伪甚至所谓的“汉奸”打交道势所难免。张公制初到青岛借住在张店路的亲戚家，“住处四周有日本宣传机关，有汉奸商人，楼下是谢祖元”。用他的话说，“六合之内，除天空一面，无在不是汉奸、敌人”。①

沦陷八年，如何生存是摆在知识分子面前的首要议题。在愈加艰难的生活压力面前，并不是每位文人都能坚守立场且有成本享受“隐士”生活。应邀在《青岛新民报》连载小说后，1938 年 6 月 1 日王度庐在沦陷区创作的首部小说——《河岳游侠传》问世。文学创作之梦得以延续，王度庐的心情为之一振。次日，他在散文《海滨忆写》中谈道：战争“把避暑变成了避难，把快乐休养变成了忧患战亡”，自己在这样的环境下“度了半载多的恐怖生活”。因生计得有保障，王度庐的忧烦心绪得到一丝疏解，并谓：“我要身体沐浴在青岛凉爽的空气里，优游自适，不愿受世态一般的炎凉无常的气候。我要像王尔德一般的说：‘快活着！快活着！’”②但这种“快活”日子没持续多久，便被残酷的社会现实击碎。

在王度庐众多小说中，代表作为《鹤惊昆仑》《宝剑金钗》《剑气珠光》《卧虎藏龙》《铁骑银瓶》这五部互有联系的作品，构成了所谓的“鹤—铁五部”，而其最具影响力的小说均在沦陷时期的青岛完成。沦陷区独特的社会环境和文化氛围，以及王度庐的个人际遇对其思想和作品的影响力不容忽视。王度庐在 1938 年 11 月刊载的《宝剑金钗记》中写有自序，谓“频年饥驱远游，秦楚燕赵之间跋涉殆遍，屡经坎坷，备尝世味，益感人间侠士之不可无。兼以情场爱迹，所见亦多，大都财色

① 张公制：《独居遣怀》，《张公制回忆录（续三）》，《安丘文史资料》第 4 辑，第 195 页。

② 王度庐：《海滨忆写》，徐斯年：《王度庐评传》，第 18 页。

相欺，优柔自误。因是，又拟以任侠与爱情相并言之，庶使英雄肝胆亦有旖旎之思，儿女痴情不尽娇柔之态”。① 在“北派五大家”中，王度庐独以“悲剧侠情派”著称，这与他童年悲苦经历有关。早年失怙，王度庐笔下的主人公也多是孤儿。孤独、寂寞、惆怅或优柔，是这些人物的普遍特点，这也是王度庐性格特质的直接投射。

王度庐在武侠世界中构筑起贫苦生活的精神寄托。愈加沉重的生活压力加大了王度庐理想与现实之间的鸿沟，表现在作品中便是一种“求而不得”的缺憾美。《京报》读者在1942年3月3日的来信中，对《彩凤银蛇传》中主人公鲁彩娥重伤死于途中、未见到自幼失散之生母的结局提出异议。该报副刊编辑特登报解释：“王先生写鲁彩娥之死，才正是脱去中国武侠小说的旧套……给读者一种‘此恨绵绵无绝期’的尾巴……这才是全书的力量。”24日，王度庐在《关于鲁彩娥之死》一文中，特地说明他在创作初始就预备了这是一幕悲剧，“向来‘大团圆’的玩意儿总没有‘缺陷美’令人留恋，而且人生本来就是一杯苦酒，哪里来的那么些‘完美’的事情?”王度庐认为“美与缺陷原是一个东西”，正所谓“好花不常开，好景不常在”。②

在小说《卧虎藏龙》中，女主角玉娇龙虽是敢爱敢恨、离经叛道的侯门之女，但她终究无法突破传统思想和门第观的束缚，选择离开盗匪出身的恋人罗小虎，孤剑单骑，远走大漠。玉娇龙的反叛精神预示着个人意识的觉醒，但在与现实世界激烈碰撞后终究妥协，实际上是一种无力的嘶喊。某些方面，玉娇龙的心理变化与沦陷区无数伪职员颇有共通性：国将不存，抗战胜利的愿景与接连败北的残酷现实形成极大反差，在个体抗争无果的情况下，悲观者最终远离革命、屈从强权，无奈地与伪政权合流。

李慕白与俞秀莲的故事在《宝剑金钗》中又有单独呈现，李、俞相

---

① 王度庐：《彩凤银蛇传》，太原：北岳文艺出版社2016年版，第286页。

② 王度庐：《彩凤银蛇传》，第288—289页。

恋，而孟思昭既是俞秀莲未婚夫，同时又是李慕白至交。在孟思昭为李、俞二人仗义相助而牺牲后，他们为其高义深深触动，下定了终身不论嫁娶、以兄妹相称的决心。在“义”与“情”发生冲突时，李慕白、俞秀莲选择舍“情”取“义”，但被“义”压抑下的情感终归无法消灭，这又使二人心灵饱受折磨。伪政权治下不与敌伪媾和者恐怕对这种纠结心情颇能感同身受——既要生活在敌伪气氛弥漫的沦陷区，又须小心翼翼地维持着养家糊口与高洁隐士间的平衡。可以说，王度庐小说中充溢着个人与社会的矛盾冲突，小说中的侠情浪漫终归在江湖中被演绎为一段悲怆凄美的故事。王度庐“文学湛深，复精研心理学，对于社会人情，观察最深”①，他的作品不只是个人思想与人生际遇的生动呈现，更是伪政权下千千万万个低级职员的真实心理写照。文字表述是他们在伪政权的残酷统治下的自我疏解方式，这也从侧面表达了伪职员对日伪统治的不满和失望之情。

戏剧作品自古以来也是文人墨客抒发情感、寄托理想的一种表达方式。谢祖元早在赴日留学期间即与同学成立“春柳社”演出新剧，并亲自出演角色。他在《春柳社演艺之略说》一文中称该社宗旨在于“以演艺为改良社会之前驱，促进文明之利器”。春柳社曾演出美洲黑奴的故事，以此批判种族主义，并将其与中国国民的命运作对比，讲述“生存竞争”、“优胜劣汰”的道理。知识分子改良社会、启迪民智的理想通过简明的舞台剧表现出来，更易于被大众理解，从而加速社会变革。1943年春，谢祖元“旧业重操”，出面组织票社“琴樽友韵庐”，由他担任社长，海关官员陈警凡任副社长。② 该票社规模庞大，由总干事、司琴、司鼓、老生、旦角、净角、丑角、小生、武生兼红生、教习等若干人构成。京剧名家程砚秋、杨宝森、裘盛戎、李少春、李宗义、董芷苓、梁慧超等多次到“琴樽友韵庐”社演出并与社员切磋京剧。是年冬，该社为赈灾义演，与

---

① 王度庐：《彩凤银蛇传》，第 289 页。

② 王健盛：《解放前青岛京剧票社掠影》，《市北文史资料》第 2 辑，第 127 页。

老生名家周啸天等合演京剧《打登州》，此剧讲述了隋末众英雄攻打登州，杀败敌人，救下秦琼，同归瓦岗寨聚义的故事。该剧在当时青岛引起极大轰动，“因戏目太多，一直演到翌晨一时半，观众被精彩的艺术表演所吸引，没有一位离场的”。①《打登州》的故事情节紧凑，洋溢着英雄主义情怀，败敌时的畅快淋漓与完胜后的豪杰聚义均使观者意犹未尽。日伪统治下民众度日艰难，戏剧却呈现出畸形繁荣景象。参照当时戏剧的受众群体主要集中于社会上层，一定程度上反映出他们渴望在压抑环境中寻找慰藉的心理。

《青岛新民报》的副刊《新声》是沦陷青岛为数不多的文学阵地，《新声》作者群虽包含了社会各行各业，但基本可划归为“智识阶级”一类。若要在众多稿件中脱颖而出，一定的文化知识与文字功底是必备的，他们之中不乏伪职员。日本侵占青岛两年多来，“岛上文坛太荒凉”是大众的普遍观感。沦陷初期岛上文学所写的多是“玉腿高跟，花儿月儿”，这使“一般忍痛未安，泪痕交织着的大部分读者”无法感同身受。“景波”认为当下青岛社会，“无论是都市的享乐者，及乡间的穷苦农民，在表面的生活上，仿佛是有着极显明的差异，并且是各走极端的”；但是他们在心绪上，面对“家园财富的断丧”、“父母妻子的流离伤亡”，无不“悲感着战祸的余痛”及“生命的彷徨失所”。因“读者与作品是站在一条线上的”，作者若能“把大众的生活描绘得愈切贴、深刻”，那么读者自然会“有兴趣”。景波认为“同情即是安慰”，能够为大众“发现一点疾苦，描述一点悲痛”，是1940年度文学上应走的路途。②

针对以上意见，《新声》编辑亦有共鸣，因为所收到的稿子，“十分之七强都是恋爱文字”。《新声》的问题集中表现在“版面呆板、不活跃、少精彩、稿子太长”，“水准低，内容幼稚”和“满篇的哥哥妹妹、无限肉麻”

① 王振金:《和声社简史》,《青岛文史资料》第7辑,青岛市政协文史资料研究委员会1986年编印,第206—207页。

②《一九四〇年度文学上应走的路》,《青岛新民报》,1940年1月1日,第32页。

等。该刊编辑认为“报纸是领导民众的，报纸副刊是要尽量在文化使命负点责任”，嗣后再有诸如“妹妹我爱你”或“我将要和表哥结婚”的文章，“不必投寄本刊”。《新声》在对过去作“一个清算”的同时，决议从当日起即“尽量去改善”。① 在日伪严格的舆论管制下，岛城文坛作家偏爱发表无关政治和社会的恋爱文字，这也是出于生活所迫和避免“因言获罪”的考虑。1940 年青岛物价飞涨、社会矛盾极为紧张，一方面民众生活已达到极苦，文坛的萎靡之风实在无法排解现实苦闷，另一方面日伪在青的统治已趋于常态，占领初期的紧张感日渐消散，这使文坛有了新的转向，大量现实议论文和反讽作品开始出现，也为探究这时期的“孤岛”文化提供可能。

芒芰在《过去的一年》中，描绘了这样一幅生存图景：“年纪较长的人依据了他们既往的生活经验，很容易的找到了他们工作的园地；幼小的正跟着引路的使者开辟和寻找他们的场所”。而作者却“孤独的迷失了方向，走进荆棘丛中”，在那里他发现有许多人也在“左右徘徊，寻不到出路”。这些“失去了指导者”的孩子“被遗弃在这里”，“走在幸福的圈子外面”。芒芰用隐喻的方式，“年纪较长”的有经验者大抵为伪政权服务者，“幼小的”跟从者意指被奴化教育所引导的青年，而不与敌伪合作的人群无疑是处在“一望无际的荆棘”之中。荆棘外“横着一条宽阔的河”，过了河便是“耸立的山峰”，他远远地听到隐隐有欢呼的“胜利者的笑声”频频传来，但必须离开才能找到所谓“光明的园地”。作者对沦陷区外面的世界充满向往，却又感到前路险阻。同作者一样的孩子“像被一层迷濛的烟雾所缭绕”，周围“有魔鬼在诱惑”，促使他们赶紧加入自己的队伍。许多人“感到了惶恐与悲哀”，而被泪珠滋润过的荆棘迅速长大，越发阻住了去路。芒芰所说魔鬼的诱惑无非是指敌伪的拉拢恐吓，而被现实打倒的民众愈发陷入了荆棘丛中难以抽身。之后作者渐渐明白，哭泣不足以将其拯救出来，“有不少的人也在这时振作起

① 编者：《一年的清算》，《青岛新民报》，1940 年 1 月 1 日，第 6 页。

来”,但也有周围许多人笑他们的愚妄和“徒作劳碌”。旅途中,芒芰最初企图以侥幸心理“站在一个高大而强健的青年后面”,但这个青年“开辟的路,只有他一人能走”,当他走过后“背后的荆棘便迅速的又合拢起来”。在领教了旅程中绝没有侥幸和依赖之后,作者坚信“一切的幸福与成功都要靠自己”。[①] 此文是一篇隐喻性极强的抗日小文,芒芰真实地描绘出在沦陷区不与敌伪媾和者的内心世界和他们在“出走”时的畏难心理,鼓励同胞卸下畏惧、依靠自己寻求自由之路。

但出走毕竟需要抛家舍业的勇气,这令许多被琐事缠累的知识分子犹豫、驻足。作者“狂梦”在《年后杂记》中,描绘了青岛民众的生活图景。自己“哪一回也吃不饱”,而那些声称“不过年”的人,“也不过是因欠债而生出来的嗟叹”。过年的街面冷落,许多从前热闹的铺面紧闭大门。作者感慨:“那些快乐的日子早已付与流水一同消逝了,看看灰色的现实、黑暗的社会,哪里有乐趣可寻?粮米贵了,生活艰难了……”狂梦感觉“青春早已被生活磨练得消失了”,“失意”与“悲哀”整日缠在他的身上。而一些“麻木的人”板着青色的脸“勉强的寻找出热闹和过年的乐趣”,暮气十足的商人口里说着“见面发财”等语,像是“阿Q的模型”。[②] 面对日本的高压统治和高昂的生活成本,一些人的反抗精神日渐被消磨,随之一同失去的,还有对生活的憧憬与希望。

“子玉”在短文《像》中亦流露出自我的反思,他端详1937年春照片中的自己还是“红润的面庞”,但如今却是“面庞消瘦”,“病态丛生”。近些年他“虽不是名利熏心,可也被杂物缠倒了”,“家境的变幻”和乡国的战乱,使其有“一年不如一年了”之感,而“前途还是一样渺茫没有曙光”。子玉在短文中弥漫着“不满足、失望、空虚”[③]的情绪,这是沦陷区大多数青年人内心的真实写照。化名“废丁”的作者在新诗《青年老人》

① 芒芰:《过去的一年》,《青岛新民报》,1940年1月1日,第11页。

② 狂梦:《年后杂记》,《青岛新民报》,1940年2月16日,第4页。

③ 子玉:《像》,《青岛新民报》,1940年1月1日,第13页。

中写道：

> 我有青年的热血，
> 我有青年的雄心，
> 我有青年人跳动着的灵魂。
> 我的血在流，
> 我的心在跳，
> 我的灵魂在叫哮。
> 然而，我褪色的青春，
> 唤不回当年的勇气，
> 只像一双活泼的画眉，
> 在红笼里叫啸。
> 我是青年老人，
> 我有老人可数的日子，
> 我有老人无谓的叹息。
> 可是，我比老人年轻。①

废丁极有可能是一名伪职员②，他描绘了在"红笼"里的伪职员群体内心的惆怅和苦闷。在残酷的现实下，青年人的勇气与热情逐渐消磨殆尽，笼中的呐喊变成了无谓的叹息，最后成为一位"青年老人"。

文学作品具有一定普世性，是现实世界的"地图"。在沦陷区，所谓的"不公开的异议"被隐晦地表现在文学作品中，"许多文学作品应当被视作'潜文本'，是婉转的表达'经过掩饰的思想反抗'，是面对恐怖和死亡时呈现出的一种'遮蔽的批判方式'"。③ 在伪政权几乎统一口径的政治宣传下，伪职员个人的思想抑或强加的意念真假难辨。但透过以

---

① 废丁：《青年老人》，《青岛新民报》，1940 年 2 月 13 日，第 4 页。

② "废丁"曾写有《饭碗问题》一文，以一名"局员"的身份作反讽文。废丁：《饭碗问题》，《青岛新民报》，1940 年 2 月 7 日，第 4 页。

③ [美]傅葆石：《灰色上海，1937—1945：中国文人的隐退、反抗与合作》，第 8—9 页。

上文本，我们或可对沦陷青岛的“孤岛”文化圈作一梗概认知。日伪高压的文化统制令知识分子诸多意见看法只能含蓄地表达。个体行为和言语有不一致性，附逆后许多伪职员行为上为伪政权摇旗呐喊，内心则饱受道德煎熬，惟有通过文字宣泄心中苦闷，这是青岛“孤岛”文化形成的时代背景。伪职员的思想暗藏在这些“潜文本”中，今者重读，仍可感受到身处其中者的彷徨、焦灼与悲观落寞之情，这也是许多附逆者为当初选择所付出的代价。

小　结

本章意在对伪政权高、低级职员群体进行结构性分析，得出日伪基层政权人事结构的普遍性特点，兼对伪职员投敌原因展开论述。这是一幅历史情境与个人经历双向互动的图景，历史情境具有普遍性，但其中的参与者却依据个人经验作出不同选择：具备新知识并以新理论武装者掌握了“革命”的话语权，成为时代的弄潮儿；但曾经的当权派往往拘囿于传统政治的藩篱，这也使其政治生命在革命浪潮下宣告终结。当日本侵略的“历史情境”来临之时，抵抗与附逆的道路摆在一些人面前，他们将依据个人经历再度进行选择，其中一部分曾经对权力充满欲望的失势者及时把握住“机会”，逆流而动登上伪政权的政治舞台。

在对伪职员思想的剖析中，笔者选取其发表的演讲、文章等公开性文本与以文学作品为代表的非公开性文本。在公开性文本中，伪职员积极建构敌伪统治的正当性，他们曲解“民族主义”与“国家认同”，为自身投敌进行潜在辩护。在其标榜的道德观与为官之道中，儒家思想成为东洋文化的理论支柱，伪职员以此构建起昔日仕途不得志者的精神乐园，但这在殖民统治下只不过是海市蜃楼；而在非公开性文本中，伪职员在历史遭遇下的真情实感得以流露，以化名发表的议论小文宣泄出对当局的不满，王度庐等小说家隐喻地以作品抒发苦闷情怀，这些文字是获悉伪职员精神世界的密道。而在伪职员政治实践的过程中，他们所提出的治国理念“实际上仍无法摆脱来自政治的幽灵所困”。[①] 思想既受时局和政治的影响,又将对政治产生潜移默化的导向作用,笔者将在下章展开论述。

---

① 林志宏:《民国乃敌国也:政治文化转型下的清遗民》,第 20 页。

第三章　形塑“顺民”：日本殖民者及伪职员群体治下的青岛

在诸多关于伪政权的研究中，常存在仅探讨上层组织之弊，集中于政治制度和法令法规的论述，对政策的执行者——伪政权职员群体本身反而缺乏关注，他们恰是探究伪政权行政效率、政治得失和民心向背的关键。学术界虽对近代中国政治制度转型带来的社会结构变化有广泛关注，但对民众在心理层面产生的认知仍待深入了解。因日本统治者通过伪职员管理民众，故而先对其展开模范化官员的训练，再透过他们将政令贯彻到基层。在日伪的权力运作网下，伪职员始终扮演着枢纽作用，对他们动机与行为间的关系、行动所带来的实际后果均要予以足够重视，而其政治实践的得当与否关乎民生福祉。若仅利用官方档案勾勒沦陷区基层民众的日常生活，难免会落入日伪设定的“圈套”之中，底层的声音被伪职员的书面文字所湮没。因此在本章，笔者着眼于伪职员群体的政治实践，但最终落脚点是日伪统治下的人生百态。

第一节　日本对伪职员群体的控制与利用

日本统治者通过伪职员治理沦陷区民众，构建与伪职员群体的有效关系是其要务。一方面，作为侵略者，日本势必要面对体制内中国职员的戒心与怀疑，是否诚心归附关乎政府的行政效率，“亲善”无疑是最好手段；另一方面，作为统治者，日本又急需巩固政府的最高权威，建立政令上通下达的规范官僚体制，使用具有震慑力的政治手腕和方法在所难免。此间日伪还充分注意到中国职员群体的差异性，深刻把握中国人的性格特质，采取了因人而异的管理方式，对占据绝大多数的中低级职员实行训练、建立赏罚分明的体制，严格落实伪职员内部的优胜劣汰。但对于占据少数而又自视甚高的高级职员，日本统治者则播撒“亲睦”之种，与其建立良好的交际网络，极尽尊重和礼遇。除此之外，日本深谙强权即公理之道，面对民众的疏离情绪和与英美开战所带来的畏敌心理，采取令伪职员赴日视察的方式，使中国人“现身说法”以释民疑。在此过程中，日本将各阶层的伪职员凝聚在伪政权内，亲日媚日情怀植入了部分伪职员内心。

一、日本对伪职员的训练及奖惩

公职人员是政府形象的代表。正所谓“其身正，不令而行；其身不正，虽令不从”，这一群体的品行作风和行政效率不仅影响到政令的贯彻施行，还关系政府形象和民心向背。日本在统治初面临动荡不安、人心惶惶的局面，为维系社会稳定、增强伪政权凝聚力，对中国职员群体制定了较为严苛和详细的规章制度。为使伪职员具备专业化素养，青岛伪政权首先对公职人员采取训练的方式。警察关系一地安危，教员又关乎民众教化，故而这两类群体是伪政权训练的重点。

伪青岛治安维持会成立初，“所定警额因一时未经补足必须陆续添派，若录用缺乏学识之人滥竽充数，深恐难收良好效果”，故而专门筹划设立伪警察教练所，招募学警训练。1938 年第一、二期修业期满的 91 人和 70 人均派往各分局实习，检查合格后派定职务。① 伪政权对训练学警极为重视，赵琪曾指出：“警界比他界重要的多”，“惟独警察一年三百六十五天无一时一刻能和老百姓离得开”。他称学警存有“不过当名警察还要教吗？”的观念是“大错特错”，并盼望“所长暨教官要尽心尽力

① 《训练学警》，《赵琪对下属训话底稿》（1939 年），青岛市档案馆藏，B0023/001/00670。

的教，诸位学警要尽心尽力的学”。[1] 至 1942 年 9 月，5 年间伪警察教练所已举行 15 期学员训练，每期为期 4 个月，人员百余名。每届毕业典礼赵琪均派员莅临训话，“颁赐优秀学警奖品以示宠隆”。[2] 对于长警，伪政权则采取甄别的方式。鉴于伪警察部现有长警均系招募，调用时按照原级录用导致各级人数多，“其编制未符而其中学识经验未能适合现在等级”的情况突出，若不严加甄别，既不符编制又无法昭公允，故伪政权决定对长警“分别升降”；又因各巡官、督率等职责较重，“亦有施行甄别之必要”，故特设“甄别委员会”专司其事，按照甄别成绩对人事加以整理。[3] 对学警加以训练，对长警等施以甄别，成为警察在进阶路上的重要步骤。

警察在与民众接触时直接代表政府形象，为避免警民冲突，青岛伪政权还对警察行为加以约束。如 1938 年 11 月，在伪警察局市南分局为配合“冬防”而展开的户口调查中，伪局长陈寄尘依据多年经验拟定《调查户口心得》六条。《心得》除要求警察对几类“特殊份子”尤加注意外，还要做到“语言周到”、“和悦谦恭”，不使调查者心生反感。在居民对警察抱有恶感或有粗暴过激行为时，警察“一概不得以傲慢言语态度自居，并不可涉及卑劣行为”，仍需“以稳重之态度”促使其反省而悦服。在技术层面，警察应保持注意力、观察力，“能以推测之理想，及侦察之眼光”，窥透居民的背景。[4] 伪政权通过高级警务人员向下传授经验的方式，训练警察的专业能力和执勤方式，在不引起民众反感的前提下最大限度排除隐患因素。

训练亦是要将新政权的权威与规范植入伪职员的思想行动之中，这当然包含对旧作风及习惯的批判检讨。1938 年 11 月 18 日，青岛伪

---

① 《训词》，《赵琪对下属训话底稿》(1939 年)，青岛市档案馆藏，B0023/001/00670。

② 《赵琪为青岛特别市警察教练所举行第十五期毕业典礼的训词》(1942 年 9 月)，青岛市档案馆藏，B0023/001/01043。

③ 《甄别巡官长警》，《赵琪对下属训话底稿》(1939 年)，青岛市档案馆藏，B0023/001/00670。

④ 《市南分局长拟定〈调查户口心得〉》，《青岛新民报》，1938 年 11 月 15 日，第 7 页。

政权组织警察部大巡阅讲评会，对官警存在的问题详细评述。其中官警的缺点被认为有：“一、徒事墨守旧套，缺乏研究、进取之气概，推委〔诿〕责任缺少义务观念；二、暗地疑虑环境之急速跃进，更缺乏自信力，诸事缓慢，少有男性强霸之气；三、委任官级诸干部智能之程度，与长警相较，显现低劣。”以上方面突出表现在警察对政府的主义缺乏深究，“巡官长警之居室竟无一册之书籍杂志”①；“悲愤警察生活待遇之薄”而退职、逃亡者有相当数目，甚至有口赞国民政府时期收入者等情。在从严纠正以上弊病之余，伪政权还对警察的清洁卫生、“状况报告”、火灾预防、物品保存整理、文件保管等制定遵照标准。② 通过大检阅，伪政权对警察存在的问题了然于心，对其从思想到行为至品格、身体作出具体而微的规定，以此起到督促和警醒作用。赵琪亦对警察提出八项要求：一、各警士“和衷共济、不分畛域”，“团结一致、共维治安”；二、“对于信仰国民党、共产党及有排日抗日思想等均应灭绝”；三、“长官命令恪遵服从”；四、“人民接洽和睦开导”；五、“指挥交通动作敏捷”；六、“值岗服务遵守警规”；七、“锻炼身体刻苦耐劳”；八、“服装枪械整齐清洁”。③

在诸方的不断敦促和训导下，警察训练初见成效，日伪当局颇为满意。在一年以后的警察大检阅中，警士“精神振作，步法整齐”。赵琪赞扬长官训练有方，对警士“一年以来迭经考察大都能洁身自好，不为邪说所蛊惑，日新又新”感到欣慰，并盼望他们能“格外奋勉，养成高尚之人格”，树立“模范之警察”的榜样。④

日本对教职员同样极为看重，华北方面军司令官冈村宁次一再强

---

①《警察部大巡阅完毕 昨举行讲评会 对官警优各点详为评述》，《青岛新民报》，1938年11月20日，第7页。

②《警察部大巡阅完毕 昨举行讲评会 对官警优各点详为评述(昨续)》，《青岛新民报》，1938年11月21日，第7页。

③《检阅警察训词》，《赵琪对下属训话底稿》(1939年)，青岛市档案馆藏，B0023/001/00670。

④《市长检阅警察训词》，《赵琪对下属训话底稿》(1939年)，青岛市档案馆藏，B0023/001/00670。

调:“小学教师是向农民灌输东亚解放思想的力量中心。”①伪青岛治安维持会甫刚成立,便“以矫正学风、端严士习为当务之急”,于1938年2月24日至28日举行为期五日的中小学教职员训练班,参加训练者277名。规定要求教员均先经“审查合格”后方可受训,此举意在扫除“国民党人遗之祸”,恢复孔孟教育以纠正“腐化青年”。② 在8月11日至15日召开的中小学教职员暑期讲习会中,人数增加至399人。③ 教职员讲习会将奴化教员置于首要任务。时任伪治安维持会教育部部长的陈命凡在开会词中要求教员“对于中日两国国民必须携手向亲善之途迈进,方足以维持东亚和平及世界之和平”的信念,“必定要更加深刻,更加巩固”。赵琪则督促教职员“自行检点”:“对于根绝党化教育,推行新教育方针,究竟达到若何程度?”倘觉心地上尚有未干净的渣滓,施行上仍有未圆满的缺漏,“便是未尽个人的职责”。④

台东镇小学教员傅醒民是以上两次讲习会的参与者,他称自己在听受了各位长官和中外名流的演讲后,“对于新民主义,已得到了相当的概念”。但是“在诱导学生思想的时候”,因为知识浅陋,对新民主义恐怕有所曲解。而他在新民会刊物上“搜罗的教育材料,多半是一鳞半爪,很抽象的”,因此“对于整个的又系统的方法和步骤,深苦于不得要领”。⑤ 教职员受国民党教育影响较深,一时间难以通过几次讲习会就将日伪构筑的奴化宣传要目通盘掌握,更难将“诱导”学生的实效尽快落实。因此,伪政权将对教职员的训练设为长期任务来贯彻实行。

为调动教员受训的积极性,青岛伪政权煞费苦心。从1938年4月

---

① 郭贵儒、张同乐、封汉章:《华北伪政权史稿——从“临时政府”到“华北政务委员会”》,北京:社会科学文献出版社2007年版,第220页。

②《二月二十六日中小学职教员训练班开幕(1938年)》,《赵琪对下属训话底稿》(1939年),青岛市档案馆藏,B0023/001/00670。

③ 翟广顺:《半个世纪风雨——1891—1949青岛教育大记述》,第191、197页。

④《专载》,《青岛教育周刊》第1卷第16期,1938年9月26日,第6—7页。

⑤《诱导学生有中心信仰 本市应建孔庙 第一次中小教职员讲谈会 台东镇小学教员傅醒民发表词》,《青岛新民报》,1938年11月24日,第7页。

起，日伪规定每月召集市区及乡区各小学全体教职员开讲谈会一次。由于乡区距市区稍远而教师不能当日返回，为避免影响学生课业，青岛伪政权规定乡区小学教职员应于每月最后一个星期六下午来市内，翌日上午参加各校职教员讲谈会后发放薪水，教员“当日即可返校”。① 讲谈会后方可发薪，既起到强制乡村小学教员前往受训的目的，又能增强薪水授予的仪式感，使其在奴化洗脑后愈加“感恩”伪政权，可谓“一举两得”。随着殖民统治日趋稳定，当局改变了以往“专重精神训练”的方式，而是“兼及学识补充”。在1939年夏举办的小学教员暑期讲习班中，所聘讲师“或系当代名流，或系教育专家”。因“人必有丰富之学识始能为适宜之讲授”，为求各种学科随时研讨、以便增进，伪政权对教师知识的完备性和专业性日益看重。

除对普通教员施以训练外，伪政权还加强对各中小学校校长的控制，以期达到教育为现实服务之目的。因广大乡区经济落后、教育资源较少，又处在与国共游击部队接触的第一线，日伪对乡区学校校长的思想训练极为重视。如1941年10月，伪青岛特别市公署教育局“为补充乡区各学校校长学识，并增进服务能力起见”，利用乡区学校放秋假之暇举办为期一周的乡区小学校长讲习会。② 教育成为紧密服务于政治的工具。根据时局需要，伪教育局多次召开中小学校长会议，贯彻当前师生运动的重点。

在相持阶段，日本将肃清沦陷区治安视为执政要务，教育界因此成为“灭共思想战”的主力军，不仅“教育领袖须切实督导进行”，还须用“联络网式”宣传“深入农村以资普及”。伪山东省公署即在1941年11月要求各校今后要“站在强化治安的立场上而办教育，负起思想战之全责，一致动员”，“一面对学生积极训练，一面对社会民众努力宣传”。除

① 《举办市区及乡区小学校职教员讲演会》，《赵琪对下属训话底稿》（1939年），青岛市档案馆藏，B0023/001/00670；翟广顺：《半个世纪风雨——1891—1949青岛教育大事记述》，第193页。

② 翟广顺：《半个世纪风雨——1891—1949青岛教育大事记述》，第231页。

举行演讲会、辩论会外，校长在宣传方面还要贯彻如下要点："一、组织宣传网；二、开学生家长恳谈会；三、开强化治安游艺会；四、开强化治安成绩展览会。"在其后召开的山东中等学校校长恳谈会上，伪山东省教育厅厅长郝书暄强调"各位教育领袖要变换思想，彻底醒悟"，更言"治安之主力不仅在武力战而尤在思想战，思想战为教育应独负之责任"。因当时将治安置于"第一主义"，故而"教育事业之趋势尤应置重点于治安上"。① 在日伪于沦陷区掀起的反蒋反共运动、兴亚运动、治安强化运动、增产运动等一系列政治运动中，各校师生一直奔走在宣传前列，校长的动员督促作用不可小觑。

此外，伪政权还采取"赏罚分明"的策略激励和规范伪职员行为，通过竞争体制加快伪职员群体的更新换代。考虑到"若不研习友邦语言"，不足以互帮互助以收实效②，日本在沦陷区大力推行日语。事变前国人"排日侮日风气强烈"，青岛学习日语者寥寥无几，"日语设施未得充分发挥"。除日人经营的青岛学院夜学部外，只有"亲日家"李仲刚设立的东文学院日语夜学部。后者因受国民党当局强烈压制，被勒令关闭。事变后，青岛"日语教育状况极其不佳"之情况完全改变，"当地中国人日语学习热情十分高涨，呈现出空前盛况"，这也令在青日人"有恍如隔世之感"。③ 之所以呈现如此反差，与统治者的紧密督促、学习日语同伪职员利益挂钩有关。

日本殖民者一再强调，"为达成东亚大业具体化，让中国人学习日语是极其紧要的"。在青岛市"日中合作首先从语言开始"的"宗旨"下，

---

① 省公署：《为今后站在强化治安立场上而办教育特发中等学校校长恳谈会请示事项、厅长训词给省民教馆的训令附事项、训词》(1941 年 11 月 28 日)，山东省档案馆藏，J101/16/0050/015。

②《青岛特别市教育局训令第八号》(1940 年 1 月 5 日)，《青岛教育半月刊》第 1 卷第 2 期，1940 年 1 月 31 日，第 13 页。

③「「華北に於ける日本語普及状況」送付の件 華北連絡部」JACAR(アジア歴史資料センター)Ref. C01002492200、永存書類 乙集 第 2 類 第 10 冊 昭和 15 年「図書其 3」(防衛省防衛研究所)。

日伪“竭尽全力普及日语”。推行“以普通教育为目的的中小学日语教育”过程中，青岛市内公私立学校学生须必修日语，学生每周学习时间由 3 小时增加至 4 小时。日本殖民者以培养日语教员为长远之计，像中学附设的特别师范科和以日语为特色的私立中学东文学院，学生每周日语学习达 12 小时。其中，“使站在指导立场上的现职教员熟习日语”被作为“最紧要的任务执行”。故从 1940 年 1 月起，原本仅对有学习日语意向教员的课外教授被提升为“教育局的事业”，正式且带有强制性的日语讲习班成立。市内 18 所公私立中小学、504 名教员以一所学校为单位，被划分 13 个讲习会场，再由 15 名讲师分担 15 个班级的教学任务。①

为充分调动职员积极性，伪青岛特别市公署出台《日本语学试验奖励规则》，对各机关委任职员（翻译、联络、外交等职务者除外）中日语测试合格者“给予津贴及徽章”。试验于每年一月及七月中旬举行一次，分笔试（包括译解、作文及默写）及口试（会话及读解）二种，等级分为特等、一等至五等六个级别，月额津贴从二十元至三元不等。② 伪政权将测试成绩与每月津贴挂钩，可从最大程度上激发伪职员群体学习日语的热忱。在 1940 年 1 月 4 日至 4 月 15 日伪青岛教育局举办的中小学校教职员日语讲习班中，就有 6 所市私立中学、12 所小学的 468 名教员参加。讲习完毕后，日伪一律发给修业证书，“择其成绩优良者一百零四名，各给奖状一纸”，并颁赏《日语华译大辞典》一册以示鼓励。③

对于任内表现突出的伪职员，伪政权给予丰厚奖赏加以激励。

---

①「「華北に於ける日本語普及状況」送付の件 華北連絡部」JACAR（アジア歴史資料センター）Ref. C01002492200、永存書類 乙集 第 2 類 第 10 冊 昭和 15 年「図書其 3」（防衛省防衛研究所）。

②《青岛特别市公署日本语学试验奖励规则》（1939 年 3 月），青岛市档案馆藏，B0023/001/02776。

③《青岛特别市公署二十九年四月份工作报告・教育》（1940 年 4 月），转引自翟广顺：《半个世纪风雨——1891—1949 青岛教育大事记述》，第 214 页。

1938年6月11日，伪警察部市南分局特务警长戴寿恒根据眼线报告，捕获中共游击队“匪首”刘国栋等人。伪政权以戴寿恒破此巨案、“消弭地方匪患”，特奖大洋80元以示鼓励。① 该年8月，军宣抚班以爱护村李村区浮山所自卫团及保儿村村长王集贤“捕匪有功”，特在李村军宣抚班召集40余村的村长会议。会上日伪表彰王集贤在事变后“率先协力设立爱护村，指导村民爱护道路”，探知便衣队潜入后“单身不顾危险逮捕一名”，“其精神殊堪嘉赏”。大会上，日本统治者对有功人员颁发表彰状和赏金，“嘱托各村一律努力，地方既可安邦，且能安居乐业”。② 通过以上场合，有功人员树立起“模范”带头作用，意在彰显为伪政权服务的荣誉感，以此激励其余职员为当局效力。

与此同时，伪政权制定诸多规章条例对职员行为进行约束和惩戒。日伪在统治初期立志有一番革新之举，故沈鸿烈掌青时的弊端成为首要革除对象。沈时期国民党官员中吸食鸦片者甚多，伪政权遂在青展开禁烟清查，对于公务人员“尤绝对禁止”，“以期吸食鸦片者逐渐净绝”。日伪令“各机关长官对所属职员须严加考查，切实申报”，并对“沾染此嗜好不能立即戒除者”立即撤职，不得稍有因循，以达肃清官纪和“以儆效尤”之目的。③ 在禁烟大检查中，伪警察局保安科科长李宝山就因被抓到在家中吸食鸦片而遭撤职。④

沈鸿烈时期，海军士兵“名为弹压戏院，实在去看白戏”，戏院之内虽然天天满座，其实海军士兵及职员眷属的亲友要占数百人，一旦服务人员“招待稍有不周，非打即骂”。1938年7月5日，伪青岛治安维持会特训令所属机关职员“观剧观电影，均须一律购票，并不准携带妓女”，如有违反者“一经查出定行撤惩，决不宽贷”，规定“警察如因公弹

① 《警长戴寿恒破案有功 维持会特予奖励》，《青岛新民报》，1938年12月19日，第7页。

② 《浮山所等村捕匪有功 昨日颁发表彰状》，《青岛新民报》，1938年8月23日，第7页。

③ 《关于公务人员禁止吸食鸦片的呈文的训令》(1939年8月)，青岛市档案馆藏，B0023/002/00083。

④ 王第荣：《日伪时期的青岛警察局》，《青岛文史资料》第5辑，第133页。

压，须着制服；如便衣入场，亦须购票，以正风纪”。7月7日，署名为“尹可言”的作者在《沈鸿烈扰乱戏院营业》一文中，称市民对“维持会维护各戏院之德意，莫不动感”。尹可言回溯了沈鸿烈在青的“上位”史，称其“暗用毒辣手段”，“贪心不足、得陇望蜀”。而国民党对戏院不但不加保护，“反而横加摧残”，导致“各戏院均赔累不堪”，沈鸿烈对此等行为竟“毫不过问”。尹可言谓：“身为长官，怂恿部下扰民加不禁止，诚属荒谬绝伦，此亦沈氏害青罪孽之一”，继而赞扬伪治安维持会“百忙之中，对于此事都能想到，处处为人民打算，宜乎人民倾心、口碑载道”，并称“沈氏闻之，其亦知愧赧乎”。①

日伪对公务员约束颇多，在太平洋战争爆发前后达到极点。在治安强化和兴亚运动期间，为使民众养成“崇尚节约、力戒奢华”之风，日伪举行节约运动“先行试办”。因“公务人员为人民之表率”，理应“切实风行以身作则”、焕发官民一致的风气，故而伪华北政务委员会决定从1941年8月1日起，每月一日举行“节约运动”：一、停止公私宴会；二、停止饮酒；三、停止招妓冶游，如适逢婚丧寿日仅限于便饭。② 11月恰值太平洋战争爆发前夕，因“时局紧张”，青岛当局收到上级指示，要求“公务人员俱应深体时艰，各尽厥职安分从事，其于本身应尽职分以外，一切时事绝对不准妄谈”。公务员的举止品行“尤应特加谨慎，随时检点”，“虽正当娱乐亦应停止，公共娱乐场所，慎勿涉足入”，晚上八时之前须返各寓所休息。如违反上项规定者，各局“执行紧急处分”，并令公务员告诫家属“一体注意遵守”。③ 显然，随着战争局势日益严峻，日伪对公职人员的戒令和监督不断加多，惩罚措施也日渐严厉。

通过以上种种方式，伪政权以塑造新官僚为目的，试图建立起更加

---

①《沈鸿烈扰乱戏院营业》，《青岛新民报》，1938年7月7日，第7页。

②《关于每月一日为节约运动事宜给调查处的通知》（1941年9月3日），山东省档案馆藏，J112/09/006/012。

③《关于公务员不准妄谈职外之事宜的通知》（1941年11月2日），山东省档案馆藏，J112/09/0006/010。

模范化的职员体系，树立廉洁政府形象。日伪注重从思想上改造职员群体，不断灌输中日亲善理念，欲使之成为奴化宣传的工具和伪政令的高效执行者。尽管日伪在历次长官训话和诫命中更加强调伪职员的品格和修养，但所推行之政策却往往与之矛盾，尤其是日伪后期以掠夺为主的统治方式本身就与中国人民的利益相悖，这在无形中会加重部分伪职员的道德焦虑。

二、"亲睦"之种：伪政权上层人士的交际圈

不同于对中下级职员群体采取训练奖惩、制度约束等带有一定强制力的管理方式，日本统治者因人而异，对占据少数且位高权重的上层官僚示以"亲善"面目。通过伪政权上层人士的交际圈，有助于更好地探讨伪政权如何以"亲睦"之名对高级职员施以拉拢利诱，以达到消除中日隔阂、一致对外的目的，而这又在无形中强化了二者"一荣俱荣，一损俱损"的信念。

不过，沦陷区中日两国官员不仅有文化上的隔膜，也有现实中的差距。二者地位有别、利益不同，共事时不生龃龉已属不易，亲密无间几无可能。日本统治者业已意识到此点。为改变现状，1938 年 11 月，日方授意"青岛中日名流"发起青岛日华俱乐部（名称暂定），会员数目预定 40 余人，地址选在齐燕会馆并拟将该馆重建大厦，届时"中国留日同学会青岛分会"也将设立于此。① 经中日双方筹备，日华俱乐部被正式定名为"兴亚俱乐部"，并于 12 月 10 日召开发起人大会，中日各界 90 余人到会。大鹰正次郎、赵琪被推为名誉会长，曾任青岛日本居留民团长且懂中文的东亚同文会支部长平冈小太郎②为会长。经选举，姚作宾为副会长，理事中的中国官员为陆梦熊、韩鹏九、周家彦、尹援一、范

①《本市中日名流发起 组日华俱乐部 建筑大厦费预定为五万元 留日同学分会将来设该处》，《青岛新民报》，1938 年 11 月 9 日，第 7 页。

②《汉奸姚作宾的坦白材料》（1951 年 3 月 21 日），青岛市档案馆藏，C010684。

楚生、孙晓初（会计）、丛良弼（食堂）、杨玉廷（娱乐），监事有戚运机、丁敬臣。以上人员多为当时政界精英且留日背景者占绝大多数，商界人士有孙晓初、丛良弼、杨玉廷、丁敬臣四人，他们多负责专项事务的筹备。为达到恢复治安和经济复兴目的，日本统治者意识到必须有中日两国人士“结合之机构”，兴亚俱乐部顺势而生。①

兴亚俱乐部会则规定，该部“以敦睦日华两国民之亲善、融合教养为目的”，以期“研究日华两国关系之诸般事项”并促进两国国民之恳亲。欲为会员者须经会员介绍，呈请会长核准并交入会费 10 元，此后每月另需付 5 元常规会费。兴亚俱乐部的门槛极高，除需与上层伪职员熟识外，高昂的会费也将普通职员拒之门外，构建以中日上层名流为主体的社交圈之意甚明。兴亚俱乐部会议分为总会（分为通常总会、临时总会）、理事会两种，总会由每年 4 月中旬召开，“决议以出席之过半数决之”。兴亚俱乐部旨在“将国民政府虐政之华北”渐次改造，使中国人纯洁思想、树立亲善意识②，但因其会员群体较为有限、为现实服务的目的性极强，职员亲善的任务反居于次要。由于对参与其中的伪职员并无直接利好，故难以调动会员的积极性，发挥中日职员群体间紧密联络的效力更无从谈起。

很快，兴亚俱乐部被辐射范围面更广的兴晔社取代。1941 年 8 月 24 日，日方鉴于“市公署于兴亚院之关系及其性质”，主动提出成立中日“共同亲睦机关”——兴晔社。兴晔社以“相推相让”的绅士态度为宗旨，“以促进社员相互间之亲睦及修养身心为目的”。③ 名誉社长由赵琪担任，社长为兴亚院青岛出张所所长多田武雄，由其“总理一切之社务”，并可任命委员、干事及会计、审查员。多田指派谢祖元、姚作宾、韩

① 《兴亚俱乐部 昨开发起人会 中日两方到会九十余人 通过会章推定会长理事》，《青岛新民报》，1938 年 12 月 11 日，第 7 页。

② 《兴亚会馆 会则兴趣旨书》，《青岛新民报》，1938 年 12 月 12 日，第 7 页。

③ 兴晔社：《兴晔社社员赵琪、谢祖元等名薄》（1941 年 9 月），青岛市档案馆藏，B0034/002/00067。

鹏九三位与日本渊源较深且日语较优的伪局长为中方委员，负有“组织委员会商议进行社务”之职。该社规模庞大，“由兴亚院青岛出张所及青岛特别市公署员中委任官及同嘱托以上者或其他职员中之有志者组织之”，基本囊括了市公署各局处的重要成员，数目如下：伪市长赵琪、伪总务局 66 人、伪社会局 47 人、伪警察局 202 人、伪财政局 59 人、伪教育局 41 人、伪建设局及农林事务所 40 人、伪卫生局 30 人、伪海务局 26 人、伪乡区行政筹备事务局 14 人、伪即墨区办事处 29 人、伪胶州区办事处 30 人，中日成员总计 585 人（中国社员约占 87%）。社员每月须缴纳社费，但规定更为合理，兴亚院职员和市公署职员分别为月收入额的千分之五和千分之三。①

兴晔社意在为中日诸君“撒下亲睦之种”，使其结识于“日常公务之上”。② 比之于兴亚俱乐部，该社将维系中日职员间的关系置于首要，“是专为中日公务员们消遣解闷的地方”。当时报刊称“无论是兴亚院，或是市公署的职员们”都将其视为“唯一的消遣地方”，职员除工作外，“其余的时间几乎都是消磨在这陶冶心情的兴晔俱乐部中”。③ 该社设有食堂部、客室部、运动娱乐部、修养部，以满足伪职员日常饮食与娱乐所需。其中饭厅除可进行宴会外，还有日常餐：早饭为日本饭一种，7 角；午饭和晚饭为日中各一种，价格分别为 7 角和 1 元。客室部“供兴亚院及青岛特别市公署所属关系职员因公来青者住宿之用”，“如有委员长之许可者亦得住宿”，但需收取住宿费。④ 此外，兴晔社休闲娱乐设备齐全，有乒乓球室、洗澡房、台球室、棋室、麻将室等，并有约客厅、

---

① 兴晔社：《兴晔社社员赵琪、谢祖元等名薄》（1941 年 9 月），青岛市档案馆藏，B0034/002/00067。

② 兴晔社：《兴晔社社员赵琪、谢祖元等名薄》（1941 年 9 月），青岛市档案馆藏，B0034/002/00067。

③《兴晔社俱乐部 为中日公务员消遣处所》，《青岛新民报》，1941 年 11 月 15 日，第 5 页。

④ 兴晔社：《兴晔社社员赵琪、谢祖元等名薄》（1941 年 9 月），青岛市档案馆藏，B0034/002/00067。

阅报室、读书室等联络感情和放松身心的居所，而其几乎无所不包的便利设施可将借以休闲并结交人脉的伪职员汇聚一堂，“每天都有很多人”。记者在目睹兴晔社的华丽后不禁感慨：“公务员虽然疲劳，有这么完美的消遣地方，也不能说不是相当的幸福了。”①

兴晔社的产生与当时青岛的政治生态密切相关。日本在青一直存在海军和陆军两股互相博弈的政治势力，兴亚院青岛出张所的成立即有双方相妥协的一面（详见下节第一部分）。日本统治者上层明争暗斗，中日官员间存在隔阂与沟通不畅的情况，成立兴晔社即是日本统治者改善现状的一次尝试。借助宴会与娱乐等方式，可使中日职员以更为轻松的方式，增加接触机会和了解信任，达到增强政府凝聚力和执政效率的目的。同时，兴晔社也是披着“亲睦”外衣的奴化机构，虽表面上使伪政权重要职员享有一定特权与尊重，实质却将其与侵略体制愈加黏合在一起。

以上亲睦机构的设立，建立在日本统治者对中国职员乃至中国人特性的充分了解之上。日人兼井鸿臣精通中文，沦陷时曾任青岛日本总领事馆嘱托、伪青岛宗教联盟顾问等职。② 他在 1942 年出版的《赤裸の日華人》一书中，详细分析了中国的民族性及其所了解的中国人特点，兼井在书中写道：“如果对他们（注：中国人）有不理解之处，我们必须努力去理解。对新世纪初的中国和中国人，要从中国历史的民俗的根源开始予以正确理解，只有这样切实实行才会真正实现日华提携”。③ 该书意在使日本知己知彼，所列举方面亦是兼井宏臣与伪职员群体交往中的所观所感，更利于从侵略者视角观察中日官员交往逻辑。

兼井宏臣总结出与中国人交往的十一条心得：1. 首先要对他们予以最高形式上的尊重，维护其面子；2. 要尊重他们的习惯，尽量不要干

---

①《兴晔社俱乐部 为中日公务员消遣处所》，《青岛新民报》，1941 年 11 月 15 日，第 5 页。

②《汉奸姚作宾的坦白材料》（1951 年 6 月 15 日），青岛市档案馆藏，C010685。

③ 兼井鸿臣『赤裸の日華人』、人文閣、1942 年。

涉其习俗；3. 对待他们不能抱有狭隘的爱国心；4. 因为文字对其来说是圣人流传下来的，故对文字非常的尊敬和亲爱，所以要重视写有文字的纸张；5. 他们有成为豪杰的倾向习惯；6. 他们民族趋炎附势的习性悠长，七情六欲，阳奉阴违，而又长于权谋，善于利用时间的力量。正直和性急的日本人要经常对此点加以注意，要舍弃急性子，情理并行。虽然要尽量对他们予以宽容，但要注意决不可以使其兴风作浪；7. 恩威并施是很有必要的事情；8. 除非利益共有，否则应公平地进行分配；9. 时常用带有温情的交往方法；10. 凡事不要短兵相接，要努力做到循序渐进，指导的态度决不可太露骨；11. 不可对其他的外国人和中国人有差别待遇，这是愚蠢的做法。①

兼井鸿臣对中国人特性的描述中多带贬义。在其看来，中国人有好虚名和面子的特点，同时又善于权术、易对当权者曲意逢迎，因此建议日本高层多加留心并有足够耐心，在给足尊荣的前提下加以拉拢和提防，简言之就是其所谓的“恩威并施”。兼井鸿臣生动地描述出日本人眼中的中国官场“潜规则”，这也是他们在与中国官员打交道时格外注意的。透过以上普遍性规律，日本统治者意图扬长避短，不断摸索与伪职员更为高效的交往方式。在大的方面，日本利用兴畔社将青岛伪政权的500余名重要职员纳入“亲睦”范围，除铺开式的发展亲日势力外，统治者还对伪政权内局级以上官员重点“关照”，最为突出的表现就是利用官方传媒对中国高级官员予以极高赞誉以示“尊重”。

1938年9月6日，《青岛新民报》特刊载《赵会长办事之特色》一文，称赵琪在就任伪维持会长后“万民欢腾，举市若狂”。赵氏“对于财政力主节省，绝对公开”，节余钱款“涓滴归公”，“实为各省市所绝无而仅有”，“堪作各省市之模范”。因赵琪“为国忠心、造福桑梓”，“决无辜负人民期望之处”，享有如此威名可谓“当之无愧”。极尽阿谀之外，官方报道还将赵琪之政绩与沈鸿烈时期“劣政”相对比，以此突出赵氏“知

① 兼井鸿臣『赤裸の日華人』、159—160頁。

人善任，公正严明”。[①] 日本海军司令丰田曾在公开场合表达对赵琪的“不胜钦佩”之意，不仅将青岛快速发展的要因归于赵琪“对于政治经济有灵敏之手腕”，更高度赞赏其治下的青岛“不但华北，即全中国各都市亦不能及”。[②] 日伪极力抬高和美化高级职员的品行、能力，既对职员本身起到慰劳和激励作用，同样为彰显伪政权任人唯贤、体恤民情。

宴请是人际交往中增进感情的重要环节，尤其是在讲“人情”的中国传统社会，请客吃饭还是化解矛盾、攀附关系的主要途径。日本统治者深谙此道，宴请在日占初的青岛官场上发挥过重要作用。1938 年 9 月 1 日，日本人坂西利八郎在视察中国途中抵青，大鹰正次郎特设欢迎晚宴，赵琪、姚作宾、日方陆军及海军特务机关长、宪兵队长等中日要人均列席，宴会期间“就时局问题作种种之恳谈”。2 日，赵琪又在银行公会欢宴坂西，席间坂西为拉近与中方官员的关系，称自己“往返中国约有数十年之久，每到中国好像到家乡一样”。他顺便对青岛“有这样好的成绩”而献上对赵琪及各位官员的钦佩之意。[③] 此外，还有列席官员较多的大规模汇报式宴请。该年 11 月 2 日晚，姚作宾设宴招待新任伪维持会教育顾问的饭田晁三，借此将其介绍给青岛中日教育界领袖并作初次会谈，参加人数约有 40 人。姚作宾开宗明义，称“饭田顾问之学问道德，以及阅历各节”众所周知，故而不必“多费时间”介绍。姚作宾谈道，此前来青讲演的伪新民会委员柯政和曾对青岛教育界提出批评，但他仍认为“较别处进步”。姚强调汉口陷落后各种建设中“最急最重的问题，就是肃正思想”，而这“唯一方法，就是教育”，希望同仁更加努力，“使青岛教育能成为其他地域的模范”。[④] 此种方式既可使伪职员

---

①《赵会长办事之特色》，《青岛新民报》，1938 年 9 月 6 日，第 7 页。

②《赵会长苦心经营 青岛终得复兴 丰田司令长官答词》，《青岛新民报》，1938 年 11 月 21 日，第 7 页。

③《中日首脑部 欢宴坂西中将 赵会长坂西之迎谢词 宾主尽欢极融洽诚恳》，《青岛新民报》，1938 年 9 月 3 日，第 7 页。

④《姚部长 招待饭田顾问 致欢迎词》，《青岛新民报》，1938 年 11 月 3 日，第 7 页。

感受到官厅对市政的重视，又可摆脱冗长会议的枯燥无趣，使训话效果达到最佳。

除因公性质外，私人宴请也较为频繁。1938 年 7 月，日本驻青领事门胁调赴北京任职，赵琪为"表示惜别之忱"，特设宴欢送。在伪维持会成立的五个多月来，赵琪与门胁"天天见面"，他赞扬门胁"努力增进两国亲善，成绩卓著"，对其调离深表遗憾，最后希望"门胁领事不要忘了青岛"，不要忘了他和诸位同仁，今后继续对伪维持会加以指导和照顾。① 门胁除对赵琪表达"极为钦佩"之意外，还期望他能以同样盛意对待下任领事。② 在前任海军特务部部长、兴亚院青岛出张所所长、最高顾问柴田弥一郎被晋升为少将后，特地于 1939 年 11 月 16 日晚宴请赵琪等高级官僚。赵琪在谢词中称赞青岛在柴田的指导维护下，"地方治安，日益巩固，商业日见繁荣，两国人民日益亲善和睦"。赵琪称彼等闻听柴田晋升的喜音后"莫名欢舞"，此后仍希望柴田"随时随事，多加指导"。③ 以上言辞虽不免官场上的虚言客套，但总体上体现出日本统治者已将宴请纳入政治的一部分，中日官员在交往中深谙此道。

饭局之上，觥筹交错之间，既可促成谅解、达成共识，又能笼络人心、粉饰太平，故而青岛沦陷初期日伪各种名目的宴请极多，成为伪政权中日官员增进感情的重要途径。但这种情况在太平洋战争爆发后发生改变，沦陷区一切事务均为"大东亚圣战"服务，统治者提倡节俭、杜绝奢靡之风，公务员更要以身作则，宴请随之被取消。在姚作宾任市长后，已经很难看到像赵琪时期那样中日官员共同赴宴的官方报道了。

其实，"亲睦"归根结底只是一种假象，日本统治者对伪职员群体，哪怕是经常打交道的高级职员也难存信任，稍有风吹草动便会触发怀

---

①《赵会长昨欢宴门胁 中日要人均参加》，《青岛新民报》，1938 年 7 月 7 日，第 7 页。

②《赵会长欢宴席上 门胁领事答词 对赵氏极钦佩》，《青岛新民报》，1938 年 7 月 8 日，第 7 页。

③《柴田最高顾问招宴赵琪的答词》(1939 年 11 月 16 日)，青岛市档案馆藏，B0023/001/00190。

疑。为对指导伪政权有所帮助，1940 年日本兴亚院各地联络部及出张所对伪中华民国国民政府各机关主要人物经历、政治动向等方面进行了详细调查。上至伪中华民国国民政府主席汪精卫，下至地方伪政权局长，均在被调查之列。调查表中夹杂着诸多主观评价，“内容上有微妙之处”①，可从侧面管窥日本统治者对青岛伪政权高级职员的看法及二者关系。

日本对伪职员过往政治经历极为在意，乐于将其硬性划分为某派系，对与国民政府关系较深者心存芥蒂，前述伪海务局局长尹援一即为一例。与之相反，伪市长赵琪因“在国民党繁盛时期隐退”、与南京重庆方面没有关系，而给日人留下良好印象；伪财政局副局长毛振鹗“始终站在与国民党相反的立场”，任职北洋政府山东省公署时期曾“将潜伏在各地的国民党视为共产党”并向张宗昌进言讨伐，令日人心生好感。故当财政局副局长有空缺时，毛得以升任。获得日本统治者的信任绝非易事，即便是与日本高级官员交往密切并受到格外提拔的伪总务局局长谢祖元，仍因“在蒋政权的市政府任职期间接近国民党，有迎合三民主义、提倡国货等举动”被加以留意。对于模棱两可的伪职员，日本统治者的态度更耐人寻味。伪财政局局长吕振文“既不标榜亲日，也不宣扬反日，经常三缄其口”，这种态度使日人“难以捉摸”；伪卫生局局长马扬武“凭借良好的日语，第一眼给人以老好人的印象”，但由于“并非亲日思想家”而被划归为所谓“欧美崇拜思想家”，日方感到美中不足。即便是声言亲日者，同样难释日人疑心。伪教育局局长陈命凡“对待日本人，无论官民，表面上皆是谦逊恭敬的态度”，此外还“经常提及日中合作、中日亲善”。然而，在日人看来，陈氏“心意也并不是没有值得怀

---

①「7 支那新政権 主要人物調查(第一編) 1」JACAR(アジア歴史資料センター)Ref. B02031647900、各国ニ於ケル有力者ノ経歴調査関係一件/中華民国ノ部 第七巻(A-6-0-0-8_2_007)(外務省外交史料館)。

疑之处”。①

在兴亚院所调查的十位青岛伪政权局级以上官员中，被认为是“知日派”的有赵琪、谢祖元、傅鑫、毛振鹗，其中只有傅鑫被视为“亲日分子”。这种信任恐怕与傅鑫毕业于日本陆军士官学校、与国民政府关系寡淡有关。而真正获得日本信赖者，往往同时具备同日本渊源较深以及背景单纯（最好与国民政府不睦）两项特征。日本统治者无法用人不疑，即便人前克制，猜忌怀疑之情难免不经意间流露，这也使伪职员难有融入感。伪建设局局长韩鹏九精通日语，数十年来与日人交往频仍，“被认为是亲日人物”。但因其在北洋时期曾“被怀疑是共产分子”，后又以国民党员身份“大声疾呼提倡国货、回收利权”，韩鹏九自觉有亏。为与过去历史撇清关系，韩氏“极力标榜自己亲日，事事靠近日本”。②某种程度上，过分谄媚何尝不是一种生存之道，这已成为想要晋升但又难获信任的伪职员的一种“自证”方式。当然，日人对此心知肚明，故部分伪职员陷入越示亲日越被怀疑作秀的怪圈。

抗战后期日本颓象尽显，伪政权高级官员纷纷为自己寻找退路，似乎更加印证了日本统治者此前的怀疑，转而以暴力手段实施监控和震慑，伪政权内弥漫着紧张肃穆和人人自危的气氛。日本侵略前姚作宾曾任职于北洋、国民政府，“与各派关系颇深”。日人“无法判明其真正的政治体系”，认为姚过去在“滑头主义”影响下审时度势、左右逢源，对其有“官民间人尽皆知的政界投机分子、‘滑头人物’”的评语。③ 尽管

① 「9 支那新政権 主要人物調査（第一編） 3」JACAR（アジア歴史資料センター）Ref. B02031648100、各国ニ於ケル有力者ノ経歴調査関係一件/中華民国ノ部第七巻（A-6-0-0-8-2-007）（外務省外交史料館）。

② 「9 支那新政権 主要人物調査（第一編） 3」JACAR（アジア歴史資料センター）Ref. B02031648100、各国ニ於ケル有力者ノ経歴調査関係一件/中華民国ノ部第七巻（A-6-0-0-8-2-007）（外務省外交史料館）。

③ 「9 支那新政権 主要人物調査（第一編） 3」JACAR（アジア歴史資料センター）Ref. B02031648100、各国ニ於ケル有力者ノ経歴調査関係一件/中華民国ノ部第七巻（A-6-0-0-8-2-007）（外務省外交史料館）。

1943年初姚作宾凭借能力手腕升任伪市长,日本始终对其有所提防。据姚作宾在新中国成立后思想改造中的回忆,他在“伪市长任内被日寇宪兵队检举两次”,日寇宪兵队对他的住宅电话设有管制专线,并派在伪市府做特务的职员每天对其行动言论写报告,“其他轻的压迫摧残不胜枚举”。姚作宾称他在1945年4月3日上午9时“被日寇张宗援派人暗杀”,而“伪保安总队总务科长宁冲宵被日寇乱刀砍死”。①

姚作宾以上言论虽有为己脱罪的嫌疑,但可从侧面了解到特殊时刻日本统治者对伪职员监控力度的加强。在局势向不利于日本一面发展时,统治者逐渐撕下“亲睦”的面具,对伪职员的提防和戒心随之增强,怀疑被无限放大。即便贵为伪市长,亦毫无尊严可言。但此种暴力和恐怖做法并未起到稳固团结的作用,反而加速了伪政权职员群体与日本统治者离心离德。

三、根植媚日情怀:伪职员视察日本谈

日本在中国派遣考察团赴日的行为早已有之,1930年便选派内蒙王公、喇嘛赴日参观,为“使知其种种设备之宏大,以为引诱蒙人之钩饵”。② 九一八事变后,沦陷区内各行各业赴日团体络绎不绝,青岛伪政权上至赵琪、姚作宾、谢祖元等高级职员,下至教员、报社记者乃至学生,无一不成为视察团的一员。在报刊和伪职员讲演中虽不乏对日本的宣传和溢美之词,但难免让人有刻意美化、怀揣目的之嫌。正所谓“耳听为虚,眼见为实”,在日本的周密安排下,伪职员亲赴日本感受当地科技发展及教育文化,归国后即可成为日伪奴化宣传的有力工具,辐射范围远不限于私人社交圈。赴日者将观感发表至报刊和座谈会后,易使更多民众信服。

---

①《汉奸姚作宾补充陈述书》(1951年3月21日),青岛市档案馆藏,C010684。

②《中国国民党中央执行委员会政治会议第二五二次会议速记录(十九、十二、三)》,1930年12月3日,第31页。

伪青岛教育局局长陈命凡作为伪中华民国临时政府华北教育行政长官访日视察团13名成员中的一员，于1939年11月4日从北京出发。访日视察团经伪满洲国奉天、新京、朝鲜而抵日本大阪、东京、热海和京都等处，继由神户乘船至大连，24日归国。虽然陈氏认为三周的视察期“不免略嫌迫促”，但就“个人耳目所及”，极感震撼。陈氏谓：“友邦日本各种产业之发达，社会秩序之安定，义务教育之普及，国民精神之振奋，实足令人钦佩羡慕、惊叹不置。”看到“奉天工业异常兴盛，新京建设进步极速”，陈命凡感慨日本治下各地“前途之发展实难限量”。他认为中国为“东亚旧邦，地大物博”，又与日本“辅车相依，共存共荣”，要一同承担“建设东亚复兴黄族之使命”，“举国上下同一心力，与友邦密切携手合作，开辟资源”，谋求经济进展和教育振兴。这也是职员应尽之则，他等“表率社会、领导青年之教育界人士”尤应格外奋勉。[①] 视察中陈命凡对教育的感慨颇深，他在次年1月的谈话中指出，日本教育的特点为“兼在采取西方新兴之物质文明，保存东方固有之精神文化”，将“新识旧学”彼此融合。反观中国自变法以来，“醉心欧化”，凡西欧所尚“不问其是否适合国情，一律接受；吾国所旧有者，则一律废弃”，以至于“政治既失常轨，教育亦入迷途”。[②]

伪职员在视察日本过程中会不自觉地与自身所处环境进行对比，感受到日本的文明、进步之余，中国的不足亦会不断放大，媚日情怀无形中被培植起来。以统治者的角度，通过参观考察，既可为市政建设提供镜鉴，又能起到巩固团结、拉拢人心的目的。在日本偷袭珍珠港、掀起太平洋战争后，社会各界怀疑之声不绝于耳，青岛伪政权内部出现动荡。恰需给沦陷区民众吃一颗“定心丸”之际，赴日出席东亚经济恳谈会第三次大会的姚作宾成为最佳人选。1942年1月13日，姚作宾在

① 《陈教育局长 畅谈赴日观感》，《青岛新民报》，1939年12月2日，第7页。

② 《日本教育普及全国 人无蕴椟之木 有地尽辟农林无荒芜之嗟 陈教育局长发表赴日观感》，《青岛新民报》，1940年1月29日，第7页。

青岛市礼堂发表讲演，畅谈战争爆发后日本国内情况和他对东亚前途的看法。

姚作宾于 1941 年 11 月 26 日动身赴东京，其间适逢日本对英美宣战。12 月 8 日一早，姚作宾从报纸上看到日本轰炸珍珠港的消息后，立即“到街上去看看”，他见“日本人民仍然是和平常一样”，“不但没有惊惶的样子，而且每个人都是喜形于色”。姚认为这欢喜源自过去日本人民受到实际统制的痛苦，不免对政府“有一些怀疑的地方”，而目前的战争“无异于对建设东亚新秩序明白的答复了”。当晚五点日本实行灯火管制后，“东京简直是黑如漆”，姚作宾感慨市民执行命令“是如此的彻底”，不禁“佩服日本政府指导的得力，与日本人民训练的得法”。1 月 12 日之后，姚作宾到大阪等地见一部分灯火管制解除，分析局势后认为大概是“英美方面飞机不至于到东京大阪等地空袭”。①

在姚作宾看来，日本政府之所以将战争定名为“大东亚战争”，证明早已有长期战的准备。接下来，他从战争所必备的人和物两方面资源分析，以此打消民众疑虑：一、在“人的资源”方面，日本已实现机械生产的自给自足，十二三岁“豆战士”的工作效率比“中国成年人工作得效率来得大”。日本国内的农、工、商都是由豆战士、老年人和妇女操持着，国家也有军队出去作战，所以此方面不成问题；二、在“物的资源”方面，日本“在满洲与中国各地获得的资源”，也可与消费成正比例。日本近两年实行计划经济，表面上看“都以为日本的物资缺乏到极点”，其实一般衣食住的物资并不缺乏。姚作宾也意识到恐怕他说这番话，会使许多中国人认为在“替日本鼓吹”，他遂以儒家经典中的“不患寡而患不均”、“生之者众，食之者寡，则财恒足矣”来为日本的“生产扩充，消费规正”作解释。目前日本人“吃一样的饭，穿一样的衣”，又与孔子所云“盖均无贫，和无寡，安无倾”相一致。通过以上论证，姚作宾断定日本军事

---

① 姚作宾：《日本视察谈》(1942 年 1 月 13 日于青岛市礼堂)，青岛商会翻印分赠。

的胜利“可以说是确定了十分之八了”。①

姚作宾认为比人、物的资源更为重要的就是“精神”二字。日本此次可谓“上下一心，甘苦一致。人人有为国牺牲的精神，个个有长期战争的觉悟”，而“这种精神是英美所没有的”。英美对长期战争“没有十分的把握”，所以采用“二十几国的联合阵线”的“奸策”。他希望重庆方面“仔细仔细研究这世界大势，与将来东亚的命运”，并向华北以及国民政府治下的中国同胞保证日本此次战争是为东亚民族而战，“绝没有压迫”。姚作宾 12 月 24 日回到青岛后，“亲友部属都惊疑”地问日本是否遭到空袭，当姚说“一次都没有飞机去”的时候，“他们还不大相信”。末了，姚作宾言：“现在的各种事实，已经将这个疑问证明得十分清楚了，我的讲演也就此完了。”②

从姚作宾“亲友部属”的一片惊疑声中，确见民众与伪职员对战争结果抱怀疑态度，“中国人和其他的第三国人，总以为日本利于速战，对长期战绝不能有把握”。太平洋战争伊始，日本急需稳定民心、振奋精神进行备战和动员，而打消民众怀疑并确立必胜信念是伪政权的当务之急，姚作宾演讲的意义也正在于此。姚作宾在得知开战消息后，对日本的实力也有担心之处。他称如果“不去日本实地看看，并和政府与民间重要地方接触的话”，自己“也是有这种怀疑的观念”。但在亲身感受后疑虑逐渐得到解答，姚作宾坚信“无论是长期战争，或是经济战争，日本是绝对有把握”。视察过程中姚作宾对日本的怀疑情绪渐渐削减，转而成为日伪欺骗民众的传声筒。姚作宾在市礼堂演讲后，《青岛新民报》当日即作出报道③，青岛商会将演讲稿翻印并分赠各界传阅，姚作宾根据演讲稿写成的《视察大东亚战争下的日本》④一文，也于该年发

① 姚作宾：《日本视察谈》(1942 年 1 月 13 日于青岛市礼堂)，青岛商会翻印分赠。

② 姚作宾：《日本视察谈》(1942 年 1 月 13 日于青岛市礼堂)，青岛商会翻印分赠。

③《姚局长视察日本谈》，《青岛新民报》，1942 年 1 月 14 日，第 4 页。

④ 姚作宾：《视察大东亚战争下的日本》，《华文大阪每日》1942 年第 8 卷第 5 期，第 14—16 页。

表在《华文大阪每日》杂志上，宣传面不断扩大。

除高级职员外，伪政权低级职员群体也是日本宣传笼络的对象。低级职员不似见惯大场面的高级职员，出访日本对许多人而言是第一次出国远行，故而在心情上更为期待；又因低级职员与民众的接触面更广，他们口中的日本更易被大众认可接受。1939 年康干城作为“观光视察公私法团”的一员视察日本，归国后他在《青岛新民报》发表连载文——《日本视察记》，以游记形式详细描绘了日本行的所观所感。康干城开篇即回溯了东京由几百年前“海边上一块湿地”发展至“具有近代性精粹”的大都市之历史。之后他以细腻的文字记述了宫城、靖国神社、国会议事堂、神宫外苑等处的历史背景和建筑风貌，以及上野公园、圆山公园、祇园、琵琶湖、竹生岛等景点的自然风光。康氏还亲身感受了“东京市最大众化的娱乐街”、商店街以及“代表日本国最摩登的青年男女每天散步绝好地带”——银座，描绘了日本繁华的市井生活。康干城对东京赞誉极高，称赞它为“东方历史光荣重心”，可与纽约、伦敦并列为“世界第三大都市之一”。康干城在视察中感受到日本“国民精神向上，文化璀璨辉煌”①，而其以游览顺序为线索娓娓道来，空间感和代入感较强，易使读者产生“身临其境”之感，无形中加深了读者对日本历史文化和社会经济的认识。

1940 年为日本的“皇纪二千六百年”建国纪念，日本在东京举行东亚操觚者恳谈大会，“凡东亚各国的新闻事业者，都有代表参加”。此举意在拉拢控制沦陷区媒体，用以更好地奴化民众、瓦解抗战。《青岛新民报》记者舒成勋即是青岛新闻界的五位代表之一（三位日本人）。关于此行，他曾在《青岛新民报》发表十余篇连载文——《东行之观感》，为我们提供了另一个角度来考察“视察日本”对低级职员所产生的影响。

1940 年 2 月 4 日上午，一行人在姚作宾的率领下东渡视察。舒成勋“素仰日本为东亚先进国家”，为“能借机前往观光”而倍觉兴奋，但

---

①《日本视察记 康干城》，《青岛新民报》，1939 年 7 月 23 日、7 月 24 日、7 月 28 日，第 4 页。

"因不谙熟日语",在未上船前感到"忐忑不宁"。同行者有《大青岛报》记者何东良,舒成勋开始并不感到寂寞,但见同船的"多半是日本人",临别之时"情绪紧张,同时感到空洞、惆怅的心情拥塞在心头"。舒成勋的舱位有 4 人,除了他与何氏外,另两位是日本人。其中一位"桥本先生"是归德日侨居留民会会长,中文极为流利,当了舒何二人"临时的通译官",引导他们吃饭洗澡等事宜。桥本表示:"十二分欢迎中国多数青年,有机会去日本参观。有许多的事情,是百闻不如一见的,看看日本内地的形情对个人国家,都是很有裨益的。"桥本的话再次印证日本安排此次视察行动的深意。舒成勋在船上三日,看到仅有两名日本侍役处理二等客舱 30 余人吃住,且能"一丝不乱",不禁感慨:"工作效能之大,真是令人钦佩得很。"下船后姚作宾的好友"伊藤先生"亲往迎接青岛视察团,在乘坐轮渡到下关时,舒成勋见"乘客均依次列坐,并先尽老人及妇孺就坐",称赞日本人"有西欧的美风,决不像我国人争先恐后之形态"。① 旅途中的细微之处会给出行者留下深刻印象,在与本国生活环境相对比后,更易使伪职员对日本产生"敬意"。

伊藤招待舒成勋一行在下关名胜、马关条约签署地——春帆楼用午膳。当日议和情景及条约等诸文高悬于春帆楼头,主楼悬有李鸿章亲笔诗一幅。恩威并施的原理也被日本当局贯穿于视察途中。日本的优胜感不经意间显现于时空之间,而中日"优劣"地位的对比也令伪职员更觉势弱。舒成勋"来到日本境地,不过数小时",但他"所感到的处处显着在努力发展中":"山岭上没有荒芜的土地,所有的高山平地,都种满了树木;路政的发达,交通的便利,不停的向前猛进;国民教育普及,人民均有相当知识。"②

视察期间舒成勋笔耕不辍,详细介绍了日本的各类便利设施和城市面貌,给读者更直观的冲击。他除向《青岛新民报》发出连载文外,还

---

①《东行之观感(一) 本报特派记者 舒成勋》,《青岛新民报》,1940 年 2 月 14 日,第 3 页。

②《东行之观感(二) 本报特派记者 舒成勋》,《青岛新民报》,1940 年 2 月 15 日,第 3 页。

涉及会议报道。东亚操觚者大会于2月11日上午举行，议程为三日。2月17日，《青岛新民报》刊登了舒成勋在13日闭会时的报道。在闭幕典礼上，姚作宾作为中国代表发言，他希望各位操觚者“速认清个人立场，不论建设东亚新秩序，是思想的指导、政治的手段”，都应该“认真的审查、纠正”，而要“建设东亚新秩序，便是推翻过去依存欧美的思想”，这也是“操觚者的责任”。姚作宾望诸位作“排除依存欧美之先锋”，并在文化、舆论上加以注意，严禁在新闻和杂志上刊载依存欧美的文字。① 次日，代表团200余人在东京市当局领导下分赴各处参观，目的为“使各地代表明瞭东京市特种事业，及有关新闻界之组织地”。②

2月15日为自由行动时间，舒成勋感叹“来到东京快十天了，每天是在开会、演讲”，“在这个数日未能轻松的身子，得到这样的好机会真是欣快极了，可是只是短短的一天工夫”。在《青岛新报》社长小谷节夫建议下，舒成勋等决定赴日光参观游览，“忽然离开繁杂的市尘，来到乡间”，使他感觉“心里真是爽快之至”。③ 统治者试图以高强度的参观学习使伪职员全面感受日本的进步和经济实力，代表团马不停蹄地参观了几十处工厂、新闻社、教育机构等，而“因为时间的限制”，视察团一行“只有走马看花式流〔浏〕览流〔浏〕览便了”。④ 舒成勋的上述心里话也从侧面反映出伪职员对此程式化的安排极感枯燥疲惫。

仅得一天短暂休整，日本即安排各代表于2月16日从东京出发赴横滨参观，再至箱根、名古屋、京都、奈良、大阪、神户等地，至22日完成视察。在奈良观光期间，奈良市市长对舒成勋一行设宴款待，他也从“市长的口中，得到一些过去中日亲善的铁证”。舒成勋认为“随佛教带来的文化，是纯中国的文化，日本现在能保持东方固有的文明也就是中

---

①《纠正依存欧美之思想 乃操觚者责任 大会第三日姚作宾氏讲演》，《青岛新民报》，1940年2月17日，第3页。

②《东行之观感(五) 本报特派记者 舒成勋》，《青岛新民报》，1940年2月20日，第7页。

③《东行之观感(八) 本报特派记者 舒成勋》，《青岛新民报》，1940年2月24日，第3页。

④《东行之观感(十二) 本报特派记者 舒成勋》，《青岛新民报》，1940年2月28日，第3页。

国古代的文明，所以中日文化措置已远在一千二百年以前了”。身在异国他乡，看到古色古香的建筑，使其感觉“真是同在故国一样”。中国古代文明的璀璨与近代沦为殖民地的悲惨命运形成强烈对比，这亦在伪职员心中产生波荡。作为被统治者，伪职员从历史中找到了些许自豪感和心灵慰藉，但又以麻痹自我、与敌伪合流作为现实出路。舒成勋在观感中写道：“所以今后东亚和平基础，我们不得不在文化上着想；所以中日国民，应自觉在同一战线上作精神上的团结。”①日本迫不及待地向新闻界人士展现其社会风貌和经济实力，意在坚定报人跟随日本的信念，并在今后报刊中主导舆论，为战争策动民意。在舒成勋视察日本的报道中，日伪的上述企图在某种程度上得以实现。

除伪职员群体之外，青岛伪政权为培养“东亚民族第二代”的亲日情怀、“将来造成中国之贤妻良母之任务”，于 1941 年 3 月派中学女生使节团访日②，据说青岛中学女生访日使节团“在华北尚属创举”。③ 使节团成员的选拔较为严格，由伪教育局从几所女校中择派“品学兼优、日语课程成绩较佳”者担任。9 名成员中，年纪最大者为 21 岁，最小的不过 16 岁，姚作宾之女姚希娴也在其中。使节团团长由伪《青岛新民报》日籍事业部部长担任。④ 在女学生访日前后，该报大篇幅刊登团员发表的当选感言、赴日游记、心得体会等。其中虽不乏政治表态和逢迎之语，也一定程度反映了伪政权下女性群体复杂且矛盾的心理。

能在众多女学生中脱颖而出，成为当选者日后前途的敲门砖。安郁理当选后“欣幸之至”，称考察所得“可做将来研究学问的基础”；丛秀

---

①《东行之观感(六) 本报特派记者 舒成勋》，《青岛新民报》，1940 年 2 月 22 日，第 7 页。

②《本报主办青岛女学生赴日使节团 由本市四女校中选派》，《青岛新民报》，1941 年 3 月 13 日，第 7 页；《本报主办青岛中华女学生访日使节团 全团人选日程均已规定 兴亚院及市公署为后援》，《青岛新民报》，1941 年 3 月 19 日，第 7 页。

③《各方期待甚殷中之女生使节团首途》，《青岛新民报》，1941 年 4 月 12 日，第 7 页。

④《本报主办青岛中华女学生访日使节团 全团人选日程均已规定 兴亚院及市公署为后援》，《青岛新民报》，1941 年 3 月 19 日，第 7 页。

华在欣喜和荣幸之余，“自恐不能担此重任”。① 之所以如此，应与殖民当局畸重的期待有关。青岛伪政权对女学生访日一事寄予厚望，多次召集伪市府要员对女学生讲话，兴亚院青岛出张所所长多田武雄表示，若使节团完成使命，对“全华北全中国之女性，亦将大有裨益也”。② 故而，团员们自觉拔高出访日本的意义。年纪最大的祝画澄指出：“我们终日只读日本书籍，学说日本言语，要想彻底明瞭日本民族的伟大，也很不易，既不明友邦的真像〔相〕，更如何能达亲善提携的境地呢？”故中国人到日本游历观光，“实是目前一件极重要的事情，更是推进东亚新秩序当先履行的步骤”。③ 林素真认为，日本“足资我国借镜仿效者甚多，而尤以女性之精神，最为我辈所钦仰”，表示会将观察所得贡献于青岛女性，使未赴日者，“亦得了解友邦情形”。④

从4月15日至5月1日，使节团马不停蹄地奔波于东京、横滨、名古屋、奈良、京都、大阪、神户、别府等市参观游览。日本为使节团特别安排了中日女学生交欢会、赴妇人团体学习等活动。⑤ 在参观东京女子师范学校寄宿生宿舍时，女学生见宿舍内“清洁整齐”，对“日本女性的勤美”印象深刻。⑥ 此外，使节团还赴陆军医院慰问伤兵，由团员向伤兵献花并致慰问词；日方亦有代表“畅谈于中国作战时受伤之‘荣耀’史”。⑦ 在日兵残缺身体的展示和情感渲染下，女学生被纳入到日本的

---

①《本报主办访日使节团 各团员当选后之感想》，《青岛新民报》，1941年4月1日、4月3日，第4页。

②《各方期待甚殷中之女生使节团首途 全团昨分访中日各机关辞行 各长官接见均有恳切之训示》，《青岛新民报》，1941年4月12日，第7页。

③《本报主办访日使节团 各团员当选后之感想》，《青岛新民报》，1941年4月9日，第4页。

④《本报主办访日使节团 各团员当选后之感想》，《青岛新民报》，1941年4月2日，第4页。

⑤《本报主办青岛中华女学生访日使节团 全团人选日程均已规定 兴亚院及市公署为后援》，《青岛新民报》，1941年3月19日，第7页。

⑥《本报主办青岛女学生访日使节团日志(续) 女学生联欢 异国之友竟一见如故》，《青岛新民报》，1941年4月27日，第3页。

⑦《女生使节团抵东京后赴各处参观 谒东京市长递使命书》，《青岛新民报》，1941年4月22日，第7页。

政治立场之中，扭曲的政权认同更加坚固。

出访任务结束后，在伪政权和妇人会的推动下，女学生使节团密集地在青岛广播电台、市礼堂等场所作演讲报告，向民众描绘日本作为“东亚先进国”，“政治良好、科学进步、工业发达”、风景优美的图景。团员李葵文高度赞扬日本人的忠君爱国之心，用“近邻的悲喜就是我的悲喜，国家的忧患即是我的忧患”形容日本国民性。在与本国情形相对比后，她指出“时下年青的我们只看见想到目前的事，完全为表面好的和美丽的东西迷乱着，总当仿效日本的气质早早的反省，下决心改善才好”。此间她感触最深的是“妇女言语的优美”和起居应酬的得体。① 这些见闻感悟经女学生之口描述渲染，结合官方及舆论界对日本的美化宣传，更易使听众信服。《青岛新民报》对女学生使节团进行了一个多月追踪报道，将宣传效果最大化。

日本将伪职员赴日考察视为沦陷时期中日交流的重要部分。通过这一活动，“东亚强国”日本在伪职员心中留下深刻而又生动的印象，无形中培养了媚日情怀，促使他们更好地为殖民统治服务，成为日本管控沦陷区民众的舆论先锋。伪职员的亲身感受再透过大众媒体传播，美化了日本的侵略实质、夸大了其经济与军事实力，更从一定程度上动摇了意志不坚定者的抗日斗志。

第二节　伪职员群体的政治实践

抗日战争爆发后，随着沦陷区域不断扩大，日本各机关对沦陷城市的控制权展开博弈与较量。为平衡各方势力并使中国伪职员更好地参与到殖民体系之中，日本统治者不断探索和改进伪政权的行政运作机制。日伪职员群体是伪政权政令的实践者，其中高级职员直接与统治

---

①《女生使节团抵东京后赴各处参观 谒东京市长递使命书》，《青岛新民报》，1941 年 4 月 22 日，第 7 页。

者接触，可从一定程度上影响政策的制定推行；而低级职员多在权力运作网末端，大多情况下只能是被动的施行者，又因其与基层社会联系紧密，工作中有不受上级控制的权力真空。战后汉奸多以利于人民为己辩护，受纠正以往对汉奸强烈道德批判风向的影响，许多国外史学研究者难免会“矫枉过正”，对伪职员过度理解和同情，所得结论反而失之偏颇。本节试图在动态的权力运作网中分析伪职员与日本统治者间的微妙关系以及政治的“弹性”空间，并对伪职员的行为展开讨论。

一、青岛伪政府的权力运作网络

日本统治者未将占领地纳入本国的国家体系，而是在承认中国是一个国家的前提下，将其囊括在所谓“大东亚共荣圈”内，以东亚黄族作为统治的情感纽带。侵略者在中国沦陷区建立中方和日方各司其职的两套行政班底，由于日方处在绝对主导地位，故而中国职员的领导班子也被称为傀儡组织。因无前例可循，日伪根据沦陷区的情况，也在不断调整着地方行政体系和权力运作网。

1937年8月14日，日本关东军司令部决定《对时局处理要纲》，规定“华北政权，概以五省之联省自治为最终目标，首先以河北及山东两省（将来包含山西）成立一政权”。日本对各政权“配置具才干的日本人为顾问”，由大特务机关长透过顾问从内部指导现地政权，而这种方式日后成为日本指导占领地政权的重要模式，华北方面军特务部顺势成为“统制指导中国方面机关”。① 早在1936年春，日本在青岛即开始筹备特务机关，至1938年1月才正式开始办公，机关长为对中国内地情形甚为熟悉的谷荻那华雄②。特务机关下设人事系、情报系、交际系、

---

① 日本防卫厅战史室著，“国防部”史政编译局译：《大战前之华北“治安”作战（一）》，台北：“国防部”史政编译局1988年译印，第66—67页。

② 谷荻那华雄是当时华北驻屯军司令部参谋，少校阶级。七七事变之前，任驻青岛日本陆军武官，事变后任山西太原日本陆军特务机关长。《汉奸姚作宾的坦白材料》（1951年6月15日），青岛市档案馆藏，C010685。

总务系，其中人事系和交际系分别负责“采访中国人等一切之动态”和“联络中国人之责”①，为日本侵略做好充分人事准备和舆论铺垫。

在日本内阁1937年10月制定的《中日战争对处要纲》中，确立“在中国中央政府之下，务求华北成为真正明朗之地区为主旨”。此外，规定“应扬弃占领敌国领土之观念”，“不实施占领行政，但治安则确立由军指导之原则”。行政机关虽委交现地住民自主组织，“但须加以指导”。12月14日，伪中华民国临时政府在北平宣告成立。24日，日本内阁通过《事变对处要纲》，对华北伪政权的行政组织作进一步规定。其中对于占领地政权之首脑，“必须网罗纵使在全中国亦孚众望之人物”。日本对该政权之指导，将“逐次强化与扩大”，但在具体方法上“应止于有关大纲之由日人顾问从事内部指导，不可配置日人官吏干涉其行政细部为方针而指导之”。② 日本虽以“自治”为名管理伪政权，且出现“放权”信号，但其政治渗透力丝毫未有减弱，可以说涉及行政的方方面面。以伪山东省政府为例，伪组织开会时“都是宣布特务机关长的训词”，“不但军事，而且一切政令和重要人事悉听命于驻在济南南关的山东省日本陆军特务机关”，“凡属伪县长以上的人员更调任免和省厅长的任免，均须征得该机关同意后方为有效”。在伪政权的下属各厅、局部门，都有日本顾问进行专门“指导”。③ 在不违背施政总方针的基础上，伪政权的中国高级职员享有一定限度的行政自主权，但自主程度则取决于日方。

在伪青岛治安维持会时期，日本海军特务部和陆军特务机关相继成立，因青岛不是日本陆军占领区域，“陆军特务机关的规模也比较小”。伪治安维持会主要受海军特务部的“指挥监督”，“该部为达成指导任务，由海军、陆军、总领事馆共同组织联络班”，政务须经由三方通

---

① 钟鹤鸣：《日本侵华之间谍史》，第92页。

②《大战前之华北“治安”作战(一)》，第72、76页。

③《民国山东通志》第1册，第347页。

过方能落实。[①] 日本顾问实际上是伪政权的最高决策者。1938年华北方面军在政务指导计划中曾对日本顾问的权限进行界定，指出对于新政权的行政指导，当由日本人掌握大纲，"细节委托给中国人"。日本顾问应间接指导伪政权，而不是妄加干涉，要充分给予中国人"面子"。[②] 以上总体体现出日本统治者抓大放小的原则，但在地方伪政权的实际运作中，日本顾问完全处于居高临下的地位，干涉程度因人而异。1939年3月25日，日本驻青总领事加藤伝次郎与伪青岛市市长赵琪签订协定：一、一切应向市长提交的重要文书，皆经由顾问。市长对重要事项作出裁决前，事先与顾问协商；二、辅佐官辅佐顾问，顾问发生事故时由其中一名辅佐官代理其职务；三、市政会的决议赞成与反对人数相等时，市长同在青日本官员协商后决定；四、市长面临紧急突发事件，对军事长官请求派兵时，须提前同在青日本官员协商；五、本协定自签字之日起生效。[③] 日本以条约形式规范了伪青岛市市长的权限，使其成为日本顾问的附庸，以此确保青岛完全在日本的掌控之下。

然而，日本并未对本国统治阶层内部的权力范围作清晰界定，在青日人围绕青岛最高领导权展开明争暗斗。日占青岛后，"海军强烈希望确保青岛之港湾设施及海军根据地，因而对现地之诸施策，与陆军方面发生各种问题"。[④] 海、陆军围绕青岛重要的建筑物、设施、码头等管理及警备问题上爆发激烈矛盾，虽曾在1938年1月27日"缔结了大本营陆、海军部的协定"，但直到3月26日双方"才达成了关于港务、邮务、电务方面的协定"。尽管"表面上的矛盾消除了"[⑤]，但利益冲突并未彻

①《日特机构——汉奸姚作宾交代》(1951年5月)，青岛市档案馆藏：C010683。

②「北支政権に対する日本人顧問の件」JACAR(アジア歴史資料センター)Ref. C04120214000、支受大日記(密)其6昭和13年自2月10日至2月17日(防衛省防衛研究所)。

③「青島特別市に関する協定」JACAR(アジア歴史資料センター)Ref. B13090928200、青島特別市に関する協定(C62)(外務省外交史料館)。

④《大战前之华北"治安"作战(一)》，第186页。

⑤《中华民国史资料丛稿译稿〈中国事变陆军作战史〉》第一卷第二分册，第123页。

底解决。日本海军在青岛问题上取得先机，不过陆军始终未放弃干涉青岛的种种努力。关于今后伪青岛市公署建设问题，1938 年 8 月驻青日本陆军特务机关长河野悦次郎在公开意见中表示，如“中方的请求属于中央部方针范围，给予许可，并考虑开始实行”。鉴于“中国人的特性，担忧能否找到一名不专横的市长”，故在咨询伪市长任命方针时，希望伪中华民国临时政府经由陆军特务部部长，“只征求日方参事的意见”。陆军掌控青岛伪政权市政主导权之意甚明。对此，青岛海军特务部部长石川信吾强调海军意见如下：“青岛特别市建设纲要作为单独的条令，应当根据需要采用临时政府发表的特别市组织大纲中的适应条款”；“因青岛的特殊性，日方应掌握实质上的政治实权，与临时政府建立最小限度的表面关系”；在如今组织中，“北平陆军特务部的地位在当地三机关之上”，因此北平陆军特务部之思想并不适应于青岛。在驻青陆军看来，“青岛海军始终使用类似言辞”，对于当地统治蛮不讲理，“没有交涉的余地”；只要不更换相关负责人，始终无交涉可能。同时，“对于以海军大佐为交涉对象一事”，日本陆军持坚决态度，“绝对不能同意让海军介入指导临时政府”。① 青岛伪政权背后存在着以海、陆两军和日本领事馆为主的几股势力，总体目标一致但又在具体利权上相互博弈，这使得青岛的政治形势愈加复杂。

1939 年 3 月 10 日，日本政府正式成立兴亚院联络部作为“对于日军占领下的中国地区的政治、经济、文化政策的制订与实施机关”。② 随着中日战争规模扩大，统治沦陷区等诸多难题“并非单靠陆海军即能解决”，又因“就现地开发上需要各方面的技术及经费预算亦大”，必须各省参与，遂有兴亚院之成立。日本在华北设有兴亚院华北联络部，长官为陆军中将喜多诚一，下设青岛出张所，所长由海军少将柴田弥一郎

---

① 「青島特別市建設要綱に関する件」JACAR（アジア歴史資料センター）Ref. C04120903000、陸支受大日記（密）第 24 号 2/2 昭和 14 年自 5 月 12 日至 5 月 16 日（防衛省防衛研究所）。

② 《日本侵华战争初期的决策与实施机构——关于“兴亚院”的研究》，《纪念中国人民抗日战争暨世界反法西斯战争胜利 70 周年国际学术研讨会论文集》，北京：中共党史出版社 2015 年版，第 823 页。

担任。兴亚院联络部设立的地区，“特务部都被废止”[①]，因而青岛海军特务部和陆军特务机关随之取消。但相关利益方并不甘心将权力拱手相让，青岛出张所原封不动地继承并使用青岛海军特务部建筑[②]，海军特务部的特务班得以存留[③]，各特务机关“加强控制各省市政府”以防止兴亚院介入，这为兴亚院实际工作造成掣肘。兴亚院在青岛设级别较低的所而不设部，也是因日本海、陆军对青控制权的争夺尤为激烈，日本当局不得不加以变通。日本海军主张在青岛设直属兴亚院的联络部，并管理海军控制的华北港口城市，但遭日本陆军省和外务省反对，理由为青岛属华北地区，是其一手扶植的伪中华民国临时政府所属的特别市，当纳入兴亚院华北联络部内。为平衡海、陆军利益并“调整双方之关系”，兴亚院决定一方面将青岛出张所置于华北联络部下，另一方面指定由海军少将柴田弥一郎担任青岛出张所所长[④]，并将即墨、胶州划归青岛，换取海军放弃染指烟台等港口城市的计划。虽然级别设置较低，但青岛出张所实际上与兴亚院保持着直接的上下级关系。

兴亚院华北联络部青岛出张所内设政务班、经济班、文化班，以期对青岛各方事务作出全方位指导。当时伪青岛市的行政体系为：兴亚院青岛出张所所长兼任伪市公署最高顾问，由该所派遣各局、处、所的副长官以下职员，正级职务由中国官员担任。因青岛出张所所长不能每日在伪公署办公，特设顾问辅佐官代表办理政务。据姚作宾回忆，人事安排上青岛出张所的“总务由海军担任，政治由陆军担任，经济由日寇大藏省（财政部）担任，文化由日寇外务省担任”，“各班班长以下的职

---

① ［日］加藤阳子：《从军事史研究的角度来看中日战争——关于兴亚院的历史定位》，《抗日战争研究》2014 年第 1 期，第 33 页。

② 「12. 青島出張所現状申告」JACAR（アジア歴史資料センター）Ref. B02030557300、支那事変関係一件 第十九巻（A-1-1-0-30_019）（外務省外交史料館）。

③《日特机构——汉奸姚作宾交代》（1951 年 5 月），青岛市档案馆藏，C010683。

④《大战前之华北“治安”作战（一）》，第 192、186 页。

员，海军陆军都得担任，尤其海军的比重占最大”。[①] 在青的日本海、陆军并不愿意放弃既得权力，始终处于政治博弈中，兴亚院又与日本驻青总领事馆在事务上有所重合，故而伪青岛市公署依然面临受多个日方机构指导的命运。

随着太平洋战争的持续扩大，日本加强对中国的控制掠夺，鉴于“外务省及兴亚院在中国均派有驻在机构”且“业务相互重叠交错，往往形成争议”，故而决定从根本改建外政机关，将兴亚院加以统合。1942年11月1日，大东亚省成立，兴亚院继而被中国事务局所取代。大东亚省在1943年对兴亚院青岛支部的职员进行安置，“除特别指示者外，分别担任当地总领事馆之职员，受总领事之指挥监督”。在成立大东亚省的过程中，日本陆海军又因“有关驻中国机构问题争论不休”，日伪“下层组织特务机关及领事馆等之一元化问题并未解决，结果在改编若干机构的形势下并存”。[②] 军方因关系一地安危并掌握实权，始终是不容忽视的政治势力。兴亚院被取消后，日本海军方面设立隶属于海军司令部参谋处的潮机关，陆军方面则设立隶属于桐部队参谋处的调查部，“两个机构系半隐蔽式的不直接对外”。这期间日本宪兵队的权力扩大，成为“极端的特务组织”。在1944年欧洲战局和太平洋局势发生根本变化后，北京的宪兵司令部“采取便衣游击活动方式”，组成遍布华北沦陷区的特务组织——甲部队。青岛的甲部队“既没有显明的标志，连它所驻的地点无从知道”，但当时在市内出现青山公馆、阿部公馆等特殊组织，还有日本浪人和“中国腿子”组成的张宗援部队[③]，日本对青的组织方式开始趋于恐怖和暴力手段。

尽管日本对中国沦陷区的统治体制一直处于摸索之中，机关多番

---

①《日特机构——汉奸姚作宾交代》(1951年5月)，青岛市档案馆藏，C010683。

② 日本防卫厅战史室著，“国防部”史政编译局译：《大战前之华北“治安”作战(二)》，台北：“国防部”史政编译局1988年译印，第392—393、395、398页。

③《日特机构——汉奸姚作宾交代》(1951年5月)，青岛市档案馆藏，C010683。

更迭且日本高层对基层控制权的争夺尤为激烈，但对伪政权及其职员群体始终处于绝对控制之下，现从中国方面的组织运作体系展开分析。

因日本采取以华制华的统治策略，故在名义上成立了以中国官员为最高长官的各级政府。1940 年 3 月 30 日汪伪国民政府正式成立后，“中华民国临时政府”宣告取消并被改组为“华北政务委员会”。不过，华北政务委员会对汪伪国民政府而言处于“高度自治的状态”，“从人事任命到对内政策，以至对外交涉，汪精卫都无权过问”，甚至“连‘国旗’、‘国歌’及‘主义’，也都不是汪精卫将要采用的‘青天白日满地红’旗和‘国民党’、‘三民主义’，而仍是其已经使用的五色旗、《卿云歌》和‘新民主义’”。① 因华北地区属于日本华北治安军的直接辖区，青岛伪政权直接听命于伪华北政务委员会，汪伪政权只是名义上的最高政府。

在青岛伪政权这一级，可从姚作宾在 1943 年 4 月 1 日就任伪市长时发表的谈话中进一步明了中国伪职员所处地位。他将青岛比作父亲及伯叔叔三房合起来只有这么一个的“很可爱的小孩”，他这伪青岛市市长“好比是这小孩的一个保姆”，自己会尽“最善的力量，与最高的良心”。因这小孩过去的厄运与灾难极大，“现在也是身体瘦弱，很有阻碍他的发育的种种环境”，故而姚作宾“希望这三位尊长”，“看在祖宗的面上，对于这小孩，应该给他营养的地方给他营养，给他受教育的时候给他教育。不可有溺爱的缺陷，不可有阻碍他发育的思想”。姚氏在最后称：“如果认为我是一个合格的保姆，那就要真实的信赖这保姆的抚育责任”，赞成其抚育方法，那么“这位可爱的小孩，一定可以顺利的长成”。② 姚作宾显然意有所指，他口中的“三位尊长”泛指日本驻青指导机关。保姆的职责之一便是听命于主人，姚作宾明显意识到伪市长只

① 郭贵儒、张同乐、封汉章：《华北伪政权史稿——从“临时政府”到“华北政务委员会”》，第 418 页。

② 青岛特别市市长姚作宾：《青岛特别市市长姚作宾就任谈话》（1943 年 4 月 1 日），青岛市档案馆藏，B0023/001/00972。

不过傀儡角色，但仍希望日本对其予以足够信任和执行权。由于日本向伪市府各副局长级、科长级派遣日本人，人事的任命权和许可权等一切皆委诸日本指导机关掌握，中国伪官员的行政权力受到层层挤压，遂引发姚上述影射和感慨。由此不难看出日本统治者与中国高级职员——这些名义上的地方最高管理者之间彼此试探、相互博弈的微妙关系。而从姚作宾谈话中，也可勾勒出其性格特色与为人处事风格。

在行政运转方面，日本通过各级中国官员将指令层层下达，其中除政府颁行的正式文牒外，最主要的方式恐怕当属长官训示。如1942年12月11日，伪华北政务委员会委员长王克敏召集在京各机关简任人员，就当前的国际战争形势发表训话，以确立“日本必胜”的信念。王克敏要求他们“要抱着一个极大的决意和日本方面加紧的联络，自动格外努力以与日本方面的策划互相呼应”，职员“平日服务尤宜更加勉励”。① 王克敏的此番训话下达给时任伪青岛市市长赵琪后，后者又将其传达给包括乡区行政筹备事务局在内的青岛伪政权下级部门，以此作为伪职员的精神指导和行事准则。1943年1月19日，赵琪又奉伪华北政务委员会命令赴京出席由王克敏主持的各省市长官会议，主旨为要全体官民统一步调、协力投入对英美作战。通过此次长官会议，日伪“一方面督饬各省市官吏，作行政上之努力；一方将政府参战意旨，昭示人民，集结国民力量”。会议上的提案交由各省市长详细讨论，“发挥意见颇多”。在20日上午的临时全联会上，有各省市代表一百余人参与，赵琪谓：“对于参战提案颇多，互相研讨，极为恳挚。”回青后赵琪即将赴京出席会议经过及制定方针向下传达，以作为地方现阶段施政的要点。②

---

① 赵琪：《关于王委员长一九四二年十二月十一日召集在京各机关简任人员训词的训令》(1942年12月)，青岛市档案馆藏，B0023/002/00610。

②《青岛特别市长赵琪传达华北省市长会及新民会第四次中央委员会精神讲话稿》(1943年1月20日)，青岛市档案馆藏，B0023/001/00996。

在地方一级,赵琪平日多次对僚属发表讲话,除论及施政方针、当前局势外,还讲论道德修养、为官之道等内容。在纸面文件外,日本统治者利用威信较高的中国高级职员,采取向下训话的传统方式,试图建立示范效应,以此加强伪职员群体的凝聚力,更好地推动政策纲领的实施。

日本统治者对青岛伪政权高级职员控制较为紧密,但对下级职员群体难免有权力触角未能探及之处,这也使下级的权力运作网存在独特的“弹性”空间。日伪统治初期,青岛各区没有区政府,“警察分局什么事都管,权力相当大”。以青岛伪警察局为例,因局内的中国官员直接与基层社会接触,这使其有较大自主发挥余地。伪特务科科长欧秋夫的下属多系伪满洲国伪警官,时常“任意抓人,任意放人,极尽敲诈勒索之能事”。地方商民为求方便,“都想方设法巴结分局,每逢年节便向分局、分驻所、派出所馈赠礼金,慰劳官警”。[①] 一些投机商人“为了巴结权势,有的为了疏通官司,一到夜晚就邀请特务科人员外出寻欢作乐,进行肮脏交易”。而伪警察局人员利用权势“上下勾结”,“有的包娼,有的包赌,进行勒索”或从中“抽头自肥”。因下级官员将部分不义之财“孝敬”上司,故而上级官员也对其采取睁只眼闭只眼的态度。[②]伪职员在利益上达成一致之后,形成心照不宣的官场默契和潜规则,各自均能在其间攫取油水并保证安全。

但在政务推进过程中,难免会涉及不同利益的群体,“相安无事”的平衡关系难以长存,这又使不同地方势力间的政治博弈在所难免。1944年1月25日,日伪为适应决战局势和锻炼市民身心而成立健民社[③],社长由伪市长姚作宾担任。该社拟商借天后宫庙门楼作为临时

---

① 王义昌:《徐树莲与伪市北警察分局》,《市北文史资料》第1辑,第24—25页。

② 王第荣:《日伪时期的青岛警察局》,《青岛文史资料》第5辑,第135页。

③ 青岛市警察局:《关于在天后宫设立青岛市健民社的训令》(1944年4月),青岛市档案馆藏,A0018/003/00458。

社址，却遭到天后宫董事会代表、青岛商界头面人物方百川、丁敬臣、邹道臣、杨玉廷的反对。在妈祖信仰随海航线北传后，青岛在明成化三年(1467 年)始建天后宫。随着近代青岛商业日趋繁荣，妈祖作为来往商旅的保护神而被当地民众接受并信奉。方百川等在去函中称："天后宫历史悠久，神圣极灵，全市人民信仰极深，虔诚供奉莫敢亵渎"，香火数十年有加无减。天后宫乃"神灵庄严之地，清净无尘之所"，在此成立健民社"于神道民情实非所宜"。他等希望当局采用他处官产作为健民社社址。说明缘由后，方百川等人称如当局"仍须借用庙产"，唯有悉听裁决。[①] 站在董事会立场，天后宫收入的绝大多数源自香火钱，深恐成立健民社会削弱该地的神圣性并影响敬拜人数。

关于以上陈请，市公署遵照姚作宾旨意予以回复。回函中称当此决战时期，"健民社之设立实为当务之急"。为积极推行起见，"特以天后历史最久，妇孺皆知，为市民之踪常到之适中地点作为社址"。当局指出，来呈中谓此乃"神灵最严之地"、设健民社"实非所宜"，实是未能考虑周全，正所谓"治世以文，戡乱以武，实为经世之论"，而"兴学教民"的健民社之成立"确为应时之要务"，以天后宫为社址"焉有所谓不宜及亵渎之处"。再者，"该会代表市民保存古迹"，是为"引导平民由信仰感应而纳于轨物"。伪市府称"历来庵观寺院均补官产"，官产官用自属合理，且方百川等所提其他官产"或因尚有他用，或因各有不宜"，并以伪政府"早经权衡、未便更易"为由断然回绝。最后，伪市府教育董事们要深明大义，多对实践新国民运动之组织有所协助，"倘仍认识不清或受人拨弄故意阻挠要政"，伪市府"亦恐有爱莫能助之时也"。[②] 伪市府对采用天后宫作社址一事态度坚决，更对带头反对的董事予以严厉批评

① 青岛特别市公署:《关于健民社用天后宫前门楼为社址的批文》(1944 年)，青岛市档案馆藏，A0020/001/00396。

② 青岛特别市公署:《关于健民社用天后宫前门楼为社址的批文》(1944 年)，青岛市档案馆藏，A0020/001/00396。

和警告，言辞中不乏威胁之意。在伪政权高层与地方势力发生利益冲突时，会视情况的严重程度和地方代表态度而加以定夺，有时会在不影响大局的情况下对下级作出安抚和折中处理，但事态的最终走向是在不损害统治阶层整体利益的前提下。姚作宾与方百川等虽同属于伪职员，但因职位差别悬殊，特殊时期姚作宾最先顾及的是日本统治者的立场，故而不惜牺牲下层利益。

伪政权职员群体包罗逊清遗老派、北洋政府派、国民政府派及留日学生派，所属关系盘根错节又有地域之分，派系斗争尤为激烈，这种权利之争同样延伸到各个部门。青岛伪警察局即分为三派：一派是原国民党的旧警官，他们因资历较高而“占据着全部科长和分局长的职位”；一派是伪北京高等警官学校毕业的学员，毕业后一律分配为办事员，“因他们是日伪培养出来的科班警官，晋升较快”；另一派是由伪满洲国调来的伪警官，“他们都会日本话，善于钻营，但多数人有鸦片嗜好，为发财而来青岛，所以敲诈勒索，无所不为”。三派力量各有千秋，“遇有科长、分局长等肥缺美差，则明争暗夺，趋之若鹜”，职员彼此之间“勾心斗角，互相倾轧”。徐树莲（原国民党派）第二次调任伪警察局市北分局长时，“将分局内的伪满洲国警官统统调走，声言不与他们共事”。1938年7月，日本特务机关派张超凡任伪警察教练所教育主任，他“因嫌教育主任没有油水，想捞个分局长的官儿发财”，便写信给特务机关密报青岛伪警察局的六个分局长均与国民党游击队“勾结”。后经特务机关查明系张捏造诬告，但此事也成为“轰动全市的狗咬狗丑闻”，激怒了伪警察局的实际控制者、副局长对马百之，他决心进一步加强对伪警察局的控制，“各科都增添了一名日本人为辅佐员，各分局也添设了一名日本人为指导员，以进行监视”。为预防各分局长与所辖地区关系密切、“易生弊端”，对马百之又将各分局长进行大调动。[①] 由此可见，在下级行使政治权力的过程中，常有超出日伪监控范围的情况发生，而此间中

① 王第荣：《日伪时期的青岛警察局》，《青岛文史资料》第5辑，第132—133页。

国职员间权力斗争的程度丝毫不逊于日方。一旦日本统治者发现伪职员有逾矩行为，便会采取严厉的制衡手段，中国职员的政治空间随之受到挤压。

人情不仅在中国传统社会和官场中起到举足轻重的作用，就连在青的日本也难免入乡随俗。徐树莲与所在伪警察局的日本指导员"早就认识"，"两人关系处得很好"，此人"文质彬彬，对警察业务内行，一般问题不加过问"。而"部下请示汇报直接与徐树莲打交道"，除非有关日本人的事情才向日方汇报。① 东文书院校长李仲刚与兴亚院青岛出张所副所长绪方"是同学关系"，后者"在青岛也很有些势力"。日语极佳的李仲刚深得日本统治者信任，经常向柴田弥一郎密报青岛中国官员的情况。东文书院最初开办时只有四间教室，在柴田弥一郎的帮助下，更是将 1892 年清政府在青的总兵衙门（后为德国总督府）划给东文书院办学。在兴亚院的大力扶植下，使该校规模和影响力日益增大。李仲刚这类融入统治者圈子的中国官员，无形中成为青岛伪政权权利运作网络中连结中日政界的重要枢纽，日本人通过他们获悉中国官员的思想动态和执政情况，同时也对其大加提拔，这赋予他们更多优越感，甚至可以凌驾于职位更高的中国官员之上。

某次李仲刚外出时遇刺，"受了点轻伤"，姚作宾曾去看望过他。"他们之间的关系不怎么好，李仲刚就怀疑是姚暗中指使人来刺杀他的。"姚李二人见面后"彼此说话很不投机"，结果就争吵起来，李仲刚恼火之下"趁机打了姚一个耳光"，并称"我现在打你，早在兴亚院备案了。你有本事，就去告我吧"。鉴于李仲刚的背景，姚作宾只能吃哑巴亏，"此事就这样不了了之"。② 李仲刚对姚作宾有恃无恐，正是建立在其与日本侵略者的亲密关系之上。后者在政治判断和决策中，也难免会受私人感情影响。对于部分伪职员而言，日本侵略者既是高不可攀的

① 王义昌：《徐树莲与伪市北警察分局》，《市北文史资料》第 1 辑，第 24 页。
② 薛永祥：《东文书院和李仲刚》，《市北文史资料》第 2 辑，第 116—117 页。

控制者，同样也可能成为他们的后台和晋升资本。

在大的方面，青岛伪政权始终处在日本各机关权力斗争的撕扯之下，具体施政过程中可能受到多个机关共同管辖，意见不一时又要多方权衡利弊，无形中降低了伪市府的行政效率。而在伪政权内部，中国官员群体各成派别，职员间有各自小算盘，充溢着利权之争。在政令执行中，中日高级官员还有各自国家利益的考量（所谓“汉奸”的行为亦呈现出矛盾性的一面，详见下节），这使得青岛伪政权始终在失序、失衡的政治轨道上运行。因日本对基层社会的控制最终通过中国下级职员群体，并由他们同老百姓直接接触，这又形成不受日伪控制的权力真空地带，为下级职员的“自由发挥”提供了很大余地。

二、“执政之善”与“助纣为虐”：伪政权官员行为的复杂性

抗战胜利后，蒋介石在处理汉奸问题时曾有过“不问职位，只问行为”的昭示，是否有“利于人民之行为”成为汉奸减免刑罚的重要条件之一。回到当时的历史情境中去，伪政权高级职员虽充当了日伪侵略中国的帮凶，但也在某方面有过“仁慈”举动，这也是当今许多国外研究者“美化”汉奸的重要原因。本节试图对这一看似矛盾的问题进行分析，通过探讨伪政权官员的实际行为及影响，阐释特殊环境下个体动机和行为之间的复杂性。

下层民众最能切身感受到政府政策的利弊得失和世态炎凉，伪职员的行为作用在他们身上所产生的影响也更为直接。伪警察直接与基层民众打交道。日伪统治时期民众生活窘迫，青岛市内各色小商贩激增。对于伪政权取缔小商摊贩的规定，伪警察或相关负责人“不忍拘捕他们”，理由是“如果拘捕了小商贩，他们及家人会饿死”。① 在伪职员群体中，类似这样行能力所及的执政之善者并不罕见。

---

①「1 事变下支那民衆思想ニ就テ」JACAR（アジア歴史資料センター）Ref. B02030702200、対支中央機関設置問題一件（興亜院）/在支連絡部調書（A-1-1-0-31_2）（外務省外交史料館）。

1941年冬，日军对胶东实施疯狂地拉网扫荡，马山之役后有2600余抗日军民被俘并关押在青岛体育场看台下，成为战俘劳工集中营。几千难胞“每天只能吃到很少的地瓜干，只有一个水龙头供水”，“因伤重而死、饥寒而毙者与日俱增”。① 关于营救被俘难胞一事，戚志诚在新中国成立后曾写有《救生记》一文。见到戚文后，此事的亲历者之一，曾任牟平红万字会会长、青岛市商会副会长的崔岱东又作《〈救生记〉的补正》。通过多方回忆和史料佐证可基本还原事件真相，是分析伪职员如何与日伪博弈，行“执政之善”的典型事例。

据戚志诚回忆，得知难胞凄惨经历后他即请求青岛伪商会会长邹道臣出面营救难胞，“连访三次才得会见”。但邹“胆小怕事”，“唯恐祸延自身”。戚志诚遂找到青岛红万字会副会长贺善果说明原委，贺思量后认为：“邹会长说得对，这事风险性太大，我很难管。”戚志诚“愤然地”以红万字会标榜的“救人不分国籍”等语相劝，贺善果听罢“猛地把手中茶杯向桌上一拍，茶杯随手而碎”，并说：“好吧，干！叫你这个青年把我说服了。”②但根据义昌、失羊在《工商人物轶事》中的记载，邹道臣的儿子见戚文后去信称营救体育场难胞一事乃是其父伙同乔智金办成的。二位作者为查实此事特地拜访曾任日伪青岛商会副会长、90岁高龄的毛雍琛，“他也肯定戚志诚的文章”。毛雍琛又作以下补充：“在当时讨论营救问题时，几位副会长都同意丛会长（注：丛良弼，世界红万字会青岛分会会长）要小心谨慎不可贸然从事的主张。独有贺善果力排众议，非营救不可。”③

贺善果祖籍为牟平宁海镇，原名俊生，凡在红万字会道院捐款最多者可蒙“老祖”赐道号，贺善果之名由此而来。他精通日语，早年在大阪

① 崔岱东：《〈救生记〉的补正》，《青岛文史资料》第6辑，青岛市政协委员会文史资料研究委员会1984年编印，第184页。

② 戚志诚：《救生记》，谢忠厚、张瑞智、田苏苏主编：《日本侵略华北罪行档案7集中营》，石家庄：河北人民出版社2005年版，第240—241页。

③ 义昌、失羊：《工商人物轶事》，《市北文史资料》第2辑，第204页。

经商致富，在青岛、烟台等地投资多家企业。1938 年 5 月 31 日，日伪为报复游击队在牟平西南营子处决抗日军，在城内屠杀群众 110 余人；后又以召开全城群众大会名义，将 4000 余男女老幼骗至西南营子，声言“不交出八路，就要全部枪毙”。[①] 危急情况下，贺善果和王心斋出面求情，贺氏“以个人性命担保这里面决无游击队”。介于其红万字会的背景及身份，日伪答应了贺善果，他也因此“化险为夷拯救了几千人的性命”。曲言训在《牟平红“卐”字会恤养院始末》一文中还记录了此事的另外一说：“郝俊生（笔者注：贺善果[②]）、王心斋等人，提前与日寇计划停当，设下圈套，在关键时期出面调说，借以提高红‘卐’字会、恤养院的威信”。作者直言道：“按当时情况，恤养院并无偌大威权，设此圈套。即有此谋，日寇不可一世，也不会合从。此说非是。”[③]这种传说既证实了贺善果营救一事，又从侧面反映出民众对与日伪媾和者多有戒心，受当时宣传和对汉奸标签化认识影响，即使是伪职员的善行也易被认为是圈套和阴谋。

毛雍琛认为贺善果坚持拯救难胞的原因，“主观上他相信‘老祖’保佑，另外也接受牟平事件的经验，觉得不会招致杀身之祸；而在客观上又取得日军高级嘱托高某的串通，能够直接见到日寇驻军的头目。更为凑巧的是这个头目在大阪时与贺有一面之识，又是用日语直接对话，这就方便多了”。[④] 有关贺善果与日伪协商前后，还有王超凡的回忆可作参证。贺善果“经过一番考虑之后”挺身而出，“首先向商会常务董事乔智金（时任青岛政记轮船公司副经理、擅长日语，很受日本统治者器重）请教，摸清负责管制这部分难胞的日军部队番号和部队长的姓名、

---

① 王超凡：《缅怀贺善果先生》，《牟平文史资料》第 4 辑，牟平县政协文史资料委员会 1992 年编印，第 38 页。

② 王超凡：《缅怀贺善果先生》，《牟平文史资料》第 4 辑，第 35 页。

③ 曲言训：《牟平红“卐”字会恤养院始末》，《牟平县文史资料选编》第 1 辑，牟平县政协文史资料委员会 1985 年编印，第 53 页。

④ 义昌、失羊：《工商人物轶事》，《市北文史资料》第 2 辑，第 203—204 页。

习性”，而红万字会的日籍会员也提供了相关信息。贺善果“拿着个人的名片，直接闯见了管束难民的日军部队长”。该队长以被抓来的俘虏是八路军为名拒绝保释，经过贺善果一昼夜的不懈争取，取得为难胞送饭、治病和有条件保释的三道“手谕”。[①] 所谓的条件，即“真八路不能保，假八路可以保释”。在后来放饭施衣的过程中，相关人员“暗中教给难胞只承认是集体参加八路的，争取更多人得以保释”。[②]

因戚志诚资历较浅，只能透过贺善果得知与日伪交涉的一些内幕，崔岱东的补正可较为全面地还原伪职员为此事奔走联络的全貌。据其回忆，烟台惠通船行经理王浩生的亲戚、本家和邻居多人被囚，王浩生即向牟平红万字会会长曹承虔哭诉难胞的悲惨情形，曹又找到崔岱东求助，他们在反复研究对策后认为“这不能像在宪兵队那样，只要找翻译花钱活动就能放出人来”。崔岱东等人决定向乔智金求助，听说是营救俘虏后，乔智金认为身份不符，不敢为其讲话。但崔岱东以难胞的凄惨状况相劝，乔智金“沉默了一会”后，找到与他“私人关系很好”的井上（青岛兴亚地产株式会社社长、日本退役大佐，“是当时日本海军元帅的胞弟”）帮忙，井上“答应到桐部队问问”。桐部队称“部队限于经费，每天只能供给六百斤地瓜干，并非有意虐待”，在井上将其转述给乔智金后，他立即表示“青岛华人慈善团体，可以负责供应这些人的全部伙食”。之后乔智金带着崔岱东等提供的一箱烟到体育场与日伪接洽。在多番斡旋下，桐部队遂准许慈善团体向难胞送饭。[③]

当事人在新中国成立后的回忆中难免出现夸大事实、为自己揽功之嫌。戚志诚和崔岱东分别将贺善果、乔智金的出面归功于自己的劝说，而他们各自对营救的态度始终是积极而坚决，甚至可以说毫无惧

① 王超凡：《缅怀贺善果先生》，《牟平文史资料》第 4 辑，第 38—39 页。

② 戚志诚：《救生记》，谢忠厚、张瑞智、田苏苏主编：《日本侵略华北罪行档案 7 集中营》，第 241—242 页。

③ 崔岱东：《〈救生记〉的补正》，《青岛文史资料》第 6 辑，第 184—185 页。

色。但通过毛雍琛、邹道臣儿子、王超凡等人辅证，确见贺善果与乔智金出力极多，救援一事的最终促成是伪职员间相互合力的结果。

在救援难胞过程中，青岛各级伪职员颇为积极。崔岱东与贺善果、邹道臣、王芗斋、丛良弼等带头各捐五千元，“各商号都热情捐助”，共计二十万。青岛伪商会还发动全市大小饭铺连夜蒸窝头。在送饭的联络人选上，推选六十岁高龄、精通日语并曾在大阪经商的王振宇担任，王即“当仁不让、慷慨答应下来”，每天和红万字会、商会、救济院派来的人员按时前往体育场送水送饭。戚志诚与吕希贤放饭之余，“抄录难胞的姓名、家乡、地址送交红万字会以便保救”。此外，红万字会出面聘请医师公会会长陈志藻组织医疗队进集中营为难胞诊病送药，陈还向贺善果进言：“单纯依靠医药救不了大批难胞的性命，只有苞米饼子、小棉袄才能救命”，因此红万字会又增加了放饭施衣工作。被保释的难胞暂时被安置在红万字会，该会发放棉衣、棉被，组织医护人员为难胞治病，等恢复健康后代他们领取“通行证”①，并“陆续发给路费”，其中大部分各回原籍。②

救助难胞之初，伪政权商界头面人士虽曾表为难，但经权衡后以大局为重，利用与日伪的关系最大限度上展开施救，维护了本国民众的生命安全。此事绝非凭借一己之力，而是诸多商界人士慎思后达成的共识，可大致反映出在不危及自身的情况下，沦陷区与敌伪接触密切的上层人物愿意力所能及地为民众做一些事，这也是体现其“执政之善”的重要一面，但并不能将此种行为过分拔高。在沦陷区，善与恶之间往往并无不可逾越的鸿沟，其间常常充满了似是而非的灰色地带，姚作宾的行为即是例证。

1945 年 10 月，姚作宾作为青市“头号汉奸”被收监。姚作宾汉奸案的审理时长贯穿整个国共内战，其间国民政府三审姚作宾，两度判处

---

① 王超凡：《缅怀贺善果先生》，《牟平文史资料》第 4 辑，第 39—40 页。

② 崔岱东：《〈救生记〉的补正》，《青岛文史资料》第 6 辑，第 186 页。

其死刑。但在姚作宾的多番辩解和疏通上，最终改判无期。在国民政府的官方认定和姚作宾的自我辩解书中，充分揭示出汉奸行为的复杂性。《姚作宾死刑判决书》中，国民党法院对其犯罪行为概括如下：1. 资敌杂粮小麦共达六千七百余吨；2. 组织献铜委员会自兼委员长，将自用铜床亲献敌寇，以为献铜表率，令各机关将墨盒笔架及市府前栏杆尽行拆除，完全献纳，共计青铜约二十万斤；3. 教唆市民献机八十余架，以新民会名义“发动市民献金五十余万元”，且在 1945 年 6 月 1 日至敌投降的不数月中，令伪商会向日伪各事业捐款一千二百四十余万元，并向伪商会“筹借五千万元为敌修筑国防公道之用，复为敌征募劳工修建南泉飞机场”；4. 姚作宾“将胶、即两县及市区所有轻微罪犯及俘虏，一并发往东北或日本修筑军事工程，总计由青岛出口者达一万余名，生还者十无一二”。此外，姚兼任伪青岛保安总队长时多次“进行所谓‘清乡’‘扫荡’‘封锁’‘肃清’等工作”。判决书认为姚作宾“认贼作父，蓄意叛国，非议国策破坏抗战之祸心，不特昭然若揭。折且尽丑诋中央献媚敌人之能事，其足以影响我抗战情绪民族气节者，至大且巨”。被告“虽以充任伪职受敌威胁，言论不能自由辩解，但汉奸之不能自由论述既为被告所明知，又适足以反证其甘心附逆，藉以媚敌固位而已”。[①] 对于姚作宾提出的有利于人民情节和辩解、证人证言，判决中断然予以驳斥：“被告身为伪市长，偶施小惠于市民，其目的仍在沽名钓誉”，借此巩固地位，自难采为减刑之理由。判决书最后以“纵有小惠，难掩巨恶”为姚之罪行盖棺论定。[②]

在人民政府对姚作宾思想改造的过程中，他对国民政府对其指控之罪名再度加以辩解。姚作宾认为，“如以与日寇共同工作，就曲解为

---

① 《姚作宾死刑判决书》，《平民报》，1946 年 12 月 6 日，青岛市档案馆藏，D000139/00022/0007。

② 《姚作宾死刑判决书（四）》，《平民报》，1946 年 12 月 9 日，青岛市档案馆藏，D000139/00034/0005。

通牒敌国、图谋反抗本国，那末，江苏路小学校就有日寇的指导官，伪法院并没有逮捕江苏路小学校校长，依法制裁”，他认为该罪名“要依犯罪的实质来确定”而不是职位高低。对于国民政府认定的资敌事实，姚作宾有以下辩解：

1. 献铜。他曾奉伪华北政务委员会令“征购铜二十万公斤”，但“鉴于其他省市有些执行征购的人发生扰民的事情，使人民蒙受意外损失”，故“承准组织献铜委员会”。姚作宾将其称为“人民之事交由人民自行办理”，献铜委员会由伪市府行政课领导，以区公所和商会为核心，按户数分为五等规定数量，“办理结果只收到十六万余公斤”。针对国民政府法院“硬说”其把伪市府铜墨盒、笔架盒、市府前栏杆都献了，姚作宾感慨道：“天呀，市府前那里来的铜栏杆，青岛几十万市民都不能证明有的事”，市府前小花园石柱上的铁链在他还未任伪市长“就被日寇海军工厂取去了”，“伪法院无中生有，故人人罪，可怕而知”。①

2. 招募劳工为日寇修筑飞机场。1944 年 2 月姚作宾奉伪华北政务委员会令动员三千会员为日本修筑该飞机场，他称“到了开工的日期，一个会员也没有动员着，日寇大怒，遂调张步云伪军约两千名实行工兵政策”。张步云一到城阳任意征收大量物资，指示特务腿子“拉夫”，“并有奸淫勒索绑票杀人等行为”。姚作宾称其在“人民泣诉于伪市府请求救济”、当地办事处疲于供应的紧急情况下，“冒万难与日寇交涉”。最终日伪令姚作宾保证在规定日期完工，否则“以贻误军事论处”。姚作宾向日伪提出“首先调走张伪军，并不能派日人参加工事，或推荐特务腿子夹难其间”的要求，之后成立南泉施工委员会，动员办事处和伪建设局招募劳力和技术员工，发款“购买炉灶、盆碗，组织医药救护”。劳工“日夜输替工作，仅仅如期完工”，姚称不仅“工作中并无死伤，并且工资按日照发。工事完结，倒反救济了一部分穷人”。②

---

①《汉奸姚作宾补充陈述书》(1951 年 3 月 21 日)，青岛市档案馆藏，C010684。

②《汉奸姚作宾补充陈述书》(1951 年 3 月 21 日)，青岛市档案馆藏，C010684。

3. 征粮。姚作宾任内伪华北政务委员会前后颁布征购、以粮代赋等办法，命令伪市府缴粮四万八千吨，姚称“只缴纳六千七百吨左右，仅及命令数目六分之一”。这些粮食均“作为公务员及市民的配给”，自1943年8月至1945年8月“共配给面粉四十八万袋，折合小麦为面粉一万二千吨”，由伪经济局发出市民配给票二十八万张，“绝无一例食粮资敌的事情”。他对伪法院对其“提出的人证物证概不予以调查和传讯，硬判决以食粮资敌”一事，感到“真使人哭笑皆非”。①

4. 设立劳工事务所供给日寇劳工。在青的“日寇海陆空军及后勤部队不下二三十单位之多”，1944年9月前后需要劳力时就在市内乱抓。商民“为避免威胁，请求伪市府统筹办法，供给市区内日寇部队劳工”。伪市府与日本统治者交涉后，“由商会代筹组织劳工事务所，由伪社会局劳工科领导，所有经费由商民负担”。姚称办法为“由劳工事务所登记的把头招工”，并派翻译率领把头和工人往需要部队交工，“伙食宿住，由把头负责包办”。有些部队发行较市债低三分之一的官债，不足之处由劳工事务所贴补，遇到“连官债都不发”的单位，“则由该所全垫”。姚作宾认为“这样的法就止住市内抓人的恶布，减消了商民危惧的情绪”，“工人在自己把头管理下，没有受需要方面的摧残”。照这样的内容看，他在“形式上是资敌行为，但内容上是因维护人民而使构成的资敌行为。按其犯罪情节，法应从宽免究”。②

5. 献金和贷款。日本“每年以预算盈余为条件，提出十万元”，作为陆海军“忘年会”之需，姚作宾称此为日寇主张，“伪市长实无拒绝之余地”。况且1943、1944年两年“伪联币膨胀”，两次“忘年会”的献金“不及一九三八年赵任的一次宴会所花之多”。姚作宾强调此非行为人本意，“纵使论罪，亦属情节轻微之列，伪法院一概抹杀，于法于情，均不符合”。关于国民政府指控的伪青岛市政府在1945年7月代伪华北政

① 《汉奸姚作宾补充陈述书》(1951年3月21日)，青岛市档案馆藏，C010684。

② 《汉奸姚作宾补充陈述书》(1951年3月21日)，青岛市档案馆藏，C010684。

务委员会公务总署向70余名青岛富豪息借五千万元一事，姚称借款本质是上下级政府内部的银钱往来，“牵涉不上资敌事情”，而借款“为日寇修路，是伪公务总署的专责”。况且以上青岛富豪“均是发国难财者，而大部分是经济汉奸”，“此与向青岛人民勒索强捐或硬借的事实迥然不同”。贷款在八月本息还来，“但恰值日寇投降，此款被国民党伪市长李先良扣住，处在不可抗力下。伪市府经手不清之责，依法不能成立”。①

姚作宾在承认部分既定犯罪事实基础上，以尽可能减轻人民损失、所办之事均非主动，而是因处在伪市长位置进行开脱。他特别指出要依据事实进行定罪，“如果不当伪市长，就不会发生上述六项的事，同时又因为占在伪市长的职位，做一些有利于地方和人民的事”。对此，姚作宾的说明如下：

1. 主张厉行节约，禁止浪费。1944年华北其他各省市预算“最低的膨胀到百分之八九十，青岛市只膨胀百分之二十三点”，姚作宾用整理积案、别除中饱填补膨胀率，并未新立税制和增加旧率，“年终决算仍有盈余”。姚作宾认为“能正确的执行预算决算就反映出两种涵义”：一方面是“对地方人民没有增加负担”，反而是减轻痛苦；另一方面“对敌人的服务并不积极，但在消极方面多少也牵制了敌人的贪婪”；2. 设法缓解严酷统制经济下的食粮缺乏。姚作宾认为“人民自己携带自用的食粮”不在日伪要求的“严禁贩卖或运输”之限，遂令警察“对人民肩挑背负携带食粮入市者不可取缔，同时要给予便利”，青岛市方免除食粮恐慌的灾难。其后北京援照青岛的办法，“终挽救了食粮的厄运”，该法也在华北其他大小都市相继实施；3. 开放摊商、促进城乡物资交流。统制经济下“又值伪联币膨胀”，价格跳动极大，商人“照定价出售就要亏本，如违反所定价格，就要被日寇宪兵队逮捕，逼得各行各业只有将货物隐藏起来”。姚作宾“勒令将伪警察局日寇所统制的摊商公会取消，停止摊商的严格登记”，并开放马路行道，使各门市商民派店员将货

---

①《汉奸姚作宾补充陈述书》(1951年3月21日)，青岛市档案馆藏，C010684。

物分散成摊商。面对日伪设立物资检查所、封锁市内货物的情况，姚作宾“又开放海泊河林地、台东公园便利城乡人民赶集”，最终“促成了城乡的物资交流，安定了青岛市六十余万人口的生活”；4. 维护商民财产。1944 年 2 月伪华北政务委员会令华北各都市全面检查仓库、商店和住宅物资，姚作宾“往来请示、拖延时间”，并提出此行“害多利少”，如不同时检查在青日人仓库，不能贯彻效率。结果青岛只检查仓库，商民非但未受损失，被查封的物资最后又发还；5. 提高教职员与警察待遇（此处在第二章第三节中有所提及，不再赘述）。①

姚氏所述确有据可查。1941 年 2 月，鉴于青岛所处的困难情形，时任伪社会局局长的姚作宾曾向日本兴亚院青岛出张所建议，打破经济封锁、促进城乡物资交流，发展青岛工商业使之不受日本资金调整法限制，“不但要从经济上救人民的生活，更要停止一切苛法”和“不合于中国人民习惯的法规”，“从精神上救济人民的生活”②；姚作宾就任伪市长后即将公务员和教职员生活的安定视为市长对地方最大的责任之一③，在其 1943 年 6 月颁行的《约法四章》中，要求提高教职员、警察及公务员的薪资，同时责令公职人员“不准藉任何名目向人民勒派分文钱财”，“准予人民直接向市长控告”，对不法人员“轻者革职，重者依法严办”④；1945 年 8 月，姚作宾特向华北劳工协会呈文，要求救济流落街头的十余名患病劳工，将其遣送回籍并给予旅费口粮⑤，战后有多名证人对姚作宾“曾召集医药界为劳工协会所收容劳工治疗病症”、“救济文

---

①《汉奸姚作宾补充陈述书》（1951 年 3 月 21 日），青岛市档案馆藏，C010684。

② 青岛特别市社会局：《青岛特别市社会长姚作宾建议解决城乡物资交流金融统制及以盐换粮问题的呈》（1941 年 2 月 26 日），青岛市档案馆藏，B0023/001/00813。

③ 青岛特别市市长姚作宾：《青岛特别市市长姚作宾就任谈话》（1943 年 4 月 1 日），青岛市档案馆藏，B0023/001/00972。

④《青岛特别市市长姚作宾约法四章的布告》（1943 年 6 月 15 日），青岛市档案馆藏，B0024/001/00514。

⑤《青岛社会局呈报华北劳工协会流放患病劳工惨状的报告》（1945 年 8 月），青岛市档案馆藏，B0023/001/02759。

贫”、“维持军官学校”等节予以证明。①

从姚作宾的角度，尽管是青岛伪政权的责任者，但对将日伪罪行全盘归于自己的指控难以接受。姚作宾为人民利益而与日伪交涉的内幕鲜为人知，不被视为减刑条件后，令其愈加愤懑委屈；而他在当年施行这些“善行”之时，也已在一定程度上削减了为敌服务的愧疚感。不过，在姚作宾的叙述有避重就轻的现象。例如“献金”部分，他仅举“忘年会”为例，只字未提日伪在沦陷区发动的旨在支援“大东亚战争”的“献金运动”。若以民众角度，伪职员配合日军进行搜刮及欺压的行为，给个体造成的伤害是难以估算的。据当时在济南路“成德昌”麻袋庄经理人王某某的回忆，1944 年 4 月 18 日晨日本宪兵队班长及翻译等数人到其店铺“将所有物资查封”，并将二子和司账带往馆陶路宪兵队严刑拷打。6 月 14 日，“成德昌”所有的麻袋、麻线、麻绳、杭麻及水胶都被日人运往“青岛地区合作社”及骨胶同业会。全部物资值时价一千五六百万元，竟被作价六十万元，并且还要“提出七成‘献金’”，该商受此打击不得不停止营业。②

日伪后期对沦陷区的掠夺式统治除给民众带来财产损失外，还有身体上的压迫，其中受难最深的非劳工莫属。战时日本“把青岛港确立为对东北、日本和蒙疆转运劳工的两大基地之一”，在山东腹地建立了庞大而严密的劳工掠运组织体系。③ 日伪在沦陷时期加速掠夺青岛周边的劳动力，赵克恭就是劳工中一员。新中国成立后他以亲历者身份回忆了被抓到东北做劳工的经历，有助于后人更好地了解劳工在沦陷区的遭遇。

1942 年冬，赵克恭在日伪对大泽山抗日根据地扫荡中被抓做劳

---

① 《姚作宾死刑判决书(四)》，《平民报》，1946 年 12 月 9 日，青岛市档案馆藏，D000139/00034/0005。

② 青岛市档案馆：《日寇在青暴行点滴》，《青岛文史资料》第 5 辑，第 151—152 页。

③ 于佐臣主编，青岛市档案馆编著：《铁蹄下的罪恶——日本在青岛劫掠劳工始末》，北京：中国档案出版社 2003 年版，第 3 页。

力，后辗转至青岛体育场，前后有5000余人被押在此。劳工缺餐少水，“饿病交加”，死者不计其数。该年12月22日，赵克恭等被赶进火车闷罐车厢押往抚顺煤矿。这期间每人每餐只有六小两橡子面，“个个被饿得头晕眼花”。住宿条件更是极为恶劣，每15个人“煎鱼式地”挤睡一铺炕，这种“苦、饿、脏”的生活，使不少人害了传染病，与赵克恭同一铺炕的就有6人先后死去。日伪不管得病者死活，均将其“装进木箱，塞上冻块”，据说是“留做试验用”。1943年夏，赵克恭第二次潜逃成功，辗转至锦州亲戚家，23岁的人此时“看上去却像40岁开外”，“头发足有四五指长，身上的衣裤破得像蓑衣”，哥嫂竟认不出他是何人。赵克恭在锦州七个地方干了一年多的“卖命活”终于弄到“劳工票”（注：在日伪统治区必须连续在一地干半年时间才会获得“劳工票”，方准外出），筹够盘缠后终于在抗战胜利前归家，赵克恭母亲因挂念儿子“过分悲伤而积恨成疾”，重聚不足两月便离世。①

沦陷时期被日本强掳的中国劳工年龄集中于20岁至45岁之间，是家庭的主要劳动力和生活来源。他们做劳工期间备受虐待折磨，幸存者寥寥无几，而身心更饱受摧残，千万家庭因此家破人亡。就个体而言，劳工经历给他们带来的身心创伤和家庭命运的改变是难以愈合的。在宏观历史上，华北地区超量的青壮年劳动力流失，造成田地荒芜、经济衰退、人口结构失衡的恶果，是近代华北地区经济文化滞后的原因之一。因此，姚作宾在回溯中主动略去向东北和日本输送劳工的环节，一再强调自己维护劳工利益的一面。

日伪虽在统治青岛初期致力于恢复经济、稳定社会，但背后目的是奴化民众，使殖民统治成为常态。而在战争局势愈加紧张后，伪政权高级职员配合日伪进行掠夺，不仅加诸在沦陷区民众身上无限苦痛，更起到瓦解整个民族抗战的深远影响。伪政权职员群体行为的矛盾性，体

---

① 赵克恭：《我被日军抓做“劳工”历难记》，吕温泉主编，青岛市政协文史资料委员会编：《青岛涉外足迹》，北京：中国文史出版社1996年版，第55—58页。

现在执政中面临同胞利益与殖民者权益时该如何抉择，尽管他们意在两方均衡，但现实往往未能遂其所愿。

第三节　“新市民”的文化塑造

所谓“得民心者得天下”，民众的拥护与否决定了政权稳固与否。毫无疑问，日本侵略中国并在各地建立伪政权是在不得民心的形势之下，持疑虑心态的民众和不合作者甚多。在逐步建立伪政权合法性的过程中，日本统治者致力于对民众展开控制和教化，其中最突出的即是形塑顺从其统治的“新市民”。为打破伪政权高悬于上、难以深入群众的弊端，日本在各地建立伪新民会作为统筹民众的基层组织，着重对青年群体加以引导训练；为要拉近与民众的心理距离，统治者从“身体政治”入手，培养市民的尚武精神，将民众逐渐纳入“大东亚战争”体系；此外，日本尤为注重以家庭为单位展开奴化思想的渗透，鉴于近代妇女在国家社会中的重要性，伪政权积极锻造符合其意识形态的“新妇女”。在此过程之中，势必会出现中日两国意识形态的对抗，而在思想上又将呈现出近代中国新思潮与日本所倡导的回归传统儒家文化间的抵牾。种种矛盾冲突，是探究沦陷区社会环境的一扇窗口。

一、“新民”中的“新青年”

沦陷时期日本除在各地成立伪政权作为行政运转的正式机构外，还广泛设立伪新民会作为相辅相成的重要社会组织。在伪中华民国临时政府成立后，伪新民会随即产生。在日伪官方解释中，它“负着辅助政府，传达民意的任务”，更是“民众教化机关”。所谓“新民精神”，“第一步是明明德，第二步是止于至善”。① 日伪借用孔子“大学之道，在明明德，在亲民，在止于至善”一语包装“新民”，实际上新民会是日伪奴化民众、实施思想控制的重要工具，在沦陷区掀起的重要群众运动中均可见其身影。

伪新民会总部设在北平，各省、特别市设有省一级指导部，再下设道县指导部，部长由省市长、道尹、县长担任。日伪统治逐步确立后，为实现指导机构的一元化，于 1940 年 3 月将宣抚班与伪新民会整合为一。伪新民会纲领最终确立为：一、发扬新民精神，以表现王道；二、实行“反共”复兴文化，主张和平；三、振兴产业，改善民生；四、善邻缔盟，建设东亚新秩序。② 由上可见，伪新民会尤其注重在精神和信仰上引导民众，带有极强的为现实统治服务的目的。日本欲借伪新民会这一“民众团体”将社会各阶层纳入统治者严密的控制网络，以此达到形塑“新民”和收买人心之目的。此外，通过伪新民会的实践活动，日本统治者可在中国各阶层和年龄段培养有为领导者，作为行政机关的后备人才。③

1938 年 1 月，伪新民会青岛都市指导部成立，部长由伪治安维持会会长赵琪担任。同月即墨、李村等各县指导部及实验区办事处成立，此后青市周边的高密、胶县等县指导部纷纷建立。伪新民会青岛指导部下设总务科、企划科、指导科、厚生科，科下分股负责相关事务执行。日本人在伪新民会中占绝对优势，最为重要的总务科中全部职员均为日本人。④ 该会的事务机构还有青年训练所、模范农场、体育协会及物

① 「2 民衆再組織運動（新民会）ノ趨勢 1」JACAR（アジア歴史資料センター）Ref. B02030702300、対支中央機関設置問題一件（興亜院）/在支連絡部調書（A-1-1-0-31-2）（外務省外交史料館）。

②《新民会纲领》，青岛市档案馆藏，B0023/001/00184。

③《大战前之华北“治安”作战（一）》，台北：“国防部”史政编译局 1988 译印，第 133—134 页。

④《中华民国新民会青岛都市指导部职员表》，青岛市档案馆藏，B0023/001/00455。

资斡旋所等[1],并由这些机构负责指导沦陷区相关活动的具体推行。1943年伪新民会改组后,成立与地方行政组织平行的伪新民会分会,下设坊分会和里分会,各区成立以区名称命名的联合分会。联合分会作为总会与各分会间的起承转合单位,执行总会命令并掌管、指导分会事务。伪新民会还依据行业进行划分,商会方面按各行工会分别组织分会,教育系统则在中小学及私塾建立分会,此外还有职业别分会、华北交通分会及爱护村分会等。年龄二十岁以上有户籍的男子,有正当职业、无不良嗜好、思想纯正者均可成为会员,最基层的里分会则以户主为会员组成,层层递进。[2] 伪新民会采取不断增殖的壮大方法,至1943年青岛市区的联合分会为21个,分会数量达285个,基层小组数为3151个,吸收会员达80500人。[3]

伪新民会努力贯彻伪政权的政治纲领,敦促民众“剿共”建国,实行物资统制及治安强化、献金、献铜、献机等运动,试图在思想上压迫和奴化民众。在伪新民会众多的附属组织中,日本尤其看重对青年的训练及组织,并将其视为沦陷区的主要“运动”对象。

青年学生关乎国家命运前途,近代以来这一群体逐渐登上历史舞台,在历次政治运动中起到不可忽视的作用。兴亚院青岛出张所所长柴田弥一郎曾言:“国家之兴亡隆替,有俟于怀抱正义之青年之气魄与实力。”[4]不过,日人也坦率承认,“如今在日军的占领区内,想与日本协力合作的青年中,大多都是无用的三四流之人”。“一位辛亥革命幸存者、某亲日要人”即言:“如今中国第一等的青年几乎都在毛泽东之下奔走,第二等追随蒋介石,而无用的三等人则追随日本。”日本对此颇为认可,认为亲日青年中“大多数人的动机并非真想与日本合作,或向往一

---

①《新民会青岛都市指导部工作概况》(1939年10月),青岛市档案馆藏,B0023/001/00455。

②《新民会青岛特别市地区分会规程》(1943年10月),青岛市档案馆藏,B0023/001/00971。

③《新民会青岛特别市总会地区联合分会市区所辖地区分会组会员总数表》(1943年),青岛市档案馆藏,B0023/001/00971。

④《庆祝青年团结成》,《青岛新民报》,1939年7月9日,第3页。

个‘纯真’的国家民族，而是出于利害、安心、保命的考虑”。在其看来，“争取一个真正充满生机、‘爱中国’的青年战士远比争取上万亲日关键人物更重要”。正是出于争夺“纯正青年”危机感，日本统治者加紧以“新民精神”装备已有青年，试图扩大自身政治影响力。①

日本首先将在青岛的日本青年组织起来。1938 年 9 月 3 日，青岛日本青年团召开总会，团长由青岛日本陆军特务机关长河野悦次郎担任，参加者有 470 余名。青年团意在“训练体力、坚固团结”，“成为青年之模范”。赵琪认为日本青年团作用如下：“一、可以培养大日本帝国在外青年爱国思想；二、可以激励中国青年令其闻风兴起，振作东亚之精神，来谋中日两国青年之团结。”②在日本青年团的先行示范下，伪政权将中国青年的训练提上日程，但开展初期并不顺利。

1939 年 7 月 7 日为兴亚纪念日，为让现代中国青年看清时代的大局和“东亚的理想”，动员他们将热情投入到所谓“兴亚大业”中，日本统治者拟以伪新民会为主体，举行青年团结成式。6 月 25 日伪警察局奉命对符合条件的青年调查登记，报导称正当紧锣密鼓筹备之际，“一般市民受不逞份子之挑拨，误信谣言”，一时间“交头接耳互相谈论者”皆为成立青年团一事。所谓“谣言”，是指日本欲对青年“施以军事的训练，编成军队，使之赴战线”等语。③

6 月 30 日晨，400 余名青年集结于青市交通咽喉蒙古路，欲乘公共汽车返回原籍。得到消息后，日伪相关方面及台东警察分局局长、东镇宪兵队队长等纷纷赶至，对青年进行劝说。最终，“除实有特殊事项者”

---

① 「1 事变下支那民衆思想ニ就テ」JACAR（アジア歴史資料センター）Ref. B02030702200、対支中央機関設置問題一件（興亜院）/在支連絡部調書（A-1-1-0-31_2）（外務省外交史料館）。

② 《本市日青年团 昨日举行总会 参加计有五百名 赵会长为致祝词》，《青岛新民报》，1938 年 9 月 4 日，第 7 页。

③ 《新民青年团结成 期成有用人才 绝非当兵不同党人训练 新民会指导部顾问谈话》，《青岛新民报》，1939 年 7 月 1 日，第 7 页。

外，其余青年经劝解“均安然返回市内”。[①] 对此伪青岛市南警察分局特发布告，晓喻市民“各安其生，勿轻信谣言”，该布告如下：

> 为布告事，照得党共秉政，邪说横行，流毒青年，甚于洪水猛兽。我临时政府有鉴及此，爰由新民会计划，训练各地青年，故有新民青年团之组织。此举纯为正确思想，团结精神，锻炼体魄坚定意志，使其认识东亚新秩序以奠定新中国为目的，绝无其他用意。各界不察，神经过敏，轻信谣言，殊属不明真相。除派警恳切晓喻外，合行布告。仰各界青年各安其生，万勿轻信谣言，滋生疑虑，切切此布云。[②]

民众心中的恐慌及焦虑是谣言传播的温床。尽管日伪统治已一年有余，市民心中仍戒心未消，稍有风吹草动便“神经过敏”。对此，《青岛新民报》收到多封市民致函“询问究竟”，该报特附函三件，可借此管窥当时市民的心理状态。来函一，18 岁青年李裕山在听闻伪警察局令商民中“自十六岁起至二十五岁止”的青年参加训练的消息后，见一商家中有 14 个合格的，但只去三个两个，使他原本认为训练是“好消息”的想法有了转变。李裕山对“这里面的情形”也不明白，遂向《青岛新民报》编者请教“训练的前途是怎样”，以及该商家有何“良好方法”可得免训练。来函二，市民张振山见本市各商号中学生意的都因训练青年的关系行归故里，“并且人心不安”。张振山素闻该报“有问必答”，遂请编辑在《社会周刊》栏目回答：“青年团在何处训练？期满后作何事？”来函三，化名“台西镇求恤者”的市民见同居者的工厂工人“陆续有背包他往者，至今已不下二十余人”。他询问原因时得知，“有警察署之巡警，拿一方形小纸，记得人名多数而去，不知为何缘故”；又听闻聚谈之众人

---

① 《谣言惑众庸人自扰 当局解释民疑 青年团训练意在团结 使思想纯正锻炼体魄》，《青岛新民报》，1939 年 7 月 1 日，第 7 页。

② 《市南分局发布告 晓喻市民注意 社会局召各界代表详为解述》，《青岛新民报》，1939 年 7 月 1 日，第 7 页。

"论为征兵","以便为外蒙作对垒者"。该市民遂请编辑言明是否有此事。[①] 从以上三函中,可见社会上关于青年训练的谣言极多,绝大多数市民信以为真并主动寻求规避之法,致使青年人陷入人心惶惶之中。

事实证明,正如在青日人所观察,"日本在过去完全失去了对中国新青年的吸引力,无法引起他们的共鸣"。青年们潜在思想一致,"除武力之外,并不认可日本"。为了"弥补这一历史悲哀",日本"主张将青少年的思想教育放在首位",甚至不允许"哪怕是一时的疏忽"。[②] 日伪特在《青岛新民报》加以澄清,认为来函中言词"殊多可笑,足证一般市民,知识浅薄","如参看本日本报所载,此种无味之惊扰,当可不攻自破"。[③] 为此,该报以大篇幅刊载青年训练的澄清消息。伪新民会青岛指导部顾问特于6月30日发表谈话,指出市民认为此次组成青年团与沈鸿烈时期"以为军事的恶用"性质相同,误以为将受同样危难。该顾问特向市民保证绝无此事,青年团之结成是"唯一可为寄予新秩序建设之中心者",并试图以现实攻破谣言,谓如今战场上"归顺者续出不已,驱使之即可敷用",更何需"以心身俱健全之良民,尤其是青年"充兵役之必要?[④] 该日下午3时,姚作宾在市商会紧急召集各商号代表阐明青年团组织之真意,保证"绝无其他用意,乃各界不察,轻信谣言,以为征兵",并请各位代表将其回告商民。下午4时半,姚作宾又召集各工业同业公会代表,再次对组织新民青年团一事加以解释。[⑤]

7月1日,伪警察局各分局召集青年团正副团长开会,磋商组织各问题。"为安定人心起见",伪警察局又召集青岛市"有力人士"举行座

---

①《市民来函致询 纯属知识浅薄》,《青岛新民报》,1939年7月1日,第7页。

②「1事変下支那民衆思想ニ就テ」JACAR(アジア歴史資料センター)Ref. B02030702200、対支中央機関設置問題一件(興亜院)/在支連絡部調書(A-1-1-0-31_2)(外務省外交史料館)。

③《市民来函致询 纯属知识浅薄》,《青岛新民报》,1939年7月1日,第7页。

④《新民青年团结成 期成有用人才 绝非当兵不同党人训练 新民会指导部顾问谈话》,《青岛新民报》,1939年7月1日,第7页。

⑤《市南分局发布告 晓喻市民注意 社会局召各界代表详为解述》,《青岛新民报》,1939年7月1日,第7页。

谈会阐明青年团之意义，并令商会致函各商号“万勿听信谣传，安心各营其生”。① 为进一步打消民众疑虑，伪青岛新民会特地挨家挨户散放传单，并张贴《告将离青岛之青年诸君书》。② 连日来，经关系当局的不断解说，舆论界认为民众对谣言的疑虑“业已冰释”，“尤其一般商号之经理，皆深切了解此种组织之意义”③，青年团成立的障碍逐渐被扫除。

7 月 6 日上午 10 时，新民青年团市南区支部首先在青岛市商务会举行成立仪式。人事安排上，支部顾问由青岛商界名流邹道臣、王芗齐担任，名誉支部长是伪市南警察分局局长陈寄尘，支部长为丁敬记经理、青市商界巨擘丁敬臣，副支部长为台西镇商会总务主任吴新民。青年团由伪警察局进行备案组织，既能确保青年无一遗漏，又可趁机筛查“奸伪”份子。青年团市南区支部以伪警察局分驻所为单位划分下属团，市南分局有 7 个分驻所，故而该区的合格青年 8969 人被编为 7 个分团，其中每 60 人编为一班④，青年被纳入伪政权的严密控制之下。具体安排如下：

新民青年团市南区支部情况表⑤

	一	二	三	四	五	六	七
团长	仉光齐	于西垣	张义亭	刘子明	乐子瑜	战警堂	姜贯一
副团长	魏子盛 周彬之	冯友昌 梁赞臣	徐星源 张雨成	许鼎申	向锡璇	刘鸿纬	张松峰
班	56	35	35	19	2	5	3
合计	3303	2077	2106	954	112	262	155

①《本市新民青年团 大致组织就绪 商会函各商号勿信谣传》，《青岛新民报》，1939 年 7 月 2 日，第 7 页。

②《新民会指导 解释群疑》，《青岛新民报》，1939 年 7 月 4 日，第 7 页。

③《青年团将在汇泉举行总结成式》，《青岛新民报》，1939 年 7 月 4 日，第 7 页。

④《青年团市南支部 昨举行成立式 支部长以下人员均到场》，《青岛新民报》，1939 年 7 月 7 日，第 7 页。

⑤《新民青年团市南区支部情况表》为笔者根据后述资料整理而得。《青年团市南支部 昨举行成立式 支部长以下人员均到场》，《青岛新民报》，1939 年 7 月 7 日，第 7 页。

七团人数分布极为不均，相差最大者竟达 3191 人，班的设置也由 56 班至 2 班不等。其中人数最巨的第一团团长仉光齐为青岛东泰号经理，“自事变后拥资雄厚”。① 经查证，新民青年团市南区支部的顾问、支部长、团长等领导层主要由青岛商界人士担任。日伪此举是考虑到商人所经营事业的雇工多数为青年人，且具有丰厚身家和广泛人脉网络，社会影响力大，易于组织和调动青年。

丁敬臣在新民青年团市南区支部成立致辞中，再次对社会上流传的将青年“训练当兵、调往各处”的谣言予以澄清，他以自己作支部长举例：“鄙人已成老朽，岂能打仗、当兵。”进一步言，青岛“市政完备”，是“工商业荟萃”的商场，不但不当兵更无需护路。当局成立青年团的目的，是使大家“在工余之暇，再受些教育，增长点知识，认识新中国国体，习学些日文日语”。丁谓：“想我们为工商的，多会一国语言，不是有益无损吗？”他希望诸位不要听信谣言，“已走的大家设法劝回，未走的大家要安心”。至于警察为何要调查一事，丁敬臣指出警察“是与我们最亲近的官吏”，调查是为将青年编入青年团，青年“即或实无余暇，亦可详细的和警察说。大家不问根由，东西乱跑实在叫人耻笑”。丁敬臣循循善诱道：青岛已改为特别市，胶、即两县划入，“这是我们青岛人的光荣，倘若在办青年团时，一办就办得很好，那且不叫人说我们青岛人有猷、有为、有秩、有序吗？到那时商人工人全识字都成了有资格的青年”，“不知道你们说好不好？”丁敬臣谈至此，“与会者齐声呼‘好’”。在报告青年会筹备经过时，伪市南警察分局局长陈寄尘指出市面种种谣言致使 1900 余人“奔逃或藏匿”，他以青年人的前途生计相劝：“逃走各位，全是有职业者，一旦奔逃便成失业之人，是何等不值何等可惜”，望在座各位“设法使各逃走者返青”。陈氏期望班长以上干部人才“精神团结，与警察互相接近，不但青年团之服务可有进步，即分局前途，亦颇

① 《根据杨天寅所供材料，徐增彩、于长春、崔焕兴、崔仲月等口述整理》，《胶南文史资料》第 1 辑，胶南县政协文史资料研究委员会 1987 年编印，第 118 页。

力赖”。①

市南区属青岛政治、经济核心区，治安控制尤紧，故而青年团首先在此结成。在市南青年团结成前后，伪职员五次三番地讲解政府苦心，意给广大青年吃一颗定心丸。该团率先成立，也对其他区域起到示范和释疑作用，各处青年团在紧锣密鼓的筹备中。李村地处乡区，“治安甫经恢复”，“故编制上尤较市内困难”。为此，李村分局分别召集管辖境内的各村长、副村长、地保、闾邻长等协议组织新民青年团。7 月 4 日，伪李村警察局局长和日本指导员特率伪职员、警察多名冒雨赴各乡村调查。之后李村各村举行青年团预备结成式，团员总计高达 6300 余名。②

青年团采取由下及上的组织方式，在各区青年团支部初具规模之后，才将总团的创建提上日程。1939 年 7 月 7 日下午 2 时，伪青岛新民青年团总团在市民大礼堂举行成立式，中日各长官代表均出席，六个青年团及胶、即两县青年团从支部长以下到正副分团长、班长团员代表等 1300 余人参加。赵琪为新民青年团名誉团长，姚作宾为正团长，陈命凡、李仲刚为副，三人随后被发委任状并授予团旗，后姚氏将支部旗授予各支部长。在人事任命上，日伪有一番精心考量，以伪社会局局长姚作宾为团长可起到总领社会各行各业之作用，加之五四时期姚是著名的学生运动领袖，担任过全国学生联合总会常务理事，青年运动经验丰富。副团长陈命凡为伪教育局局长、李仲刚为东文书院院长，二人的加入会将青市在校学生纳入青年团的预备生源中。下属各支部长和团长多为商界精英，易于团结在工厂和商铺做工的青年人。

姚作宾在训词中，对青年团训练的原因及方法作出阐明。因国民党党化教育导致青年人思想恶劣，“就不能不加以指导”，青年团的原则

① 《青年团市南支部 昨举行成立式 支部长以下人员均到场》，《青岛新民报》，1939 年 7 月 7 日，第 7 页。

② 《新民青年团训练 李村区极顺利》，《青岛新民报》，1939 年 7 月 6 日，第 7 页。

是注重精神训练与强身健体，宗旨是“自动的奋发，不加强迫”。由于青岛市工商业区域的青年团员“都是有职业的，并且与农村耕作的职业不同”，属雇佣性质，故而“在不耽误团员的职业范围内，来规定训练的时间”，训练方法以“新民体操”和“精神讲话”为主。姚作宾将“精精神神活活泼泼、欢欢喜喜来受训练”作为既定方针，希望青年将“少年不努力老大徒伤悲”作为格言天天背诵，作为立身行事的基础。①

青年群体精力旺盛、血气方刚，又受国民党教育影响颇深，抗日和民族主义情绪较浓，极易被组织动员。日伪此举，亦有同国共抢夺青年之考量。从青年一开始对加入青年团的反映来看，当时社会民众普遍对日伪统治怀有疑惧心理，可以说草木皆兵、人人自危，而这种心理无疑是伪政权长久统治的障碍。

当时青岛曾出现一种现象：在报道日军大胜的法西斯同盟电报旁，是重庆电报对于同一战况的大书特书——“日本军战死，剩余数百名败退”。于是当地中国人“无人相信同盟电报，几乎只相信重庆电报”，而“这种倾向在中学生之间格外强烈”。每当有国民党军在战场胜利的消息传来，便会令“中学生们对蒋介石还都一事深信不疑，一时间成为话题”。日本统治者认为正因“扎根于心的观念难以轻易去除”，所以才会令人“经常相信难以置信之事”。潜在的担心也促使日伪用更多方式检测被统治者的忠诚度。日本曾做过这样一个实验，选择20名中学生，将其置于除去一切不安的环境中，让其从以下两点比较蒋介石和汪精卫：“(1) 蒋介石和汪精卫谁更伟大？(2) 蒋和汪谁是日中和平的胜任者？”对于第一点的答案，“无一例外，比起汪，蒋更伟大”，“理由是蒋介石拥有实力，汪精卫没有；蒋介石能指挥三军，而汪精卫只不过是一介政治家”。关于第二点，“依然毫无例外，答案是比起汪，蒋更能胜任”，“理由是如果蒋介石决定和平，会顺从天下，战争将立刻结束；而汪精卫

① 《引导青年阶层踏入正轨 新民青年团昨成立 团员千余人齐集市民礼堂 中日各长官代表均往致词》，《青岛新民报》，1939年7月8日，第7页。

不会顺从天下，无论到何时战争都不会结束”。在沦陷区青年心目中，国民党抗日领袖蒋介石与伪政权首脑汪精卫，高下立判。显然，从以上答案中，“青年在本次事变下作何思考已是显而易见”。日本统治者认为，中国青年一方面认识到了日本的实力，明白中国在抗日战争中的不利局面。另一方面，由于久受排日教育，青年“无法舍弃根植于心的潜在国家民族主义，以及对蒋介石的憧憬之情”。①

危机感的驱使之下，日本统治者在对中国青年的研究和训练之中，逐渐摸索总结出一套经验，认识到真正达到效果的思想教育“不是空泛的、单一的中日友好论，也不是喂养式的安抚工作就能实现的”，它“必须有充分科学依据，从不容置疑的‘真理’出发”，站在为中国和中华民族“自强政策”的出发点。这样的宣传政策极具迷惑性。日本将“大东亚同盟”作为指导理论，据此编写思想读本，渗入中小学生教材之中；对中小学教师进行思想教育，“长期举办各校教师思想研究讲习会，在基础教育中正式开展思想运动”；通过扩大补习学校教育、建立特别培训机构等措施，加强宣传中日“友好合作”的必要合理性。②

为达到上述目的，统治者不遗余力地由上至下展开层层宣传，利用伪政权高级职员，再经商界人士，最后下达至青年群体。在此期间，伪新民会的组织动员力可见一斑，伪组织高悬于上、难以直接接触群众的弊端得到一定改善。在施行训练和组织过程中，日伪不断向青年灌输亲日媚日思想，以此削减抗日斗志，并利用年轻人旺盛的精力使之奔走在各类政治运动前列，以此起到先锋带头和运动群众目的。不过，正因日本内心相信且证实中国青年仍对蒋介石心存幻想，以及缺乏亲日者是否真心顺服的自信，只能通过高强度、洗脑式宣传加强效果。这虽不

① 「1 事変下支那民衆思想ニ就テ」JACAR（アジア歴史資料センター）Ref. B02030702200、対支中央機関設置問題一件（興亜院）/在支連絡部調書（A-1-1-0-31_2）（外務省外交史料館）。

② 「1 事変下支那民衆思想ニ就テ」JACAR（アジア歴史資料センター）Ref. B02030702200、対支中央機関設置問題一件（興亜院）/在支連絡部調書（A-1-1-0-31_2）（外務省外交史料館）。

失为一种心理安慰，但虚荣的假象往往会使日伪丧失应有的判断力，这对统治而言，有害无益。

二、身体政治：医疗卫生与尚武精神

1934 年 2 月 21 日，蒋介石成立南昌新生活运动促进会，并颁行以“规矩、清洁”两项为目标的《新生活运动纲要》。新生活运动聚焦于国人“身体”，发起于国民党在江西省的第五次“剿共”期间，经过抗日战争、国共内战，直至国民党在大陆的统治结束为止，共持续十五年之久。开展新生活运动的启发与蒋介石的留日经历密切相关，蒋介石曾举日本人用冷水洗脸一事，认为仅“由这一点就可以晓得我们的民族不行，我们和日本人不必在枪林弹雨之下来冲锋陷阵，就只将日常生活比一比，就可以晓得高低强弱”。[①] 而从九一八事变到抗日战争爆发期间，日本亦是促使国民党新生活运动壮大的幕后主角。

抗战时期新生活运动成为一个“无所不包、无所不是”的运动，起到严整军纪、鼓励军民抗战的作用。新生活运动引起日本注意，兼井鸿臣在《赤裸の日華人》一书的后半部分，专门向日本人介绍该运动并予以极高评价。他认为这是蒋介石实现中国统一后，中国民族运动之基础，而其内容是学习日本人现在的生活要点。此后旧中国的弊害一扫而光，中国新的民族自觉即是建立在这样一个革新运动之上。[②] 日本对新生活运动同样予以足够警惕，抗战时期伪政权在沦陷区展开的“新国民运动”即是与国民党对垒的训练合格“国民”之竞赛。除“精神”之外，日本特别强调沦陷区民众的医疗卫生和身体健康。

1938 年 6 月，鉴于上海霍乱流行、“青岛首当其冲”，日伪各机关团体“深以防疫为必要之工作”，赵琪、姚作宾遂派伪治安维持会马扬武医官赴大连考察防疫设施以资借镜。马氏在参观完寺儿沟防疫所后深受

---

① 《新生活运动之要义》，《江西民国日报》，1934 年 2 月 23 日，第 2 张。

② 兼井鸿臣『赤裸の日華人』、177 頁。

触动，认为青岛在事变前“对于防疫及卫生事宜，即无若何之设施”，而其此行正是购置大批防疫注射药品以备青岛将来成立检疫所之用。① 苍蝇可将水源中的病菌带到食物上引起感染，是霍乱等传播疾病的主要媒介物，因此夏季成为流行病的高发期。日本对预防传染病可谓不遗余力，不仅利用宣传培养市民卫生防疫意识，还广泛动员各方加入捕蝇行列。6 月 23 日，日伪开展“驱蝇运动周”并有奖征集“通俗简明”、“使一般人民彻底明瞭”之驱蝇标语。② 27 日，军宣抚班与伪治安维持会警察部联合举行灭蝇运动宣传周，配备彩装花汽车奏乐游行全市，散发灭蝇须知等传单，举行街头演讲并向市民收买苍蝇。为迎合统治者心意、以示响应捕蝇运动，东文书院院长李仲刚即令学生开展为期一周的捕蝇活动，他在办法中规定学生每人每天最低捕蝇十个，交于各级主任并造表报告校长；倘若学生捕蝇懈怠、不足法定匹数，各级主任当受处罚；如学生捕蝇超过法定数目，“得由各该级主任呈请奖励”等。③ 这在 1939 年遂演化为以全市学生为规模的捕蝇运动。

日本侵略者还将宣抚工作与诊疗救护相联，通过医治民众身体上的疾病破除心理上的芥蒂，以此聚拢民心。1939 年 8 月 17 日，伪青岛卫生局奉令派医员携带药品参加金家口宣抚班，担任诊疗救护工作。医疗队在当日下午诊疗民众约 60 名，散放药水、万金油等药品多种。19 日医疗队前往即墨，陆续诊疗乡民 800 余人，并“将剩余药品悉数交由各村长分发民众”，乡民“均颇感激”。因“医疗设施关系人民健康巨为切要”，伪卫生局在 1939 年即计划在东镇、西镇、李村等七处设立诊疗所“免费施诊以利人民”。鉴于娼妓是传染疾病的主要群体，“警察局原设有娼妓检验所仅能施行检验疾病工作”，对于“感染性病患者尚无

①《防止恶疫流行 维持会将建设大规模之检疫所》，《青岛新民报》，1938 年 6 月 26 日，第 7 页。

②《征集捕蝇标语》，《青岛新民报》，1938 年 6 月 23 日，第 1 页。

③《全市官民热烈参加 昨开始灭蝇运动 杀却疾病媒介物以重民命 宣传车奏乐游行并放传单》，《青岛新民报》，1938 年 6 月 28 日，第 7 页。

适当之病院可资收容”，伪政权遂设立妇人病院对患病娼妓“收容治疗以防感染”。①

1939年9月5日青岛爆发了该年第一起霍乱死亡事件，之后霍乱大肆流行。霍乱集中区域为西镇、小港、大港和台东地区，而这些区域正是贫民集中地，卫生条件较差。感染霍乱者“以下层劳动工阶级及游民、乞丐为最多”，因“贫苦之人饮食均不洁之食物，而所居处地带又垃圾满处，为传染病菌发生之原因”。鉴于“游民乞丐蹒跚市内行乞，不啻为虎烈拉传染之媒介”，伪政权将所有街头乞丐及无业游民一律取缔，由伪警察局抓送感化所收容，“以兹防疫而维公安”。② 仅一日间，青岛即有200多名乞丐被抓送感化所。疫病是检验城市卫生状况的一扇窗口，之前伪政权虽多次进行全市卫生检查，但市民的卫生意识绝非短期内可形成，故多流于形式。霍乱爆发加大了不卫生场所给公众生命健康带来的威胁，增加了伪政权社会治理的不稳定因素，成为日伪重点整顿对象。伪政权采取对饭店及旅店从业者施行便检、火葬霍乱死亡者、重点区域隔离检查、强制市民注射等方式，其中火葬尸体的规定，突破了中国传统“入土为安”殡葬风俗，出现店铺老板甘冒全体店员被传染的风险，也不愿将爱女尸身交予警方火葬的现象；逃避检查和注射的市民大有人在，部分市民宁可花钱在外注射也不愿接受当局的免费福利，这多半是受惧日心理和不信任感的驱使。③

伪职员是日本统治者最直接的被教养者，通过选派职员参观学习、宣传教育等方式，伪职员逐渐意识到防治传染病之重要性，之后他们再以教化者与指导者的身份由下引导民众。这亦是日本统治者破除陋习、打破传统，建立近代城市卫生体系的一次全面尝试，公共权力开始介

① 临时政府委员青岛特别市市长赵琪：《青岛特别市一年来施政情形报告书》(1939年10月24日)，青岛市档案馆藏，B0023/002/00415。

②《取缔游民乞丐在市内行乞以预防传染虎疫》，《青岛新民报》，1939年9月17日，第7页。

③ 详见陈亮：《二十世纪三十年代青岛霍乱流行与公共卫生建设》，硕士学位论文，中国海洋大学历史文化系，2008年，第39—72页。

入私人生活。但近代医疗卫生观念在同根植于民众内心的传统意识相抗衡的过程中，常出现某种程度的“让位”，观念的养成绝非短期之功。

自鸦片战争以来，中国人就被冠以“东亚病夫”之名。近代“强国强种”的口号不绝于耳，孙中山曾疾呼“强国必先强种，强种必先强身”，将国家富强与国人体质紧密联系在一起。但直至抗日战争时期，国人对身体状况的自卑感仍未消散，这在青岛健民社的活动方针中也有所体现。文中称日本“国势日强，民气日壮，正由其民族好武之风不息，锻炼之义日盛”，而中国武术本有悠久传统，“不幸自宋以后，多尚玄理，轻武重文”，民气日衰。与外族比较，中华民族所表现的“只是衰老与暮气”，“在生理上多是驼背弯腰、神虚影弱、发育畸形、行动迂缓、神情懒散、形容疲弊、生气断续、精神不足”。而由此种外形的不健康，导致“内心亦自然变成衰颓的缺陷”，因而表现于行为上的也无非是虎头蛇尾、敷衍塞责、缺乏容忍、投机好利，既无苦干的精神，又缺乏大的志向。该文得出结论：这种身体上和精神上的不健康，是造成中国生存困殆的重要原因。①

行动的前提必须有良好的体魄，日本对中国民众尤其是青少年的“身体”予以足够重视。1942 年日伪教育总署总务局统计科编制《华北专科以上学校学生生活状况统计》，调查华北地区学生身体状况“以供改善”。在对教育总署直辖专科以上的五所学校②和省市立暨私立专科以上学校③的 5675 名学生的调查中，家境“勉强”和“困难”者分别为 54.4％、31.4％，“容易”者仅为 11.3％；健康状况“强健”、“普通”、“虚

---

①《促进全市民健康须普及大众体育 青健民社积极活动》，《青岛大新民报》，1944 年 4 月 14 日，第 2 页。

② 教育总署直辖专科以上的五所学校包括：国立北京大学、国立北京师范大学、国立北京艺术专科学校、教育总署直辖外国语专科学校、教育总署直辖师资讲肄馆。

③ 省市立暨私立专科以上学校有：河北省立师范专科学校、山东省立日语专科学校、北京市立体育专科学校、天津市立日语专科学校、辅仁大学、中国学院、天津工商学院。

弱”的比例分别为 30%、60.7%、7.6%。[①] 由以上统计窥知，华北地区学生家庭生活状况并不理想，绝大多数家庭仅在温饱线上下挣扎。青少年本应健康蓬勃，但艰苦的物质条件使“强健”者不过三分之一，羸弱者大有人在。

尽管日伪意在通过加强疾病诊治、普及健康保健知识使市民身体强健，但战时残酷的物质条件使这一愿望终成一纸空文。从沦陷时期青岛档案、报刊资料中，可感受到民众在严苛的统制经济下生活之困苦，而其身体状况自难处在理想状态。身体健康与否又关乎精神，在战争局势日益严峻之际，日本意识到“民众须有强健身体始能协力完成后方重大使命”。为使各界民众“得以锻炼身体，发挥大无畏精神”，青岛伪政权在“大东亚战争”进入第三年，即 1944 年 1 月 25 日成立健民社，委派精悉国术人员指导社员训练，并将陆续在市乡各区设立分社、支社。“为适应决战必胜局势，提高市民体位，锻炼市民身心”而设的健民社，“以国学培养市民人格，以国术锻炼市民身体”。在民众获得健全体格后，“动员总力向决战之途迈进”。[②]

健民社采用天后宫为社址。近代青岛由小渔村发展而来，民众对历史久远的天后宫及妈祖神多怀敬畏态度，也有天然的亲近感，在天后宫建社有利于增强神圣感。潜移默化之中，民众易将强身健体、保卫东亚视为神灵庇佑的行为，从而加强决战必胜之信念。健民社征收社员并无较高门槛，符合“于市内有户籍”、“有正当职业或身家良善”、“无不良嗜好”、“思想纯正”的男女老少，在经社员两人以上介绍后方可入社，享受学习国术国学及健民社一切设施的权利，不收取任何费用。在《青岛特别市健民社征求社员简章》中，健民社宗旨被最终确立为：“以提倡国术国学普遍促进市民身心健康，发挥我民族固有的道德及尚武精神，

---

① 教育总署总务局统计科编制：《华北专科以上学校学生生活状况统计》，1942 年 10 月。

② 青岛市警察局：《关于在天后宫设立青岛市健民社的训令》（1944 年 4 月），青岛市档案馆藏，A0018/003/00458。

增强自卫能力以保卫东亚复兴中华。”在此，“身心健康”被视为道德和精神之前提，健民社将对身体的规训置于核心地位，最终是为达到“保卫东亚”的现实目的。①

1944 年 4 月 14 日，健民社特地登报对其今后开展之要旨方针予以说明。该社认为“适合国情”的“立竿见影的健身良法之一”便是提倡中国固有武术和普及大众体育。因拳脚技艺之在中国，“正如相扑柔道之在日本，都是健身强国的国粹”。中国历来武道都属不露锋芒，而其一旦施展出来，又无不是“忠君爱国”、“杀身以成仁义”，和日本武士道互相媲美，“均足充分表现东方精神”。而从“优生强种”上说，是要普及大众体育，增强市民体质，使市民在生活中“充分表现恢复仁爱信义的武道”，培养尚武精神和忠勇人格。② 显然，日伪统治后期对“武”的强调，隐含着对“忠”的渴求。通过提倡国术国学，日本意在唤醒民众“忠君爱国”之心，以期达到与日本武士道相通的精神内核。

“为扩大机构，贯彻主张”，青岛健民社还拟在 1945 年 5 月底以前“在胶州即墨劳〔崂〕山三乡区办事处设立健民分社”。③ 但仅在 3 个月后抗战即胜利，为适应战争局势而设的健民社非但没有起到助力“大东亚战争”的作用，甚至连拱卫伪政权亦谈不上，便随之消亡。

日伪统治者在改造国人卫生观、身体的过程中始终是由上及下推行，伪职员作为首先被教养的对象，最先认识到自身的“丑陋”。日本学者深町英夫以亚当和夏娃被蛇引诱吃了禁食的苹果为例，指出最先被教养者“首次感觉到自己的自然身体是可耻的、丑陋的”。中国人在获得近代身体美学与公共意识的同时，也学会否定、蔑视生活传统和自然

---

① 青岛市警察局：《关于在天后宫设立青岛市健民社的训令》（1944 年 4 月），青岛市档案馆藏，A0018/003/00458。

②《促进全市民健康须普及大众体育 青健民社积极活动》，《青岛大新民报》，1944 年 4 月 14 日，第 2 页。

③ 青岛特别市健民社：《青岛特别市健民社设立分社指导要纲及实施计划》（1945 年 5 月 21 日），青岛市档案馆藏，B0023/001/01340。

身体，这个过程无疑是“既甜蜜又苦涩的”。[①] 伪职员在与日本统治者直接接触中，易以日人眼光审视自我，产生类似于弗洛伊德“超我”理论[②]般地“认同感”，对自我的监督和控制加强。沦陷初，日本的侵略行径激起广大民众及部分伪职员的憎恨及反抗，但随着统治延绵日久，无力扭转现实的感觉愈加强烈。部分民众在面对日本先进技术及文明的态度上，也会由初期的鄙夷厌恶转为赞同认可，尤其是与伪政权利益一致的职员群体更易将其转化为行事准则。

与此同时，在伪职员愈加清晰地意识到国人陋习后，他们也同统治者一道加入改造者行列。在日伪对民众持续不断的改造之中，促使民众觉悟反省与引起他们对当局的抵触反感、以阳奉阴违手段敷衍应付，似乎并不矛盾。在权力的监督与强制推行下，日伪对民众身体的改造虽起到一定现实效果，却是为了更好地从心灵上奴化民众。

三、“新女性”与旧伦理

在 20 世纪青岛海水浴场，女士们常穿着“鲜艳夺目”的泳衣来往滩际，甚至有女子将“牙梳、唇脂粉盒、明镜，别储一橡皮囊中，临流化装〔妆〕”。[③] 这样时尚前卫的风貌随着日本侵华而发生转变。1938 年青岛沦陷后，伪政权推行融合儒家传统和殖民主义的妇女政策，在“新女性”中注入旧伦理，着力养成“贤妻良母”。深入青岛基层社会的传统观

---

① [日]深町英夫著/译：《教养身体的政治：中国国民党的新生活运动》，北京：生活·读书·新知三联书店 2017 年版，第 38 页。

② 弗洛伊德曾提出本我、自我和超我作为心理动力论的三大部分。本我代表人的本能，自我是理性与常识，而超我则是人格中的道德成分，抑制本我的冲动并对自我进行控制。弗洛伊德认为超我的形成发生在恋母情结崩解期，由于小男孩无法使母亲成为恋爱对象，由对父亲产生的报复或惩罚心理，继续转化为认同感。在沦陷区，日本即是通过不断展现其军事胜利与科技实力，一步步瓦解伪职员内心的排日情绪，促使其以低人一等的心理否定自我，进而实现“超我”，即以日本的价值体系思考问题。[奥]弗洛伊德著，林尘等译：《弗洛伊德后期著作选》，上海：上海译文出版社 1986 年版，第 117 页；[奥]弗洛伊德著，杨韶刚等译：《弗洛伊德心理哲学》，北京：九州出版社 2003 年版，第 22 页。

③《消夏通讯》，《旅行杂志》第 5 卷第 9 号，1931 年 9 月，第 153 页。

念一时成为妇女界主流，知识女性则以五四时期形成的婚姻观相对抗，构成传统“复活”与解放“回归”相互碰撞的舆论氛围。

五四以来，妇女解放运动持续推进，新思想和旧传统之间呈现冲击与共存的复杂社会生态。20 世纪三四十年代，日本侵华激发了国民的救国热情，促使社会各界对妇女职能与定位进行省思。蒋介石发起的“新生活运动”，其中便有培养女性兼顾家庭与国家的用意。某种程度上说，传统道德伦理出现回潮。抗战时期，国统区、根据地与沦陷区分立，在迥然相异的政治生态与文化氛围下，对号召妇女有独一无二影响的“新女性”名词被注入不同的意涵，妇女运动与思潮出现异变和分流。在沦陷区，日伪通过儒家思想抵消革命影响、稳定统治秩序，旧纲常伦理大行其道。家庭作为社会的基本单元、伦理道德的重要承载者，成为被规训的对象。在家庭中承担“柱石”角色的妇女①，被迫在传统的路上走得更远。青岛妇女的境遇及其在传统与现代之间的裹挟摇摆，是当时沦陷区妇女生活的缩影。

20 世纪 30 年代初，日本为动员国民参战成立国防妇人会，鼓吹要发挥世界上无与伦比的日本传统“妇德”，“做国防的基础”，结合国家主义与贤妻良母思想的“国家母性主义”大行其道。② 九一八事变后，日本将其移植到东北地区，首先在主要城市和满铁沿线要地成立妇人团体联合会③，继而迫使伪政权建立统一的妇女组织。全面抗战爆发后，妇人会与军事侵略同步展开，青岛中国妇人会即是日伪妇女政策的衍生物。1938 年 3 月 5 日，青岛中国妇人会成立。日伪意图通过恢复儒家道德稳定社会秩序，强调“凡欲强其国者必先齐其家，欲齐其家者必

① 《妇女们是家庭中的主角——不要忘了国民义务而轻率的离开家庭》，《青岛新民报》，1940 年 4 月 4 日，青岛市档案馆藏，D000310/00029/0002。

② 胡澎：《战时体制下的日本妇女团体（1931—1945）》，长春：吉林大学出版社 2005 年版，第 70、189 页。

③ 刘晶辉：《关东军的“铳后援”——“全满妇人团体联合会”初探》，《辽宁师范大学学报》2003 年第 6 期，第 107 页。

先使妇人修养其道德”，将规训妇女视为重要任务。作为执行侵略者妇女政策的重要机构，青岛中国妇人会以“光复整个民族的旧礼教道德为依归”。妇人会推崇顺服、妇道，抹杀女性独立意识。当局敦促该会以日本国防妇人会为蓝本，学习其“奉公精神”，将抚育子女作为妇女第一要务[①]，这才是妇女“真正解放的幸福”。[②]

青岛中国妇人会标榜其为中国“首创之妇人为国服务机关”，它从国家主义出发，批判近些年中国妇女协会“大都为解除妇女个人之痛苦而已”，导致妇女“无献身社会、效力国家先例”。可见日伪试图借力30年代中国妇女运动中的集体主义，突出妇女为“国”服务的职能。同时，日伪的妇女政策超越民族国家框架，在殖民主义体系下构建“大东亚民族”。青岛中国妇人会声称“基于东亚大道之本义，以打破旧来陋习，努力中国妇道上进，而图东亚民族之发展为目的”。[③]

人员构成上，青岛中国妇人会贯彻精英路线，会长为邹淑芳（伪治安维持会会长赵琪之妻）、副会长为徐颖溪（伪总务部部长姚作宾之妻）。另设12名理事，其中最著名的是被称为“淮南三吕，天下知名”之一的吕美荪（中国女权运动先驱吕碧城之姐），其余均为伪官员夫人和教育界女性。[④] 在吸纳会员上，妇人会明确要“先注意上级社会及智识分子”。[⑤] 为使更多官员女眷入会，伪政权勒令各局职员之夫人姊妹等尽量加入[⑥]，并将各中小学女教师完全纳入。日伪以青岛中国妇人会

① 青岛中国妇人会：《青岛中国妇人会缘起》，青岛市档案馆藏，B0032/001/00125。

②《青岛中国妇人会昨举行成立典礼 全体职员均选出会则亦通过 中日各要人参加典礼极隆重》，《青岛新民报》，1938年3月6日，青岛市档案馆，D000291/00072/0002。

③《赵琪对下属训话底稿》(1939年)，青岛市档案馆藏，B0023/001/00670。

④《青岛中国妇人会昨举行成立典礼 全体职员均选出会则亦通过 中日各要人参加典礼极隆重》，《青岛新民报》，1938年3月6日，青岛市档案馆藏，D000291/00072/0002。

⑤ 青岛特别市社会局、青岛特别市公函：《关于举行友军登陆纪念日及威海中国妇女会成立典礼的呈文、公函、指令》(1939年2月)，青岛市档案馆藏，B0023/001/00622。

⑥《青岛中国妇人会申请书、通告》，时间不详，青岛市档案馆藏，B0032/001/00125。

为抓手，意在“使中日亲善的思想，深入于妇女界，而促成普遍的深入民间”。[①] 从会员身份可看出，骨干成员或凭夫贵或直接服务于伪政权，是最渴望政局稳定的一群人。前者多为生活奢靡的旧式官太太，后者则是受过新式教育的知识女性。尽管身份不同，但她们均牵系上层社会及智识阶层的关系网络，可巩固伪政权的社会认同。这种精英路线也导致可吸收者有限的问题，故初期仅吸纳会员 150 余人。[②] 之后，该会多次登报声明简化入会手续，对身份资格“并无丝毫之限制，亦无任何阶级观念”，凡赞成宗旨、月缴一角者均可入会[③]，会员人数方得增长，在 1941 年初达到 300 余人。[④]

青岛中国妇人会设有东镇区、西镇区、海滨区、大港区四支部[⑤]，涵盖青岛市区。它对会员的要求颇高，除认同伪政权，积极适应“新社会”、“觉悟过去之迷梦，以期民生向善及生活之改善”外，还应进行“相当之修养及训练”，继而参与公共活动、教养民众，实现所谓“中日之敦睦，及东亚和平”。[⑥] 从举办的主要活动中，不难窥得其运动妇女的深意：一、举办联谊和文艺活动，包括中日妇人亲善会、妇人会会员精神修养会、会员野宴亲睦会、花道茶道座谈会、新年同乐会等；二、宣抚慰劳，如参加气球标语制作、放映宣传电影、慰问“友军”、协助宣抚班等；

---

①《负有中日亲睦使命 日华妇人会发会式 昨日在大饭店隆重举行 正副会长依次恳切致词》，《青岛新民报》，1938 年 9 月 9 日，第 7 页。

②《民国山东通志》第 4 册，第 2275 页。

③《中国妇人会日趋发展 各界妇女界咸愿加入》，《青岛新民报》，1938 年 5 月 21 日，青岛市档案馆藏，D000292/00076/0015；《中国妇人会访问记 入会手续简捷并无阶级限制 交换中日语言乃当务之急 内部组织及职责一般分配(二)》，《青岛新民报》，1938 年 5 月 27 日，青岛市档案馆藏，D000292/00100/0020。

④《本报特写——青岛唯一妇女团体中国妇人会 为社会人群谋求福利》，《青岛新民报》，1941 年 1 月 14 日，青岛市档案馆藏，D000317/00042/0005。

⑤《本市中国妇人会设立四区支部 本日午后二时开汇总会》，《青岛新民报》，1938 年 4 月 5 日，青岛市档案馆藏，D000291/00134/0010。

⑥《中国妇人会访问记》，《青岛新民报》1938 年 5 月 25 日，青岛市档案馆藏，D000292/00092/0001。

三、参与伪政权的政治集会，如青岛市民反蒋示威运动大会、“友邦”海军军旗制定五十周纪念日、参观“友军”阅兵式；四、社会慈善和公共服务，包括协助施粥工作、筹办慈善游艺大会、办理棉衣施放、举办贫民救济和女子日语速成学校。[①] 以上活动多为“亲善”性质，甚少关心妇女的切身利益，显示其并非所谓的公共服务组织，而是服务于殖民统治的政治机关。在青岛伪政权看来，妇人会“最著之事项”不外慰问友军、筹办义务剧等宣抚慰劳工作。[②]

其实，青岛伪政权推行保守妇女政策并非仅凭政治力量，背后有文化传统与社会环境的支撑。妇人会纲领和活动计划均由日伪高级官员制定，有附和侵略者成分，亦不乏价值认同。以原胶澳商埠局总办赵琪为核心的北洋政府官僚内心对北洋政府仍有较深认同感。面对数十年来“妇女界识见增高，忽焉觉醒”之势，伪官员表现出深深忧虑[③]，借用传统文化资源对抗妇女解放运动，重构伪政权的文化正统性。伪市长赵琪指出，中国先贤对妇女道德以三从四德为主，已证明其优越性，但欧风东渐使部分女性沾染恶气、忘却本来，故只有“力图挽救，庶可保持古风”。[④] 伪治安维持会常务委员、妇人会顾问陆梦熊极力美化旧道德，重构“家庭正义”。他在妇人会会员精神修养大会上发表《中国妇女之地位及其应守准则》的演讲，批评国民政府在婚姻自由平等原则下，使婚姻法发生极大矛盾。如不承认妾的地位、不阻止离婚，以致丈夫不受法律制裁而逼妻离婚另娶，“糟糠之妻流离失所”，残忍至极！[⑤]

陆梦熊继而提出妇女需遵守的四大准则：第一、道德准则。历代英

---

① 中国妇人会：《中国妇人会工作报告》(1939 年 3 月 17 日)，青岛市档案馆藏，B0038/001/00945。

②《赵琪对下属训话底稿》(1939 年)，青岛市档案馆藏，B0023/001/00670。

③ 陆梦熊：《中国妇女之地位及其应守准则(二)》，《青岛新民报》，1938 年 6 月 16 日，第 6 页。

④《负有中日亲睦使命 日华妇人会发会式昨日在大饭店隆重举行 正副会长依次恳切致词》，《青岛新民报》，1938 年 9 月 9 日，第 7 页。

⑤ 陆梦熊：《中国妇女之地位及其应守准则(二)》，《青岛新民报》，1938 年 6 月 16 日，第 6 页。

雄豪杰的成功多得力于母教或内助，中国妇女应“追踪前贤，发扬光大”；第二、有限度的求学。尽管陆氏提倡男女受同等教育，但“学之究竟在乎致用”，女子受初等教育以上者当视需要程度与夫家状况而定；第三、勤俭治家。他批评官员眷属“不知中馈”“不谙针线女红”，认为目前妇女虽不能与男子同事生产，至少应减少丈夫负担，补其不足；第四、对国家社会之准则。妇女如能分任教员、公务员等职务“固属利己利人之道”，如无机会“亦应随时随地为国家社会效力”，在慈善事业、公益事业等与妇女性质相近的工作上直接充任或间接辅助男子。显然，陆氏所提妇女准则是儒家化的，本质为夫权社会服务，但又不同于传统纲常伦理将妇女完全禁闭于家庭，而是通过现实的改良，增加服务社会的职能。最后，他指出如此之后，妇女“地位不平等，而自平等矣”。①

伪政权同时将着装视为规训重点。历任新政权建立之初往往将衣冠、服色、发型予以改造，以塑造政治合法性。近代以来，着装西化成为国人服饰演变不可阻遏之势，但传统服饰依旧具有较强象征意义，尤其在以恢复儒家文化和传统道德相号召的沦陷区。在伪青岛治安维持会成立典礼的照片中，八位委员有四位身着长袍马褂。另有一位身穿西式毛呢大衣的委员，仍内着传统长袍，颇有“中西合璧”特色。近代新式妇女推崇时尚前卫的着装风格，与日伪提倡的妇道极不相称，显然不符合此时的政治导向。伪市长赵琪时常在讲话中批评“沾染奢靡习气，只知道修饰应酬，不知管理家政”的时髦女子，告诫“这种现象，是很危险的”。② 陆梦熊呼吁女性学习日本妇女保持传统的做法，德性礼仪和服装发结“不肯轻易变更，以表示东方特别之精神”。③

1939 年 10 月北京发生轰动一时的理发师强奸妇女案，青岛伪政权借机大作文章。时任伪社会局局长的姚作宾批评“妇女界自受欧化

---

① 陆梦熊：《中国妇女之地位及其应守准则（三）》，《青岛新民报》，1938 年 6 月 17 日，第 6 页。
②《赵琪市长对所属的训话》（1943 年 1 月 8 日），青岛市档案馆藏，A0018/001/00398。
③ 陆梦熊：《中国妇女之地位及其应守准则（二）》，《青岛新民报》，1938 年 6 月 16 日，第 6 页。

熏染后”，陷于皮毛之效仿，对固有文化道德“反多抛弃不顾”。理发店为招揽顾客，多雇佣“油头粉面”的青年人，对女顾客“抚摸梳洗”，乘机加以调笑，妇女的庄严和羞耻心无形中消减。至于烫染头发，姚氏认为以色相营业之妇女或情有可原，“家庭妇女似不应以妓女舞女等为模范”。甚而，伪社会局专门举办妇人剪发问题辩论比赛。①

日本侵略者对女性服饰的改变，以道德和端庄为指引，易被遵从，烫发现象在青岛妇女中明显减少。但相比于年长者，女学生热衷追逐潮流、渴望被关注，青岛各校女生中仍不乏烫发者。当局批评此举“费时靡费，既损学校风纪，又失个人庄严”，于 1941 年 10 月训令各校“从严纠正”。② 日伪对女教员的限制更为严格，如“不许烫发，不许穿有花衣服，不许裸腿裸臂”等。③ 经过伪政权的持续推动，青岛妇女界的保守风气渐趋浓厚。据时人观察，当地“妇女很少活动，只有逢着新年或节日，可以在街上或公园中看见她们穿着长得拖地的旗袍走过”，平时女工和主妇多是朴素的蓝布衫，20 岁左右少女仍有缠足者。④ 而在沦陷北京，早在 1939 年小姐们便纷纷将旗袍缩减六寸，领口也“趋于西式的无领之势”，女性为突出“柔媚而动人”花费的心思甚多。⑤ 一度以西化著称的青岛妇女之保守程度，远甚于其他沦陷区，这样的反差令人惊奇。

其实，在青岛时尚、摩登的浮光掠影之下，还有鲜为人知的一面。近代商业移民城市青岛可谓是“华洋杂处”，江浙、广东及华北的精英人士占据社会的重要职位，带来趋新的思想观念与消费意识。然而，与看

---

①《良家妇女自尊自贵不应赴理发馆——京市发生理发师犯奸案后本市姚社会局长发表谈话》，《青岛新民报》，1939 年 11 月 1 日，青岛市档案馆藏，D000304/00007/0016。

②《青岛特别市教育局训令 第 562 号》，《青岛教育半月刊》1941 年第 2 卷第 19 期。转引自翟广顺：《半个世纪风雨——1891—1949 青岛教育大事记述》，第 231 页。

③《青岛女性职业相》，上海《政治月刊》第 2 卷第 1 期，1941 年 7 月 10 日，第 169 页。

④ 筱眉：《朴素勤劳的青岛妇女》，《家》第 9 期，1946 年 10 月 1 日，第 6 页。

⑤ 启真：《妇女的新装》，《妇女杂志》第 1 卷第 1 期，1940 年 9 月 15 日，第 15 页。

似欧化的外表相冲突，文化传统的惯性仍使这座城市在“旧习惯潜势力笼罩下”。青岛近郊的乡村“不是褒扬孝女，就是褒扬节妇”。当江浙一带妇女缠足恶俗“完全绝迹”时，青岛女工中“十分之七八，都是缠足的”。本地妇女“红衣绿袴，棉厚胧肿，拖了辫子，拐起三寸小脚，扭扭捏捜〔捏〕走着”，夏天各处来青避暑的摩登女性则“穿了浴衣在路上乱跑”。① 二者相比，“显得可以相差好几个世纪”。由于普通妇女平时不轻易出门，她们被经常抛头露面、引人惊叹的摩登女郎所“代表”，非常态的现象被大书特书后，淹没了绝大多数当地妇女的本相。②

五四以来，妇女解放逐渐成为主流思想。政党在运动妇女中多以此为号召，似乎使这一趋势愈加稳固。在表象之外，传统文化对妇女的制约力量仍不容小觑，对妇女解放持审慎和怀疑态度的上层人士为数众多，他们在沦陷时期保守的政治导向下力量进一步加强。青岛沦陷后，一些逊清遗老和北洋政府旧官僚再次登上政治舞台后，原本根植于基层社会的传统意识跃升，成为沦陷区的主流话语。但它势必会受到拥护妇女解放的社会精英及知识女性反对，如何在“新女性”话语中注入符合统治阶层利益的意涵，成为日伪的当务之急。

为重塑青岛妇女价值观，养成符合日本侵略者期待的贤妻良母，伪政权以妇人会为中心，紧锣密鼓地推选妇女模范。1938 年 10 月底，青岛伪政权机关报——《青岛新民报》开辟《时代妇女介绍》专栏，很快即推出“贤妻良母”新模范。伪市长赵琪的夫人邹淑芳被首先推出。她是一位典型旧式妇女，仅接受了“家庭教育”，16 岁便嫁给赵琪。邹氏孝敬公婆，应付家事有条理，有传统女性的“美德”。同时，邹淑芳也像当时上层妇女一样，闲暇生活丰富，喜欢游泳、溜冰、打牌，常“去舞场消遣

① 《蓬莱仙都话青岛》，薛慧子：《今日之华北》，中央书报发行所 1940 年编印，第 53—54 页。

② 陈伯琴：《青岛杂述》，刘平编纂：《稀见民国银行史料四编》（上），“浙江兴业银行《兴业邮乘》期刊分类辑录（1932—1949）”，第 188、194—195 页。

消遣，偶而〔尔〕的也去电影院走走”。①

几日后，邹淑芳好友、伪维持会委员李德顺之妻马洁宜当选为第二位妇女模范。她的生活更为“优雅奢侈”，看戏、抽烟、散步和养狗是其四大爱好。她尤爱养狗，“喜欢狗真的和她的儿女一般”，每天都要给四条狗吃牛肉、小米或牛奶、面包等。在记者描述中，马洁宜最大的优点是全力辅佐丈夫。她不过四十岁，比李德顺小三十余岁，平时将家务整理得井井有条。尽管马氏非常喜欢听戏，但在丈夫安歇时，即使广播电台放送非常喜欢的京剧，“也不肯为自己的喜爱而打扰她丈夫的安眠”。为经营自己和丈夫的公众形象，马洁宜也尽力做出改变。她很喜欢抽水烟袋，因在交际场手捧水袋烟不雅观，故改抽纸烟卷。②

尽管邹淑芳、马洁宜外貌“十二分的新式”③，但就追求与精神层面无疑是传统妇女。相较之下，姚作宾妻子徐颖溪则是由新女性回归传统的代表。她曾是最前卫的女性之一，“好自由”、个性鲜明，在河北女子师范学院读书时“常常穿着男装，学武术”，与邓颖超等活跃在天津妇女界。毕业后，除任女权运动同盟会直隶支部总务副委员长外，她还组织妇女星期补习学校，担任天津第一妇女补习学校教员。徐颖溪抗争精神极强，通过不懈争取，在 18 岁时得以入学；20 岁得知父亲为她定下包办婚姻后，在威逼利诱下以死相抗，终得婚姻自由，经人介绍与姚作宾相识。④

姚徐的恋爱颇为新潮高调。尽管相识不长，徐颖溪便应邀赴青岛

---

①《本市中国妇人会会长赵邹淑芳女士 四》，《青岛新民报》，1938 年 11 月 6 日，第 5 页。

②《中国妇人会理事李马洁宜女士》，《青岛新民报》，1938 年 11 月 12 日，第 5 页；《中国妇人会理事李马洁宜女士 二》，《青岛新民报》，1938 年 11 月 13 日，第 5 页；《中国妇人会理事李马洁宜女士 三》，《青岛新民报》，1938 年 11 月 15 日，第 5 页。

③ 之成：《漫谈：中国妇女的派别》，北京《妇女杂志》第 2 卷第 1 期，1941 年 1 月 15 日，第 31 页。

④ 小岑：《改造途上的婚姻——徐姚结婚记》，中共天津市委党史资料征集委员会、天津市妇女联合会编：《天津女星社妇女运动史资料选编》，北京：中共党史资料出版社 1985 年版，第 216—217 页。

逛游，“奇装异服，携手并肩，出入于茶寮酒肆”。有别于传统妇女的含蓄，徐颖溪在结婚典礼上大谈恋爱经过，表示“只要个性相同，条件亦合，一切都是不顾”①，对未来生活也秉持将来无爱就分离的原则。② 婚礼引起极大轰动，“轻年男女，趋之若狂”，谓为“真文明之极境”，保守者谓之“放荡过甚”。尤其是二人公开出版的恋爱影集，被讥以“俨然一部春画”。徐颖溪被归为不良妇女，姚作宾（时任北洋政府青岛交涉署交涉课主任）亦被斥为“儇薄少年”。山东省国会议员痛斥姚“玷污名器，腾笑友邦”，拟请国务院撤姚之职。③ 此后，被迫离职的姚作宾开始涉足商业，仕途几经沉浮，最终在日本侵华后成为汉奸。

十余年后，在沦陷青岛，徐颖溪依稀保留着昔日风采，是一位“健美的太太”，“在妇女界中算是最伟梧的了”。但受丈夫和家事影响，她逐渐成为一名家庭妇女。因儿子患有重病，徐几乎每天将工夫用在照顾上，自己也患失眠症十年。心理的压力消耗着徐颖溪的身体，也消磨着青年时期的志气。在日本侵占青岛后，妇人会正值用人之际，曾活跃在妇女界并拥有流利口才的徐颖溪受到日伪格外重视，只要妇人会有演讲，“那么代表一定是姚太太”。记者笔下的她对教育“极热心、极负责”，常帮助姚作宾写点教育文章，是一位贤内助。但这些均不是由自身发展导出，而是因姚的关系“不得不出来为妇女界的领袖”。④

不难看出，上述三位“时代女性”的光谱主要集中于从夫和压抑自我。日本侵略者通过她们传递着遵从哲学，让妇女在安于现状中服从殖民统治。《青岛新民报》用较大篇幅详细描绘了三位伪官员夫人的服

---

① 小岑：《改造途上的婚姻——徐姚结婚记》，《天津女星社妇女运动史资料选编》，第 217 页。

② 峙山：《在徐姚结婚时的讲话》（1923 年 4 月 1 日），《天津女星社妇女运动史资料选编》，第 220 页。

③《前日新旅社之奇异结婚者》，《大公报》，1923 年 4 月 4 日，第 6 版。

④《中国妇人会副会长姚徐颖溪女士 一》，《青岛新民报》，1938 年 11 月 8 日，第 5 页；《中国妇人会副会长姚徐颖溪女士 二》，《青岛新民报》，1938 年 11 月 9 日，第 5 页；《中国妇人会副会长姚徐颖溪女士 三》，《青岛新民报》，1938 年 11 月 10 日，第 5 页。

饰，她们均着素雅长袍、平底鞋，且不施脂粉，对发型的描绘尤为细致：马洁宜“将已烫过的头发，在后面梳一个髻”；以前烫发的徐颖溪现在也“梳着一个髻”。[①] 这些文字的用意即是利用楷模影响，引导各界妇女争相效仿。从政治宣传角度，伪政权塑造的妇女模范并不成功。如《青岛新民报》对马洁宜的报道中，其吃食方面“极讲究”的画面令人印象深刻[②]，对奢华住所的陈设着墨较多，隐约带有窥私性质，故当局只推出三位“模范”夫人便告停。

日伪宣传妇女模范的最终目的是培养“贤妻良母”。[③] 对此，伪市长赵琪解释道：贤妻良母“并非专在家庭以内尽其职责；凡国家社会方面，有可尽责之处，亦当竭力为之”。不难看出，这样的“贤妻良母”在国家和家庭职能上，与国民政府对妇女要求有相通之处，但又以日本妇女为学习对象。市立女中校长连索兰卿即表示要本着使中国妇女兼具传统美德与日本妇女精神的宗旨办学，以期“中国妇女将来俱有友邦妇女服务社会、贡献国家、主持家庭、教养子女、吃苦耐劳之良好精神”。[④] 青岛伪政权对女子教育“向以养成贤妻良母为宗旨”[⑤]，女学生成为日伪宣教重点。

通过对妇女楷模和贤妻良母的宣传，日伪旨在从意识形态上形塑妇女，将其完全纳入殖民主义框架之中。那些身处日伪权力体系的女

---

①《中国妇人会副会长姚徐颖溪女士 一》，《青岛新民报》，1938年11月8日，第5页。

②《中国妇人会理事李马洁宜女士》，《青岛新民报》，1938年11月12日，第5页。

③ 20世纪初，盛行于日本的贤母良妻思潮传入中国后，迅速与女子教育思潮结合，“贤妻良母”成为流行词汇之一。五四时期，“贤妻良母”一度遭受主张妇女解放者的批判。30年代国民政府实行“新生活运动”以来，“贤妻良母”再度进入大众视野并引起热议。日本全面侵华后，为适应战时环境，日伪强调发挥沦陷区妇女服务家庭与社会的职能，对贤妻良母大力提倡。吕美颐：《抗日战争时期华北沦陷区关于贤妻良母主义的论争》，李小江等著：《历史、史学与性别》，南京：江苏人民出版社2002年版，第164—166页。

④《期使中国妇女俱有友邦妇女美德 连索兰卿氏有此素志》，《青岛新民报》，1938年9月6日，第7页。

⑤《女子对国家社会亦须同负职责 市立女中举行毕业典礼 赵市长各局长莅临致词》，《青岛新民报》，1940年6月25日，第7页。

性心理较为微妙复杂：一方面，作为既得利益者，她们享受着当局赋予的职权或便利；另一方面，她们也需自我约束甚至否定，尤其是受过新思潮影响的新女性。尽管其在内心深处未必认同日伪妇女政策，但行动上不得不摇旗呐喊。这种分裂性也存在于许多知识女性的精神世界中。幸而，当时报刊留下了时人对青岛妇女的诸多讨论和记述，为探讨日伪妇女政策在舆论界及知识女性当中的反响带来可能。

1940年岛城的舆论环境相对宽松后，关于妇女问题的讨论不断增多。参与讨论者来自各行各业，多用化名，便于阐述真实想法，观点言人人殊，莫衷一是。

当时，中国妇女解放思潮已传播20余年，妇女已然被分为新旧两派。学校妇女、职业妇女、革命妇女一般被认为是新女性；贤妻良母派、少奶奶姨太太、乡村妇女自然属于旧式。但时人也观察到，新旧两派之间并无明显区别，“半新不旧”“像〔相〕貌新而精神旧”抑或“像〔相〕貌旧而精神新”者大有人在，认定妇女的新旧极为困难。① 复杂的形势使保守者斥责多数妇女沾染恶习，令趋新者感慨妇女解放的步伐停滞不前。

在青岛，日伪的保守妇女政策与男权主义者观念契合。后者持续为之辩护，进一步在生活细节上规训妇女。笔名为“狂宙”的作者谴责妇女“往往怀着悍妒的心理”，主张将“妇道”作为妇女的人生标准。妇女应具备“殷勤、诚恳、对事慎重的态度”，此外还要“敬从公婆训诲、和睦邻里、夫妇亲睦白头终老、妯娌和气”及正确教养子女，如此方能家庭圆满和谐，实现“妇道”。② 名为“夫”的论者发表《妇女在家庭中如何待人接物》一文，同样以儒家思想阐释妇女对待家人、亲友和邻居应有的态度和方式。③

---

① 之成：《漫谈：中国妇女的派别》，北京《妇女杂志》第2卷第1期，1941年1月15日，第31页。

② 狂宙：《妇女们在家庭里应持的态度》，《青岛新民报》，1940年10月10日，青岛市档案馆藏，D000314/00036/0005。

③ 夫：《妇女在家庭中如何待人接物》，《青岛新民报》，1940年3月14日，青岛市档案馆藏，D000309/00089/0004。

日本主妇被树立为“现代女子典型”。在男权主义者看来，她们具备节俭、勤劳、礼貌、和蔼、温柔的品德①，从早到晚无不在紧张的整理家务，不像中国主妇“只计算一天如何的快乐过去，尽情的享受安逸”，其美德“实在不是一般摩登主妇们所能比拟的”。她们对家庭经济的支配节俭而有计划，对子女过错以“很婉转的正当理由来训导”，不像中国妇女一样谩骂苛责；尤其是对男人的态度温柔体贴，“使丈夫疲劳之身，得些安慰的愉快”，“待人接物更是彬彬有礼，落落大方，使一般的戚友们和睦可亲”。② 显然，持此论调者希望在对比中促进中国妇女醒悟和回归。

在反对妇女解放者中，除去那些提倡女子无才便是德之“最顽固的”，便是主张女子有知识但要有旧道德，让妇女做贤妻良母的“次顽固的”一批人。后者“最得一般人的同情”。③ 吴若的观点颇有代表性。他认可拥有知识的女子可以“到社会上干一场”，不过前提是“终生独自活动，不受婚姻的束缚”，“上帝造女性并不是叫她们独立，而仍是叫她们结婚”，既然妇女只能守在家里做男子的内助，那么独立问题便无意义可言。在其看来，女子教育的目的是造就通达优秀的贤妻良母，“使男子没有后顾之忧而可以放胆的大展鸿图罢了！”④妇女解放为部分男性带来的就业与家庭焦虑可见一斑。另一持类似观念的论者道：“在现社会里，当然还是男子‘中心社会’”，妇女则是“文配家政”的主角。妇女要肩负家族繁殖和增多国民的责任，继而执行“教养”的义务。因此，妇女千万不要忘了国民义务“而轻率的离开家庭，离开国家社会的基本

---

①《日本的主妇》，《青岛新民报》，1939 年 12 月 2 日，第 3 页。

②《日本主妇为现代女子典型》，《大青岛报》，1939 年 5 月 7 日，第 3 页。

③ 宁生：《五年来中国妇女的进步》，《青岛民国日报副刊合订本》第 2 卷第 4 号，1930 年 4 月 30 日，第 24 页。

④ 吴若：《回到家庭去吧》，《青岛新民报》，1941 年 4 月 3 日，第 5 页。

防线”。①

上述言论早已被新女性视为陈词滥调，但在日伪保守妇女政策的影响下，又被男权主义者重提。在沦陷区，关于强化妇女贞洁的言论常见眼目。有“妇女导师”之称的北京《妇女杂志》即督促妇女“守处女性之尊严，守身执玉”。② 贞操观背后有劝导女性忠诚、顺服的意涵，近代妇女解放运动以破除贞操观为鹄的，为新女性的身心解放排除后顾之忧。日伪对妇女贞操的强调，被接受新思想者视为倒退，言辞激进的文章亦被登载，与伪政权唱起反调。李云认为贞操观是经“传统社会和占有欲”双重累加而成。由于男人在旧式婚姻中视妇女为私有，“倘然自己的妻子被人侵占，他因为嫉妒而迁怒到妇女身上”，故“说她不贞操”。作者不满于当前社会仍保持浓厚的旧道德观念，甚至受过高等教育洗礼的年轻人亦是如此。李云认为结婚后始能有性行为是错误思想，结婚只不过是恋爱的一个阶段，“贞操与否并不在于仪式”，进而呼吁道：“贞操是旧礼教的产物，现在是应该打破了这种错误的观念。”其实，日伪对女子贞操的重提及限制，逆向激发出知识阶层更强烈的反感，甚至婚后的贞操观亦被推翻。在李云看来，由恋爱步入结婚的妇女若与丈夫丧失感情，和其他男性发生了性行为，可以选择离婚；旧式婚姻中的妇女和丈夫无感情，对于她的通奸不能算是不贞；寡妇“为了欲的发泄而和男人有性行为，实在不应该受传统观念的社会的非难”。③

李云主张的两性关系甚至可以不受婚姻束缚，在当时沦陷区可谓惊世骇俗。另一位女性笔者“瑛”同样对女子贞操持宽容态度，认为旧有贞操观不合人情、太无人道，实在是“戕杀女性”。道德不是虚伪和单

---

①《妇女们是家庭中的主角——不要忘了国民义务而轻率的离开家庭》，《青岛新民报》，1940年4月4日，青岛市档案馆藏，D000310/00029/0002。

② 黄佩华译：《处女性与结婚资格之问题（续）》，北京《妇女杂志》第2卷第1期，1941年1月15日，第67页。

③《妇女的贞操——是被传统社会和占有欲形成》，《青岛新民报》，1940年3月28日，青岛市档案馆藏，D000309/00202/0004。

面的，寡妇“与其做暗中不规则之行动，不如直接痛快改嫁了人”。与李云不同，瑛认为再婚应具有社会性，观点也相对和缓：改嫁的条件是“要年青、要家穷、要无翁姑、要无子女”。否则，除非改嫁者今后仍能“负一部的责任”。①

其实，传统与现代观念间的鸿沟并非不可逾越，它们的表达常呈现暧昧与混沌状态。对大多数知识分子而言，头脑中的传统观念或许因新思潮影响而沉睡，但并不意味着消亡，它往往潜移默化地存在于思维方式之中。“姝妹”以为，“现在女权渐见抬头，受教育是和男子同样有了机会，那么，我们该努力的求得平等地位”。尽管她指出当下教育问题极为重要，否则女权不会提高，其中却有传统观念作祟。究其原因，不受教育的妇女不仅被舆论鄙视，甚至“不能获得丈夫”。她将妇女自力更生的动力归于找寻良偶。看到女生孜孜求学，“姝妹”深觉“可喜之极”，提出“国家”兴亡、匹妇有责的口号，主张女性要做新民中的新妇女。② 其中含有日伪奴化宣传的渗透。

当然，男性知识分子中不乏支持妇女施展作为者，但他们更多地以导师面目出现。“润生”提议妇女应抛弃个人主义立场而为解除大众痛苦奋斗。他批评知识妇女大多脱不了虚荣的“奴隶观念”，实现自我价值的极少；为妻者将制造孩子视为唯一天职，把时间耗费在装饰上，毫无进取之心。“润生”进而慨叹：“不满于家庭的樊笼而挣扎的娜拉时代，似乎成为过去的历史陈迹”，希望现代妇女认识到不为前途谋出路将永远是虚荣的奴隶③，劝导利己的知识女性承担更多社会责任，减轻家庭负担。这种观念也受妇女解放思潮中集体主义的影响。

---

① 瑛：《妇女贞操问题》，《青岛新民报》，1940 年 1 月 11 日，青岛市档案馆藏，D000306/00085/0005。

② 姝妹：《新妇女教育问题》，《青岛新民报》，1939 年 4 月 20 日，青岛市档案馆藏，D000154/00042/0021。

③ 润生：《现代的妇女们》，《青岛新民报》，1940 年 9 月 5 日，青岛市档案馆藏，D000313/00016/0004。

对于新旧妇女孰优孰劣的问题，有人持调和立场。抗战爆发后，社会变迁、人口流动进一步削弱了传统大家族的权威，道德约束力相对弱化，“两性关系变得活泼而复杂”①，这促使知识分子努力改良妇女工作。“常人”认为，中国妇女自古遭受压迫，相沿成习，颇难改革，一般受过教育的女子力图解放，不过也是搬运东西洋妇女思想，能切实了解的“寥寥无几”。他比较道：就学识而论，市镇或村庄是旧妇女的世界，新妇女确实有“所长”；在家务方面，旧式女子视之为天职，能够“措置裕如”，而学校出身的女子做主妇后家政经验极为浅薄；关于离婚，旧式女子因缺乏能力则欲望容易满足，一般不会离婚，当然其“任男性随意的虐待”也“是女界极大的耻羞”，而“新妇女的骄矜、轻佻、旁若无人，拿一点浅薄的学识，动即声言离异，也是不可为训的”。反复对比后，他只能提出新旧妇女“去其所短，利其所长”的折中意见。②

妇女应该走向“解放”还是“回向厨房里去”？相关言论竞相提出，呈现出传统与现代观念交织碰撞的复杂场景。但“无论是保守也罢，过激也罢，结果只是让一般女性们彷徨歧途，无所适从”。③ 其实，青岛的都市享乐者和穷苦民众虽“各走极端”，却无不“悲感着战火的余痛”，面临着“家园财富的斫丧”及“生命的彷徨失所”之威胁。④ 当日本将战争的负担转嫁于沦陷区，民众敏锐地感知到家庭生活的压力明显增大。青岛妇女对现实的无力感持续加重又无处纾解，犹如步入障目的森林。

1942 年 8 月 26 日，北京《妇女杂志》在青岛召开妇女名流座谈会，为妇女解决困惑并规划前途。为展示“青地各阶层妇女的生活动态”，青岛伪政权推选 13 位妇女代表参会。她们中最年长者为年过六旬的

① 吕芳上：《另一种“伪组织”：抗战时期婚姻与家庭问题初探》，台北《近代中国妇女史研究》第 3 期，1995 年 8 月，第 120 页。

② 常人：《新旧妇女的比较》，《青岛新民报》，1940 年 8 月 8 日，青岛市档案馆藏，D000312/00028/0002。

③《本刊主办职业妇女座谈会特辑》，《民民民月刊》1944 年第 1 期，第 9 页。

④《一九四〇年度文学上应走的路途》，《青岛新民报》，1940 年 1 月 1 日，第 23 页。

吕美荪,最小的是正在日本读大学、被视为“为女界谋幸福”的储备军姚希娴。职业方面,从事教育工作者5名,既有德高望重的中小学校长,又有代表新生力量的青年教师;公务员3名,分别是伪市署咨议王俊龄、广播电台的李淑芳和伪市长秘书夏志娴;另有以操持家务为主,同时在鲁大公司兼职日语翻译的范丽娜。①

从代表名单可看出,青岛伪政权的妇女工作已发生转向,职业女性成为推崇对象。贤妻良母仍被宣传,侧重点已明显不同,徐颖溪仍以有才干有学识、“服务社会治理家务有条不紊”的形象活跃于妇女界。②勤俭持家的伪总务局局长谢祖元之妻谢玉如则取代邹淑芳、马洁宜等生活奢华者。谢氏没有孩子,仅操持着一个两口之家。她不施粉黛、不设仆人,家庭用度节俭,亲自挽篮买菜。对此她称“非常满足”,“想想流亡不得温饱的同胞,已经够福气了”。谢玉如还谦虚地表示,自己力量有限,“所以唯有从事家事了”。这不禁使人“惊异局长夫人如此和蔼可亲”。③ 通过徐颖溪和谢玉如,伪政权试图重新构建职业、奉献、简朴的女性形象。

此转变与日本所处战争环境恶化不无关系。随着日本投入兵力增多,劳动力短缺情况日益严重,妇女不得不走出家庭,从事繁重劳动。姚作宾在1941年赴日时发现,农、工、商由童工、老人和妇女操持着,小女孩已“有成人服务的能力”。④ 同时,沦陷区的情况不容乐观。1941年后,青岛金融紊乱、物价飞涨愈加严重,全市存粮一度仅够支撑5个月,伪官员亦“直接感受生活的压迫”。⑤ 青岛中国妇人会陷入窘境,

---

①《青岛妇女名流座谈会》,北京《妇女杂志》1942年第3卷第10期,第12—15页。

②《中国妇人会副会长姚徐颖溪女士 一》,《青岛新民报》,1938年11月8日,第5页。

③《青岛妇女名流座谈会》,北京《妇女杂志》1942年第3卷第10期,第13页。

④ 姚作宾:《日本视察谈》(1942年1月13日于青岛市礼堂),青岛商会翻印分赠。

⑤ 青岛特别市社会局:《青岛特别市社会长姚作宾建议解决城乡物资交流金融统制及以盐换粮问题的呈》(1941年3月26日),青岛市档案馆藏,B0023/001/00813。

“薪给所入不足存活”，多次向伪政权上书请求救济①；工作几近停滞，“只不过创办识字班和日华学院”等较为基础的工作。②

为动员民众配合战时体制，青岛伪政权提出“崇尚节约、力戒奢华”的口号③，提倡家庭改良，规劝上层妇女亲操家务，“以便省去仆役，简省浮费”。舆论界开始批判“终日花天酒地，专以娱乐消遣为宗旨”的都市主妇，谴责其将子女教育付之学校，家庭琐务委之仆人。④ 正因如此，谢玉如进入伪政权的视野。她既可为上层女性立榜样，又可拉近与贫寒家庭妇女的距离。范丽娜对谢氏非常钦佩，她认为中国多年来上流社会“爱奢侈贪安逸的程度实在使人吃惊，若都真能像谢夫人那样地刻苦耐劳不计地位驾驭乘势，中国的家庭前途就颇堪期待了”。⑤

在抗战中后期青岛民众生活日渐窘迫的环境下，单靠一个人的能力来养活家口，“实在是很困难的一件事”，妇女只得自食其力，分减家庭负担。⑥ 1939 年青岛市妇女有工作者达 43.7％，识字率则为 16.3％⑦，说明从业妇女大多从事对文化水平要求不高的工作，薪酬较低。辛勤劳作的职业妇女成为当局树立的典型便不难理解了。除中上层职业妇女外，伪政权宣传的新女性包括电话接线生、看护及助产士，还有纱厂女工、卷烟公司女大班等。⑧

当时一般职业几乎全被男子占据，普通妇女难以胜任体面的妇女

① 青岛特别市社会局：《关于中国妇人会请援案发给该会员役年终奖金的呈文》（1941 年 12 月），青岛市档案馆藏，A0020/001/00215。

②《青岛妇女名流座谈会》，北京《妇女杂志》1942 年第 3 卷第 10 期，第 15 页。

③ 青岛盐务局：《关于公务员不准妄谈职外之事宜的通知》（1941 年 11 月 2 日），山东省档案馆藏，J112/09/0006/010。

④ 本立：《家庭中的有闲阶级》，《青岛新民报》，1941 年 4 月 3 日，第 5 版。

⑤《青岛妇女名流座谈会》，北京《妇女杂志》1942 年第 3 卷第 10 期，第 16 页。

⑥《职业女性群象》，上海《政治月刊》第 2 卷第 1 期，1941 年 7 月 10 日，第 169 页。

⑦ 据统计，1939 年青岛女性人数为 205699，其中有职业者 89977 人，识字者 33444 人。青岛特别市公署总务局编：《青岛特别市公署行政年鉴》（1939 年），“警察”，青岛：华昌大南纸印刷局，出版时间不详。

⑧《青岛女性职业相》，上海《政治月刊》第 2 卷第 1 期，1941 年 7 月 10 日，第 169 页。

职业，故能找到工作者多从事艰苦工作，“从小学教员、医院看护士，一直到工厂女工人、店员、女招待，每一个场所的空隙都充塞满了”。[①] 媒体慨叹青岛妇女就业情况“较其他各都市落后得多”。[②] 一些妇女迫于生活压力从事特别工作，女招待、“烧花烟姑娘”等新职业兴起。“烧花烟姑娘”负责为土膏店招揽生意，不需要多少知识，工作轻松，“每月收入高于官厅高级职员”，导致部分小学教员兼此副业。[③] 还有底层妇女迫于生计而失足，青岛“秘密卖淫的勾当，竟成为现社会一种习见的生活”[④]，类似平康里妓楼的娼妓场所在青岛约有两千多家。当时甚至有“青岛的女人，好的很少！”这样极端的说法。[⑤] 关于这些底层特殊职业妇女的经历，极少有人关注。在当时新文学作品中几乎被遮蔽，或作为陪衬及“控诉”内容呈现，“在语言难以光顾的黑暗中永久沉沦”。[⑥]

以青岛妓女遭遇为题材的《海上虹霞》一书，令这些底层妇女有“发声”的机会。《海上虹霞》是著名武侠小说家王度庐创作的为数不多的写实作品，最初连载于《青岛新民报》，成书的1941年恰是青岛妓女等特殊职业妇女问题突出的时期。该书讲述了世家小姐小卿与车夫柳贵私奔至青岛，后被赴南洋发财的柳抛弃，沦为暗娼。三十年后，她与富商柳贵甫（柳贵）再度相遇并产生情感纠葛，二人儿女亦发生爱恋。当此事及小卿身份被柳发觉后，他痛斥其不守妇道，更难接受妓女之子“勾引”大家闺秀。最后小卿的“爱情”幻灭，生命随之消殒。作品反映

---

① 红珠：《职业与妇女》，《青岛新民报》，1940年9月5日，青岛市档案馆藏，D000313/00016/0003。

② 君实：《事变前青岛的特殊的妇女职业》，《三六九画报》第6卷第7期，1940年11月23日，第13页。

③《青岛妇女名流座谈会》，北京《妇女杂志》1942年第3卷第10期，第14页。

④ 红珠：《职业与妇女》，《青岛新民报》，1940年9月5日，青岛市档案馆藏，D000313/00016/0003。

⑤《都市之另一角落 大鼓场素描 歌姬以莺喉媚态求生存》，《青岛新民报》，1941年4月4日，第7页。

⑥ 杨联芬：《新伦理与旧角色：五四新女性身份认同的困境》，《中国社会科学》2010年第5期，第216页。

出妓女不仅遭遇男权的压榨,还有来自传统观念的排斥、社会现实的打压。小卿的命运,也是青岛底层妇女生活的缩影。

女性对同性的遭遇更能感同身受。青岛知识女性对底层妇女的境遇愤愤不平,指出“女子在作贤妻良母的时期并不好过为人女的时候”,妇女的自觉自救“太迫切”“太需要”。① 有人直接向当局喊话:“那些提倡叫女人作贤妻良母的人将给一个怎样的答复?你们保管叫所有的女人的丈夫都有工作做么?不但有工作做,而且还足以维持他们的家庭么?”②

在社会危机及愈发严峻的战争形势下,青岛伪政权不得不调整妇女政策。1944 年 2 月当局在《民民民月刊》召开“女子应该往哪里去”为主题的职业妇女座谈会,提出以职业妇女为中心目标,再推广到普遍的妇女问题。5 位职业女性和 1 名女高中生与会。她们围绕女子求职困难、未来出路、从事职业的意义及如何改善等问题展开讨论,一致认为当下环境女子求职困难,“能使女子得到完全的经济独立的职业还很少”。伪市长秘书夏志娴聪颖能干,却因“女秘书”一职,深受与伪市长姚作宾的谣言困扰,“有说不出的苦处”。即便如此,她仍主张女性对就业迎难而上,要“不顾一切的去干”。出人意料的是,在场的职业女性虽赞同女子到社会上做事,但更看重家庭责任,强调“不能完全丢掉家庭中的事”,建议“女子能够回到家里去,那么顶好是回去”。③ 尽管此时伪政权已不再强调偏重于内的“贤妻良母”,但它仍在中上层妇女中有一定影响力。

职业妇女的婚姻也是与会者争论较多的问题。从当时社会风俗来看,“一般的男子都不愿自己的妻子的学问超乎自己以上”,使妇女对婚

① 红珠:《谈谈乡村妇女生活》,《青岛新民报》,1940 年 7 月 4 日,青岛市档案馆藏,D000311/00016/0003。

② 君实:《事变前青岛的特殊的妇女职业》,《三六九画报》第 6 卷第 7 期,1940 年 11 月 23 日,第 13 页。

③《本刊主办职业妇女座谈会特辑》,《民民民月刊》1944 年第 1 期,第 9—12 页。

姻与事业陷入选择困惑。任职于青岛物资物价委员会的徐应麟指出，“职业妇女应该结婚，因为男子的事业亦需要自己妻子的帮助”，事业与家庭可得兼顾，此种建议却是站在男性视角阐发。男司会（《民民民月报》编辑主任）则直言：“职业妇女千万不要结婚，如果一结婚，那么她的一切就都完了”；如果妇女希望结婚，就不要再去工作。不难看出，社会对妇女就业仍有极大歧视。而这种歧视有时也来自女性。夏志娴对好打扮的同性持有偏见，认为任用女职员要有选择性，“那种打扮得花枝招展的女职员根本就不要用她”。①

改善妇女职业是当时“一个最大的社会问题”。与会者虽对从事妓女、舞女等职业的妇女采取抵制态度，也深知让她们从良极难，“目前是办不到的”，“低级职业妇女只有往低级走”成为无奈的社会现实。她们指出，只有国家建立工厂、医院、托儿所等公共机关收容并救济才是此问题的解决之道②，伪政权显然无力作为，“应该往哪里去”始终困扰着沦陷区妇女。

抗战后期，青岛伪政权期望运动各界妇女共度时艰，不断解构和重构“新女性”，赋予符合殖民统治的意涵：女公务员须肩负国家社会之责，尽量参加社会活动，“以养成其团体生活习惯”；学校妇女要“彻底明瞭建国理念，积极参加各种自治”，发挥革新自救精神；家庭妇女须改良不良习惯及嗜好，充实现代生活知识技能“以负担助夫理家、教育子女之重任”；对于劳动妇女，帮助其提高生产知识、谋求生活福利；“婢妾娼妓及流离失所之妇女”，应促其明了自身地位及自救、奋起之途径。③日伪在摈弃受众群体有限的精英主义妇女路线后，冀图从实际出发，根据不同妇女群体制定符合其身份和需要的妇女政策。在旧伦理之中，

---

①《本刊主办职业妇女座谈会特辑》，《民民民月刊》1944 年第 1 期，第 13—14 页。

②《本刊主办职业妇女座谈会特辑》，《民民民月刊》1944 年第 1 期，第 14 页。

③ 华北妇女协会青岛分会：《华北妇女协会青岛分会一九四四年度工作要纲草案》（1944 年），青岛市档案馆藏，B0023/001/01395。

“新女性”又被赋予舍己为公的元素，且更加具体化，不再是普通妇女遥不可及的空中楼阁，但即便如此，依旧难以达到日伪预期的效果。

为“发动妇女运动协力战争以期树立革新势力”，华北伪政权尝试统领指挥沦陷区妇女。1944 年 10 月，华北妇女协会青岛分会正式办公①，青岛中国妇人会遂告结束。前者开放性极强，规定凡 18 岁以上有户籍、“思想纯正、赞成会宗”者，经会员 2 人以上介绍得为会员，享受选举权与被选举权，可对会务发表意见并请求困难援助。妇女工作的精英路线不再适用，新的妇女组织转而遵循“妇女运动须尽量利用各种技术深入各阶层以期扩大其地域”的方针，期望在农村地区开展工作。② 对乡村妇女的重视，显示着日伪对抗日根据地蓬勃发展的妇女运动之歆羡。但因时局关系，华北妇女协会青岛分会的妇女政策并未付诸实践，仅在 1944 年 12 月开展针对女职员的战时营养与国民健康问题演讲会等一般性活动。③ 随着抗战胜利，青岛伪政权的妇女工作随之结束。

20 世纪三四十年代，中国的妇女运动逐渐从个人主义过渡到集体主义，即由“私”向“公”的领域转变。国民政府在“新生活运动”中提倡“新贤妻良母”，鼓励妇女为家庭和社会负双重责任，动员妇女参与战地服务团、妇女救国会等后勤组织；在敌后根据地，中共将劳动妇女和革命女性树为典型，在各地开展妇女生产运动。整体而言，日本侵略者同样重视妇女的作用，采取举办群体活动、规范着装举止、推出女性模范、养成贤妻良母等形式塑造妇女的政治认同，但又有特殊的发展路径。

---

① 华北妇女协会青岛分会：《关于华北妇女协会青岛分会正式办公的函》（1944 年 10 月 1 日），青岛市档案馆藏，B0038/001/01165。

② 华北妇女协会青岛分会：《华北妇女协会青岛分会简章及妇女职员入会公函》（1944 年 11 月 6 日），青岛市档案馆藏，B0038/001/01169；《华北妇女协会青岛分会一九四四年度工作要纲草案》（1944 年），青岛市档案馆藏，B0023/001/01395。

③ 华北妇女协会青岛分会：《关于举行营养知识普遍传播讲演会的公函》（1944 年 12 月 9 日），青岛市档案馆藏，B0031/001/00171。

在沦陷区，日本侵略者的施政方针起到纲领性指导作用，但也为伪官员留有发挥主观能动性的空间，妇女方面也不例外。日本占领青岛后，社会结构和政治文化急遽变化，历次革命中被淘汰的旧群体再度登上政治舞台。他们打出恢复纲常礼教、匡正人心的旗号，挖掘传统家庭伦理中有利于社会稳定的因素，让女子“回家”、重申“妇道”。不难发现，在妇女解放思潮的表层之下，传统观念的暗流依旧强大。日伪仍以极具现代性的“新女性”号召妇女，却通过解构，剔除其中的反叛意蕴，加入旧伦理的约束。生活于青岛的妇女，有与其他沦陷区女性相似的经历。同时，较早被殖民的沿海都市青岛在现代化与开放性的特质下，又笼罩着保守的面纱。这样的错乱与多歧特性，使其成为观察近代妇女运动轨迹的独特样本。

女性心思细腻敏感，偏重感性，同时富有理想主义和奉献精神。传统妇女受家庭和生活所累，往往造成自我压抑和个性禁锢。而近代新女性离家后，相当一部分人走向“不是堕落，就是回来”的旧路。抗战期间，国家危机愈加严峻，妇女问题成为各种社会矛盾的聚焦点。在广大沦陷区，日本因侵略者身份，无法调适女性主义与集体主义、民族主义同殖民主义、传统和现代观念的矛盾，更不能从调动妇女朴素的爱国情感出发，对中国妇女实现普遍的动员。在畸形的政治生态下，知识女性或不愿投敌事伪，或在男权社会中难以立身，底层女性的生活困境亦未得到解决。而抗战时期中共之所以成功调动广大妇女的革命热情，很大程度源自引导妇女进行情感转向，将她们从彷徨自艾、狭隘的自我世界中解放出来，使自我价值与社会价值的实现归于一途。在此过程中，妇女既获得生活所需，又被崇高的理想使命所激励，公与私的界限渐渐模糊，革命化的家庭不断涌现。

小　结

本章试图探讨日本殖民者与伪职员共同治理下的青岛社会。其中通过三个层面逐渐推进：首先通过当局对职员群体所采取控制和拉拢等因人而异策略，分析日伪如何构建模范化的官僚体系；其次借伪职员的政治实践透视青岛伪政权的权力运作网络，并对此前一直引发争议的对伪职员行为之评判标准进行讨论；最后将落脚点放到伪政令的最终落实群体——市民身上，探讨他们在种种奴化宣传和训练下思想和行为所受影响。

在此过程中，青岛的政治生态与社会结构发生了巨变。在日伪所宣扬的大东亚“蓝图”和日本雄厚实力的影响下，会使部分市民的看法悄然改变。在与自身所处环境两相对照下，极易催生自卑和欣羡心理，愈加认为日本是文明进步、经济发达的强国，而这种崇拜强者的心理正是伪政权统治的重要维系因素。但随着日本愈加严苛的战时经济统制和残酷掠夺，民众生活陷入极端困苦之中，不满和反抗情绪也在社会上广泛酝酿，这在胜利曙光即将来临之前尤为激烈。日本统治者遂采取暴力和强制性手段推行政治经济政策，对违抗民众施以严惩，以此肃清社会治安隐患。深受其害的民众既对统治者的恨意加深，又摄于其威慑而在多数情形下只能顺从。

以上种种，使沦陷区市民对日伪普遍怀有一种“羡恨交织”的矛盾情感，而这种情感在伪职员身上体现得更为明显。一方面他们在伪政权体制内，与日伪利益有一致性，肩负奴化民众和维持社会秩序的使命；另一方面，他们又是为侵略者而非本国政府服务，当局对日本和中国职员的差别对待也令其难以完全融入日伪体系之中。面对日伪压迫民众的情形，伪职员出于良心，有时会站在同胞角度施以同情，但这也令其常常会面临“左右为难”的情况，伪职员的行为充满矛盾性。

第四章　时代语境下的“汉奸”与青岛周边的抵抗

抗日战争爆发后，讨伐汉奸之声不绝于耳。在激进的民族主义浪潮中，一切与日媾和甚至言及“和平”者都会被归于汉奸之列。以当时大后方的视角来看，伪政权职员群体自是难逃“汉奸”嫌疑。肃奸是国共号令民众展开群体内自清运动、抗日救国的旗帜，但对伪政权职员群体而言，汉奸之名则是要极力撇清的一顶耻辱帽。围绕“汉奸”话题，国、共、日三方展开激烈的舆论博弈，使肃奸话语权的争夺、讨奸与正名之声、亡国与建国之论掺杂其间，呈现出多歧的面相。抗战时期共产党与国民党纷纷在胶东地区展开抗日活动，面对青岛周边的肘腋之患，青岛伪政权在1941至1942年间发起的五次治安强化运动中积极出击。该运动之所以渐至演化为一场大规模的社会动员，伪职员可谓“功不可没”。本章试图通过时代语境下之“汉奸”与复杂的敌后游击战形势，在多边互动关系下加深对伪职员群体生存环境的理解。

第一节　战时各方的舆论博弈

抗日战争期间，舆论战场是除军事作战区以外，国、共、日三方抢占的重要阵地。掌握舆论话语权、树立政府正面形象不仅可占据“名正言顺”的合法地位，更起到巩固统治根基的长远作用。战时国共两党既有合作又存竞争，积极展开有关除暴安良的肃奸宣传并付诸行动，呈现出各具一格的政治性格与组织形态；作为被指为奸的一方，伪政权并非被动承受者，而是建构了符合其利益的忠奸之辩，并将矛头对准国共，不遗余力地展开反宣传。20 世纪 30 至 40 年代，“汉奸”是带有强烈时代语境之词汇，透过它背后的舆论环境和政治生态，以国、共、日三方视角去解读抗战与投敌，加深对伪政权宣传机制认识的同时，亦可增强对以往相对忽视的伪职员之心境及其自我界定的探讨。

一、报刊舆论中的“汉奸”

进入 20 世纪，报刊逐渐成为舆论的前沿阵地，思想界与学术界之重要交锋无不以报刊为重要媒介。报刊中的热频词汇反映了当下社会的舆论焦点，是研究者探讨社会变迁及历史现象的一把钥匙。抗日战争爆发前后，民族危亡成为摆在国人面前的首要问题。“我不自亡，谁敢亡我”，作为国民中的附逆者，汉奸被视为“危害民族生存的大障碍”①，成为舆论界一致讨伐的对象。九一八事变前后，“国内指称中华民族中出卖全民族利益和中华民国国家利益的‘汉奸’一词，开始大量流行”。② 探究伪政权职员群体，自然绕不过“汉奸”这一概念。

“汉奸一词最迟在明末产生”③，该概念自诞生之日起就在与时代的强烈互动中发展演变。抗战时期，汉奸脱离了单一民族叙述，指代出卖国家利益之人并逐渐成为共识。汉奸群体一向被冠以“趋炎附势”“见利忘义”之名，然而人们对其起源及含义却莫衷一是。历史地看，汉奸的概念一直处于动态变化中。桑兵指出，清中叶前的“汉奸”指煽动族人反抗朝廷的汉人，后用来形容勾结外夷祸害中国的汉人奸徒或是用夷变夏的国人。④ 茅海建认为，即便在鸦片战争时期，“汉奸”还是一

---

① 《扑灭汉奸与准汉奸》，《学校新闻》第 72 号，1937 年 8 月 7 日，第 1 页。

② 黄兴涛：《抗战前后“民族英雄”问题的讨论与“汉奸”“华奸”之辩——以现代中华民族观念的影响为视角》，《人文杂志》2017 年第 8 期，第 78 页。

③ 吴密：《“汉奸”考辩》，《清史研究》2010 年第 4 期，第 108 页。

④ 桑兵：《辛亥首义之区的汉奸问题》，《华中师范大学学报》2017 年第 2 期，第 114 页。

个最不确定的称谓，“一切不便解释或难以解释的事由、责任、后果，大多被嫁移到‘汉奸’的身上”。① 至辛亥革命时期，汉奸的内涵又发生转变，多指“替清朝为虎作伥残害同胞的汉人”。②

随着近代民族国家观念的形成，各民族拥有和一致认同的总符号——“中华民族”逐渐确立，从清末民初到抗日战争时期是民族“自觉”形成的过程。③ 在此期间，国家认同构建居于更为重要的位置，“汉奸”一词泛指站在民族国家对立面的叛国者。目之所及，对抗日战争中的“汉奸”较早且较为系统性地概括出现在全面抗战爆发前的1936年，时人认为“凡甘受敌人金钱之驱使，或势力之胁迫，而听从其指挥，作不利于国家民族之举动，甚至毁谤国家领袖，恶意批评政府政策，阻扰政治之实施，及以造作谣言，冀图煽惑人心为目的，或甘愿以亡国奴自居，认贼作父，违背其对于国家民族之职责，投降敌人，愿作其鹰犬与顺民者，均得认为汉奸”。④ 在国家危亡之际，“汉奸”指代一切出卖国家利益的中国人。“汉奸”一词的内涵与近代中国历史进程紧密相连，同时带有社会文化变迁的烙印。

早在1932年，就有论者指出，国难以来“汉奸”词汇屡被“报章竞载，口头宣传”，“今试执路人而呼之为汉奸，虽三尺童子亦知勃然变色，申申以詈”。⑤ 由此可见，敌我矛盾已成为占据20世纪30年代中国社会的首要矛盾，与日媾和者将会面临空前的舆论压力。1932年上海“一·二八”事变爆发后，因“少数江北人甘为日人利用，为之服务后方”，故而“江北人与‘汉奸’几成连贯的名词，在一般人心目中，凡属江

---

① 茅海建：《天朝的崩溃——鸦片战争再研究》，北京：生活·读书·新知三联书店2007年版，第306页。

② 桑兵：《辛亥首义之区的汉奸问题》，《华中师范大学学报》2017年第2期，第114页。

③ 黄兴涛：《民族自觉与符号认同：“中华民族”观念萌生与确立的历史考察》，香港《中国社会科学评论》2002年2月创刊号。

④《汉奸的定义》，《生力月刊》1936年第1卷第5期，第55页。

⑤ 唐庆增：《汉奸辨》，《新社会》第2卷第7期，1932年4月1日，第161页。

北人，都带点汉奸的嫌疑”。因江北人在沪多操下层职业，本来上海人即对江北人有普遍轻贱和鄙视之骂语——“江北猪猡”，当江北人中不乏从事汉奸、为敌人充作工役者后，导致“平素贱视江北人的观念，更加深刻”，“因为骂到汉奸，就同时侮辱江北人的，简直不胜枚举”。[①] 日本人侵引发的激烈社会矛盾转嫁到普通民众之间，加重了地域歧视。而这种忠奸不两立的绝对化思维，有时难免殃及无辜人士。

在“汉奸”成为一系列不祥与丑恶的代名词后，对其抨击之言论甚至胜过日本侵略者。一位笔名为“不奸”者写道，汉奸在亡国之际竟“乐日本人的侵占东北”，“他的心，他的肺，也是一样的与别人家相仿，然而他的举动，他的言论，却与众不同，竟可说与别人家有天地之别”。[②] “允安”在《汉奸死有余辜》一文中，认为汉奸之所以不顾一切，“大半是抱着无厌的享乐主义”，是一群“实行不要国家，不要良心，不要名誉，兼不要做人的人”，甚至可以说是“日本的臣妾，走狗，中国的罪人”。[③] 如果说上述论者还将汉奸视为“人”，下列言辞则完全摈弃了为奸者人的基本属性，将其视为“作敌人之傀儡和走狗的冷血动物”一般。[④] “铁鸣”在文章《也许——写给汉奸》中，先后将汉奸“也许”为“一个人”、“一个恶兽”和“一个走狗”：“倘使你还是人，你决不会吃自己同胞的肉，吸自己同胞们的血”；如若是个恶兽，但又“尽管把自家的兄弟咀嚼，却没有伤了敌人的半口”；也许是一个走狗，“却是对豺狼摇尾摆头，设计对主人害谋”。笔者最后得出结论：汉奸“决非是个人，却也不是兽，也不配是一个狗”。[⑤] 汉奸被时人归为人类的败类，甚至牲畜不如，鄙薄之情尽诉笔间。以上激进的言辞，说明全面抗战前汉奸虽远离大多数普

① 土朋：《“江北汉奸”》，《循环》第1卷第50期，1932年9月16日，第768页；《“汉奸”不是中国人吗？》，《兴华》1932年第29卷第26期，第1—2页。

② 不奸：《伟大者汉奸》，《海上日报(1931—1932)》，1931年12月18日，第2版。

③ 允安：《汉奸死有余辜》，《循环》第2卷第10期，1932年12月9日，第958页。

④ 冰洁：《汉奸产生原因的探讨》，《抗日旬刊》第17期，1932年10月11日，第394页。

⑤ 铁鸣：《也许——写给汉奸》，《创进》新一卷第2期，1937年1月1日，第30页。

通民众的生活，却早已成为洪水猛兽一般的存在。知识分子素重名誉，舆论界讨伐汉奸的初衷还在于使社会上有名望的失势群体自觉同汉奸划清界限。

因当时普通民众的识字率底，且购买报刊人数有限，为加大肃奸的宣传力度和受众面，舆论界还采取戏剧和歌谣等传统媒介方式，加深民众对汉奸的痛恨之情。戏剧方面最著名的当属 1937 年于伶创作的十出独幕剧——《汉奸的子孙》，该剧从华北某商埠转运公司总经理吴鸣时与帝国主义勾结，转运走私货和大发国难财的事件展开。吴鸣时子承父业，成为帝国主义在华买办，而其子却是爱国学生运动的积极参与者。该剧内容充实丰富，地域上"从骚扰纷乱的失地到给无形的魔手紧抓着的国际化都市"，人物范围从知识分子到"马路边摆剃头担的小学徒"。此剧的对白"是十分流畅的口语"，不生硬晦涩且易于上口，"观众也容易听得懂"。即使是"技术低下"的剧团上演，也可"保证能够得到相当的效果"。① 因其紧扣社会的主要矛盾，这一剧本在 1937 年保持了最高上演记录。②

歌谣是老百姓喜闻乐道的传播方式，具有通俗易懂、朗朗上口的特点。它也因此成为敌后游击战期间国共两党打击汉奸、在民众间普及肃奸宣传的重要形式。如署名"梦苕"的笔者作有《汉奸谣》③一文如下：

> 敌兵欲来，汉奸放火；敌兵既来，迎之道左。敌来犹可，汉奸杀我。
>
> "嗟汝亦人，岂无肝肠！奈何甘心，为虎作伥！"
>
> 虎伥闻言，大笑不住："平时我身，千恨谁诉！人坐我车，我为

---

① 卢苇：《尤竞："汉奸的子孙"（戏剧集）》，《书人》第 1 卷第 3 号，1937 年 3 月，第 71 页。

② 张泽贤：《中国现代文学戏剧版本闻见录 1912—1949》，上海：上海远东出版社 2009 年版，第 205 页。

③ 梦苕：《汉奸谣》，《星期评论》第 1 卷第 10 期，1932 年 6 月，第 12—13 页。

马牛；人居华屋，我栖隘湫。一朝时来，翻转乾坤；扬眉吐气，无佛称尊。东家黄金，西家美女，女抱我眠，金恣我取。”

汝莫快意于一时，鸟尽弓藏悔且迟！

《汉奸谣》既描绘了汉奸配合日军迫害同胞的罪恶行径，又用汉奸口吻道出了其一朝得势的丑恶嘴脸，极易激起因抗战颠沛流离的民众之痛恨。最后，笔者用“鸟尽弓藏悔且迟”一语道出汉奸的最后宿命，极具警示性。以上言论虽有动员抗战、扑灭汉奸的积极意义，但也难免为汉奸贴上绝对化标签，由此产生的汉奸印象至今仍有深远影响。

全面抗战爆发促使民族矛盾上升至前所未有的高度，汉奸除负面属性的外延不断扩大外，其群体范围也在不断拓展。淞沪会战开始不久，上海商界就有不少奸商以食粮及军需品资敌的现象发生。“‘商人’为掩护，好像动物的保护色，很能避免人们的注意”，因而舆论界提出希望职业界中的救亡工作者“能够利用自身特殊的地位”，起来“消灭职业界中的汉奸”。① 一时间，依据所从事行业而划分的经济汉奸、政治汉奸、文化汉奸等名词相继涌现，汉奸面的扩大甚至导致国民政府公职人员也难以完全与汉奸撇清关系。有论者提出“‘准汉奸’比汉奸更可恶”一语：所谓“准汉奸”在外形上，“他们似乎是抗敌救国的”；而实际上却“凭藉了公务员的资格或则主管长官的势力”，呼唤工役先搬家具逃难，“放弃领导民众的职责”，并将“唤醒民众，组织民众，训练民众的种种后方的急要工作”放置在“暂从缓议”的地位。② 更有甚者，舆论界还有“主张和平的是胆小怕事的人，是不管整个民族的利益的人。谁主张和平，谁就是汉奸！”③一语发出，只要言及“和平”者便以汉奸视之。在民族矛盾加剧之际，民众不自觉地将社会群体内的自清行为提上急务，任何与抗战背道而驰的言行发出者均有被划入汉奸阵营的危险。

---

① 枫林：《消灭职业界中的汉奸》，《救亡周刊》1937 年第 3 号，第 36 页。

②《扑灭汉奸与准汉奸》，《学校新闻》第 72 号，1937 年 8 月 7 日，第 1 页。

③ 高卜：《主张和平的是汉奸！》，《救中国》第 5 期，1937 年 11 月 20 日，第 1 页。

除以上大量充斥着情感色彩的文字外，还有部分理性的知识分子注重从社会文化角度找寻滋生汉奸的土壤，以此杜绝汉奸现象的频发。如署名“冰洁”者指出汉奸可分为两类：“一是有智识的汉奸，一是无智识的汉奸。”他将前者当汉奸的原因归纳为“失势的封建的统治者的变态”和“军阀官僚的最终原形”。“冰洁”认为因时代潮流鼓荡而没落的统治阶级“受新时代人物的欺压和讽刺”，“无时不想恢复昔日的地位”；而军阀“为顾全私利与地盘起见”，依托日本势力为庇护。至于无智识之汉奸产生的原因，多将其归为社会因素，主要有“生活压迫”、“政治腐败失却重心”与“教育不普及”等因所致。① 伴随着抗战愈久而汉奸愈多之趋势，时人开始深入反思这一社会问题。

历次社会变革中所淘汰而又无处安放的旧群体构成了汉奸的上层群体，这部分人士曾身居高位、衣食无忧，但在历次革命浪潮中黯淡落幕，退居政治舞台边沿，心有不甘而又蓄势待起者大有人在，做汉奸极多数是自我选择的结果；而积贫积弱的基层社会弊病又驱使贪财忘义者投入下层汉奸的阵营，如江北一工头在怂恿工人为敌服务时即称：“住洋房坐汽车吃大餐的人，爱国两字，挂在口头，他们利用国的名称，得着了无限好处，自然要讲爱国”，但那些“要拿气力去换极苦的衣食住”的人却没有工作，帮日本人做一天工可得一只洋，可本国人并未顾到其生活，他们“只晓得用苦力去换生活，并没有做汉奸，亦没有辱没人”。② 社会贫富差距使社会矛盾激增，在汉奸的鼓动下，“生存大于正义”成为一部分衣食不足者的生活法则，中下层民众资敌之事屡有发生。知识分子虽对汉奸产生的原因有深入剖析，但又苦于社会问题并无立竿见影之法解决，汉奸问题无法根绝，因而有人感慨：“民众虽一再与以（注：汉奸）自新之机会，而若辈竟永无悔过之日乎？”③在此情形

① 冰洁：《汉奸产生原因的探讨》，《抗日旬刊》第17期，1932年10月11日，第394—396页。

② 毅龕：《随便谈谈：可怜的江北人》，《新社会》第2卷第7号，1932年4月1日，第163页。

③ 唐庆增：《汉奸辨》，《新社会》第2卷第7号，1932年4月1日，第163页。

下，悲观论调散诸报间，有论者即言：“既然大家都要做汉奸，那末大家去做好了；横竖道德标准是变动的，那时候的汉奸，也许就是今日烈士的。”①

综上所述，当时舆论界对汉奸激进谩骂之言词，一定程度来说是时人在无力改变社会环境、汉奸又层出不穷的社会现实面前的无奈之举，“汉奸”成为情绪的宣泄口。报刊中的“汉奸”与真实存在的汉奸之间存在差距，受时人的汉奸想象与民族主义情感影响，社会上逐渐产生“谈奸色变”的社会风向，往往会遮蔽汉奸的复杂面相。投敌的智识汉奸或多或少带有中国传统知识分子爱惜“羽毛”的特点，尽管舆论的讨奸洪流无法完全阻拦沦陷区通敌现象发生，却给为奸者以极大的心理压力。汪精卫、周佛海之流的大汉奸在伪政权时期曾一再申诉自己的爱国爱民之心，青岛伪政权的赵琪、姚作宾等官员每每以亲民形象示人、强调其德政，这些刻意之举与大后方和根据地舆论界对为奸者的一片骂声不无关系。抗战初期在日本强势的军事进攻及成王败寇论的自我安慰下，部分人顶风而上，成为汉奸。但随着抗战局势转变，日本在战场上的颓势日显，汉奸饱受着千夫所指和身败名裂的折磨。可以说，抗战期间舆论界对汉奸的声讨是侧面探究汉奸思想和行为的重要观察点。

二、抗战时期国共的肃奸策略及特点

抗战期间，日本每陷一城便促使一批与日媾和者涌上政治舞台，如何净化群体内部、减少通敌现象发生关乎抗战的士气和民心。肃奸宣传对于增强中华民族凝聚力起到至关重要的作用，是政党用来领导民众和树立政治权威的手段。为此，国共两党展开了大规模的肃奸宣传。可以说，该宣传与抗日战争相伴始终，其中显示出国共政治体制和宣传理念的差异。而在舆论阵线上的肃奸宣传也是除正面战场的武力交锋

① 宪文：《汉奸造成之原因与其解决方法》，《新社会》第 2 卷第 9 号，1932 年 5 月 1 日，第 210 页。

之外，瓦解日伪统治阵营的重要政治攻坚战。

因畏日情绪及顾虑肃奸会对日本产生更大刺激，国民政府最初对日采取妥协退让方针，在肃奸问题上较为迟缓。但随着日本侵略的加深，舆论界普遍不满国民政府肃奸不力，中共最先扛起了抗日肃奸的大旗。这一时期中共之所以在组织上得到快速发展，离不开敏锐的政治嗅觉。中共领导层较早地注意到肃奸与建立政权合法性之关系，深刻认识到汉奸的存在对抗日局面和发展根据地的阻碍。早在 1935 年 8 月 1 日，中共即在《为抗日救国告全体同胞书》中将“没收汉奸卖国贼财产、粮食、土地交给贫苦同胞和抗日战士享用”列入其中。卢沟桥事变爆发第二天，中共中央书记处下达了针对华北的四点工作方针，其中第四条即为“进行坚决的反汉奸斗争”。① 8 月，中共在洛川会议上通过《抗日救国十大纲领》，明确提出“肃清汉奸卖国贼亲日派，巩固后方”②，及时掌握了肃奸的话语权。

全面抗战爆发后，国民政府已无退路，肃奸问题逐渐被提上日程，官方媒体对抗战悲观论者、亲日人士及媾和者口诛笔伐。针对卢沟桥事件，蒋介石于 1937 年 7 月 17 日在庐山谈话会时就曾指出，“中途妥协的条件，便是整个投降”。在民族危亡的最后关头，“唯有‘牺牲到底’的决心，才能博得最后的胜利。若是彷徨不定，妄想苟安，便会陷民族于万劫不复之地！”③7 月 29 日，汪精卫在《最后关头》中也曾劝诫同胞“不做傀儡”，言辞激进地谈道：不但自己要因不愿做傀儡而牺牲，“并且因为不愿自己牺牲之后，看见自己的同胞去做傀儡，所以我们必定要强

① 《中共中央书记处关于卢沟桥事变后华北工作方针给北方局的指示》(1937 年 7 月 8 日)，中共中央文献研究室中央档案馆编：《建党以来重要文献选编(1921—1949)》第 14 册，北京：中央文献出版社 2011 年版，第 360 页。

② 《中国共产党抗日救国十大纲领》，常连霆主编，中共山东省委党史研究室、山东省中央党史学会编：《山东党史资料文库》第 14 卷，济南：山东人民出版社 2015 年版，第 4 页。

③ 《蒋院长演辞 昨晚已发表》，《大公报》，1937 年 7 月 20 日，第 3 版。

制我们的同胞，一齐的牺牲，不留一个傀儡的种子”。[①] 令人感慨的是，汪精卫不久后便自食其言，成为一名汉奸。而其后续为汉奸声辨的言论中，又充分阐释出汉奸问题的弹性所在。在国统区舆论环境下，激进的肃奸言辞散诸国民党报端，引导着舆论的前沿方向，使“汉奸”同卖国贼、民族败类等负面词汇挂钩，令民众从心理上对通敌者增添了憎恶与排斥之情。

就在 1938 年 8 月 15 日，国民政府颁布《惩治汉奸条例》，将图谋反抗本国，扰乱治安，招募军队，供给及贩卖军用品或制造军械弹药、食粮、金钱资产，泄露及侦察军事、政治、经济情报，充任向导及其他军事职役，阻碍公务员执行职务，扰乱金融，破坏交通通讯或军事工事，于饮水食品投放毒物，煽惑军人、公务员或人民叛逃通敌等行为视为所惩处的汉奸之列，同时对包庇纵容者“以共同正犯论”，且对汉奸财产的处置办法作出明文规定。[②]《惩治汉奸条例》中对汉奸行为的划定面较广，惩罚措施也相对严格，一定程度上对与敌接触者起到警戒作用。但战时的特殊环境为规范化法律体系的施行增添了难度，面对民族和社会矛盾日益加剧的社会现实，国民政府对汉奸主要采取恐怖主义和暗杀手段，行使此权力者主要为戴笠。

早在八一三事变爆发不久，国民政府军事委员会即在沪成立了旨在锄奸的非常时期服务团（又称特务团），由八十七师师长王敬久管辖。1937 年 9 月下旬，由戴笠负责的军事委员会苏浙行动委员会成立，任务为搜捕汉奸并将其交送就近警察局。[③] 此后戴笠组建起的地下情报网及锄奸活动日臻完善。据统计，在 1937 年 8 月至 1941 年 10 月间，

① 汪兆铭：《最后关头》（1937 年 7 月 29 日），《卢沟桥事变和平津抗战》，中共中央党校中共党史资料室 1986 年编印，第 96 页。

②《国府公布惩治汉奸条例》，《新政周刊》第 1 卷第 33 期，1938 年 8 月 22 日，第 1 页。

③ [美]魏斐德著，吴晓明译：《汉奸！——战时上海的通敌与锄奸活动》，《史林》2003 年第 4 期，第 6—7 页。

戴笠下属进行的针对锄奸的暗杀活动多达150余次。[①] 从事伪职者时刻有性命之虞。以青岛而言，"从事各种工作员司，大都来自他省外县，因此关系，几乎不敢离青一步"。家族及财产如在外乡外县和便衣队区域内，"反要受危险，致使家乡不敢与之通信，甚且因此而受没收财产，或绑架勒索之惨祸"。[②] 暗杀对与日媾和者构成极强的心理震慑，但因其具有时效性，从事暗杀者有限而为奸者日众，故而其威力主要限于日伪统治初期。当伪政权常态化后，对市政控制逐渐严密，特务队活动受到监控，汉奸心理上的压力随之减轻。

而中共领导层则充分考虑到肃奸在实际中的可操作性及环境影响。1938年2月，刘少奇在肯定国民政府《惩治汉奸条例》的同时，指出在沦陷区后方和没有任何中国军队保护的地区，人民"虽然是不愿意"，但"不能不在表面上投降日寇"，因此"尤其不能将这样作的人民看为汉奸来处罚"。对于被强迫或为身家性命而加入伪维持会的人士，"不能一律把他们当作汉奸来处罚，只应该很轻的责备他们，要他们改悔，要他们在以后帮助游击队"，而对坚持反共、压迫屠杀人民者"才应该坚决肃清，处以死刑，并没收其财产"。[③] 8月，毛泽东在中共中央六届六中全会的《论新阶段》报告中指出："锄奸运动应注意区别首要与胁从、自觉的与被骗的、坚决分子与动摇分子，分别处理，前者从重，后者从轻，并注意争取后者使之回心向善，决不可一例看待。"[④]这也充分体现了中共肃奸政策的灵活性和具体问题具体分析的特点。

在以上认识的基础上，为"彻底肃清汉奸"和"保障抗战胜利巩固边

---

① 陈恭澍：《英雄无名：北国锄奸》第1部，台北：传记文学出版社1941年版，第10页。

②《拿出全副精神 去三种烦闷 维持会姚部长训词》，《青岛新民报》，1938年12月6日，第7页。

③ 晋冀鲁豫边区财政经济史编辑组等编：《抗日战争时期晋冀鲁豫边区财政经济史资料选编》第1辑，北京：中国财政经济出版社1990年版，第40页。

④ 毛泽东：《论新阶段——抗日民族战争与抗日民族统一战线发展的新阶段》(1938年10月12—14日)，中共中央文献研究室中央档案馆编：《建党以来重要文献选编(1921—1949)》第15册，北京：中央文献出版社2011年版，第622页。

区”，中共于1939年4月颁布《陕甘宁边区抗战时期惩治汉奸条例（草案）》。在边区政府治下，规定了以汉奸论罪的十八条行为，与国民政府颁行的《惩治汉奸条例》稍有不同。其中凸显出中共对生命财产的重视，“谋害党政军及人民团体之领袖或其负责者”和“诱逼人民以供敌人使用侮辱凌虐或毒害人民生命者”被划归汉奸之列，这在国民政府的惩奸条例中并未专项列出。中共亦重视奴化宣传对抗战产生的负面作用，“捏造或散布谣言者”及“以文字图书书报宣传或以宗教迷信破坏抗战者”同样属于要惩治和防范的汉奸行为。此外，中共还充分给予通敌者改过自新的机会，罪行未经发觉而自首及“在事先告发能防止破坏者”可得减刑或免除其刑。①

有别于国民政府采取暗杀的手段对付汉奸，中共在抗日根据地建立起完善的锄奸系统，防奸工作被摆在了重要地位。毛泽东、朱德等即在1938年10月2日的《关于创造冀察热根据地的指示》中明确提出，要注意敌人“用汉奸敌探打入游击队八路军甚至党内来进行各种阴谋破坏”的行为，避免发生任何摩擦和不团结的行为以“被日寇汉奸敌探所利用”。② 保卫委员会为锄奸工作的最高领导机关，为严防汉奸特务暗杀及窃取情报，八路军总部还设有野战政治部锄奸科，而新四军和八路军所辖师部均设有锄奸部。鉴于汉奸和奸细混入共产党内进行破坏之事屡有发生，1939年2月社会部机构被由上至下地建立起来，县社会部下还设有区社会部、乡保卫委员会和保卫小组。此外，公安局在各根据地同样承担起打击敌特汉奸和保卫群众安全的职能。

随着中共敌后政权日益巩固，锄奸工作逐渐由军队向地方政府转移，群众锄奸的热情被充分调动起来。如华北地区的群众锄奸团体有

---

①《陕甘宁边区抗战时期惩治汉奸条例（草案）》（1939年4月），艾绍润、高海深主编：《陕甘宁边区法律法规汇编》，西安：陕西人民出版社2007年版，第91页。

②《关于创造冀察热根据地的指示（1938年10月2日毛泽东、朱德等致聂荣臻、宋时轮、邓华）》，中央档案馆编：《中共中央文件选集》第11册，北京：中共中央党校出版社1991年版，第547页。

(城)乡锄奸委员会，下分区乡锄奸委员会和村锄奸小组①；苏中地区的武工队还深入据点镇压日伪的“清乡”人员，并组织民众“采取盯梢、诱捕、‘扎粽子’、‘包馄饨’、‘背娘舅’、‘老鹰捉鸡’等各种办法捕杀汉奸、特务”②；山东抗日根据地儿童团不但可以“站岗放哨、传送情报”，还承担起“盘查行人，捉拿汉奸”的任务。③ 中共构建起具体而微、层层递进的锄奸网，极大地动员了群众肃奸的热情，杜绝汉奸对党组织的破坏，并保证了抗日工作在敌后根据地的持续推进。

国共在肃奸政策和宣传上最显著的差距即是在放手发动群众上。国民政府冀图站在民族国家的高度对与日媾和者予以抨击，并未使民众意识到肃奸与其自身利益的切实相关性，也未充分动员起民众的肃奸热情，反为汉奸游说与策反民众带来政治和社会缝隙。国民政府将肃奸权集中到少数特务手中，以期采用敲山震虎、以儆效尤的方式。在抗战初期采取以恐怖色彩为主的肃奸手段，易造成“汉奸”面过广和矫枉过正的现象。国民政府在未掌握充分证据的情况下即对唐绍仪进行暗杀，也引起了当时各界人士普遍不满，加重了人人自危的社会氛围。

中共的肃奸政策则依据抗战形势变化而有所侧重，各地又根据实际情况加以调整，具有灵活性和实用性的特点。在给误入歧途及幡然醒悟者以自新之路的同时，始终坚持打击少数死心塌地效忠日伪、危害甚广的大汉奸，宽严相济，把握住了肃奸问题的主要矛盾。相较之下，国民政府肃奸法令虽纸面上较为严苛，但真正落实过程中往往与之矛盾。当抗战逐渐进入相持阶段，国民政府多依靠伪军与汉奸对抗中共在抗日根据地的发展，为战后免遭刑罚，许多汉奸与国民党特务暗通款曲，以上均使国民政府的抗战形象受损。抗战胜利前后国民政府对协

① 王晓华、孟国祥、张庆军编著：《国共抗战大肃奸》，北京：中国档案出版社 1995 年版，第 76—77 页。

② 粟裕：《粟裕战争回忆录》，北京：解放军出版社 1988 年版，第 283 页。

③ 山东省莒县地方史志编纂委员会编：《莒县志》，济南：齐鲁书社 1997 年版，第 339 页。

助接收有功的大汉奸网开一面，重新任命伪军首领为国民党将领，致使肃奸法令犹如一纸空文，政府的权威性大打折扣。

对日伪而论，国共肃奸政策的差异直接导致其对两党态度的不同。面对中共对坚持为恶者的坚决打击，日伪统治者与汉奸施以“清乡”“扫荡”及“封锁”的残酷报复，在沦陷区掀起数次反共高潮；而针对国民党，日伪采取的则是又打又拉、“相机行事”的策略，面对日军在敌后战场兵力不足及中共日益壮大的武装力量，日本允许没有威胁的、“不主动求战的杂牌军的存在”，必要时“甚至可以引导他们占据真空地带，以防止共军侵入”。① 这虽在一定程度上减轻了国民党游击部队双边作战的压力，获得一时喘息之机，却导致其被扣上“伪军”的帽子。而国民政府默认敌后游击部队配合日伪进行“剿共”及压迫民众的种种行为，也使其失去了最终赢得解放战争胜利的民心基础。

三、转移视线：日伪的忠奸之辨与反宣传

面对抗战区此起彼伏的讨奸声浪，伪政权作为汉奸的庇护所，建立起了符合其统治利益的忠奸评定模式，积极为汉奸“正名”。作为异族入侵者，日本占领一地后，在收复民心上的难度无需赘言，因而在宣传上尤费心思。报刊是日伪宣传的重要手段，身在沦陷区者称“只要打开大小报纸、刊物，便可以看见这些‘文章’印得满幅整页，题目也庞大庄严，说得头头是道”；如在群众动员上，北京每有什么式典，警察“便要动员一般‘群众’”，“住户与铺商每家派一个代表”。② 可以说，日伪在沦陷区展开的忠奸之辨与反宣传是全方位揭示抗战复杂性与敌后斗争艰巨性的关键，同时也是探究伪职员自我认同的一扇窗口。

---

① 日本防卫厅战史室编，天津市政协编译组译：《华北治安战》上，天津：天津人民出版社 1982 年版，第 227 页。

②《汉奸杂志中所见到的：汉奸的罪恶，汉奸的文化，汉奸的动员》，《国讯》第 345 期，1943 年 12 月 5 日，第 14 页。

战时国共的肃奸宣传使“汉奸”二字成为舆论界持续关注的热点，抨击谩骂之声不绝于耳，对身处沦陷区的伪职员带来不小压力。姚作宾在 1938 年 12 月对各校教员的讲话中，就曾劝导其将受汉奸影响的“人为烦闷”去除净尽。姚作宾认为“汉奸”二字的由来，“系民国二十五年人民阵线，创出此口号，以加诸与日本有往来人士头上”，他虽承认汉奸是“指出卖汉族民众利益，与他族人民”，但又指出只有那些“果真违叛国家”的人才能称为汉奸。① 姚作宾将“汉奸”一词出现的时间推后，反映出日本侵华所导致的民族矛盾激化是汉奸一词广泛传播的催化剂。但他对该词含义的把握大致正确，说明近代民族主义思潮也对其国家民族认同观产生一定影响。

姚作宾指出，教师的职业是“每天教育子弟”，并非“教的背叛国家的功课”，因此“这汉奸的称号，根本与诸位没有关系，当然就不用担心，更用不着害怕”；又说“卖国”二字是“何等重大问题”，并非老百姓、教职员“可以卖得出去的呢”，而就连他这总务部部长，“也没有出卖国家的资格，出卖国家的权力”。姚作宾特别强调卖国还有“卖与谁的事实”，并驳斥道：“若因与日本携手合作，遂目为汉奸，定为卖国”，那么国民政府依存欧美，尤其是与共产党合作，“又将居于何等地位”，故而“只要问心无愧横逆谤侮，尽可置而不理”。姚作宾最后不忘告诫教职员：“若竟因此烦闷，无心上进，直等于患有极重之精神病，自己不可救药矣。”②尽管姚作宾再三向教职员强调去除“汉奸”影响所带来的“人为烦闷”，但过度刻意的强调，何尝不是自身同受“人为烦闷”影响的一种体现。

伪政权高级职员极力为汉奸“正名”乃至洗脱嫌疑，因其有较高社会地位与影响力，他们的附敌也给普通伪职员带来些许心理安慰。况且，伪政权高级职员还将投敌高抬于爱国境地，并赋予一种“勇士”情怀。面对“党人竟署青岛行政当局，为汉奸，将有得而甘心之势”，姚作

---

①《拿出全副精神 去三种烦闷 维持会姚部长训词》，《青岛新民报》，1938 年 12 月 6 日，第 7 页。

②《拿出全副精神 去三种烦闷 维持会姚部长训词》，《青岛新民报》，1938 年 12 月 6 日，第 7 页。

宾在听闻日伪当局嘱托其加以戒备的话语后，“不禁哑然失笑，认为毫无注意价值”。他自诩“以抱有改革中国政治决心，始献身政治舞台，为民众谋福利”，而其“是否卖国，举世自有公评。凡事只求良心之所安，一身安危早已置之度外”。姚作宾在言辞中颇有一番无惧生死的“大无畏”精神，甚至将其行为高抬于“为全民奋斗而死”的高度，并称“果与世有益，虽死亦等于不死”。① 在颠倒黑白的舆论环境中，出任伪职者反得到沦陷区报刊的一致“颂赞”。日伪经年累月的奴化宣传，难免使有些混迹于日伪圈子的伪职员价值观念发生扭曲，是否忠实于伪政权成为“爱国”的标尺，部分伪职员愈发“近墨者黑”也就不为怪了。

青岛市内虽在日伪的严密控制之下，但郊区仍是国、共、日三方争夺激烈的地区，是否取得民心关乎统治久暂。面对国共抗日的先天正义和肃奸宣传，日伪积极在宣传上予以反击。伪政权对国民党之宣传内容及方式均有充分研究，《青岛新民报》在1938年6月连载《党人种种宣传之谬误》的长篇驳斥文章，指出国民党“凭其一贯阴贼险狠之手段”，委过他人，“妄加新政府及地方人士，以汉奸亡国奴种种恶名，捏舞污蔑，而自窃民族英雄之称号”。虽然“公道自在人心”，但当局在人心初定之时“不能复容此种谬说，淆惑听闻，宁有纠正之必要”。该文主要从以下四个方面瓦解国民党的宣传：

一、针对国民党宣传的战争乃“中日两国之战事，与内战不同”的言论，日伪从瓦解国民政府统治合法权的角度入手。宣传指出，国民党“以暴力攫取政权”，1924年采取联俄联共之下策并骗取第三国际接济，遂至北伐成功。国民党“凭一党主张，擅改国体”，致使宪政之日遥遥无期。该党“不以国计民生为前提”，因党内权力之争及与共产党残杀破坏等种种罪恶引起人民仇视，“不信任党府之心，固与日俱积”，因此抗日“尤非人民之真意”。针对在日本占领区内“食息生存”及从事政治活动者即被党人呼之“为亡国奴隶”和“汉奸”的情形，日伪认为此种

① 《拿出全副精神 去三种烦闷 维持会姚部长训词》，《青岛新民报》，1938年12月6日，第7页。

荒谬观念与“封建帝王家天下之心”无异，民众更不会为此牢笼欺骗而“效忠于一暴力专政之乱党”①，并且反问道：“今试举以问之，党人之政府，果足称为中国人民之政府乎？”因国民党不具备成为人民政府之资格，所以此次战事“不过乱党与日本作战，非中国与日本作战”。②

二、抗日与国民党之民族主义相忤逆。日伪称近代中国受各国武力侵略，“倘非日本崛起东洋，以东亚主人自居代表黄色人种，与白人抗衡”，中华民族岌岌可危。中日为同文同种的兄弟之国，携手共进方能与欧美白种相抗衡，“亲其所亲，自然之理”。日本在物质与精神上的进化程度均为中国所不及，晚清革命党人大都留学日本并得种种援助，近年来两国人士“不但于学术思想方面冶为一炉，其于经济上之提携合作，尤发生密切之联系”。宣传指出，中日两国的“友爱成分，益臻亲密”，“几曾有丝毫排日仇日之心”，因而“所有排日之空气，均为党人所制造”。日伪继而引用孙中山原说，提出孙氏所著三民主义在民族一章曾称“白人以少数压迫多数有色人种，应联合被压迫民族起而反抗”，未曾有日本压迫中国之言，因此“党人今日标榜抗日，不但违反民意，根本违反其本党之民族主义，而成为孙中山之叛徒”。③

三、抗日为国共各派争权夺利的工具。宣传中称国民党“唯竞争权利是务，根本无主义政策之可言”，国共两党“内部又有各派各系之分，情形极为复杂”，在野党为达成推倒当局重获政权之阴谋，动辄以抗日救国为号召，而“各派激烈份子，煽动益急”，台上党人失去驾驭控制能力，遂至西安事变后投降共产党，“走上联俄抗日之末路”。因此，国民党之抗日“实由于党争之摩擦”；布尔什维克“抗日最为积极”，亦是因“别种关系存乎其间”。④ 国民党因抗日“酿成东亚人民之浩劫”，而本

① 《党人种种宣传之谬误(续)》，《青岛新民报》，1938 年 6 月 25 日，第 3 页。

② 《党人种种宣传之谬误》，《青岛新民报》，1938 年 6 月 22 日，第 3 页。

③ 《党人种种宣传之谬误》，《青岛新民报》，1938 年 6 月 22 日，第 3 页；《党人种种宣传之谬误(续)》，《青岛新民报》，1938 年 6 月 24 日，第 3 页。

④ 《党人种种宣传之谬误(续)》，《青岛新民报》，1938 年 6 月 24 日，第 3 页。

党“以身殉职者，寥寥无几”，对流亡者不加救济，又对新政府及维持地方人士“加以诬蔑仇杀，意欲使地方长期陷于无政府之混乱状态，永无复兴之希望”，可谓“必欲使国族殄灭而后快也”。① 日伪在宣传中抓住国共之间的分歧大做文章，为要瓦解抗日阵营，将国家矛盾转化为中国内部矛盾。

四、国民党反复无常，将曾加诸共产党之话语转嫁新政权。宣传指出，国民党在国共分裂后曾“以共党在中国杀人放火，受第三国际之节制，唯知有阶级斗争，不认识国家民族”为由，一曰“共产党出卖民族”，再曰其“卖国求荣认贼作父”。当局称国民党将“汉奸”“卖国贼”等种种字样称呼共产党，可谓“有加无已，固极尽丑诋之能事”。但如今中共的主义政策“均未少变”，国民党却与之合作，并将当日加于共产党之恶名，悉数加予并“污蔑”新政府，“不啻视国家为一党之私物，甚至为少数党人之私物”。由此是为论证国民党政策反复无常，削弱“汉奸”一词的政治影响力。言外之意，国民党今日与曾呼之为“汉奸”“卖国贼”的中共合作，其口中的称谓全然受政治风向影响，伪职员不必介怀。

通过以上辩驳，日伪一再剥夺国民政府抗战的正义性与合理性，为自身存在找寻存在根由，中日战争被美化为“友邦代表我中国人民，驱除暴力专政之乱党，以还政吾民之战争”。在此宣传下，伪政权成为“中华民国堂堂正正之政府”，故而日伪对加诸伪职员身上的汉奸之名愤愤不平，“凡诸执事”均被抬高为向“中华民族鞠躬效命之忠仆”。②

进入抗战持久战阶段，种种瓦解抗战之舆论见诸沦陷区报端。1939 年 12 月，伪即墨县政府在划入青岛后发表《告游击队书》、《劝告游击队首领书》及《劝告游击队家属书》，对抗战人员进行招降。伪政权向游击队员施以心理攻坚，意图以骨肉之情和现实利益令其放弃抵抗。

---

①《党人种种宣传之谬误(续)》,《青岛新民报》,1938 年 6 月 25 日,第 3 页。

②《党人种种宣传之谬误(续)》,《青岛新民报》,1938 年 6 月 24 日,第 3 页;《党人种种宣传之谬误(续)》,《青岛新民报》,1938 年 6 月 25 日,第 3 页。

宣传中称抗战人士“既不能上慰父母，下安兄弟妻子”，且连饮食、休息亦不得充足，非但“生死莫保，并且结果尚赚了一个连土匪并不如的恶名”。日伪站在游击队家属立场，既对家属的“忧惧和悲愁”感同身受，又尽力彰显“宽仁为怀”的政策。宣传中称当局完全可以按户搜查游击队家属，而其“至今之始终不受牵连”并安稳地过着太平日子，完全是处于政府之仁慈，此中不乏威胁之意。伪政权希望家属劝游击队员“速作醒悟”，承诺将帮助其“寻到一个相当用活”。针对游击队首领，日伪知其“脑筋是比较清楚的”，因此妄图以日军在战场上的优势动摇其斗志：“蒋氏举全国之精锐，尚且有战必败”，“况诸位所率残兵败卒，人弱粮乏，武器不充”，结果不但将“自趋丧亡，并且而殃及地方人民同遭惨劫”。日伪希望游击队首领速速觉悟，并保证如率队来归，定将给予自新之路，“诸君的前途光明，是一定有保障的”。① 在日伪营造的舆论氛围下，抗日人士抛家舍业，罔顾亲情，是为“不孝”；为昏溃无能的国民党卖命，殃及无辜，更属“愚忠”。映衬之下，加入伪政权的汉奸反而有“忠孝两全”的“先见”。

在日军1939年底占据国民党赵保原部辖区莱阳县城后，为防范赵利用莱阳县乡农学校的青年帮助其返回县城，日伪曾令“全县老人”向抗日青年发出劝告书。内中称国民党人“惯会唱高调，善于欺骗人”，以抗日为名“今天招集训练，明天征收给养，要了这项钱，又要那样捐，把个大好的莱阳闹的天翻地覆”。“莱阳老人”进而反问道：赵保原“口口声声说是抗日，怎么日本军一到，他全跑了呢？他口口声声说是爱民，怎么人民的死活他全不问呢？”因赵保原曾由伪满军向国民党“反正”，“莱阳老人”称其为一个“不忠不义的人”，希望青年不要被赵保原“煽惑”，以至于“父母不相见，兄弟妻子离散”。最后，该县老人苦口婆心道：“在外有无穷的危险，回家是十二分的平安。现在天寒地冻，你们跟

① 《游击队如能觉悟 决予自新之路 即墨县警当局散发传单》，《青岛新民报》，1939年12月9日，第7页。

着他东跑西奔、受惊受怕，设如一旦牺牲，尸骨难寻”，赵保原“是害我们莱阳的仇人”，“快快回到你各人早思梦想的快乐家庭”。① 老年人素为乡亲所敬重，伪政权使长者游说是为增强话语效力，从内心深处唤醒青年的乡梓情怀而促使其归乡。

抗战时期，中共日益壮大的抗日根据地和武装力量对日伪治安带来极大压力，延安被无数饱含热血的爱国青年视为革命圣地。在宣传上，日伪将中共视为重点打击对象，但相较于对国民党又呈现出新的特点。其中将根据地妖魔化、增添民众的心理抗拒感是日伪常用手段。

毛泽东作为共产党领导者，被伪政权丑化污蔑为“万恶‘屠杀者’”，是“紊乱社会秩序、扰乱和平、国家民族共同敌人”。中共被冠以“人类公敌”之恶名，而其政策更被指为“屠杀主义”。② 日本特派员井上虎在《大岛部队从军记》中，有《女匪无耻观念，名为工作员实系玩物》的报道，内称中共将曼妙妇女编入工作队，乃为满足党员私欲。井上在采访被捕的女共产党员时，发现竟有一女二夫者，且该女称贞洁为“清时代之产物，至民国已不复存在”。井上斥其“毫不知耻”，并谓共产主义“将数千年来中国传统之道德观念，于不知不识之间被破坏无遗”，是“真正可恐怖者”。③ 另篇报道中，日伪称共产党将妇女编入各队，“名义上是解放妇女，说得天花乱坠，实际上完全是妇女妓女化”。④

除在道德上予以攻击外，日伪竭力揭露共产军的所谓“暴虐”行为。日本陆军步兵中佐福山宽邦在《关于共产军》一文中称，中共为“赤化”民众，在收买民心上“极下苦心”。但为征发物资自活，到处“诛求民

---

①《在外有无穷危险 还家十分平安 青年勿再受赵保原欺骗 莱阳全县老人发劝告书》，《青岛新民报》，1939 年 12 月 29 日，第 3 页。

②《中共首领毛泽东 肆意屠杀民众 行为暴虐尽惨酷能事》，《青岛大新民报》，1942 年 11 月 25 日，第 1 页。

③《大岛部队从军记二 女匪无耻观念 名为工作员实系玩物》，《青岛大新民报》，1942 年 7 月 19 日，第 2 页。

④《共党最近之罪恶(三) 杀人放火奸淫抢掠无恶不作》，《青岛新民报》，1941 年 11 月 29 日，第 5 页。

众”，强行拉架男子驱往战线，如有踌躇不前者，“立即当作卖国贼、汉奸，以热水汤浇，以烙铁烫烧，甚至拉到村内惨杀，非人道已达极点”。福山宽邦歪曲“事实”，是为论证共产党治理下无“幸福”与“和平”可言；而日本帝国则是“以确立东洋和平、中日共存共荣为念”，并且在正义与人道上，必须将中共击灭。①

为增强丑化共产党宣传之可信度，伪政权采取令归顺者和俘虏现身说法的方式。1941 年 3 月 16 日，《青岛新民报》记载了一则事例：村民孙某在掖县时曾被上司“引诱”加入共产党，但上司却不堪日军讨伐而投降。在日本当局令孙某返回原籍的路上，他见一“衣衫褴褛”之老者竟是其父。孙父称在听说孙某加入共产党后，附近村人均对家人加以藐视。父亲令儿子速速回家，“对村人谢罪”，使他这样的年迈之人恢复名誉。随后，他又向儿子详细告知“当地友军保护人民之情形”，并令其将共产党之服装脱下，否则村人“恨‘匪’入骨”，见面必加杀害。在孙某穿上护送他回村的日军所赠旧军服还家后，村人均极欢迎，并叹其“弃暗投明”。② 孙某偶遇父亲的经历极具戏剧性和偶然性，自然该报道的真实性也令人怀疑。但透过此种以假乱真的宣传，日伪为要说明共产党在乡村社会不得民心，身为党员更要担当风险，意图令更多“孙某”归附伪政权。

在国共将投敌事伪者斥之为“奸”的同时，伪政权则对抗日人士以“匪”呼之，极尽丑诋之能事。第二次治安强化运动期间，日军俘虏八路军甚多。为使其“早日醒悟”，日本特于济南设立救国训练所，对中共俘虏施以适当训练，并将表现良好者送返故乡。在日伪将其中俘虏五人送还故乡时，曾中途抵青，青市记者遂对他们进行采访。报道称被俘者多为“无知乡愚”，“被八路军强征加入伪军宣传队”，对共

---

①《关于共产军(下)》，《青岛新民报》，1938 年 8 月 4 日，第 1 页。

②《孙某误入匪军 归顺后还乡 中途遇父喜其改过自新 各地“共匪”已至穷途末日》，《青岛新民报》，1941 年 3 月 16 日，第 7 页。

产主义一无所知。因其“思想单纯”，故而感化极易。记者称俘虏“受皇军之优厚待遇，及敦敦感化之温情，无不感激涕零，益悔悟抗战之不当”，被俘者口中的根据地情况随之被披露：八路军中给养“食品之恶劣，不堪言状”，但干部的生活却“极奢侈”；如不听从八路军，则“以汉奸为名惨杀部落民，物资征发不听从只有送命”。当被问及“对皇军感想如何”，俘虏称初被俘时“对日本军疑虑甚深”，“甚恐遇害”，但日军在运送途中“发给食品，并种种照料始知皇军之好意”。训练时教官亲切教诲，令其参观各地，“始知八路军宣传骗人”。① 从被俘者的采访中可看出，伪政权对初入共产党、认识不深者多采取感化政策，而这种“温情”的背后，意在令俘虏充分感受到日本的“宽大”及与中共宣传相悖之处。在将此类俘虏放回后，他们成为日军“仁政”的潜在宣传者，为日本做覆盖面直达基层乡民的反宣传。

对于中共在根据地“张贴绝对服从共产军之激烈宣传文”及对抗战的“疯狂之宣传”，日伪积极施以应对之策，大肆宣传根据地的“颓败”之势。伪政权除尽其所能地揭露共产党内部的“丑恶事态”外，还大力宣扬日伪军在战场之捷报，声言“共产军所蒙之打击，至重且巨”，关于扫灭共军“不过时间问题”，鲁东一带民众可完全从其压迫下被“解放”。② 日伪不断向民众释放胜利信号，竭力招降国共抗日之士并促使抗战区民众投入伪阵营。早在伪青岛治安维持会时期，当局即通电表示：“倘党人省悟来归，自可不咎既往，咸与维新。”③

伪政权对中共展开以上抹黑宣传是为最大限度地俘获民心。中共在根据地的壮大是与民众紧密结合在一起的，日伪认识到共产党在根

---

①《受训之男女“共匪”已觉悟前非 对日军之温情极感激 畅谈“匪”团内地狱生活》，《青岛新民报》，1941 年 9 月 4 日，第 7 页。

②《“共匪”内部丑态毕露 全灭仅时间问题 建设明朗鲁东已步入正式轨道》，《青岛大新民报》，1942 年 4 月 16 日，第 3 页。

③《本市维持会响应两政府 通电为民呼吁 盼全国同胞协力倒蒋 如党人省悟愿其来归》，《青岛新民报》，1939 年 6 月 23 日，第 1 页。

据地“非劳力自食者，一切用度仍须取之于民”，若中共“离开良民，其势益弱，治安区域必益扩大强化”，在其无所依托后“亦将渐趋自灭”。鉴于此，共产党“极力拉住良民不放，并造作种种谣言，蛊惑民心”。日伪同样意识到，农民“变产远出多无此力量，转入他处亦多感困难”，在都市“不能生计兼谋，居处亦颇感不易”。有感于民众虽欲脱出中共势力，但“路子太狭”，因此伪政权将“如何救济‘匪区’民众，便利其来归”置于当务之急。为此论者给出的对策是要求当局将“治安普遍确立向上”，因“‘匪区’民众已临辗转就毙之时”，故而“诱致‘匪区’民众来归”无须饮食如何甘美，“只要承认其为良民，予以便利居住”。民众若知“生路非遥，必举以相告，相率来归”。① 在当时青市物价高昂、市民生活穷困的背景下，郊区农民反可凭借土地自给自足维持温饱，又何能诱其来青，此种想法显然不切实际。

综上所述，伪政权在熟悉地掌握了国共宣传内容和特点的前提之下，欲图全方位、多层次地对其展开舆论上的反宣传。与固有印象相反，日伪并不避讳“汉奸”二字，反是取而用之，将国民党学习苏联、亲近英美视为“汉奸”滥觞，进而以“奸匪”戏虐调侃抗战人士，意图在舆论战中占据上风。日伪着重抨击国民政府的腐败以削弱其抗战的合法性，而对共产党则极尽丑诋诬蔑，试图达到瓦解根据地民心的目的。伪政权在宣传上颇废心力，尽量营造出优待俘虏、宽大为怀的政府形象，在其军事占据绝对上风、游击部队生存维艰的抗战初期，曾对抗战士气起到一定瓦解作用，厉文礼、吴化文、张步云、孙良诚等山东国民党敌后部队纷纷投靠日伪即是例证。

第二节 青岛周边的抗日活动

抗战期间，“游击队的地面，和敌人的据点，根本是交织在同一地

① 《如何促使匪区民众来归》，《青岛大新民报》，1942 年 4 月 11 日，第 2 页。

区，并非划出鸿沟”。[①] 战争的持久性与复杂性使沦陷区与游击区呈犬牙交错的复杂形势，在国、共、日的三角斗争形势之下，牵一发而动全身，各方力量对比瞬息万变，战场上日伪军事力量的消长盈虚对青岛伪政权的稳固至关重要，而这又对伪职员的心理及行为产生影响。抗战期间青岛周边的抗日活动牵制了日伪军扫荡鲁省全境的兵力，游击部队在艰苦的环境下顽强生存，与伪政权职员处在政治、军事、宣传交锋与博弈的第一线，本节拟对国共抗日武装在胶东的发展及斗争作出探讨，在动态、广阔的场景中接近伪职员群体所处的生存环境，找寻其心态变化的线索。

一、中共在胶东的抗日武装及发展轨迹

抗战时期山东抗日根据地异军突起，“无论在总人口、党员、军队数量，还是歼敌人数等方面，都遥遥领先其他抗日根据地”。在山东发展起来的八路军和新四军，成为战后解放军的最大主力部队。[②] 这些均深刻影响了中国的历史进程。抗战期间国共两党既合作抗日也不乏政治较量，而国民党与日伪的斗争及合作“反共”使局面更加复杂，在胶东的抗战中体现得尤为明显。罗荣桓曾将山东比作一把枪，处在抗战前线的“胶东是未上到枪身上的一把刺刀”[③]，意指掌握此地就能把握整个山东，其重要性不言而喻。中共在胶东地区的大发展不仅对伪政权的存在构成极大威胁，也令国共势力发生根本性转变，一些国民党杂牌军为求生存而投敌，成为伪军。

山东曾较长时间受西北军出身的韩复榘统治，国民党中央影响力较弱。全面抗战初韩不战而退，日本较顺利地入侵山东。1938 年初韩被枪决后，蒋介石任命奉系海军出身、曾任青岛市市长的沈鸿烈担任山

---

① 李先良：《抗战回忆录》，第 53 页。
② 金冲及：《山东抗日根据地的独特历程》，《抗日战争研究》2017 年第 1 期，第 5 页。
③ 许世友：《许世友回忆录》，北京：解放军出版社 2005 年版，第 332 页。

东省政府主席兼保安司令。后者着手整顿山东军政力量，因此前大部分地区战事较少，韩之力量大致保留，沈鸿烈缺乏根基，仍需倚重旧有势力维持政局，如第三、六行政督察专员区专员张里元、范筑先，山东保安师第一、二师师长吴化文、张步云等人均曾是韩手下大将。胶东情况同样如此，西部的诸城、潍县、高密、胶州等 13 县是第八行政督察专员区专员兼保安司令厉文礼辖区，他是韩的同乡，受其重用；东部之招远、栖霞、黄县、蓬莱等县由韩之旧部蔡晋康担任民团指挥，“与威海郑维屏专员及海军陆战队长安廷赓等互相策应”[①]，郑一直是韩的追随者。就外部环境而言，华北情形复杂，“封建潜在势力”较强。国民党游击队首领背景各异，“‘先入关者王’，易为军事统帅所幻想”，地盘与利益之争不断。[②] 沈鸿烈无法稳定局面，胶东局势剧烈变动。这些均是中共胜出的背景。

抗战前，中共在山东并没有建立起红军和革命根据地。尤其是 1933 年，在山东省委连续两次遭到国民党大规模破坏后[③]，此后两年多时间山东与党中央基本处于失联状态。1935 年 12 月，由失散党员组成的山东省工作委员会代理书记赵健民与冀鲁豫边区特委书记黎玉取得联系后，北方局指派黎玉恢复与重建山东省委组织[④]，至此中共在鲁的发展终于步入新阶段。在 1936 年 5 月 1 日新山东省委重建会议上，

① 《山东省政府沈鸿烈主席电陈该省情形及有关文书》(1938 年 3 月)，中国第二历史档案馆藏，12/6/13933。

② 《第九十二军政治部主任刘子班呈报随军入鲁观感及对收复华北之意见》，台北“国史馆”藏，008/010702/00023/001。

③ 1933 年 2 月，由于团省委书记陈衡舟被捕后叛变，使得省委书记任作民、组织部长向明、团省委书记孙善帅及党员训练班学员等 29 人被捕；是年 7 月，由于省委组织部部长宋鸣时投敌叛变，使党组织蒙受重大损失。“300 余名党员和党关系密切的群众被捕”，“青岛、泰安、沂水、寿光、益都、潍县等地党的组织均遭破坏”。赵健民：《山东党组织与北方局恢复关系的前后》，常连霆主编，中共山东省委党史研究室、山东省中央党史学会编：《山东党史资料文库》第 5 卷，济南：山东人民出版社 2015 年版，第 396 页。

④ 赵健民：《山东党组织与北方局恢复关系的前后》，《山东党史资料文库》第 5 卷，第 400 页；黎玉：《黎玉回忆录》，北京：中共党史出版社 1992 年版，第 85 页。

形成以黎玉为书记的领导核心，“是山东党组织发展史上的重大转折”。[①] 但应指出，在山东省委与中央失去联系的两年多，中共在胶东的发展并未止步。胶东特委成立于 1933 年 3 月，由中共莱阳县委书记张静源任书记，至此中共在胶东有了党的统一领导机构。在该年 7 月山东省委遭破坏后不久，张静源即赴天津与中央驻北方代表接上关系。这期间因破坏分子扰乱和国民党打压，胶东特委数度与上级党组织联系中断，特委领导班子更迭 4 届。[②] 因革命时机尚未成熟和受“左”倾错误路线影响，在 1935 年胶东特委发动“一一·四”农民武装暴动失败后，胶东处于白色恐怖之中，特委及各县党组织几乎被彻底摧毁。关键时期急需干部人才领导胶东党的工作，1936 年初理琪被可靠党员介绍到胶东后，开创了中共发展的新局面。[③]

而 1936 年 5 月的山东省委重建正是发生在中共中央着力肃清党内“左”倾错误影响、正确贯彻抗日民族统一战线时期。山东省委依据“积极慎重”原则，积极推进各地党组织发展，引导党员从失败中吸取经验教训，“提高理论水平和斗争艺术”。“为从思想上清除党内存在的急躁和悲观失望情绪”，理琪亲自撰写《胶东特委会给各级党同志的一封信》，分析总结了胶东地区的政治形势和党的工作，提出了纠正党内各种错误倾向的方法及今后任务。这封信“作为胶东党的第一个正式文件发到基层支部”，对中共在胶东的发展起到“历史性的重要指导作用”。1936 年 10 月，北方局决议成立由理琪任书记的中共胶东临时工

---

① 《中共山东编年史》第 2 卷，第 387 页。

② 中共山东省委组织部等编：《中国共产党山东省组织史资料 1921—1987》，北京：中共党史出版社 1991 年版，第 68 页。

③ 1936 年 4 月，理琪在文登沟于家村成立中共胶东临时特委并任书记。胶东临时特委创办《真理报》，在昆嵛山举办政治军事培训班。针对当时革命处于低潮、群众情绪低落的情况，理琪带领党员“爬山越岭，走村串户”地发动和组织群众，寻找失去联系的党员并发展新党员，恢复整顿党组织以“重新聚集革命力量”。《中共山东编年史》第 2 卷，第 390 页。

作委员会[①]，极大地推进了烟台的城市工人和学生运动。但由于叛徒出卖，12 月 29 日，成立不到三个月的胶东临时工委即遭破坏。[②] 胶东党组织再次遭到打击，但这已处在七七事变爆发的前夜。

相比于广袤的山东腹地，胶东一直处于国民党的紧密控制之下，但这也赋予中共胶东党组织越挫越勇的品质。1933 至 1937 年间，党组织之所以屡遭打击却又顽强生存，与其所蕴含的组织特质不无关系。在党的发展遭遇困难之际，干部注重检讨反思党员及组织存在的问题，积极革除弊病、纯洁党员信仰，与群众紧密结合；在与上级失联的情况下，胶东特委坚持自力更生，为党组织延续有生力量，第一、三届胶东特委书记张静源与张连珠更是为革命事业献出生命。虽然在国民党地方政府的反复"围剿"下，游击队被迫化整为零，进入地下斗争，但为日后中共在胶东的崛起打下牢固基础。

日军侵略加剧后，毛泽东提出开展敌后游击战、创建抗日根据地的战略方针，1937 年 5 月中共召开全国党代表会议，山东省委正式成立。毛泽东曾指示干部"到山东后要放手发动群众"、"开展独立自主的山地游击战争"，"使山东成为八路军在华北的一个重要战略基地"。依据中央指示，山东省委决定"趁国民党跑掉而日寇立足未稳之际"发动起义，并以地域将部队划分为五军，胶东为第三军。[③] 该年 12 月 26 日，以理琪为首的胶东特委组织发动天福山起义[④]，组成 90 余人规模的"山东人民抗日救国军第三军"（下称"三军"）。在天福山起义影响下，1938

---

① 至 1937 年 2 月，中共胶东临时工作委员会下辖牟平、文登两县委，烟台市委、牟福边区委和海阳、招远、莱阳等特支。《中国共产党山东省组织史资料 1921—1987》，第 68 页。

②《中共山东编年史》第 2 卷，第 387、389—392 页。

③ 林浩：《关于山东党组织恢复时期的情况》，《山东党史资料文库》第 5 卷，第 435 页。

④ 刘常青主编，中共文登市委党史研究室编：《中共文登地方史》第 1 卷，济南：山东人民出版社 2002 年版，第 87—88 页。

年1月15日胶东特委成功地领导威海起义，使在岭上事件①中遭到严重损失的三军“人枪倍增，军威大振”。19日，胶东特委决定成立“胶东军政委员会”，同时成立三军司令部和政治部，由理琪任军政委员会主席兼三军司令员，林一山任政治部主任。② 此后胶东的蓬莱、黄县、荣成等县相继发动抗日武装起义，队伍被编入三军，中共在胶东的抗日运动蓬勃展开。③

威海起义前夕正是日本侵略军渡过黄河，占领济南、泰安，准备沿胶济路东犯的时期。在国民党地方政府战逃未定、人心浮动之际，胶东特委果断抓住时机发展抗日武装。1938年3至5月，掖县、蓬莱和黄县抗日民主政府先后成立。散落在各地的国民党游击部队将中共抗日武装视作扩充地盘的威胁，国民党第五战区游击总指挥部第十六支队中将司令、平度县县长张金铭在5月6日兵分四路进攻掖县，制造了胶东第一次反共大摩擦。为取得“反顽斗争”胜利，12日三军及掖县的胶东抗日游击第三支队、昌潍地区的鲁东游击第七、八支队等部队在黄县会师，成立胶东抗日联军指挥部，5月下旬击溃张部的进攻。

因理琪在该年2月的雷神庙战役中牺牲，面对胶东地区的复杂形势，苏鲁豫皖边区省委（注：山东省委改称）派红军干部王文、高锦纯等人赴胶东增强指挥。6月初胶东特委调整了领导班子，由王文任书记、高锦纯任三军总指挥兼军政委员会主席、林一山任宣传部部长。整编

---

① 1937年12月31日，三军第一大队西上宣传抗日，在到达文登县米山乡岭上村时，遭到国民党文登县县长李毓英组织的五六百武装部队的包围。起义前三军已同国民党地方当局谈判，允许中共组织武装和有抗日救国的自由，故而未组织抵抗。因寡不敌众，除部分队员突围外，有近30人遭逮捕。高玉峰主编：《中共威海地方史》第1卷，北京：中共党史出版社2005年版，第76—77页。

② 高玉峰主编：《中共威海地方史》第1卷，第82页。

③《八路军在胶东五年的英勇斗争》，《大众日报》，1943年7月7日，第3版；林浩：《胶东抗日根据地党的建设》，常连霆主编：《山东抗战口述史》上，济南：山东人民出版社2015年版，第161页。

后的三军人数达六七千人，在当时“成了胶东最大的抗日队伍”。[①] 8 月 15 日，在胶东特委支持下北海行政督察专员公署正式成立，形成对蓬莱、黄县、掖县统一的行政领导机构，标志着蓬黄掖抗日根据地基本形成。这一根据地拥有人口 163 万，面积达 3177 平方公里，中共在此展开了有关施政纲领、税收制度和减租减息的全面建设。[②]

9 月，胶东特委决定攻占连接胶东和鲁中、清河地区的联络要道——沙河镇，消灭国民党“反共顽固派”、张金铭的独立第一纵队杜冠三部。高锦纯利用杜部内部矛盾对其先行瓦解，后率部队攻下沙河镇，掖县全境被中共控制，极大地鼓舞了三军士气。9 月 18 日，根据边区省委指示，三军改用八路军番号，正式定名为八路军山东人民抗日游击第五支队，由高锦纯任司令员。[③] 第五支队与胶东特委分开办公，特委另设军事部指导抗日武装，并着手创立以大泽山为中心的抗日根据地。

在 1938 年 10 月武汉会战中，中国军队虽遭败绩，但也彻底打破日本迅速灭亡中国的迷梦。当战争向持久战迈进，沦陷区的稳定对日伪而言尤为紧要，日本遂将矛头对准敌后国共游击部队。为改变山东抗日武装力量番号不一、各自为战的情况，中共对抗战部队进行整合。12 月 27 日，八路军山东纵队正式成立，下辖 10 个支队，共计 2.45 万人，高锦纯负责的八路军山东人民抗日游击第五支队被编为八路军山东纵队第五支队，由其任支队长。[④] 1939 年 3 月，伪山东省自治军司令张宗援（日本人，原名伊达顺之助）陆续进犯莱阳附近的掖县、黄县、蓬莱等地，对国民党构成直接威胁，八路军也紧急转移到山区活动。

---

① 高锦纯：《抗战初期的胶东武装斗争》，常连霆主编，中共山东省委党史研究室、山东省中共党史学会编：《山东党史资料文库》第 18 卷，济南：山东人民出版社 2015 年版，第 305—307 页。

②《中共山东编年史》第 2 卷，第 617—619 页。

③ 高锦纯：《抗战初期的胶东武装斗争》，《山东党史资料文库》第 18 卷，第 307—308 页。

④《中共山东编年史》第 2 卷，第 581—582 页。

在抗战初期国共合作的大形势和日军进扰的危机下，国民党第十三区特派员兼保安司令赵保原与高锦纯联系后决议组织抗日联军，得到各游击部队的积极响应。4月，"鲁东抗日联军"正式成立，赵保原被推为总指挥，高锦纯、秦毓堂等为副总指挥。① 在成立初期，鲁东抗日联军的确发挥了积极作用，与日伪进行大小数十战，重创张宗援部。② 但受国民党中央"溶共、防共、限共"基本方针影响，国共在地方领导权问题上爆发激烈冲突。在国民党1939年6月出台的《沦陷区防范共党活动办法草案》、《共党问题处置办法》中，提出对中共"绝对立于主动领导地位"，"地方各级行政官吏，非经中央特许，不得引用共党分子在机关或学校中服务"。③ 在此背景下，山东国民党牢牢抓住县长的任命权。"八路军游击队打仗不能不吃饭"，中共逐渐认识到建立抗日政权的重要性。该年5月，中共中央对山东工作作出指示："已得的政权决不应放弃"，并且还应努力争取新的县区政权④，改变了过去对国民党妥协退让的政策。7月1日，山东军区颁布《关于恢复县区乡政权之指示》，提出"县界应以地形及战争需要重新划分"、县、区、乡长均须兼八路军游击队队长等职务⑤。国共在游击区行政问题上存在严重分歧，

---

① 当时参加"联军"的有八路军五支队，以及秦毓堂、蔡晋康、陈煜、徐叔明、丁绰庭、安廷赓、郑维屏、赵汉卿、苗占魁、纪叔和、焦寰洲、张建勋、丛景月、王兴仁、张金铭、曹克明、王鲁风、冷仙洲、隋永谞等各部。赵树嘉：《我所知道的赵保原》，《烟台文史资料》第3辑，烟台市政协委员会文史资料研究委员会1984年编印，第56页。

② 赵树嘉：《我所知道的赵保原》，《烟台文史资料》第3辑，第57—58页。有关鲁东抗日联军与日伪的历次作战，详情可参见陈立先：《赵保原在胶东》，《烟台文史资料》第3辑，第102—107页。

③ 安徽省文物局新四军文史征集组编：《皖南事变资料选》，合肥：安徽人民出版社1981年版，第371—372、378—379页。

④《中央关于山东工作方针的指示》(1939年5月19日)，常连霆主编，中共山东省委党史研究室编：《中共山东编年史》第3卷，济南：山东人民出版社2015年版，第179页。

⑤《山东分局关于恢复县区乡政权之指示》(1939年7月1日)，常连霆主编，中共山东省委党史研究室、山东省中央党史学会编：《山东党史资料文库》第7卷，济南：山东人民出版社2015年版，第110页。

二者关系的破裂，也只是一个时间问题。

1940 年初，日伪投入大规模兵力对胶东展开冬季大扫荡，国民党部队遭受重创，而八路军却凭借昆嵛山区发展起来。栖霞是八路军后方，蓬莱、黄县均有共产党势力，在招远县县长被杀后，当地军队纷纷投向中共。① 它同分布在东、南、西部的国民党统治区，盘踞在部分县城和公路沿线的日伪统治区，形成各自独立的势力范围，而中间西起昌、平，东接招、莱、栖边境的二百里狭长地带，则成为三方面交织的军事争夺区。②

进入 1941 年，中共在胶东的形势日渐严峻。日军在胶东的独立混成第五旅团和一部分海、空部队，在 1 万多伪军的配合下控制了胶东主要交通干线，设立多处据点实行分割、封锁，并以“蚕食”和“扫荡”相配合的手段向根据地进攻。为“彻底消除以中共为主的抵抗力量威胁，稳定统治秩序，强化经济掠夺”，日伪更是在 1941 年 3 月 30 日起连续发动五次“治安强化运动”。③ 与此同时，国民党以赵保原为核心的“大小二十多个司令共约五万人，盘踞在胶东的心腹地带”。3 月 11 日，赵保原召集国民党各部在牟平召开军事会议，正式成立由其任总指挥的“抗八联军”。在国民党第九行政督察区专员兼保安司令蔡晋康占据中共牙山地区后，切断了东、西两块根据地的联系。14 日，“抗八联军”兵分三路向中共东海区发起进攻。④ 此时八路军仅有 1.6 万人，且被分割在各处，“指挥上也不统一”。⑤

为扭转不利局势，山东分局、山东纵队发出令胶东区组织反投降战

---

① 陈立先:《赵保原在胶东》,《烟台文史资料》第 3 辑,第 111—112 页。

② 赵树嘉:《我所知道的赵保原》,《烟台文史资料》第 3 辑,第 75 页。

③ 江沛:《日伪“治安强化运动”研究(1941—1942)》,天津:南开大学出版 2006 年版,第 1 页。

④ 刘竹溪口述、赵晓庆执笔:《回眸——一位渤海老军人的战争记忆》,北京:中国文献出版社 2013 年版,第 136 页。

⑤ 林浩、贾若瑜:《五个月反投降作战——忆胶东我军 1941 年 3 月 15 日至 7 月 27 日反投降战役》,常连霆主编,中共山东省委党史研究室、山东省中共党史学会编:《山东党史资料文库》第 16 卷,济南:山东人民出版社 2015 年版,第 307 页;许世友:《许世友回忆录》,第 314 页。

役的指示，并调许世友率清河独立团抵达胶东。3月14日，由许世友任指挥、林浩任政委、吴克华任副指挥的胶东反投降指挥部（下称“指挥部”）成立。[①] 指挥部认为国民党虽在兵力上占优势，但“各股势力之间争权势、抢地盘”的斗争不止：“赵保原依仗其兵多武器好，自立盟主，觊觎其他各部”；其他部也都希图在联合进攻中“扩大地盘”，“以抗拒赵保原的吞并”。[②] 1941年3月15日至7月12日，八路军展开为期五个月的反投降战争，是与国民党大规模军事较量的开始，战役大致分为三个阶段：

第一阶段从3月15日至19日，八路军奇袭牙山，打通东西联系。牙山位于胶东半岛中心地带，北控烟台，南瞰海、莱平原，战略地位突出。指挥部将主攻部队分为东西两部分：八路军山东纵队第五旅和清河独立团由西向东进攻牙山；五支队和五旅十四团由东向西，分头并进。16日，五旅所属十三、十五两团和清河独立团分三路逼近牙山，两天内连克牙山周围多处据点，蔡部猝不及防、大部被歼，蔡晋康负伤逃亡。同时，东路五支主力向昆嵛山西猛攻，扑向“抗八联军”左路，两路大军在牙山胜利会师后，取得反投降作战的首胜。[③] 牙山之役使中共在胶东“全局皆活”[④]，指挥部采取“突然袭击，分进合击，攻歼驻趾之敌”[⑤]的策略，对“抗八联军”予以重创。[⑥]

第二阶段从3月20日至5月初，八路军南下海（阳）、莱（阳）。牙山之役后，赵保原紧急将“抗八联军”主力3个团由东线撤到海阳郭城，企图阻止八路军南进，同时令部队向大泽山区袭扰以图牵制。指挥部

① 林浩、贾若瑜：《五个月反投降作战——忆胶东我军1941年3月15日至7月27日反投降战役》，《山东党史资料文库》第16卷，第308页。

② 许世友：《许世友回忆录》，第314—316页。

③ 赵树嘉：《我所知道的赵保原》，《烟台文史资料》第3辑，第79页；许世友：《许世友回忆录》，第318—319页。

④ 许世友：《许世友回忆录》，第318—319页。

⑤ 林浩、贾若瑜：《五个月反投降作战——忆胶东我军1941年3月15日至7月27日反投降战役》，《山东党史资料文库》第16卷，第310页。

⑥ 许世友：《许世友回忆录》，第316页。

决定采用“围点打援”和“引蛇出洞”的战术，攻下榆山诱使敌人争夺，以此“在运动中歼敌”。3月20日，八路军三面包围了郭城，赵保原命部下攻下郭城东南林寺山后，率部队主力迅速逃往发城。发城经赵保原多年经营，“设防森严，工事碉堡相当牢固”，但南面即是八路军控制的榆山，赵“决定拼死命从八路军手里夺取榆山，以作为发城的屏障”。4月27日，赵保原会同于学忠派来的五十一军一一三师加强营及张步云、厉文礼部共4000余人，分三路向榆山进攻。八路军五旅十三团从侧背迂回，一举将加强营击溃，并集中兵力打垮赵保原部的数次冲锋。5月1日，赵保原再度纠集残部，避开榆山正面朝北迂回发动袭击。在八路军的多方夹击下，赵保原在伪满时期就一手组建的主力黄团、邓团遭到毁灭性打击，邓团团长被击毙，官兵毙俘800余人，“榆山会战”以赵保原的失败告终。①

第三阶段从5月初至7月27日，八路军围困发城，以碉堡对抗战进逼歼敌。榆山会战后赵保原率主力回到万第，副师长张起陆及其他小部分杂牌队伍共三个团守发城。为沟通发城至万第的联系，赵保原命秦毓堂的一个团进驻赤山，并在沿线加修围墙、碉堡，形成25公里长的“一字长蛇阵”。5月24日，八路军五旅十五团向赤山发起进攻，并向秦部“开展政治攻心战，警告其不要死跟着赵保原”。在强大的军事压力与政治攻势下，该部团长王培江弃守赤山。7月初，八路军加强了对发城的军事部署，海、莱边界的人民也被紧急动员起来，“织成了严密的天罗地网”。② 针对发城的防务特点，指挥部采取以碉堡困碉堡的战术，以此“分割敌人、逼近敌人”。③ 7月26日，张起陆召开军事会议，决

① 赵树嘉：《我所知道的赵保原》，《烟台文史资料》第3辑，第79—82页；许世友：《许世友回忆录》，第325页；林浩、贾若瑜：《五个月反投降作战——忆胶东我军1941年3月15日至7月27日反投降战役》，《山东党史资料文库》第16卷，第310—311页。

② 许世友：《许世友回忆录》，第36、328页。

③ 林浩、贾若瑜：《五个月反投降作战——忆胶东我军1941年3月15日至7月27日反投降战役》，《山东党史资料文库》第16卷，第312页。

定于夜 8 时突围，向万第撤退。但临近时间，张起陆“还在家里由小老婆陪着抽大烟”，三团二营连长李明东却带着五连按原计划突围至万第。由于李明东的率先行动，八路军完全弄清守军意图，待张起陆撤退时发起反攻，2000 多敌军被俘，发城随之解放。①

历时五个月的反投降战役以八路军的胜利宣告结束，胶东局势出现了“根本性的转折”。八路军从 1.6 万人发展到 2 万多人，国民党军则从 5 万余人下降到 3 万余人，胶东抗日根据地得以壮大并巩固，“党和军队在人民群众中的威信大大提高”。② 与此同时，中共干部在胜利后作出反思。该年 9 月，朱瑞在山东统战会议上指出，胶东反投降战役“首先打倒了次要的或大体上还愿意保持表面中立的分子”，但“主要的反共顽固派倒发展了”，赵保原遂利用中共的“错误、软弱及各友军的不满”，“掌握了领导，把‘抗日联军’变成了‘抗八联军’”。朱瑞认为目前统战工作的中心，“尤其在于争取同情者，争取中间派”。③ 此后，中共积极争取了以国民党山东保安第一旅旅长姜黎川为代表的相当大一部分中间派的合作抗日，动员起绝大多数力量，极大地孤立和瓦解了以赵保原为首的国民党顽固派。

在相持阶段，中共面对日军精锐部队的清剿，生存逐渐陷入困境。据许世友回忆，“当时中共抗日武装组建时间较短，指挥尚不够统一，武器装备又差，缺枪少弹。在日、伪、顽的不断胁迫和联合攻击下，抗日根据地日趋缩小，回旋余地狭窄。形势的确是严峻的”。④ “三角斗争是敌后斗争的基本特点，也就是山东斗争形势的特点”。但在初期所面临

---

① 赵树嘉：《我所知道的赵保原》，《烟台文史资料》第 3 辑，第 82 页；许世友：《许世友回忆录》，第 329 页。

② 林浩：《胶东抗日根据地党的建设》，《山东抗战口述史》上，第 163 页。

③《抗战的山东统战的山东——1941 年朱瑞在山东统战会议上的报告》，常连霆主编，中共山东省委党史研究室、山东省中共党史学会编：《山东党史资料文库》第 8 卷，济南：山东人民出版社 2015 年版，第 545 页。

④ 许世友：《许世友回忆录》，第 358 页。

的“对敌劣势，对友无优势”①的局面下，中共“达成看起来摇摇欲坠却又坚持不倒的平衡”，而灵活的斗争策略是达成这种“弱平衡”的关键。② 为扭转根据地的不利局面，八路军广泛联系实际，采取以下积极主动的措施予以应对：

一、开展大生产运动，实行减租减息。1942 年 5 月，山东分局作出《关于减租减息、改善雇工待遇、开展群众运动的决议》。胶东党委将这一工作“作为当时党政军民一切工作的中心”，各部队普遍开荒种地，胶东部队平均每五人开荒一亩地，开办合作社、被服厂、油坊、印刷厂等，“干部战士关系打成一片”。③ 同时，“教育部队与群众同甘共苦、克勤克俭、厉行节约”。④

二、实行党的一元化领导。有别于其他抗日根据地，中共在山东的显著特点是军队由两部分组成：山东纵队是土生土长发展起来的队伍，而于 1939 年 3 月东进山东的一一五师部队是原红一方面军主力。1941 年 8 月，中共中央决定以“分局会议”作为统一山东党政军民的领导机关。由山东纵队及一一五师合组为山东军政委员会，以罗荣桓为书记。为进一步在山东实行“一元化领导”，1943 年 3 月 12 日，一一五师与山东军区（原山东纵队，于 1942 年 8 月被改编，归一一五师领导）正式合并为新的山东军区，罗荣桓成为山东地区的实际领导人，该区下辖胶东等 6 个军区。⑤ 至此，中共基本完成了在山东的统一领导工作。

三、精兵简政。1942 年 7 月 1 日，中共撤销第三军区番号，在此基

---

①《五年工作总结及今后任务》，山东省档案馆、山东社会科学历史研究所编：《山东革命历史档案资料选编》第 10 辑，济南：山东人民出版社 1983 年版，第 12 页。

② 黄道炫：《刀尖上的舞蹈：弱平衡下的根据地生存》，《抗日战争研究》2017 年第 3 期，第 4 页。

③ 胶东军区：《生产开荒简报》（1944 年 6 月），山东省档案馆藏，G001/01/0100/008。

④ 林浩：《胶东抗日军民的光辉胜利》，《山东党史资料文库》第 16 卷，第 301 页；许世友：《我在山东十六年》，济南：山东人民出版社 1981 年版，第 38 页。

⑤ 常连霆主编，中共山东省委党史研究室、山东省中共党史学会编：《山东党史资料文库》第 1 卷，济南：山东人民出版社 2015 年版，第 214—215 页；八路军山东纵队史编审委员会编：《八路军山东纵队史》上，济南：山东人民出版社 2007 年版，第 232—233 页。

础上组建以许世友任司令员、林浩任政委的胶东军区。在1943年，胶东军区两次对部队精简整编。整编后，胶东军区辖3个主力团（十三、十四、十六团，每团2500人以上），4个军分区（东海、西海、南海、北海军分区），其余部队充实地方，以便加强基层抗日武装力量。①

四、开展整风审干运动。面对大多数党员“非无产阶级思想还没有得到彻底改造，党性还不纯”，新老干部间、工农干部与知识分子干部间“还存在着一些问题”的现实，整风审干运动陆续展开。除采取批评与自我批评的方法外，中共还在胶东开办党校使党员干部深入学习，有力地批判了主观主义、宗派主义和官僚主义，使组织由内部焕发生机。②

1943年后，因日军在太平洋战场上失利、百分之四十以上的兵力南调，驻胶东日军的兵力锐减，对八路军“扫荡”、“蚕食”的人数及时间、危害性均较之前有所降低，抗战形势出现有利于中共的转变，根据地发展突飞猛进。这一年，八路军积极开展群众运动并发动有重点的军事攻势，与对敌伪作战975次，攻占其据点23处，扩大根据地四百多平方公里，“为1944年开始的局部反攻奠定基础”。③ 抗战时期中共在日伪的肘腋之下生根壮大，肃奸之声随着隆隆炮响传到伪职员的耳边案前。此时，他们不仅要承受来自伪政权本身的压迫，还有外部抗日力量的道义声讨，伪职员的心理压力和恐慌情绪陡增，陷入跋前疐后之境。

二、李先良与鲁东抗战

抗战期间国民党在胶东的势力较为薄弱。1939年2月26日，国

---

① 林浩：《胶东抗日军民的光辉胜利》，《山东党史资料文库》第16卷，第304页。

② 林浩：《胶东抗日根据地党的建设》，《山东抗战口述史》上，第301页。

③ 许世友：《许世友回忆录》，第346页。

民党在胶东地区爆发了重大派系斗争——胶东行辕事件①，致使国民党抗日力量遭到极大削弱。3月上旬，胶东行辕改为鲁东行署，沈鸿烈委其亲信部下李先良为主任。李先良为江苏吴县人，毕业于国民党中央党务学校。1933年来青后任国民党青岛市党部干事、委会、常务委员等职，当时正以山东省党部委员兼二十一党务督导区督导员、青岛市党务特派员的身份活动在胶东。② 抗战期间李先良还任山东省政府委员、青岛市政府秘书长、青岛市国民政府代理市长兼青岛保安总队（注：简称青保）总队长等职③，带领保安总队在崂山抗战。

崂山密迩青岛市区，在敌人肘腋之下，距青岛只有一二小时的汽车路程，青保在青岛伪政权打击的第一线上顽强抗争。探究李先良与鲁东抗战，不仅有助于深入理解国民党在敌后的武装斗争，对于剖析战时伪职员与国民政府的关系及其政治转向多有帮助。

1938年春，日伪在胶东的足迹尚未广布，但国民党的专员、县长，"却纷纷自己先退，遂致行政无人负责，成为无政府状态"，只有散布的游击部队在乡间活动。直至1938年下半年胶东国民党组织才与省政府接上关系，由省府任命各县县长，发表保安旅团番号，重新建立行政系统。在1939年3月鲁东行署建立后，直辖三个专员区，包括从潍县以东的胶东十五个县，对国民党各游击部队构成名义上的统一领导。在这期间，李先良"除抗敌防奸以外，其余大部分时间，竟用之处理县政

① 当时莱阳县长王海如是复兴社骨干、行辕副主任厉文礼的亲信。为削弱厉文礼，胶东行辕主任、CC系卢斌以行辕名义电请省政府撤销王的县长职务并由CC系成员接替。王海如得到消息后征得厉文礼默许，与厉部保安团长胡鼎三于1939年2月26日夜将胶东行辕包围，劫持杀害了卢斌等CC系的重要人物，"地方上一时陷入混乱"。赵树嘉：《我所知道的赵保原》，《烟台文史资料》第3辑，第54—55页；陈立先：《赵保原在胶东》，《烟台文史资料》第3辑，第99—100页。

② 庞迈千：《抗日战争时期李先良在崂山》，《崂山文史资料 李先良在崂山的抗日活动》，青岛市崂山区政协文史资料研究委员会1990年编印，第4页。

③ 李先良：《李先良回忆录：鲁东及青岛抗战纪实》，第1页；《崂山文史资料 李先良在崂山的抗日活动》，第1页。

纠纷，和部队间因利害关系所发生的摩擦、冲突”。但国民党在山东的派系斗争并未消弭，上层领导以国民党山东省政府主席沈鸿烈和鲁苏战区司令于学忠的矛盾最为突出。1942 年春，山东省政府主席易人，于学忠保其军长牟中珩继任山东省政府主席，鲁东行署即遭撤销，“山东的局面顿趋恶化”，“抗战军事陷于不利，给共产党在山东以发展的机会”。①

全面抗战初沈鸿烈撤离青岛后，李先良曾建议其建立青岛市行政机构，“以为将来开展青岛市工作的张本”。② 沈遂委任李先良为青岛市政府秘书长，姜可训、孙延镛分别为青岛乡区办事处主任、青岛保安大队大队长，深入崂山创建抗日根据地，由李先良在莱阳濯村遥控指挥。③ 青保是在抗战中发展起来的一支国民党队伍。青岛沦陷后，在沈鸿烈时期受过军事训练的学校教员和工农壮丁开始在崂山组织一二百人的抗战队伍，至 1939 年 5 月形成隶属鲁东行署的独立营，此外该营还有国民党第五战区游击队指挥部的部分武装。④ 鲁东行署期间李先良曾将崂山队伍的一百余人调集莱阳受训，并挑选 50 人参加党务训练班。这些人后来被编成四个连，其中两个回崂山打游击。1940 年初，独立营被改称为青岛保安大队。此时的青岛保安大队不足 200 人，“势单力薄，对原有的游杂小帮既不能收编，又无力消灭”。李先良对打不开崂山局面的现状“十分忧虑”，遂于 1942 年夏派随从副官高芳先以督察大队长身份进入崂山，“收编游杂小帮，整顿纪律，建立基地”。高曾任青岛国术馆教练，在青岛武术界颇有名气，徒弟众多。同年该队增设保安第二大队，以高芳先为大队长。在高芳先进驻崂山后，青岛保安大队得到迅速发展。⑤

---

① 李先良：《抗战回忆录》，第 16、19、22—23 页。

② 姜玉衡：《李先良在崂山的抗日活动》，《崂山文史资料 李先良在崂山的抗日活动》，第 22 页。

③ 庞迈千：《抗日战争时期李先良在崂山》，《崂山文史资料 李先良在崂山的抗日活动》，第 4 页。

④《国民党青岛保安总队演变情况》，《崂山文史资料 李先良在崂山的抗日活动》，第 92 页。

⑤ 庞迈千：《抗日战争时期李先良在崂山》，《崂山文史资料 李先良在崂山的抗日活动》，第 6 页。

鲁东行署被撤销后，李先良只能以青岛市政府秘书长身份寄居于国民党暂编第十二师师长赵保原辖区莱阳，由于李与赵已无隶属关系，"赵对他的态度也逐渐冷淡，还不时派其下属潜入崂山，企图占为己有"。同时，青岛市政府在濯村的 30 余名文职人员的给养也无保障。这期间李先良曾电沈鸿烈为其设法，1942 年 10 月国民政府行政院加委李先良"以秘书长名义代行市长职权"，李于 1943 年 2 月组织起国民党青岛临时市政府。鲁东行署期间李先良曾"深深感到自己没有队伍的痛苦"，接到代理市长职务后，他积极地将青岛保安大队、督察大队合并改组[①]，成立青岛市保安总队，自任总队长，高芳先为副总队长。[②] 在李成立起国民党青岛市临时政府后，"深遭国民党暂编第十二师师长赵保元(注：赵保原)的嫉恨"，加之高芳先与赵部栾志超团在崂山争夺地盘失败，赵对李"更加仇恨"[③]，这使李先良有进驻崂山的打算。

1944 年 6 月底，李先良下令高芳先向崂山日伪据点进行 3 个月的攻坚战，高采取"联伪打伪、各个击破"的手段，利用人事关系和威胁方式劝说日伪投降，如利用王哥庄伪乡长金玉亭劝说 130 余名伪军自动瓦解。值得注意的是，高芳先之所以凭较弱力量撬动伪军，与充分利用地缘优势不无关系。驻扎在青岛郊区的伪军处于游击区与日占区的过渡地带，面临着肃清外围和拱卫市区的双重压力。崂山易守难攻、居高临下，青保以此为障蔽，来去匆匆，易对伪军构成袭扰，不利于后者围追。在民族大义和自我生存面前，伪军发生动摇，不乏对日本阳奉阴违者。在对日斗争中，青保"先攻弱点，而后集中攻坚"，夺取登瀛、青山、黄山、大崂等多处据点，将日军在崂山乡区设立的屏障全部拔除。[④] 9

① 姜玉衡：《李先良在崂山的抗日活动》，《崂山文史资料 李先良在崂山的抗日活动》，第 23、25 页。

② 李先良：《抗战回忆录》，第 65—66 页。

③ 庞迈千：《抗日战争时期李先良在崂山》，《崂山文史资料 李先良在崂山的抗日活动》，第 7 页。

④ 姜玉衡：《李先良在崂山的抗日活动》，《崂山文史资料 李先良在崂山的抗日活动》，第 27—29 页。

月底，李先良率卫队和市府人员越过日军封锁进驻崂山华严寺。位于青岛东北区的崂山周围约一百里，层峦叠嶂，地势险要，虽是打游击的理想地形，但西有日军环伺，北有赵保原部队，东南两面皆临海，使青保立于孤军绝境之地。为拔除青岛的治安隐患，青岛日军在五次“治安强化运动”中对崂山展开重点攻势，李先良能在崂山站立住脚，得益于其因地制宜的斗争方式和政治策略。

第一，自力更生，保证部队供应。当时青保“除了几部自己装置的发报机收音机，可以和中央发生无线电的联络外，其他一切，算是断绝了关系”，既无法得到武器支援，也无国民党中央的给养供应，李先良遂成立青岛市统筹给养委员会和赋税征收处供给青保部队需要。鉴于日伪实行严格的经济封锁，李成立青岛市经济合作社，通过相关途径将崂山生产的木柴、柞碳运往敌区销售，再运回需要的物资。为得到武器，青保采取“收集民间的枪支”、建立小型兵工厂土法自制枪支、深入敌营夺取武器的方式。为保障游击队军服供应，青保以青岛纱厂工人做内应，派出兵力和崂山民夫夜间进入市区抢布，因动员民众甚多且时机选在日伪兵力空虚之际，故前后共达七八次之多，极大地保证了部队的需要。[①]

第二，发挥保甲组织功效。蒋介石虽有“抗战的基础，建筑在广大的农村”之论断，但国民党敌后游击部队并未建立巩固的根据地，李先良对此有深刻认识。他认为领导游击队从根本上来说不能离开民众，“要将一部份的民众武装起来对抗敌人”。李先良将游击区内的户口编为保甲，将保甲长分期集合训练，除讲解抗战理论、国家民族意识外，还告以运输、领路、担架、防奸等“加强军民配合，通力协作的事项”。[②] 为配合掩护李先良部作战，各区乡镇保甲长等在交通要道建立起周密的通讯网，“如有敌情，随时报告”；青保在各要冲山顶之上建立目标树，由

① 李先良：《抗战回忆录》，第35—41页。

② 李先良：《抗战回忆录》，第43—44页。

村民轮流看守，在日军出动时立即将树放倒[①]，为青保活动争取时间。

第三，加强宣传和部队政治训练。为宣传国民党抗战功绩及国际形势，李先良创办《青岛简报》，每日油印若干份发给各区乡镇及青保等单位学习。为利用地方人士扩大政治影响，李先良提出“青人治青”口号，将部分崂山的行政大权“委托给青岛市豪绅朱乃洪、孙式庵”等人，成立地方行政人员训练班，遴选地方豪绅作为训练对象，轮训区乡镇保甲人员。[②] 这对稳固李先良在崂山的政治地位起到支持作用。1944年，李先良筹建学生约80人的青岛市崂山中学，以“礼、义、廉、耻”为校训，办学宗旨是“为当时的抗日救亡培训骨干和胜利后的建国以及普及国民教育培养人才”。该校教师多为李先良之市府公务人员，“学生来源多是李部下军、政人员之子弟或有亲戚关系者”，李先良“一周对师生作一次‘精神讲话’”。[③]

第四，崂山乘高居险、易守难攻，李先良指导青保以重山为依托，采取灵活的游击战策略。青保总在夜间活动，敌人劳师动众而又不知其去向。加之青保士兵多为当地人，“对每个山头山脚的羊肠僻径都极熟悉”，易于伏击和转移。部队常以逸待劳，在敌军出动时绕到敌营后方，使之疲于奔命。日伪每次扫荡，“都是一顿炮火或一顿轰炸”，无法掌握游击队的确切运动方向，而青保常在此时令便衣士兵混进市区，“向其屯驻的地点或仓库附近，丢几个小型炸弹或手榴弹，使他们混炸一阵，不敢不严密戒备”，故而扫荡部队并不敢久留崂山。[④] 在装备、人数及物质条件均劣于日伪军的前提下，青保凭借灵活的深山作战优势与敌周旋，部队日渐壮大。

---

① 姜玉衡：《李先良在崂山的抗日活动》，《崂山文史资料 李先良在崂山的抗日活动》，第35页。

② 姜玉衡：《李先良在崂山的抗日活动》，《崂山文史资料 李先良在崂山的抗日活动》，第32—33页。

③ 陈志钧：《我所知道的青岛抗建学校》，《崂山文史资料 李先良在崂山的抗日活动》，第86、88页。

④ 李先良：《抗战回忆录》，第58—59页。

李先良崂山抗战期间，对青岛汉奸与伪职员在心理上造成一定震慑作用。李先良本是国民党青岛市党部特派员，战时在崂山组织的国民党青岛市政府虽属“流亡”性质，但仍延续了国民党之法统，成为青岛抗战的精神象征。当青保经济枯竭之际，向市内商民索要“捐款”既不会加重崂山民众负担，又是最快速和直接的解决问题方案，故李先良将此法作为扩大经济来源的重要手段。但在敌伪的严密控制下，起初大部分商人不敢捐助，甚至有富商将李先良部劝捐函交予日伪的行为。为迫使市内商家捐款，青保将软化诱敌策略转为绑票和威胁为主的恐怖暴力行动。青保特务队曾绑架台东商会会长蓝荆山、枪杀日本宪兵队嘱托乔智金①，还在伪商会会长时品三的谦祥益商号门口设置定时炸弹两次，给青岛商人极大震慑并为获取捐款打通途径。青市富商巨贾多是与日伪有密切联系者，但忌惮于青保的打击报复，不得不对其暗中予以援助，当时仅经时品三经手的“捐款”就有二、三千万元。② 青保的频频出没也时刻提醒着伪职员，国民党不无重回青岛之可能。

抗战后期，日本在战场上的颓势日显，许多伪职员开始为自己后路打算，近在崂山的国民党李先良部无疑是最优的选择。抗战期间青岛商界巨擘丁敬臣既就任伪职、协助日伪经济掠夺，又与李先良部保持秘密联系，并“捐献”经费与服装给李先良及其部队。抗战胜利前夕，李先良派入市内的联络人员即是住到丁敬臣家中，丁趁机贿赂拉拢，不仅派人去崂山为李先良和流亡市政府的高级官员测量尺寸赶制新装，下至伙夫、马夫也无不收买和馈赠。许多汉奸听闻李先良部工作人员住在丁敬臣家中的消息，无不通过丁的关系与李先良搭上关系，纷纷送予

① 庞迈千：《抗日战争时期李先良在崂山》，《崂山文史资料 李先良在崂山的抗日活动》，第15—16页。

② 姜玉衡：《李先良在崂山的抗日活动》，《崂山文史资料 李先良在崂山的抗日活动》，第37—38页。

“礼物”，还将粮食、服装、财物等“交市府或‘青保’自行验收”。[①] 此外，汉奸开始乐于对李先良的抗战工作予以“协助”。1945 年 5 月间，日伪曾调集赵保原旧部、伪军姚良臣部 3000 余人配合日军扫荡。李先良急派军政人员携亲笔信赴姚处说服，鉴于人情关系及抗日大局的好转，姚良臣“感到日寇日暮途穷，要为自己留个后路”，遂留下李部 3 人作为内应，随时向李先良报告日伪军扫荡情况，令青保“设法躲避”。[②] 利用汉奸暗通情报、避敌锋芒，也是李先良部屡屡能在日军的围剿中获得生存缝隙的关键。汉奸、伪职员在抗战中态度的转变也从侧面反映出这一群体的两面性特点。

1945 年初，日本海军在太平洋岛屿登陆作战失败，青岛被视为未来陆军可能登陆的地点之一。日伪为巩固青岛这个华北基地，4 月起曾派陆军第五混成旅将由女姑口车站修筑的轻便铁路伸向崂山，七八千人配合伪军巡逻崂山各村，封锁交通，企图断绝青保补给。日伪军采取“稳扎稳打、步步为营”的手法，士兵一班一排的占领山头、逐渐向东，青保“被压在崂东沿海一带的狭长地区，形势十分严峻”，李先良“极为焦躁”，进退维谷。[③] 4 月至 7 月中旬，青保部队陷入危急局面，李先良一面训示“部队与劳〔崂〕山共存亡，誓不离开；抗战到底，不成功便成仁”，一面令部队储藏地瓜干，寻求隐蔽地点办公并采用昼伏夜出的方式继续作战。日伪几乎将青保逼至绝境，李先良深知“如果把部队拉到即墨，即墨已完全伪化，过去矛盾重重，是去不得的；拉到胶县向姜黎川部靠拢也办不到，因为过去被青保摧毁的崂山伪军据点多是胶县伪军，仇深似海”，“必须死守崂山，若离开崂山就有被消灭的

---

① 芮麟：《李先良与葛覃劫掠青岛及其互相角逐的见闻》，山东省政协委员会文史资料研究委员会编：《文史资料选辑》第 2 辑，济南：山东人民出版社 1982 年版，第 38—39 页。

② 庞迈千：《抗日战争时期李先良在崂山》、姜玉衡：《李先良在崂山的抗日活动》，《崂山文史资料 李先良在崂山的抗日活动》，第 17—18、40—41 页。

③ 庞迈千：《抗日战争时期李先良在崂山》，《崂山文史资料 李先良在崂山的抗日活动》，第 18—19 页。

危险”。[①] 在日本于1945年8月15日投降后，崂山之危解除，李先良在崂山的艰苦抗战也为其日后接收青岛、执掌青市奠定政治基础。

崂山在敌人的肘腋之下演变为抗日基地，给予日伪极大的刺激，牵制了伪政权向其他抗日根据地扫荡的兵力，在抗战中起到重要作用。伪政权对崂山扫荡的次数，比胶东其他各地来得更为频繁，在逆境中顽强抗争，于孤山间自立更生，也是李先良部可贵、可敬之处。但抗战胜利后李先良部却像国统区其他收复地区一样掀起“劫收”风潮，这与国民党敌后游击队特点及部队属性不可分割。李先良亦承认，国民党游击队“由于没有主义政策和指挥体系，游击部队之间，往往自相摩擦，徒然克削了自身的力量”，这已成为“一般游击部队的通病，几乎到处皆然”。[②] 以上也反映出国民党游击部队长官汲汲以地盘、权力为先的特点，这也给日伪以逐个击破的机会，抗战期间国民党在鲁势力衰弱与此不无关系。

第三节　国、共、日三角关系下的军政博弈

在国、共、日势力胶着的敌后战场，军事格局的演变常受对手方策略的制约。在抗战初统一战线背景下，国共在胶东联合抗击强敌日本，促进各自发展。国共关系破裂后，抗战局面恶化。许多国民党敌后部队在与中共为敌后，为免受两面夹击，选择与日伪“合作”“剿共”以图生存，这使敌后战场呈现出犬牙交错、三角斗争的复杂态势。谈到抗战时期的胶东，就不得不提及中共的发展与李先良之鲁东抗战。当然，同样绕不过的还有另一个重要人物——赵保原。赵保原的一生具有传奇色彩，抗战中他由伪军将领摇身变为国民党胶东最高军事长官，被视为国

① 庞迈千:《抗日战争时期李先良在崂山》,《崂山文史资料 李先良在崂山的抗日活动》,第19页。
② 李先良:《抗战回忆录》,第23页。

民党的“胶东屏障”“胶东长城”。[①] 围绕在他身上的，不仅有“汉奸”与“烈士”之名的矛盾冲突，还暗含着国共意识形态的针锋相对。本部分将以赵保原为中心，探讨国、共、日三角关系下“敌”与“伪”身份背后的复杂性。同时，将目光聚焦于治安强化运动中的伪职员，透过他们在战争背后的宣传后勤工作，审视伪职员群体的政治参与度。

一、国民党赵保原部的生存策略

关于赵保原的早年经历及转变经过，将在后文有所交代，兹不赘述。时间回到 1939 年 1 月 2 日，伪“满洲国派遣军李支部”卫队师中将师长赵保原正式向全国发表“反正”通电，将部队番号改为山东省第八行政督察区保安第三旅，宣告了自己迷途知返、誓死抗战之决心。赵保原“反正”引起山东八路军的重视。此时正值中共整合各抗战部队，在胶东的第五支队支队长高锦纯认为赵虽人马不多，但“很有作战经验，且武器很好”，决定争取他。[②] 当赵部转移到掖县，高即派员携带军装及现钞慰问，召开盛大的欢迎赵保原“反正”大会。赵随后回拜，高建议其可到家乡蓬莱县驻扎，他并未表明态度。

伪军“反正”的赵保原在国民党内并无根基，发展空间有限。始料未及的是，几个月后由国民党派系斗争引发的胶东行辕事变，为他带来机会。卢斌在施政受掣肘后决心反制，请省政府撤销厉文礼心腹王海如的莱阳县县长职务，并由行辕秘书长荀梦龙接任。王于是和厉部保安团团长在 1939 年 2 月 26 日夜包围胶东行辕，劫持杀害了卢斌等干部，“地方上一时陷入混乱”。事变发生时，赵保原自知根基尚浅、形势复杂，未参与其中。之后，幸存的行辕官员认为莱阳驻军中赵势力最强，“如果按不住他，可能滋生事端”，最终将其推选为

---

① 山东省第十三区抗战史料征集委员会编：《山东省第十三区抗战纪实》，山东省第十三区抗建日报社 1941 年版。

② 高锦纯：《抗战初期的胶东武装斗争》，《山东党史资料文库》第 18 卷，第 308 页。

莱阳县县长。①

胶东行辕事变是国民党在敌后战场的一次重大派系斗争，导致游击部队将领均有强烈不安全感，内部杀伐成为风气，影响深远。行辕党务专员李先良认为，国民党员"以小组织相标榜，各兼有某某名义，彼此仇恨冲突，遂致有卢斌同志之被杀"。② 3 月上旬，胶东行辕被改为鲁东行署，李先良任主任，他积极保荐赵保原。厉文礼因受牵连被撤职后，第八行政督察区被划分为 3 个行政区，赵得以任新成立的第十三区特派员兼保安司令（辖昌邑、平度、莱阳、海阳、即墨、胶县 6 县），掌握特派员公署和莱阳县政府两套行政体系，成为胶东举足轻重的力量。③

抗战进入相持阶段后，日军回军华北。1939 年 1 月，张宗援率伪山东省自治联军及伪军进犯掖县，3 月直逼招远、黄县，八路军紧急转移到莱阳西北部山区。胶东区党委积极争取赵保原与秦毓堂、蔡晋康等 20 余个游击部队首领共同抗日，3 月下旬"鲁东抗日联军"成立，赵保原被推为总指挥。④

鲁东抗日联军在成立初期与日伪进行大小数十战，屡屡取胜。1939 年 5 月的团旺战役中，赵保原率部击毙日伪军百余名，"张宗援遂一蹶不振"。⑤ 因表现突出、"予敌以绝大打击"，赵保原多次受山东省政府表彰，一时"威震鲁东"。鲁东抗日联军本是一个松散联盟，当强敌被击退，内部矛盾凸显。八路军五支队克复莱阳县城后在街头张贴宣传标语，国民党人认为其"有意在民众中间树立共产党的威信"，赵保原

---

① 赵树嘉：《我所知道的赵保原》，《烟台文史资料》第 3 辑，第 52—55 页；张铁砚：《我所知道的胶东行辕事件》，《烟台文史资料》第 4 辑，第 110 页。

②《山东鲁东行署主任李先良电陈返鲁工作情形》（1939 年 9 月），中国第二历史档案馆藏，11/2/3994。

③ 王豫民：《胶莱河畔（七）》，台北《山东文献》第 3 卷第 3 期，1977 年 12 月 20 日，第 86—87 页。

④《中共山东编年史》第 3 卷，第 83 页。

⑤ 陈立先：《暂十二师干训班上校副主任陈立先对追悼大会之回忆》，《赵保原纪念册》（1946 年），青岛市档案馆藏，A004095。

称此举“煽惑诱动”民众。① 中共将莱阳交还后，赵命令洗刷八路军标语、限制其活动、禁止供给其给养。② 之后双方在掖县县长任命上出现分歧，国共关系的整体恶化又使矛盾加剧。

在抗日联军攻打掖县期间，伪县长张起陆决议向赵保原“反正”。掖县原是八路军根据地，赵保原与高锦纯就换防达成一致，仍派于烺（原掖县县长，中共背景）接下城防。不久赵接到李先良电报，命其另派国民党人士任县长，他遂向高锦纯传达了由自己“派上个县长，在城里不管事，以应付省府，掖县县政仍由于烺负责”的信息。八路军并不认可此方案。③

面对抗战中国民党失地愈多而中共发展愈速之趋势，国民政府试图加以限制。武汉会战后，蒋介石将游击战提高到战略地位，在 1939 年初设立鲁苏战区，于学忠为总司令。鲁东行署主任李先良遵照省府指示，不愿掖县行政权旁落中共之手，意图组建由其任总指挥、将中共排除在外的鲁东抗日联军，将军政大权掌握在行署手中。八路军在掖县问题上持坚定立场，与中共对政权建设的要求有关。9 月，当赵保原派亲信安重枢率 58 名新任县政府职员抵达掖县后，即被八路军扣留。他一面交涉，一面派兵。④

国共胶东合作出现裂痕后，抗战局面恶化。1939 年冬伪山东省自治联军参谋长李燮坤率部侵占平度、即墨、掖县等地，赵保原部损失惨重。12 月初，日伪攻陷莱阳城。“赵保原的抗战情绪，从此消沉下去”。⑤ 次年 1 月，日本调集大规模兵力以封锁手段自西向胶东逼近，

---

①《山东省第十三区抗战纪实》，第 14、18 页。

② 许世友：《我在山东十六年》，第 47 页。

③ 陈立先：《暂十二师干训班上校副主任陈立先对追悼大会之回忆》，《赵保原纪念册》（1946 年），青岛市档案馆藏，A004095；陈立先：《赵保原在胶东》，《烟台文史资料》第 3 辑，第 106、108 页。

④《于烺领导第八路军第五支队包围掖县县城》（1939 年 10 月 10 日），台北“国史馆”藏，002/090300/00205/137。

⑤ 赵树嘉：《我所知道的赵保原》，《烟台文史资料》第 3 辑，第 63 页。

国民党游击部队备受打击、兵士四散，赵部更感艰难。为改变国民党游击部队困境，鲁苏战区意图加强统一领导，1940 年年初于学忠派员到胶东收编部队，各游击部队随之被编成半正规军。赵保原与于学忠均出身奉系，又是蓬莱老乡，几番联络后，赵被任命为鲁苏战区胶东区游击指挥官，部队被改编为陆军暂编第十二师。赵保原积极反共①，在 1941 年 3 月山东省政府对 13 个行政督察区专员的考绩中，赵在 5 名“成绩最优者”中占据榜首。② 因“进剿‘奸党’著有功绩”，他还被蒋介石授予陆海空军甲种一等奖章。③

皖南事变爆发后，国共在胶东矛盾激化。以赵保原为核心的国民党大小 20 余个司令“盘踞在胶东的心腹地带”，进逼昆嵛山区。1941 年春日军扫荡招莱掖边区根据地，八路军处境日渐严峻。3 月赵保原召集胶东国民党各部成立由其任总指挥的“抗八联军”，兵分 3 路向中共东海区进攻。④ 八路军遂发起反投降战役，牙山之役取胜后，南下海(阳)、莱(阳)，经过榆山会战，最终解放发城，历经 5 个月取得胜利，胶东局势出现“根本性的转折”⑤，赵保原等部势力严重削弱。⑥

1942 年春季开始，日军对于学忠部进行了 3 次大规模扫荡，国民党军队“在一年之间锐减一半”⑦，鲁苏战区“大有动摇、溃散、无以自保

① 从 1940 年 2 月至该年年底，赵保原部与八路军进行大小战斗 13 次。《建军特刊：陆军暂编第十二师建军七周年纪念》，山东挺进军第一军区政工大队阵中简报社 1945 年编印，第 12—13 页，出版地点不详。

②《山东省政府电呈该省各区专员赵保原等平时成绩的有关文书》(1941 年 3 月)，中国第二历史档案馆藏，12/4/291。

③《赵保原纪念册》(1946 年)，青岛市档案馆藏，A004095。

④《中共山东编年史》第 3 卷，第 453 页。

⑤ 许世友：《许世友回忆录》，第 313—330 页。

⑥ 林浩、贾若瑜：《五个月反投降作战》，《山东党史资料文库》第 16 卷，第 307—308、313 页。

⑦《关于山东情形的报告》(1943 年 1 月 28 日)，中共山东省委党史资料征集研究委员会编：《山东抗日根据地》，北京：中共党史资料出版社 1989 年版，第 128 页。

之情调”。[①] 为避免腹背受敌、谋求与敌折冲及联合反共，赵保原分别在青岛、莱阳设立常驻办事处与日伪联络，并令所辖各区区长就近同日伪接洽，最低限度上须使日方明了其军事行动而不妨碍，并期有所帮助。[②] 抗战相持阶段，部分国民党部队在争取一定限度独立性的同时，常与日伪暗中联络，以便达到“互相依托、互相利用的目的”；如条件不允许，“则公开投敌”，“以求得敌人更大的帮助”。[③] 日军面对中共在华北的崛起，迫切寻找合作力量，允许没有威胁且“不主动求战的杂牌军的存在”，必要时“甚至可以引导他们占据真空地带以防止共军侵入”。[④] 在1942年春、冬，赵保原配合日军扫荡胶东根据地，给中共以相当反击。在互相利用的前提下，二者就反共达成一致。

根据国民党地方部队对中共态度及与敌关系，山东分局将其分为中间势力、反共顽固派和投敌反共者三种类型：山东游击第一纵队司令张里元是中间势力代表，他长期保持中立，不积极抗日与反共；鲁苏战区第四纵队司令王尚志、山东省保安师第一师师长张天佐为反共顽固派代表，他们“与投降派有矛盾”，或以一部投敌；以赵保原为主的投敌反共者奉行“曲线救国”，公开或秘密投敌，坚决反共。中共对前两派以

---

① 《中共山东分局关于李仙洲部来鲁后的统战工作指示》(1943年1月)，山东省档案馆、山东省社会科学院历史研究所编：《山东革命历史档案资料选编》第9辑，济南：山东人民出版社1983年版，第258页。

② 中共胶东区党委统战部：《反顽情况通报——一九四四年赵保元〔原〕内部几个显著变化》(1945年1月)，山东省档案馆藏，G024/01/0441/001。

③ 胶东军区司令部：《讨伐赵保原战役总结》(1945年2月)，山东省档案馆藏，G050/01/0015/001；于生等著：《国民党军队赵保原勾结敌伪反共反人民罪行录》，胶东新华书店出版社1944年版，第6—7页。

④ 《华北治安战》上，第227页。

疏通团结为主，采取“一打一拉，又打又拉”的策略。① 对赵保原等“少数特别反动的顽固派”，“争取好转比较困难”，则“涣散其内部”，阻止与日伪联合，“用各种方法，削弱阻止扩大”。② 克服1942年敌进我退现象后，山东抗日根据地出现根本性转折。1943年8月，中共击毙“山东反共魁首”、鲁苏战区挺进第三纵队司令秦启荣后，认准在胶东的三角斗争中，“赵逆是其中重要的一只‘角’”，将摧毁胶东“反共反人民的中心堡垒”莱阳作为军事重点。③

在中共军事打击和日伪的压迫诱降下，1943年7月鲁苏战区及山东省政府移至安徽阜阳，国民党军“力量大为削弱（大部退走，一部投敌、溃散），政治上也受了严重打击”④，胶东较有规模的武装仅余赵部一师。这与国民党“缺乏游击战术之指导与组织”，党政军无法协调一致不无关系。战争中军权扩张与行政权产生矛盾是常见现象，在山东更为突出。山东省政府主席沈鸿烈与鲁苏战区总司令于学忠因领导权之争交恶，以致国民党部队“横的联系不够”，“党政军不能一元化”，1940年后陷入敌共夹击的恶劣境遇。⑤ 1943年蒋介石派中央军李仙洲部入鲁，中共抓住两部交接不畅的机会，将于部退出之阵地接占。在地方层面，国民政府未使游击部队首领从狭隘的利益中走出，他们以保

---

① 利用在胶东打游击的姜黎川与赵保原之间的冲突，中共采取争姜抗赵策略。昌、平、潍地区为赵保原防地，该地又为王尚志盘踞，两部常年混战。中共中央指示罗荣桓、黎玉等人“应联王，利用赵向我进扰时给以严重打击”，“扩大其矛盾而利用之”；竭力避免赵王合作，否则二者“依附敌人制我，甚为不利”。毛泽东、朱德、彭德怀：《关于对山东国民党各派军队斗争策略的指示》（1944年3月16日），山东省档案馆藏，G001/01/0089/005。

② 山东分局：《开展山东地方实力派工作指示》（1944年6月23日），山东省档案馆藏，G001/01/0089/017。

③ 许世友：《许世友回忆录》，第346、367页，赵树嘉：《我所知道的赵保原》，《烟台文史资料》第3辑，第59页。

④《关于对敌斗争问题》，常连霆主编，中共山东省委党史研究室、山东省中央党史学会编：《山东党史资料文库》第12卷，济南：山东人民出版社2015年版，第225页。

⑤《第九十二军政治部主任刘子班呈报随军入鲁观感及对收复华北之意见》，台北“国史馆”藏，008/010702/00023/001。

存实力为主，各自为战，易为八路军各个击破。在一盘散沙的政治环境下，赵保原难有大的作为。抗战后期赵保原屡向鲁苏战区告急，然而国民政府无暇顾及敌后战场，除颁给赵“国族干城”纪念章等精神慰劳、委其并无多少实际意义的“要职”外，别无他法。1944年2月，赵保原兼山东省政府第二办事处主任（辖七、九、十三行政督察区），此后又被任命为山东挺进军鲁东军区司令官①，成为名义上胶东地区的军政领袖。

在求告无援的情况下，赵保原积极扩展兵力，“统一力亦增强”。1944年年初，赵部在胶东20余个国民党地方部队中是唯一超过万人的队伍，其次为王尚志部（约5300人）、隋永谞旅（约1250人），均与之差距甚大。② 赵部“一般军官，特别是上层军官对反共持有相当信心”。与此同时，“内部腐化堕落与官兵军民间的矛盾空前严重”。国民政府并未认真考虑敌后游击队给养缺乏问题，专员县长多便宜行事，“各拥保安团队或游击队自由征敛”。赵保原曾电山东省政府下拨军需装备款，却无济于事，“由县筹摊”成为敌后部队的生存法则③。在力量游动的情况下，短期投机行为常态化，产生一系列负面影响。赵保原人身依附观念较重，部下“裙带风”十分严重，“蓬莱帮”中“一人当官，一大群人跟着喝‘混水’”。④ 上层干部“处处为个人生活享受打算”，征收粮款时常敲诈勒索，“士兵下乡专门吃好饭要好酒喝”，增加了民众恶感。⑤ 加之中共对赵部实行经济封锁，输入大量法币扰乱其金融、倾销奢侈品，使其供给发生极大困难。又因大量抽壮丁，赵管辖区生产力下降，士兵

---

① 《赵保原纪念册》（1946年），青岛市档案馆藏，A004095。

② 胶东军区司令部：《一九四四年胶东军区作战公报》（1944年12月21日），山东省档案馆藏，G050/01/0011/014。

③ 山东省政府委员陈秉炎：《关于第十三区专员赵保原电其请所属各部置备装具款由何上开支问题的提案》，山东省档案馆藏，J102/02/0014/031/071。

④ 赵树嘉：《我所知道的赵保原》，《烟台文史资料》第3辑，第65、68—69页。

⑤ 牙前县台城村政府：《牙前县林寺区台城村政府呈为除消人民祸害赵保原》（1946年3月26日），山东省档案馆藏，G031/01/0086/004。

生活“降至最低限度”。[①] “为救济一时”，赵保原曾肆意发行以难兑换之部队破币经费作基金的流通券，造成恶性通货膨胀，1943 年后等同废纸。[②]

为加强部队团结和纪律，赵保原曾下一番苦功，一度寄希望于政治工作。为谋“军政并进”，赵抽调各部、联区政工人员加以训练[③]，并“成批成批地吸收党团员，官佐集体宣誓入党入团”，令军部党务工作者签署保证书。但铺开式的发展难保质量，加之所托非人，政治工作流于形式。暂编第十二师政治部主任谢希民即被士兵联名指控：“对于所属敌后工作人员漠不关心”，且将掌管经费全数贪污，1945 年年初便“潜行无踪”。像这种政工人员无法忍受艰苦而逃离的情况在赵部较为普遍。1943 年底，政工科科长郝逸梅便借生病医治之机，以汇报工作为名间道赴渝，“脱离部队政训工作”。[④] 赵部的情况并非个例。放眼山东国民党，“各级政治干部，极感缺乏”，“部队精神食粮来源”贫乏。现有政治机构“多支离脱节”，干部“缺乏训练、认识不足”，贪赃枉法不乏其人。[⑤] 在“通匪”“资匪”连续发生后，赵保原认为“吃党饭的人”并不都靠得住，优先考虑忠诚问题。故从抗战后期起，他还依靠安清帮巩固军纪，部队中每人都有“义气千秋”的小本子，退到帮会治军的路上。对此赵无奈表示，自己部下“是些大老粗，国民党的组织原则和政治工作，对

---

① 中共胶东区党委统战部：《反顽情况通报——一九四四年赵保元〔原〕内部几个显著变化》(1945 年 1 月)，山东省档案馆藏，G024/01/0441/001；胶东军区司令部：《讨伐赵保原战役总结》(1945 年 2 月)，山东省档案馆藏，G050/01/0015/001。

② 赵保原：《关于印流通券给李先良的函》，青岛市档案馆藏，B0024/001/00524。

③《山东省第十三区陆军暂编第十二师军政干部训练班(第五期)同学录》(1941 年)，青岛市档案馆藏，A000087。

④《陆军暂编第十二师政治部人事任免、官佐升降的有关文书》(1941 年 12 月—1945 年 11 月)，中国第二历史档案馆藏，772/5027。

⑤《第九十二军政治部主任刘子班呈报随军入鲁观感及对收复华北之意见》，台北“国史馆”藏，008/010702/00023/001。

他们不起作用，只好用江湖义气来维护团结，这也是没有办法的办法”。[①] 从士兵成分来说，中共和赵部相似，均以农民为主，但政治面貌完全不同。中共是一个高度意识形态化的政党，重视在铁的纪律下改造党员。针对党员“非无产阶级思想”普遍存在，新老干部、工农与知识分子干部间关系存在问题等，胶东军区开展系统的整风审干运动，通过批评与自我批评，追求组织的纯一。[②] 国民党人对根据地的政治形态印象深刻，称尤以党务组织健全，“政治基础稳固”，加之民心所向，“足以为虎添翼”。在与国民党的角力中，每每致其于被动。[③] 对手的观察切中肯綮。

山东国民党派系斗争、争夺地盘现象严重，政治人物嫉妒心重，也在挤压自我生存空间。于学忠在 1941 年 8 月沈鸿烈调离山东后，“对沈之旧部，存报复观念”，鲁北、鲁西、鲁东行署随即撤销，“叛变层出，区域日狭”。[④] 李先良失去凭借后，只能寄居在赵保原辖区莱阳。此前李对赵多有奥援，赵对李谦恭有加。随着情势变化，二者矛盾加深。1943 年 3 月底，赵保原因“经济枯竭”、弹药急需补充，令部下在青岛市内捕获汉奸商人数名，以索取赎身费。在崂山活动的李先良部下高芳先将一干人悉数逮捕并卖放绑票，“以盗劫盗”。高此前经常以赵旗号“骚扰”日伪，赵保原对其“将平日不法之行为悉以诿诸本部，以此激怒敌伪”的行为极为愤慨，且对李听信高之谗言，对己“不稍存顾恤”颇有怨言。[⑤] 其实，寄人篱下的李先良之所以如此，与担心赵部在崂山活动会

① 赵树嘉：《我所知道的赵保原》，《烟台文史资料》第 3 辑，第 68—69 页；万永光：《我所见到的赵保原》，《蓬莱文史资料》第 3 辑，第 134 页。

② 林浩：《胶东抗日根据地党的建设》，常连霆主编：《山东抗战口述史》上，第 164 页。

③《第九十二军政治部主任刘子班呈报随军入鲁观感及对收复华北之意见》，台北“国史馆”藏，008/010702/00023/001。

④《第九十二军政治部主任刘子班呈报随军入鲁观感及对收复华北之意见》，台北“国史馆”藏，008/010702/00023/001。

⑤ 赵保原：《关于保安总队查获肉票案的呈》(1943 年 3 月 31 日)，青岛市档案馆藏，B0024/001/00130。

蚕食其地盘有关。

不久之后的《东线月刊》事件又使赵李关系雪上加霜。在注重论资排辈的国民党政治文化中，赵保原不仅有效力于军阀的历史污点，又是由老资格汉奸“反正”而来，持正统观念的国民党人对其多存轻视、怀疑眼光。李先良以正统党务干部自许，1943 年 6 月在《东线月刊》创刊号上发表《抗战再认识》一文，“汉奸汉奸地触犯了赵保原”。赵对汉奸字眼非常敏感，见报后“大生厥气”，“大骂李先良没良心，吃着我们的，还来俏皮我们”。① 此后李先良向国民党中央控告赵“私出钞票紊乱金融及通敌”等情，赵得知后即停止对李供给给养。② 1944 年 1 月，赵保原再令部下进驻崂山收容散部，但被高芳先驱逐③，不到 1 月赵便经历河源西沟惨败。

1944 年 2 月 18 日夜，八路军第十三团摧毁河源西沟据点，建立莱西北抗日根据地。此役后赵部的根本变化就是“急剧的分化崩溃”：军官集团各自找寻方向，不乏为保存实力投敌或有独立坚持打算者；部分中下级军官及区乡长“搜利资财，准备必要时逃跑都市”。为挽救危局，赵保原召开政军检讨会，一面调节内部矛盾、安抚主要将领，一面亲自检查军纪、改善士兵生活。他还修筑碉堡加强防御，准备反击与收复失地，加大宣传减少士兵逃亡，给中共的投军工作一定困难。在与日伪建设河源据点后，赵部“一时斗心大作，危机似复好转”。八路军对其打击放缓后，赵保原趁机发行 30 万细粮代券，禁止伪钞流通，以此稳定金融、防止粮食外流，内部危机暂时得以缓和。④

---

① 右呆：《李赵反目的开端》，《大威周刊》第 1 卷第 1 期，1946 年 4 月 14 日，第 17 页；庞迈千：《抗日战争时期李先良在崂山》，《崂山文史资料 李先良在崂山的抗日活动》，第 7 页。

② 胶东军区司令部：《讨伐赵保原战役总结》（1945 年 2 月），山东省档案馆藏，G050/01/0015/001。

③ 赵保原：《关于四团栾团长率五个连进驻崂山的电》（1944 年），青岛市档案馆藏，B0024/001/00542。

④ 中共胶东区党委统战部：《反顽情况通报——一九四四年赵保元〔原〕内部几个显著变化》（1945 年 1 月），山东省档案馆藏，G024/01/0441/001。

中共亦承认，赵保原重视乡政、充实乡区武装、加强保甲制度等“统治地方之法是有其相当效力的”。① 在三角斗争形势下，赵保原还通过与日伪加强“合作”换取生存空间。其实，以赵保原为代表的国民党半公开投敌部队与日伪关系颇耐寻味。二者虽有一致反共目标，却在地盘、钱粮等方面存在矛盾，“互相争利，互相排挤”。加之赵部“单位较多，编制庞大”，经年日久，不免与之发生“风波”。在赵保原 1944 年 7 月给伪莱阳县县长张同文的信中，谓与日方合作一年余，曾大规模并肩作战四次，“彼此互信互助，毫无猜疑”。然而由于张之挑唆，以致“剑拔弩张，严重异常”。在赵看来，张氏之政绩多赖己“暗中相助”，对他“不惟不感，反加仇视”，“独欲摧残并肩作战之十二师”极为不满，称若压迫过甚必将有所反抗。不难看出，赵保原同日伪的亲疏是建立在军事实力之上。当赵部弹药不足时，他对莱阳伪政府“频送秋波，似有所求”，“没谈什么积极的敌对行为”②；在处境艰难之际，便与即墨、青岛的日军谈判出兵援助，其中有对暂编第十二师“用政治争取手段，短期内（约两个月间）决不用武力威胁或其他手段”等语。③ 正如中共所观察，这类国民党地方实力派“都有一些军事的政治的对付和应付环境的办法”，共同特点是“苦撑熬时间”和“依敌自存”，抗日与反共的旗帜“是谁也不愿放下的”。④ 赵奉行两面政策，与移至阜阳的山东国民党政府联络，也是日伪“最讨厌的”。⑤

---

①《中共山东分局关于最近顽我变化及今后我之部署》（1943 年 8 月 31 日），常连霆主编，中共山东省委党史研究室、山东省中央党史学会编：《山东党史资料文库》第 10 卷，济南：山东人民出版社 2015 年版，第 576 页。

② 于生等著：《国民党军队赵保原勾结敌伪反共反人民罪行录》，第 9—10 页。

③《抗日战争时期的赵保原》，《莱西文史资料》第 3 辑，莱西县政协文史资料研究委员会 1987 年编印，第 138—143 页。

④ 山东分局：《开展山东地方实力派工作指示》（1944 年 6 月 23 日），山东省档案馆藏，G001/01/0089/017。

⑤ 胶东军区司令部：《讨伐赵保原战役总结》（1945 年 2 月），山东省档案馆藏，G050/01/0015/001。

日军在太平洋战场失利后，山东境内40%以上兵力南调，被迫对根据地采取重点守备和攻势防御。① 在八路军发起秋季攻势后，日伪鉴于赵保原更加孤立的形势，“感到有进一步迫赵投降之必要”。1944年8月底，日方派飞机威胁其接受改编，“一时造成赵内部极度恐慌”。在与日方疏通后，赵保原秘密接受伪军番号，不得不答应抽调壮丁、供给粮食及守备据点等条件。② 赵保原的联日反共虽使其获得短暂发展，却将自身陷入长久被动之中，最终为八路军所打击，为国民党所排挤，为日本所压迫。

抗战不仅是战场上的短兵相接，战场之外的宣传动员和组织能力亦是影响战争进程的要素。赵保原在胶东可谓家喻户晓，作为国民党在胶东地区的代理人和抗战后期与日伪联合“剿共”者，赵也成为中共宣传中的负面“典型人物”。

戏剧和歌谣是村民耳熟能详的传播方式，“每当锣鼓一响，胡琴一拉，演员一唱，群众就自动地围拢上来”，中共用这种方式勾勒出赵保原的形象。胶东国防剧团舞蹈队在1940年曾排演《活抓赵保原》的儿童剧。③ 1941年10月，国防剧团以赵保原为原型，演出了3幕话剧《投降派的末路》。在此之前，该剧团还编演了锣鼓戏《公审赵保原》。④ 在莱阳地区曾广泛流传这样的歌谣：“说莱阳，道莱阳，莱阳本是好地方，自从来了赵保原，家家户户遭灾殃。”⑤这首歌谣简单易记、朗朗上口，生动的刻画出了一个“恶霸”赵保原形象。在民歌《反对赵保原》中，中共

① 许世友：《许世友回忆录》，第346页。

② 中共胶东区党委统战部：《反顽情况通报——一九四四年赵保元〔原〕内部几个显著变化》(1945年1月)，山东省档案馆藏，G024/01/0441/001。

③ 丁敏：《胶东第一个舞蹈队——回忆国防剧团跳舞队》，山东省文化厅史志办公室、烟台市文化局编志办公室编：《山东省文化艺术志资料汇编》第9辑，烟台：烟台市文化局编志办公室1985年版，第314—315页。

④ 虞棘：《胶东国防剧团》，李金陵主编：《山东革命老区口述史》下册，济南：济南出版社2014年版，第567—568页。

⑤ 许世友：《许世友回忆录》，第397页。

采取对比方式，突出了赵保原“不打鬼子打八路”的汉奸面貌，与八路军是“英雄汉”、“抗战最勇敢，消灭鬼子千千万”的光辉形象对比鲜明，并在最后预示着其终将灭亡的命运：“军民团结铁一般，反对你赵保原，你要反共当汉奸，小命就完蛋。”①在海莱边的喻山流传的民谣《玩底坐的赵保原》中，则用更直白的方式道出人民对赵保原的仇恨：“倘若有人拿住他，赏他大洋十万元。也有葱，也有蒜，活活煮死赵保原，他的血是老百姓的血，他的肉是老百姓的钱……”②

在根据地的文学作品中，又对已“变型”的赵保原进行二次创造。曾任胶东区党委机关报《大众报》记者的峻青在小说《血衣》中，通过李洪福老汉一家，生动地描写了赵保原对人民的压榨。因交不上赵保原摊派的白面，李洪福的大儿子被捕后惨遭杀害。他将从儿子身上脱下的血衣保存下来，开始了艰难的生活。看到八路军节节胜利，李洪福认识到八路军才是“给老百姓解除痛苦的人”，并将小儿子送去参军。听闻赵保原的死讯后，李洪福邀了几个邻舍，拿出已经变成黑色的血衣感慨：“哎！现在，仇可报了啊！”邻居们也笑着说：“活到现在的人都有福了，再也没有人敢来糟蹋我们的大人孩子们了！”③“血衣”代表着赵保原“屠杀”百姓的罪证，李老汉再将其拿出之时，共产党已替百姓报了仇。这一系列文艺作品的政治教育和宣传色彩浓厚，牢牢把握了赵保原这一典型人物并进行政治人格塑造。在群众的口耳相传中，赵保原逐渐被标签化。

群众动员是中共较常使用的政治运动手段。1944 年，在赵保原统治的边缘村庄，中共公开或秘密地召开九次群众大会，组织周边小学教员七百多人到根据地参观、受训，进一步瓦解了赵的群众基础。为增强宣传效果，中共还派人直接深入赵保原占领区四处张贴布告、标语，并

---

① 《反对赵保原(胶东民歌)》，该书编委会编：《胶东解放区歌曲选》，北京：解放军文艺出版社 2003 年版，第 31 页。

② 庵记：《玩底坐的赵保原(喻山民谣)》，《爆炸大王》第 2 期，胶东：胶东联合社 1944 年版，第 23 页。

③ 峻青：《血衣》，《峻青文集》第 1 卷，石家庄：河北教育出版社 1994 年版，第 24—40 页。

专门出版报纸《莱阳民声》，印刷大量传单、小册子，配上漫画、插图等，纷纷投送到赵保原据点内，“使一般士兵能够看懂，又便于藏匿”。在赵部四周，中共先后有组织的武装喊话八次，这对于瓦解官兵士气，有着特殊影响。据许世友回忆，每当夜幕降临，他们即将碉堡团团围住，由赵部官兵家属“指名道姓，呼夫唤子，悲声迭起，延绵数十里外”，使其士兵“思亲厌战，军心涣散”。八路军还将醒目的大标语贴在席子上，竖在赵部碉堡前，用“大喇叭土广播向敌军官兵宣传”，并将“馒头、大饼、香烟”等食物送给“饥肠辘辘的敌军士兵”，致使赵部几乎每天晚上都有士兵向中共投诚。在中共一系列宣传动员下，赵保原统治区有两万余人移居抗日根据地，生产力进一步下降，加剧了其统治区物资匮乏、财源枯竭、物价飞涨的现象，濒临财政经济崩溃的境地。①

中共中央将赵保原认定为“顽军中坚”，强调对其“须采灵活的作战，还必须加强政治攻势”②，特别就赵保原为首的国民党部队下达指示：首先，解释国民党正面战场的失败及抗战危机，同胶东军区秋季攻势的胜利对照起来；其次，强调赵保原的行为是由国民党反动政策造成，使群众克服“赵保元〔原〕坏，中央军好”的错误思想；再次，“充分掌握民族矛盾”，注重启发赵部下级官兵的民族觉悟；最后，克服宣传中“不指导群众斗争”的作风，“号召群众进行抗捐、抗税、抗粮运动，组织武装自卫”。③ 在赵部驻地，中共“组织短小精悍的宣传队”，进行灵活宣传；采用“活动宣传法”，将画报挂在布上派专人宣传解释，挨户访问；组织俘投军官和家属到赵多个据点喊话，使“士兵守堡信心降低”，不乏携枪投诚者。考虑到集市宣传较为短促且“宣传对象比较宽泛，影响不大”，八路军动员赵管辖区内小学教员、保甲长等赴根据地受训，召开群

---

① 许世友：《我在山东十六年》，第53—54页。

②《中共山东分局关于最近顽我变化及今后我之部署》（1943年8月31日），《山东党史资料文库》第10卷，第576页。

③《胶东区委宣传统战部关于揭露国民党军队以赵保元〔原〕通敌殃民反党反八路的罪恶实施宣传工作指示》（1944年），山东省档案馆藏，G024/01/0440/011。

众座谈会,瓦解其统治基础。为克服布告式宣传品易被撕破、民众不易看懂等缺陷,党员通过各种社会关系将各类宣传品输送到赵据点内;条件不允许时,士兵“可利用弓箭突然将宣传品射到据点去”。①

配合军事打击,中共通过会议、报纸、布告、传单、土广播、演剧等各种宣传形式,列数赵保原“投敌叛国的种种罪行”,“彻底剥掉了赵逆‘抗日’的画皮,还了他一个亲日、媚日、助日的汉奸卖国贼真面目,激起胶东人民大众的无比义愤”,不仅“在政治上取得了绝对有理的主动地位,使赵保原之流的投降派空前孤立”,而且“教育、争取了一些中上层人士,分化了中间势力”。②

面对中共的舆论攻势,赵保原并非坐以待毙。赵保原每每在军事失利后重整旗鼓,确与其较有手腕、重视政治宣传的运用有关。赵“反正”后即意识到“必须换换脑筋才能抗战”③,他善于演说和运用谋略,对蒋介石“宣传重于作战”一语极为赞成,认为“文化堡垒胜于高城深地”。在与中共为敌后,赵保原积极用宣传带动斗争。赵观察到:伪《新民报》“沿着公路线,传播到敌占的大小据点,乘机渗入农村”;中共各类报刊“配合大量铅印油印的小册子,光怪陆离,炫人耳目”,以异乎寻常的速度散布;胶东国民党虽有小型报刊发行,因人力物力不足、工作经验缺乏及“‘奸匪’之窜扰”等因,致文化宣传“旋生旋灭,收效不宏”。④他在 1941 年创建《抗建日报》,“‘旗帜鲜明’地以反共为己任”⑤,他曾在该报撰写专论,称胶东八路军五支队“是‘皖南叛军’的缩影,必将遭到新四军的同样下场”。此外,赵保原还令手下文人花费近两年时间写

---

① 胶东军区司令部:《讨伐赵保原战役总结》(1945 年 2 月),山东省档案馆藏,G050/01/0015/001;《胶东区委宣传统战部关于揭露国民党军队以赵保元〔原〕通敌殃民反党反八路的罪恶实施宣传工作指示》(1944 年),山东省档案馆藏,G024/01/0440/011。

② 许世友:《我在山东十六年》,第 52—53 页。

③ 陈立先:《赵保原在胶东》,《烟台文史资料》第 3 辑,第 96 页。

④ 赵保原:《六年来鲁东的抗战文化》(1943 年),《赵保原纪念册》(1946 年),青岛市档案馆藏,A004095。

⑤ 刘少白主编:《烟台报业志》,北京:科学普及出版社 1993 年版,第 2 页。

成《胶‘匪’鸟瞰》一书，对中共予以回击。[①] 赵保原虽欲图借此为自己“正名”，但面对中共上下一心、联合紧密的宣传，赵显得孤掌难鸣，国民党人士对其印象亦多停留在“汉奸”层面。在赵保原“反正”初，即有国民党人认为他“是真汉奸假投降”，对其多有歧视。[②] 每当有赵保原出面的场合，姜黎川“总是指桑骂槐地历数汉奸罪恶，故意予赵以难堪，以泄其对赵的私愤”。[③] 因过去效力伪满的原罪，赵保原难以站在有理的立场上回击中共的指责，“汉奸”二字确成为他的软肋。

1944 年 12 月，中共出版了《国民党军队赵保原勾结敌伪反共反人民罪行录》一书，对赵保原的辩驳予以回击。[④] 编者在前言中谓：“我们看见了赵保原部队，就看见了所谓中央军；我们看见了国民党军队统治下的莱阳，就看见了大后方”，意在打破民众对国民党之“幻想”。该书分为以下四部分：

一、中共人士于生经调查采访，揭露赵保原“勾结敌伪反共反人民”之罪行。作者有名有姓地列举了 124 名被国民党军杀害的百姓，采取被俘赵部士兵“现身说法”、公布赵保原通敌“剿共”电报书信、刊登被俘国民党员反省材料等手段，详细论证了“赵保原在军事上勾结敌人，在政治上压迫民众”等行为；二、原任赵保原《抗建日报》主编的钱醉竹在被俘后，成为中共主笔。他在《莱阳人民生活相》中，采用数据分析的方法，列举了赵保原“要钱”和“要命”的政绩，而“国民政府斥为‘奸军’的八路军，人民却望之如霓虹”；三、原国民党士兵王子俊归降中共后，写有《控诉》一文。他在文中呼吁：“我愿同我一样被欺骗的青年，及早识破国民党军队赵保原的罪恶，走上抗日民主的大道吧”；四、刊载《莱阳国民党员百余名联名要求国民党中央严惩勾结敌伪祸害莱阳人民的

---

① 赵树嘉：《我所知道的赵保原》，《烟台文史资料》第 3 辑，第 70 页。

② 陈立先：《赵保原在胶东》，《烟台文史资料》第 3 辑，第 98 页。

③ 张宝山：《姜黎川及其部队的一些历史情况》，《胶县文史资料》第 1 辑，第 52 页。

④ 于生等著：《国民党军队赵保原勾结敌伪反共反人民罪行录》，烟台：胶东书店出版社 1944 年版。

罪魁赵保原》的书信。信中以"一百六十一名党员、团员、社员"的口吻，指出其在国民党的错误领导下"对国家民族之罪至深且巨"，要求国民党将赵保原交付人民审判并放弃专制独裁和反共政策，否则将"遭到中国人民与世界盟邦的唾弃而成为历史上的罪孽"。经过层层论证、史论结合，该书为要说明"中华民族的解放，必须依靠共产党及其领导下的八路军、新四军"，对赵保原部及国民党形象不啻为沉重打击。在与赵保原的斗争中，宣传动员始终走在军事讨伐前列。以人民的名义，揭起正义之师，民心纷纷倒向中共。

对于内部危机，赵保原试图补救。他采取碉堡战术巩固统治，不断捕捉壮丁充实部队，兵工厂、被服厂等"后勤建设恢复极快"，具有相当的再生力量。1944 年底，赵部实力得到一定恢复，所辖兵力约 18150 人，仍是"山东全境最大的一支投降派队伍"。他以莱阳为中心，不断向根据地进犯，经常牵制八路军两个团主力，使其"不能缩短东西南海之交通联系"。胶东军区虽对赵保原"进行了很多争取疏通团结的工作"，却"毫无效果"。①

预见到在反攻夺取大城市时将受其牵制，胶东军区"以赵保原为主要作战对象"，在 1945 年 2 月 11 日集中兵力打响万第战役。万第战役发起前，在胶东区党委的统一部署下，各地群众和人民团体积极控诉、声讨赵保原，亟盼中共兴师讨赵的信函"象〔像〕雪片似地送达胶东军区司令部"。赵保原直接统治的海莱人民还组成了"海莱人民联合自卫军"，男女老少高呼"消灭赵保原，莱阳人民才能活""坚决起来和赵保原拼命"等口号，踊跃参加"联卫军"。中共随后发布《告胶东同胞书》《告莱阳同胞书》等，声明"为了抗战利益和解放莱阳八十万同胞，在全胶东人民呼吁要求下，决心讨伐赵逆"，将赵保原与人民间的矛盾推向高潮。②万第是赵部的最后防线，"战争之烈，空前未有"。连战 8 日后，赵保原

---

① 胶东军区司令部:《讨伐赵保原战役总结》(1945 年 2 月)，山东省档案馆藏，G050/01/0015/001。

② 许世友:《我在山东十六年》，第 58—59、61—62 页。

见多处据点已失，遂转至即墨。此役八路军击溃赵部 1.2 万人。[①]

万第战役的成功，离不开中共善于分析对手、总结经验及战术创新。赵保原在万第修建了坚固的防御工事，自造“扫荡炮”“机关炮”等武器，有“铁打的万第”之称。胶东军区着重解决士兵对武器不能熟悉使用、忽视应用动作等问题，加强演习及弹药火力升级，集中力量“摧毁其指挥机关，打中其要害”，在军事行动前长时间“进行了很多宣传瓦解分化，经济物质的封锁”，发动群众组织联防自卫军。正因“掌握了一元的斗争，达到政治攻势与军事行动的密切配合”，才有“此次战役的成功”。[②] 此役胜利后，中共召集莱东工人大会，工人代表在会上发言：“我们只要跟着共产党走，拥护毛泽东同志，才能打出鬼子去，大家才能有饭吃有衣穿有房住”[③]，而这种意识在胜利的现实面前逐渐转化为群众的共识。

赵保原坚决反共，屡屡拒绝与八路军合作，一定程度上源于赵想要证明自己的心理包袱。抗战初赵保原因作战英勇、反共有功，受到国民政府格外提拔，令之心存感激；另一方面，因过去“汉奸”身份的政治污点，又使赵深感位高言轻，不立功更难服众。在国共竞存的敌后战场，怵于日军实力，赵保原将反共贯彻到底，对其事业而言，成也在此，败也在此。赵保原的顽固态度使中共将其作为主要军事对手，与胶东国民党其他军事势力总体关系“较为缓和”。[④] 抗战期间，赵保原不仅要面临日军的围剿、中共之竞争，还有来自于国民党自身的打压。为对抗赵保原，李先良联络与赵不睦的姜黎川、隋永谞、王鲁风等胶东国民党军

---

① 《建军特刊：陆军暂编第十二师建军七周年纪念》，第 21 页。

② 胶东军区司令部：《讨伐赵保原战役总结》（1945 年 2 月），山东省档案馆藏，G050/01/0015/001。

③ 《莱东工人开大会 庆祝讨赵保原大胜利》，《群力报》，1944 年 3 月 14 日，第 2 版。

④ 《关于山东情形的报告——朱瑞、陈光、罗荣桓致刘少奇同志》（1943 年 1 月 28 日），《山东党史资料文库》第 10 卷，第 61 页。

官，形成“反赵阵线”。这样“尖锐的派别斗争”同样存在于赵保原部[①]，“部下各小股，多各自为政”[②]，从内部瓦解着军队团结。可以说，抗战胜利前后，赵保原在胶东国民党内已是孤家寡人。

二、治安强化运动中的伪职员

如前所述，抗战期间青岛周边的抗日活动风起云涌、屡扑屡起，国共既协同抗日又互有竞争，国民党游击部队首领与伪政权暗通款曲的情况并不少见。利用伪军身份，许多濒临溃散的国民党游击部队得以喘息；他们与青岛伪政权建立起隐秘而又暧昧的关系。伪职员也在视双方力量消长调整政治步调。不过，在治安强化运动中，日伪势力居于上风，伪职员积极参与其间，青岛市内虽非战场，却又呈现出酷似战场的紧张氛围。

1941 年 1 月 16 日，日本方面制定《对华长期作战指导计划》，明确此后日军作战目的“是以维持治安、肃正占领区为主”，承认中日战争在“1941 年秋后转入长期持久态势”。2 月，华北方面军在参谋长联席会议上指出，华北治安肃正工作之所以未能产生令人满意的效果，根源“在于共军对群众的地下工作不断深入扩大”，会议决定在 1941 年度进行彻底的“‘剿共’治安战”，并将其视为“空前未有的大事”。治安战的目的除发挥军事、政治与民众的总体力量消灭抗日根据地外，意在加大扶持伪政权。华北方面军特别强调，以往各地日军均存在“轻视中国方面的行政机关、使之软弱无力的倾向”，此举不符合协助日军巩固

---

① 陆军暂编第十二师团长葛子明为莱阳三青团长兼莱阳七区长，他“联合八、九、十区”扩大实力，并建有私人兵工厂，抽选壮丁时将“坏的送赵”。葛子明“与李先良、王尚志甚密切，赵令葛打王，葛不去”，加重了赵保原的猜疑。此外，暂编第十二师副师长张起陆与参谋长皋鸣九有隙，皋“告张欲行独立，有异图于赵”，使赵对张加以限制。因战术分歧，皋鸣九甚至在《抗建日报》上对参谋处第一科科长袁从野施以打击。胶东军区司令部：《讨伐赵保原战役总结》（1945 年 2 月），山东省档案馆藏，G050/01/0015/001。

② 山东分局：《开展山东地方实力派工作指示》（1944 年 6 月 23 日），山东省档案馆藏，G001/01/0089/017。

治安之本意。因此决议在 1941 年度“大力培养中国方面行政机关，授以应有的实权，使其自觉认清巩固治安的职责，以发挥其行动的积极性”。① 以上构成 1941—1942 年日伪在华北发动五次“治安强化运动”的理论基础，该运动旨在敌后实施军事、政治、经济全方位于一体的总力战。因日本统治者在治安强化运动中强调中国行政机关的自主性，伪职员的重视和参与度极大增强，这也成为该运动的显著特点之一。

两年多时间，日伪在华北共发动五次治安强化运动，其中前三次集中于 1941 年春、夏、冬季，第四、五次分别于 1942 年 3 月 30 日至 6 月 15 日、10 月 8 日至 12 月 10 日展开。根据日本在 1941 年 7 月的调查，华北方面“治安区”（日占区）面积仅占 10%，“未治安区”（抗日根据地）占 30%，而“准治安区”（各方激烈争夺的游击区）则为 60%。日军决议通过治安强化运动，使“治安区”在 1943 年达到 70%。② 前三次的治强运动虽给国共游击部队造成一定打击，但山东八路军依靠机动的游击战策略，重新打开牙山中心根据地后，巩固及扩大了昆嵛山、大泽山根据地，改善了胶东的战略局势，使“日军赖以运送人员、军火以及其他物资的这一重要通道和补给基地，受到重大威胁”。但至 1942 年，日本在胶东半岛加大投入兵力，特别是在该年冬季“扫荡”中，冈村宁次亲自抵达烟台指挥。此次治强运动是日伪在胶东“剿共”运动之高潮，对游击队而言是“空前规模和极端残酷的”。③ 此后由于日本受太平洋战争牵制，再难投入较多兵力扫荡敌后战场，故而战局开始向利于中共的一面转换。1942 年是敌我力量扭转的重要节点，伪职员经过前三次治运积累的经验，投入大量精力从事战略部署及宣传动员，因而本节着重对伪职员在后两次治运中的表现加以论述。

第四次治安强化运动展开后，伪新民会青岛特别市总会为使治运

---

①《华北治安战》上，第 360、362—365 页。

②《华北治安战》上，第 417 页。

③ 许世友：《许世友回忆录》，第 332—333 页。

“深入民心，藉以促进华北军政会民四位一体之精神关系”，特组织“第四次治强运动青岛特别市本部”，下设总务、指导两部，并派遣乡区联络班协力指导各项工作。伪青岛新民会事务部部长江济为该部部长，其余人事均以新民会中上级干部为中心。① 治运中伪青岛市政府极大地统筹了各个机关及“民众团体”，形成上下一致的联紧运作，伪职员主要从以下几个方面开展工作：

第一，以青岛伪政权重要官员作治运的宣传员和精神向导。1942年4月8日，伪市长赵琪在东亚战纪念日向全署职员训话，督促职员在第四次治运中努力推动“社会公益习惯之改革”及“政治上应当建设与修正者”，供给意见以备政府采纳。② 为将宣传覆盖面进一步扩大，青岛伪政权在所订实施事项内“有当地长官轮流广播讲演之规定”③，从4月8日起伪职员在广播电台进行密集演讲。④ 至第五次治运，伪政权仍延续了此种形式。与此同时，各局处又将高级职员讲话精神逐级向下传达。青岛二百余万人口中“尤以劳动工人为大多数”，为“取缔一般无知识之流言蜚语，使彼等不致入歧途”，并使一般劳工对此次战争有“真认识”，彻底明了战争意义与“个人之使命责任”，伪社会局曾在市礼

①《治强运动青岛本部 昨正式组织成立 派遣乡区联络班即日实施》，《青岛大新民报》，1942年4月8日，第3页。

②《官吏之责任与应尽义务 较一般人为尤重 东亚战纪念日市长对职员训话》，《青岛大新民报》，1942年4月9日，第3页。

③《治运所定之目标 与教育均有关系 陈教育局长广播讲演》，《青岛大新民报》，1942年5月6日，第3页。

④ 如赵琪于1942年4月8日晚在向市民演讲《第四次治安强化运动之意义》，将此次治运的三大目标——东亚解放、“剿共”自卫、勤俭增产的意义向民众阐述，以期“唤起民众协力一致”；4月13日晚，伪总务局局长谢祖元再次向民众讲说“三大目标之相互关系”；4月24日晚，伪青岛新民会事务部部长江济作《第四次治安强化运动于华北民众之关系》，为要使普通民众深刻认识到治安强化与其利益切身相关；等等。《二百万市民一致协力 即能享安乐之福 市长昨晚广播讲述治运意义》，《青岛大新民报》，1942年4月9日，第3页；《四次治运三大目标 有同时进行必要 谢总务局长广播讲演》，《青岛大新民报》，1942年4月14日，第3页；《第四次治安强化运动与华北民众之关系 新民会江部长昨晚广播讲演》，《青岛大新民报》，1942年4月25日，第3页。

堂召集各大工厂商栈之把头训话。[①] 4 月 13 日，伪社会局再次主催把头恳谈会，伪社会局局长姚作宾，兴亚院、新民会、劳工协会代表等均出席会议并作相关演讲。[②]

伪职员在治安强化运动中尤为强调教育的作用。伪教育局局长陈命凡指出，在“教育尚未曾普及之中国，民众智识，多在水平线下，对于一切政治设施，未能十分了解；对于政府主张，未能全面拥护，是以所收效果，与事前期望，尚难适合”。为“使一般普通民众智识渐开、心理转变”并对治强意义“有深切之了解”，故而注重从教育方面推进。为此伪市府特举办“治强运动各级学校讲演大会”，市乡区各级学校在 5 月上旬分三次进行[③]，优秀者由伪教育局评定颁奖。第五次治运展开后，《青岛大新民报》于 1942 年 10 月底召集各校教务主任座谈会，其中文德女中“对治运是有相当的理念”，利用测验的方法对治运效果加以量化。各校教务主任积极为推行治运出谋划策，甚至有许多“创造性”方法提出：1. 学校校长在每日清晨必向学生讲解治运目标；2. 要求学生在“作文写字说话各方面，更全以治运为题材”，举行治运作文竞赛会；3. “每班每日由学生一人，讲述治运中所履行的事情和感想”；4. 使学生多作关于治运的书画，以此吸引学生家长“随便到校观览”；5. 不但求之于课内，且求之于课外，使学生有多读治运小说或故事之机会。[④]

当时华北沦陷区涌现出诸多五花八门的治运小说，如在《大青岛新民报》连载的《可爱的家乡》即有教化性质，创作者将治运须革除的“陋

---

①《社会局定期召集 各工厂把头训话 使劳动工人对东亚战之真认识》，《青岛大新民报》，1942 年 4 月 10 日，第 3 页。

②《社会局召开 把头恳谈会 中日各长官莅临致词》，《青岛大新民报》，1942 年 4 月 14 日，第 3 页。

③《四次治运热烈展开中 各学校讲演大会 市乡区各中小学分三次举行》，《青岛大新民报》，1942 年 5 月 1 日，第 3 页。

④《本市中小各学校 推行治运实况 本报邀各校教务主任开座谈会(续)》，《青岛大新民报》，1942 年 11 月 2 日，第 2 页；《本市中小各学校 推行治运实况 本报邀各校教务主任开座谈会(续)》，《青岛大新民报》，1942 年 11 月 5 日，第 3 页。

习"融入每章标题,主人公多在末了喊出类似于"完成大东亚战争,先要戒掉这一件不良嗜好"的口号。这类小说中心明确,用语辛辣直白,人物转变判若两人,戏剧冲突性强,易给读者留下深刻印象。[①] 在治运向下推动的过程中,各级伪职员依据纲领相互配合,使治运在基层社会的表现形式日趋多样。

第二,伪职员亲赴治运区鼓舞民众斗志。因日方有意在治运中下放权力予中国职员,故而伪职员之能动性大大加强。鉴于"乡区治安与青岛治安极有关系",为推进乡区工作并激励农民,赵琪特派伪总务局局长谢祖元于 1942 年 4 月 24 日率各局代表三十余人及新闻记者赴胶州等处随行视察。谢祖元检阅城内外保甲长、保甲自卫团、警察、市警备队及各中小学生等 3465 人,巡视参观各行政单位及模范农家等。见到民众洋溢着"兴奋的精神",谢祖元感到"十分欣快",希望各方协助完成此项重大事业。[②] 从 5 月 2 日起,○○部队长偕同兴亚院调查官、伪社会局局长姚作宾、伪警察局局长傅鑫视察李村、胶州、即墨及附近乡村等处治安状况,训话、释疑并指导各地工作。[③] 该部队在"对每一部落完全肃清后,依次使各部一一确保。同时,对于一切物资,严密监督,绝对不使由治安地区,而流入'匪区'地内"。日伪加强对市内及铁道沿线的控制,在各县境内"决不使匪贼潜入一步",为使一般住民安心立命,"以把握民心为要念"。[④] 诸如此类视察在治运期间极为普遍,伪职员莅临治运区亲自指导工作,既能彰显伪政权对下属区域的紧密领导,又可起到鼓舞士气、俘获民心之作用。尤其在第五次治运中,仅伪市长赵琪就于

---

①《治运小说 可爱的家乡》,《大青岛新民报》,1942 年 11 月 2 日,第 2 页。

②《市长派谢局长代表 赴郊区视察 中日长官随行推进治运》,《青岛大新民报》,1942 年 4 月 25 日,第 3 页;《谢局长一行视察胶区 检阅警队自卫团 参观模范农家及城外劝农圃》,《青岛大新民报》,1942 年 4 月 26 日,第 3 页。

③《依自卫之精神排击"匪共"俾建设安乐境地 军政各长官昨视察乡区志详》,《青岛大新民报》,1942 年 5 月 3 日,第 3 页。

④《确保治安继续肃正工作 使匪贼难于蠢动 ○○部队长赴胶视察指导治运》,《青岛大新民报》,1942 年 5 月 6 日,第 3 页。

1942年11月5日、11月10日、12月2日、12月5日等时间协同伪政权各局局长等职员对青岛郊区各地进行考察，并开民众大会鼓舞士气。①

第三，下级伪职员“因地制宜”地推进治运。在第四次治运中，伪新民会即墨区总会指导联络班班长陈正平“参照地方情况”，按照治运总计划逐步推进工作。即墨区治运的突出一点是“举办恳谈会”，逐日召集所属分会员、各业团体、民众代表，向其说明治运意义及应行事项，“以便转达民间、家喻户晓”，一个月间参加者达数百人。即墨伪职员在此次恳谈会中“尤侧重于教育界份子”，由于“教育中人知识较优，且处于民众教育及领导地位，与民众接触较多”，故而联络班将对此类人士的恳谈置于重要地位。其次，联络班“为使青少年团员，体得治运之实践精神”，特地令其“勤劳奉仕”，做街道清扫和道路修理工作。各界民众观摩之余，可使之“相率成风，养成勤俭奉公之良好习惯”。此外，联络班还组织有“宣传员训练”、“励行节约运动”、“实施讲演”、“征集治运论文标语”、“举行各校合同体操”、“实行月间朝会”等项目②，极大地发挥了基层伪职员在治运中的能动性。

对伪职员而言，第一次治强运动“可谓试行时期，目标既属广泛，效能亦只略具雏形而已”；第二次“已经迈入本格阶段，能把第一次的效果扩大起来，然以目标而言，仍是广泛的”；及至第三次“不但有了确定的目标，而且官民更具有两次的经验”，结果虽不能尽如理想，“可是使经

---

①《赵市长率各局长等 赴乡区督励治运 莅临民众大会指示实践目标》，《青岛大新民报》，1942年11月6日，第3页；《赵市长昨率各局长等 赴即墨视察治运 长直灵山等处治安极为良好》，《青岛大新民报》，1942年11月11日，第3页；《赵市长昨率属员 赴胶区视察治运 召开民众大会情况至为热烈》，《青岛大新民报》，1942年12月3日，第3页；《胶区官民推行治运 收有显著成果 赵市长率属视察详志》，《青岛大新民报》，1942年12月4日，第3页；《市长视察乡区 督励治运效果绝大》，《青岛大新民报》，1942年12月26日，第3页。

②《新民会治运指导班 第一期工作概况 按计划实施收到相当效果》，《青岛大新民报》，1942年5月12日，第3页。

济封锁的效能，确实发挥不小”。① 后两次治安强化运动在伪政权的大力推动下愈演愈烈，伪职员“亲自到乡间区，用种种的宣传文字、图书”，去开导“那些乡村愚昧的百姓”，且“用婉转动听有力的言语”，为民众讲解治运真意。② 为加大运动实施效力，伪政权在宣传和动员上投入了相当大的成本，关于五次治强运动宣传品及展开活动的综合统计如下：

治强运动综合统计

	种类	回数	数量
一	标语十一种	二	六万枚
二	小册子一种	一	七千枚
三	传单六种	六	三十三万枚
四	漫画六种	四	六万五千枚
五	朝日新闻写真	五	二千五百枚
六	大东亚战争画报	一	二千枚
七	市长训话文	三	五千枚
八	施药品九种		二万五千一百个
九	民众大会开催		三回
十	映画大会		六回
十一	演艺会		十三回
十二	纸芝居实演		三十一回
十三	讲演出场数		百〇一回
十四	讲演派遣数		三十二回
十五	放送讲演数		二十回

伪政权在治运期间投入的各类宣传纸制品高达 471500 枚，各类人

①《二百万市民一致协力 即能享安乐之福 市长昨晚广播讲述治运意义》，《青岛大新民报》，1942 年 4 月 9 日，第 3 页。

②《治强战记 治运成效伟大 我一亿民众同享幸福》，《青岛大新民报》，1943 年 1 月 20 日，第 3 页。

士演讲次数百余次，辐射面不可不谓之广。此外，日伪还以电影、演艺等方式吸引民众，并配合施药这种最实际的“惠民”方式，增强民众对伪政权之信任，使宣传工作“立于民众工作之第一线”。① 以上庞大宣传网络的铺开，与各界伪职员之紧密运作不可分割。

从实施效果来看，第一次治运中一般乡民“在清查户口、编制保甲、与办理团防种种自卫工作之下”，“渐获到遇有匪营即行进剿之雄厚气势”。而在第二、三次治强运动中，“乡村自卫，愈加坚强与扩大”。② 至第四次治运，连商人都成为提倡者。青岛各商家“为了解放东亚”，“劝导一般人们不用英美国货物”，常对其主顾们称“在这治安强化运动期间，似乎不应该买这么贵的东西”。青岛的“每一人家、每一商家，都是彻底的实行自卫，对于一切的事情都是非常的小心，使四周的共产党无隙可入，人民的自卫力增强”。③ 青岛为华北纺织业中心，日华员工达一万二千余名。在伪政权积极推动下，纺织工人被列入第五次治强运动的重要宣传对象。在华纺织青岛支部成立治强委员会，治强运动期间发起日华指导员之巡回讲演、华女辩士之讲演、华人员工雄辩大会、日华人共同座谈会等活动。报刊认为该运动所起之影响“甚大且深远”：治强运动开始后约一周间，“各厂全华工完全能暗诵”治运四大标语；由各工厂代表宣传员对把头、复由把头对所属工人、再由各工人对其家庭展开了对治运四阶段的说明；在对工人进行关于治运的调查中，回答“完全者”约21%，“稍良者”约31%，“记入四标语约半数，能解答者约百分四十八”。④

与治运逐渐发展为沦陷区内广泛的社会运动相辅相成，伪政权对

①《全市民同心挺身迈进 达成治运使命 治强本部二月来奋斗回顾》，《青岛大新民报》，1942年12月26日，第3页。

②《民众协助军警搜剿“共匪” 收事半功倍之效 警局傅局长广播讲演》，《青岛大新民报》，1942年4月29日，第3页。

③《市民对治强意义 已有深切瞭解》，《青岛大新民报》，1942年5月20日，第3页。

④《治运四大标语 工人均能熟诵 纺织篇》，《青岛大新民报》，1942年12月25日，第1页。

乡村社会的渗透力不断加强。五次治安强化运动的口号依次为：一、"育成强化乡村自卫力"；二、"乡村自卫力与军警协力以实践'剿共'"；三、"强化'剿共'工作，对敌匪地区实行经济封锁"；四、"东亚解放"、"'剿共'自卫"、"勤俭增产"；五、"建设华北完成东亚战争"、"剿灭'共匪'"、"确保农产减低物价"、"革新生活安定民生"。[①] 治强运动由增强乡村自卫、强化'剿共'的治安层面，渐渐发展至恢复经济、革新生活等社会层面，其中"'保''养'之精神，始终一贯"。治强运动又是与时局紧密结合在一起的。第五次治强运动恰值太平洋战争正酣之际，日伪遂将"完成东亚战争"列入口号，这是建立在"前方战斗之优胜，端赖后方之供给；后方能生产，前方战争自然顺利"的备战逻辑之下。[②] 以青岛伪政权而论，郊区丰富的物质资源和粮食产量是市区赖以为继的生存支撑。通过治安强化运动，青岛伪政权试图将周边国共势力尽予驱除，增强保甲制度、促进食粮增产保产、防止物资流入抗日根据地，从经济和物质上保证伪政权的正常运转，为军队的增殖壮大提供物质支持。

日伪在治安强化运动期间对国共两党的生存状况造成极大冲击。因日军封锁，国共控制区物价急剧上升，农民生活亦感受到极大恐慌。[③] 不过，伪政权虽在一定程度上实现了巩固治安的效果，但"尚有未尽然者"。当时报刊对其中原因有生动分析：因"中国国民脑筋多半简单、知识浅薄，平素以自生自养为习惯"，故而"不见官府为高贵"，民众"对官府毫无感情，故对官府所提倡之事，亦多面是心非，阳奉阴违"。加之"'共匪'威胁、挑拨离间"，将接近伪政权者"视为奸人，非杀即埋"，使村民不敢与之接近。而伪政权又将不遵政令者，"目为刁民，视为反抗"并加以罪名，致使"良善者"退避，"恶坏者"大出风头。虽然上级伪

---

① 田酉如著，中国抗日战争史学会、中国人民抗日战争纪念馆编：《中国抗日根据地发展史》，北京：北京出版社 1995 年版，第 359 页。

②《军官民一体奋进 始能达成治运目的》，《青岛大新民报》，1943 年 1 月 21 日，第 3 页。

③《匪区内物价昂腾 农民生活极恐慌》，《青岛大新民报》，1943 年 1 月 30 日，第 3 页。

职员积极献言献策，但当政令落实到基层社会的过程中，受政治变迁、权力更迭影响，掌事者水平、素养参差不齐，村保长中“不乏恶劣之辈，胡作非为，民众受其欺凌”①，以上均使治安强化运动有不受控甚至向反方向发展之趋势。

治安强化运动是日本统治者联合伪职员向敌后发动的大规模军事作战，同时也是对沦陷区民众发动的一场政治、经济与文化的全方位社会动员。但在太平洋战争爆发后，日伪将沦陷区的大批兵力调往前线作战，因此伪政权在1943年后难以再对敌后发起大规模的扫荡和围剿，只能借助伪军和国民党投降派势力肃清占领区外围。此时盘踞在崂山的青保时常进入市区制造恐怖氛围、抢夺物资，日伪曾对李先良透露“只要劳〔崂〕山游击队不越惠民沟进入市区，他们就不拟再加扫荡”的消息，李称其并非不想扫荡，而是“根本是扫荡不了”。②

至抗战后期，战局转变之快不仅超出日伪预期，恐怕也在国共意料之外，治运的“辉煌”成为日伪在沦陷区的一场回光返照。此时伪职员群体已与日本统治者成为“一荣俱荣，一损俱损”的命运共同体，而他们在其间的极力配合亦是为扫清敌对力量、扭转自身命运所进行的最后尝试。

小　结

尽管“汉奸”一词直观形象地指代了与日媾和者，但其在沦陷区却有诸多回旋余地与解释空间。每当日伪侵占一地，重建统治秩序的同时承担了为汉奸正名的责任，于是国共宣传中卖国求荣、无恶不作的汉奸一跃成为忍辱负重、爱国爱民的功臣。在敌后作战区，国、共、日三方积极抢占舆论高峰，截然相反的宣传品和价值导向充斥着村民的感官

---

①《军官民一体奋进 始能达成治运目的(续)》，《青岛大新民报》，1943年1月22日，第3页。
② 李先良：《抗战回忆录》，第41页。

世界，话语权与价值评判标准随权力而发生转移，军事实力与强权政治无疑是主导乡村社会的前提。抗战期间中共与国民党进行着如火如荼的抗日运动，山东全境未被日伪尽占多赖于此。两党间既有合作又存竞争，因组织结构、政治品格、信仰作风之不同，共产党在鲁发展迅猛，而国民党却势力渐衰。

当战争进入相持阶段，日伪从前线抽调大量兵力肃清和巩固沦陷区，发起五次治安强化运动，给国共抗日力量带来极大打击。治强运动是伪政权对敌对势力展开的一场主动宣战，该运动之推进与伪职员名誉安危紧密相关，伪职员在其间起到重要作用。不绝于耳的惩奸呼声给投敌事伪者带来极大心理压力，但抗战初期日本在中国战场的巨大胜利，使伪职员的心理顾虑渐渐减少，并以成王败寇之心看待就任伪职一事。然而当战争愈打愈久并转入相持阶段后，伪职员在心态上又将发生改变，治运成为伪政权试图增强政府凝聚力和战争必胜信念的重要举措。而伪政权在俘获民心上亦下不少苦功，以至到抗战中后期日伪“也使用收买民心的方法，军队所到之处，秋毫无犯，买卖公平”，试图与游击队“比赛纪律”。① 尽管伪政权在治运中取得一些巩固治安的效果，但局部的安定终将被日本在太平洋战场的溃败所稀释。

① 李先良：《抗战回忆录》，第 59 页。

第五章　伪职员群体在战后的审判及其命运

抗战胜利后,伪政权高级职员群体不仅由沦陷区政治舞台中央跌宕至边缘,而且面临战后被审判和定罪的命运。对国民政府而言,重新接收沦陷区意味着统治秩序的再次确立,如何重整被颠覆的社会形态、扫清奴化宣传与教育的影响成为亟待解决的议题,群体内的自清运动被提上议题。但国民政府却面临较为尴尬的境地:一方面,面对中共如火如荼的肃奸运动和群众呼声,惩治汉奸迫在眉睫;另一方面,早在抗战中后期诸多伪政权高级职员便与国民政府暗通款曲,尤其在接收沦陷区问题上出力甚多,国民政府曾对其“有功”行为许有不计前嫌的承诺。

国统区肃奸运动在舆论与各方压力下渐次展开,未料在地方的实际运作中为派系之争左右,演化为超乎当局控制的局面,“奸”的范围与社会矛盾一同扩大。同时,“汉奸”的认定是一个带有较强政治性的议题,如抗战初向国民党“反正”并成为胶东实力派的原伪军将领赵保原,他在国共两党话语体系中的差别即是“汉奸”问题复杂性的写照。在新中国成立后,伪政权职员群体又将迎来新的历史时期,其中以姚作宾为代表的伪政权高级职员将怎样看待汉奸行为?这与国民政府时期又将有着怎样的变化?新政权又是如何对其实行改造?这也是汉奸问题的延伸性所在。

第一节　戴罪立功:国民政府接收中的"功臣"

1945年8月15日,日本宣告无条件投降,抗日战争最终以中国的胜利宣告结束。是日,蒋介石发表了亲自起草的《抗日胜利告全国军民及世界人士书》,告诫人民要"不念旧恶"、"与人为善","不以日本的人民为敌",并认为"冤冤相报,永无终止","绝不是我们仁义之师的目的"。① 这篇讲话的主旨曾被理解为"以德报怨",释放出国民政府对日本侵略者和伪职人员宽大为怀、既往不咎的信号。之所以如此,与当时的政治局势密切相关。国民政府在战后接收问题上的紧迫性使之将伪政权高级人员纳入"合作"范围,此前被国民政府口诛笔伐的伪职人员,即所谓的"汉奸"摇身一变成为协助国民政府接收的功臣,这令其身份愈加扑朔迷离。

一、抗战中后期"汉奸"身份的迷思

抗日战争中后期,日本的颓势愈加显露。伪政权高级职员群体忧心前途、人心难安,纷纷寻求后路,其中绝大多数人依靠旧日关系与国民政府上层搭上关系。同时,因中共在华北抗日根据地日益壮大,国民党游击部队的生存空间不断受到八路军和日伪军的挤压而收缩,远在大后方的国民政府忧心忡忡,伪政权高级职员于是成为其可资依靠的对象。他们不仅能为国民政府提供伪政权内部情报,还可配合日伪"剿共"、清乡以削弱共产党势力。此外,伪政权高级职员对指挥伪军行动及维护市内治安起到关键作用,日本将来一旦投降,国民政府即可令伪军警部队就地"反正",以此增加国民党在城市接收中的胜算。

国民政府与伪政权高级职员"合作"的谋划由来已久。起初国民政

① 秦孝仪主编:《先总统蒋公思想言论总集》卷32,台北:中国国民党中央委员会党史委员会1984年版,第121—123页。

府令策反的伪军部队就地打游击战或将其带回后方，但这种做法不仅会遭到就近日军的围剿，还会令政府负担庞大经费。故而，1941 年前后国民政府将政策调整为“以敌养伪，以为我用”，不仅不急于让伪军“反正”，反而令其长期埋伏，达到利用日伪资源供养部队的目的。此条政策在 1942 年蒋介石给安徽李仙洲部的密令中得到印证，蒋介石认为处理伪军有上、中、下三策，“上策是和伪军保持密切联系，运用伪军配合反共；中策是和伪军保持一般联系，令其待机反正；下策是策划伪军反正，增加军费开支”。①

蒋介石策反伪军和汉奸主要依靠戴笠及军统局。早在 1938 年 3 月 29 日，在蒋介石支持下，国民党五届四中全会确定将以戴笠系统的人马为基础进行扩充，组建“军事委员会调查统计局”，主要职能侧重于对外抗战。8 月，军统局在蒋介石授意下正式成立，负责情报与锄奸工作，总揽了策反汉奸与伪军的活动，成为蒋监控政府内部以及刺探敌方消息的主要机构。军统局直属于蒋介石，并不受国民政府其他机构制约，又有军队作依托，权力日盛。军统对日占区的汉奸、日本特工采取暗杀手段，起到很强的震慑作用，这也使戴笠在战时的个人威望达到顶峰。这期间戴笠派大批军统特工和“地下工作人员”打入伪组织，名义上投降，其实是接受指示潜伏下来；或是预判某地即将沦陷，提前派人伪装“亲日反战”人员“正大光明”地加入。戴笠依靠特务掌握的社会关系网络秘密与伪军头目、汉奸联络，若干伪组织人员中途被策反，承担掩护敌后的工作。据良雄在《戴笠传》中的统计，抗战期间由军统局直接或间接控制的伪军人数就达 80 余万人，除伪满外约占全部伪军人数的 80％。② 此数或有夸张，应是将抗战末期投降伪军人数算入其内的结果，但也反映出伪军与国民政府之间千丝万缕的联系。作为蒋介石心腹，戴笠的指令代表了蒋的意旨，他也被伪军和伪职员视为唯一有能

---

① 刘熙明：《伪军：强权竞逐下的卒子》，台北：稻香出版社 2004 年版，第 70 页。

② 良雄：《戴笠传》，台北：传记文学出版社 1980 年版，第 89 页。

力帮其洗刷汉奸罪名的人。

日本宣告投降前后，戴笠一方面调遣在沦陷区的忠义救国军等军统特务武装前往接收，一方面利用已“反正”的伪军阻止中共部队进入沦陷区。伪军头目摇身变为国民政府先遣部队，沦陷区的大城市和交通要道也全部被戴笠及其控制的伪军占领。伪军政人员害怕胜利后国民党拒不认账，大都要求出具正式书面文件，但国民政府顾忌与其合作之事被外界知晓有损威信，故而只有空口承诺。戴笠虽在形式上给予伪军国民政府正式的番号及名义，但这也只是在特殊情况下的权宜之计。

鉴于青岛在山东乃至整个华北的重要地位，国民政府早将伪市长姚作宾及其他伪局长等政要纳入策反范围。1944 年 12 月姚作宾就接到国民政府即墨办事处处长宋靖中通知：“青岛与连云港不可落于共军之手”①，并令其早作准备，这也引起日伪特务警觉。1945 年 4 月 3 日午前 9 时，日人张宗援曾派人暗杀姚作宾。而当时伪保安总队总务科科长宁冲霄被日伪乱刀砍死②，恐也与其同国民政府暗中联络、日本欲借此以儆效尤有关。

在战后国民政府对姚作宾的审判中，他称在伪市长任内曾保护有军统背景的伪总务局局长曾荣伯、财政局局长关衍麟、海务局局长欧秋夫等人。③ 国民党人士刘承烈称其在 1942 年率工作人员来青之际，时任伪社会局局长的姚作宾曾供给粮食，工作亦得掩护。1943 年姚任伪市长时，曾与欧秋夫同到刘承烈家，姚提出曾荣伯、关衍麟诸人皆去伪市府任职，以为掩护。刘承烈又证实姚作宾曾参加端木纳组地下工作，化名“鲁荡”。曾荣伯、欧秋夫等均称：“姚知道他们都是端木纳组的工

---

①《汉奸姚作宾反省书》(1950 年 12 月 23 日)，青岛市档案馆藏，C10686。

②《汉奸姚作宾补充陈述书》(1951 年 3 月 21 日)，青岛市档案馆藏，C010684。

③《再审姚作宾 姚逆提出新反证——法院定二十八日宣判》，《青报》，1946 年 11 月 23 日，青岛市档案馆藏，D000001/00085/0006。

作份子，并愿帮一点忙。”[①]由此可证实，抗战胜利前青岛伪政权高级职员早已通过各种途径与国民政府攀上关系，这已经成为伪职员间心照不宣的秘密。除官方委派外，抗战期间一面与日本人共事，同时还为自己预留后路、主动同国民政府政要保持联系者大有人在，青岛著名的经济汉奸丁敬臣就是其中一例。沦陷时期丁敬臣偶尔“捐献”经费和服装给李先良及其青岛保安总队；抗战胜利前，丁加大“资助”力度，派人为李先良及流亡市政府的高级官员量身定做毛呢新装，下至伙夫、马夫也“无不馈送、收买”。为免秋后算账，其他大小汉奸纷纷依此法派人将粮食、服装和金银财物送往崂山。[②]

以上种种，也使心理补偿机制在伪职人员身上发生奇妙作用，不仅会削弱投敌事伪的羞辱内疚感，反而使其以有功者心态自居。在伪政权高级职员看来，他们在日伪投降前与国民政府的“合作”似乎已经昭示着由伪转正的身份，过去虽有不光彩的历史，却又在陷入泥沼之后幡然醒悟。况且日伪高级职员大部分秉持着“曲线救国”理论，将投敌行为视为保全沦陷区民众者大有人在，而伪职员在抗战期间对国民政府的“帮助”和对中共之抵抗仿佛印证了他们的“先见”。这不仅给沦陷区“汉奸”带来身份的迷思，也为各方的再度阐释与政治势力之博弈带来极大空间。如以其最初角色和当时民众的普遍认知中，他们是不折不扣的卖国贼；但以其在抗战中后期的行为来看，虽有投机成分，却在一定程度上帮助了国民党，且许多人已得到国民政府的官方认定。这样的矛盾性贯穿于战后肃奸问题始终。

---

① 《姚作宾免一死 改判无期徒刑》，《光华日报》，1949 年 2 月 25 日，青岛市档案馆藏，D000334/00034/0002。

② 芮麟：《李先良与葛覃劫掠青岛及其互相角逐的见闻》，《文史资料选辑》第 2 辑，第 39—40 页；辛鹏：《接收还是劫收》，《青岛旧事》，第 36 页。

二、伪政权官员在国民党接收中的作用及影响

抗战胜利后，对沦陷区展开接收是国民政府面临的紧迫任务。从1945年5月份起，中共对日军发起夏季攻势，8月至9月间共收复县城以上城市150余座。① 抗战时期中共在华北地区的势力不断壮大，而远在西南一隅的国民政府难以像中共一样凭借地利优势第一时间抵达接收区，故而选择利用日伪和汉奸加紧“抢收”。

在各地伪政府即将解散之际，中共采取策反伪军或与伪政权交涉接收事宜的策略，从南京伪政府解散时中共派冯少龙潜入争取陈公博派骨干投诚，以及青岛日军投降前派党员与日伪政府接洽等事中皆可证实。而国民政府最担心的莫过于日伪向中共武装力量投诚，因此军统局派赴各地的“地下人员”，包括别动军、忠义救国军密切窥探中共行动，早在中共以先便对伪政府高官进行任命，进而稳住局势。戴笠曾在给毛人凤的电报中指示：“此时最重要者，局本部应即与周佛海、任援道及武汉方面伪方负责人能密切联络，随时通报。”戴笠在致上海熊剑东的电报中同样要求其“在佛海先生主持之下”，“严防‘奸匪’捣乱”，以待中央命令。② 在军统的联络下，汪伪政府实权人物周佛海被蒋介石任命为军事委员会京沪杭行动总指挥。随后周佛海令其所属的税警总团、上海市保安队及杭州地区伪十二军阻止中共收复沪杭，因“保卫大上海”40天，“未令一‘匪’入市区”③的“功绩”受到国民政府优待。

抗战胜利后，青岛成为被中共包围下的“孤岛”，国民政府的接收形势一度十分危急。在日本宣布投降第二天，为迫使日军缴械投降，山东军区在罗荣桓的指挥下，派山东解放军野战兵团共27万人分为5路向

① 中共中央党史研究室：《中国共产党历史》上卷，北京：人民出版社1991年版，第686页。
② 陈恭澍：《英雄无名——军统工作回忆录》，台北：传记文学出版社1981年版，第101、120页。
③ 周佛海：《周佛海自白书》，孙景峰主编：《中国近代史通鉴 抗日战争》，红旗出版社，出版时间不详，第919页。

日本发起进攻。第二、三路前线部队东西钳击青岛。第二路部队切断了陇海铁路东段，逼近连云港，并于8月19日解放胶县，控制了胶济铁路东段；第三路部队在26日起解放了牟平、威海、福山、石岛、龙口、招远、莱阳、黄县、蓬莱、烟台、即墨等地，青岛、济南等日伪重镇处于大片解放区的包围之中，"犹如汪洋大海中的几点孤岛"。①

与此同时，中共未放弃和平解放青岛的希望。胶东军区曾派敌工科科长张昆和党员小西（日本人）进入青岛市区，直接与日军交涉受降事宜，但日军以"已接天皇命令，只能向国民党投降"为由加以拒绝，并提出与中共以白沙河为界互不干扰。② 日伪的坚决态度加强了中共武装起义的决心，八路军五六万兵力集结青岛周围，积极准备攻城。8月21日，进逼青岛的大军占领流亭机场和城阳、南泉车站，"青岛敌军已成瓮中之鳖"。③

除军事进攻外，山东分局还为接收青岛做好组织部署，8月20日成立以林一山为市长的青岛市人民政府。8月下旬，青岛市委派李研吾进入市区，传达区党委关于"组织武装起义，里应外合，解放青岛"的指示。中共党员在日伪警防团和警察大队中持续作争取与瓦解工作，之后武装起义指挥部被建立起来，并将争取到的"青岛保安队、盐警大队和部分派出所的武装力量300余人"编为地下起义军。为向广大工人和市民宣传中共的城市政策并发动群众投入起义，党员还印发《告工人书》、《告市民书》等，为里应外合解放青岛做好准备。④ 李先良在回忆录中称此时中共"吸取数百个敌兵的反动左倾份子，不断的策动引

---

① 黎玉：《山东抗日战争的伟大胜利》，中共山东省委党史资料征集研究委员会编：《深切怀念黎玉同志》，济南：山东人民出版社1989年版，第330—331页。

② 中共青岛市委党史资料征委会办公室编：《中共青岛党史大事记（1921—1949）》，北京：中共党史资料出版社1990年版，第135页。

③ 青岛市总工会工运史研究室编：《青岛工人运动史（1897—1949）》，北京：中共党史资料出版社1989年版，第307页。

④《青岛工人运动史（1897—1949）》，第307页。

诱”，希望向其缴械投降[①]，也从侧面证实了中共瓦解敌军组织工作为国民党接收青岛带来的压力。

青岛市内“铁路桥梁得爆破声，每夜都可以清晰的听到”，一批一批难兵无间断的涌入市区，一时陷入了无政府状态。伪政权组织系统几近瘫痪，“杀人成了公开的事，放火也没人管”，致使“明抢暗夺，肆无忌惮”，青岛变为“恐怖世界”。[②] 青岛市区“谣言叠起，金融紊乱，食粮恐慌，人心不安，治安日趋险恶”。[③] 李先良认为，当时青岛处在“千钧一发最危险严重的时候”：“在青市境外既有共产党的压迫，在青市境内又有敌伪的阴谋，再加上胶东各地游击部队纷纷向市内拥挤”，出逃的伪军也分别进驻在崂山乡间。而此时国民党游击部队并未顾到中共“夺取青岛的可怕，只是想要进市内，另有企图，甚至还有勾结敌伪，作着先入关者为王的奢望”。国民党自身的混乱增加了接收工作的繁难，敌后游击部队缺乏统一领导、“纪律全无”[④]，也使李先良顿感“在此时期维持秩序实觉困难”。[⑤]

国民政府对接收青岛的劣势局面早有预见，日本宣告投降当日蒋介石即正式任命掌握兵权的李先良为青岛市市长，令其“迅速收复青岛安定秩序”[⑥]，代表国民政府接受日本投降；并命李先良“速控制一二个机场备中央派机前往联络”，暗嘱：“如全力不足分配，可转达长野（笔者注：长野荣二，日军独立混成第五旅团长，时驻防青岛）暂行维持青市治

---

① 李先良：《抗战回忆录》，第 85 页。

②《社论：祝接收一周年》，《民言报晚刊》，1946 年 9 月 17 日，第 1 版。

③ 青岛特别市政府：《关于静候中央接收，凡有妨害治安应尽力消除的训令、布告》（1945 年 8 月），青岛市档案馆藏，B0023/001/01347。

④ 李先良：《抗战回忆录》，第 85—86 页。

⑤《李市长招待新闻界 报告接收经过及今后工作》，《平民报》，1946 年 1 月 22 日，青岛市档案馆藏，D000128/00040/0011。

⑥《李市长招待新闻界 报告接收经过及今后工作》，《平民报》，1946 年 1 月 22 日，青岛市档案馆藏，D000128/00040/0011。

安，勿为‘匪’乘机，待我国军到达后再移交。”[1]当时“市内满住着心绪动荡未除武装的敌兵”，而“敌人的海陆军意见，素相反对”，这又“加深了复杂的情形”：日海军虽然承认太平洋战争失败，但不认为对华战争是失败的，所以不甘心投降缴械，更反对李先良进入市区；陆军则“表示投降的诚意”。“海陆军传统上不睦的间隙”给李先良的政治运作带来可能，因当时驻青日军的势力总体“在陆军手里”，故国民党采取“陆军来压制海军”的策略。李遂与青岛日军陆军长官长野荣二派遣的代表、独立混成第五旅团参谋长末森中佐谈判，达成交防秘密协定：日方负责维持日军原驻防地，“不准所有散兵游勇进入惠民壕以内”。[2] 其后，李先良在向蒋介石、何应钦上呈的报告中表示日本陆军“始终表示遵从政府命令，驻候我中央处理”，海军也转为服役。在沧口机场直属东京的海军航空队有 1000 余人，“武器充足，汽油甚多”，且有单门爆炸两用机 3 架。接到国民政府命令后，该队派野上宽治代表接洽投降，表示愿在李先良的领导之下“维持秩序，剿除‘奸匪’，对中央飞机降落表示负责，保证一切”。[3]

李先良抱定“绝不使（青岛）沦于中共之手”[4]的决心，在日伪投降后率同青岛保安总队在乡区作战，“以便阻止‘共匪’，巩固青市治安，并令未缴械之敌兵维持青市治安”[5]，这是国民政府接收青岛的前提。不过，“那时夹杂在海陆军之间的还有伪政府、伪军、伪宪、伪特工，乘机鼓

① 《何柱国奉委座令派李先良为青岛市长，代表政府接收日伪军投降事宜函》（1945 年 8 月 18 日），青岛市档案馆藏，B0024/001/00130。

② 李先良：《抗战回忆录》，第 85—88 页。

③ 《青岛日军投降后李先良向蒋中正、何应钦报告接收时情形》（1945 年 8 月 20 日），青岛市档案馆藏，B0024/001/00130。

④ 《市府庆祝接收周年——李市长宣述今后工作目标》，《民言报晚刊》，1946 年 9 月 17 日，青岛市档案馆藏，D000086/00033/0023。

⑤ 《李市长招待新闻界 报告接收经过及今后工作》，《平民报》，1946 年 1 月 22 日，青岛市档案馆藏，D000128/00040/0011。

动，兴风作浪，已经形成了一个有力的集团”。[①] 伪政权高级职员群体在日本疏于控制的特殊时期，无疑掌握了领导中国职员及部队的实权。李先良遂加强同高级伪职员的联系，曾派王经五为代表与姚作宾秘密接触并达成协议：“堵截八路军及一切杂牌队伍进入市区。”[②]王经五在日后回忆中证实：李先良在中共“很快就要解放青岛”之时派他为代表到市内与姚作宾秘密联系，借助日军以抗拒八路军解放青岛，姚作宾对此“满口答应，毫无推辞”。[③] 在此情况下，姚作宾对伪政府各部下达了“静候中央接收、凡有妨害治安应尽力消除”的指令[④]，下令“凡所属于各机关员工，务各善体斯意，勤慎供职”，以待国民政府接收。[⑤] 据姚作宾回忆，在戴笠于 1945 年 8 月 21 日给他和李先良等人电报中也令其集合武力对抗中共。[⑥] 在决定青岛归属的关键时期，姚饬令日伪“山东省保安队”所属军警维秩序，并郑重宣布：“本市长在职一日，即当尽一日治安之责，凡有足以妨害本市安宁秩序者应行尽力清除，绝无宽贷。”[⑦]

一时间，姚作宾等握有实权、阻挠中共接收的青岛军政汉奸摇身变为“保境安民”的功臣。而国民政府对伪职人员同样采取优待政策，曾在收复区的各大城市纷纷张贴布告：“凡给敌伪工作之汉奸，但问行为，

---

① 李先良：《抗战回忆录》，第 86 页。

② 王经五：《李先良入市接管青岛内幕点滴》，山东省政协委员会文史资料研究委员会编：《文史资料选辑》第 24 辑，济南：山东人民出版社 1987 年，第 109 页。

③ 王经武：《国民党青岛市长李先良勾结敌伪真相》，全国政协文史资料委员会编：《文史资料存稿选编 军政人物》19，北京：中国文史出版社 2002 年版，第 697 页。

④ 青岛特别市政府：《关于静候中央接收，凡有妨害治安应尽为消除的训令、布告》，(1945 年 8 月)，青岛市档案馆藏，B0023/001/01347。

⑤ 青岛特别市政府：《青岛特别市政府关于中央接收前处理公务应注意之点及入府办公应注意之点及入府办公佩戴证件的训令》(1945 年 4 月—9 月)，青岛市档案馆藏，D0028/001/00177。

⑥《汉奸姚作宾反省书》(1950 年 12 月 23 日)，青岛市档案馆藏，C10686。

⑦ 青岛特别市政府：《关于静候中央接收，凡有妨害治安应尽力消除的训令、布告》(1945 年 8 月)，青岛市档案馆藏，B0023/001/01347。

不问职位……”，并将汉奸案件列入赦典。为维持青市地方秩序，国民党当局命令伪军继续驻扎，并利用伪职人员暂管日伪企业，李先良还颁布命令：“对执行任务有功的伪职人员，不以汉奸论处。”①与之相对的是中共对伪职员的态度。在胶东行署9月13日发布的《关于城市工作的指示》中，明确提出“没收大汉奸的财产，救济贫苦市民”，“展开群众性的诉苦运动，肃清汉奸、特务”。② 中共在恢复战后社会秩序的过程中，采取对伪职员予以惩戒、对市民施以安抚的群众策略，这也是促使伪职员因惧怕惩罚而转向国民政府的重要原因之一。

在日军与伪职员的配合下，青市境内的中共人员“仅剩小组，不难肃清”，但外围胶、即各县的中共武装正向青岛集结兵力，“局势日趋严重”。③ 为进一步解除青岛的治安隐患，驻青日军于9月6日出动警备12旅团龙本一磨部4000余人，配合国民党赵保原部当日占领即墨、次日攻占胶县。④ 13日，李先良率青岛保安总队进入市区。9月17日，李先良从日伪手中正式接收“青岛特别市政府”。⑤ 李先良并未食言，为表彰于接收有功的伪职员，甚至将当时被认为是大汉奸的丁敬臣、时品三、王泮亭任命为“青岛市接收委员会”委员。⑥

战后国民政府之所以在中共大兵压境、中央军未到的不利局面下接收青岛，青岛伪政权高级职员和日本方面起到关键性作用。姚作宾利用伪市长职权安抚伪职员正常运转行政组织，督饬伪军维持市内治安、未使共军进入，为国民政府接收青岛创造条件。1945年9月19

①《青岛市志·政权志》，第429页。

②《青岛工人运动史(1897—1949)》，第307—308页。

③《李先良恳请蒋主席转知何总司令部予转饬驻青日海陆军克日接收的电报》(1945年9月14日)，青岛市档案馆藏，B0024/001/00130。

④《青岛市志·大事记》，第147—148页。

⑤ 高国耀总编、青岛市史志办公室编：《青岛市志·沿革区划志》，北京：新华出版社2000年版，第63页。

⑥《青岛群丑像》，《青岛党史资料》第4辑(青岛师生反美蒋斗争专辑)，中共青岛市委党史资料征委会办公室1989年编印，第9页。

日，中共中央根据形势发展，在《目前任务和战略部署》中提出"向北发展，向南防御"的方针。山东分局根据中央指示，鉴于青岛已由国民政府、伪军联合控制及美军干预的局势①，作出"不用武力解放青岛"的决定，市区地下党暂停武装起义，中共在青岛的力量转入隐蔽斗争阶段②，国民政府统治青岛的危机暂时消除。当时像姚作宾这样配合国民党接收的伪政权高级职员不乏枚举，他们的协助和所谓"有利于人民之行为"也为日后国民政府的汉奸审判带来层层阻碍。

第二节 战后青岛的肃奸运动

抗战胜利后，面对舆论压力及中共在解放区开展得有声有色的群众性惩奸运动，国民政府很快意识到肃奸是一个具有强烈现实诉求的课题。辨忠奸、分良莠，不仅可以争取群众支持，更关乎政权的合法性和政府权威，肃奸工作被提上日程。1945 年 9 月下旬起，军统负责在全国范围内逮捕汉奸。南京于 9 月 26 日率先捕奸。③ 9 月 27 日，国民政府公布《处置汉奸案件条例草案》，对曾在伪组织内任"重要职务"或有其他"不利于人民之行为，经人民控告者"依法惩办④，打破了蒋介石

---

① 1945 年 9 月 16 日，西特尔率领 9 艘美国军舰开进青岛港，解除日本海军武装。10 月 11 日至 12 日，美国海军陆战队第六师的 2 个团及 7 个直属营共 2.7 万余人，在司令谢勃尔率领下，由关岛来青。出于美蒋军事合作需要，美国以"援华赠舰"名义向国民党赠送了一批坦克登陆艇等舰艇，并派遣海军顾问团协助国民政府进行海军训练，在青岛成立了"中央海军训练团"。国民政府利用美国达到了运送军队到沦陷区并稳住日本、阻截中共接收的目的，美国也达到了协助国民政府接收并将青岛变为美国海军基地的企图。据次年报刊所载，"放眼港口内外，停泊或正在巡逻着的尽是各式各样的美军舢、艇、船、艋"。亚当：《盛夏话青岛》，《解放日报》，1946 年 8 月 30 日，第 4 版。

② 中共青岛市委组织部、中共青岛市委党史征委会办公室、青岛市档案馆编：《中国共产党山东省青岛市组织史资料》，青岛：青岛胶南印刷厂 1989 年印刷，第 93 页。

③《沪汉开始捕奸》，《大公报》，1945 年 10 月 2 日，第 2 版。

④ 中国第二历史档案馆编：《中华民国史史料长编 · 民国 34 年》，南京：南京大学出版社 1993 年版，第 102—103 页。

在战时颁布的“只问行为，不问职守”[①]的命令。截至12月，国民政府共逮捕汉奸嫌疑者4692人，其中移送各地高等法院审理者达4291人。[②] 在全国肃奸浪潮下，北平、天津、济南等北方城市业已“积极展开”。但因“特殊关系”，青岛在格外喧闹的肃奸浪潮中迟迟不见动静[③]，这与其所处的特殊环境密切相关。

一、裁撤伪员与地方权争：青岛肃奸运动下的“运动”肃奸

如前所述，鉴于伪职人员在接收中的大力协助，青岛国民政府当局对其较为优待。在战后各地纷纷要求政府“严惩汉奸、快惩汉奸”的背景下，青岛舆论界却出现公开为汉奸求情的怪象。1946年1月宋子文来青时，国民参政会参政员张乐古向其提出“审查汉奸应示宽大”的请示。有人认为想要在沦陷区活，“就不得不在傀儡舞台上跑龙套”[④]，所以将与敌交易或服务伪政权者称为汉奸，“于法于理，尤失其平”。[⑤] 还有人指出，逮捕汉奸会使人人自危，并示警：“收复失地且勿失掉人心。”[⑥]在此情形下，青岛当局对肃奸“置诸不问”，各机关“阳奉阴违”[⑦]，致使肃奸行动“迟之又迟”。许多汉奸身居高官厚禄，“极尽豪华，优游

---

① 琛：《东北伪职从宽处理》，《法律知识》第1卷第5期，1947年4月1日，第1页。

② 南京市地方志编纂委员会、南京审判志编纂委员会编：《南京审判志》，北京：方志出版社1997年版，第114页。

③《社论：写在逮捕汉奸之前》，《平民报》，1946年1月5日，青岛市档案馆藏，D000128/00006/0025。

④ 韩薰南：《来论：再论审查汉奸案件》，《平民报》，1946年1月11日，青岛市档案馆藏，D000128/00018/0004。

⑤《社论：写在逮捕汉奸之前》，《平民报》，1946年1月5日，青岛市档案馆藏，D000128/00006/0025。

⑥ 韩薰南：《来论：再论审查汉奸案件》，《平民报》，1946年1月11日，青岛市档案馆藏，D000128/00018/0004。

⑦《抗战同志五千余 请愿要求肃奸 裁伪员捕汉奸伸民族正气 各机关首长答复均甚圆满》，《青岛晚报》，1946年8月29日，青岛市档案馆藏，D000386/00041/0013。

自在”。[1] 青岛为肃奸法外之地一说也广为流传，各地汉奸“多以青岛为世外圈、逋逃薮”，纷纷潜逃来青[2]，“其狡黠者更换姓名，伪造资历，混入学政各机关，及民众团体”。[3]

中共对青岛姑息汉奸的行为予以严厉批评，1945 年 12 月 13 日，新华社刊发的青岛市总工会成立大会宣言——《致全国同胞电》，强烈谴责青岛当局纵容汉奸、重用伪军的行为，警告国民政府“不要坚持错误，自掘坟墓”，呼吁立即严惩汉奸。[4] 全国舆论迅速跟进，青岛面临极大的压力。国民政府中央对青岛的肃奸情况也极为不满。虽然青岛市政府在 1945 年 10 月 11 日逮捕了被视为青岛“头号汉奸”的姚作宾，但之后便再无动静。“为慎重捕奸”起见，1946 年元旦前后，国民政府特派第十一战区调查统计室少将主任张家铨以特派员身份来青肃奸。张氏到青后，除“与有关捕奸工作进行的少数人员保持严密接触外”，谢绝外间应酬。[5] 1 月 13 日晚，根据事先的调查，张家铨派军警逮捕了伪青岛高等法院院长戚运机、伪高院刑庭庭长郑锡恒、伪警察局局长徐养之，以及伪教育局、财政局局长等 60 余名汉奸。[6]

但是，青岛市政府对中央代为执行的肃奸工作并不热心，对张家铨交付的汉奸案件处理上极为轻率，被判者“寥寥无几”。捕奸工作结束 3 个月后，只有姚作宾等 17 名大汉奸被移送山东高等法院准备提起公诉[7]，仅占

---

① 《彻底肃奸》，《青岛公报》，1946 年 8 月 30 日，青岛市档案馆藏，D000168/00060/0019。

② 《肃奸》，《青岛公报》，1946 年 1 月 14 日，青岛市档案馆藏，D000161/00026/0020。

③ 《振肃纲纪伸张正义 参会函请检举汉奸——昨并举行接收清查会议 发动各界慰劳伤兵官兵》，《公言报》，1946 年 11 月 3 日，青岛市档案馆藏，D000038/00006/0010。

④ 青岛市总公会：《致全国同胞电》(1945 年 12 月 13 日)，《青岛工运史资料选编》第 2 期，青岛市总工会工运史办公室 1984 年编印，第 34—35 页。

⑤ 《社论：论青市捕奸》，《平民报》，1946 年 1 月 25 日，青岛市档案馆藏，D000128/00046/0029。

⑥ 《青岛市志 · 大事记》，第 155 页。

⑦ 陆安：《青岛近现代史》，第 229 页。

被捕人员的28.3%。青岛市“奸伪气氛仍弥漫嚣张”①，其他军事、经济、文化、教育等各种汉奸仍“逍遥法外，沾沾自喜者，不知凡几”。青岛当地的舆论多认为在汉奸贿赂、李先良等权势人物的阻挠下，人情胜过法律，本市肃奸“仅只断断续续虚应故事而已”②，甚至成了不少人洗白的机会，迟到的肃奸并没有带来应有的正义。

《惩治汉奸条例》只是在形式上惩治了较明显的巨奸大恶，并未波及在胜利后仍大多数留任的原伪政府职员。1946年8月9日，国民政府公布了《伪组织或其所属机关、团体任职人员候选及任用限制办法》，对伪员进行清算。该办法规定凡曾在伪组织或其机关团体中担任职务但未按《惩治汉奸条例》受到惩处者，不得担任国民政府公务员。③ 8月15日，行政院又通令各地机关：“自奉令之日起，伪职人员一律停用。如阳奉阴违，将查办各首长。”国民政府裁撤伪员的指令仓促而严厉，但因伪员数量庞大，在很多地区是支撑政权机构的主体力量，各地机关多因“兹事影响甚大，尚未断然施行”，纷纷请政府另行办法处置。④

国民政府前后对伪员态度反差极大，而之所以在时隔一年后再次肃奸，有两方面因素。其一，国民政府惩处汉奸不力，面临极大的舆论压力。国民政府虽短时间内密集捕奸，后续行动却极为乏力。据统计，截至1947年2月底，全国逮捕汉奸中被提起公诉的比重为56.7%⑤，

---

①《冲破是非不明的沉霾 抗战同志请愿肃奸——要求彻底执行清除伪职人员 党政首长均表同情保证办理》，《民言报》，1946年8月30日，青岛市档案馆藏，D000057/00048/0016。

②《彻底肃奸》，《青岛公报》，1946年8月30日，青岛市档案馆藏，D000168/00060/0019。

③《伪组织或其所属机关、团体任职人员候选及任用限制办法》(1946年8月9日)，王学珍、郭建荣主编：《北京大学史料(1946—1948)》第4卷，北京：北京大学出版社2000年版，第105页。

④ 友真：《关于停用“伪员”》，《每周评论》第1卷第2期，1946年9月25日，第4页。

⑤ 数据来源：《汉奸案件侦查统计表》，中国第二历史档案馆编：《中华民国史档案资料汇编》第5辑第3编，“政治”(1)，南京：江苏古籍出版社1994年版，第365—366页。其中公诉比重为笔者根据全国被提起公诉的汉奸案总数与被捕汉奸总人数计算后所得。

汉奸被起诉后的宣判率约为72%①,而案件执行率仅为29%。② 许多汉奸借逮捕"掩人耳目",私下却与当权者暗通关节,被判处不起诉处分或无罪释放,真正走上审判席并最终获刑的汉奸可谓挂一漏万。更有甚者,汉奸仅交保释金便可在监狱间出入自由。相比之下,中共的惩奸细致而富有成效③,在国共两党对民心的竞逐中渐处于上风,使国民政府感到极大威胁。

其二,伪员影响"复员"安置。所谓复员,是指安置参加抗战的人员或流亡人士,具体任务主要包括两个方面:"使解甲归田的战士都能充分就业";妥善安置因战事流落在外的师生及工人等群体。④ 抗战胜利初,因交通受阻返乡无望,工厂倒闭无法开工,造成了失业、沦为难民的人数与日俱增,群众"欲求'复员'而不可得"的局面。而在有些县份,"回去复员的大小官员"中"汉奸竟超过了半数"。⑤ 再加上接收混乱无序导致老百姓倍受"打劫压榨",很多人竟有生活不如抗战前之感。在此背景下,为数甚多的伪员占据公职极显突兀,舆论对国民政府"对于汉元奸凶有所宽容"⑥的态度多方抨击。为安定民心,国民政府不得不拿伪员开刀。

---

① 数据来源:《汉奸案件审判统计表》,《中华民国史档案资料汇编》第5辑第3编,"政治"(1),第366—367页。其中宣判率为笔者根据《汉奸案件审判统计表》中案件总数与《汉奸案件侦查统计表》中的"提起公诉"总数计算所得。

② 数据来源:《汉奸案件执行统计表》,《中华民国史档案资料汇编》第5辑第3编,"政治"(1),第367—368页。其中案件执行率为笔者根据《汉奸案件执行统计表》中执行案件总数与《汉奸案件审判统计表》中和其对应的宣判"死刑、无期、有期、罚金"总人数计算所得。

③ 中共在惩奸中,注意"宽严相济,分别首从",对汉奸中罪大恶极的首要分子加以严惩,争取多数胁从者并"感化无知"。在解放区成立了由军队、公安局及民众团体等构成的全方位肃奸网,既整肃了社会秩序,又获得了民众的拥戴。罗久蓉:《抗战胜利后中共惩审汉奸初探》,台北《"中央研究院"近代史研究所集刊》1994年第23期,第278页;河北省社会科学院历史研究所、河北省档案馆编:《晋察冀抗日根据地史料选编》(上),石家庄:河北人民出版社1983年版,第448页。

④《加紧复员部署》,《前线周刊》第1卷第3期,1945年8月27日,第1页。

⑤《复员与接收》,《军民日报》,1947年9月13日,青岛市档案馆藏,D000213/00023/0003。

⑥ 若水:《复员?! 复原?!》,《天风》第24期,1945年12月6日,第3页。

虽有中央政令，青岛市政府对裁撤伪员亦不以为然。《民众日报》调查发现，青岛各机关非但“并无裁撤伪职人员之实际表现”[①]，且对伪员的任用“只见增加，不见减少”。[②] 很多人认为，有肃奸的前车之鉴，青岛裁撤伪员会不了了之。但在1946年8月29日，一场针对裁撤伪员的轰轰烈烈的肃奸请愿运动出人意料地席卷青岛，成为国内首次大规模的群众性肃奸请愿运动。关于此次请愿游行，青岛本地的大小报刊均做了非常详细的报道，为最大限度地还原这一事件带来可能。

8月29日清早，“抗战失业同志”5000余人在离市府不远的第三公园集合，于上午九时出发前往各中央驻青机关及地方政府重要部门请愿。队伍前列有色彩鲜艳的国民党党旗及写有“肃奸请愿团”的大横旗，沿途有宪警保护。[③] 每一团员均手持小旗或传单，“行列整齐，阵容严肃”。肃奸团沿街张贴标语，沿途狂呼“铲除汉奸、拥护政府”等口号[④]，“群情异常慨愤激昂”。[⑤]

队伍行至救济总署鲁青分署，署长延国符在代表坚请下，向肃奸团保证在月底将所属伪员一律撤销，如有遗漏“可随时检举，绝不姑息”。[⑥]

---

①《青市展开肃奸运动 抗战失业同志赴各机关请愿》，《民众日报》，1946年8月30日，青岛市档案馆藏，D000330/00051/0025。

②《冲破是非不明的沉霾 抗战同志请愿肃奸——要求彻底执行清除伪职人员 党政首长均表同情保证办理》，《民言报》，1946年8月30日，青岛市档案馆藏，D000057/00048/0016。

③《伸张正义保持民族气节 彻底清除敌伪色彩 青十万抗战同志组肃奸请愿团 向当局要求撤裁曾任伪职人员》，《青岛公报》，1946年8月30日，青岛市档案馆藏，D000168/00060/0001。

④《抗战同志五千余 请愿要求肃奸 裁伪员捕汉奸伸民族正气 各机关首长答复均甚圆满》，《青岛晚报》，1946年8月29日，青岛市档案馆藏，D000386/00041/0013。

⑤《冲破是非不明的沉霾 抗战同志请愿肃奸——要求彻底执行清除伪职人员 党政首长均表同情保证办理》，《民言报》，1946年8月30日，青岛市档案馆藏，D000057/00048/0016。

⑥《伸张正义保持民族气节 彻底清除敌伪色彩 青十万抗战同志组肃奸请愿团 向当局要求撤裁曾任伪职人员》，《青岛公报》，1946年8月30日，青岛市档案馆藏，D000168/00060/0001。

游行队伍赴国民党青岛市党部门前时，副市长兼市党部主任葛覃站立于桌上发表演讲："对大家之精神不仅表示同情，而亦非常钦佩，不过感觉这种举动稍晚一点。"他指出，抗战胜利后"抗战人员反被人歧视"，先烈遗族的孤儿寡母"生活至为痛苦"①，而"伪职员仍然存在"，这"不仅是抗战同志的奇耻，也是中华民族的奇耻大辱"。如果不肃清奸伪"就不是中华民族的子孙"，"革命建国就是同恶势力奋斗"。葛覃希望肃奸团在三民主义领导下严格肃奸，"以慰先烈在天之灵"。葛覃的演说极具鼓动性，既照顾到了遗族的生活，又饱含民族主义和爱国情感，引起在场抗战人士的阵阵掌声，纷纷呼喊肃奸口号以示响应。队伍至行政院院长驻青临时办公室时，主任程义法表示将对青岛敌伪产业处理局之伪职员"于三五日内一律撤除"。② 在市府门前，李先良出面称政府已奉中央命令通令停用伪员，希望群众放心，并谓："我是抗战的，大家也是抗战的，我们都是一样。中央既有命令，你们又催促我，我一定赶快办理"，要求群众克制。游行于当日 12 时结束。③

第二天，市党部机关报——《民言报》大篇幅刊发了抗战同志肃奸团的《肃奸请愿宣言》。宣言洋洋洒洒近 2000 字，对抗战人员与汉奸的悬殊境遇极为不满，痛批任用汉奸的主官，"自称遵奉中央法令，然对抗战同志，漠不关心；对《惩治汉奸条例》，不惟不肯执行，反而以奸为贤，用之无疑"。宣言进而指出，任用汉奸的原因"是与汉奸有关系者也，或曾狼狈为奸者也，或受奸贿赂者也"，纵然"任用汉奸之主官斥为诬妄"，

---

①《抗战同志五千余 请愿要求肃奸 裁伪员捕汉奸伸民族正气 各机关首长答复均甚圆满》，《青岛晚报》，1946 年 8 月 29 日，青岛市档案馆藏，D000386/00041/0013。

②《伸张正义保持民族气节 彻底清除敌伪色彩 青十万抗战同志组肃奸请愿团 向当局要求撤裁曾任伪职人员》，《青岛公报》，1946 年 8 月 30 日，青岛市档案馆藏，D000168/00060/0001。

③《抗战同志肃奸团 昨谒各首长请愿——不甘奸逆办公厅中赫然南面 应怜忠贞饥饿乡里疾呼青天》，《公言报》，1946 年 8 月 30 日，青岛市档案馆藏，D000035/00058/0001。

在此情形下亦是“有口难辩”。①

9 月 6 日，一场规模更为浩大的肃奸请愿运动再次上演，游行主体已由“抗战失业同志”扩展为滞留青岛市的各县难民、六个流亡中学学生及复员青年军。清晨，这 30000 余人在第三公园集合出发，队伍“沿途散发宣言，高呼口号，情绪极为愤慨激昂”。抵达迎宾馆时，“老幼残弱之烈士遗族数百余人已竚候该处”，由代表晋谒山东全省慰劳总会慰劳团正副团长，提出“迅速领导难民武装还乡”，发放中央赈济款等要求②，得到慰劳团的积极答复。副团长赵庸夫提出三个口号：“一、抗战同志应切实安慰；二、胜利战果平等享受；三、民族正气彻底发扬”，他对流亡学生及遗族会表态：“尽量代为想法以求达到其愿望。”游行队伍后赴青岛敌伪产业处理局请愿，获得答复：“一、难胞要求房子问题，允由难胞自找、局方照发；二、发二百万斤杂粮救济难胞；三、仓库所存胶鞋发给流亡学生；四、三日内悉数撤完处理局伪职员。”最后，全体难民整队向善后救济总署请求彻底撤除伪员，获得该署总务组组长的肯定答复，随后游行于下午五点结束。③

此次请愿较之前有更为明确的目标，且游行时间达一整天之久。肃奸请愿的人数短时间内由 5000 人扩大至 30000 人，甚至得到山东全省慰劳总会负责人的大力声援，迫使当局允诺裁撤伪员并答复难民请求。肃奸运动之所以在青岛市反响强烈，除与前述众多伪员仍坐高堂

---

①《肃奸请愿宣言——抗战同志肃奸团》，《民言报》，1946 年 8 月 30 日，青岛市档案馆藏，D000057/00048/0027。

②《各县难民及流亡学生 举行肃奸示威游行 分访各机关有所要求》，《民众日报》，1946 年 9 月 6 日，青岛市档案馆藏，D000330/00061/0026。

③《各县难民及流亡学生响应肃奸示威游行 参加者共达三万余人 分赴各机关呼吁结果极圆满》，《青岛公报》，1946 年 9 月 7 日，青岛市档案馆藏，D000169/00012/0001。关于此次肃奸运动，在下列报纸中也有报道：《各县难民及流亡学生举行肃奸示威游行 定今晨在第三公园内集合出发 要求彻底裁撤所有伪员》，《青岛公报》，1946 年 9 月 6 日，青岛市档案馆藏，D000169/00010/0002；《彻底肃清奸伪 三万余众今晨再请愿》，《民言报晚刊》，1946 年 9 月 6 日，第 4 版。

外，青岛庞大的难民群体所构成的“群众基础”亦是原因之一。抗战胜利后青岛难民问题较其他地区格外严重。青岛宛若“难民的世界”①，流亡的教员学生、失业的抗战青年和工人、以乡村逃亡地主为代表的知识阶层等数十万难民纷纷涌入②；政府救济物资有限，难民却天天增加，最后反而“愈救愈多”。③ 截至 1946 年 7 月，青岛市官方统计的难民就有 285607 人。④ 难民潮无疑是青岛市区“感到最严重的问题”⑤，政府无力解决，民众的愤懑情绪无处宣泄。

然而，两次请愿运动却有诸多蹊跷之处。其一，尽管肃奸运动在青岛市影响甚大，但普通市民“根本就不知道”团长是谁，“团址在哪里”，只是从报纸上才认识了请愿团⑥，这难免让人怀疑背后有不方便透露姓名的权势人物；其二，胜利后抗战人员的“‘散沙性’较为明显”⑦，他们“为生活奔忙和不满现实而不愿弄什么组织”，对集会结社“热度愈减”；其三，抗战同志并无组织肃奸的胆识魄力，这一运动确是他们“无法团结起来发动的壮举”⑧，而两次肃奸游行均在有条不紊的指挥下进行。《民言报》坦言：“如果早有完备的组织，恐怕不会直接直到今天才提出‘肃奸求业’的请愿吧？”⑨这些言论均验证了肃奸请愿并没有表面呈现的那么简单。

---

① 伟夫：《青岛：难民和美兵的世界》，《国讯》1947 年第 431 期，第 7 页。

②《国民党对青市的救济工作》，《青岛党史资料》第 4 辑（青岛师生反美蒋斗争专辑），第 29 页。

③《特载：第四次扩大纪念周，李市长报告词》，《青岛市政府公报》第 2 卷第 4 期，1946 年 4 月 30 日，第 52 页。

④《青岛市难民统计一览表》，《青岛市政府公报》第 3 卷第 8 期，1946 年 8 月 5 日，第 15 页。

⑤《特载：第四次扩大纪念周，李市长报告词》，《青岛市政府公报》第 2 卷第 4 期，1946 年 4 月 30 日，第 52 页。

⑥《读者投书——响应肃奸运动》，《民言报》，1946 年 9 月 4 日，青岛市档案馆藏，D000058/00013/0013。

⑦ 牟力非：《肃奸请愿》，《民言报》，1946 年 9 月 2 日，青岛市档案馆藏，D000058/00005/0005。

⑧ 辛易：《一夕谈——肃奸运动》，《民言报晚刊》，1946 年 8 月 31 日，青岛市档案馆藏，D000085/00063/0012。

⑨ 牟力非：《肃奸请愿》，《民言报》，1946 年 9 月 2 日，青岛市档案馆藏，D000058/00005/0005。

在对待肃奸裁员问题上，市党部与市政府的差别极大。市党部主任葛覃认为肃奸请愿“稍晚一点”，市长李先良却直言肃奸团对裁撤伪员过于“催促”；葛覃积极支持肃奸行动，号召大家“同恶势力奋斗”，李先良则尽量安抚游行群众，为求大事化小。两相对照，自然令人联想到葛覃所说的“恶势力”是指偏袒汉奸的李先良等，进而使人怀疑葛覃对肃奸请愿所起的作用。

李先良与葛覃之间有极深的矛盾。抗战胜利初国民政府各方势力围绕青岛市市长一职展开激烈争夺。国民党战地党务处处长葛覃[①]因受国民党元老丁惟汾力荐，是有力竞争者之一。李先良在国民党内地位和人事关系虽比不上葛覃，但也有前青岛市市长沈鸿烈的推荐。[②]蒋介石着眼于接收全局，任命掌握武装力量的李先良为青岛市市长，葛覃为青岛市副市长、社会局局长和市党部主任。[③] 此举虽意在平衡各方，但李葛二人自此生下隔阂，此后的接收又进一步加剧了双方矛盾。

葛覃在 1945 年 10 月抵青时，发现接收工作已被李先良及手下进行大半，各大汉奸早借协助之名向其多方打点。李先良在回忆录中称，“地方问题积极处理正在逐步解决之际”，“中央派来大员接收”，“益加重市府的责任与困难”，导致青岛“恢复无望”和贪污盛行。[④] 李的回忆可证实青岛地方派与中央派官员的激烈冲突。与葛覃同为中央派的孔福民原想在接收伪财政局时“大捞一票”，没想到不仅要从大汉奸丁敬臣手中接收，且油水“早被丁敬臣捞得干干净净”。孔福民听葛覃说，丁是给李先良送重礼当上的财政局局长，极为恼怒，怂恿葛覃以市党部名

① 葛覃(1899—1958)，原名葛绮春，山东省莱西县人。曾任国民党山东省党部委员兼组织部部长、江苏省南通区督察专员兼保安司令、江苏省政府主席兼苏北行署主任等职，1939 年调重庆任沦陷区党处处长，同时被选为国民党中央委员。日本投降后，奉命赴青岛任市党部主任委员兼副市长及社会局局长。青岛市史志办公室编:《青岛市志・人物志》，北京：新华出版社 1994 年版，第 301 页。

② 芮麟:《李先良与葛覃劫掠青岛及其互相角逐的见闻》，《文史资料选辑》第 2 辑，第 36 页。

③ 鲁海:《青岛民国往事》，第 293 页。鲁海，1932 年生，青岛市图书馆原馆长。

④ 李先良:《李先良回忆录:鲁东及青岛抗战纪实》，第 143 页。

义制造抓汉奸的舆论，逼商人送礼。[①]

葛覃虽在青岛市政府内位于李先良之下，但他却是市党部的一把手。国民政府实行党政互动的双轨统治，在中央一级“以党统政”，地方却是“党政分离”。虽然“地方党部与同级政府在法理上平起平坐”，但政治资源主要掌握在政府手中，党部“觊觎和干涉地方行政之事时有发生”。[②] 青岛市政府与市党部围绕接收展开的利权争夺即是李葛矛盾进一步延伸的表现。尽管李先良握有军政大权，葛覃仍有与之抗衡的资源。陈立夫、陈果夫兄弟在组建CC系以来，在地方逐渐凝聚了一批以党务干部为基础的强大政治势力，除等级分明的上层秘密组织外，还在社会上成立公开的外围团体。[③] 青岛肃奸运动中，抗战烈士遗族会、难胞管理委员会、青年集训处等组织均以团体形式积极活跃其中，而这些市党部组织背后的总负责人正是CC系出身的葛覃。

在第一次肃奸请愿的第二天，抗战烈士遗族会即召开联席会议。该会因系“遗族时遭侮辱”，请警备司令部及警局“保障民权，维护自由”，并要求发给收容房舍。会议决定于9月2日举行示威请愿大游行，在青的4000遗族均将参加。[④] 随后，青岛难胞管理委员会特于“九三”胜利节发表宣言，谴责汉奸卖国罪行。因该会各收容所难胞“多系抗战失业人员”，“义愤所激”，愿以所属十万难胞“共策肃奸运动之进行”。难胞管理委员会还向当局申明“所有解职伪员，一律不得呈请中央发给遣散费”，“伪员撤免，不得发给离职证明书”，“各机关尅速将所

---

① 芮麟：《李先良与葛覃劫掠青岛及其互相角逐的见闻》，《文史资料选辑》第2辑，第41页；辛鹏：《接收还是劫收》，《青岛旧事》，第36页。

② 王奇生：《党员、党权与党争：1924—1949年中国国民党的组织形态》，上海：上海书店出版社2003年版，第153、284页。

③ 王奇生：《党员、党权与党争：1924—1949年中国国民党的组织形态》，第227页。

④《没有房子住 烈士遗族高声疾呼 即将示威请愿大游行》，《民众日报》，1946年8月31日，青岛市档案馆藏，D000330/00053/0026。

有伪员姓名公布"等六项愿景。[①] 诸类"民众团体"在肃奸中彼此联系、遥相呼应，使肃奸浪潮逐渐扩大。

尽管青岛报刊对肃奸游行及其影响作出大量报道，但对该运动的幕后发起者却鲜有涉及。从《民言报》9 月 4 日对肃奸的报道中，可觅得关键线索。该报道称，"青岛市抗战同志会，为发扬正义，肃清奸伪起见，特于日前组成肃奸请愿团[②]，结队分向各机关请愿，要求严厉惩奸并撤免伪员"。[③] 由此可见，"青岛市抗战同志会"及其所组织的"抗战同志肃奸团"是游行请愿的倡议者和主力。弄清二者的组织情况对分析肃奸中的权力运作十分必要，但因肃奸运动给当权者带来冲击，背后的人事关系又极为复杂，故而组织者对此讳莫如深，关于这部分的现存档案较少，许多史实随当事人的逝去而被尘封。新中国成立后，曾参与青岛市政的国民党人士留下诸多回忆材料，弥补了官方档案"只见事不见人"的遗憾。另外，因肃奸问题并未涉及回忆者的自身利益，材料的可靠性较高，再加以史实与多人回忆的交相参证，可基本勾勒出肃奸运动背后"运动"的情况。

曾任鲁东行署教育科科长和青岛市政府参事的张宝山称："一九四

---

① 《流青数十万难民响应肃奸运动 特于胜利节发表宣言》，《民众日报》，1946 年 9 月 4 日，青岛市档案馆藏，D000330/00057/0021。

② 当时报刊中对"抗战同志肃奸团"的称呼有"抗战同志肃奸请愿团""肃奸请愿团"。如《抗战同志五千余 请愿要求肃奸 裁伪员捕汉奸伸民族正气 各机关首长答复均甚圆满》，《青岛晚报》，1946 年 8 月 29 日，青岛市档案馆藏，D000386/00041/0013；《青市展开肃奸运动 抗战失业同志赴各机关请愿》，《民众日报》，1946 年 8 月 30 日，青岛市档案馆藏，D000330/00051/0025，等等。但根据该团在报刊中发表宣言的落款及所查找的档案，其正式称呼为"抗战同志肃奸团"。《肃奸请愿宣言——抗战同志肃奸团》，《民言报》，1946 年 8 月 30 日，青岛市档案馆藏，D000057/00048/0027；抗战同志肃奸团：《关于严令惩治汉奸的宣传稿》（1946 年 9 月 23 日），青岛市档案馆藏，A0043/001/00062。

③ 《青岛区十万难胞 响应肃奸宣言》，《民言报》，1946 年 9 月 4 日，青岛市档案馆藏，D000058/00013/0004。

六年秋由姜黎川①、丁绰庭、苗占奎、丛镜月等国民党游击队司令发起组织‘鲁东抗战同志联谊会’”，张本人是常务理事兼总干事。该会“以救济失业保障会员权利为号召”，规定“凡曾在胶东各游击部队参加抗战工作者，有二人以上的证明均得登记为会员”，当时登记的不下五六百人。该会成立初衷在于集中青岛市周边各县逃亡的游击队官兵，并以打击汉奸为目的，“曾发传单要求国民党的机关企业消除汉奸分子，安插‘抗战’人员”。② 张宝山所言“鲁东抗战同志联谊会”，在当时亦被称为“鲁东抗战同志会”，或直接简称为“抗战同志会”。③ 从成立时间、目的和行动来看，青岛市鲁东抗战同志联谊会无疑就是《民言报》中发起肃奸游行的“抗战同志会”。

抗战同志会虽是由抗战人士组成的团体，但仅是名义上的民意组织，在所属关系上仍属市党部的控制之内。曾组织抗日游击部队的姜黎川是抗战同志会的主要发起者，后任理事长一职。姜黎川同时还担

---

① 姜黎川，山东胶县陈村店人，曾任《青岛时报》编辑，并在国民党青岛市政府担任科长职。抗日战争爆发后，姜于 1938 年 3 月在郊区成立抗日游击部队，为国民政府效力，其间也与八路军有联络。侯林翼：《我党对姜黎川部进行统战工作的概况》，《山东党史资料》第 5 期，中共山东省委党史资料征集研究委员会 1986 年编印，第 51—52 页；张漸九口述、张伟林整理：《姜黎川从“联八”到“反八”》，《胶县文史资料》第 1 辑，山东省胶州市政协委员会文史资料研究委员会 1986 年编印，第 27—29 页。

② 张宝山：《姜黎川及其部队的一些历史情况》，《胶县文史资料》第 1 辑，第 72—73 页。

③ 1946 年 12 月 21 日，《青岛公报》刊载《抗战同志会 明日成立》一文，内称“鲁东抗战同志会”主要由丁绰庭、姜黎川等人发起。经筹备，“拟具章则，呈请社会局备案”及核定后，“青岛市鲁东抗战同志联谊会”被正式批准成立。从此处描述中可见，该会全称为“青岛市鲁东抗战同志联谊会”，也被称成为“鲁东抗战同志会”和“抗战同志会”。根据该会筹备及被批准成立的烦琐过程推断，抗战同志会早已开始运行，这点在张宝山的回忆中也可证实。他称该会于“一九四六年秋成立”，“当时登记的不下五六百人”，而在姜黎川 1947 年 1 月 19 日招待新闻界报告成立经过时，截至当时登记的会员已有 2000 余人。《抗战同志会 明日成立》，《青岛公报》，1946 年 12 月 21 日，青岛市档案馆藏，D000172/00083/0012；《鲁东抗战同志会昨开会招待记者》，《民言报》，1947 年 1 月 20 日，青岛市档案馆藏，D000062/00075/0011。目之所及，将“鲁东抗战同志联谊会”简称为“抗战同志会”的报道还有《抗战同志会 人事更动》，《青岛公报》，1947 年 8 月 20 日，青岛市档案馆藏，D000181/00040/0012。

任“中统的青岛市‘高干’”[①]，除与CC系的密切关系外，打击政敌、扩充权力恐怕是他支持肃奸的深层原因。

1946年8月30日，青岛市参议会正式成立[②]，姜黎川在此前积极参选议长。身兼青岛市商会理事长、农会理事长等数职[③]，还有军统、青岛分区参议员们支持的李代芳是姜的强劲对手。李代芳的同盟是张乐古，而张正是之前为汉奸求情、喊出“敌后无汉奸”口号的人。据张宝山回忆，“原在青岛的敌伪汉奸，在张乐古和李代芳等的包庇下，万头钻〔攒〕动，攀亲援友，重作新贵”。在竞选中，姜黎川最终败给了李代芳成为副议长。但他并不甘心，为削弱李代芳，姜黎川等人将打击目标瞄准张乐古，适时而起的裁撤伪员运动无疑是绝佳契机。[④] 同时，姜黎川身为抗战人员，在情感上也有为部属及战士谋权益之必要。无论出于政治利益还是个人意愿，姜氏均有支持肃奸运动的充分理由。

尽管有“民众团体”的支持，但与在地方上树大根深的李先良相比，葛覃的势力仍显逊色。实力关乎成败，全凭市党部的联络发起很难不经阻挠就进展到请愿这一步，第十一区绥靖司令官兼青岛警备司令丁治磐[⑤]的推动则是肃奸运动成功开展的关键。丁治磐与李先良也有较深的矛盾。

李先良在战后为壮大实力，一度将其控制的原抗战游击队——青岛保安总队改编为青岛保安司令部。1946年初，李先良为青保司令部

---

① 张宝山：《姜黎川及其部队的一些历史情况》，《胶县文史资料》第1辑，第66页。

②《青岛市志・大事记》，第159页。

③ 傅润华主编：《中国当代名人传》，上海：世界文化服务社1948年版，第65页。

④ 陈松卿：《侯圣麟之死》，《青岛文史资料》第7辑，第214页。张宝山在回忆中，也证实了姜黎川、侯圣麟联手“打击张乐古威胁李代芳”一事。张宝山：《姜黎川及其部队的一些历史情况》，《胶县文史资料》第1辑，第68—69、72页。

⑤ 丁治磐（1892—1988），字似庵，江苏东海县人。陆军大学毕业，抗战期间曾任26军中将军长。1946年1月任王耀武第2绥靖区副司令官，后升任第11区绥靖司令官兼青岛警备司令。1948年任江苏省政府主席，后去台湾。王俯民：《民国军人志》，北京：中国广播电视出版社1992年版，第2页。

向国防部申请备案，却使“青保”番号被即行撤销。3月17日，军委会决定另设青岛警备司令部并由丁治磐为司令，李先良为副①，李掌握青岛军政大权的计划落空。4月，丁治磐抵青就职，李先良的权力被严重削弱，丁李二人摩擦升级。丁治磐在日记中感慨：“到青一月如度一年，事务之察，人事之纷尚未摸到头绪”②，可见青岛市行政关系的错综复杂。

蒋介石从情报机关处得知“李先良与葛覃两人闹意见”后，在8月3日特命青岛“以党政军联席会报为一切行动之基础”③，委任丁治磐为主席，对青岛的中央、地方机关事务负全责，职位在市长之上。丁治磐在口述中称“李为文人”，并称自己“为了党政军一元化”，而“请李先良兼任青岛警备副司令”④，此处明显与史实有出入。但从中能看出丁治磐抬高姿态、暗贬李先良的用意，两人权争渐趋激烈。

为达到打击李先良和肃奸的双重目的，葛覃加紧拉拢丁治磐。据时任青岛市人事处处长的芮麟回忆，葛覃“有计划地对丁进行拉拢，挑拨离间丁和李先良的关系，直至怂恿丁对李进行威胁，要他交出汉奸馈送的全部财物，犒赏驻军，慰劳将士”。⑤ 丁治磐本身对抗战人员及遗属一直持同情态度，曾在日记中自励：“追悼死者致具崇仰，抚恤生者以长正气。”⑥葛丁二人迅速形成同盟，夹击李先良，而李并不甘心将收取的贿赂“平白无故地交给丁治磐”，“后来竟有置之不理的光景”。⑦ 在此情况下，肃奸游行能得到丁治磐的支持也就不足为怪了。

---

① 陆安：《青岛近现代史》，第222—223页。

②《丁治磐日记（手稿本）》第5册，1946年4月30日，台北：“中研院”近代史研究所1995年编印，第125页。

③《附录：民国36年8月3日指示应负青岛党政军全责》，刘凤翰、张力访问：《丁治磐先生口述历史》，北京：九州出版社2013年版，第188—191页。

④ 刘凤翰、张力访问：《丁治磐先生口述历史》，第95、91页。

⑤ 芮麟：《李先良与葛覃劫掠青岛及其互相角逐的见闻》，《文史资料选辑》第2辑，第46—47页。

⑥《丁治磐日记（手稿本）》第5册，1946年7月6日，第161页。

⑦ 芮麟：《李先良与葛覃劫掠青岛及其互相角逐的见闻》，《文史资料选辑》第2辑，第46—47页。

丁治磐对肃奸运动的支援表现在安排宪警保护游行队伍，第一次肃奸请愿后，还令警备司令部于当日中午举行记者招待会，号召民众用真实姓名检举汉奸。为安抚抗战人士，丁治磐还承诺烈士遗族每人可按"阶级"发予一个月薪饷和一袋面粉。① 1946 年 8 月 30 日，国防部青岛青年集训处召开记者会，谓"肃奸之举，颇合事实需要"。该处为唤醒市民检举汉奸特制定 14 条标语，其中仅拥护"丁司令"和宪警机关完成肃奸的口号就有 5 条②，而所称的"丁司令"正是青年集训处的实际负责人丁治磐。

葛覃与丁治磐的联手使青岛党、政力量在肃奸中得以有效整合，在姜黎川及其抗战同志会的积极配合下，运动的影响力日益增强。此外，肃奸方还主动寻求青岛以外的政治支援。第二次肃奸请愿的游行队伍主要在山东全省慰劳总会处进行，该团正副团长杨宝琳、赵庸夫不仅积极支持肃奸，还致辞予以声援。杨宝琳曾创办山东省烈士遗族中学并担任校长③，与青岛市的烈士遗族、难民团体早有交集。根据丁治磐日记，杨宝琳于 9 月 3 日在警备司令部举行慰劳会献旗，晚上 7 时至 11 时又与丁一同参加舞会。④ 目前虽无直接证据表明丁治磐联络慰劳团并就肃奸达成一致，但该团事先已知情并无疑义。若毫无准备，慰劳团很难有条不紊地应对如此规模浩大的请愿，更别说发表长篇演讲和提出"打倒贪官污吏""打倒剥削老百姓之反革命份子"⑤等目的性极强的口号。

---

①《警备部今日宣示 检举汉奸败类 盼能附有具体证据》，《民言报晚刊》，1946 年 8 月 29 日，青岛市档案馆藏，D000085/00058/0021。

②《彻底铲除各机关伪员发扬正气整肃法纪 青年集训处响应肃奸请愿团呼吁》，《青岛公报》，1946 年 9 月 1 日，青岛市档案馆藏，D000169/00002/0001。

③ 刘国铭主编：《中国国民党百年人物全书》（上册），北京：团结出版社 2005 年版，第 980 页。

④《丁治磐日记（手稿本）》第 5 册，1946 年 9 月 3 日，第 184 页。

⑤《各县难民及流亡学生响应肃奸示威游行 参加者共达三万余人 分赴各机关呼吁结果极圆满》，《青岛公报》，1946 年 9 月 7 日，青岛市档案馆藏，D000169/00012/0001。

在基本条件具备的前提下，如何充分“运动”起群众的积极性关乎肃奸运动的声势以至成败，有丰富宣传经验的葛覃在其中发挥了重要作用。[①] 葛覃在抵青之初即任《民言报》社长，该报也成为市党部机关报。因其特殊背景，《民言报》抢占了青岛市最好的报社——兴亚新报社的全部设备，销售量居青岛各报之首，在当时影响力极大。接收过程中，地方派接收人员战庆辉因利益纷争与李先良闹翻，便投靠莱阳老乡葛覃成为《民言报》的编辑。战庆辉曾“是李先良左右的红人”，入青后“为李先良代收了不少财礼”，仅由其点收代转的，就有金银首饰 530 多盒，小元宝 380 多个。[②] 因战庆辉掌握了李先良贪污的大量证据，他的加入进一步促成了对李不利的局势。

为扩大肃奸争取同情，市党部在《民言报》上登载多篇社论积极响应抗战同志肃奸团。署名为“辛易”的记者在《一夕谈——肃奸运动》一文中，对肃奸运动和主张“绝对拥护”，他认为“青岛能够首先起来作肃奸运动的请愿”，是青岛民众的无尚光荣，并称其为“正义的伸张”和“民主的表现”。[③] 名为“牟力非”的读者见到肃奸团的行动，“不禁愤慨交集”，政府“胜利一年才肃奸，已嫌太迟；必待请愿才动手，更是遗憾”。他呼吁政府要将“肃奸”和“撤免伪员”“童叟无欺地认真执行”。[④] 除此之外，《民言报》还刊登了署名“忠实的同志王某”给抗战同志肃奸请愿团的一封信，“王某”称自己虽然在“报纸上才认识了贵团”，但“极愿听这个名词，并十二万分的拥护这个团体彻底执行任务”。“王某”还表达了对机关首长包庇汉奸的不满，强烈谴责青岛敌伪产业处理局发给离

① 抗日战争中国民政府节节败退，沦陷地区日益扩大。由于各地党部随军转移，国民政府遂另设隐蔽的“战地党务处”负责管理沦陷区，由葛覃任处长。因其所辖范围与解放区屡有重合，争取群众的支持显得尤为迫切。庞镜塘：《国民党中央组织部概述》，全国政协委员会文史资料委员会编：《文史资料选辑》第 142 辑，中国文史出版社 2000 年版，第 53—54 页。

② 芮麟：《李先良与葛覃劫掠青岛及其互相角逐的见闻》，《文史资料选辑》第 2 辑，第 39—41 页。

③ 辛易：《一夕谈——肃奸运动》，《民言报晚刊》，1946 年 8 月 31 日，青岛市档案馆藏，D000085/00063/0012。

④ 牟力非：《肃奸请愿》，《民言报》，1946 年 9 月 2 日，青岛市档案馆藏，D000058/00005/0005。

职伪员遣散费,并“极盼望贵团急速起来反抗这个举动”。[①] “王某”不一定真是普通市民,不排除编辑部借用民意来给当局施压,但此举确能激起民众共鸣。

在舆论阵地的宣传动员很快起到效果,青岛市多家报刊对肃奸问题跟进报道。肃奸之所以在群众中反响强烈,有多方面原因。首先,葛覃一方充分利用了抗战人士的心理落差。打江山、坐江山是中国人的传统意识,国民政府的接收虽不是传统意义上的改朝换代,但跟随国民党抗战的人士与古人心境并无二致。汉奸“八年以来安享幸福于都市之中”,胜利后“尊荣之乐无改于附敌之旧”;抗战者却“流离失业,窘迫之苦有甚于抗战之际”[②],在接收后很快沦为社会边缘人群,使其不公正感极强。《民言报》将二者矛盾进一步放大,甚至称“汉奸向抗战人员作着骄傲的微笑”。该报采用对比的方式,强调“八年的汉奸坐在办公厅,抗战的同志进了收容所”,“‘伪员’安居乐业,‘抗员’无居无业”等社会矛盾,并作出以下舆论引导:伪员因贿赂“仍旧原职不动”,使“抗战人员不但未获乐业,竟因而失业无业了”。[③] 市党部的牵头号召令绝望中的抗战人士重燃希望,原本的一盘“散沙”又纷纷凝聚在一起。

其次,葛覃阵营充分地唤醒了群众的民族主义情绪。肃奸团高喊“任用伪职员就是反革命、打倒任用伪职员的机关首长”等口号,张贴在各处的诸如“我们为了保持人民气节所以要肃奸”“汉奸是民族的败类、人民的公敌”等标语[④],无时无刻不在动员着群众。抗战同志肃奸团在宣言中,突出抗战人士“以邦国民族为重,而以身家性命为轻”的民族主

---

① 《读者投书——响应肃奸运动》,《民言报》,1946 年 9 月 4 日,青岛市档案馆藏,D000058/00013/0013。

② 《烈士遗族会发表宣言 要求清除奸逆份子 尽先任用参加抗战失业人员》,《青岛公报》,1946 年 9 月 7 日,第 3 版。

③ 牟力非:《肃奸请愿》,《民言报》,1946 年 9 月 2 日,青岛市档案馆藏,D000058/00005/0005。

④ 《伸张正义保持民族气节 彻底清除敌伪色彩 青十万抗战同志组肃奸请愿团 向当局要求撤裁曾任伪职人员》,《青岛公报》,1946 年 8 月 30 日,青岛市档案馆藏,D000168/00060/0001。

义精神，与汉奸“苟于全躯保家之志，而置邦国民族于九霄云外”①的媚外投敌、享乐情怀形成鲜明对比。为使更多人投入肃奸运动，肃奸团甚至创作了《打杀汉奸》的歌曲以供传唱：“打杀汉奸，打杀汉奸，汉奸是亡国的祸根，是出卖民族的国贼，半个也不能够存留，大汉奸卖国通敌，小汉奸是卖身作狗，中汉奸投降作贼，准汉奸妥协求和，打杀汉奸，打杀汉奸……”②

市党部的宣传方式多样，口号、标语、演讲乃至朗朗上口的歌曲无不显示了其出色的宣传组织能力。这些宣传在无形中为请愿人士灌输了“伪职人员裁掉后，抗战人员决不至再演失业悲剧”③的观念，坚定了其斗争的信心。在肃奸运动中，抗战人士作为被“运动”者，对当权者的不满、对汉奸伪员仇恨逐渐滋生蔓延，而市党部的动员正是建立在将抗战人士与伪员处于对立矛盾的基础之上。在“民族主义”情绪的热烈感召下，肃奸运动汇聚起各方之力，以势不可挡之势席卷青岛市。

在肃奸运动中，葛覃与抗战人士所侧重之“奸”并不相同。以葛覃为主的市党部要肃的是贿赂李先良等人的大汉奸，以此达到扳倒政敌、扩充已方势力的目的；而对抗战人员而言，大汉奸处置与否和其利益关系不大，裁撤伪员却与现实处境直接挂钩。国民政府公布伪员限制办法后，为运动者提供了实现政治目的的可能。尽管二者诉求不同，但通过肃奸运动，双方均在一定程度上实现了目的。

肃奸运动发起后，李先良不但要应对群情激昂的肃奸吁求，还要面对裁员所带来的市政压力，尤其在惩治汉奸问题上，使其处在相当尴尬

---

①《烈士遗族会发表宣言 要求清除奸逆份子 尽先任用参加抗战失业人员》，《青岛公报》，1946年9月7日，第3版。

②《伸张正义保持民族气节 彻底清除敌伪色彩 青十万抗战同志组肃奸请愿团 向当局要求撤裁曾任伪职人员》，《青岛公报》，1946年8月30日，青岛市档案馆藏，D000168/00060/0001。

③《青市展开肃奸运动 抗战失业同志赴各机关请愿》，《民众日报》，1946年8月30日，青岛市档案馆藏，D000330/00051/0025。

的境地。国民政府为彻查接收真相，于1946年6月成立接收处理敌伪物资工作清查团分赴各地清查接收的敌伪物资。9月7日，鲁豫区接收清查团抵青。[①] 前一天的肃奸请愿大游行已使舆论、民意尽皆沸腾，在紧随其后的清查工作中，清查团收到的告密函件"如雪片而来"。[②] 虽然议长李代芳表达了希望清查团能"缴白卷"，以证青岛无贪污弊端的美好愿望[③]，但副议长姜黎川等人还是将搜集的张乐古贪污罪证呈送清查团，使其被捕入狱。[④] 第二次肃奸请愿与清查团抵青的时间如此接近，再联系姜黎川等前后行为，证实了其在肃奸运动下打击政敌的深意。

探讨国民政府肃奸问题应注意到它与时局的互动关系。战后国民政府在惩治汉奸中未使法律脱离权力斗争、人情的牵绊，故而适得其反。为应对民众日益加重的不满情绪和复员难题，国民政府不得不裁撤伪员。学界以往多认为国民政府的肃奸极为被动，忽视了肃奸中地方的"主动性"。青岛肃奸运动能发展为一场大规模的群众性运动，是因地方政治势力"运动"群众而来。而从市党部对肃奸运动的组织运作来看，其宣传动员能力并不逊色，但此优势却在一次次内斗中被消磨殆尽。当肃奸逐渐演变为权力斗争的工具，青岛的政治生态进一步恶化，钩心斗角你死我活，连身居其中者都感到力不从心。

二、伪职员的结局及国民政府惩奸之影响

肃奸运动取得阶段性成功，抗战人士及难民的请求得到些许满足，一定程度上缓解了市民的愤懑之情。但对于市政府而言，裁撤伪员并

---

① 物资工作清查团：《关于清查团已抵，谈青备接收机关拟制报告及应行注意事项随函检送五份的函》(1946年9月8日)，青岛市档案馆藏，B0024/001/00612。

②《接收清查团开始工作 告密函件如雪片而来》，《公言报》，1946年9月12日，第3版。

③《但愿接收无贪污弊端并希望清查团缴白卷 参议会招待郭团长纪委员 李议长代芳即席恳切致词》，《公言报》，1946年9月16日，青岛市档案馆藏，D000036/00028/0001。

④ 陈松卿：《侯圣麟之死》，《青岛文史资料》第7辑，第214页。

非易事，机关首长大都“恋恋不舍”[①]，“大有临别洒泪之慨”[②]；社会上不乏为伪员求情者，担心裁撤后会使公务陷于完全停顿，此举“自需稍稍假以时日”。抗战同志肃奸团抱定“不达目的决不中止”的决心，反对暂缓裁撤伪员。舆论更将留用伪员与接受贿赂联系在一起：“有些机关，在接收时，汉奸曾替他们的‘新首长’出过力，赶过纲，弄过物资，弄过金条，乃至于汽车和女人。”而汉奸“逢迎趋承，习与性成”，“自然把老爷打点得舒舒适适，把太太[③]逢承得慰慰贴贴”。[④] 肃奸方的舆论导向不免令偏袒伪员的长官有所忌惮[⑤]，裁撤伪员进而顺利展开。

国统区内以裁撤伪员为主的肃奸运动所涉及的群体数目远大于惩审汉奸，目前对普通伪职员在战后的命运及其影响的关注较为不足。需要特别指出的是，国民政府除对伪政权内部职员进行裁撤外，还曾于1945年下半年对从事教育业的教员及沦陷区学生采取资格审查的方式加以辨别，使“伪”的范围无形中扩大到所有在沦陷区生活的教员乃至学生。为扫清日伪奴化教育影响，国民政府曾于1945年9月颁布《甄审收复区中等以上学校学生办法》及《收复区中等学校教职员甄审办法》，沦陷区学生经审查合格后方得颁发证书或得各机关录用；除严惩在敌伪中等任学校校长及附逆有据的教职员外，其他教员“须一律参

---

① 《读者投书——响应肃奸运动》，《民言报》，1946年9月4日，青岛市档案馆藏，D000058/00013/0013。

② 《各县难民及流亡学生举行肃奸示威游行 定今晨在第三公园内集合出发 要求彻底裁撤所有伪员》，《青岛公报》，1946年9月6日，青岛市档案馆藏，D000169/00010/0002。

③ 抗战胜利初，各大汉奸纷纷给李先良的老婆赵世英（外号小牡丹）馈赠大量首饰，此处应是暗指李先良夫人。芮麟：《李先良与葛覃劫掠青岛及其互相角逐的见闻》，《文史资料选辑》第2辑，第39页。

④ 《扩大肃奸运动》，《民言报晚刊》，1946年9月6日，青岛市档案馆藏，D000086/00012/0007。

⑤ 《伪组织或其所属机关、团体任职人员候选及任用限制办法》第八条规定，“明知为依本办法应受限制之人员而仍推荐或录用者，其原推荐人或主管长官应依法惩戒”。王学珍、郭建荣主编：《北京大学史料（1946—1948）》第4卷，第105页。

加甄审”,合格后准予继续服务。[①] 12 月 1 日,青岛国民政府针对学生的第一期甄审登记开始,考试时间为 25 日,科目内容包括三民主义。[②]

国民政府的甄审仓促而严苛,覆盖面极广,直接影响教员和学生的生计前途,故而法令初下即遭到各地反对。青岛各校学生情绪受到极大波动,在向国民党当局交涉无果的情况下,于 12 月 16 日成立起“教员学生联谊会”,反对国民政府不合理的甄审并决定举行罢课罢教。在当晚学生上街头贴标语的过程中,21 岁的小学教员费筱芝被青保部队枪击身亡,酿成了轰动全国的“费筱芝惨案”,这也促使青岛反甄审运动扩大化。1946 年 1 月 14 日,青岛市九千余师生在市政府门前举行示威游行,在局势行将失控之时,竟演出市政委员张乐古无奈之下向学生跪哭的一幕。为尽快平息学潮,当局不得不在一定条件下满足了师生要求。国民政府虽暂时控制了局面,但反甄审运动却削弱了国民党在青的统治根基。中共在此起到关键的组织动员作用,绝大多数不满甄审的师生开始倾向于共产党。这期间中共既锻炼了青年干部,也为日后解放青岛积累了群众基础。华东局认为“广大群众中从‘盼中央’到‘骂中央’,甚至连比较正派的国民党员也表示失望,群众的‘正统’观念大大削弱了,由于对国民党的失望,更增加了对民主对我党的希望和依靠”,而“这种变化是过去八年没有的”。[③]

1946 年 9 月,在反甄审运动中已逐渐平息的民意又被肃奸运动所激发,但此时又呈现出新的变化。反甄审运动是教员学生反对国民党将其以“伪”视之而展开的抗议,而至肃奸运动已演化为普通民众对所有曾任伪职者的大清算,二者之间极具冲突性。此时在国统区,大半民

---

① 《收复区中等学校教职员甄审办法 教部订颁通令各省市遵照》,《青岛公报》,1945 年 11 月 2 日,青岛市档案馆藏,D000159/00003/0007。

② 《中学生甄审登记 教局奉令办理第一期》,《青岛公报》,1945 年 12 月 1 日,青岛市档案馆藏,D000160/00002/0014。

③ 《华东局关于目前城市工作的指示》(1946 年 2 月 25 日),《青岛党史资料》第 4 辑(青岛师生反美蒋斗争专辑),第 103—105 页。

众被蒙上了“伪”的面纱。受前述肃奸运动影响，在第一次肃奸请愿游行结束后不到三天，青岛敌伪产业处理局即令各伪员自行解职①，其他机关的伪员亦纷遭裁撤，其中仅青岛市政府直属机关内的 242 位伪员中就有 164 人被停职。② 肃奸请愿后的 4 个月内，汉奸嫌疑者的在押人数即达全年 76%③，相当程度上推动了青岛汉奸案的处理。同是为敌服务者，伪政权内低级职员群体(即战后在报刊中通常所指的“伪员”)的数量远大于高级职员，而后者因为伪政权负较大政治责任，在普遍意义上被定义为“汉奸”。

国民政府虽在《惩治汉奸条例》中明确了汉奸所犯罪行，但在民族主义情绪高涨的环境下，“汉奸”同“伪员”的外延一样，都在不断扩大，许多“为了饭碗不得不虚与委蛇”的公务员仅因曾在伪政府做事就被划为汉奸。④ 在裁撤伪员运动中，因国民政府接收混乱而导致的社会矛盾积聚爆发，对伪员的敌对情绪达到高点。“撤免伪员只消一纸命令，任用抗员却有万人候差”⑤，仅仅裁撤掉伪员并不能解决抗战人员失业的问题，反使二者矛盾尖锐化。伪员被裁撤后，市政一时陷入瘫痪状态。

日伪时期的中小职员大多受过良好教育，有较丰富的行政经验，其中不少人是因生活艰辛或被迫就任伪职。战后社会秩序重建过程中，国民政府本应统筹在战争中失衡的社会关系、恢复行政体系的良性运转，对占据大多数且职权较小、不曾为恶的伪员群体采取批评教育及感化方式，使其认识到既往错误并积极投入新秩序的建设之中。但国民

---

①《青年集训处响应肃奸》，《民言报》，1946 年 9 月 1 日，青岛市档案馆藏，D000058/00001/0007。

②《市府伪职人员处理》(1946 年 12 月)，《青岛市统计年鉴》，青岛市政府统计室 1947 年编印，第 16 页。

③《在押犯罪人数》(1946 年)，《青岛市统计年鉴》，第 227 页。

④ 若水：《复员?! 复原?!》，《天风》第 24 期，1945 年 12 月 6 日，第 3 页。

⑤ 牟力非：《肃奸请愿》，《民言报》，1946 年 9 月 2 日，青岛市档案馆藏，D000058/00005/0005。

政府勒令此类人士大批离职，非但没起到促其反省的作用，反而阻断了他们的自新之路。在伪员被剥夺就业机会、另眼相待后，逐渐站在了政府的对立面，从深层次上动摇了国民政府的统治根基。

战后国民政府未制定合理政策和法令约束内部官僚，对伪政权职员群体又无妥善和使人信服的安置及惩处策略，加之缺少对国民党低级职员的养成和考核机制，在低级伪职员突然离职后，行政运转难题接踵而至。地方国民党各派系为扩充势力，任用私人充当要职者不乏有之，不仅加剧了各方内斗、腐化，且难以保证市政府的行政效率，这对统治而言有害无益。如在1945年下半年，青岛当局即不经调查审理而直接开除了北平路、江苏路等五小学校长及私立崇德中学、文德女中校长，市府各派将亲信势力安插在教育界，并以“甄审”为名裁撤了四五十名“无贿赂无嫡亲”的教职员。如崇德、文德女中校长被撤后，换上特务杨勉斋、郑先农；北平路小学、江苏路小学校长被撤换上李先良与教育局局长孟云桥的两位小姨子。① 因此师生在游行示威中喊出“打倒皇亲国舅”，“打倒小舅子小姨子”，“打倒接收委员”等口号②，这对国民政府的形象产生极为负面的影响。

相比于对伪政权低级职员群体较为严苛的处置方式，国民政府对高级职员及所谓“汉奸”却有“大事化小、小事化了”的总体趋势。除对协助接收或“有功”于抗战的汪伪政权大汉奸施以法外“开恩”外，国民政府对地方汉奸案的执行较为轻纵和迟缓。自1946年4月青岛开始肃奸至1947年2月底，共受理汉奸案件444件，已判处死刑3人，有期徒刑179人，无罪15人，无期9人，缓刑2人，不受理8人，通缉者363

① 《国民党统治下之青岛市掀起学潮 师生七千人罢课罢教示威游行 李逆先良残酷镇压屠杀女教师》，《青岛党史资料》第4辑（青岛师生反美蒋斗争专辑），第180　181页；常连霆主编，中共山东省委党史研究室、山东省中共党史学会编：《山东党史资料文库》第27卷，济南：山东人民出版社2015年版，第61页。

② 常连霆主编，中共山东省委党史研究室、山东省中共党史学会编：《山东党史资料文库》第21卷，济南：山东人民出版社2015年版，第443页。

人。受理案件共涉及 600 人,其中十分之六在逃。[①] 根据山东省汉奸案件执行统计表,截至 1947 年 2 月底,山东省并无被判处死刑或者无期徒刑的汉奸犯被依法执行,全省有期徒刑执行人数为 102 人[②],竟不及青岛一市被判处有期徒刑的人数。即使被判刑,汉奸利用手中金钱及积累人脉也可免于刑罚,在司法软弱、政治干预的情况下,汉奸案件被执行的可能性微乎其微。

而裁撤伪员法令执行后,伪员骤遭失业者为数甚多,他们与伪政权高级职员的下场有天壤之别。伪职员因任命主体不同,由高到低分为简任、荐任及委任,虽职位悬殊,但停用期限却相差不过三四年。停用期间"简任因经济状况较优,或无生活之虞;而委任以下者缺乏积储,生活无着,愈增加社会不安"。[③] 众多小职员们,平时吃不饱饿不死,但已"窘困万状"。被裁后,政府虽为其发得遣散费,但主管机关大都层层折扣,移入自己囊中。家乡路途近的伪员,尚且能够"整装归去",那些路途遥远、无法返乡的伪员,只能"日复一日,生吃由空"。这些小职员在裁撤后无生活来源,多数以摆小摊为生,下场极为可怜。但大汉奸却未因裁撤而遭受太大波折,"一般位高禄厚之巨奸大恶"虽身陷囹圄、财产被封,但"只须留其沧海之一粟,已足够其家属终身生活"。[④] 国民政府一刀切的裁撤方式带来诸多隐患,有舆论认为政府不真正肃清于国有害的大汉奸而停用广大伪员,"诚舍大逐小,轻重倒置"[⑤],这与其纾解社会不平的初衷相背。

伪员被裁后,青岛恶劣的生存环境并未扭转,失业率仍旧居高不

---

① 《汉奸处死刑者三人 高二分院一年工作统计》,《民言报》,1947 年 3 月 16 日,青岛市档案馆藏,D000064/00032/0025。

② 《中华民国史档案资料汇编》第 5 辑第 3 编,"政治"(1),第 367—368 页。

③ 友真:《关于停用"伪员"》,《每周评论》第 1 卷第 2 期,1946 年 9 月 25 日,第 4 页。

④ 小记者:《沦落伪员,摆摊度日》,《永生》1946 年第 10 期,第 13 页。

⑤ 友真:《关于停用"伪员"》,《每周评论》第 1 卷第 2 期,1946 年 9 月 25 日,第 4 页。

下。据统计，1946 年度青岛无业人口总数占统计人口的 34%。① 青岛的难民情况依旧严峻。1946 年 12 月 8 日，《申报》记者赴青岛所见："一夜狂风，八万余流亡的难民中有二百多名因冻饿而昏晕过去。这只是一幕'小小'悲剧而已。"②许多农民涌入青岛后"有家难归、无田可种"，所以成了难民。李先良也谈到，对难民的根本救济"第一应当遣送难民还乡"。③ 仅裁撤伪员并没有解决青岛的民生难题，国民政府治下的社会公平正义也然遥遥无期。

抗战胜利后的社会秩序重建是统治者首先面临的问题。蒋介石在日本投降后对全国人民的讲话中曾言：当下"一件最难的工作"，就是使受到法西斯纳粹错误领导的人们，"不只是承认他自己的错误和失败，并且也能心悦诚服的接受我们的三民主义，承认公平、正义的竞争"。④ 但国民政府在接收后的实际情况却与曾经的理想背道而驰。在对群体内展开的自清运动中，国民政府对广大伪员打击力度和层面过大；而在重整附逆群体与复员人士、精英阶层与普通民众等社会关系的过程中，又未把握住当时社会的主要矛盾，对汉奸予以轻纵且放任地方政府高层滥用权力。

恢复沦陷区秩序亦是国民政府扫清日伪奴化宣传残留、确立政党统治权威的过程，但如此重要的时期却因派系斗争与"劫收"城市所错过。李先良在回忆录中称其在 1945 年 9 月 13 日，"是在成千成万老幼同胞的热烈欢呼中，被欢迎进市区"。许多市民清晨便到街道候立，"午饭都没吃"，在欢迎队列中的市民"充满着热忱，希望，挚情"⑤，而民众

---

①《青岛市现住人口职业分配统计(材料时间：民国三十五年度)》，《青岛市政府公报》第 4 卷第 7 期，1947 年 2 月 17 日，第 12 页。

② 杭舟：《青岛在冬眠状态中》，《申报》，1946 年 12 月 15 日，第 3 版。

③《特载：第四次扩大纪念周，李市长报告词》，《青岛市政府公报》第 2 卷第 4 期，1946 年 4 月 30 日，第 52 页。

④《蒋主席胜利之日播讲 正义终胜过强权》，《中央日报》，1945 年 8 月 16 日，第 2 版。

⑤ 李先良：《抗战回忆录》，第 83—84、89 页。

这样的热情与期待仅在不到一年时间便消耗殆尽。普通市民生活得不到改善，抗战人士反遭失业，青年学子前途无望，以上均使民众对国民政府统治的悲观、失望情绪加重，而国统区的民心向背、社会形势对前线士气声威又起到潜在影响。国民党接收沦陷区后的社会治理，对其在内战中的命运走向起到至关重要的作用。

三、国民党战后审奸中的派系之争与司法混乱——以丁敬臣案为例

在青岛肃奸工作开展过程中，曾经担任重要伪职并显赫一时的商界大亨丁敬臣由战争犯罪办查委员会接得匿名告密文件揭发①，经军统局肃奸机关逮捕，送由高二分院检察处侦讯。② 丁敬臣案曾轰动青岛、济南，成为街谈巷议的热点和各大报刊追踪的头条。在国民党内错综复杂的政治形势下，汉奸案背后的权力较量是左右案情的关键，也是当事人能否被判为"汉奸"的潜在影响因素。这在丁案中体现得尤为明显。

丁敬臣是青岛商界的风云人物，根基深厚。他于 1880 年出生于江苏江都，光绪年间捐为监生，授知县，官至候补知府，后弃官经商。德占青岛后，丁任胶澳悦来公司经理，并被德国禅臣洋行高薪聘为买办。日本第一次侵占青岛期间，丁敬臣于 1916 年任青岛总商会会长，后创办淄博民族资本最雄厚的悦升煤矿公司，担任当时中国大型盐业公司——永裕盐业公司经理。日本第二次占领青岛后，丁敬臣创立了大阜银行并任董事长，曾任兴发公司监察、敌宪兵嘱托、内外输出入组合长、东文书院董事长、物产取引人组合长等伪职。③ 抗战胜利初期，丁

---

①《罪嫌不足查无实据 丁敬臣宣判不起诉 密告人匿隐姓名这是何苦》，《公言报》，1946 年 9 月 16 日，青岛市档案馆藏，D000036/00028/0004。

②《汉奸嫌疑丁敬臣证据不足不起诉》，《平民报》，1946 年 9 月 12 日，青岛市档案馆藏，D00136/00022/0021。

③ 青岛百科全书编纂委员会编：《青岛百科全书》，北京：中国大百科全书出版社 1999 年版，第 163 页。

敬臣又成为"青岛市接收委员会"委员①,并一度担任青岛国民政府财政局局长要职。

丁敬臣的落网不仅是当时舆论呼声的要求,更是国民党内部权力斗争的结果。抗战胜利后,国民党各派系视接收为势力重新洗牌、利益再分配的绝佳时机,为率先争抢胜利果实纷纷挣脱脆弱的制度束缚,上演"五子登科"与"三洋开泰"②的接收闹剧,在抗战胜利后青岛的"劫收"中亦是如此。如前所述,葛覃因接收利益分配不公而与市长李先良闹翻,视惩治汉奸为再次榨取利益、揭发李贪污以达政治抱负的契机,遂以市党部为平台,和李先良为首的地方派展开政治博弈,市党部与市政府的冲突、"中央派"与"地方派"的抗衡在此案得到充分显现。

丁敬臣之所以被葛覃列为扳倒李先良的重大砝码有如下原因:其一是丁在青岛无人不知,日据后与日本政府关系暧昧并身兼多项伪职,揭发此事可引起轰动效果;其二是丁为李先良打点金银最多,是李包庇汉奸、收取贿赂的典型代表。丁被逮捕后,李先良急忙亲自出面为之求情,强调丁在抗战期间曾捐献粮食、服装,"有功"于抗战,不能以汉奸论处;而葛覃则坚持应将丁交付军事法庭审判③,围绕丁案李葛二人正式决裂。

在李先良的庇护下,丁敬臣虽然被捕,但在看守所被押期间颇受优待,承办此案的检察官刁复墀始终未将丁提票到院,而是每次都亲至看守所侦讯,并不过堂④,最后以证据不足为由免予起诉。丁敬臣不日开释的消息犹如一石激起千层浪,迫于舆论压力,刁复墀在多家报刊发表

---

① 陆安:《青岛近现代史》,第 219 页。

② "五子登科"指抢车子、房子、金子、衣服料子和婊子;"三洋开泰"指捧西洋、爱东洋、要现洋。参见虞宝棠、林炯如:《中国现代史纲》(下册),合肥:安徽教育出版社 1987 年版,第 178 页。

③ 芮麟:《李先良与葛覃劫掠青岛及其互相角逐的见闻》,《文史资料选辑》第 2 辑,第 42 页。

④《刁复墀案内幕 读者来函报告四点》,《民言报晚刊》,1947 年 9 月 28 日,青岛市档案馆藏,D000098/00054/0022。

对丁敬臣的不起诉书文，主要依据丁的供词对相关指控作出解释：经查证丁所称大阜银行及兴发公司各节，“复核与该被告之供述尚属一致”；对于任职悦升煤矿和永裕盐场一事，因被告曾提交被敌军接管的证件，票传证人与被告辩解完全相符，断定“其非通牒敌国、以金钱物资资助敌人，颇无可疑”。另外，丁敬臣虽曾充伪东文书院董事、物资取引人组合长等伪职，送案原卷也注“有据”字样，但“卷内则无丝毫证据可资证明”，系“空言传闻之词”。对于告密者所称丁敬臣垄断煤炭盐务烟草等罪行，经票传证人李幼云、李少臣等到案，只说“丁敬臣在青岛等行为我不甚熟悉，仅知其为大阜银行董事长”，故无法判定丁有罪。因原告人隐匿姓名住址无从传讯，“依职权再三详查，未发现被告有勾结敌伪、祸国害民之依据”，只能对丁敬臣给予不起诉处分。①

此报道一出，再次引发舆论哗然。由葛覃担任社长的《民言报晚刊》随即发表社论猛烈抨击高检处的处理结果：“丁敬臣这个人在青岛市一般人的观念里边，认为他是一个不折不扣的经济汉奸，他是帮着敌伪吸取中国物资的一个人，因此当着高检处对丁敬臣不起诉处分发表的时候，市人颇为愕然不置。”社论言辞激烈地指出：“像丁敬臣那种人不算汉奸怎样才算汉奸呢？”“丁敬臣都予以不起诉处分，什么人才予以起诉处分呢？”②受其引导，此时舆论主流也由谴责丁敬臣转向攻击司法部门徇私枉法。

丁敬臣无罪释放后，抗战同志肃奸团于 1946 年 9 月 24 日公开在《军民日报》刊载宣言，对高检处处理丁敬臣案表示不满，并对首席检察

---

①《罪嫌不足查无实据 丁敬臣宣判不起诉 密告人匿隐姓名这是何苦》，《公言报》，1946 年 9 月 16 日，青岛市档案馆藏，D000036/00028/0004；《汉奸罪嫌证据不足 丁敬臣不起诉书文》，《平民报》，1946 年 9 月 16 日，青岛市档案馆藏，D000136/00030/0011；《伪大阜银行董事长侦查终结不予起诉 高检处发表处分书说明理由》，《青岛公报》，1946 年 9 月 16 日，青岛市档案馆藏，D000169/00030/0005。

②《关于丁敬臣案》，《民言报晚刊》，1946 年 9 月 27 日，青岛市档案馆藏，D000086/00052/0008。

官朱巍然办案的公正性提出质疑。[①] 同时，肃奸团于次日还向高二分院递交请愿书，认为丁敬臣所任伪职既然属实，尽管其罪状缺乏具体证据，但同样缺乏未曾害国的证据，且无中央证明，难以无罪论处。信中还列举了丁敬臣在德占时期加入德籍、附敌为奸的行为，证明其为一个“老牌汉奸”。作为一个“著名的经济汉奸”，“其所刮之财产在中国已成为有数之富豪”。丁敬臣在家产被查封时还曾变卖财产，被捕期间变卖房产三处，价值十余亿，加上仓库所存大量布匹、豆饼与药等共二十余亿，“未经判决，而其家产仍有主权，此已令人对当局怀疑万分”。之所以如此，是由于大小官员受丁重贿者十余人，“或为之掩饰罪状，或为之说情营救”，故“罪嫌不足”实为“侦查之不足”。肃奸团不仅谴责此种黑暗行为，并要求有关部门秉公处置，尤其使法院能够公正惩处。[②] 面对抗战同志肃奸团的多方施压，朱巍然不得不同时在四家报刊上发表书面谈话：“丁敬臣案如有新事实、新证据仍可提起公诉。”[③]

与此同时，抗战同志肃奸团还向山东省临时参议会检举丁敬臣案。省参议会对青岛分院处以丁敬臣不起诉处分“深为惊异”，特电青岛市参议会[④]对丁案重新“侦讯法办”。[⑤]

压力之下，山东省最高法院“为重视舆论，维护法纪起见”，于1946年10月18日函照青岛高二分检处“将所有审讯丁敬臣案件卷宗，调往

---

①《丁敬臣案余波 高院检察处发表书面谈话》，《军民日报》，1946年9月27日，青岛市档案馆藏，D000201/00072/0003。

②《抗战同志肃奸团文牍》(1946年9月25日)，《侦查处理日本战犯等代电人员薪俸事项》青岛市档案馆藏，B43/01/59。

③《关于丁敬臣案高检处发表书面谈话 如能提供罪证即重行侦查》，《青岛公报》，1946年9月27日，青岛市档案馆藏，D000169/00052/0009。

④ 青岛市参议会是国民政府的地方最高咨询机构，由行政院委派指定人员任秘书长，可向南京国民政府直接提议，不仅是代表民意的机关，同时对政府决策有一定影响。

⑤《丁敬臣案法院处理不公 鲁临时参会电市参会主持正义 应该重视舆论再行侦讯法办》，《军民日报》，1946年10月24日，青岛市档案馆藏，D00202/00092/0001。

济南另行审理"[1],得到消息后丁敬臣急忙向李先良求救。李为防贪污败露,暗嘱丁敬臣以就医的名义逃往上海。[2] 1946年11月29日,葛覃控制的《民言报》及岛城其余四家报社大篇幅刊登了丁敬臣拒不投案的消息。高二分检处在接到省高院函电后,即派警员赴丁宅,从丁敬臣寄给家属的函件中得知丁已赴沪就医。因丁敬臣迟不归案,青岛高二分检处四次票传丁的保人,均以病态严重、事出不得已、飞机无法搭乘、船期已改等理由推脱,并由丁敬臣屡次向青、沪法院交付巨额铺保金得以拖延。因恐生变,青岛高二分检处最终电请上海高院将丁羁押。[3] 丁敬臣拒不归案的消息一出,司法部门受到更为强大的舆论声讨。朱首席不得不二度发表声明:"上海高检处已将丁敬臣送济,在青被侦查之汉奸案,如能提出有力证据时,本处仍予以受理。"[4]

丁敬臣从拘捕到羁押足有一个多月,案情极为"曲折繁复"。南京国民政府法律松弛,丁案的经手者——山东高等法院、青岛高二分检处、上海高等法院的因循拖沓也使其有机可乘。后据丁敬臣在济南供述,他在青岛市高二分院分检处各处都有打点,总计达八亿元之巨。[5] 若没有高层的默示,检察官刁复墀又岂能有如此之大的权力,可见案后盘根错节的政治牵连。对于普通民众来说,汉奸得不到惩处必然会对社会公平正义产生怀疑,联系到自身的悲凉境遇又极感不公,丁敬臣事件无形中成为一个发泄口;对于司法人员而言,在司法混乱年代处处须仰政府鼻息,不可能真正做到秉公处理,舆论的压力又随时可能导致其

---

① 《丁敬臣济南打官司》,《军民日报》,1946年11月19日,青岛市档案馆藏,D000203/00069/0004。

② 芮麟:《李先良与葛覃劫掠青岛及其互相角逐的见闻》,《文史资料选辑》第2辑,第41页。

③ 《丁敬臣在沪被逮 经过情形极为曲折》,《民言报》,1946年11月29日,青岛市档案馆藏,D000060/00103/0012。

④ 《丁敬臣在沪被羁 系济南另有新案——朱首席对记者如是说明》,《民言报》,1946年12月5日,青岛市档案馆藏,D000061/00019/0002。

⑤ 《青市审奸贪污案刁复墀嫌疑重大 丁敬臣纳贿八亿买自由重陷缧绁》,《申报》,1947年10月3日,第2版。

失去饭碗。而政治力量一旦获知民众心理需求，也可操控舆论向对方施压，以此达到预期的政治目标。

丁敬臣案舆论鼎沸，引起了南京方面注意。1947 年 3 月 31 日，针对青岛市参议会就丁案询问大阜银行性质的电函，司法院作出回复，认定大阜银行是伪组织所属金融机关[①]，丁敬臣正式被定为经济汉奸。一个多月后，行政院司法行政部部长谢冠生亲自对丁敬臣案作出批示：根据丁曾担任敌伪大阜银行董事长及实施奴化教育的东文书院董事长，符合《处理汉奸案件条例》第二条及第五条[②]两款，认为“通牒敌国已无疑义”并且“应在历行检举之列”。[③] 8 月 19 日，谢冠生再次对丁案作出补充：因丁担任煤炭产销股份公司董事、兴发公司监察两伪职，还涉及处奸条例第六条[④]之罪行，因此原不起诉处分是“违法率断”，决议将刁复墀停职侦查并对丁案彻底纠察，并要求高院斟酌将未侦查明之案在济南合并处理。[⑤] 至此，丁敬臣汉奸案正式走向了司法审判。

1940 年之后，司法行政部脱离司法院划归行政院，判决权成为国家行政权力的一部分。法院财政、司法人员的任免大权长期归属于行政院司法行政部掌握，人事与财政的依赖为行政干预司法提供方便，法院很难摆脱行政机关的束缚。虽然战后国民政府一直强调司法独立，但司法党化的现象却越来越严重。从 1935 年开始，大量党务人员通过考试进入司法领域，使得法院重要职位基本由党员担任。司法党化

---

① 《院解字第三四一一号》(1947 年 3 月 31 日)，全勤、左健主编：《国民政府司法公报》，南京：南京大学出版社 2011 年版，第 629 页。

② 《处理汉奸条例》第二条：曾任伪组织特务工作；第五条：曾任伪组织所属专科以上学校之校长或重要职务。

③ 《司法行政部指令 刑(二)字第一零九八八号》(1947 年 5 月 7 日)，《伪证人员丁敬臣》，山东省档案馆藏，J036/01/285。

④ 《处理汉奸条例》第六条：曾任伪组织所属金融或实业机关首长或重要职务。

⑤ 《司法行政部指令 刑(二)字第二零二七三号》(1947 年 8 月 19 日)，《伪证人员丁敬臣》，山东省档案馆藏，J036/01/285。

成为国民党派系角逐、利益争夺在司法领域的延伸与体现。①

南京国民政府成立以后实行审检配置制度，将检察机构归于法院，只作为法院的部分独立机构。经费还要由法院统一办理，这使得检察机关权力大大缩小。检察官身份无法独立，权力狭小导致在检举时有所顾忌，不能充分利用职权。法检的推诿扯皮，使得办案效率极低，“推事主义”严重。② 在战后萧条的经济条件下，公务员工资很低、法院财政不独立，导致检察官在办案时处处仰人鼻息，汉奸贿赂的诱惑又使得检察官利用司法的缺口轻纵罪行。丁敬臣被起诉到高等法院后，多次拖延归案，每次向法院提供殷实铺保便可以暂缓到庭，制度的不规范也给腐败提供了可乘之机。

1947 年 9 月 13 日下午 2 时，丁敬臣等人的汉奸案在山东高等法院刑事法庭审判③，现存的一份珍贵的判决书④可大体还原当时的历史现实。谢冠生提出的同丁敬臣在青岛案件一同审判的提议并未落实，该案与华东煤矿经理朱谦之、振业煤矿经理程少鲁、利和煤矿经理李星阶等案共同审判，丁敬臣的职务介绍只有“山东煤炭产销公司常务理事，大汶口煤矿董事长”。其余三位的陪衬使丁敬臣汉奸案变为众多汉奸案中较为普通和轻微的一例，办理此案的检察官为李焕庚，书记官为巫法泉，辩护律师为颜承瀚和李殿甲。在汉奸案审判中，汉奸意图反抗本国、通牒敌国的性质决定了原告为国家，法院检察官代表国家提起公诉。而书记官作为出席审判的国家公务员，负责记录现场笔录。因当时司法存在极大腐败，故书记官多是贪污和受贿的中介。

---

① 李在全：《法治与党治：国民党政权的司法党化（1923—1948）》，北京：社会科学文献出版社 2012 年版，第 160 页。

② 王庆林：《战后国民政府对汉奸的审判（1945—1949）》，硕士学位论文，暨南大学历史系，2006 年，第 19 页。

③《山东高等法院开庭日期通知书 沂字第 106 号》（1947 年 9 月 8 日），《伪证人员丁敬臣》，山东省档案馆藏，J036/01/285。

④《山东高等法院特种刑事判决正本 诉字第 259 号》（1947 年 9 月 17 日），《伪证人员丁敬臣》，山东省档案馆藏，J036/01/285。

这份判决书主要由被告简介、判决主文、事实、判决理由构成，其中理由分三部分说明，第一部分是丁敬臣罪刑部分。丁敬臣曾充任山东煤炭分销公司常务理事、大汶口煤矿董事长，本人虽以“仅挂虚名、并未到差”相辩，但实际上曾任常务理事常驻青岛办公，并由共同被告朱谦之、程少鲁供明，公司均由董事长及常务理事负实际责任，所以罪行不可推卸。山东煤炭产销公司是日本国策公司吞并华体、华实两矿后合并而成，被告秉承敌人意旨，为敌人攫取资源，应负《惩治汉奸条例》第二条第一项第一款之罪。① 但判决书随后说明，“查被告犯罪情节究非重大”，并在青岛光复前曾协助掩护地下工作人员及营救被敌宪兵逮捕的抗战人员，有青岛市政府迭函军委会调查统计局青岛调统室的证明书为证，根据《处理汉奸案件条例》第三条②得以减刑。

第二部分是丁敬臣其他部分的案情，主要列举了三件事。第一件事是有关丁敬臣在1938年率领敌军围击翟汝鉴部并在河西矿上组织谍报队搜集国民政府党政军抗战消息、逮捕抗战人员及家属。丁敬臣对此坚决否认，并且以淄博沦陷后即赴青岛为辩解，判决书认为“虽未足予置信”，但根据被害人“均无非以被告系悦升煤矿公司总理，应由其负责为论”，因此“殊难采取”。第二件事为丁敬臣在1940年纠同日人宫川等率矿警逮捕宝兴煤矿经理路建亭并将该矿据为己有。丁敬臣供称宝兴煤矿原业主黄华早已死亡，1937年其子将采矿权让渡给自己，并有原呈和山东政府实业厅矿区批示图为证，法院认定被告的抗辩并非“空言无据”。路建亭虽有证词：“二十九年十二月二十几日丁敬臣派悦升煤矿的矿长张孝文和我说俺东家在青将矿让给悦升了，这事是在二十九年十二月二十五日由日人宫川及石侠二人带着矿警将我抓起来，说我不将矿交给他并灌了我两壶凉水”，律师辩称即使有被捕之事，

---

①《惩治汉奸条例》第二条第一项第一款：图谋反抗本国者。

②《处理汉奸案件条例》第三条：前条汉奸，曾为协助抗战工作，或有利于人民之行为，证据确凿者得减轻其刑。

但丁敬臣并未在场且不能证明出于被告授意，因此“难令其负责”。第三件事为强占司傅德、张诸浦地亩作为矿场，用该矿所产煤炭向民众榨取食粮生油用以资敌，后延误支付以至民众受损。根据另案被告赵鸿三证明无强占的情形，因司傅德已故，张诸浦经传唤未到庭指证，法院仅以“如果地亩被占，权利所在何肯缄然”，认定无从证实。因煤矿被共产党占据后由政府接收，导致该矿未能将煤炭照付民众，“以粮食换取煤炭是否由被告所主办已有疑义”。法院认为悦升煤矿是被告自有创业，以业主关系仍继续担任总理名义与通牒敌国相矛盾，故上述犯罪行为的证据均应予不论。

从丁敬臣罪刑的判决上，可见主导方完全为丁敬臣及其辩护律师，而作为受害方国家的代表人检察官，几乎没有作出有力辩驳。国民政府实行证据自白原则，保障了诉讼的公平及当事人合法权利；同时实行自由心证原则，依靠法官的业务水平和良知来认定证据。当法官的自身素质不高而又处于主导地位时，证据的认定带有极大的主观性，给取证带来困难。① 判决书中第二部分的案情重大且关系此案性质，却因证据不足、证人未到等理由搪塞，带有极强的主观性，可见是出于检察官有意偏袒。对于先前刁复墀所判的不起诉处分，判决书称根据刑事诉讼法第 246 条，犯罪事实的诉讼效力指未经侦查的事实，被告充任兴发公司监察、大阜银行董事长部分“既经山东高等法院第二分院检察官不起诉处分确定，又无新证据发现，依法既不能就此部分予以审究”。由上可知，丁敬臣汉奸案上诉到济南审理之后，实则暂时避开了青岛的舆论压力，且在青岛所起诉的所有案情又“不予审究”，以此避重就轻，使此案性质发生扭转。

据统计，从 1945 年 11 月至 1947 年 10 月，山东省审判案件数量高

---

① 王庆林：《战后国民政府对汉奸的审判》，硕士学位论文，暨南大学历史系，2006 年，第 27 页。

达599件。[①] 当时汉奸案件集中且数量众多，高等法院的公设辩护律师一人代理多件汉奸诉讼，往往是流于形式，难有精力发挥应有作用。对于朱谦之、程少鲁及李星阶的罪行，判决书仅用了极短的文字说明。因三人的经理身份只是“虚领名义”，经调查又无积极证据，故应以无罪论处。丁敬臣最后因通牒敌国、图谋反抗本国，“处于有期徒刑五年，褫夺公权五年，全部财产除酌留家属必须生活费外没收”。丁敬臣对于判决结果“殊难甘服”，且《中华民国刑事诉讼法》规定“再审不加刑”，丁遂在判决结果下达后申请复判。

随后谢冠生令山东高院将丁案判决及复判理由书呈最高法院，此案的司法漏洞从检察官李焕庚复呈的判决书[②]中也可窥得端倪，其与一个多月前所下结论大相径庭。理由书中表示检察官在接受判决正本后，认为丁案判决轻进而申请复判。但根据相关档案，复判要求实际上由丁敬臣主动提出而与李焕庚无关。李焕庚在此书上并没有为丁敬臣辩护的文字，而是着重说明高院审判丁敬臣案件的疏漏之处及情有可原，可见法院事先早已知晓丁敬臣所涉罪行，在审理过程中并未慎重判决。原判决认为丁敬臣“犯罪情节究非重大”，在此处被李焕庚写为“犯罪情节并非轻微(其中‘轻微’二字为涂抹原内容后添加)”，并在一侧添加“似嫌轻纵”几个字。李焕庚对先前认定无罪的“丁敬臣其他部分”作出说明并新增若干罪行，指出河西矿上谍报队的所有枪支薪饷都由悦升供给，因此破坏抗战部队及谍报队的一切行为均应由丁敬臣负责。宝兴煤矿一案，李焕庚认为丁敬臣保存转移矿权的实业部原件值得怀疑，黄华之子没有到案质证是本案“似嫌疏漏”之处。关于丁敬臣强占张诸浦、司傅德地亩事件，因未能传唤被害人及其家属到场，不能仅凭

---

① 《司法行政部统计汉奸案件年表》(1947年12月)，《中华民国史档案资料汇编》第5辑第3编，“政治”(1)，第362页。

② 《山东高等法院检察官声请复判理由书》(1947年10月14日)，《伪政人员丁敬臣》，山东省档案馆藏，J036/01/285。

赵鸿三的证言就“使被告卸却罪责”。李焕庚认为被告既然为悦升煤矿公司经理,“对外一切法律行为自应由被告负之”,因此和榨取民间物资资敌不无关系,原判中没有论究是“有所失出”。李焕庚还补充道:丁敬臣任伪金融机关首长并且推行伪钞、开发煤矿供敌军使用,虽然先后任职不同,但就其执行的职务性质,“究属一个汉奸行为”。他驳斥了原判决书中不予审究的刁复墀在青岛判决的部分,认为根据“公诉不可分之原则”,审理本案应不受不起诉处分的拘束,仍应对全部犯罪事实加以审核,并谎称高等法院起诉在先而第二分院检察官处分在后,故不起诉处分“不能认为有效”。原判决书所列丁敬臣有利于抗战并帮助地下工作者等减罪行为,在此竟未说明。

李焕庚为何在丁敬臣申请复判时作出与之前截然不同的判决呢?其一是缘于刁复墀贪污案的余波。正值丁敬臣在济南审讯期间,司法行政部训令山东高等法院彻查此前经办丁案的青岛检察官刁复墀。① 不久刁被停职交保,到济南地检处投案并开始审讯,因此案是战后山东司法界中首次涉嫌贪污的案件,故各界情绪激昂,密切注视刁复墀贪污案的进展。② 济南的《山东新报》等多家报刊进行报道,认为此案“尚有其他牵连”,且是“两年来审奸工作中的第一等大事”。③ 在此敏感时期丁敬臣又申请复判,李焕庚恐步刁复墀后尘被查出轻纵嫌疑,故转而对其汉奸行为严加指责。其二是丁案打破了地方与国家的司法“平衡”。山东高等法院作为山东司法最权威的机构,在所辖范围内并未认真执行司法部门的相关法律,检察官在青岛和济南的法院中可以参照各方利害关系为地方汉奸酌情量罪,保护了对所辖案件的最终解释权。丁

① 《经办汉奸案之检察官刁复墀有贪污嫌疑 朱首席谓早有风闻》,《青岛时报》,1947年9月19日,青岛市档案馆藏,D000265/00034/0010。

② 《刁复墀案济各界重视》,《民言报晚刊》,1947年10月17日,青岛市档案馆藏,D000099/00032/0027。

③ 《刁复墀贪污案、苗兰亭汉奸案 众目睽睽观其发展 咸望严惩以儆奸贪》,《山东新报》,1947年10月8日,第2版。

敬臣申请复判打破了山东高等法院的内部默契，地方司法权的扩张以及舆论界的质疑令国民政府司法院的权威受到威胁，势必会追究相关办案人员，这也是李焕庚急于掩盖之前从轻判决的重要原因。前后两种不同的判决都可在法文中找到合理印证，可见司法的疏漏给检察官洗清嫌疑提供了便利。

对比"丁敬臣汉奸案"之前轰轰烈烈的报道，此案的后续报道零星难觅。1947 年 10 月 23 日，《民报》报道丁敬臣第二次被捕赴济南后，将行贿事实全盘托出，原承办丁案之检察官刁复墀赴济南投案。此事揭发后，虽然青岛、济南各报记者曾各方奔走，但"终以有关各方封锁严密，不知底蕴"。《民报》记者接近自济南归青的丁敬臣家属，才以巧妙方法得知"丁敬臣已于上月十七日经山东高等法院判处徒刑五年"。①

丁敬臣在申请复判后并没有长受牢狱之苦，不久便"保外候审，兼医疾病"。他在省高院检察处传讯期未到，根据保人鲁严庭在 1948 年 4 月 15 日供述："被保人因妻病，故精神徒受刺激，以致旧病翻重，在此诊治始终罔效，近始赴沪就医。"②4 月 19 日，李焕庚再次传讯鲁严庭询问丁敬臣所在，鲁带领法警至丁同乡吴建飞处，获知住所为上海林森中路一二三号公寓。③ 丁敬臣在省高院判决后仍故技重施，以病重为由远避上海逃脱刑罚，司法程序流于表面，汉奸的"自由"程度可见一斑。

根据现有资料，丁敬臣最后一次出现在法院是 1948 年 4 月 29 日上午十时，案由为"嘱讯丁敬臣财产"，地点是其当时居住地上海的高等法院检察处。检察官林票祺询问了丁在新浦中正路二号的房产，对房子归属及房契所持人等问题，丁敬臣均用"不晓得"、"我也不大清楚"等

---

①《经济军事多角汉奸丁敬臣处刑五年 高检官认为轻纵声请覆判 济南法院数度侦讯刁复墀》，《民报》，1947 年 10 月 23 日，青岛市档案馆藏，D000371/00043/0027。

②《山东高等法院检察处刑事案件侦讯单》（1948 年 4 月 17 日），《伪证人员丁敬臣》，山东省档案馆藏，J036/01/285。

③《山东高等法院检察官传票》（1948 年 4 月 19 日），《伪证人员丁敬臣》，山东省档案馆藏，J036/01/285。

语模糊回答。询问的十个问题中有八个涉及房产，有关济南案情的问答只有两个。[①] 这份讯问笔录或许更清晰地说明了国民政府审判汉奸的真实意图，对经济汉奸财产再分配的热衷甚至胜过追求司法审判的公正。司法审判中，汉奸案还未最终定刑就对汉奸财产封存，以罪论处走在了罪行认定之前，法律成为一纸空文，为派系渗入及司法人员暗箱操作提供了可能，丁案的判决也难令其慑服。

从现有可查的相关资料中，丁敬臣上诉到最高法院的判决结果无从得知，迟至 1948 年 9 月，丁敬臣案仍"在复判中"[②]，距其申请复判已有近一年之久。根据 1946 至 1947 年最高法院收结案统计表[③]，1947 年旧收及新收案件高达 54428 件，已结案件仅占 56%。在战后初期的艰苦条件下，汉奸案件繁杂且牵扯面较广，加之司法体系缺漏、公职人员亵渎、财力人力不足，办案效率和质量可想而知。1948 年正值国共两党交战的胶着期，汉奸问题已不再是社会的主要矛盾，在这样的背景之下丁敬臣案极有可能不了了之。

不仅如此，刁复墀于 1948 年初由济南飞返青岛，深居简出，鲜与外界接触，而丁在济南狱中的生活所需也由刁复墀供应。[④] 在山东高院宣判半年后，丁敬臣在济南监狱期间显然也受到相关方面照顾。法庭上"公正"审判背后是政治保护下的特权，审奸某种程度上成为国民党为挽救危机而不得不进行的"正义"表演。1948 年 9 月 4 日，刁复墀由济南刑庭宣告判处徒刑三年半，剥夺公权五年，刁复墀当庭声请复判。[⑤] 因此案

---

①《嘱讯丁敬臣财产 协字第二三九号》(1948 年 4 月 29 日)，《伪证人员丁敬臣》，山东省档案馆藏，J036/01/285。

②《为丁敬臣汉奸案候复判决确定 青逆字第七四八零号》(1948 年 9 月 10 日)，《伪证人员丁敬臣》，山东省档案馆藏，J036/01/285。

③ 刘霨凌编纂：《司法院解释要旨分类汇编》(下册)，上海：大东书局 1946 年版，第 183 页。

④《刁复墀已由济回青》，《民言报晚刊》，1948 年 2 月 14 日，青岛市档案馆藏，D000103/00017/0021。

⑤《刁复墀判了 徒刑三年半》，《民报》，1948 年 9 月 8 日，青岛市档案馆藏，D000382/00011/0025。

牵扯权势人物，始终是秘密调查审理，刁也成为权势人物的替罪羊。至新中国成立前夕，曾经的青岛商界大亨丁敬臣跟随国民党去了台湾[①]，一场有关重建民族正义的肃奸行动随着国民政府统治的飘零而草草收场。

不难看出，丁敬臣案中的派系之争以党政冲突的形式表现出来。在葛覃与李先良斗法的第一阶段，葛覃希冀借丁敬臣等大汉奸给李先良扣上贪污的帽子，但李先良随后也将葛覃及其亲信在接收后期营私舞弊的情形向中央和盘托出[②]，二人打成平手，丁案遂失去利用价值。刁复墀贪污案被揭发后，青岛法院的名誉受到极大影响。高二分院首席检察官朱巍然因接受记者采访刁案时发表"早有风闻"的言论被多家报刊攻击，朱登报解释此为记者断章取义[③]；"检察官不能自专、此案尚有其他牵连"的报道一出，矛头又指向刁复墀的前上司——地检处首席检察官丁书恪，丁亦登报澄清"纯系刁复墀个人之事"。[④] 当丁案的余波累及法院及政府等部门的高官之时，又遭到相关政治势力的全力反扑，堵塞了舆论通道。此案背后错综复杂的政治关系才是大众传媒望而却步的真正原因。

审奸工作中的派系之争只是表象，司法制度的不健全才是根本原因。国民党司法党化为各派系渗入司法领域提供了便利，象征国家正义的司法机关亦未能阻止政客染指而保持独立。鱼龙混杂的司法人员在审判过程中，面对诱惑往往将个人的现实利益置于国家正义之上，有功于抗战似乎成为所有汉奸减轻刑罚的理由。司法制度的缺失、腐败之风气又使得受贿成为可能，检察官、政府人员成为为汉奸洗白的说

---

①《丁氏——青岛德租界的华人大亨》，《扬州晚报》，2010 年 6 月 19 日，第 B1 版。

② 芮麟：《李先良与葛覃劫掠青岛及其互相角逐的见闻》，《文史资料选辑》第 2 辑，第 46 页。

③《来函照登——关于刁复墀案的解释》，《民言报晚刊》，1947 年 9 月 21 日，青岛市档案馆藏，D000098/00040/0027。

④《刁复墀案 丁首席绝对无关》，《大中报》，1947 年 11 月 19 日，青岛市档案馆藏，D000357/00031/0006。

客。当时报刊曾感叹:“丁自监狱释出抵家,所耗之金钱,以一步一小元宝计亦不为多。”[①]所谓“金钱固有魔力,情面尤为重要”,经济汉奸凭借雄厚财力和宽广人脉所编织的关系网也使得原本公正的审判被高度侵蚀,惩治汉奸成为不同政治势力的角力场。

如果没有葛覃与李先良的斗法,丁敬臣恐怕仍能高枕无忧地从政经商,即便被提起公诉,汉奸案也将止步于不起诉处分阶段。在汉奸的认定上,政治权力可以使有罪者免于刑罚,当然也能给人以欲加之罪。在国民政府的审奸过程中,“汉奸”在某种程度上,已具有可任意解释的空间。

第三节　“汉奸”与“烈士”:抗战前后国民党将领赵保原的身份转换

抗战前后,受激进革命浪潮和民族主义的影响,不同阵营对于同一政治人物的评判往往具有泾渭分明的倾向,赵保原即为典例。如前所述,赵保原曾是伪满洲国的一名军官,1938年底向国民政府“反正”,并一度成为国共“抗日联军”总指挥,是国民党在胶东最大的实力派。随着抗日战争持久局面的形成,赵保原由联共抗日转为联日反共,与中共进行激烈的军事斗争与政权争夺。不过在此期间,他依旧难脱“汉奸”之名的影响和束缚。在与中共的宣传战中,赵保原作为汉奸、反动派、杀人恶魔的形象日渐清晰,并在老百姓心中留下烙印。当赵保原在抗战胜利后的胶县战役中兵败自杀后,随即进入国民政府的宣传视线,一系列追悼纪念活动使其化身为为国捐躯的英勇烈士。赵保原生前被中共极尽抨击,死后为国民党大力颂扬,是政治力量用以聚拢民心的典型样本。赵本身极具政治冲突性,大是大非背后,其形象的建构是由国共

---

① 《经济军事多角汉奸丁敬臣处刑五年 高检官认为轻纵声请覆判 济南法院数度侦讯刁复墀》,《民报》,1947年10月23日,青岛市档案馆藏,D000371/00043/0027。

两党官方话语所主导的。

抗战后期，国民党人万永光在与赵保原的谈话中，曾问及对当前局势的看法及今后打算。赵认为，“虽然世界大战和中国抗战的大局都很好，盟国和中国都能得到最后胜利，但山东的局势很困难”，自己的队伍能支持到什么时候很难说。但他也流露出“苦撑到底”的决心，“不成功，便成仁”。在万永光看来，赵保原正是“怀着悲观绝望的情绪决心反共到底的”。[①] 赵保原一语成谶，而其悲剧性经历与人生感悟，同上世纪被革命潮流淘洗的边缘性军政人物之间，颇有历史的共通性。在赵保原成为国共宣传中的“典型人物”同时，权力通过对舆论传播的控制来完成社会记忆的重构。美国学者胡素珊(Suzanne Pepper)在《中国的内战》一书中，简单地将赵保原的身份定义为“伪军将领”[②]，其率领国共“抗日联军”作战的历史被时间遮蔽。受回忆史料影响，赵保原的身份愈加标签化，由此不难管窥社会记忆建构的影响之深，下面即从赵保原的最初面貌——“赵宝元”开始谈起。

一、从“赵宝元”到“赵保原”

1904 年，赵宝元出生于山东蓬莱县大赵家村，祖辈务农，家境并不富裕。赵宝元十岁在私塾馆上学，“断断续续读了四年书”。1922 年，原本按父计划到奉天学做买卖的赵宝元经朋友介绍，在吉林军官讲习所学习军事，意外走上军人之路。一年后该校奉令结束，改编为以原教育长毕庶澄为团长的东三省陆军步兵第三旅工兵营，隶属于张宗昌。讲习所毕业的相当一部分学员成为毕部骨干，其中就包括

---

① 万永光:《我所见到的赵保原》,《蓬莱文史资料》第 3 辑,蓬莱县政协文史委员会 1987 年编印,第 135 页。

② [美]胡素珊著,启蒙编译所译:《中国的内战 1945—1949 年的政治斗争》,北京:当代中国出版社 2014 年版,第 14 页。胡素珊在论及国民政府重新任用伪军中的高级军事人员部分中,以抗战胜利后青岛市市长李先良为例,称其“曾是青岛地区皇协军的一名军官”。此处与史实不符,“皇协军”是中共宣传中常对李先良的称呼。

赵宝元。[①] 此后，赵宝元一直跟随毕庶澄参与军阀混战，军事才能不断显现。1924 年 12 月，毕庶澄任东三省陆军步兵第三十二旅旅长，赵宝元旋任该旅的排、连、营长等职。[②] 1925 年底，毕庶澄担任第八军军长，赵作为该军营长随其驻防青岛。1927 年 4 月，毕庶澄因密谋加入北伐被张宗昌一派杀害，“毕的队伍遂逃散和改编”。[③]

对赵宝元之后至效力伪满洲国的历史叙述中，存有较多分歧。在《民国山东通志》为赵宝元所作志中，有赵在毕庶澄被害后“痛之甚，复转任国民革命军第二十一师营长。济南惨案发生后，曾击溃张宗昌、褚玉璞于蓬莱、福山间”的内容。[④] 经考证，赵宝元此时归属刘珍年部。刘珍年曾于 1929 年 4 月击败张宗昌，随后攻克褚玉璞的驻地福山。[⑤] 刘、赵都曾在东北军任营长，后均转赴山东并在张宗昌部下任职。1928 年张宗昌溃败后，刘珍年向蒋介石投诚，“以武力强行收容张宗昌残部”并“以烟台为根据地”发展势力。[⑥] 这期间赵宝元“潦倒数年”，“曾在平度县公安局当便衣刑警”。[⑦] 赵宝元是烟台蓬莱人，在此情况下，被“老战友”刘珍年收编并不意外。中原大战爆发后，刘珍年既接受蒋介石的国民革命军第十七军军长的任命，又受阎锡山晋军第二十一路总指挥

---

① 赵树嘉：《我所知道的赵保原》，《烟台文史资料》第 3 辑，第 46—47 页；大赵家村文史征集组：《赵保原的一家》，《蓬莱文史资料》第 3 辑，第 122—123 页；毕可生：《我的父亲毕庶澄》，《文登文史资料》第 6 辑，文登市政协文史资料委员会 1991 年编印，第 61 页。

② 赵树嘉：《我所知道的赵保原》，《烟台文史资料》第 3 辑，第 47 页。

③《赵师长玉泉先生年表》，《赵保原纪念册》（1946 年），青岛市档案馆藏，A004095；杨传武：《杀人魔王李寿山的罪恶与下场》，《黄海风云》，中共东港市委党史工作办公室 1995 年编印，第 182 页。

④ 该书编辑委员会编：《民国山东通志》第 5 册，台北：山东文献杂志社 2002 年版，第 3190 页。

⑤ 梁子筠：《我所知道的刘珍年》，北京市石景山区政协委员会文史资料委员会编：《石景山文史资料》第 4 辑，北京：门头沟区妙峰山印刷厂 1991 年版，第 137—138 页。

⑥ 李仙洲：《刘珍年的起家与失败》，山东省政协委员会文史资料研究委员会编：《文史资料选辑》第 10 辑，济南：山东人民出版社 1985 年版，第 157 页。

⑦ 陈松卿：《赵保原其人》，《烟台文史资料》第 4 辑，烟台市政协委员会文史资料研究委员会 1985 年编印，第 87 页。

头衔，后刘部被蒋缩编为陆军第二十一师。[①] 所以，赵宝元"转任国民革命军第二十一师营长"一说，应是后人在庞杂的历史线索面前，将刘珍年部队的名称"糅合"而来。

1932年9月，刘部被蒋介石调离山东并遭瓦解。在此之前，赵宝元已依托与李寿山的旧日关系[②]，转投伪满洲国。[③] 九一八事变爆发后，李寿山投靠日本人张宗援[④]，参与招募伪军。1932年5月12日，安奉地区警备司令部成立，李寿山任司令。他之后"网络(注：网罗)土匪赵宝源(注：赵宝元)"，任其步兵第一营营长。[⑤] 赵宝元深得李寿山信任，曾多次率部镇压抗日部队并在伪满洲国军政部受训，1937年升任李部第六团中校团长。日本全面侵华后，赵宝元部以伪"满洲国派遣军李支队"的番号，作为先遣部队的骨干力量，于1938年2月首批入鲁作战。[⑥]

该年5月，赵宝元从台儿庄战役上败退。在即墨瓦戈庄修整时，赵宝元与当地士绅酒宴，曾赞赏与其交手的"蓬莱老乡于学忠部"作战英

---

① 刘国铭主编：《中国国民党百年人物全书》上册，第509页；赵延庆：《近代军阀中的奇特人物——刘珍年》，山东省政协委员会文史资料委员会编：《文史资料选辑》第30辑，济南：山东人民出版社1991年版，第222页。

② 李寿山，辽宁省大孤山人。他与赵宝元同在吉林军官讲习所学习，后一直在毕庶澄部任职，曾任毕部中尉排长。在毕部驻防青岛后，李寿山在第二师第八团任团长，与赵宝元有同学、共事之谊。李保德口述：《我所知道的李寿山》，《东沟文史资料》第1辑，东沟县政协委员会文史资料研究委员会1985年编印，第55—56页。

③ 王志民主编：《山东重要历史人物》第7卷，济南：山东人民出版社2009年版，第267页；《民国山东通志》第5册，第3190页。

④ 张宗援(1892—1948)：日本人，原名伊达顺之助。1924年来华，初任东北军张作霖的少将顾问。后与奉系军阀张宗昌结为兄弟，改名张宗援。九一八事变后，秘密到安东，策动组织傀儡政权。1932年4月，自任安奉地区副司令。七七事变后潜入天津，收编土匪并强征民兵，组织伪山东自治联军，任总司令。周武主编：《二战中的上海》，上海：上海远东出版社2015年版，第437页。

⑤ 李保德口述：《我所知道的李寿山》，《东沟文史资料》第1辑，第55—56页；杨传武：《杀人魔王李寿山的罪恶与下场》，《黄海风云》，第182页。

⑥ 赵树嘉：《我所知道的赵保原》，《烟台文史资料》第3辑，第48页；王志民主编：《山东重要历史人物》第7卷，第267页。

勇、“真有种”。国民党山东第八行政督察区专员兼保安司令厉文礼得知这一情报后，认为赵宝元有“反正”意图。厉文礼为胶东复兴社骨干，其部当时是国民党在胶东最大武装。此时又值中统将其第三组组长、“于胶东情形甚为熟悉”的卢斌从后方调至山东，担任鲁东行署主任，驻地在厉文礼辖区莱阳。① 卢斌上任时仅带30余人，他自知权位虽高，却无根基，积极拉拢第七、九行政督察区专员郑维屏、蔡晋康，第八行政督察区各县亦出现倾向行辕的趋势。这引起厉文礼嫉视，担心“赵保原‘反正’的动向，如果被卢得到，当必乘机而入”。他除任命心腹王海如担任莱阳县县长外，加紧招降赵宝元，得到后者积极回应。赵宝元表示自己“有起义之心”，并称“混到今天，谁想干这个，中国人杀中国人……”，但也对“反正”后的处境表示担忧。②

这段时期，赵宝元亦卷入了日伪内部的权力斗争。张宗援将李寿山部扩编改番为“山东省自治军”后，自任总司令，实际削弱了李的实权。因权力之争，二人爆发了激烈冲突，也令赵宝元“感到不安”。1938年10月，李寿山被逼逃往青岛避难，卫队师中将师长的职务落到赵宝元手中。赵宝元曾去青岛看望李寿山，问他该怎么办，并称“我听你的，你怎么吩咐我就怎么干”，李寿山遂暗示其将队伍“拉出去”。③ 当时日军不敷分配，布防范围仅限于主要铁路、公路沿线；而胶东的抗日力量虽在装备上处于劣势，人数却远多于日伪军。这也使赵宝元认识到，“一旦部队单独拉出来，就会得到极其广泛的回旋余地”。种种内外因素促成了赵宝元“反正”的局面。

1938年12月17日，张宗援命赵宝元的部队移防平度。当夜部队在胶县城北的马店村宿营，赵宝元在胶县“一夜不曾合眼”。18日拂

---

①《行政院长蒋中正呈国民政府明令褒扬故鲁东行署主任卢斌》，台北，“国史馆”藏，国民政府档案，001/036000/00130/038。

② 徐叔明：《国民党胶东行辕事件见闻》，《烟台文史资料》第4辑，第99—101页。

③ 李保德口述：《我所知道的李寿山》，《东沟文史资料》第1辑，第60页。

晓，他派亲信火速送密信给骑兵团长，传达了东进即墨县牛齐埠的紧急指示。十时左右，赵宝元骑马赶赴马店，立即命令全军 1600 余人一齐向牛齐埠跑步前进。此后，赵宝元召集营级以上的官佐开会，宣布接受厉文礼的改编，改番号为山东省第八行政督察区保安第三旅。"反正"后，赵宝元一直受到张宗援的追剿。为"获得喘息机会"，他于 1939 年 1 月将部队移驻莱阳县城以北。此时，赵部有参谋、军需、军医、军械四个处和政治部，下辖两个团和一个直属迫击炮连，弹药充足。[①] 1 月 2 日，赵宝元正式向全国各界发出"反正"通电：

> 溯我军自沦入东北伪国以来、每怀敌忾同仇之心、常存恢复国土之志、祇以环境恶劣、虽处铁蹄之下、倍遭蹂躏、只得隐忍待时、今春幸调入关、国难当头、救亡大任、责无旁贷、爰于十二月十八日高举义旗、毅然反正、健儿三千、咸怀壮志、所携武器、足寒×胆、复我黄帝之子孙、露我本来之面目、以后我部在最高领袖蒋委员长领导之下、抱定誓死救亡之心、澈底殲×之愿、为国牺牲、抗战到底、一息尚存、誓与倭寇相周旋、仍希全国袍泽、加以绝对援助、则此后敝军、必当奋勇杀×、早复国土、以谢国人、临电迫切、不胜待命之至。
>
> 山东反正军司令赵保原、率全体将电士同叩[②]

"反正"通电中，赵宝元将名字改为"赵保原"，原先那个替伪满洲国效劳的赵宝元不复存在。宣言中流露出浓厚的民族主义情绪，一个迫于局势、隐忍待时的抗日英雄形象呼之欲出。随后，他正式报请军事委员会改名为"赵保原"，以示其"保卫中原"的决心。[③] 军事委员会很快

---

① 赵树嘉：《我所知道的赵保原》，《烟台文史资料》第 3 辑，第 51—53 页。

②《赵保原伪部 通电反正 健儿三千咸怀壮志 所携武器足丧×胆》，《申报》，1939 年 1 月 8 日，第 8 版；《胶东伪军　赵部反正》，重庆《大公报》，1939 年 1 月 3 日，第 2 版。

③ 赵振绩：《赵保原誓死卫乡》，黎明文化公司编辑委员会编：《英风照日月》，台北：黎明文化事业股份有限公司 1987 年版，第 270 页。

允准，世上似乎再无汉奸“赵宝元”，而只有奋勇抗战的“赵保原”。在愈发激烈的革命与抗日洪流中，赵保原走上一条离经叛道而又迷途知返之路。纵观赵保原颠簸的军旅生涯，其个人命运与时代脉搏紧密相连，赵亦是在夹缝中生存的人物。

赵保原的出生地蓬莱县位于胶东半岛最北端，明朝抗倭英雄戚继光、直系军阀吴佩孚均出于此。该县地处滨海、商业文化繁荣，早在废科举的三十余年前即兴办起多所教会学校[①]，是山东较早接触到新思想的地区。尽管如此，在帝制崩解后所造成社会、文化的结构性裂缝中，山东腹地孔孟文化的辐射、传统人情社会的影响仍深深印刻在蓬莱人的行事准则之中，这在赵保原身上表现得尤为明显："旧"与"新"、"忠'君'"与"爱国"的思想常处于矛盾之中。

赵保原是奉系军阀的老班底。军阀常以封建伦常关系来巩固军心，奉系军阀高级将领间一开始即形成了“绿林兄弟”[②]式的人事关系模式。十余年军阀混战，赵保原一直追随早先熟识的奉军将领、故交，辗转于东北、山东，“军阀头脑”严重，是一个“只知道服从上级的老派军人”和“典型的地盘主义者”。[③] 赵保原与抗日部队作战多年，可见其民族国家观念较为淡泊，忠于军事首长更胜于在其心中较为模糊的“国家”。在他“反正”后，陈立先被派为赵部的政治部主任，赵保原在召集官兵训话时曾说：“我们在伪满只听日本人的宣传，我们国家的情况什么也不知道，我们必须换换脑筋才能抗战。”由此可见，长期受军阀体制与日伪奴化的宣传教育，是赵保原思想“落后”的一大要因。入关后，面对风起云涌的抗日局势，赵部官兵“受到群众抗战的强烈刺激”[④]，这也

① 于衍田：《蓬莱早期的教会学校》，《蓬莱文史资料》第 3 辑，第 175 页。

② 陈志让：《军绅政权——近代中国的军阀时期》，北京：生活·读书·新知三联书店 1980 年版，第 90 页。

③ 钱醉竹：《醉竹漫谈：谈赵保原》，《大威周刊》第 1 卷第 10 期，1946 年 6 月 16 日，第 12 页。

④ 陈立先：《赵保原在胶东》，《烟台文史资料》第 3 辑，第 100、96 页。

唤起了赵保原朴素的爱国情感。赵"个人英雄主义的思想非常厉害"[①]，具有浓厚的乡情观念。回鲁作战后，民众抗战的"刺激"和赵保原对名誉的爱惜，均在一定程度上促成了其思想上的转变。

赵树嘉[②]是赵保原在军事讲习所时期的同学，此后的二十多年他一直在赵保原部下任职，二人"关系之密切不同于一般"。赵树嘉认为在当时"除一部分人贪图高官厚禄，死心塌地效忠伪满政权外，还有相当一部分官兵，虽有一定的民族意识，但却既不愿丢官失职，又缺乏与敌伪斗争的胆略，为了保存个人势力而接受日伪的点编"，"这部分人两面性强"，赵保原就属于后者。[③] 赵保原在李寿山倒台后面临被削弱的威胁，其顺势"反正"，也是多方利弊权衡后的结果。在自身利益、生存空间受到冲击与挤压时，逐渐增长的民族主义情绪慢慢战胜那个长期被军阀思想熏陶及人情羁绊下的"旧我"，促成了由"赵宝元"向"赵保原"的转变。

二、"死为国殇"：国民政府对赵保原的重构与纪念

尽管赵保原在抗战期间极力表现，希望得到国民党的政治认同，结

---

① 钱醉竹：《醉竹漫谈：谈赵保原》，《大威周刊》第1卷第10期，1946年6月16日，第12页。

② 根据赵树嘉回忆，他十九岁在东北绥芬军官军事讲习所结识赵保原，"对他历史情况的了解比较全面"。《胶东大众》第32期(1946年)登载有署名为"了尘僧"所作的《长恨歌：寄赵玉泉(赵保原字)》，以诗歌的形式回溯了赵保原过往。作者在其中透露的身份线索为：1．"我家世住登州府"、赵保原对其"口口声声唤乡亲"、"移距数里系远亲"(赵树嘉为烟台莱阳小野头村人，清代属登州府管辖，与赵保原同姓且两家相距不远)；2．作者称与赵在东北结识后"投效伪满做贼兵"、"我汝相处十余年"，自己"主要战役均参加，联络日军也尽力"(赵树嘉即在军事讲习所与赵保原认识，回忆中也称赵将许多重要任务交给他执行)；3．作者在抗战胜利前已"意乱心烦谋去志"(赵树嘉在1945年2月万第战败后，执意离开赵保原，后者让他参考一下，"将来万不得已时，投'八'还是投'伪'？"赵树嘉也道出自己在发城曾被共产党俘虏，"不敢提出投奔共产党")。综上所述，基本可断定赵树嘉即是"了尘僧"，《长恨歌》中赵保原的历史轨迹与其在文史资料的回忆基本吻合，故而将赵树嘉的回忆与其他回忆资料和史实相佐证后，具有较高可靠性。了尘僧：《长恨歌：寄赵玉泉(赵保原字)》，《胶东大众》第32期，1946年5月1日，第21—24页。

③ 赵树嘉：《我所知道的赵保原》，《烟台文史资料》第3辑，第46—47页。

果却是事与愿违。赵之高升，又加重了国民党内不得志者的嫉视，而“汉奸”这样先入为主的负面印象更难扭转。中共的宣传令“赵保原”三个字本身即具有了鼓动群众的巨大政治效果。[①] 1942年4月30日，《解放日报》曾对首个“典型人物”——陕西农民吴满有勤劳致富、积极交纳公粮的事迹进行报导，表达了贫苦大众在土改后对共产党的拥戴感激之情。根据地随后大力开展起“吴满有运动”，号召农民向吴满有学习，朱德曾言该报道的社会价值“不下于20万石公粮”[②]，可见典型人物背后蕴藏的巨大政治资源。相比于吴满有，赵保原作为负面典型亦在胶东战场上发挥重要作用。

万永光在没见赵保原之前，想象赵一定同他所见到的土匪、兵痞出身的土司令一样，“是个粗野、无文化或痞气十足的人”。但“见了面并非如此”，赵保原“面目和善，谈吐深沉，彬彬有礼，显得干练稳重”，让其感慨：“这个人看来很不简单。”[③]陈立先“和赵保原一见面就觉得赵不但不系粗野的土匪，也不像蛮横的旧军阀”，他干练稳重，“说话安详，文质彬彬”。在陈立先因厉文礼投敌事件受到牵连之际，赵不仅“很知道”他的处境，还予以保护。[④] 赵保原颇重义气，赵树嘉在万第惨败后执意离开，赵保原曾对其说：“你参考一下，将来万不得已时，投‘八’还是投伪?”[⑤]回忆者在文史资料中所记录的赵保原，大多尚未脱离对其“负面典型”建构而产生的影响。即便如此，回忆中的赵保原仍与宣传中的形象大相径庭。

1945年4月，日军为预防协助国民党部队的美军登陆，对胶东沿海国民党主力部队“一律施行攻势”，向赵保原部进犯。[⑥] 同时，赵部与

---

① 许世友：《我在山东十六年》，第61—62页。

② 李锐：《李锐论说文选》，北京：中国社会科学出版社1998年版，第294—306页。

③ 万永光：《我所见到的赵保原》，《蓬莱文史资料》第3辑，第132—133页。

④ 陈立先：《赵保原在胶东》，《烟台文史资料》第3辑，第102、96页。

⑤ 赵树嘉：《我所知道的赵保原》，《烟台文史资料》第3辑，第90页。

⑥《何思源电蒋中正据赵保原电称敌伪向莱阳七区中莞司令部进犯我因弹药消耗殆尽转移阵地等情》(1945年4月30日)，台北“国史馆”藏，002/090200/00088/282。

八路军的战争“无日不在激烈进行”，残部“生活艰苦，达于极点”。① 赵部的实力盈缩是抗战期间国民党在山东战场的缩影，短短几年时间，游击部队急剧缩减，范筑先、秦启荣阵亡，于学忠和张里元撤离山东，张步云、厉文礼、秦毓堂、孙良诚、吴化文、荣子恒等部投敌，山东成为“华北伪军最多的地区”。② 抗战胜利后，中共陆续解放了胶东的日照、威海、烟台、莱阳等地，国民党在山东的局势不容乐观。赵部处境更为艰难，“给养全凭救济，吃坏地瓜干，天已经渐冷，没有被服”。③ 为获得生存空间，赵保原一心想占领青岛，与李先良的矛盾加剧。

1945 年 8 月 19 日，赵令部下 3000 余人开进李先良的势力范围——崂山仙家寨东天村一带，该地“地处青市咽喉且为日军飞机场无线电台以及白沙河水源地所在”。赵部将该寨强行缴械后，“所有给养衣物劫掠一空”。④ 几天后，被蒋介石任命为青岛市市长的李先良得知赵师两主力团将于 8 月 25 日开入青岛市内的情报。⑤ 他一面电告国民党中央，称在抵御中共侵犯之际，赵保原“乘机威胁各部”，觊觎青市并“紊乱地方秩序”⑥，一面通知日方阻止赵进入市区。⑦ 8 月 27 日，赵保原率部击退八路军，占领即墨城。除在青岛市郊布置兵力外，赵保原还在市内设立办事处，以亲信部下张玉田为主任，为进入青岛做准备。但在国民政府干预下，李先良于 9 月 17 日接收青岛，赵保原则奉命以暂编第十二师师长名义驻守青岛外围布防。其后李先良以青岛市市长

① 《建军特刊：陆军暂编第十二师建军七周年纪念》，第 21 页。

② 《抗日战争时期解放区概况》，北京：人民出版社 1953 年编印，第 90 页。

③ 陈立先：《赵保原在胶东》，《烟台文史资料》第 3 辑，第 125 页。

④ 康健夫：《驻仙家寨保安队第一大队部第一三中队与赵保原部接触损失械弹清册》（1945 年 8 月 22 日），青岛市档案馆藏，B0024/001/00129。

⑤ 王盛枝：《赵保原两主力团进驻市内的情报》（1945 年 8 月 24 日），青岛市档案馆藏，B0024/001/00129。

⑥ 李先良：《关于莱保、平保、即保及赵保原残部转入李村、沧口区一带的电》（1945 年），青岛市档案馆藏，B0024/001/00542。

⑦ 李先良：《关于风闻赵保原一九四五年八月二十五日开两个团进入市内的电报》（1945 年 8 月 25 日），青岛市档案馆藏，B0024/001/00736。

名义公开宣布张玉田通敌的汉奸罪状并处以死刑，二人矛盾升级。[①]是时赵保原的指挥部及一团驻胶县，三团、二团分别驻高密、即墨，在地势上为扁平的三角形，呈拱卫青岛之势。对此，陈立先预感到：赵保原退居青岛外围，“只有同八路军合作，不然不能存在”。[②]

抗战中后期，赵保原在胶东军事地位高于李先良，与胜利后的待遇颇显反差。其实，这与注重资历与派系的国民党政治文化有关。鲁苏战区政治部主任周复曾向蒋介石建言：“凡土匪出身及伪军反正者皆不宜使任行政官吏”，特别指出有过伪军身份者赵保原“民间对之多有怨言”。[③] 所谓“民间”，恐是胶东国民党军政人员。他们多为资深党员，对赵成见颇深。抗战时期国民政府对实力较强的赵保原委以重任，意在稳定山东政局；胜利后各派系对敌后大城市的接收权争夺激烈，缺少政治根基的赵保原便遭受冷落。

伴随国共摩擦加剧，赵保原与中共武装冲突不断。截至 1946 年 5 月，双方激战达 37 次。[④] 山东军区认为要掌握胶东，必须拿下赵保原，而胶县是赵防御部署的中心，遂决定以“猛虎掏心”战法打掉敌人的指挥中枢，割裂其防御体系。6 月 8 日夜，山东野战军第五师 3 个团及北海独立团以 7 万余兵力发起攻击，赵保原则在胶县城内死守。赵部下的两团因惧怕逃逸，城内只剩赵保原及下属黄团 1000 余人。9 日上午，赵向青岛市政府请求增援，同时急电在即墨的 3 个团前往支援，均未有援兵赶到。12 时，中共对胶县发起总攻。赵保原组织敢死队亲自督战，“一个个拍着已经失去信心的小兵们的背腰”。[⑤] 在中共炮火猛攻下，赵部士兵纷纷向城外逃命。赵保原见大势已去，下令毁坏武器，

---

① 张宝山：《姜黎川及其部队的一些历史情况》，《胶县文史资料》第 1 辑，第 64 页。

② 陈立先：《赵保原在胶东》，《烟台文史资料》第 3 辑，第 125 页。

③《周复电蒋中正鲁省情形》（1939 年 12 月 22 日），台北“国史馆”藏，002/090300/00216/358。

④《罪恶滔天的赵逆保元〔原〕》，《解放日报》，1946 年 6 月 18 日，第 1 版。

⑤ 孔东平、曲中一：《击毙胶东头号战犯赵保原》，《大众日报》，1946 年 6 月 24 日，第 4 版。

他在撤退过程中负伤，随后在绝望中开枪自尽。[①] 高密、即墨相继解放，胶东最大的国民党武装被消灭。

围绕赵保原之死，国共双方衍生出不同的版本。国民党坚持赵保原"自杀说"：赵在负重伤两处后，"耻为'匪'俘"，乃语下曰："余既不能成功，自当成仁"，"遂拔手枪自杀，壮烈殉职"。[②] 中共方面，《解放日报》曾于1946年6月17日刊登莱阳电，称"盘踞胶县恶贯满盈的伪军头子赵保原""已为我军击毙"。[③] 新中国成立后，指挥胶县战役的林浩、许世友等均持赵保原被"十三团(的)战士(勇士)击毙"一说。[④] 但据赵树嘉和陈立先回忆，赵保原为自杀。[⑤] 陈立先言，赵在生前常对其说"军人失败，只有一死"。[⑥] 根据多方史料还原，可知赵保原先被流弹击中负伤，后以手枪自尽一事已无疑义。宣传赵保原被八路军击毙，更能体现出其恶有恶报、与人民为敌的下场。但赵保原的自戕而亡，使其多了一抹"宁死不屈"的悲剧英雄色彩，与素来宣传中"奴颜婢膝、无耻求饶"[⑦]的汉奸赵保原形象截然相反。

---

① 韩殿焕：《在子弟兵团的日子里》，常连霆主编，中共山东省委党史研究室、山东省中央党史学会编：《山东党史资料文库》第29卷，济南：山东人民出版社2015年版，第173页。

②《追悼赵师长及阵亡将士公开征求挽词》，《军民日报》，1946年7月3日，青岛市档案馆藏，D000199/00175/0010；追悼赵市长保原暨阵亡将士大会筹备会：《关于订于七月十三日在忠烈祠举行追悼阵亡赵保原师长大会希造纸公会寄挽文的代电》(1946年7月3日)，青岛市档案馆藏，B0038/003/00740。

③《赵逆保元〔原〕毙命》，《解放日报》，1946年6月17日，第1版。

④ 许世友：《许世友回忆录》，第390—391页；《林浩》，中国人民解放军《中国人民解放军高级将领传》编审委员会、中国中共党史人物研究会《中国人民解放军高级将领传》编纂委员会编：《中国人民解放军高级将领传》第28卷，北京：解放军出版社2013年版，第320页。

⑤ 据赵树嘉回忆，赵保原被子弹击中后"还没有死，但自知不中用了，哀求侍从兵再给他一枪，侍从兵没有下手"，因中共士兵蜂拥而上，"赵保原只得掏出手枪自戕而亡"。陈立先称，"赵保原虽然突出城外，但伏兵四起，自知无路可逃，自戕而死"。赵树嘉：《我所知道的赵保原》，《烟台文史资料》第3辑，第93页；陈立先：《赵保原在胶东》，《烟台文史资料》第3辑，第128页。

⑥ 陈立先：《赵保原在胶东》，《烟台文史资料》第3辑，第128页。

⑦ 孔东平、曲中一：《击毙胶东头号战犯赵保原》，《大众日报》，1946年6月24日，第4版。

两军交战后敌首的遗体处置问题成为战事之外的焦点。胶县战役甫刚结束，中共师长聂凤智即命令各部迅速查找赵保原的下落，四处寻找后仍不见其踪影，使“气氛顿时紧张起来”，胶东军区首长也“接二连三”地打电话催问。在找寻到赵的遗体之后，“尸身经洗去血迹后，拍照拟寄延安报功，并将头割下，送往莱阳城”。① 根据中共栖霞特务连干部林守训回忆，是在“部队首长吩咐下，经杨世文和另一个同志，用铡刀铡下了赵保原的头，由部队送到莱阳县的几个地方悬首示众”②，与官方宣传中所称深受赵保原之害的“莱阳人民”“专门”把他的头割下一说不符。③ 对赵保原这个中共宣传中的“胶东头号战犯”采取枭首示众的极端方式，既对敌人是一种震慑，也为共产党树立了替人民报仇、为群众伸冤的正义者形象。在莱阳县、海阳等几个县，中共拟具赵保原的形象“做成假人头抬着四乡游了十多天”，发动群众控诉国民党。④ 利用赵保原的遗体，中共动员群众展开诉苦及对国民党的控诉运动。这种形式的忆苦思甜，使民众在战中的冤抑之情得以释放并聚拢了民心。赵保原死后 7 天，中共出版《大汉奸赵保原罪恶史》一书，将消灭赵视为抗战的继续。⑤

赵保原是内战中较早自戕而亡的高级将领，国民政府也在积极争夺解释赵保原之死的话语权。在抗战时期，面对中共对赵保原树立的负面典型给国民党造成的恶劣影响，国民政府官方宣传媒体一直处于“失语”状态，这很大一部分也源自赵过去并不光彩的历史。但赵保原

---

①《赵保原师长已壮烈殉职》，《平民报》，1946 年 6 月 14 日，青岛市档案馆藏，D000133/00026/0013。

② 林守训：《记栖霞子弟兵团特务连的斗争史实》，《栖霞文史资料》第 6 辑，栖霞县政协文史资料委员会 1997 年编印，第 5 页。

③ 许世友：《许世友回忆录》，第 390—391 页；《林浩》，《中国人民解放军高级将领传》第 28 卷，第 320 页。

④ 刁忠欣：《彻底消灭汉奸赵保原》，涪陵新四军历史研究会编：《碧血丹心》，重庆：涪陵新四军历史研究会 2007 年版，第 160 页。

⑤《大汉奸赵保原罪恶史》，烟台：胶东新华书店 1946 年版，第 25 页。

之死，赋予了他战斗到最后一刻的悲剧英雄形象，这恰是国民政府在特殊时期需要大力宣扬的。

赵保原阵亡消息传来后，青岛市各界随即发起缅怀，与中共抢夺赵保原问题上的话语权。署名为“啸问”的读者对赵保原作纪念诗词，内曰：“慷慨成仁了此生，愁云惨雾太凄情。英灵不泯寄何处？化作怒潮放吼声。田横名岛在望中，今古忠魂道义同，地老天荒无尽日，英风落落存胶东。”[①]词句凄凉悲壮，令赵保原的悲壮形象跃然纸上。《军民日报》进一步指出，“凡我将士，必能本乎赵师长矢忠矢勇的精神，来建立肃‘匪’安民的功业。只要有这种精神存在，‘匪’必可肃，民亦必能安”。[②] 显然，褒扬赵保原背后，亦有提振将士士气的现实意义。

青岛市副市长、市党部主任葛覃曾与赵保原关系密切。[③] 他专门在报刊发文，赞扬赵保原“是鲁东方面军事的元戎”和“鲁东敌后战场的支柱”。葛覃给予赵极高评价，称“这种杀身成仁的牺牲精神，是我国数千年来儒家哲学传统精神的继承者。其死事之烈，赴义之勇，使张自忠将军已不能专美于前”。[④] 李先良在 1948 年曾著有《抗战回忆录》，详细记述了自己“在鲁东指挥军政，领导民众开展抗敌的活动”[⑤]，对其抗战及保卫青岛的功绩颇引以为豪。葛覃将赵保原高抬于昔日的上司李先良之上，与葛李二人的利权之争密不可分。在葛覃任社长的青岛市党部机关报——《民言报》刊载的追悼赵保原与殉难官兵的文中，指出

① 啸问：《松华轩诗稿 追悼赵师长暨殉难烈士 遇雨咏绝名四首》，《青岛公报》，1946 年 7 月 16 日，青岛市档案馆藏，D000167/00031/0028。

②《如何安死者的心？——悼故赵师长保原及保卫胶高即青阵亡将士》，《军民日报》，1946 年 7 月 13 日，青岛市档案馆藏，D000199/00187/0006。

③ 据陈立先回忆，在赵保原部队困难、向李先良请求帮助“效力不大”之时，葛覃在封一个线毯厂库前，曾叫赵保原“去拉线毯”，并给陆军暂编第十二师安排新办事处。陈立先：《赵保原在胶东》，《烟台文史资料》第 3 辑，第 125 页。

④ 葛覃：《追悼赵师长保原暨保卫胶高即青阵亡将士》，《民言报》，1946 年 7 月 14 日，青岛市档案馆藏，D000056/00022/0008。

⑤ 李先良：《抗战回忆录》，第 16 页。

赵在“中央尤无械弹款项之接济”下“自力更生”,“共军未能将鲁东一隅,完全控制,赵氏之功,实有足多”,以致中共对其“恨之刺骨”、“多所污蔑”。《民言报》进而大胆揭露赵保原战败之因:“一个暂编师,防地如此辽阔,原非作战姿态,亦无备战意味”①,将责任引向青岛当局。

葛覃一方的揭露引出了赵保原之死的深层原因。事实上,赵保原在胶县战役的惨败,确与国民党内各派利权斗争、各自为顾密切相关。赵保原部由青岛警备司令部直接指挥,丁治磐为司令,李先良为副。赵部下的三个团分别驻高密、城阳、即墨,虽形成了对青岛的保护圈,但“对十二师却是指挥部与所属部队远在百里之外,各守死点,不能灵活运用”。② 赵保原虽多次请求援兵,但青岛当局有“不得调集所属部队”的指令③,周边的国民党军队袖手旁观,遂使赵保原部全军覆没,青岛市区失去屏障。因揭到当局痛处,《民言报》被罚停刊一星期以上。在国民党对赵保原树模范的过程中,因李先良与葛覃争权夺利,连官方传媒都对政府拆台。赵保原形象得以升华的同时,也暴露出国民政府内部凝聚力的缺失、个人得失远大于党的利益的残酷现实。

随着青市周围胶县、即墨等据点的失陷,及中共“扬言再取青岛”④的传闻,青岛的形势愈加不安以致人心惶惶。为此《军民日报》特地刊登《不要惊慌》的短评,再次强调“青岛毫无问题!”,并希望市民“‘镇静’与‘沉着’”。⑤ 这种情形之下,国民政府青岛当局急需通过对赵保原的追悼来坚定士兵战斗的决心。青岛军政各界积极筹备对赵保原的追悼大会,决定搜集赵保原及阵亡将士的史绩并编印纪念册⑥,登报公开征

---

①《追悼赵保原师长与各部殉难官兵》,《民言报》,1946 年 6 月 14 日,青岛市档案馆藏,D000055/00026/0044。

② 陈立先:《赵保原在胶东》,《烟台文史资料》第 3 辑,第 127 页。

③ 赵振绩:《赵保原誓死卫乡》,《英风照日月》,第 272 页。

④《共军攻陷即墨 扬言再取青岛》,《军民日报》,1946 年 6 月 18 日,第 4 版。

⑤《短评:不要惊慌!》,《军民日报》,1946 年 6 月 18 日。

⑥《追悼赵师长大会积极筹备并拟陈列其史迹 发出代电征集各界挽联诔词以表勋烈》,《平民报》,1946 年 7 月 3 日,青岛市档案馆藏,D000134/00002/0012。

求挽词。[①] 南京国民政府亦对赵保原大加表彰，准其入国家忠烈祠，追赠陆军中将并给予恤金。[②]

7月13日，追悼赵师长保原暨阵亡将士大会筹备会在青隆重召开。早晨6时，赵保原遗像在乐队的哀奏声中被请往忠烈祠，“沿途市民纷纷争睹遗容”。各界人士、各校学生、市民及流亡团体，冒雨前往祭祀者“达数万之众”。会场大门高搭松坊，横挂“追悼赵故师长保原及保卫胶高即青阵亡将士大会”帐幔，上悬赵保原放大像片[③]，灵堂布置肃穆，路旁及会场周围之挽联“达千余幅之多”，蒋介石特颁“死为国殇”匾额，高度褒奖赵，称其“洵足为军人楷模”。[④] 国民党政要纷纷为赵保原题写挽词，宋子文挽词为“功高泰岱”，白崇禧写有“百战功名垂乡国，千秋碧血壮山河”诗句，何应钦挽词“名标青史”，王耀武挽词“气壮山河”。上午9时，“大会遂在滂沱大雨中开始”。哀乐后，由丁治磐主持，领导行礼、上香、献爵，全体向赵氏遗像及保卫胶、高、即、青烈士灵位哀悼三分钟后，即宣读国民党高层对赵保原的祭文。丁治磐在致辞中，高度赞扬了赵保原“杀身成仁、壮烈牺牲”[⑤]的精神，正是“各烈士用他们的血肉，粉碎了共军之阴谋”。丁氏在最后不忘警示：“现在共患未已，我们所处时势，正与赵师长及各位烈士同，一旦不测，也会遭遇同样的命运”，号召大家“踏着烈士的血迹，勇敢迈进，来完成他们的未竟之志！”[⑥]追悼大会于11时结束，其后为机关团体、赵氏亲友

---

①《追悼赵师长及阵亡将士公开征求挽词》，《军民日报》，1946年7月3日，青岛市档案馆藏，D000199/00175/0010。

② 赵振绩：《赵保原誓死卫乡》，《英风照日月》，第273页。

③《愁云惨雾中昨举行追悼赵保原师长 仪式隆重倍极哀荣 丁司令领导祭奠并致词激励将士》，《平民报》，1946年7月14日，青岛市档案馆藏，D000134/00022/0014。

④ 王明长：《赵保原将军传》，台北《山东文献》第7卷第4期，1982年3月20日，第11页。

⑤《追悼赵师长及阵亡将士 凄风苦雨万众与祭 保土卫民而死为民族树立正义》，《民言报》，1946年7月14日，青岛市档案馆藏，D000056/00022/0012。

⑥《愁云惨雾中昨举行追悼赵保原师长 仪式隆重倍极哀荣 丁司令领导祭奠并致词激励将士》，《平民报》，1946年7月14日，青岛市档案馆藏，D000134/00022/0014。

及一般市民的自由祭，因“与祭人数过多、未能致祭者颇多”，遂在14日继续公祭。①

这场追悼会使国民政府对赵保原的纪念达到高潮。目之所及，青市各大主流报刊对此事的报导近十篇之多。对赵保原的追悼会，亦是对中共的控诉会。会上青岛国民政府当局对赵保原等将士“未死于敌而死于共”的结局深表遗憾，痛斥共产党挑起战祸、“残害忠良”的行为。赵保原是内战早期自戕而死的国民党高级将领之一，国民政府对赵保原大力颂扬，其中暗含着对该党将士的期许，意在为贪生怕死者树典型。阵亡将士牺牲的凄惨悲壮被无形中转化为振作士气、巩固民心的政治资源，以此打破民众对中共的幻想。

赵保原本身富有政治宣传性，这不但使他的死演化出诸多版本，就连他生前的人生轨迹也难逃被改写的命运。在国民党对赵保原一系列纪念、追悼活动中，作为至纯至善、至忠至勇的赵保原形象开始浮现。而对赵保原死后的形象重塑中，也充分诠释了“不以出身论英雄”的人物评判标准。《军民日报》所刊登的《赵故师长保原先生事略》一文，改写了他在伪满的历史。内称赵氏因二十一条“慷慨悲愤立志请缨”，而赴吉林军官讲习所学习。九一八事变后，赵虽“陷身伪满”，但“悲愤填胸”、“未有良机”。七七事变后，赵保原认为“时机已至”，“乃请求率部入关参加战争，以为效命党国大计”，但被东条英机识破后“收回入关之命”。其后赵“复经多方运用，始得遂愿入关”。驻防胶县时，赵保原喜语部下曰：“效命党国时机至矣”，率部下参加抗战。《事略》中称赵保原尽管受中共“种种利诱”，但其“严词拒绝进剿不已”，每谓僚属曰：“倘使吾力不能制‘匪’，则惟有一死以报党国。”②

①《追悼赵师长及阵亡将士 凄风苦雨万众与祭 保土卫民而死为民族树立正义》，《民言报》，1946年7月14日，青岛市档案馆藏，D000056/00022/0012。

②《赵故师长保原先生事略》，《军民日报》，1946年7月13日，青岛市档案馆藏，D000199/00188/0003。

抗战前后国民党对自己军队投日一事多有避讳，故而《军民日报》对赵保原曾加入国民党刘珍年部一事未有提及。赵振绩（出生于1928年3月21日，山东省蓬莱县人，1949年后去台湾）应与赵保原是亲族关系，在其所写的《赵保原誓死卫乡》一文中，称赵保原"密谋回应革命（注：此处应是指毕庶澄拟带领部下投诚革命军），未遂，仍回东北任第八军上校团长，九一八事变，陷身伪满"①，同样将赵保原效力伪满归为被动。受不同政治立场的影响，记忆会选择性遗忘并发生扭转、变型。这也是在国共话语体系中，赵保原形象日益极端化的重要原因。

在赵保原四十三年的生命历程中，出身奉系、阻挠北伐、转投革命继而就职伪满，终至1938年"反正"抗日，一生政治立场可谓多变，这与20世纪上半叶动荡的历史时局紧密相关。"反正"后，赵保原最忌听"汉奸"一词②，并竭力摆脱其影响，他本人亦有浓厚的英雄情结。尽管赵保原将自我定位为抗日先锋，但在战时国、共、日三角斗争的复杂形势下，他开始奉行生存大于正义的准则。在国民党中央无拨款救济的情况下，赵保原开始"自力更生"，无形中加重了当地民众的负担。在赵与日伪"反共反人民"的罪行遭曝光后，也令其难以彻底洗刷"汉奸"之名。抗战中后期，在山东国民党部队大为削减的局势下，赵保原虽欲加强胶东部队间联络，却因威望不足，被地方势力嫉恨排斥，他亦陷入"孤军无援，孤立无依，孤苦无告"的境地。③ 而赵保原之死，又为国共再度展开政治博弈留有空间。国共对赵保原之死进行着不同的战争动员，内战的大幕徐徐展开。

① 赵振绩：《赵保原誓死卫乡》，《英风照日月》，第270页。

② 张宝山：《姜黎川及其部队的一些历史情况》，《胶县文史资料》第1辑，第52页。

③《赵保原纪念册》（1946年），青岛市档案馆藏，A004095。

第四节 政治改造下的汉奸
——以青岛伪市长姚作宾为个案的考察

20世纪三四十年代，日本侵华引发中日激烈民族冲突，中华民族认同日渐兴盛。此时，汉奸的产生应是与时代潮流反差最大的社会现象之一，也是抗日战争研究中不可绕过的议题。事伪前，姚作宾曾是高举爱国旗帜的青年运动领袖；日伪时期，姚将投敌标榜为“爱国”；战后国民政府审奸时，他拒不认罪并不断诉说任内种种“德政”。新中国成立后，姚作宾的认罪态度发生翻天覆地的变化，积极参加改造，努力做一个“新人”。个中差别，颇耐玩味。不同政权的品格、政治文化的差异，以及个体自我重塑的张力与时势的互动，隐藏其间。本部分将以姚作宾为例，透视这位时人眼中“大奸巨恶”的心路历程，从其自我定位的不断变化中，理解一个别样的个体，在近代中国政治社会变化中的浮沉。

一、抗战胜利后姚作宾对汉奸罪的申辩

1945年10月11日，姚作宾作为青市“头号汉奸”被捕入狱。抗战胜利后汉奸审判是国民政府重塑合法性的重要一环，随着大规模惩奸运动的开展，姚作宾案被正式提上日程。1946年5月7日，山东高等法院公审姚作宾。该案审讯经过由广播电台播送全市，市民可用收音机收听详情。[①] 除报社记者20余人外，旁听观众达500余人，法院门前听播音机播报者更达千余人。当警察将姚作宾押解至法院门口，“观

①《高院今晨公审姚作宾 广播电台将播送全市 市民可用收音机聆取审讯情形》，《平民报》，1946年5月7日，青岛市档案馆藏，D000132/00014/0021。

众一涌而上”争睹姚作宾①，足见此案受关注程度之高。

开庭后检方以抗战期间《青岛新民报》相关报道及姚作宾言论集等为证据，指证他担任伪市长及征募劳工、献机、献铜、献金等资敌事实。而后姚作宾诵读辩书，“滔滔不绝，强行狡辩”：“出任伪市长，完全为维持地方起见，并非意欲卖国求荣”；对各文字证据“予以否认”，辩称“系在敌寇控制舆论统制宣传之环境下，不得已而为之”。接着双方展开辩论达 2 个多小时。检方未能使姚作宾认罪，后者负气地称：“我已参加伪组织，实无话可说！”但请“依法处理，不要过甚其词”。② 姚作宾此番辩解延续了其在沦陷时期的认知，仍坚持有功，遑论罪责。

四天后姚作宾以“通牒敌国，图谋反抗本国”罪名被判处死刑，“褫夺公权终身”，全部财产除酌留家属必需生活费外予以没收。对于姚作宾抗辩的由刘承烈介绍在此工作一节，法院认为“即便是有，而在敌人败战时才有这举动，显然是投机行为”，故而并不成立。姚作宾在闻讯后，“将头低垂，始终未发一言”。③ 判决结束后，姚作宾向记者表示宣判死刑是意中事，但“未免过重”。姚作宾曾要求看守所所长将其独押一牢，准备撰写诉状，但因监房不够分配，遂遭拒绝。一审后姚作宾在牢中“终日伏案”写状，准备上诉。④

姚作宾的上诉书的确产生了作用。1946 年 10 月 3 日，最高法院

---

①《姚逆作宾昨在高院开始公审 定本月十一日下午宣判》，《公言报》，1946 年 5 月 8 日，青岛市档案馆藏，D000034/00010/0002。

②《姚逆作宾昨在高院开始公审 定本月十一日下午宣判》，《公言报》，1946 年 5 月 8 日，青岛市档案馆藏，D000034/00010/0002。

③《汉奸末路——姚作宾判死刑 全部财产除家属留生活费外均没收 刘承烈介绍工作之抗辩是投机行为 如不服判可于十日内请求复判》，《平民报》，1946 年 5 月 12 日，青岛市档案馆藏，D000132/00024/0001。

④《判处死刑之姚作宾拟撰状上诉请求复判 终日伏案为其生命作最后之挣扎 高等法院宣布其犯罪事实与理由》，《公言报》，1946 年 5 月 14 日，青岛市档案馆藏，D000034/00022/0008。

驳回初审[①]，山东高等法院决定于11月22日再审姚作宾。姚此时心态大变，出庭时穿着红皮鞋，“精神饱满”，与初审相比“判若两人”。姚作宾称事伪是“遵从”国民政府中央指示：“殷同对我说，他奉了中央政府的命令来工作，青市很重要，叫我来，我听了他的话才干的。”殷同已死，可谓死无对证。他还辩称在1943年经重庆地下工作人员刘承烈介绍，“在中央登记”[②]，将事伪归于国民政府抗战“需要”。其后，姚作宾又在法庭逐条反驳对其指控：1. 防共、脱党庆祝事件。他称国民党员脱党大会由日本海军主持，自己一字不知，庆祝是伪青岛市政府秘书处负责；2. 反蒋大会及各种讲词。反蒋大会由日本操办，讲词是从报纸抄录，“不能作为法律根据”；3. 出席东亚经济恳谈会。姚自称只是随从参加，未干预会议内容；4. 1943年出任伪青岛市市长。他称事先不知道，被选后“还在莫名其妙”。对新民会会长、山东保安总队队长、劳工协会会长等诸多伪职，姚称均是兼差，“内容不知道”；5. 献铜、献金、献机等事。在献铜运动中曾力求减少，伪报纸称其带头献铜床一事“系敌人捏造，鼓励市民捐纳”。关于献金，“只承认系借款性质，无供敌情事”，献机“推了个干净不知道”。[③] 通过一番辩驳，姚作宾将汉奸罪责推卸干净，俨然成为日本侵华的受害者。

不仅如此，他还证明自己伪职任上有功：创办福利事业，设立文贫救济会、贫民诊疗所；救济广饶难民、西广场火灾；平抑粮价；生活简朴，无酒宴铺张等。而后，姚作宾更拿出第一次审讯时只字未提的“惊人证据”：在市长任内曾保护有军统背景的伪总务局局长、财政局局长、海务

① 《姚作宾案发回更审》，《军民日报》，1946年10月5日，青岛市档案馆藏，D000202/00020/0013。

② 《判处死刑之姚作宾拟撰状上诉请求复判 终日伏案为其生命作最后之挣扎 高等法院宣布其犯罪事实与理由》，《公言报》，1946年5月18日，青岛市档案馆藏，D000034/00026/0006。

③ 《再审姚作宾 姚逆提出新反证——法院定二十八日宣判》，《青报》，1946年11月23日，青岛市档案馆藏，D000001/00085/0006。

局局长①，并帮助刘承烈等重庆来青的秘密工作者。可以看出，姚作宾已无法像日伪时期那样肆意曲解汉奸概念，但国民政府在接收沦陷区时对伪职员的倚靠及保证，又为其提供辩诉依据，故姚尽量避开汉奸之名，论证"奉命投敌"及之后的作为。

在汉奸审判中，像姚作宾这样强词抗辩、以功自居的情况较为普遍。伪国民政府代理主席陈公博在自白和答辩书中，便将投敌美化为"补救"危局，"不愿拖其他同志受苦"的义举。② 对于"通谋敌国、反抗本国"的指控，陈公博不以为然，称其"不独不是搜索物资、供给敌人，而是争取物资、反抗敌人"。陈对被指控"贪婪成性"极为愤慨，标榜平生"廉洁自矢"、为民打算，并以检察官故意加诸罪名、拿其消遣等语回击③，藐视法律的做法与姚作宾何其相似。无形中，认罪等于获刑、抗辩更为有利成为汉奸们的共识，他们标榜"忍辱负重"，以此遮蔽道德污点，争取减免罪行。

1946 年 11 月 28 日，姚作宾案二审宣判。与初审时的盛况截然相反，此次开庭并无市民前来旁听，只有姚作宾妻女三人立于法院门前。姚作宾满怀期待，开庭时"态度尽力镇定"，书记官补读姚供词笔录时，他"侧耳倾听，神情安然"，但仍被判处死刑，且判决书正文与一审相同。姚作宾闻判后"状极惊恐"，"脸色苍白，不做〔作〕一声"。④ 他决定再作争取，在看守所"日夜执笔撰上诉书"。12 月 8 日，姚作宾妻子及二女到看守所探视。姚作宾夫妇一见之下，"抱头大哭"。姚称如判有期或

---

①《再审姚作宾 姚逆提出新反证——法院定二十八日宣判》，《青报》，1946 年 11 月 23 日，青岛市档案馆藏，D000001/00085/0006。

② 陈公博：《自白书》(1945 年 11 月)，南京市档案馆编：《审讯汪伪汉奸笔录》上册，南京：凤凰出版社 2004 年版，第 22 页。

③《陈公博之答辩书》(1946 年)，《审讯汪伪汉奸笔录》上册，第 45、47、53 页。

④《青岛伪市长姚作宾高分院仍判以死刑 被告闻判颤栗几不能自持》，《青岛时报》，1946 年 11 月 29 日，青岛市档案馆藏，D000257/00059/0001；《姚作宾再判死刑 庭院萧条无人旁听 妻女立门外探消息》，《军民日报》，1946 年 11 月 29 日，青岛市档案馆藏，D000203/00110/0004。

无期徒刑，虽不能自由，但尚知家中消息及子女将来，“可得一点安心”；如上诉失败，“死后一切事务皆不得而知”。他最担心尚未出嫁的二女儿，“深忧社会人士，不敢娶汉奸女儿作妻室”，“言之泣不成声”。[①] 涉及家庭亲情，姚作宾不免真情流露，他怕汉奸名声累及未出阁的女儿，又惦念家人日后生活，这也是其始终对汉奸之名不肯承认且接连上诉的原因之一。可以看出，姚作宾此时确有后悔之意，却是因子女的生存发展导出，并非真诚认罪，国民政府的汉奸审判并未使其触动。

其实，最高法院驳回姚作宾死刑有明确理由，国民政府在1945年11月23日颁行的《处理汉奸案件条例》第三条中有规定：“前条汉奸，曾为协助抗战工作，或有利于人民之行为，证据确凿者得减轻其刑。”[②] 山东高等法院却将姚作宾符合轻判条件的做法全部认定为“显然是投机行为”，并以“犹自谋保全青岛之功”，足见“无耻之甚”等语否定姚协助接收的客观事实。[③] 地方法院显然要置姚于死地，背后与新任青岛市市长李先良有关。

抗战时期，姚作宾协助日伪多次讨伐李先良在崂山组建的青岛保安总队。接收青岛时，李先良因局势危急与姚作宾暂时合作，但并未减轻对其敌意。他在1948年出版的《抗战回忆录》中，非但否认姚协助接收的事实，还称“尤其是伪市长姚作宾，此时想学南京的周佛海，山东的杨毓珣，当什么警备司令，来临时维持一个阶段，否则便要孤注一

---

① 《汉奸姚作宾嘱妻女备棺木》，《青岛时报》，1946年12月9日，青岛市档案馆藏，D000256/00045/0009。

② 《处理汉奸案件条例》(1945年11月23日)，南京市档案馆编：《审讯汪伪汉奸笔录》下册，南京：凤凰出版社2004年版，第1441页。

③ 《汉奸末路——姚作宾判死刑 全部财产除家属留生活费外均没收 刘承烈介绍工作之抗辩是投机行为 如不服判可于十日内请求复判》，《平民报》，1946年5月12日，青岛市档案馆藏，D000132/00024/0001；《判处死刑之姚作宾拟撰状上诉请求复判 终日伏案为其生命作最后之挣扎 高等法院宣布其犯罪事实与理由》，《公言报》，1946年5月18日，青岛市档案馆藏，D000034/00026/0006。

掷”。[①] 接收成功后，李先良马上派青岛保安总队逮捕姚作宾，而青岛的捕奸工作在3个月后才正式启动。李先良对汉奸的态度也判然有别，庇护向其打点甚多的重要经济汉奸丁敬臣。刁复墀同为丁、姚二案检察官，他受李先良影响并收受贿赂，以“不起诉处分”为丁敬臣结案，对于姚之有利减刑条件视若无睹。这让姚作宾极感不公，称李先良在逮捕他时，没收大量家产[②]，山东高等法院之所以判其死刑也是受李“利诱威胁”。[③]

汉奸审判的重要目的在于匡正人心，通过汉奸认罪悔罪强化政治合法性。但从姚作宾庭上庭下的表现来看，司法审判显然没有达到这一目的。一审判决后，姚作宾“精神良好，令人看不出是被处死刑犯人”，在狱中仍衣着考究，每日吟读佛经，完全不是囚徒模样。姚作宾每日写作三四小时，题名为《自述》，望“将来有机会希呈奉当局一阅”。[④] 1947年2月，《军民日报》记者赴看守所采访二审后的姚作宾，见其正在床头盘膝扶一小桌，自撰上诉状。被告知记者前来，姚作宾即行下床，“头戴毛绒线帽，身着皮袍，外罩玄色大褂”。姚“面部红润”，因饮食有规律，身体“较诸往昔犹觉健壮”。入狱后姚作宾家属时常来看，家中生活全靠他在行政院善后救济总署鲁青分署工作的女儿薪俸维持，“善堪告慰”。附带谈起被捕经过时，姚作宾不禁泪水盈眶，自述伪市长任内之“德政”种种，“口词锋利”，“振振有词”。他向记者表示，由最高法院发回重审一节，可见“对于原判似有疑问”[⑤]，这也鼓励了其据“理”力

① 李先良：《抗战回忆录》，第86页。

② 姚作宾称李先良将他及全部家属逮捕后，将“所有财物洗劫一空”。姚应有所夸大，但姚家大量财产被没收当属事实。参见《汉奸姚作宾补充陈述书》（1951年3月21日），青岛市档案馆藏，C010684。

③《汉奸姚作宾反省书》（1950年12月），青岛市档案馆藏，C010686。

④《汉奸狱中生活 姚作宾唪佛叹息 夏志娴绣花枕头》，《民言报》，1946年6月14日，青岛市档案馆藏，D000055/00026/0021。

⑤《看守所汉奸相——姚作宾盘膝撰诉状 夏志娴拥被读英文》，《军民日报》，1947年2月1日，青岛市档案馆藏，D000206/00003/0006。

争、继续上诉的决心。从宣传角度言之,《军民日报》采访本为展示国民政府惩奸成绩,实际却成为姚作宾向外界表达"冤屈"的机会。

在司法审判中,姚作宾一直强调任伪职的"成就"和协助抗战的行为,这与国民政府汉奸认定的逻辑有关。蒋介石在战后惩奸中屡次有"只论奸不奸,不问伪不伪,只论罪行不问职位"的指示,使许多大汉奸看到轻判希望。① 汉奸与否不难调查,但协助抗战或有利于人民行为可减刑的解释过于空泛。全面抗战后期,汉奸为留后路与国民政府通气的不在少数,"有利于人民"的行为对汉奸来说不难举例。受审汉奸"十个有九个都丑表功","拉些关系"来提供参加过地下工作的证据,使"人情往往重于法制"。② 这使国民政府在审奸中陷入困境。加之司法腐败掺杂其间,如丁敬臣这样重要汉奸竟作不起诉处理,姚作宾并不反省汉奸行为也在情理之中。

国民政府的监狱环境也影响了姚作宾,他所在的监房内,汉奸"有坐有卧,每间五六人,屈膝谈心,怡然自得"③,政府并无再教育及感化的相应举措。在这种氛围中,反省汉奸行为反被视为异类。同时,审判周期过长,中央与地方的意见不一致,使姚作宾难以感受到法律威严,故而对轻判一直抱有信心。经过一年零五个月的漫长等待,最高法院终于在 1948 年 5 月 7 日对姚案再次做出"原判撤销发回更审"的裁决。④

此时,国民政府在内战中全线溃败,政务松懈。1948 年 7 月,李先良辞职,姚案开始不受地方政治干预。1949 年 2 月 18 日,山东高等法院第三次审理姚作宾案,此前被驳回的掩护刘承烈等地下工作人员、化

---

①《殷汝耕辩诉状》(1946 年 10 月 23 日),《审讯汪伪汉奸笔录》下册,第 1217 页。

②《汉奸与地下工作》,上海《大公报》,1946 年 1 月 16 日,第 2 版。

③《铁窗洞口汉奸镜头——姚作宾一部山羊须 薛从之犹读圣贤书 焦墨筠默坐有所思 夏志娴娇羞扭香肩》,《公言报》,1946 年 12 月 13 日,青岛市档案馆藏,D000039/00026/0003。

④《姚作宾更审 最高法院判决发还》,《青岛公报》,1948 年 6 月 9 日,青岛市档案馆藏,D000191/00018/0012。

名"鲁荡"参加抗战时期国民党的地下工作小组等证词被采纳,"未便共军进占"青岛也被纳入减刑依据。最终,经过3年4个月的审判,法院对姚作宾做出"爰予减处无期徒刑"的判决。[①] 三审后姚作宾仍要上诉并多次要求保释。[②] 山东高等法院无暇回复其请求,在新中国成立前夕将其释放。

在国民政府汉奸审判过程中,姚作宾申请复判达7次之多,申诉书近7万字,据说在全国汉奸案中最长。[③] 凭借能言善辩和写作才能,姚不断开脱罪行,并依靠多年经营的人脉关系,"终日嘱托亲友暗中活动"。[④] 惩治汉奸本为国民政府伸张民族正义、笼络民心的机会,最终却被贪腐勾兑,由此不难窥得内战时期的民心走向。

二、靠拢"新人":新中国成立后对姚作宾的改造

抗战期间,中共实行对敌伪主要人员严加处置、对胁从者准其自新的锄奸政策。[⑤] 姚作宾作为青岛伪政权的主要责任人,被视为首要分子,对他们往往采取严格镇压和迅速公审的方式,成为发动群众抗战与树立政治权威的重要手段。

新中国成立前夕,中共在《中国人民政治协商会议共同纲领》中明确指出:除严厉惩罚"怙恶不悛的反革命首要分子"外,"对于一般的反动分子、封建地主、官僚资本家","仍须依法在必要时期内剥夺他们的

---

①《姚作宾免一死 改判无期徒刑》,《光华日报》,1949年2月25日,青岛市档案馆藏,D000334/00034/0002。

② 姚作宾曾在1949年1月向当局申请保释。2月,青岛商会出面要保姚作宾。参见《姚作宾想出狱 请保释未准》,《联青报》,1949年1月17日,青岛市档案馆藏,D000352/00077/0040;《商会要保姚作宾 法官会议研究中》,《联青报》,1949年2月6日,青岛市档案馆藏,D000352/00099/0024。

③《汉奸请复判文长七万言》,香港《大公报》,1948年6月15日,第7版。

④《汉奸近况 姚作宾心未死 林耕宇提上诉 徐养之想减刑》,《民治报》,1948年10月16日,青岛市档案馆藏,D000423/00072/0025。

⑤ 中央档案馆编:《中共中央文件选集》第12册,北京:中共中央党校出版社1991年版,第477页。

政治权利，但同时给以生活出路，并强迫他们在劳动中改造自己，成为新人”。[①] 作为汉奸的姚作宾，自然也在改造之列。1949 年 6 月 5 日，青岛被中共接管后第 3 天，姚作宾被逮捕，他将面临新的审判。

从收监姚作宾的速度看，中共的贯彻执行力远高于国民党，对姚也是极大震慑。他对监狱工作人员“吃苦耐劳的工作精神”印象深刻，称赞他们“对在押人的学习指导和生活照顾的温暖情绪，不但是旧中国监所没有遇的，就是资本主义国家所谓文明的监所也不能有这样的工作作风”。他进而推想到，“新中国的建设和它伟大的远景，是日新月异向前迈进”。[②] 同时，姚作宾在抗战期间协助国民党的一些行为在新中国没有合理性，已无推诿掩饰汉奸行为的基础。以上均促使他积极投入到改造之中。

中共具有成熟的思想改造工作方法。在中共发展史上，组织在理论学习和思想教育过程中不断净化，引导和改造落后分子的努力从未中断。思想改造理论，较早可追溯到毛泽东 1937 年完成的《实践论》，他指出无产阶级承担着改造主客观世界的任务，“其中包括了一切反对改造的人们，他们的被改造，须要通过强迫的阶段，然后才能进入自觉的阶段”。[③] 延安整风时期，写报告、政治学习、自我反省、学习测验等思想改造方法，即是遵循《实践论》的逻辑而来，也被运用到新中国成立后的汉奸改造中。

经过三个月的思想改造，姚作宾在 1949 年 9 月“自觉自愿”地交代了他在汉奸时期的罪行和个人财产。在 1950 年看守所开办学习墙报时，姚作宾写下了《我学习后的坦白和体会》，全面反省自己从 6 岁到进入新中国监狱前的历史。此外，他仔细填写了监狱下发的《你对自己的

---

① 《中国人民政治协商会议共同纲领》(1949 年 9 月 29 日)，中共中央文献研究室编：《建国以来重要文献选编》第 1 册，北京：中央文献出版社 2011 年版，第 2—3 页。

② 《汉奸姚作宾反省书》(1950 年 12 月)，青岛市档案馆藏，C010686。

③ 《实践论》(1937 年 7 月)，《毛泽东选集》第 1 卷，北京：人民出版社 1991 年版，第 296 页。

案件认识怎样，是坦白的好还是不坦白的好？》《你到所后认为那些是对的，那些是不对的？》《有关伪市府组织系统及内外统属关系》等材料。①

像姚作宾这样的汉奸思想来源驳杂，具有稳定价值观，并不容易改造。经过改造学习，姚作宾开始用阶级分析法，从社会性质剖析自己堕落的根源：中国经历了两千多年封建社会，近百年来受帝国主义侵略沦为半殖民地，自己从生下来到衰老"都是在旧社会长成的"，自幼所受学校和社会教育"都渗透了腐烂的资本主义的毒素，把损人利己的罪恶行为视为天经地义的道德原则"。姚作宾眼中的旧社会"建筑在人剥削人的基础上"，是将进化法则"恶化成为个人英雄的专制制度"。通过唯物论，他认识到人类社会的发展以"物质条件为转移"，由"劳动创造了世界"，认同宇宙是"普遍联系、相互依存、相互制约的，并不是孤立的，同时是不断的运动着，不断的转变着"。② 他强调自己"过去被唯心论所支配的思想已经洗涤出去了"，现在"新世界观和精神观已经建立"，并且"是正确的不是虚伪的，是稳固的不是动摇的，是前进的不是后退的"。③

改造汉奸是要其在思想深处反省自己，拥护新政权。像其他被改造群体一样，通过不断的思想教育、政治学习，姚作宾心中已形成较稳固的新民主主义国家认同。他认为新中国诞生是历史的必然，并用华丽的语言描述其感受："今天新中国新社会已脱去了旧的壳层，光辉夺目的出现在世界人类的眼前，旧中国旧社会的一切的一切是逐渐的消失着，并且是一去不复返的了。"④

姚作宾对汉奸的看法也发生转变。他不再回避汉奸之名，而是承认"汉奸是伪组织的责任者，是替日寇服务的，对国家对人民是有罪

① 《汉奸姚作宾反省书》(1950 年 12 月)，青岛市档案馆藏，C010686。
② 《汉奸姚作宾反省书》(1950 年 12 月)，青岛市档案馆藏，C010686。
③ 《汉奸姚作宾补充陈述书》(1951 年 3 月 21 日)，青岛市档案馆藏，C010684。
④ 《汉奸姚作宾反省书》(1950 年 12 月)，青岛市档案馆藏，C010686。

的”,“纵然有个别的个人在汉奸时期没有消极为恶的行为”,但“这不是犯罪程度上的大小轻重的问题”,而在“原则上是犯罪”。姚表示在人民政府面前不会隐蔽自己的罪行,他“诚恳的向人民悔过,向人民服罪”,“愉快的接受人民的处罚”,并相信“人民眼睛是雪亮的,一定能给予公平的判断”。①

美国出兵朝鲜,中国参加朝鲜战争造成国内部分群众恐慌,潜伏的特务大肆散布谣言②,为此中共积极在各地宣讲形势政策,被改造者也需要学习。姚作宾密切关注国内外环境,积极参与学习,他认为美帝和“麦魔”(麦克阿瑟)武装日本、扩充侵略的企图注定要失败。因日本军国主义是建筑在“以天皇为中心”的神权基础之上,日本投降后人民脑海中天皇中心思想“已随战争失败而消减了”,“要想重建皇军根本不可能了”。“今天新中国不但有坚强无比的人民解放军,在全国重要地区维持秩序的公安部队,也是百炼成钢的部队”,所以无论是公开还是潜伏的武装匪特,“都必然要遭到毁灭性的打击”。姚表示自己“绝不会受迷惑听闻的所谓‘第三种势力’的影响”,愿意向“在青岛的汉奸”宣讲,使他们不被动摇。③

姚作宾一改过去反对民族主义思想的态度,与抗日期间的言行对比鲜明。他曾鼓吹“民族主义变成唯一的帝国主义”④,“党人之排日抗日,实陷人民于水深火热之中而不顾”等言论。⑤ 而今,姚作宾高度评价抗美援朝运动,称之为“爱国主义与国际主义相结合的运动”,构成了

① 《汉奸姚作宾反省书》(1950 年 12 月),青岛市档案馆藏,C010686。

② 《中共中央转发北京市委关于抗美援朝运动开展情况的报告》(1950 年 11 月 12 日),中央档案馆、中共中央文献研究室编:《中共中央文件选集》第 4 册,北京:人民出版社 2013 年版,第 267 页。

③ 《汉奸姚作宾反省书》(1950 年 12 月),青岛市档案馆藏,C010686。

④ 《汉奸姚作宾补充陈述书》(1951 年 3 月 21 日),青岛市档案馆藏,C010684。

⑤ 《姚作宾死刑判决书》,《平民报》,1946 年 12 月 6 日,青岛市档案馆藏,D000139/00022/0007。

"亚洲人民力量的中心"。[①] 以上难免有政治表态成分,但仍能看出姚作宾追求进步、恐为人后的态度。

抗美援朝战争开始后,中共开始大力推动镇反运动。青岛此前的镇反较为平和,至1950年7月只惩处过2个反革命分子。[②] 此后青岛加大力度,法院在1951年1月集中判处46名"罪大恶极,不杀不足以平民愤"的反革命分子死刑,同年4月又处决了一批反革命分子[③],三次处决均未波及姚作宾。这也从侧面说明青岛地方政府对姚作宾改造成效的认可。

1951年2月21日,中共中央正式颁布《中华人民共和国惩治反革命条例》,镇反运动在全国进入高潮。毛泽东将青岛定为"反革命组织的主要巢穴"之一[④],批评其此前"对敌情估计不足",镇反不力。[⑤] 青岛市人民法院于是加紧审理姚作宾案。在3月21日姚作宾庭审后写的补充陈述书中,可以明显感觉到他的焦虑和惶恐。

姚作宾极力划清与反革命分子的界限。他援引《土地改革法》第十三条第八项[⑥]中将汉奸与卖国贼分列,证明二者是"有区别的":汉奸在沦陷区伪组织服务,属"不可抗力下的犯罪";卖国贼则是在本国政府内为敌服务,是为满足私欲的"重大形式上的犯罪"。依据《政务院关于没收战犯、汉奸、官僚资本家及反革命分子财产的指示》中将汉奸与反革命分子并列,姚作宾强调汉奸"只要在解放后不作反革命活动",应属于

---

①《汉奸姚作宾反省书》(1950年12月),青岛市档案馆藏,C010686。

②《中央公安部关于全国公安会议的报告》(1950年10月26日),《建国以来重要文献选编》第1册,第385页。

③ 青岛市史志办公室编:《青岛市志·公安司法志》,北京:新华出版社1998年版,第234页。

④《中央转发北京市委镇反计划的批语》(1951年2月25日),中共中央文献研究室编:《建国以来毛泽东文稿》第2册,北京:中央文献出版社1988年版,第139页。

⑤ 青岛市史志办公室编:《青岛市志·中国共产党青岛地方组织志》,北京:五洲传播出版社2001年版,第107页。

⑥《土地改革法》第十三条第八项中有:"家居乡村业经人民政府确定的汉奸、卖国贼、战争罪犯、罪大恶极的反革命分子及坚决破坏土地改革的犯罪分子,不得分给土地。"参见《建国以来重要文献选编》第1册,第295页。

《共同纲领》所规定的"'一般的反动分子'之列"。他还引用中共在1949年4月25日颁行的《中国人民解放军布告》[①]中的条款,申说汉奸除元凶祸首和罪大恶极者"应负刑事责任以外",其余均得适用"既往不咎的原则"[②],强调自己应在被赦免者之列。

政策法令此刻成为姚作宾的"救命稻草",从条款细微的差别中,确见他曾下一番功夫研读。虽不免有钻空子、挑字眼儿之嫌,但也透露着姚极强的求生欲望。姚作宾指出,伪青岛市市长"是执行伪命令的责任者",他"并没有杀人血债、奸淫劫掠、霸占人民财产、侵占共有财产等罪大恶极的行为",并"做一些有利于地方和人民的事",又回到在国民党监狱辩诉逻辑中。姚作宾同时恳请政府念其在国民政府时期"已经被押三年又七个月,解放后三天即在人民法院看守所学习,决没有任何反革命活动",应依情节轻重而不是职位或阶级量罪。[③]

为得到宽赦,姚进一步表示愿意戴罪立功,自己的"年龄和现在的健康条件尚能从事脑力劳动",愿服务于中医科学化事业。1950年8月,第一届全国卫生会议将"中医科学化、西医中国化"作为此后卫生事业的中心议题。[④] 姚作宾"最有信心的是从事研究中医学术",七七事变前他"对中医已有感性认识",担任伪市长时曾成立中医研究委员会。姚作宾称将用唯物辩证法来整理中医学术,并有信心完成"中医科学化"。姚表示家庭也需要他出狱工作,入狱一年多来,家中"靠儿子在环球烟公司作工"和妻子、养女在家做手工养活。目前儿子得胃溃疡从工厂休工,"去上海谋事尚未成功",生活全靠妻子东筹西借。但其妻在李

---

① 《中国人民解放军布告》第五条规定:"除怙恶不悛的战争罪犯和罪大恶极的反革命分子外,国民党的其他各级大小官员以及警察等,凡不持枪抵抗和阴谋破坏者,一律不加俘虏和逮捕以至侮辱。"参见马洪武等主编:《中国革命史辞典》,北京:档案出版社1988年版,第129页。

② 《汉奸姚作宾补充陈述书》(1951年3月21日),青岛市档案馆藏,C010684。

③ 《汉奸姚作宾补充陈述书》(1951年3月21日),青岛市档案馆藏,C010684。

④ 《全国卫生会议在京开幕 将制定卫生工作的总方针和任务》,《人民日报》,1950年8月8日,第1版。

先良将全家逮捕时惊恐过度，“精神已不正常”，这五年来“穷愁交加，弄得周身是病”。他希望人民法院能批准其建议，减轻妻子的痛苦和生活上的压迫，这也与《共同纲领》第七条中对改造后的罪犯“给以生活出路”的精神相符合。①

抗战胜利后阻挠中共接收青岛，是姚作宾被认定为反革命的关键。他深知此事无法隐瞒，主动交代了接到戴笠等人给他集合武力、协助国民政府接收的电报，同时也暗示自己是受胁迫而为。他表示当时“已不能活动”，“什么事也没办”。因意识到此次审判非同小可，又逢土地改革运动，在人民政府的强大威慑下，姚作宾还主动交代了在他妻子名下的林产及房产。②

不难看出，姚作宾的供述中，由衷之言与曲意逢迎掺杂其间。尽管如此，这些材料仍开启了一条直通姚作宾内心的密道。通过思想改造，国民政府时期拒不认罪的他开始认罪乃至自我反省，尽管对过去历史有所隐瞒，但姚作宾在改造中态度积极、力争上进，中共改造理论的震慑力与实践性得以显现。

1951 年 5 月 5 日，青岛市人民法院以“勾结帝国主义背叛祖国罪”判处姚作宾死刑，没收全部财产。在这份判决书中，姚的出身被划归为“富农”，成分是“敌伪人员”，担任的伪职增加了“华北‘剿共’委员会青岛分会筹委会主任委员”一职。姚作宾以“鲁荡”为名参加戴笠特务组织、袭击中共抗日部队、阻止青岛解放成为被判死刑的主要依据，而这也是他在国民政府时期“有利于抗战”并得减刑的条件。人民法院认为“似此元凶首恶罪行滔天之汉奸战犯，情无可原，法无可宥，群众无不咬牙切齿，恨入骨髓”，故依据《中华人民共和国惩治反革命条例》第三、十

① 《汉奸姚作宾补充陈述书》(1951 年 3 月 21 日)，青岛市档案馆藏，C010684。
② 《汉奸姚作宾补充陈述书》(1951 年 3 月 21 日)，青岛市档案馆藏，C010684。

六、十七条，判处其死刑，“以泄万民之愤”。[①] 姚作宾案结案。

姚作宾被判死刑，并不影响我们对其思想改造的评价。在被宣判后的第3天，中央政府为了解日本侵略青岛组织，掌握相关情报，向姚作宾了解情况。详细回答之余，姚还给出解决问题的建议，强调“对日本进步的军国主义分子是要争取的，对落后的军国主义分子是要援助的”，而对受复仇主义影响的右翼分子，要向他们宣传。姚作宾坚信这样“必能孤立日本法西斯分子，打击日本浪人分子，促进日本民族解放，维护远东和平”。[②] 在被行刑前夕，姚作宾又详细交代了所认识的131名日本人的具体情况。[③]

惩处反革命的根本目的在于树立新政权的政治权威，教育并动员基层民众。1951年8月19日姚作宾被执行死刑后，中共青岛市委机关报《青岛日报》头版刊登了各街道市民、读报组致政府的信。市民车耀三说：“姚作宾这个大汉奸，在国民党统治的时候，他花钱‘运动运动’就出来啦，现在可没那样便宜的事了。”韩文泰说：“姚作宾在青岛是第一号卖国的大汉奸。现在人民政府把他惩办了，把人民多少年来的冤气都出了。”濮县路的读报组认为政府处理反革命过程中“经过了反复缜密的调查审理”，“有判决死刑缓期执行的，有期徒刑和释放的，真正是镇压与宽大相结合的政策”，“人民政府绝不错杀一个好人”。[④] 从舆论效果看，处决姚作宾获得了民众的支持与拥护，人民政府为人民的社会意识得到进一步加强。

从国共审判和改造汉奸的历程看，与姚作宾类似的不在少数，曾任伪上海市各保甲区联保长的陈九峰即是如此。陈九峰因汉奸罪在国民政府看守所服刑两年，其间多番上诉要求改判无罪，在辩诉书中强调出

---

①《一九四九年刑字第六七号》(1951年5月5日)，https://m.weibo.cn/3853161899/3884468735433156，2018年3月20日访问。

②《日特机构——汉奸姚作宾交代》(1951年5月)，青岛市档案馆藏，C010683。

③《汉奸姚作宾的坦白材料》(1951年6月15日)，青岛市档案馆藏，C010685。

④《汉奸姚逆作宾等伏法，各处市民及读报组齐声称快》，《青岛日报》，1951年8月27日，第1版。

任伪职系“自救救人之决策”,“完全为保障人民之生命财产”,即使国家论功行赏亦“受之无愧”①,与姚作宾的供词何其相似。总的来说,汉奸在国民政府审判中普遍存在强行狡辩、以“功”自居的现象,愈不认罪愈能增加宽释机会似乎成为汉奸们的共识。

而在新中国成立后,中共强大的执行力有目共睹,“坦白从宽,抗拒从严”成为反动分子的基本认识。新政权对汉奸从思想上教育、行为上感化,众多汉奸在国民政府时期胡搅蛮缠的态度不见了。姚作宾就逐步认识到汉奸“对国家对人民是有罪的”②,积极做一个新人。陈九峰的改造效果亦如是,1952 年 4 月上海市人民法院鉴于其“能坦白认罪,不密悔改”,对曾任低级伪职的陈从宽处理。1955 年,陈九峰为 50 岁寿庆撰《功罪录》一书,因此书系私人留念而非公开出版,故更能直接体现他改造后的思想状况。陈在书中誊录了其在国民政府审判中的资料,并不避讳汉奸罪名。最后,他以“羊肠荆棘疑无路,回首康庄又一洲”来形容新生后的感受,并饱含深情地写道:“回顾新中国前途欣欣向荣光芒万丈,总路线是康庄大道社会主义是新的一洲,去者已矣!来者可追!回过头来,努力向前向前!”③可见,改造的力量同样浸润到陈九峰的思维方式与行事作风之中。在新中国成立初期,像这样改造成为新政权拥护者的汉奸数量众多。④ 当然,也不排除有些人是在新政权强大威力之下,有口是心非的部分。

---

① 陈九峰:《功罪录》,《关于陈九峰汉奸问题材料(八)——1937 年 4 月 10 日—1955 年 7 月》,上海市档案馆藏,Q459/1/339。

②《汉奸姚作宾反省书》(1950 年 12 月),青岛市档案馆藏,C010686。

③ 陈九峰:《功罪录》,《关于陈九峰汉奸问题材料(八)——1937 年 4 月 10 日—1955 年 7 月》,上海市档案馆藏,Q459/1/339。

④ 1950 年 8 月,中共从苏联接收包括溥仪在内的伪满重要汉奸 58 名。经过思想改造,在抚顺战犯管理所的 71 名伪满汉奸,除 23 名因病死亡外,其余全部成功转化为公民。参见抚顺市社会科学院编《抚顺市志 · 军事政法卷/人物卷》第 9—10 卷,沈阳:辽宁民族出版社 2000 年版,第 304、371 页。

在中共完成由区域执政向全国执政的转变后,如何实现对全社会的有效管控和领导,是其首先要考虑的问题。从当时来看,对抗战时期汉奸这一边缘人群的惩治可能是中共社会治理的边界,成功与否一定程度上能够检验其执行力和改造社会的能力。中共以全新的理念灌输于审奸工作中,使汉奸认罪伏法,并积极参与思想改造,浇筑出新的价值观念。在这一过程中,汉奸虽有权变或逢迎成分,但不影响我们对改造结果的评价。国民党和中共在审奸中的一败一成,显露着两者在理论信仰、落实机制等方面的差异。

小 结

日本侵略给中国带来的破坏不仅限于民众生命、家庭财产等有形方面,在社会秩序、文化精神上的摧残更是难以计数、影响深远。战后国民党主要对沦陷区的绝大多数大城市进行接收,共产党则重点控制了华北地区的广大乡村腹地,社会秩序的重建是二党首先面对的问题,而这又关乎其在之后的历史走向。国民党在接收中的混乱腐败、惩奸之迟缓及社会秩序恢复中不分主次、派系之争,均使其在国统区的威信迅速滑落。民众在国民党接收后非但没有受到安抚、享受生活条件的改变,反而持续饱受物价飞涨、失业率高居不下、生存难以为继的苦楚。同时,因社会资源极为有限,国民党"劫收"后导致大批工厂无法开工,大后方复员而来的抗战同志与沦陷区的民众之间的矛盾与仇视心理加重,这均给国民政府在增强社会凝聚力上带来重重困难。

抗战胜利后伪政权高级职员多因汉奸行为而获罪,低级职员大部分遭裁撤。伪政权虽转瞬即亡,但就任伪职给个人带来的影响却至为深远,他们的人生轨迹彻底发生转变,余生的命运将随时面对附逆所带来的道德清算。不过四载,伪职员即由国民政府时期过渡到新中国成立,所面临的政治制度、社会环境、组织文化也发生了巨变,而他们对自己行为的定位与时局的看法同样有极大差距。新中国成立后,中共促使汉奸群体学习、改造，既树立了公正廉明的政府形象，又能在最大程度上对历次革命中所淘汰的旧群体乃至曾经的反对派进行整合，新政权的认同感及凝聚力日益加强。伪职员群体虽是激流之下的潜流与历史的暗角，但却有助于我们深刻理解近代中国社会的赓续与变迁。

结　语

20 世纪 30 年代，日本继在中国建立伪满洲国后，又全面发起侵华战争，先后扶植起伪中华民国临时与维新两政府。虽然伪满洲国与七七事变后日本在中国组建的伪政权时隔不过五六载，但政权组织形态与人事结构截然不同。日本将中国国土划分为多个政权，采取截然不同的殖民模式，无非是为更好地实行其侵略统治，这又与中国在 20 世纪上半叶激进的革命浪潮中所积聚的各种社会问题密切相关。

在 20 世纪的大多数时间里，"'革命'具有无可置疑的绝对正当性和合法性，强调'不革命即是反革命'，在'革命'与'反革命'之间不允许存留中立的、灰色的空间"。① 掌握革命话语权的一方，无疑牢牢地把握住了历史的脉搏，但传统文化在民众心理上的嬗变速度远远落后于时局。清政府灭亡后，北洋肇建、袁世凯称帝、张勋复辟，继而经历国民党北伐建制、军阀混战以及抗日战争，虽然革命的激流奔涌向前，历次革命所淘汰的旧群体却暗潮涌动。显然，他们并不甘心成为历史的负面反衬。尽管旧群体的反攻转瞬即逝、难成气候，然而其间的种种尝试却是这些人在心理上难以适应巨大的社会变革，希望政治徐图渐进，以传统文化维系纲常秩序的重要表征。此外，共产主义在五四运动后的

---

① 王奇生：《党员、党权与党争：1924—1949 年中国国民党的组织形态》，北京：华文出版社 2010 年版，第 74 页。

蓬勃发展更引起保守势力的忧虑和恐共思想，尤其是20世纪20年代后期起中共在乡村社会进行的一系列社会变革，使其利益受到猛烈的冲击。此类人士将儒家传统文化作为与共产主义相抗衡的工具，反对阶级斗争和社会革命。

值得特别注意的是，此类旧群体囊括的范围极广，内部差异性大，不可一概而论。清政府灭亡后，一批遗老遗少始终秉持着“忠君”观念，将自己定位为清遗民且视“民国乃敌国也”。① 这类人士多为清政府高级官吏，年岁较长且政治立场倾向于保守，视传统文化为安身立命之根本。辛亥革命后，清政府内部分在改良与革命间摇摆的官僚群体平稳“过渡”至北洋政府，但至1927年南京国民政府成立，历任三届政府者已呈再度缩减趋势。掌握新知识的青壮派迅速抢占了政治资源，时局的巨变也使曾经的当权者很快沦为将要被推翻的落后势力，个人仕途的终结令诸多政治野心家愤懑难平。以上均是社会结构变化给不同群体内部带来的新陈代谢，而传统文化同样承受了前所未有的撕裂：“蛮夷”反成先进之国，作为中华传统文化根柢的儒家学说反被打倒。各种思潮涌动，使知识界陷入一种众声喧哗的困顿之中。传统知识分子界定自我形象的方式，“其实与现代国家的体制相去甚远，系以‘文化主义’而非‘民族主义’”来作为其世界观与界定认同的方式。② 他们对欧风美雨占据文化主流的局势回转无力，陷入道统的焦虑之中。

1932年3月1日，日本以溥仪为傀儡，聚拢起许多逊清遗老派、满人贵族建立伪满洲国。在这类人士看来，建立伪满洲国既可让“皇上”回到“祖宗发祥地，复辟大清，救民于水火”，且能在日本支持下先据东

① 中国历史博物馆编，劳祖德整理：《郑孝胥日记》第3册，北京：中华书局1993年版，第1705页。
② 林志宏：《民国乃敌国也：政治文化转型下的清遗民》，第342页。

北，再图关内。[①] 在伪满州国，清政府内排斥革命、维护帝制并渴望再度掌权的保守势力得以整合。日本全面侵华后，北洋派旧官僚与国民政府体制内的反对者继而登上历史舞台，相比于恪守传统文化和忠君观念的逊清遗老派，此类群体大多接受的是新式教育。虽对清末变革及民国肇建基本持赞同态度，但面对共产主义的传播，他们却持惶恐与抵触态度，试图从传统文化中找寻与之抗衡的思想资源。

日本侵略虽是外加给中国的民族苦难，但伪政权成立后诸多失意政客、附逆文人粉墨登场，有深刻的社会、文化与政治成因。就青岛而言，近代青岛既深受德、日文化的影响，又吸引了大批遗老遗少蛰居于此，可以说是近代保守势力的重镇。日本侵略青岛，为退出政治舞台中心的旧势力提供了从政可能，他们就任伪职的原因不一而足，既有政治野心和个人利益的驱使，也有受周遭环境与交际圈影响者。他们的附逆原因不能归结为一种因素，而是历史情境与个人经历多方作用和选择的结果。

在政治认同上，日本统治者将旧群体杂糅到伪政权体制内的努力从未中断，却始终无法使其形成一致的信仰，进而凝结为紧密的政治共同体。这固然与伪职员群体政治背景复杂、投敌动机各异有关，但也与当时蓬勃发展的"民族主义"观念紧密相联。尽管日伪相继抛出"新民主义""大东亚共荣圈"等殖民理论体系，许多伪职员亦为之鼓吹，但绝大多数为被动接受者。而在其消化这些殖民观念的过程中，又要同原有知识体系与政治理念进行碰撞。加之受近代民族主义思潮影响，伪职员难以从民族国家角度诠释日本的掠夺式殖民统治。抗战中后期，日本殖民统治的残酷现实与伪职员初涉伪职时的构想相差甚远，伪职员的失望之情加重，有骑虎难下之势。最初日本以现实利益将伪职员吸纳在体制内，但在颓相日显之际，伪职员对前途及命运的担忧及所面

① 溥仪：《我怎样当上的伪满"执政"》，全国政协文史资料研究委员会编：《文史资料选辑 合订本》第9册，北京：中国文史出版社1986年版，第97页。

临的身败名裂之苦，又令他们思想上的焦虑感逐日加深。其中为数不少的伪职员另谋生路，转而成为国民政府的“地下工作者”，伪政权还未宣告解体，官僚群体内部便已出现分裂与动荡。

再回到伪职员在沦陷区的政治实践之中，他们夹杂在同胞利益与殖民者权益之间，时常呈现出一种“左右为难”的局面。一方面，伪职员作为统治者队列中的一员，维护社会统治秩序稳定关乎自身前途与命运，此点决定了其与日本殖民者利益的一致性；另一方面，伪职员难以脱离民族主义的历史语境，也有为同胞争取一些权利的举动，这又常常与统治者的利益相违背。尤其对那些视儒家文化为思想根基的传统知识分子而言，饱受“汉奸”之名诟病，常令他们处在道德与气节两亏的境地。如赵琪在演讲中标榜自己“清、慎、勤”的为官理念与姚作宾一再称许百姓了解其为人如何，均是用所谓“善行”和“品德”掩盖道德污点的心理补偿机制在发挥作用。在日本统治的稳定期，他们尚可用“成王败寇”的理念作自我疏解，但当日本日渐陷入太平洋战争的泥淖后，对沦陷区的剥削与压榨加重，伪职员主动或被动地成为日伪欺压民众的工具，这种心理补偿机制也再难发挥效用。

日本在沦陷区的殖民统治与其宣传构想大相径庭，这也令部分伪职员甫刚踏入伪政权，便感到失望。日本表面声称沦陷区的“日本领导人应只从具有完整人格和知识者中挑选，人数应少”，实际上日籍职员不仅数量众多，占据各部门重要职位，且多强势专横者。日本做出“大胆地摧毁中国官僚政治的旧弊”、“尽可能承认中国人民的政治自由和独立”之姿态，其实真正引导伪职员实现的政治目标是以日方利益为核心的“大东亚联合国家”。日本将政治工作集中于培养伪职员效劳“大东亚共荣圈”的意识和责任感，抹杀了其政治自主性，使之无形中成为日本的傀儡。造成这样的结果，还有一个深层原因，即是日人对于沦陷区的中国人是否真心接受日本统治始终持怀疑态度，即便是其倾注巨大精力培养的青少年。在其看来，青少年在中学辩论比赛等场合，“也会以堂堂正正的姿态提出日中协同论，但那除了训练有素的牧羊犬一般的演技外别无他物”。正是由于对中国人有着“像天才般名演员一样国民性”的主观偏见和臆测①,处处防备的日本统治者无法真正感召为其服务的伪职员。当然,备受煎熬的中国伪职员也并不打算向日本敞开心扉。

驻青日本陆军长官长野荣二在日本受降典礼结束后不到两个月,曾接受《青岛公报》记者访问。当记者问及“对汉奸的意见如何”时,长野称对于帮助他们的中国人可分为四类:“一是诚心协力日本的,真心为解除人民痛苦,为中国前途的;一是表面协力,但却是做地下工作的;一是为生活所迫,不得不做事的;一是只求自身利益,即不顾中国又不是协力日本的。”以长野荣二为代表的日本侵略者认为,不能将有些“协力日本建设中国”的人士归为汉奸。尽管日本殖民者以“解放东亚”为借口,颇为自负地认为有诚心协助日本“建设”中国者,但不得不承认对日阳奉阴违、向现实妥协及趋炎附势之徒的存在,而这类人群其实构成了伪政权高级职员群体的绝大多数。长野荣二与姚作宾“接触的机会很多”,在其看来“姚作宾应该属于第四种人”:“姚是个想个人发财的,只追求自身利益。”抗战时期伪职员处在国、共、日胶着的军事斗争与政治博弈之中,他们的政治立场与思想观念随着时间、时局与内外环境而发生变化。面对抗战时期中共武装如火如荼的发展,生存空间受到严重挤压的国民党游击部队以及被太平洋战事拖垮的日本联系日益紧密。长野亦指出,他在青岛指挥日本军“主要的工作在剿共产军,同时也暗助游击队军火与共产军作战”。② 日本对沦陷区控制力的减弱令其权威性降低,伪职员的效忠心随之减少,身处三角关系下的伪军与职员群体也成为游移于多方的一股政治势力。暧昧而又模糊的灰色地带

---

①「1 事変下支那民衆思想ニ就テ」JACAR(アジア歴史資料センター)Ref. B02030702200、対支中央機関設置問題一件(興亜院)/在支連絡部調書(A-1-1-0-31_2)(外務省外交史料館)。

②《长野荣二受访记》,网络来源:http://wb. qdqss. cn/html/qdrb/20151029/qdrb110840. html。

不仅存在于战场之上，同样贯穿于伪职员群体的行事为人之中。

定义伪职员行为是伪政权研究不可绕过的话题。台湾学者罗久蓉曾提出："除了必须考虑行为者本身的动机与行为之间的关系，亦应对'必要之恶'与'非必要之恶'作适当的区分。"他们的作风大致可以分为两类：一、"除执行职务上必要的恶，并不仗势欺人"；二、"利用职务上的特权欺压百姓"。此方法摈弃了以往对汉奸的绝对化评价，有助于将伪职员的主观意愿与行为结果作一区分，但弊端之一即是研究者常带入个人的价值标准评判汉奸行为，主观化倾向突出。尤其是伪政权职员在战后的审判及回忆中，往往为减轻刑罚而着重描述行为背后有利于人民之处，这也给研究者设置了层层迷障。如果按这样的标准划分，伪政权高级职员大部分属于前者。以青岛伪政权的赵琪、姚作宾为例，他们除执行日伪安排下不得不履行的"必要之恶"外，甚至有时将某些恶行尽量缩小、为民谋得一点利益，但不能单纯将这类人所扮演的角色视作"是在敌伪与民众之间形成一个缓冲地带"。

罗久蓉提出一个"悖论"式观点："不但敌伪利益与本国人民利益可能有相合之处，本国利益与本国人民的利益也未见得完全一致。"①她以在南通抗日的国民党人张自健为例，指出其在凭借敌伪势力用苛捐杂税和绑架勒索等手段鱼肉乡民的同时，也有"保土卫民"、抗击中共的一面，作者以后者论证敌伪利益与本国人民利益的相合之处，无形中混淆了敌我。从另一方面，保卫国土势必会带来流血牺牲，如果过度同情汉奸倡导的为使民众生命和财产暂得保全而不顾国家民族的"不抵抗行为"，显然易陷入左右为难的困境。在伪职员执行"必要之恶"的过程中，不能将其稍作弥补、予以缓冲的行为过分拔高，更不可将偶施的"执政之善"与"助纣为虐"的一面功过相抵，而应充分考虑行为者投敌动机与所负主要政治责任之间的关联，根据伪职员的思想转变及迷途知返

① 罗久蓉：《历史情境与抗战时期"汉奸"的形成——以一九四一年郑州维持会为主要案例的探讨》，台北《"中央研究院"近代史研究所集刊》第24期，1995年，第815、836—839页。

后的作为、对国家民族前途的影响层面综合考量个体行为。

在对伪职员群体进行历史评判之前,笔者认为应在承认伪职员群体对国家命运与抗战形势起到负面影响的大前提下,采取辨证的眼光对这一群体加以区别。上层伪职员较少受到生计之累,且在伪政权内政治参与度高,应是为伪政权承担主要政治责任的群体;而下层伪职员较多因生计就任伪职,行使的政治权力较为有限,应将其中的主动为恶与消极工作者施以区分,而这也是中共所一贯秉持的惩处汉奸原则,并在战后极大程度上争取了民众的拥护和支持。同时,应当注意伪政权高级职员群体先后思想和行为的变化,注意从社会环境、文化脉络与动态的历史时局中对伪职员群体展开长时段分析。

抗战胜利后,汉奸群体在国共审判中受到了法律与道德的双重拷问,他们的政治生命随日本侵略者的登台昙花一现,却为之付出了惨痛的代价。许多汉奸感慨造化弄人,在悔不当初中蹉跎后半生。只是这样的悔过,未免太晚了一些。

参考文献

（一）档案文献

Ⅰ 青岛市档案馆

1.《赵琪对下属训话底稿》(1939年)，青岛市档案馆藏，B0023/001/00670。

2.《青岛特别市公署日本语学试验奖励规则》(1939年3月)，青岛市档案馆藏，B0023/001/02776。

3. 中国妇人会:《中国妇人会工作报告》(1939年3月17日)，青岛市档案馆藏，B0038/001/00945。

4. 临时政府委员青岛特别市市长赵琪:《青岛特别市一年来施政情形报告书》(1939年10月24日)，青岛市档案馆藏，B0023/002/00415。

5. 青岛特别市公署:《青岛特别市公署各局副局长以上长官赵琪、谢祖元等略历表(附北支那经济通讯社出版部户冢干熊名片)》(1940年6月)，青岛市档案馆藏，A0020/001/00345。

6. 青岛市社会局(姚作宾):《社会局局长视察青岛市各团经过情况的谈话词》(1940年11月)，青岛市档案馆藏，B0038/001/01007。

7. 青岛特别市社会局:《青岛特别市社会长姚作宾建议解决城乡物资交流金融统制及以盐换粮问题的呈》(1941年2月26日)，青岛市档案馆藏，B0023/001/00813。

8. 兴晔社:《兴晔社社员赵琪、谢祖元等名薄》(1941年9月)，青岛市档案馆藏，B0034/002/00067。

9.《三周纪要》(1942年1月),青岛市档案馆藏,B0023/001/00746。

10.《青岛特别市市长赵琪为新民运动和第五次治安强化运动的训话》(1942年9月8日),青岛市档案馆藏,A0018/001/00377。

11.《赵琪市长对仍属的训令》(1942年10月8日),青岛市档案馆藏,A0018/00393/0153。

12.《新民会青岛特别市总会地区联合分会市区所辖地区分会组会员总数表》(1943年),青岛市档案馆藏,B0023/001/00971。

13.《赵琪市长对所属的训话》(1943年1月8日),青岛市档案馆藏,A0018/001/00398。

14.《青岛特别市市长姚作宾约法四章的布告》(1943年6月15日),青岛市档案馆藏,B0024/001/00514。

15. 青岛特别市公署:《关于健民社用天后宫前门楼为社址的批文》(1944年),青岛市档案馆藏,A0020/001/00396。

16. 青岛特别市市长姚作宾:《青岛特别市市长姚作宾就任谈话》(1943年4月1日),青岛市档案馆藏,B0023/001/00972。

17.《姚作宾市长就任一周年施政述要》(1944年),青岛市档案馆藏,B0023/001/01328。

18. 青岛特别市政府:《关于静候中央接收,凡有妨害治安应尽力消除的训令、布告》(1945年8月),青岛市档案馆藏,B0023/001/01347。

19.《赵保原纪念册》(1946年),青岛市档案馆藏,A004095。

Ⅱ 山东省档案馆

1.《关于每月一日为节约运动事宜给调查处的通知》(1941年9月3日),山东省档案馆藏,J112/09/006/012。

2.《关于公务员不准妄谈职外之事宜的通知》(1941年11月2日),山东省档案馆藏,J112/09/006/010。

3. 省公署:《为今后站在强化治安立场上而办教育特发中等学校校长恳谈会请示事项、厅长训词给省民教馆的训令附事项、训词》(1941年11月28日),山东省档案馆藏,J101/16/0050/015。

4. 胶东军区:《生产开荒简报》(1944年6月),山东省档案馆藏,G001/01/0100/008。

5. 山东分局:《开展山东地方实力派工作指示》(1944 年 6 月 23 日),山东省档案馆藏,G001/01/0089/017。

6. 胶东军区司令部:《一九四四年胶东军区作战公报》(1944 年 12 月 21 日),山东省档案馆藏,G050/01/0011/014。

7. 中共胶东区党委统战部:《反顽情况通报——一九四四年赵保元〔原〕内部几个显著变化》(1945 年 1 月),山东省档案馆藏,G024/01/0441/001。

8. 胶东军区司令部:《讨伐赵保原战役总结》(1945 年 2 月),山东省档案馆藏,G050/01/0015/001。

9.《伪证人员丁敬臣》,山东省档案馆藏,J036/01/285。

Ⅲ　中国第二历史档案馆

1.《山东省政府沈鸿烈主席电陈该省情形及有关文书》(1938 年 3 月),中国第二历史档案馆藏,12/6/13933。

2.《山东鲁东行署主任李先良电陈返鲁工作情形》(1939 年 9 月),中国第二历史档案馆藏,11—/2—/3994。

3.《陆军暂编第十二师政工科科长郝逸梅报告在胶济与东北区策动"伪军"工作情形及有关文书》(1943 年 12 月至 1944 年 2 月),中国第二历史档案馆藏,七七二/5028。

Ⅳ　上海市档案馆

《关于陈九峰汉奸问题材料(八)》(1937 年 4 月 10 日—1955 年 7 月),上海市档案馆藏,Q459/1/339。

Ⅴ　日本亚洲历史资料中心

1.「9 支那新政権 主要人物調査(第一編)3」JACAR(アジア歴史資料センター)Ref. B02031648100、各国ニ於ケル有力者ノ経歴調査関係一件/中華民国ノ部第七巻(A-6-0-0-8-2-007)(外務省外交史料館)。

2.「1 事変下支那民衆思想ニ就テ」JACAR(アジア歴史資料センター)Ref. B02030702200、対支中央機関設置問題一件(興亜院)/在支連絡部調書(A－1－1－0－31_2)(外務省外交史料館)。

3.「大東亜戦争海軍戦史本紀巻一梗概」JACAR(アジア歴史資料センター)Ref. C16120699400、大東亜戦争海軍戦史本紀巻 1(防衛省防衛研究所)。

4.「外国情報 青島在勤武官電報(1)」JACAR(アジア歴史資料センター)

Ref. C05022003600、公文備考 D巻3 外事 海軍大臣官房記録 昭和 7(防衛省防衛研究所)。

5.「第1支那第3艦隊と沈鴻烈 第2山東軍と韓復榘 軍令部第3部 昭和12年12月25日/中表紙」JACAR(アジア歴史資料センター)Ref. C14120577200、支那事変関係記録(4) 昭和 13.1(防衛省防衛研究所)。

6.「青島特別市政公処設置に関する現地海軍側の意向を是正せしめられ度件」JACAR(アジア歴史資料センター)Ref. C04120762300、陸支受大日記(密)第12号 3/3 昭和14年自3月22日至3月25日(防衛省防衛研究所)。

7.「青島特別市に関する協定」JACAR(アジア歴史資料センター)Ref. B13090928200、青島特別市に関する協定(C62)(外務省外交史料館)。

8.「青島特別市建設要綱に関する件」JACAR(アジア歴史資料センター)Ref. C04120903000、陸支受大日記(密)第24号 2/2 昭和14年自5月12日至5月16日(防衛省防衛研究所)。

9.「12.青島出張所現状申告」JACAR(アジア歴史資料センター)Ref. B02030557300、支那事変関係一件 第十九巻(A-1-1-0-30_019)(外務省外交史料館)。

10.「北支政権に対する日本人顧問の件」JACAR(アジア歴史資料センター)Ref. C04120214000、支受大日記(密)其6 昭和13年自2月10日至2月17日(防衛省防衛研究所)。

11.「「華北に於ける日本語普及状況」送付の件 華北連絡部」JACAR(アジア歴史資料センター)Ref. C01002492200、永存書類 乙集 第2類 第10冊 昭和15年「図書其3」(防衛省防衛研究所)。

12.「2 民衆再組織運動(新民会)ノ趨勢 1」JACAR(アジア歴史資料センター)Ref. B02030702300、対支中央機関設置問題一件(興亜院)/在支連絡部調書(A-1-1-0-31_2)(外務省外交史料館)。

(二) 报刊资料

I 报纸

《申报》《大公报》《民国日报》《青岛新民报》《青岛大新民报》《大青岛报》《胶澳公报》《青岛市政府市政公报》《民言报》《民言报晚刊》《公言报》《平民报》《青岛公报》《军民日报》《青岛时报》《青报》《光华日报》《解放日报》《民众日报》《光华日报》

《联青报》《中央日报》《国民政府行政院公报》《山东新报》《群力报》《人民日报》《青岛日报》

Ⅱ 刊物

《青岛教育周刊》《妇女杂志》《青岛民国日报副刊合订本》《民民民月刊》《胶济铁路管理局党义研究会会刊》《胶东大众》《抗日旬刊》《山东文献》《救亡周刊》《三六九画报》《大威周刊》《每周评论》《星期评论》《国讯》《救中国》《华文大阪每日》《警声》《时事大观》《政治月刊》《新社会》《前线周刊》《旅行杂志》

(三)出版文献

1. 村地卓爾:『青島の復興に就いて』、日本外交協會、1938年。

2. 钟鹤鸣:《日本侵华之间谍史》,武汉:华中图书公司1938年版。

3. 青岛治安维持会编:《青岛治安维持会行政纪要汇编》,1939年1月。

4.《青岛特别市公署行政年鉴》,青岛特别市公署总务局1939、1940年编印。

5. 青岛特别市社会局礼教科:《青岛指南》,青岛新民报印务局1939年版。

6.《青岛特别市市势调查实施报告》,青岛特别市公署临时市势调查委员会1940年编印。

7. 薛慧子:《今日之华北》,中央书报发行所1940年编印。

8.《青岛特别市公署成立周年纪念:一年大事记》,青岛特别市公署1940年编印。

9.《青岛特别市赵市长对僚属训话汇编》,青岛特别市公署1941年编印。

10. 山东省第十三区抗战史料征集委员会编:《山东省第十三区抗战纪实》,山东省第十三区抗建日报社1941年版。

11. 陈恭澍:《英雄无名:北国锄奸》第1部,台北:传记文学出版社1941年版。

12. 姚作宾:《日本视察谈》(1942年1月13日于青岛市礼堂),青岛商会1942年翻印分赠。

13. 兼井鸿臣『赤裸の日華人』、人文閣、1942年。

14.《华北专科以上学校学生生活状况统计》,教育总署总务局统计科1942年10月编制。

15. 青岛特别市公署编:《四周纪要》,1943年版。

16. 于生等著:《国民党军队赵保原勾结敌伪反共反人民罪行录》,胶东新华书店出版社 1944 年版。

17.《建军特刊:陆军暂编第十二师建军七周年纪念》,山东挺进军第一军区政工大队阵中简报社 1945 年编印。

18. 刘霨凌编纂:《司法院解释要旨分类汇编》(下册),上海:大东书局 1946 年版。

19.《血战八年的胶东子弟兵》,胶东新华书店 1946 年版。

20.《大汉奸赵保原罪恶史》,烟台:胶东新华书店 1946 年版。

21.《青岛市统计年鉴》,青岛市政府统计室 1947 年编印。

22. 李先良:《抗战回忆录》,青岛:乾坤出版社 1948 年版。

23.《抗日战争时期解放区概况》,北京:人民出版社 1953 年编印。

24. 杨绍中等编辑整理:《杨闇公日记》,成都:四川人民出版社 1979 年版。

25. 许世友:《我在山东十六年》,济南:山东人民出版社 1981 年版。

26. 日本防卫厅防卫研究所战史室著,齐福霖译:《中华民国史资料丛稿 译稿〈中国事变陆军作战史〉》第一卷第二分册,北京:中华书局 1981 年版。

27. 陈恭澍:《英雄无名——军统工作回忆录》,台北:传记文学出版社 1981 年版。

28. 日本防卫厅战史室编,天津市政协编译组译:《华北治安战》上、下,天津:天津人民出版社 1982 年版。

29. 山东省档案馆、山东社会科学历史研究所编:《山东革命历史档案资料选编》第 10 辑,济南:山东人民出版社 1983 年版。

30. 河北省社会科学院历史研究所、河北省档案馆编:《晋察冀抗日根据地史料选编》(上),石家庄:河北人民出版社 1983 年版。

31. 秦孝仪主编:《先总统蒋公思想言论总集》卷 32,台北:中国国民党中央委员会党史委员会 1984 年版。

32. 中共天津市委党史资料征集委员会、天津市妇女联合会编:《天津女星社妇女运动史资料选编》,北京:中共党史资料出版社 1985 年版。

33.《大连地下党史料选编》,中共大连市委党史资料征编委员会 1986 年编印。

34. 日本防卫厅战史室著,“国防部”史政编译局译:《大战前之华北“治安”作战》(一)(二),台北:“国防部”史政编译局 1988 年译印。

35. 中共山东省委党史资料征集研究委员会编:《深切怀念黎玉同志》,济南:山东人民出版社1989年版。

36.《大连中华青年会史料集》,中共大连市委党史研究室1990年编印。

37. 日本防卫厅研究所战史室著,天津市政协编译委员会译:《中华民国史资料丛稿 译稿〈日本海军在中国作战〉》,北京:中华书局1991年版。

38. 中央档案馆编:《中共中央文件选集》第11、12册,北京:中共中央党校出版社1991年版。

39. 王霖、高淑英主编,辽宁省档案馆等合编:《万宝山事件》,长春:吉林人民出版社1991年版。

40. 中共山东省委组织部等编:《中国共产党山东省组织史资料1921—1987》,北京:中共党史出版社1991年版。

41. 黄美真:《伪庭幽影录——对汪伪政权的回忆纪实》,北京:中国文史出版社1991年版。

42. 万仁元、方庆秋主编,中国第二历史档案馆整编:《中华民国史史料长编》第68册,南京:南京大学出版社1993年版。

43. 中国第二历史档案馆编:《中华民国史档案资料汇编》第5辑第3编,“政治”(1),南京:江苏古籍出版社1994年版。

44.《丁治磐日记(手稿本)》第5册,台北:“中研院”近代史研究所1995年编印。

45.《黄海风云》,中共东港市委党史工作办公室1995年编印。

46. 中共中央党史研究室第一研究部编译:《联共(布)、共产国际与中国国民革命运动(1920—1925)》,北京:北京图书馆出版社1997年版。

47. 南京市地方志编纂委员会、南京审判志编纂委员会编:《南京审判志》,北京:方志出版社1997年版。

48. 陈存仁:《抗战时代生活史》,上海:上海人民出版社2001年版。

49.《民国山东通志》编辑委员会编:《民国山东通志》第1、4、5册,台北:山东文献出版社2002年版。

50. 于佐臣主编,青岛市档案馆编著:《铁蹄下的罪恶——日本在青岛劫掠劳工始末》,北京:中国档案出版社2003年版。

51. 该书编委会编:《胶东解放区歌曲选》,北京:解放军文艺出版社2003年版。

52. 南京市档案馆编:《审讯汪伪汉奸笔录》上、下册,南京:凤凰出版社 2004 年版。

53. 谢忠厚、张瑞智、田苏苏主编:《日本侵略华北罪行档案 7 集中营》,石家庄:河北人民出版社 2005 年版。

54. 许世友:《许世友回忆录》,北京:解放军出版社 2005 年版。

55. 中共中央文献研究室、中央档案馆编:《建党以来重要文献选编》第 1、14、15 册,北京:中央文献出版社 2011 年版。

56. 中央档案馆、中共中央文献研究室编:《中共中央文件选集》第 4 册,北京:人民出版社 2013 年版。

57. 刘凤翰、张力访问:《丁治磐先生口述历史》,北京:九州出版社 2013 年版。

58. 李先良:《李先良回忆录:鲁东及青岛抗战纪实》,北京:中国文史出版社 2013 年版。

59. 李金陵主编:《山东革命老区口述史》下册,济南:济南出版社 2014 年版。

60. 梁启超:《少年中国说》,北京:中国画报出版社 2014 年版。

61. 常连霆主编:《山东抗战口述史》上,济南:山东人民出版社 2015 年版。

62. 常连霆主编,中共山东省委党史研究室编著:《中共山东编年史》第 2、3 卷,济南:山东人民出版社 2015 年版。

63. 常连霆主编,中共山东省委党史研究室、山东省中央党史学会编:《山东党史资料文库》(第 1—20 卷),济南:山东人民出版社 2015 年版。

64. 孙俍工编,中国第二历史档案馆整理:《沦陷区惨状记 日军侵华暴行实录》,北京:中国文史出版社 2016 年版。

(四) 研究论著

Ⅰ 著作

1. 良雄:《戴笠传》,台北:传记文学出版社 1980 年版。

2. 陈志让:《军绅政权——近代中国的军阀时期》,北京:生活·读书·新知三联书店 1980 年版。

3. [奥]弗洛伊德著,林尘等译:《弗洛伊德后期著作选》,上海:上海译文出版社 1986 年版。

4. 黎明文化公司编辑委员会编:《英风照日月》,台北:黎明文化事业股份有限公司 1987 年版。

5. 中共山东省委党史资料征集研究委员会编:《山东抗日根据地》,北京:中共党史资料出版社 1989 年版。

6. 青岛市总工会工运史研究室编:《青岛工人运动史(1897—1949)》,北京:中共党史资料出版社 1989 年版。

7. 费孝通:《中华民族多元一体格局》,北京:中央民族学院出版社 1989 年版。

8. 中共青岛市委党史资料征委会办公室编:《中共青岛党史大事记(1921—1949)》,北京:中共党史资料出版社 1990 年版。

9. 杨来青主编,青岛市档案馆编:《青岛旧事》,青岛:青岛出版社 1991 年版。

10. 南开大学历史系、唐山市档案馆编:《冀东日伪政权》,北京:档案出版社 1992 年版。

11. 王晓华、孟国祥、张庆军编著:《国共抗战大肃奸》上、下册,北京:中国档案出版社 1995 年版。

12. 吕伟俊主编:《民国山东史》,济南:山东人民出版社 1995 年版。

13. [英]安东尼·吉登斯著,胡宗泽、赵力涛译:《民族—国家与暴力》,北京:生活·读书·新知三联书店 1998 年版。

14. 青岛市史志办公室编:《青岛市志·大事记》,北京:五洲传播出版社 2000 年版。

15. 陆安:《青岛近现代史》,青岛:青岛出版社 2001 年版。

16. 李小江等著:《历史、史学与性别》,南京:江苏人民出版社 2002 年版。

17. 吕伟俊等著:《山东区域现代化研究(1840—1949)》,济南:齐鲁书社 2002 年版。

18. 王奇生:《党员、党权与党争:1924—1949 年中国国民党的组织形态》,上海:上海书店出版社 2003 年版。

19. [奥]弗洛伊德著,杨韶刚等译:《弗洛伊德心理哲学》,北京:九州出版社 2003 年版。

20. 张生等著:《日伪关系研究》,南京:南京出版社 2003 年版。

21. 梁家贵:《抗日战争时期山东秘密社会研究》,贵阳:贵州人民出版社 2004 年版。

22. 刘熙明:《伪军:强权竞逐下的卒子》,台北:稻香出版社 2004 年版。

23. 封汉章:《东祸西渐与华北社会——“华北自治运动”研究》,北京:国际文化出版公司 2004 年版。

24. 徐斯年:《王度庐评传》,苏州:苏州大学出版社 2005 年版。

25. 胡澎:《战时体制下的日本妇女团体(1931—1945)》,长春:吉林大学出版社 2005 年版。

26. 高玉峰主编:《中共威海地方史》第 1 卷,北京:中共党史出版社 2005 年版。

27. 刘国铭主编:《中国国民党百年人物全书》上册,北京:团结出版社 2005 年版。

28. 谢忠厚:《日本侵略华北罪行史稿》,北京:社会科学文献出版社 2005 年版。

29. 鲁海:《逊清遗老的青岛时光》,青岛:青岛出版社 2006 年版。

30. 余子道等:《汪伪政权全史》(上、下卷),上海:上海人民出版社 2006 年版。

31. 江沛:《日伪“治安强化运动”研究(1941—1942)》,天津:南开大学出版 2006 年版。

32. [日]石川祯浩著,袁广泉译:《中国共产党成立史》,北京:中国社会科学出版社 2006 年版。

33. 郭贵儒、张同乐、封汉章著:《华北伪政权史稿——从“临时政府”到“华北政务委员会”》,北京:社会科学文献出版社 2007 年版。

34. 八路军山东纵队史编审委员会编:《八路军山东纵队史》上,济南:山东人民出版社 2007 年版。

35. 茅海建:《天朝的崩溃——鸦片战争再研究》,北京:生活・读书・新知三联书店 2007 年版。

36. 任银睦:《青岛早期城市现代化研究》,北京:生活・读书・新知三联书店 2007 年版。

37. 木山英雄著,赵京华译:《北京苦住庵记:日中战争时代的周作人》,北京:生活・读书・新知三联书店 2008 年版。

38. 王士花:《日伪统治时期的华北农村》,北京:社会科学文献出版社 2008 年版。

39. 马振犊:《国民党特务活动史》,北京:九州出版社 2008 年版。

40. 翟广顺:《半个世纪风雨——1891—1949 青岛教育大事记述》,青岛:青岛出版社 2009 年版。

41. 史桂芳:《近代日本人的中国观与中日关系》,北京:社会科学文献出版社 2009 年版。

42. 王奇生:《革命与反革命:社会文化视野下的民国政治》,北京:社会科学文献出版社 2010 年版。

43. 叶文心:《上海繁华:都会经济伦理与近代中国》,台北:时报文化出版企业股份 2010 年版。

44. 鲁海:《青岛民国往事》,青岛:青岛出版社 2012 年版。

45. [美]傅葆石著,张霖译:《灰色上海,1937—1945 中国文人的隐退、反抗与合作》,北京:生活·读书·新知三联书店 2012 年版。

46. 李在全:《法治与党治:国民党政权的司法党化(1923—1948)》,北京:社会科学文献出版社 2012 年版。

47. 张同乐:《华北沦陷区日伪政权研究》,北京:生活·读书·新知三联书店 2012 年版。

48. 林志宏:《民国乃敌国也:政治文化转型下的清遗民》,北京:中华书局 2013 年版。

49. 陈予欢编著:《中国留学日本陆军士官学校将帅录》,广州:广州出版社 2013 年版。

50. 黄东:《塑造顺民——华北日伪的"国家认同"建构》,北京:社会科学文献出版社 2013 年版。

51. [法]勒庞著,冯克利译:《乌合之众:大众心理研究》,北京:中央编译出版社 2014 年版。

52. [美] 胡素珊著,启蒙编译所译:《中国的内战:1945—1949 年的政治斗争》,北京:当代中国出版社 2014 年版。

53. 李志毓:《惊弦:汪精卫的政治生涯》,香港:牛津大学出版社 2014 年版。

54. [加]卜正民著,潘敏译:《秩序的沦陷:抗战初期的江南五城》,北京:商务印书馆 2015 年版。

55. 王度庐:《大漠双鸳谱》,太原:北岳文艺出版社 2016 年版。

56. 王度庐:《彩凤银蛇传》,太原:北岳文艺出版社 2016 年版。

57. [日]石岛纪之著,李秉奎等译:《抗日战争时期的中国民众:饥饿、社会改革和民族主义》,北京:中国社会科学出版社 2016 年版。

58. 黄兴涛:《重塑中华:近代中国“中华民族”观念研究》,北京:北京师范大学出版社 2017 年版。

59. [日]深町英夫著/译:《教养身体的政治:中国国民党的新生活运动》,北京:生活·读书·新知三联书店 2017 年版。

60. Yun Xia, *Down with Traitors: Justice and Nationalism in Wartime China*, Seattle: University of Washington Press, 2017.

Ⅱ 论文

1. 张玉法:《抗战时期山东省的行政督察专员》,《抗战建国史研讨会论文集》下册,台北:“中央研究院”近代史研究所,1985 年。

2. [美]戴维·保尔森:《中日战争中的国民党游击队:山东的“顽固派”》,中国社会科学院近代史研究所《国外中国近现代史研究》编辑部编:《国外中国近代史研究》第 21 辑,北京:中国社会科学出版社 1992 年版。

3. 罗久蓉:《抗战胜利后中共惩审汉奸初探》,台北《“中央研究院”近代史研究所集刊》1994 年第 23 期。

4. 罗久蓉:《忠奸之辨与汉奸的迷思》,台北《传记文学》第 65 卷第 5 期,1994 年 5 月。

5. 孟国祥、程堂发:《惩治汉奸工作概述》,《民国档案》1994 年第 2 期。

6. 罗久蓉:《历史情境与抗战时期“汉奸”的形成——以一九四一年郑州维持会为主要案例的探讨》,台北《“中央研究院”近代史研究所集刊》第 24 期,1995 年。

7. 吕芳上:《另一种“伪组织”:抗战时期婚姻与家庭问题初探》,台北《近代中国妇女史研究》第 3 期,1995 年 8 月。

8. 刘凤翰:《日军侵华期间伪军的兴起与蜕变》,台北《“国史馆”馆刊》复刊 18 期,1995 年 6 月。

9. 石川禎浩「中国『二セ』共産党始末(続)——姚作賓は生きていた」、颼風の会編『颼風』第 32 号、1997 年 1 月。

10. 汪朝光:《抗战时期伪政权高级官员情况的统计与分析》,《抗日战争研究》1999 年第 1 期。

11. 王克文:《欧美学者对抗战时期中国沦陷区的研究》,《历史研究》2000 年第 5 期。

12. 罗久蓉:《军统特工组织与战后汉奸审判》,该书编委会编:《一九四九:中国的关键年代学术讨论会论文集》,台北"国史馆"2000 年版。

13. Jiu-jung Lo(罗久蓉), 2001: *Survival as Justification for Collaboration*, 1937 - 1945, in David P. Barrett and Larry N. Shyu(徐乃力)ed., *Chinese Collaboration with Japan, 1932 -1945: The Limits of Accommodation*, pp. 116 - 132. Stanford: Stanford University Press.

14. 黄兴涛:《民族自觉与符号认同:"中华民族"观念萌生与确立的历史考察》,香港《中国社会科学评论》2002 年 2 月创刊号。

15. 潘敏:《日伪时期江苏县镇"维持会"研究》,《抗日战争研究》2002 年第 3 期。

16. 罗久蓉:《战争与妇女:从李青萍汉奸案看抗战前后的两性关系》,吕芳上编:《无声之声(1):近代中国的妇女与国家(1500—1950)》,台北:近代史研究所,2003 年,第 129—164 页。

17. [日]岩间一弘著,甘慧杰译:《1940 年前后上海职员阶层的生活情况》,《史林》2003 年第 4 期。

18. [美]魏斐德著,吴晓明译:《汉奸!——战时上海的通敌与锄奸活动》,《史林》2003 年第 4 期。

19. 刘晶辉:《关东军的"铳后援"——"全满妇人团体联合会"初探》,《辽宁师范大学学报》2003 年第 6 期。

20. 王柯:《"汉奸":想象中的单一民族国家话语》,香港《二十一世纪》2004 年 6 月号。

21. 翁有为:《抗日根据地民主政权惩治汉奸的立法和政策研究》,《中共党史研究》2006 年第 2 期。

22. 王庆林:《战后国民政府对汉奸的审判(1945—1949)》,硕士学位论文,暨南大学历史系,2006 年。

23. 陈亮:《二十世纪三十年代青岛霍乱流行与公共卫生建设》,硕士学位论文,中国海洋大学历史文化系,2008 年。

24. 王春英:《战后"经济汉奸"审判:以上海新新公司李泽案为例》,《历史研究》2008 年第 2 期。

25. 金以林:《汪精卫与国民党的派系纠葛——以宁粤对峙为中心的考察》,《中国社会科学》2008 年第 3 期。

26. [日]马场毅:《中共在山东的军事行动(1939—1945)——以山东抗日根据地为例》,杨天石、臧运祜编:《战略与历次战役》,北京:社会科学文献出版社 2009 年版,第 417—449 页。

27. 江沛:《华北"治运"时期诸群体心态考察:1941—1942》,杨天石、黄道炫编:《战时中国的社会与文化》,北京:社会科学文献出版社 2009 年版。

28. 禚迎春:《〈青岛新民报〉研究》,硕士学位论文,中国海洋大学历史文化系,2009 年。

29. 杨联芬:《新伦理与旧角色:五四新女性身份认同的困境》,《中国社会科学》2010 年第 5 期。

30. 吴密:《"汉奸"考辩》,《清史研究》2010 年第 4 期。

31. 潘敏:《20 世纪 80 年代以来惩治汉奸研究综述》,《抗日战争研究》2010 年第 3 期。

32. 李志毓:《汪精卫的性格与政治命运》,《历史研究》2011 年第 1 期。

33. 冯筱才:《政治运动的基层逻辑及日常化:一个"汉奸"的发现与审查》,香港《二十一世纪》2012 年 12 月号。

34. 孙扬:《"殖民地"的尺度:香港肃奸风波与"国民日报事件"论析》,《近代史研究》2012 年第 6 期。

35. 王士花:《抗战时期山东农村两面政权研究》,《史学月刊》2013 年第 9 期。

36. [日]加藤阳子:《从军事史研究的角度来看中日战争——关于兴亚院的历史定位》,《抗日战争研究》2014 年第 1 期。

37. 曹圣军:《汪伪政权上层汉奸群体研究》,硕士学位论文,南京大学历史学院,2014 年。

38. 徐志民:《新时期以来的抗战胜利前后惩处汉奸研究》,《史学月刊》2015 年第 11 期。

39. 王士花:《抗战时期国共在山东的合作与相争》,《东岳论丛》2016 年第 9 期。

40. 金冲及:《山东抗日根据地的独特历程》,《抗日战争研究》2017 年第 1 期。

41. 黄兴涛:《抗战前后"民族英雄"问题的讨论与"汉奸""华奸"之辩——以现

代中华民族观念的影响为视角》,《人文杂志》2017 年第 8 期。

42. 桑兵:《辛亥首义之区的汉奸问题》,《华中师范大学学报》2017 年第 2 期。

43. 桑兵:《辛亥首义之区的汉奸问题》,《华中师范大学学报(人文社会科学版)》2017 年第 2 期。

44. 孙延明:《现代武侠小说大师王度庐在青岛的十二年》,《春秋》2018 年第 3 期。

45. 赵秀宁:《抗日战争时期的青岛特别市伪政权(1938.1—1945.8)》,博士学位论文,北京大学历史学系,2018 年。

46. 吕迅:《国民政府对汉奸的司法惩处——对惩奸法律文本、程序设置与审判特点的考察》,《抗日战争研究》2020 年第 4 期。

47. 赵秀宁:《沦陷初期的伪青岛治安维持会研究》,《日本侵华南京大屠杀研究》2020 年第 4 期。

48. 赵秀宁:《何以持久:国民党青岛保安部队及其敌后抗战》,《军事历史研究》2023 年第 2 期。

(五) 文史资料及口述材料

1. 芮麟:《抗战爆发后沈鸿烈放弃青岛的真象》,《文史资料选辑》第 1 辑,山东省政协委员会文史资料研究委员会 1982 年编印。

2. 芮麟:《李先良与葛覃劫掠青岛及其互相角逐的见闻》,《文史资料选辑》第 2 辑,济南:山东人民出版社 1982 年版。

3. 王第荣:《日伪时期的青岛警察局》,《青岛文史资料》第 5 辑,青岛市政协委员会文史资料研究委员会 1984 年编印。

4. 赵树嘉:《我所知道的赵保原》、陈立先:《赵保原在胶东》,《烟台文史资料》第 3 辑,烟台市政协委员会文史资料研究委员会 1984 年编印。

5. 王经五:《李先良入市接管青岛内幕点滴》,山东省政协委员会文史资料研究委员会编:《山东文史资料选辑》第 24 辑,济南:山东人民出版社 1987 年版。

6. 庞迈千:《抗日战争时期李先良在崂山》、姜玉衡:《李先良在崂山的抗日活动》,《崂山文史资料 李先良在崂山的抗日活动》,青岛市崂山区政协文史资料研究委员会 1990 年编印。

7. 张宝山:《姜黎川及其部队的一些历史情况》,《胶县文史资料》第 1 辑,山东省胶州市政协委员会文史资料研究委员会 1986 年编印。

8. 其他资料：

《青岛文史资料》《市北文史资料》《蓬莱文史资料》《胶南文史资料》《青岛党史资料》《山东党史资料》《昌邑文史资料》《莱西文史资料》《莱州文史资料》《潍城区文史资料》《安丘文史资料》《栖霞文史资料》《牟平文史资料》《文登文史资料》《天津文史资料选辑》《东沟文史资料》《中华文史资料文库》

后 记

本书是由我的博士论文修改而成，许多机缘巧合促使我从事这一课题的研究。2012年，在青岛市档案馆查找本科毕业论文资料之余，我看到了三江会馆发起人丁敬臣作为经济汉奸被捕的大量报道，开始对汉奸主题产生兴趣。也许是在好奇心的驱使下，我开始搜集相关资料并打算写一篇论文。硕士期间，导师朱英老师与我邮件往还近十次，逐字逐句地对丁敬臣一文加以修改，引领我打开了史学研究的大门。

又是偶然间，我看到日伪青岛市市长姚作宾在新中国成立后写的反省书、坦白材料等档案，读后一种复杂的情绪涌上心头。历史近在眼前，人物的命运从作出选择的那一刻起，可能已被定格。正如姚作宾所说，“我的认识错，想要拔出腿来，事实上不可能了”。对于这样一个附逆群体，曲意逢迎之言以外，是否还有难为人知的一面？他们又为何走上这条人人喊打的汉奸之路？正是怀着诸多疑问与不解，博士期间我准备研究整个青岛市伪政权职员群体。导师朱浒老师尊重我的兴趣，只是在看过所写论文后，告诫不要就事论事，突出新意，勿使文章完全成为先前研究的注脚。每当着手写新的论文，这句话总浮现在我的脑海。后来在发表本书部分论文时经历波折，却在过程中磨炼了我的心性。随着阅历渐长，认识问题较之前深刻。迟来的发表对于论文本身和所写人物而言，确实是一件幸事。

关注青岛市伪政权职员群体的另一个原因，可能也由乡情触发。我出生于青岛，长大后渐渐知道离家不远的中山路、栈桥、胶澳警察署、德国总督府(伪青岛特别市政府)等处蕴含的历史。大学毕业后虽常年在外地读书，但又在档案中一次次故地重游。还记得报刊中报道姚作宾在被押往法院门口时回头一望，那正是伪青岛特别市政府，恐怕令其心生诸多感慨吧！读到这里，不仅两座建筑与姚作宾形象近在眼前，自己曾经走过那条路的记忆也随之复苏。我想，研究青岛伪政权职员群体，可能也是冥冥之中的一种缘分吧。从硕士到博士的七年间，每逢假期，我便到青岛市档案馆查阅资料，它像一座无穷无尽的宝库，源源不断地给予我写作灵感和新的选题。这些不同时段查阅的档案留在了本书中，为青岛伪政权职员群体注入了鲜活的血液。

博士毕业后，我到社科院近代史研究所做博士后，出于发表等方面考虑，我开始思考今后的研究方向，但受畏难情绪主导，仍迟迟迈不开步伐。有一次在和导师金以林老师谈及研究计划时，他建议我放宽视野，展开贯通性的历史研究，反而会对现有研究更有裨益。在老师指导下，我将研究领域拓展至国民党史，此次书稿修订时注重从近代中国政治变迁进程中观察伪职员命运的浮沉。

随着本书的出版，我对青岛市伪政权职员群体的研究暂时画上了句号。心中的一块石头落地，了却一桩心事，也增添了些许遗憾。现在的我虽比五年前刚写完博士论文时有一些进步，但对于思想驳杂繁复的伪职员而言，难免有未尽之言，担心现有能力无法承载这段沉重的历史。希望几年后，自己仍然有信心回看、继续深化这个主题。

求学和人生路上，每当我陷入迷茫与困惑，总有师长、朋友带来安慰与鼓励，一想到此，便为我注入了同自身惰性、自我怀疑抗争的能量。这些帮助以及心中的感动，难以尽诉于笔墨。希望有一天，我也能将这份善意传递出去。最后,感谢父母、爱人对我的辛苦付出,若没有他们的支持,我很难专心致志地投入研究工作。责任编辑康海源老师为本书的出版工作付出心血,同时也要感谢江苏人民出版社的垂顾,令本书有幸问世。希望本书的出版能引起更多人关注近代青岛历史,感兴趣的读者不妨去那里走一走,与书中的人和物来一场历史的偶遇吧!

郝昭荔

2024 年 5 月